I'M YOUR MAN
A VIDA DE
LEONARD COHEN

I'M YOUR MAN

A VIDA DE LEONARD COHEN

SYLVIE SIMMONS

Tradução
Patrícia Azeredo

2ª edição

Rio de Janeiro | 2017

CIP-BRASIL. CATALOGAÇÃO NA PUBLICAÇÃO
SINDICATO NACIONAL DOS EDITORES DE LIVROS, RJ

S611i

Simmons, Sylvie
 I'm your man: A vida de Leonard Cohen / Sylvie Simmons; tradução Patrícia Azeredo. – 2ª ed. - Rio de Janeiro: Best*Seller*, 2017.

 Tradução de: I'm your Man: The Life of Leonard Cohen
 ISBN 978-85-7684-977-3

 1. Cohen, Leonard, 1934-. 2. Cantores - Canadá - Biografia. I. Título.

16-30276
CDD: 927.8164
CDU: 929:78.067.26

Texto revisado segundo o novo Acordo Ortográfico da Língua Portuguesa.

Título original
Copyright © 2012 by Sylvie Simmons
Copyright da tradução © 2016 by Editora Best Seller Ltda.

Capa: Gabinete de Artes
Imagem de capa: © David Boswell, 20 de outubro de 1978
Editoração eletrônica: Ilustrarte Design e Produção Editorial

Todos os direitos reservados. Proibida a reprodução,
no todo ou em parte, sem autorização prévia por escrito da editora,
sejam quais forem os meios empregados.

Direitos exclusivos de publicação em língua portuguesa para o Brasil
adquiridos pela
EDITORA BEST SELLER LTDA.
Rua Argentina, 171, parte, São Cristóvão
Rio de Janeiro, RJ — 20921-380
que se reserva a propriedade literária desta tradução

Impresso no Brasil

ISBN 978-85-7684-977-3

Seja um leitor preferencial Record.
Cadastre-se e receba informações sobre nossos lançamentos e nossas promoções.

Atendimento e venda direta ao leitor
mdireto@record.com.br ou (21) 2585-2002

Para N.A., *in memoriam*, com carinho.

SUMÁRIO

Prefácio	11
1. Nascido de terno	13
2. Uma casa de mulheres	24
3. Vinte mil versos	38
4. Os meus gritos	54
5. Um homem que fala com uma língua de ouro	72
6. Chega de heróis caídos	89
7. Por favor, me descubram, tenho quase 30 anos	106
8. Muito tempo fazendo a barba	128
9. Como cortejar uma dama	145
10. A poeira de uma longa noite insone	166
11. O Tao do caubói	183
12. Oh, faça-me uma máscara	205
13. As veias se destacam como rodovias	224
14. Um escudo contra o inimigo	243
15. Eu amo você, Leonard	267
16. Um tipo sagrado de conversa	284
17. A aleluia do orgasmo	301
18. Os lugares onde eu brincava	319
19. Jeremias da Tin Pan Alley	336
20. Desta colina partida	356
21. Amor e roubo	381
22. Impostos, crianças, gato perdido	399

23. O futuro do rock'n'roll	419
24. Aqui estou, eu sou o seu homem	433
25. Um manual para conviver com a derrota	452
Posfácio	467
Nota da autora	470
Referências	475
Créditos	499
Lista de imagens do encarte	502

O jeito como você faz uma coisa é o jeito como você faz todas as coisas.
— TOM WAITS

PREFÁCIO

Ele é um homem refinado, elegante, educado à moda antiga. Faz reverência quando conhece alguém, levanta-se quando a pessoa vai embora, garante que você esteja confortável e não deixa transparecer que ele não está. O discreto afago no terço grego que carrega no bolso entrega o jogo. Por inclinação, é um homem reservado e um tanto tímido, mas, caso a exposição seja necessária, encara a situação com dignidade e humor. Escolhe as palavras com cuidado, tal qual um poeta ou político, com o hábito da precisão, ouvido atento para cada som, além de talento e gosto pelo desvio da norma e pelo mistério. Sempre gostou de uma prestidigitação. E mesmo assim há algo conspiratório em sua forma de falar ou cantar, como se estivesse contando um segredo íntimo.

Ele é um homem contido, sem qualquer traço de excesso, e mais baixo do que alguém poderia supor. Aprumado. Você imagina que ele não teria dificuldade para usar um uniforme. Agora, está vestindo um terno escuro, listrado, com duas fileiras de botões. Se foi comprado pronto, não parece. "Querida, eu nasci de terno",[1] diz Leonard

CAPÍTULO UM

NASCIDO DE TERNO

> Quando estou com você
> quero ser o tipo de herói
> que desejava ser
> aos 7 anos de idade
> um homem perfeito
> que mata
>
> "The Reason I Write", *Selected Poems 1956-1968*

O motorista saiu da rua principal na altura da sinagoga, que ocupava a maior parte do quarteirão, passou pela Igreja de São Matias na esquina oposta e subiu a colina. No banco de trás do carro estava uma mulher atraente, de 27 anos, traços fortes, elegantemente vestida, e o filho recém-nascido. As ruas pelas quais passavam eram bonitas e bem-cuidadas, com árvores perfeitamente alinhadas. Grandes casas de tijolos e pedras que era possível imaginar caindo sob o peso da própria pompa davam a impressão de flutuar sem esforço nas ladeiras. Mais ou menos no meio do caminho, o motorista pegou uma estradinha e parou em frente a uma casa no fim da rua: o número 599 da Belmont Avenue. Era grande, sólida e com aparência formal. De estilo inglês, os tijolos escuros suavizados na parte da frente por uma varanda e nos fundos pelo Murray Hill Park, 56 mil metros quadrados de gramados, árvores e canteiros de flores, com uma vista ampla do rio St. Lawrence de um lado e do centro de Montreal do outro. O motorista saiu do carro, abriu a porta de trás e Leonard foi carregado pelos degraus brancos da frente, entrando na casa de sua família.

Leonard Norman Cohen nasceu em 21 de setembro de 1934, no Royal Victoria Hospital, uma pilha de pedras cinzentas em Westmount, bairro abastado de Montreal, no Canadá. Segundo os registros, foi às 6h45 de uma sexta-feira. De acordo com a história, era o período entre a Grande Depressão e a Segunda Guerra Mundial. Contando de trás para a frente, Leonard foi concebido entre o Chanucá e o Natal durante um dos invernos subárticos que costumavam ocorrer em sua cidade natal com consistência e vigor. Ele foi criado em uma casa cheia de ternos.

Nathan Cohen, o pai de Leonard, era um judeu canadense próspero que tinha uma empresa de roupas sofisticadas. A Freedman Company era conhecida por seus trajes formais, e Nathan gostava de se vestir desse modo, mesmo em ocasiões que não exigiam esse tipo de traje. Com os ternos, assim como em relação às casas, ele preferia o estilo inglês, que usava com polainas e suavizava com um botão de rosa na lapela, e, quando problemas de saúde tornaram necessário, uma bengala prateada. Masha Cohen, mãe de Leonard, era 16 anos mais nova que o marido, uma judia russa, filha de rabino, tendo imigrado há não muito tempo para o Canadá. Ela e Nathan haviam se casado pouco depois da chegada de Masha a Montreal, em 1927. Dois anos depois, ela deu à luz o primeiro de seus dois filhos, a irmã de Leonard, Esther.

Fotografias antigas do casal mostram Nathan como um homem atarracado, de rosto e ombros quadrados. Masha, mais magra e bem mais alta, por outro lado, era toda cheia de curvas sinuosas. A expressão no rosto dela é, ao mesmo tempo, de menina e de mulher sofisticada, enquanto Nathan parece rígido e taciturno. Mesmo que essa não fosse a pose exigida de um chefe de família da época diante de uma câmera, Nathan era certamente mais reservado e anglicizado que a esposa russa, carinhosa e sentimental. Quando bebê, Leonard, gorducho, pequeno e também de rosto quadrado, era a cara do pai, mas quando cresceu ganhou o rosto em formato de coração da mãe, além do cabelo ondulado espesso e dos olhos profundos, escuros e puxados. Do pai ele herdou a altura, a capacidade de organização, a honestidade e o gosto pelos ternos. Da mãe herdou o carisma, a melancolia e o dom para a música. Masha sempre cantava, em russo e ídiche mais do que em inglês, antigas canções folclóricas sentimentais que aprendeu na infância enquanto cuidava da casa. Em uma boa voz de contralto e ao som de violinos imaginários, Masha cantava da alegria à melancolia, e de volta à alegria. Leonard descrevia a mãe como "tcheckhoviana",[1] e continuava: "Ela ria e chorava profundamente", uma emoção atrás da outra, em uma sucessão rápida. Masha Cohen não era uma mulher nostálgica. Não falava muito do país que havia deixado, mas carregava o passado na forma de canções.

Os residentes de Westmount eram prósperos canadenses de ascendência inglesa, protestantes de classe média e judeus canadenses de segunda ou terceira geração. Em uma cidade totalmente voltada para divisões e separações, judeus e protestantes foram colocados juntos apenas com base no fato de não serem nem franceses, nem católicos. Antes de a Revolução Tranquila ocorrer no Quebec, nos anos 1960, e o francês virar o único idioma oficial da província, os únicos franceses em Westmount eram os empregados domésticos. Os Cohen tinham uma empregada, Mary, embora ela fosse irlandesa católica. Também tinham uma babá, a quem Leonard e a irmã chamavam de Nursie* e um jardineiro chamado Kerry, um homem negro que também atuava como motorista da família. (O irmão de Kerry trabalhava na mesma função para o irmão mais novo de Nathan, Horace.) Não é segredo que Leonard teve uma criação privilegiada. Ele nunca negou ter nascido no "lado certo da cidade", jamais renegou sua criação, rejeitou a família, mudou de nome ou fingiu ser algo que não era. A família dele era rica, embora certamente houvesse outras mais ricas em Westmount. Ao contrário das mansões de Upper Belmont, a casa dos Cohen, embora grande, era geminada, e o carro da família, embora dirigido por um motorista, era um Pontiac, e não um Cadillac.

Mas o que os Cohen tinham e pouquíssimos conseguiram alcançar era status. A família em que Leonard nasceu era distinta e importante, uma das mais proeminentes famílias judias de Montreal. Os ancestrais de Leonard construíram sinagogas e fundaram jornais no Canadá. Eles criaram e lideraram uma grande lista de sociedades e associações filantrópicas judaicas. O bisavô de Leonard, Lazarus Cohen, foi o primeiro da família a ir para o Canadá. Na Lituânia, que fazia parte da Rússia na década de 1840, quando Lazarus nasceu, ele foi professor de uma escola rabínica em Wylkowyski, um dos seminários rabínicos mais rigorosos do país. Por volta dos 20 anos, Lazarus deixou esposa e filho para trás a fim de tentar a sorte fora do país. Após uma breve estadia na Escócia, pegou um navio para o Canadá, parando em uma cidadezinha de Ontário cha-

---

* Corruptela de *nurse*, babá em inglês. (*N. da T.*)

mada Maberly, onde trabalhou muito e progrediu, começando como estoquista até virar dono de uma empresa de carvão, a L. Cohen and Son. O filho era Lyon, pai de Nathan, a quem Lazarus mandou buscar dois anos depois, junto com a mãe. A família acabou se mudando para Montreal, onde Lazarus virou presidente de uma fundição e montou uma bem-sucedida empresa de dragagem.

Quando Lazarus Cohen chegou ao Canadá, em 1860, a população judaica do país era ínfima. Em meados do século XIX havia menos de quinhentos judeus em Montreal. Já na metade da década de 1880, quando Lazarus assumiu a presidência da sinagoga Congregação Shaar Hashomayim, havia mais de cinco mil. Os *pogroms* russos levaram a uma onda de imigração e, no fim do século, a quantidade de judeus no país havia dobrado. Montreal tinha virado o centro do judaísmo canadense e Lazarus, com sua barba branca, comprida e bíblica, além da cabeça descoberta, era uma figura familiar na comunidade. Não só construiu uma sinagoga, como estabeleceu e comandou uma série de organizações para ajudar colonos judeus e aspirantes a imigrantes, chegando a viajar à Palestina (onde comprou terras em 1884) em nome da Associação de Colonização Judaica de Montreal. O irmão mais novo de Lazarus, o rabino Tzvi Hirsch Cohen, que se juntou a ele no Canadá logo depois, acabaria se tornando rabino-chefe de Montreal.

Em 1914, quando Lyon Cohen assumiu a presidência da Shaar Hashomayim no lugar do pai, a sinagoga podia se considerar a maior congregação da cidade, cuja população judaica agora beirava os quarenta mil. Em 1922, quando ficou grande demais para suas dependências, a sinagoga se mudou para um novo endereço em Westmount, ocupando quase um quarteirão, a poucos minutos da casa da Belmont Avenue. Doze anos depois, Nathan e Masha adicionaram o único filho ao "Registro de nascimentos da corporação de judeus ingleses, alemães e poloneses de Montreal" da sinagoga, dando a Leonard o nome judeu de Eliezer, que significa "Deus é auxílio".

Seguindo os passos do pai, Lyon Cohen foi um empresário de muito sucesso nas áreas de vestuário e seguros. Ele também acompanhou Lazarus no serviço comunitário, sendo indicado para secretário da Associação Anglo-judaica ainda na adolescência. Lyon acabaria fundando um centro comunitário judeu e uma casa de saúde, além de liderar esforços para ajudar as vítimas dos *pogroms*. Também teve cargos de chefia no Instituto Baron de Hirsch, na Associação da Colonização Judaica e na primeira organização sionista do Canadá. Foi ao Vaticano falar com o papa em nome da sua comunidade e também se tornou cofundador do primeiro jornal anglo-judeu do Canadá, o *Jewish Times*, para o qual contribuía com artigos ocasionalmente. Aos 16 anos, Lyon escreveu uma peça chamada *Esther*, a qual produziu e na qual atuou. Leonard jamais conheceu o avô, pois tinha 2 anos de idade quando ele morreu, mas havia uma conexão forte entre os dois, que se intensificou à medida que Leonard envelhecia. Os princípios, a crença no trabalho como formador de caráter e na "aristocracia do intelecto",[3] como Lyon sempre falava: tudo se encaixava muito bem nas convicções pessoais de Leonard.

Lyon também era um canadense patriota convicto e, quando a Primeira Guerra Mundial começou, liderou um esforço de recrutamento a fim de estimular os judeus de Montreal a se alistarem no Exército canadense. Os primeiros a se registrar foram seus filhos Nathan e Horace (o terceiro, Lawrence, era jovem demais). O tenente Nathan Cohen, número 3080887, virou um dos primeiros comandantes oficiais judeus do Exército canadense. Leonard amava as fotografias do pai usando farda. Mas, após voltar da guerra, Nathan passou por períodos recorrentes de saúde frágil, que o deixaram cada vez mais incapaz e, finalmente, inválido. Talvez seja por isso que, mesmo sendo o filho mais velho do filho mais velho, não tenha mantido a tradição familiar de assumir a presidência da sinagoga ou de qualquer outra organização. Embora no papel ele fosse presidente da Freedman Company, a empresa era basicamente gerenciada pelo irmão Horace. Nathan não era um intelectual ou um erudito religioso, como seus ancestrais. As estantes de madeira escura na casa da Belmont Avenue tinham uma impressionante coleção, encadernada em couro, dos grandes poetas (Chaucer, Wordsworth, Byron), um presente de *bar mitzvah* para Nathan, mas as lombadas continuaram intactas até Leonard abri-los para ler. Nathan, dizia Leonard, preferia a *Reader's Digest*, mas "o coração dele era culto: ele era um cavalheiro".[4] Quanto à religião, era "um judeu conservador, não fanático, sem ideologias e dogmas, cuja vida consistia puramente de hábitos domésticos e relações sociais com a comunidade". A religião não era algo que provocava reflexões ou discussões na casa de Nathan: "Mencionava-se o assunto com a mesma frequência com que um peixe menciona a presença da água."⁵ Ela simplesmente estava lá: a tradição dele, o povo dele.

O pai de Masha, o rabino Solomon Klonitzki-Kline, era um notório erudito religioso que dirigira uma escola para estudos do Talmude em Kovno, na Lituânia, a uns oitenta quilômetros da cidade onde Lazarus nasceu. Ele também era escritor, cujos dois livros, *Lexicon of Hebrew Homonyms* e *Thesaurus of Talmudic Interpretations*, dariam a ele o epíteto "Sar HaDikdook", o Príncipe dos Gramáticos. Quando a perseguição aos judeus deixou a vida na Lituânia insuportável, Solomon se mudou para os Estados Unidos, onde uma das filhas morava após ter se casado com um americano. Masha tinha se mudado para o Canadá e ali conseguira um emprego de enfermeira. Quando o visto de trabalho dela expirou, Solomon pediu a ajuda do genro americano, o que o levou ao comitê de reassentamento de Lyon Cohen. Foi por meio da amizade que se construiu entre o rabino e Lyon que Masha e Nathan se conheceram e acabaram se casando.

Quando garoto, Leonard ouviu falar do avô Kline mais do que o viu, pois o rabino passava boa parte do tempo nos Estados Unidos. Masha contava a Leonard histórias sobre pessoas que andavam centenas de quilômetros para ouvir seu avô falar. Segundo ela, Kline também era famoso por ser um exímio cavaleiro, e Leonard ficava particularmente feliz com essa informação. Ele gostava de ser de uma família de gente importante, mas era um garoto e as proezas físicas ganhavam do intelecto. Leonard planejava entrar na academia militar quando tivesse idade suficiente. Nathan já havia permitido. O menino queria lutar em guerras e ganhar medalhas, como o pai fizera antes de se tornar o inválido que algumas vezes tinha dificuldade até para subir escadas e ficava em casa em vez de trabalhar, aos cuidados da mãe de Leonard. Durante boa parte da infância do filho, Nathan esteve doente. Mas o garoto tinha provas de que o pai fora um guerreiro. Nathan ainda guardava a arma da Primeira Guerra Mundial na mesinha de cabeceira. Um dia, quando não havia ninguém em casa, Leonard entrou escondido no quarto dos pais, abriu a gaveta da mesinha e tirou o revólver. Era grande, um 38 em cujo tambor estava gravado o nome, a patente e o regimento do pai. Segurando a arma em sua mão pequena, Leonard tremeu, boquiaberto com o peso e a sensação do metal frio contra a pele.

A casa número 599 da Belmont Avenue era movimentada, bem-organizada, com uma rotina definida, o centro do universo do jovem Leonard. Todos os desejos e necessidades do garoto giravam em torno dela. Os tios e primos moravam ali perto. A sinagoga que Leonard frequentava com a família nas manhãs de sábado, aos domingos por conta da escola dominical e duas tardes por semana para aulas de hebraico ficava a uma breve caminhada, descendo a rua. O mesmo valia para as instituições de ensino regular Roslyn Elementary School e, posteriormente, Westmount High. O Murray Hill Park, onde Leonard brincava no verão e fazia anjos de neve no inverno, ficava logo abaixo da janela do quarto dele.

A comunidade judaica de Westmount era muito próxima. Era um grupo minoritário em um bairro de ingleses protestantes, que por sua vez já eram uma minoria, embora poderosa, naquela cidade e província amplamente habitadas por franceses católicos, que também eram minoria no Canadá. Todos se sentiam um pouco deslocados, mas parte de algo importante. Era "um ambiente romântico, conspiratório e louco", explicou Leonard, um lugar de "sangue e solo e destino. Esse foi o cenário em que cresci, e é muito natural para mim",[6] constatou.

A comunidade de Leonard ficava a quase meia cidade de distância do bairro proletário habitado por judeus imigrantes em torno de Saint-Urban (cenário para os romances de Mordecai Richler) e parecia hermeticamente fechada, mas obviamente não era. A cruz no alto do monte Royal, Mary, a empregada da família, sempre fazendo o sinal da cruz, e as celebrações da Páscoa e do Natal na escola faziam parte da vida do jovem Leonard tanto quanto as velas do Shabat que o pai acendia nas noites de sexta-feira e a sinagoga imponente no fim da ladeira, de cujas paredes seu bisavô e seu avô o encaravam do alto de grandes retratos emoldurados, lembrando o menino da distinção do seu sangue.

Segundo Leonard, era "uma vida familiar intensa".[7] Os Cohen se encontravam regularmente na sinagoga, no trabalho e, também, uma vez por semana, na casa da avó paterna de Leonard. "Todo sábado, por volta das quatro da tarde, a dedicada empregada, Martha, levava um carrinho com chá, pequenos sanduíches, bolos e biscoitos", diz David Cohen, dois anos mais velho que Leonard e um primo de quem era particularmente próximo. "Você nunca era convidado e nunca perguntava se podia ir, mas sabia que ela estava aguardando visitas. Parece bem ultrapassado, mas era um evento e tanto." A avó de Leonard tinha um apartamento em uma das grandes casas da Sherbrooke Street, em Atwater, ponto final de todos os desfiles que aconteciam em Montreal. "O desfile de St. Jean-Baptiste era um grande evento antes de a situação política em Montreal ficar bem complicada, e nós assistíamos a tudo através da ampla e linda janela na sala de estar da casa." A avó era basicamente uma dama vitoriana, "mas, por mais que pareça arcaico e fora de moda, era uma senhora bem avançada". Tudo isso impressionou Leonard, que narraria os chás organizados por ela em seu primeiro romance, *A brincadeira favorita*.

No mesmo livro, Leonard descreveu os homens mais velhos da família como sérios e formais. Nem todos eram assim. Entre os integrantes mais pitorescos da família estava o primo Lazzy, apelido do irmão mais velho de David, Lazarus. Leonard achava Lazzy "um homem de vida social agitada, familiarizado com o universo de coristas, boates e artistas".[8] Havia também um parente de uma geração mais antiga: Edgar, primo de Nathan, homem de negócios com pendor literário. Muitos anos depois, Edgar H. Cohen escreveria *Mademoiselle Libertine: A Portrait of Ninon de Lanclos*, biografia publicada em 1970 da cortesã, escritora e musa do século XVII cujos amantes incluíam Voltaire e Molière e que, após viver um período em um convento, criou uma escola para ensinar técnicas eróticas a jovens nobres franceses. Leonard e Edgar, diz David Cohen, eram "muito próximos".

A vida de Leonard era confortável e segura em um período desconfortável e inseguro. Poucos dias antes do quinto aniversário de Leonard, a Alemanha invadiu a Polônia, iniciando a Segunda Guerra Mundial. Mais perto de casa, em 1942, houve um protesto antissemita no St. Lawrence Boulevard (The Main, como era chamado pelos moradores), que era a linha divisória tradicional entre a Montreal inglesa e a francesa. Ele foi liderado pelo movimento nacionalista francês de Montreal, que incluía defensores do regime francês de Vichy. Uma alegação particularmente risível da organização era que os judeus tomaram conta do negócio de roupas a fim de obrigar jovens modestas franco-canadenses a usar "vestidos inadequados ao estilo de Nova York".[9] Durante o protesto, várias lojas de judeus no Main foram vandalizadas, tendo suas janelas quebradas e ofensas racistas pintadas em suas paredes. Mas para uma criança de 7 anos, moradora de Westmount, sentada no quarto lendo seus quadrinhos do Super-Homem, era outro mundo. "A Europa, a guerra, a guerra social, nada daquilo parecia nos afetar",[10] pondera Leonard.

Ele passou rapidamente pelo início da infância, fazendo tudo o que era esperado dele (manter as mãos limpas, ser bem-educado, vestir-se para o jantar, ter boas notas na escola, entrar para o time de hóquei, manter os sapatos lustrados e arrumados embaixo da cama), sem mostrar qualquer sinal preocupante de santidade ou genialidade. Nem de melancolia. Os filmes caseiros feitos por Nathan, um bom operador de câmera amador, mostram um garotinho feliz e radiante pedalando um triciclo pela rua, andando de mãos dadas com a irmã e brincando com o cachorro, um terrier escocês preto chamado Tinkie. A mãe tinha batizado orginalmente o animal com o nome mais digno de Tovarich, "aliado" em russo, que foi vetado pelo pai. Nathan já estava ciente de que em uma comunidade de judeus canadenses anglicizados o fato de Masha ser russa, com sotaque, inglês imperfeito e personalidade forte, se destacava. "Não era considerado uma boa ideia ser passional", explica Leonard, ou chamar a atenção. "Éramos ensinados a ser discretos e bem-comportados", completa o primo David.

Em janeiro de 1944, aos 52 anos, o pai de Leonard morreu. O menino tinha 9 anos. Aproximadamente 14 anos depois, em dois contos não publicados intitulados "Ceremonies" e "My Sister's Birthday",[11] Leonard descreveu o que aconteceu: "Nursie nos deu a notícia." Sentada à mesa da cozinha, com as mãos apoiadas no colo, a babá informou a Leonard e Esther que eles não iriam à escola naquele dia porque o pai deles havia morrido durante a noite. Ela também pediu que ficassem quietos, pois a mãe dos dois ainda estava dormindo. O funeral aconteceria no dia seguinte. "Foi quando me ocorreu: 'Mas não pode ser amanhã, Nursie, é o aniversário da minha irmã'", escreveu Leonard.

Às nove da manhã do dia seguinte, seis homens chegaram e levaram o caixão para a sala de estar. Eles o colocaram ao lado do sofá Chesterfield de couro. Masha fez a empregada limpar todos os espelhos da casa. As pessoas começaram a chegar ao meio-dia, sacudindo a neve das botas e dos sobretudos: parentes, amigos, gente que trabalhava na fábrica. O caixão estava aberto e Leonard olhou para dentro. Nathan estava envolvido em um xale de orações prateado, com o rosto branco e o bigode preto. O pai parecia aborrecido, pensou Leonard. O tio Horace, que presidia a Freedman Company com Nathan e tinha servido ao seu lado na Grande

Guerra, sussurrou para Leonard: "Temos que ser como soldados." Naquela mesma noite, quando Esther perguntou a Leonard se ele tinha ousado ver o pai morto, ambos confessaram que sim, e ela concordou que o bigode dele parecia ter sido pintado por alguém. Os dois contos terminaram com a mesma frase: "Não chore, eu disse a ela. Acho que esse foi o meu melhor momento. Por favor, é o seu aniversário."

Uma terceira versão do acontecimento apareceu em *A brincadeira favorita*. É um relato mais equilibrado, em parte pelo fato de a escrita de Leonard ter amadurecido consideravelmente entre as histórias abandonadas e o primeiro romance, e em parte pela distância estabelecida ao ter atribuído essas experiências a um personagem fictício (embora Leonard tenha confirmado que tudo aconteceu como descrevera no livro).[12] Dessa vez o episódio termina com o menino pegando uma das gravatas-borboleta do pai no quarto, rasgando-a e escondendo dentro dela um pedacinho de papel no qual tinha escrito algo. No dia seguinte, em uma cerimônia particular, o menino cava um buraco e a enterra no jardim, sob a neve. Desde então Leonard descreve essa como a primeira coisa que escreveu na vida. Também disse não se lembrar do conteúdo e alegou ter "escavado o quintal por vários anos, procurando por ele. Talvez eu só esteja fazendo isso, procurando aquele bilhete".[13]

O ato é tão pleno de simbolismo (Leonard fazendo da sua escrita um rito pela primeira vez) que fica tentador interpretar ao pé da letra essas palavras de uma entrevista de 1980, mesmo que provavelmente se trate apenas de mais uma das várias boas frases que Leonard sempre dava aos entrevistadores. As crianças geralmente se sentem atraídas pelo místico e por cerimônias secretas. E se Leonard também afirmou que "não tinha nenhum interesse particular em religião" na infância, exceto por "algumas vezes em que fomos ouvir um coral",[14] também sabia que era um *kohen*, integrante de uma casta sacerdotal, descendente por parte de pai de Aarão, irmão de Moisés, e nascido para oficiar. "Quando disseram que eu era um *kohen*, acreditei. Não pensei que eu era algum tipo de informação secundária. Eu queria viver neste mundo. Queria ser aquele que levanta a Torá... Eu era um garotinho, e tudo que eles me diziam sobre isso reverberava",[15] relembra.

Mesmo assim, quando criança, Leonard não mostrou muito interesse pela sinagoga fundada por seus ancestrais. As aulas de hebraico o "entediavam", segundo o próprio, e Wilfred Shuchat, que foi nomeado rabino da Shaar Hashomayim em 1948, parece confirmar o fato. Leonard era um aluno "aceitável", diz o velho rabino, "mas a erudição não era o interesse verdadeiro dele, e sim a personalidade, a forma de interpretar as coisas. Ele era muito criativo".

Leonard não chorou quando o pai faleceu. Ele lamentou mais quando o cachorro Tinkie morreu, alguns anos depois. "Eu não tive uma sensação profunda de perda", contou em uma entrevista de 1991, "talvez porque ele sempre tenha estado muito doente ao longo de toda a minha infância. Parecia natural ele ter morrido. Ele estava fraco e morreu. Talvez meu coração seja frio."[16]

É verdade que desde o verão anterior Nathan havia entrado e saído do Royal Victoria Hospital várias vezes. Se também é verdade que a perda do pai não teve grande efeito em Leonard, ele não era tão jovem aos 9 anos a ponto de não ter registrado o acontecido. Em algum lugar, lá no fundo, algo deve ter mudado. Talvez a percepção da impermanência das coisas ou a aquisição de uma sabedoria triste, uma rachadura por onde a insegurança ou a solidão pudessem entrar. O que Leonard mais notou durante esse importante episódio de sua infância foi a mudança de status. Enquanto o pai jazia no caixão, na sala de estar, o tio Horace o chamou de lado e disse que ele, Leonard, era o homem da casa agora e que as mulheres (a mãe e a irmã de 14 anos, Esther) estavam sob sua responsabilidade. "Isso me deixou orgulhoso", escreveu Leonard em "Ceremonies". "Eu me senti um jovem príncipe consagrado de alguma dinastia amada pelo povo. Eu era o filho mais velho do filho mais velho."[17]

CAPÍTULO DOIS

UMA CASA DE MULHERES

No início da adolescência, Leonard desenvolveu um grande interesse pela hipnose. Ele adquiriu um livro de bolso fino, escrito anonimamente, com o título longo de *25 Lessons in Hypnotism: How to Become an Expert Operator* e a extravagante alegação de ser "o curso mais perfeito, completo, fácil de aprender e abrangente do mundo, englobando ciência da cura magnética, telepatia, leitura da mente, hipnose, clarividência, mesmerismo, magnetismo animal e ciências afins". Na capa, embaixo do desenho grosseiro de uma dama vitoriana enfeitiçada por um cavalheiro de bigode e cabelos despenteados, Leonard escreveu seu nome a caneta na melhor caligrafia que conseguiu e começou seus estudos.

No fim das contas Leonard tinha um talento natural para o mesmerismo. Após experimentar sucesso instantâneo com animais domésticos, ele passou para os empregados da casa, recrutando como primeira cobaia humana a babá da família. Seguindo suas instruções, a jovem sentou-se no sofá Chesterfield. Leonard puxou uma cadeira e, como ensinava o livro, disse a ela em voz lenta e calma para relaxar os músculos e olhar nos olhos dele. Então, pegou um lápis e o moveu lentamente diante do rosto da moça, de um lado para o outro, de um lado para o outro, até que teve sucesso, colocando-a em transe. Desrespeitando (ou seguindo, a depender da interpretação) a diretriz do autor de que seus ensinamentos deveriam ser usados apenas para fins educacionais, Leonard solicitou à babá que se despisse.

Que momento esse deve ter sido para o adolescente Leonard. A fusão bem-sucedida de sabedoria arcana e desejo sexual. Sentar-se ao lado de uma mulher nua em sua própria casa o convenceu de que *ele* tinha feito aquilo acontecer apenas através de talento, estudo, domínio de uma arte e imposição da sua vontade. Quando encontrou dificuldade para acordá-la, Leonard começou a entrar em pânico. Ficou apavorado, temendo que a mãe pudesse voltar para casa e pegá-los em flagrante, embora seja possível argumentar que isso teria apenas acrescentado uma pitada de desgraça, desespero e perda iminente àquela poderosa mistura, deixando tudo ainda mais perfeitamente Leonard Cohenesco.

O Capítulo Dois do manual de hipnotismo pode ter servido de conselho profissional ao cantor e artista que Leonard se tornaria. O texto orientava o leitor a ir contra qualquer aparência de leveza: "Seus traços devem ser fixos, firmes e austeros. Fique tranquilo em todas as suas ações. Diminua cada vez mais o volume da voz, até virar quase um sussurro. Faça uma pausa por alguns instantes. Você vai fracassar se tiver pressa."[1]

Quando Leonard recriou o episódio aos vinte e poucos anos em *A brincadeira favorita*, escreveu: "Ele nunca tinha visto uma mulher tão nua... Estava atônito, feliz e assustado diante de todas as autoridades espirituais do universo. Foi quando parou para observar. Era isso que tinha esperado tanto tempo para ver. Ele não se decepcionou na hora nem em momento posterior algum."[2] Embora tenha atribuído isso ao seu alter ego ficcionalizado, fica difícil imaginar que tais sentimentos não fossem os do próprio Leonard. Décadas mais tarde ele ainda diria: "Não acho que um homem supere a primeira visão de uma mulher nua. Acho que é Eva pairando sobre ele. É a manhã e o orvalho na pele. E acho que esse é o principal conteúdo da imaginação de todo homem. Todas as aventuras tristes da pornografia, o amor e as canções são apenas etapas no caminho rumo àquela visão sagrada."[3] A babá, por acaso, tocava ukulele, instrumento que o alter ego fictício dele confundiu com um alaúde, tomando assim a garota por um anjo. E todos sabem que anjos nus têm acesso ao portal do divino.

"Leonard sempre reclamava da falta de garotas. Que ele não conseguia garotas", diz Mort Rosengarten. "E era sempre uma reclamação séria." Rosengarten é escultor e o amigo mais antigo de Leonard. Também foi o modelo para Krantz, o melhor amigo do protagonista de *A brincadeira favorita*. "Você precisa se lembrar", diz Rosengarten, com a voz suave quase inaudível devido ao barulho do respirador que o enfisema o obriga a usar, "que na época nós éramos criados de forma totalmente segregada. Na escola, os garotos ficavam em uma parte e as garotas em outra, não havia qualquer tipo de interação. E como não nos enquadrávamos na sociedade convencional de Westmount em termos de comportamento, também não tínhamos acesso a essas mulheres, porque elas estavam em um caminho diferente do nosso. Mas eu sempre pensei que Leonard era sortudo, que ele entendia algo sobre as mulheres por morar em uma casa de mulheres, com a irmã e a mãe. Eu não sabia coisa alguma sobre o assunto. Tinha apenas um irmão, e a minha mãe não entregava os segredos sobre o que as mulheres queriam. Nós sempre reclamávamos."

O lar de Rosengarten é uma casa geminada de dois andares (pequena, instável e com uma banheira na cozinha) que fica perto do Parc du Portugal e fora do Main. Quando ele se mudou para lá, há quarenta anos, era um bairro de operários imigrantes. Apesar dos sinais de gentrificação (lojas chiques e cafés), os antigos mercadinhos judeus com mesas de fórmica que Mort e Leonard costumavam frequentar continuam lá. O local ficava a um mundo de distância da origem privilegiada que ambos tiveram em Westmount. Mort cresceu em Upper Belmont, a uns quinhentos metros e um estrato econômico acima do lar da família Cohen em Lower Belmont. Embora o dinheiro tenha acabado há muito tempo, os Rosengarten foram extremamente ricos. Tinham dois Cadillacs e uma casa de campo em Eastern Townships, a quase cem quilômetros de Montreal. Leonard e Mort se conheceram e ficaram amigos em território neutro, quando Mort tinha 10 anos e Leonard, 9. Foi em uma colônia de férias, em junho de 1944, cinco meses após a morte do pai de Leonard.

Os Cohen tinham se acostumado a passar o verão juntos à beira-mar no Maine, nos Estados Unidos. Mas nos verões de 1940 e 1941, quando o Canadá estava em guerra com a Alemanha, mas os Estados Unidos ainda não tinham se juntado à batalha, a imposição de restrições monetárias por parte do país fez com que fosse mais sensato para os canadenses passar as férias no próprio país. Um local muito procurado eram os montes Laurentinos, ao norte de Montreal. O escritor Mordecai Richler descrevia o local como "um verdadeiro paraíso judeu, uma espécie de montanhas Catskill da segunda divisão",[4] com hotéis e pousadas em que senhores de solidéu fofocavam em ídiche do outro lado da rua onde ficava o boliche "apenas para gentios". Para quem estava do lado de Leonard no espectro etário havia uma proliferação de colônias de férias nos lagos em volta de Sainte-Acathe. O acampamento Hiawatha oferecia aos jovens o cardápio usual de ar fresco, dormitórios em cabanas, chuveiros coletivos, artes e ofícios, esportes ao ar livre e insetos que picavam, mas "era terrível", diz Rosengarten com muito sentimento. "A maior preocupação deles era garantir aos pais que você jamais se meteria em qualquer tipo de aventura. Fui deixado lá por alguns anos, embora Leonard só tenha ido um verão. A mãe dele encontrou um acampamento mais sensato, em que ensinavam a andar de canoa e nadar", sendo que nadar era algo que Leonard fazia bem e com entusiasmo. Uma conta detalhada do acampamento Hiawatha em 1944 parece confirmar a parcimônia das atividades em oferta: a mesada de Leonard foi gasta na cantina, em papéis de carta, selos, um corte de cabelo e uma passagem de trem de volta para casa.[5]

Leonard e Mort tinham mais em comum do que o fato de terem sido criados em famílias judias prósperas de Westmount. Nenhum deles teve uma figura paterna por grande parte da vida: o pai de Leonard estava morto e o de Mort se mostrava, em geral, ausente. Além disso, ambos tinham mães que, definitivamente, não eram convencionais para os padrões da sociedade judia de Westmount em 1940. A mãe de Mort veio da classe operária e se considerava "moderna". A de Leonard era uma imigrante russa e consideravelmente mais jovem do que o falecido marido. Se o sotaque e a natureza dramática de Masha não haviam causado um certo distanciamento por parte das outras mães naquela comunidade pequena e isolada, ser uma jovem viúva atraente e elegantemente vestida provavelmente o faria. Mas a amizade de Leonard e Mort se aprofundaria mesmo quatro anos depois, quando ambos frequentaram a mesma escola na segunda etapa do ensino fundamental.

Westmount High, um prédio grande feito de pedras cinzentas, com jardins exuberantes, uma colina e um lema em latim (*Dux Vitae Ratio*, que significa "A razão é o guia da vida"), parecia ter fugido de Cambridge e pegado um avião para o Canadá no meio da noite após se cansar de passar séculos moldando as mentes de garotos britânicos bem-nascidos. Na verdade, era relativamente jovem: a escola protestante foi fundada em um prédio bem mais modesto em 1873, embora ainda esteja entre as mais antigas escolas de língua inglesa de Quebec. Na época em que Leonard estudou lá, os alunos judeus compunham entre um quarto e um terço dos estudantes da escola. Reinava um clima geral de tolerância ou indiferença religiosa e os dois grupos se misturavam, socializavam e iam às festas um do outro. "Tínhamos nossos feriados judeus e celebrávamos os feriados cristãos. Muitos de nós faziam parte do coral e das peças cristãs", conta Rona Feldman, uma das colegas de turma de Leonard. A babá católica de Leonard o levava para a escola todas as manhãs, não importando, como lembrou Mort Rosengarten, que o local "ficasse a um quarteirão de distância, pois a família dele era muito formal". Ela também costumava levar o menino para a igreja com ela. "Amo Jesus. Sempre amei, mesmo quando criança", declara Leonard. E acrescenta: "Eu guardava isto para mim, não saía por aí na sinagoga dizendo 'Eu amo Jesus.'"[6]

Aos 13 anos, Leonard celebrou o *bar mitzvah*, a chegada à maioridade para os judeus. Observado pelos tios e primos, um batalhão de Cohen, ele subiu em um banquinho (era a única forma de conseguir ver) e leu a Torá pela primeira vez na sinagoga que seus ancestrais tinham fundado e liderado. "Havia muitos integrantes da família", recorda o rabino Shuchat, com quem Leonard fez as aulas para o *bar mitzvah*, "mas foi muito difícil para Leonard, porque o pai dele não estava presente" para recitar a habitual prece de liberação. Mas desde que a guerra tinha começado, todos pareciam ter alguém ou algo faltando. "Havia o racionamento e cupons para determinadas coisas, como carne", lembra Rona Feldman. "Eles vendiam selos de economia de guerra na escola e algumas turmas competiam para ver quem comprava mais a cada semana. Havia uma garota que estudava conosco e fazia parte de um programa de crianças enviadas a certos lugares para mantê-las a salvo durante a guerra, e todos nós conhecíamos famílias que tinham parentes servindo ao Exército ou à Aeronáutica no exterior." E quando a guerra acabou, surgiram as fotos aterrorizantes das vítimas dos campos de concentração. A guerra, segundo Mort Rosengarten, foi "muito impactante para nós [Leonard e ele]. Definitivamente, foi um fator muito importante na formação da nossa sensibilidade".

O verão de 1948, período entre sair da Roslyn Elementary e começar a estudar na Westmount High, foi mais uma vez passado em uma colônia de férias. Entre as lembranças do acampamento Wabi-Kon nos arquivos de Leonard estão um certificado de natação e segurança na água, além de um documento escrito em uma letra bonita de criança e assinado por Leonard e outros seis garotos. Trata-se de um pacto de estudantes que diz: "Não devemos brigar e devemos tentar nos entender melhor. Devemos apreciar melhor as coisas. Devemos levar as coisas mais na esportiva e ser mais animados. Não devemos mandar uns nos outros. Não devemos usar palavras chulas."[7] Eles até criaram uma lista de penalidades, que iam de não participar da ceia até ir para a cama meia hora mais cedo.

A seriedade e o idealismo infantis tinham uma inocência quase ao estilo Enid Blyton. De volta ao lar, em seu quarto na Belmont Avenue, Leonard pensava em meninas, recortando fotos de modelos das revistas da mãe e olhando pela janela quando o vento levantava as saias das mulheres que andavam pelo Murray Hill Park ou as deixavam deliciosamente coladas em suas coxas. Nas últimas páginas das suas revistas em quadrinhos ele analisava os anúncios de Charles Atlas que prometiam a garotos fracotes como ele os músculos necessários para conquistar uma garota. Leonard era pequeno para a idade e encontrou ainda outro uso para os lenços de papel: amassá-los e colocá-los nos sapatos para parecer mais alto. Ele ficava aborrecido por ser mais baixo que os amigos (algumas das garotas da escola eram bem mais altas e ele batia nos ombros delas), mas começou a aprender que as garotas poderiam ser conquistadas "com histórias e papo". Em *A brincadeira favorita*, o alter ego "passou a pensar em si mesmo como o Pequeno Conspirador, o Anão Perspicaz".[8] Segundo as lembranças de Rona Feldman, Leonard na verdade era "extremamente popular" com as garotas da turma, embora, devido à sua altura, "a maioria delas o considerasse mais adorável do que um galã. Eu só me lembro dele sendo muito carinhoso. Tinha o mesmo tipo de sorriso de agora, um meio-sorriso tímido, e quando sorria, era muito sincero. Era muito gratificante vê-lo sorrir. Acho que ele era muito querido".

Desde os 13 anos de idade Leonard passou a sair à noite, mesmo até tarde, duas ou três vezes por semana, e passar o tempo andando sozinho pelas ruas mais sórdidas de Montreal. Antes da construção do canal de São Lourenço a cidade tinha sido um grande porto, no qual todas as cargas destinadas à região central da América do Norte eram descarregadas dos navios, colocadas em barcaças e levadas até os Grandes Lagos ou mandadas por trem para o oeste. À noite, a cidade se enchia de marinheiros, estivadores e passageiros dos navios de cruzeiro que atracavam no porto e eram recebidos por incontáveis bares que descumpriam abertamente a lei que os obrigava a fechar às três da manhã.

Os jornais diários traziam notícias de shows na Sainte-Catherine Street que começavam às quatro da manhã e acabavam pouco antes do amanhecer. Havia clubes de jazz e blues, cinemas, bares em que só se tocava música country de Quebec e cafés com jukeboxes cuja seleção Leonard acabaria decorando.

Leonard escreveu sobre essas perambulações noturnas em um texto não publicado e sem data, do fim dos anos 1950, intitulado "The Juke-Box Heart: Excerpt from A Journal": "Quando eu tinha uns 13 anos, fazia tudo que meus amigos faziam até eles irem dormir, e, então, caminhava vários quilômetros pela Ste. Catherine Street, um amante da noite que espiava as cafeterias com mesas de mármore onde os homens usavam sobretudos até no verão." Havia uma inocência infantil na descrição das suas primeiras perambulações: espiando pelas janelas das lojas de presentes "para catalogar as mágicas e os truques: baratas de borracha e campainhas de mão que simulavam choques elétricos". Enquanto caminhava, ele pensava que era um homem de vinte e poucos anos, "encasacado, que usava um chapéu surrado bem baixo, logo acima dos olhos intensos, e tinha uma história de injustiça no coração, mas um rosto nobre demais para a vingança, andando pela noite em alguma avenida molhada, acompanhado pela compaixão de incontáveis plateias... amado por duas ou três belas mulheres que jamais poderiam tê-lo". Ele poderia muito bem estar descrevendo algum personagem de um dos quadrinhos que leu ou de um dos filmes de detetive que tinha visto. Àquela altura, Leonard já era um cinéfilo. Mas, após jogar uma citação de Baudelaire na mistura, ele teve autocrítica suficiente para acrescentar: "Esse escrito me envergonha. Tenho humor suficiente para ver aqui um homem que veio de Stendhal, dado a certa dramatização pessoal e tentando se livrar de uma ereção desconfortável. Talvez a masturbação tivesse sido mais eficaz e menos cansativa."[9]

Leonard passava lentamente pelas garotas de programa na rua, mas, apesar da necessidade e do desejo em seus olhos, as prostitutas olhavam através dele, chamando os homens que passavam, oferecendo a eles o que Leonard começou a querer mais que tudo. O mundo da imaginação do jovem deve ter crescido imensamente nessa época. Havia um arrebatador senso de possibilidade e também uma sensação de isolamento, uma tristeza consciente.

De acordo com Mort Rosengarten, que depois de algum tempo se juntaria ao amigo nessas aventuras noturnas, "Leonard parecia jovem, e eu, também. Mas você conseguia ser servido em bares — e ficar com as garotas aos 13 anos. Era tudo muito aberto na época e também muito corrupto. Vários desses bares eram controlados pela máfia. Era preciso pagar alguém para conseguir uma licença, e o mesmo acontecia com as tavernas, que vendiam apenas cerveja e eram exclusivas para homens, não permitindo a entrada de mulheres. Havia várias, porque eram os lugares mais baratos para beber. Às seis da manhã você podia entrar em uma delas e o lugar estaria lotado. Leonard não precisava sair escondido de casa, nós dois viemos de lares em que ninguém se preocupava com onde estávamos. Mas a comunidade judaica de Westmount era bem pequena e um ambiente muito protegido, com forte noção de identidade de grupo. Todos aqueles jovens se conheciam. Então, ele ia para a Ste. Catherine Street para viver o que nunca teria visto ou tido permissão para fazer".

Durante esse processo, as fronteiras musicais de Leonard também começaram a se expandir. Com o apoio da mãe, ele tinha começado a fazer aulas de piano, não por ter mostrado qualquer interesse ou talento no instrumento, e sim porque a mãe o estimulava em quase tudo e aulas de piano eram comuns na época. Esse não foi, no entanto, o primeiro instrumento musical de Leonard (no ensino fundamental ele tocou um Bakelite Tonette, uma espécie de gravador), e as aulas não duraram muito tempo. Ele achava a prática dos exercícios que a professora, a Srta. MacDougal, passava para casa uma empreitada maçante e solitária. Leonard preferia o clarinete, que tocava na banda do ensino médio junto com Mort, que também tinha fugido das aulas de piano, ao optar pelo trombone. Leonard estava envolvido em uma série de atividades extracurriculares na escola. Tinha sido eleito presidente do conselho estudantil, além de estar na executiva do clube de teatro e no conselho dos editores responsáveis pelo anuário da escola, *Vox Ducum*, periódico que foi o primeiro a publicar uma das histórias de Leonard. "Kill or Be Killed" apareceu em suas páginas em 1950.

Rosengarten recorda: "Leonard sempre foi muito articulado e conseguia abordar grupos de pessoas." Um relatório do Camp Wabi-Kon de agosto de 1949 observa que "Lenny é o líder, sendo procurado por todos os integrantes da cabana. É o garoto mais popular da unidade, amigo de todos [e] querido por toda a equipe".* Ao mesmo tempo, amigos de escola lembram de Leonard como um garoto tímido, envolvido na empreitada solitária de escrever poesia, alguém que evitava atenção mais do que a cortejava. Nancy Bacal, outra amiga íntima, que conhece Leonard desde a infância, lembra-se dele nesse período como "alguém especial, mas de um modo tranquilo. Há esta aparente contradição: ele busca naturalmente a liderança, mas ao mesmo tempo continua invisível. A intensidade e a força dele estão debaixo da superfície". Essa natureza, a um só tempo social e reservada, forma uma mistura curiosa, mas que parece viável. Ela certamente se manteve.

O Big Bang de Leonard, o momento em que poesia, música, sexo e espiritualidade se encontraram e se fundiram nele pela primeira vez, aconteceu em 1950, entre os 15 e os 16 anos. Leonard estava em frente a um sebo, olhando as prateleiras, quando esbarrou com *The Selected Poems of Federico Garcia Lorca*. Folheando as páginas da coletânea, parou no poema "Gacela of the Morning Market".[10] O poema causou-lhe arrepios nos pelos da nuca. Leonard já havia sentido aquilo antes, ao ouvir a força e a beleza dos versos lidos em voz alta na sinagoga, outro repositório de segredos. Lorca era espanhol, homossexual e abertamente antifascista, tendo sido executado pela milícia nacionalista quando Leonard tinha 2 anos de idade. O universo revelado por ele, no entanto, parecia muito familiar a Leonard, com suas palavras iluminando "uma paisagem pela qual você se imaginava caminhando sozinho".[11] Parte dessa paisagem era a solidão. Como Leonard tentou explicar mais de três anos depois: "Quando algo era dito de uma determinada forma, parecia abraçar o cosmos. Não só o meu coração, mas todos os corações estavam envolvidos, a solidão era dissolvida e você sentia que era uma criatura sofrida no meio de um cosmos sofrido, e sua dor era válida. Não só era válida como era a forma pela qual você podia abraçar o sol e a lua." Ele ficou, em suas próprias palavras, "totalmente cativado".[12]

Além de poeta, Lorca era dramaturgo e colecionava antigas canções folclóricas espanholas. Seus poemas eram sombrios, melodiosos, tristes,

---

* O mesmo relatório descrevia os hábitos pessoais e de higiene de Leonard como "asseados e organizados. Ele tem cuidado com as roupas e sempre aparece bem-vestido". O texto também notava o interesse e as habilidades dele na navegação ("um dos melhores capitães da unidade") e seu "fino senso de humor".

emocionalmente intensos, sinceros e tentavam criar uma autoimagem mitológica. Ele escrevia como se canção e poesia fizessem parte do mesmo fôlego. Através do amor pela cultura cigana e da mentalidade depressiva, ele apresentou Leonard às mágoas, aos romances e à dignidade do flamenco. Através de sua posição política, apresentou o jovem às mágoas, aos romances e à dignidade da Guerra Civil Espanhola. Leonard ficou muito satisfeito ao conhecer ambos.

Leonard começou, então, a escrever poemas a sério. "Eu queria responder àqueles poemas. Cada poema que toca você é como um chamado que precisa de resposta, e você quer responder com sua própria história",[13] explicou. Não tentou copiar Lorca. "Eu não ousaria", afirmou, mas sentia que Lorca lhe dava permissão para encontrar a própria voz e também instruções sobre o que fazer com ela: "nunca lamentar casualmente."[14] Nos anos seguintes, sempre que perguntavam em entrevistas o que o levou à poesia, Leonard apresentava uma razão mais material: conseguir mulheres. Ter uma pessoa que confirme sua beleza através de versos era uma grande fonte de atração para as mulheres, e antes do surgimento do rock'n'roll os poetas tinham o monopólio na área. Mas, na verdade, para um garoto de sua idade, geração e criação, "tudo estava na minha imaginação. Estávamos famintos. Não era como hoje, você não dormia com a sua namorada. Eu só queria abraçar alguém",[15] relembra.

Aos 15 anos de idade, mais ou menos na mesma época em que descobriu a poesia de Lorca, Leonard comprou um violão de cordas de náilon por 12 dólares canadenses em uma casa de penhores na Craig Street. Ele descobriu que podia tocar alguns acordes muito rudimentares quase imediatamente usando as quatro cordas superiores pelo fato de já ter sido proprietário de um ukulele (como a empregada hipnotizada em *A brincadeira favorita*). Leonard aprendeu a tocar ukulele sozinho do mesmo jeito que aprendeu hipnose: usando um manual de instruções, o famoso livro de 1926 escrito por Roy Smeck, o chamado Mago das Cordas. "Acho que falei dele para o primo Lazzy, que foi muito bom para mim após a morte do meu pai. Ele me levava a jogos de beisebol no estádio de Montreal para ver os Montreal Royals, o primeiro time em que Jackie Robinson jogou. E disse: 'Roy Smeck está vindo para o El Morocco [um clube noturno de Montreal], você gostaria de conhecê-lo?' Não poderia ouvi-lo tocar porque a entrada de crianças não era permitida em um clube noturno, mas ele me levou ao quarto de hotel em que Smeck estava hospedado e eu conheci o grande Roy Smeck."[16]

No verão de 1950, quando Leonard foi novamente para a colônia de férias (dessa vez o acampamento Sunshine, em Sainte-Marguerite), ele levou o violão. Lá, começou a tocar canções *folk* e descobriu pela primeira vez as possibilidades do instrumento em termos de vida social.

— Você continuava indo para a colônia de férias aos 15 anos?
— Eu era orientador. Era uma colônia de férias judaica para garotos que não tinham dinheiro para as colônias de férias caras, e o diretor contratado por eles, um norte-americano, por acaso era socialista. Ele ficou ao lado dos norte-coreanos na Guerra da Coreia, que havia acabado de começar. Na época, os socialistas eram os únicos que tocavam violão e cantavam músicas folk. *Eles sentiam que tinham a obrigação ideológica de aprender as canções e repeti-las. Então, surgiu uma cópia do* The People's Songbook. *Você conhece? É um ótimo livro de canções, com todos os acordes e as tablaturas, e eu o estudei várias e várias vezes naquele verão com Alfie Magerman, que era sobrinho do diretor e tinha credenciais socialistas (o pai liderava um sindicato) e um violão. Comecei a aprender violão estudando aquele livro do início ao fim várias e várias vezes naquele verão. Fiquei muito tocado por aquelas letras. Muitas eram apenas canções folclóricas tradicionais reescritas. "His Truth Goes Marching On" foi transformada pelos socialistas em "Em nossas mãos foi colocado um poder / Maior que o ouro acumulado / Maior que a vontade de Adão / Multiplicada por mil / Daremos à luz um novo mundo / Das cinzas do antigo / Pois o sindicato nos dá força / Solidariedade para sempre / Solidariedade para sempre / Pois o sindicato nos dá força". Havia um monte de canções do Wobbly. Você conhece esse movimento? Um sindicato internacional e socialista de trabalhadores. Canções maravilhosas. "Era uma vez uma empregada do sindicato / Que não temia / Capangas e homens e alcaguetes / E subxerifes que fazem incursões... Não, vocês não me assustam / Fico com o sindicato." Ótima canção.*

Se é possível medir o entusiasmo de um homem pelo tamanho da resposta, Leonard estava realmente empolgado. Cinquenta anos após o período no acampamento Sunshine ele ainda sabia cantar o *Songbook* de cor do início ao fim.* Em 1950, um violão não vinha acompanhado da imensa iconografia e do magnetismo sexual que teria depois, mas Leonard aprendeu rapidamente que tocar um desses não afastava as garotas. Uma fotografia de grupo tirada na colônia de férias mostra o adolescente Leonard, embora ainda baixinho, um tanto rechonchudo e usando roupas que jamais deveriam ser vestidas em público (short, camisa polo e meias brancas com sapatos pretos), sentado ao lado de uma loura belíssima com um dos joelhos encostado no dele.

De volta ao lar em Westmount, Leonard continuou a investigar o mundo das músicas folclóricas: Woody Guthrie, Lead Belly, cantores *folk* canadenses, baladas de fronteira escocesas, flamenco. "Foi quando comecei a descobrir o tipo de música que amava."[17] Um dia, em Murray Hill Park, ele viu um jovem de cabelos negros perto das quadras de tênis tocando uma melodia espanhola que parecia solitária em um violão. Um grupo de mulheres se formou ao redor do músico. Leonard podia ver que "ele estava cortejando as moças" através da música, de alguma forma misteriosa,[18] e também ficou cativado. Parou para ouvir e, no momento adequado, perguntou ao rapaz se ele aceitaria ensiná-lo a tocar. O jovem, no entanto, era espanhol e não entendia inglês. Usando uma combinação de gestos e francês tosco, Leonard pegou o telefone da pensão no centro da cidade em que o espanhol estava hospedado e conseguiu uma promessa de visita ao número 599 da Belmont Avenue para uma aula.

Na primeira vez, o espanhol pegou o violão de Leonard e o analisou. Não era ruim, segundo ele. Para afiná-lo, tocou uma progressão rápida de flamenco, produzindo no instrumento um som diferente de tudo o que Leonard imaginava ser possível. Ele devolveu o violão ao adolescente e indicou que era a vez dele. Depois de tal performance, Leonard não tinha o menor desejo de tocar uma das canções folclóricas que aprendera e se recusou, alegando que não sabia. O músico colocou os dedos de Leonard no braço do violão e ensinou alguns acordes. Depois foi embora, prometendo voltar no dia seguinte.

Na segunda aula, o espanhol começou a ensinar a progressão de seis cordas do flamenco que tinha tocado no dia anterior, e na terceira, Leo-

---

* Outra canção que Leonard ouviu pela primeira vez em Camp Sunshine foi "The Partisan", que seria a primeira canção de outrem a ser gravada por ele.

nard começou a aprender o padrão de *tremolo*. Ele praticava com afinco, em pé, em frente ao espelho, copiando o jeito como o professor segurava o violão quando tocava. O músico não apareceu para a quarta aula. Quando Leonard ligou para a pensão, a senhoria atendeu e disse que o violonista estava morto. Ele havia se suicidado.

"Eu não sabia nada sobre o homem, por que ele tinha vindo a Montreal, por que apareceu na quadra de tênis, por que tirou a própria vida", diria Leonard a uma plateia de dignitários na Espanha uns sessenta anos depois, "mas foram aqueles seis acordes, aquele padrão no violão que serviu de base para todas as minhas canções e toda a minha música."[19]

Na Montreal de 1950, a vida doméstica de Leonard teve uma virada quando a mãe se casou novamente. O novo marido era Harry Ostrow, farmacêutico, lembrado por David, primo de Leonard, como um homem "muito carinhoso, inofensivo, uma boa pessoa", com quem Leonard parecia ter uma relação agradável, embora distante. Por coincidência, o segundo marido de Masha também seria diagnosticado com uma doença grave. Com a mãe preocupada diante da perspectiva de cuidar de outro marido doente e a irmã, agora com 20 anos de idade, tendo outras coisas na cabeça além do irmão adolescente, Leonard foi deixado por conta própria. Quando não estava na escola ou envolvido em alguma atividade extracurricular, estava no quarto escrevendo poemas ou explorando cada vez mais as ruas de Montreal com Mort.

Com 16 anos, idade mínima para dirigir, Mort pegava um dos dois Cadillacs da família e descia a ladeira para a casa de Leonard. "Uma das coisas que mais gostávamos de fazer era dirigir pelas ruas de Montreal às quatro da manhã, especialmente na parte mais antiga da cidade, perto do porto, indo na direção do East End, onde ficavam as refinarias de petróleo", diz Rosengarten. "Procurávamos garotas às quatro da manhã na rua, as lindas garotas que imaginávamos estar andando por aí, esperando por nós. Claro que não havia absolutamente ninguém." Em noites de neve forte e ruas vazias eles continuavam dirigindo, com o aquecedor ligado, na direção leste, até as Townships, ou para o norte, rumo aos montes Laurentinos. O Cadillac com Mort ao volante deixava uma linha negra e profunda na neve acumulada, como Moisés praticando para seu truque no mar Vermelho. E os dois falavam de garotas, falavam de tudo.

"Eles não se prendiam a nada. Podiam experimentar todas as possibilidades. Passavam pelas árvores que levaram cem anos para crescer, cruzavam vilarejos onde homens passaram a vida inteira... De volta à cidade, as famílias cresciam como videiras... Eles fugiam do pensamento padrão, do verdadeiro *bar mitzvah*, da verdadeira iniciação, da verdadeira e cruel circuncisão que a sociedade estava prestes a infligir por meio dos limites e da rotina maçante", escreveu Leonard, recriando tais viagens noturnas com Mort na ficção. "A estrada estava vazia. Eles eram os únicos em movimento, e esse conhecimento aprofundava a amizade deles mais do que nunca."[20]

CAPÍTULO TRÊS

VINTE MIL VERSOS

As ruas em torno da Universidade McGill foram batizadas em homenagem a britânicos respeitáveis como Peel, Stanley e McTavish, e os prédios foram construídos por escoceses fortes com sólidas pedras escocesas. Havia um ar de Oxbridge na grande biblioteca e no Prédio de Artes, maior ainda, em cujo domo a bandeira da McGill era hasteada a meio mastro quando um dos seus morria. O vasto quadrilátero era cercado de árvores altas e finas cuja postura continuava perfeitamente ereta mesmo diante do peso de fortes nevascas. Além dos portões de ferro havia mansões vitorianas, algumas transformadas em pensões, nas quais moravam estudantes. Se alguém tivesse contado que o Império Britânico havia sido gerenciado a partir da McGill, talvez alguém acreditasse. Em setembro de 1951, quando Leonard começou as aulas na instituição, aos 17 anos de idade, ela era a mais perfeita cidade do século XVIII dentro de uma cidade da América do Norte.

Três meses antes, Leonard havia se formado no ensino médio na Westmount High. *Vox Docum*, o anuário que ajudara a editar, continha duas fotos dele. Uma delas feita em grupo, com o Leonard de 16 anos brilhando no centro da primeira fila, acima de uma legenda que dizia, com uma familiaridade pouco familiar: "Len Cohen, presidente do conselho estudantil". A outra foto, mais formal, que acompanhava a frase dele no anuário, mostrava Leonard de terno e com um olhar distante. Como ditava a tradição, o perfil de Leonard se iniciava com uma frase comovente: "Ainda não podemos subjugar o medo, mas podemos nos entregar a ele de modo a sermos maiores do que ele." Em seguida, ele listava sua maior aversão ("a máquina de refrigerantes"), seu hobby ("fotografia"), além de passatempos ("liderar cantorias em intervalos") e de uma ambição: "ser um orador mundialmente famoso." No item protótipo, Leonard se definiu como "o homenzinho que está quase lá". E, por fim, havia uma lista impressionante de atividades realizadas no ensino médio: presidência do conselho estudantil, participação no conselho editorial do *Vox Docum*, integrante do Clube menorá, do Clube de artes, do Clube de eventos atuais, da Associação dos jovens hebreus e líder de torcida. Aparentemente, era um jovem de 16 anos com grande autoconfiança, temperada com boa dose da costumeira autodepreciação canadense. De modo geral, um jovem de sucesso. Era de se esperar que o próximo passo fosse a McGill, a principal universidade de língua inglesa da província.[1]

Em seu primeiro ano na McGill Leonard estudou artes, passando para matemática, administração, ciências políticas e direito. Mais precisamente, de acordo com o próprio, ele leu, bebeu, tocou músicas e faltou o máximo de aulas que pôde. A julgar pela nota média na graduação, 56,4%, essa não foi uma de suas famosas tiradas autodepreciativas. Leonard teve um desempenho abaixo do esperado em sua matéria favorita, literatura inglesa, e não se saiu melhor em francês, matéria que pegou, segundo o amigo e colega (agora reitor da McGill) Arnold Steinberg, "porque nós ouvimos falar que era fácil de passar. Eu fui reprovado, e o francês de Leonard certamente era mínimo. Nós nunca levamos a aula a sério". A ementa não tinha Baudelaire ou Rimbaud. Em vez disso, passaram o ano todo estudando um livro sobre um jovem e aristocrático casal de russos brancos que foram obrigados a se mudar para Paris após a Revolução e que trabalhavam como empregados de uma família francesa. Escrito pelo dramaturgo francês Jacques Deval, se chamava *Tovarich*, o nome original do terrier escocês de Leonard apelidado de Tinkie.*

Essa insensibilidade com relação ao idioma de metade da população da cidade não era de forma alguma exclusiva de Leonard e de seus amigos. Os anglófonos de Montreal, especialmente os residentes de um enclave privilegiado como Westmount (do qual McGill, por sua vez, era uma extensão privilegiada), tinham poucas relações com a população francófona além das garotas franco-canadenses que começavam a invadir a cidade nos anos 1930, vindas do campo durante a Grande Depressão para trabalhar como empregadas domésticas. A atitude geral em relação ao bilinguismo não era muito diferente, embora fosse menos ligada

---

* Tinkie ainda estava vivo na época. Ele viria a falecer aos 16 anos, depois de se perder em uma tempestade de neve.

a deidades, daquela mostrada pela primeira governadora do Texas, Ma Ferguson: "Se a língua inglesa foi boa o bastante para Jesus Cristo, ela é boa o bastante para todos." Para os habitantes de Montreal que falavam inglês na época, o francês era uma língua tão estrangeira quanto para qualquer estudante da Inglaterra e, da mesma forma, teria sido ensinado por um professor anglófono porque professores francófonos não podiam trabalhar em escolas de língua inglesa (e vice-versa).

"Os franceses eram invisíveis", diz Mort Rosengarten. "Na época, nós tínhamos dois conselhos escolares em Montreal: o católico, que era francófono, e o protestante, anglófono, e os judeus (que tinham o próprio conselho escolar) decidiram se juntar aos protestantes. Eles não só estudavam em escolas diferentes como tinham horários de aula diferentes, então, as crianças nunca estavam na rua ao mesmo tempo, e não havia contato entre elas. Era muito estranho." Mort já estudava artes na McGill há um ano e Steinberg cursava administração quando Leonard entrou. Se Leonard encontrou sucesso na universidade, como fez em Westmount High, foi nas atividades extracurriculares. Como um aprendiz do avô Lyon, ele acumulou posições (entre elas a presidência) em comitês, associações e sociedades.

Como seus colegas da McGill, Leonard foi automaticamente matriculado no grupo de debates. Ele brilhava nessas ocasiões, por conta de um talento natural, além do gosto pelo uso preciso da linguagem. Leonard construía facilmente um argumento que podia ou não refletir seus pensamentos mais profundos, mas que, com seu ouvido de poeta, soava convincente ou pelo menos bom, e conseguia conquistar a plateia. Para um jovem tímido, não tinha problema algum em subir ao palco e falar na frente de outras pessoas. A oratória foi a única matéria da McGill que lhe rendeu um A. No primeiro ano de universidade, Leonard ganhou o prêmio Bovey Shield para a equipe de debate. No segundo, foi eleito secretário do grupo, no terceiro, ascendeu à vice-presidência e, no quarto e último ano, tornou-se presidente.

Leonard e Mort entraram em uma fraternidade judaica do campus, a Zeta Beta Tau, da qual Leonard também virou presidente, e num tempo muito mais curto. Um certificado atesta a data da eleição como 31 de janeiro de 1952, apenas quatro meses após seu primeiro dia na McGill.[2] Como as outras fraternidades, a ZBT tinha suas canções, marchas celebratórias movidas a álcool, e Leonard sabia a letra de todas. Fraternidades e presidências podem parecer surpreendentemente pró-establishment para um rapaz de tendências socialistas e inclinação poética, mas Leonard, segundo Arnold Steinberg, "não é antiestablishment e nunca foi, exceto pelo fato de nunca ter feito o que o establishment faz. Mas isso não o transforma em antiestablishment. De todas as pessoas que conheci, Leonard era de longe o mais formal. Não formal em relação a outras pessoas. Ele tinha um jeito muito conquistador, bastante encantador. Mas, na conduta e no jeito de se vestir e de falar, tinha uma abordagem muito convencional".

Os relatórios das colônias de férias frequentadas por Leonard o descreviam como asseado, arrumado e educado, e ele era mesmo. "Foi assim que fomos criados", diz David Cohen, primo de Leonard. "Sempre nos ensinaram a ser bem-educados, a dizer 'sim, senhor' e 'obrigado', levantar quando um adulto entrasse no recinto e todas essas coisas boas." Quanto à formalidade no vestir, Leonard tinha uma reputação de elegância (embora, mestre da autodepreciação, alegasse que a fama não era para tanto). Mort compartilhava o amor de Leonard por um belo terno. Como ambos tinham famílias na indústria de roupas, podiam se dar ao luxo de satisfazer esse gosto.

"Nós criávamos as nossas roupas na adolescência, e elas eram bem características", conta Rosengarten, "e geralmente mais conservadoras do que a moda popular da época. Eu tinha acesso a um alfaiate que as fazia de acordo com a minha ideia do que o terno deveria ser, e Leonard dizia a ele o que queria. Eu mandava fazer até as camisas; basicamente, porque tinha um pescoço bem magro e não conseguia encontrar camisas de adulto que me servissem." David Cohen lembra de ver Mort frequentando a piscina do grêmio estudantil com um cigarro caindo do canto da boca e as mangas da camisa de alfaiataria presas com braçadeiras. "De certa forma", continua Rosengarten, "a parte conformista da comunidade judaica de Westmount era muito hostil ao fato de que éramos artistas, não obedecíamos às regras nem fazíamos a coisa certa, mas sempre estávamos com um bom terno. E Leonard estava sempre vestido de forma impecável."

O lado não convencional de Leonard aparece de outras formas, relembra Steinberg: "Ele estava sempre escrevendo e desenhando, mesmo na adolescência, e não ia a lugar algum sem um caderno. Fazia esboços intermináveis, mas principalmente escrevia. Tinha ideias, anotava e escrevia poemas. Escrever era uma paixão e parte importante da identidade de Leonard. Eu me lembro de sentar ao lado dele na aula de francês, em uma daquelas bancadas duplas, e lá estava uma inglesa chamada Shirley, que considerávamos lindíssima. Ele estava loucamente apaixonado por essa Shirley e escrevia poemas inspirados nela durante a aula."

Garotas e escrever disputavam o primeiro lugar nas preocupações adolescentes de Leonard, e nessas duas áreas o desempenho dele melhorou muito em relação aos seus dias em Westmount High. Um campo estava melhor que o outro, contudo: o amor ainda não era a marcha vitoriosa descrita em *A brincadeira favorita*, com seu alterego voltando para casa, exultante, saído dos braços da sua primeira amante, ansioso para se gabar da conquista, ofendido porque os cidadãos de Westmount não se levantaram da cama para organizar uma parada de boas-vindas em sua homenagem. Mas era o início dos anos 1950, época em que as roupas íntimas brancas como as cercas das casas vinham até o peito para se encontrarem como sutiãs tão impenetráveis quanto fortalezas. As opções de um garoto eram limitadas. "Você acabava segurando a mão de uma garota", diz Leonard. "Às vezes ela deixava você beijá-la." Qualquer coisa além disso era "proibido".[3]

A escrita, contudo, não enfrentava tais restrições, e era bem promíscua. Leonard escrevia poemas "o tempo todo", lembra Rosengarten, "em uma espécie de diário que sempre carregava, que de vez em quando perdia ou deixava em algum lugar, para no dia seguinte tentar freneticamente encontrá-lo, sempre muito aborrecido porque todo o trabalho estava lá e ele não tinha cópias". Em casa, Leonard tinha começado a usar uma máquina de escrever manual, datilografando enquanto o avô, o rabino Solomon Klonitzki-Kline, escrevia na sala ao lado. O pai de Masha tinha se mudado para lá até o final do ano. Ele e Leonard costumavam sentar lado a lado à noite repassando o "Livro de Isaías", que o rabino sabia de cor e Leonard passou a amar por sua poesia, assim como por suas imagens e profecias. Mais do que tudo, porém, Leonard adorava ficar ao lado do velho, que expressava "solidariedade e prazer" pelo fato de o neto também ser escritor.[4]

Apesar do mau desempenho nas aulas de inglês (as notas foram bem melhores em matemática), foi na McGill que Leonard realmente virou um poeta e foi condecorado em uma cerimônia espontânea feita por Louis

Dudek, poeta, ensaísta e editor canadense de ascendência polonesa. Dudek ministrava a cadeira de literatura, na qual Leonard se matriculou no terceiro ano de faculdade. A turma de cinquenta alunos se reunia às segundas, quartas e sextas às cinco da tarde no Prédio das Artes. A ementa do curso incluía Goethe, Schiller, Rousseau, Tolstói, Tcheckhov, Thomas Mann, Dostoiévski, Proust, T. S. Eliot, D. H. Lawrence, Ezra Pound e James Joyce.

O objetivo de Dudek, conforme descrito por Ruth Wisse, uma das colegas de Leonard e posteriormente professora de literatura ídiche e literatura comparada em Harvard, era ensinar aos alunos duas coisas importantes: "A primeira era a poesia e a literatura modernas, que já haviam evoluído muito no exterior, mas tinham apenas começado no Canadá, com pequenos grupos de poetas e público limitado. A segunda era o grande movimento da literatura e do pensamento europeus desde o século XVIII, cujas profundas consequências práticas ainda seriam vivenciadas pelas mentes dos alunos, como baldes de água fria jogados de um púlpito bem alto." Leonard, diz ela, "foi lançado pela primeira". Confiante de sua inclusão no mundo dos poetas canadenses modernos, ele "não tratava o professor com a mesma deferência de Wisse, e sim como um colega, de igual pra igual".[5] Leonard concorda: "Na época eu era muito autoconfiante. Não tinha dúvida de que meu trabalho entraria no mundo de forma indolor. Eu acreditava que estava entre os grandes."[6]

Em segundo plano nos interesses e objetivos de Leonard, embora ainda firme na disputa, estava a música. O intrigante, considerando a propensão dele a entrar em sociedades, é que Leonard não fazia parte do clube de música de McGill (apesar da presença de uma loura atraente no comitê, chamada Ann Peacock, cujo nome também podia ser encontrado na equipe da revista literária *The Forge*). Mas, em 1952, entre o primeiro e o segundo anos, Leonard formou sua primeira banda com dois amigos da universidade, Mike Doddman e Terry Davis. Os Buckskin Boys eram um trio de música country (Mort ainda não tinha assumido o banjo ou esse poderia ter sido um quarteto), que começou a monopolizar o mercado de bailes de Montreal.

— *Uma banda de baile country? O que deu em você?*
— *Os bailes country eram populares na época. Nós éramos contratados para bailes em escolas de ensino médio e igrejas. Esses eram os eventos*

sociais reconhecidos e estimulados pelos mais velhos. Não havia músicas lentas para dançar, nem muito contato físico. Você apenas dava o braço à parceira e girava na pista por algum tempo. Tudo muito decente. [Ele dá um sorriso irônico.] E todos nós descobrimos que tínhamos casacos de camurça (o meu foi herdado do meu pai), então, batizamos o grupo de Buckskin Boys.

— Era a única banda judia de country em Montreal?

— Na verdade, era um grupo eclético em termos religiosos. Mike era um vizinho meu que tocava gaita e Terry, que era amigo dele, sabia os nomes dos passos e tocava um baixo rudimentar [feito com uma tina de lavar roupa, corda e um taco de hóquei]. Tocávamos canções tradicionais, como "Red River Valley" e "Turkey in the Straw".

— Vocês eram bons?

— Nunca pensamos que éramos os melhores, apenas ficávamos felizes por ser contratados. Acho que se eu ouvisse as músicas agora, provavelmente as acharia boas. Mas não tínhamos a ideia de que aquilo poderia ter futuro, que iria além daquele momento. Não havia qualquer noção de carreira. A palavra "carreira" sempre soava pouco atraente e muito fatigante para mim. Minha ideia era, basicamente, evitar essa atividade chamada carreira, e consegui muito bem evitá-la.

A banda ensaiava na casa da família Davis, na sala de jogos do porão. "Eles sempre pareciam se divertir muito juntos, com várias trocas de conselhos não solicitados e amigáveis acontecendo", lembra Dean Davis, irmão do falecido Terry Davis. Dean operava o fonógrafo nos shows e agia como sonoplasta. "Sei que meus pais achavam Leonard muito educado e um cavalheiro para a idade dele. Minha mãe sempre achava muito engraçado que o trio era composto por um protestante, um judeu e um católico." Janet Davis, viúva de Terry, relembra: "Se ela fosse fazer o jantar para o grupo e por acaso fosse carne de porco numa sexta-feira, dizia que era cordeiro caso eles perguntassem."

Leonard também tocava em outra banda, essa totalmente composta por judeus, como parte da sociedade de alunos judeus de McGill, Hillel. Eles tocaram numa peça cuja equipe incluía Freda Guttman e Yafa "Bunny" Lerner, duas namoradas de Leonard da época da faculdade. Na maior parte do tempo, porém, ele tocava violão sozinho no quadrilátero, na casa da fraternidade ou em qualquer lugar em que houvesse uma festa. Não fazia uma apresentação, era algo sem compromisso. Leonard com um violão era uma visão tão familiar quanto Leonard com um caderno. Melvin Helft, que esteve em várias dessas festas adolescentes, descreve a cena: "Depois de um tempo, quando considerava o clima ideal, Leonard pegava o violão, tocava e cantava para nós. Não era um fanfarrão ou tentava se gabar, dizendo 'Vou cantar para vocês', ele fazia isso sem estardalhaço, era natural. Estava sempre presente, cantando. Ele se divertia, e nós também."

Nos fins de semana, a ação acontecia na casa de Mort em Townships, com meia dúzia deles se amontoando em um carro e indo para o campo. Os pais de Mort nunca estavam lá e o lugar ficava vazio, exceto por um homem que trabalhava na propriedade e uma mulher que atuava como zeladora, nenhum dos quais estando em posição de impedir as festas. O bando geralmente incluía Leonard, Arnold Steinberg, às vezes Yafa e Freda, Marvin Schulman (um dos primeiros do grupo a se declarar abertamente gay) e Robert Hershorn, amigo próximo de Leonard que era de uma família ainda mais rica que a dele. Eles ficavam bebendo e conversando. Quando escurecia, iam de carro até o Ripplecove Inn, no Ayer's Cliff, acima do lago Massawippi, para beber e conversar mais. Na hora de fechar, voltavam para casa, colocavam um disco no fonógrafo ou tocavam músicas eles mesmos, com Leonard ao violão escolhendo as canções folclóricas que tinha aprendido na colônia de férias socialista ou as músicas pop das jukeboxes da Sainte-Catherine Street.

"Nós ouvíamos muita música", relembra Rosengarten. "E Leonard, mesmo antes de compor seu material, era implacável. Ele tocava uma canção, fosse 'Home on the Range' ou qualquer outra, repetidamente, o dia inteiro. Tocava ao violão e cantava. Quando estava aprendendo uma canção, ele a tocava milhares de vezes, o dia inteiro, por vários dias e semanas. A mesma música, repetidamente. Rápida e lenta, mais rápida, assim e assado. Era de enlouquecer. O mesmo aconteceu quando começou a compor material próprio. Ele ainda trabalha assim. Ainda leva quatro anos para compor uma letra, porque escreveu uns vinte mil versos."

Às vezes o grupo se reunia na casa da família de Leonard na Belmont Avenue, embora em uma dessas ocasiões a família dele estivesse presente. Esther entrava e saía (mais saía, pois os amigos do irmão não lhe interessavam muito), mas Masha tomava conta de tudo: criando caso, fazendo comida, entretendo os convidados. "A mãe dele era uma senhora dramática", diz Rosengarten. "Ela era russa e ficava muito dramaticamente infeliz com algo para depois cair na gargalhada e esquecer tudo. Às vezes nós saíamos para o centro às nove da noite e Masha tinha um ataque, dizendo que não era hora de sair e ficava toda aborrecida, mas, em outras ocasiões, quando saíamos de um bar com oito amigos às três da manhã e íamos para a casa de Leonard continuar os trabalhos, ela descia para cumprimentar a todos e oferecer comida, totalmente à vontade com a situação. Não havia como saber qual seria a reação dela." Steinberg concorda: "Masha era muito volúvel, mas todos a amavam porque era uma pessoa agradável, generosa e adorava Leonard. Acho que ela não se misturava muito com as outras mães e não percebia os hábitos preocupantes dele, então me parecia que Leonard tinha muita liberdade. Era sempre divertido aparecer por lá sem avisar. Eu ficava sentado, ouvindo Leonard tocar violão. Ele nunca se considerou um bom músico ou intérprete, mas estava sempre tocando e sempre aprendendo a tocar violão."

A partir de meados dos anos 1950, os convidados das festas de Leonard passaram a incluir poetas e escritores, homens mais velhos, geralmente professores da McGill. "Não havia barreiras nos relacionamentos mestre/aluno. Eles gostavam das nossas namoradas",[7] conta Leonard. Entre os professores mais influentes estavam Louis Dudek; Frank "F. R." Scott, reitor de direito da McGill, poeta e socialista; e Hugh MacLennan, autor do celebrado livro de 1945 *Two Solitudes*, uma alegoria das diferenças irreconciliáveis entre as populações anglófona e francófona do Canadá. MacLennan começou a dar aulas na McGill no mesmo ano em que Leonard entrou na universidade, e Leonard acabou cursando as cadeiras dele sobre romance moderno e escrita criativa. Mas o homem que se mostraria mais crucial era um professor-assistente de ciências políticas e poeta que Leonard conheceu em 1954 após convidá-lo para ler seu novo livro, *The Long Pea-Shooter*, na casa da fraternidade.

"Havia Irving Layton e havia o restante de nós", elogiaria Leonard quase uma vida depois. "Ele é nosso maior poeta, nosso maior defensor da poesia."[8] Irving Layton teria concordado imediatamente e acrescentado ainda mais adjetivos laudatórios. Ele era grandioso e cheio de vida, um homem parrudo que parecia ter sido entalhado nas mesmas pedras escocesas da

McGill, embora com menos atenção aos detalhes. Layton tinha cabeça quente, olhos brilhantes e um fogo interior. E da mesma forma que uma sucessão de mulheres extraordinárias já havia feito, Leonard amava-o.

Uma agência de namoros teria pouca probabilidade de apresentar esses dois como parceiros em potencial. Além de ser 22 anos mais velho que Leonard, o estilo insolente, iconoclasta e afeito a autopromoção de Layton não poderia ser mais diferente dos modos discretos e modestos de Leonard. Layton, com seus cabelos indomados e roupas desgrenhadas, parecia saído de um furacão, enquanto Leonard dava a impressão de usar roupas costuradas nele todas as manhãs por uma equipe de alfaiates particulares. Layton era orgulhosamente belicoso. Leonard, apesar de uma longa atração pela masculinidade assertiva, não era. Layton tinha lutado no Exército canadense, chegando ao posto de tenente, o mesmo do pai de Leonard. Quando criança, Leonard queria entrar para a academia militar, mas o sonho morreu junto com o pai. Mesmo assim, ele guardara a arma do pai. A mãe foi contra isso, mas no fim das contas ele venceu. E havia também a diferença de classe social. Layton nasceu em uma cidadezinha da Romênia em 1912 (seu nome era Israel Lazarovitch antes de a família emigrar para o Canadá) e foi criado em Saint-Urbain, o bairro operário dos imigrantes judeus de Montreal. A criação de classe alta de Leonard em Westmount estava no lado oposto do espectro social dos judeus. O que eles tinham em comum era o amor pela honestidade, o gosto pela ironia e a habilidade na arte do debate (em 1957, Layton apareceu em uma série de debates exibida em rede nacional de TV, chamada *Fighting Words*, que ele invariavelmente vencia).

Layton desprezava abertamente a burguesia canadense e seu puritanismo. O mesmo valia para Leonard, embora o fizesse de forma velada (algo adequado a um homem que considerava a própria família burguesa), como na ocasião em que atuou nos bastidores para derrubar a lei que proibia mulheres e bebidas alcoólicas no quarto dos alunos da sua fraternidade. Layton era intensamente sexual, e Leonard gostava de pensar que também era. Ou poderia ser, caso tivesse alguma oportunidade. A poesia de Layton também seguia o mesmo caminho: era escandalosa, despudorada e fazia questão de citar nomes e detalhes. Layton era tão apaixonado pela poesia, beleza e melodia das palavras quanto Leonard. Layton virou poeta, dizia ele, "para tirar música das palavras". Mas também desejava que sua poesia "mudasse o mundo", com o que o idealista Leonard se identificava profundamente.

Como explica Rosengarten, "a [Segunda] Guerra foi um fator muito importante para a formação da nossa sensibilidade. Pessoas que você conhecia estavam indo embora e sendo mortas. Ainda havia a possibilidade de perdermos a guerra e os nazistas conquistarem os Estados Unidos ou o Canadá. Mas, enquanto tudo acontecia, diziam que se nós *realmente* ganhássemos a guerra por conta do grande sacrifício feito por todos, o mundo viraria uma utopia maravilhosa, em que toda a energia coletiva dissipada na guerra seria direcionada para a criação. Acho que para nós foi uma certa desilusão que, no fim da guerra, a primeira coisa que fizeram foi repudiar o aspecto coletivo da sociedade e manter a ideia de que era realmente bom para os negócios produzir coisas e vendê-las às pessoas como um substituto para esse espírito coletivo. E a quantidade imensa de mulheres que trabalharam e fizeram coisas consideradas impróprias para o sexo feminino durante a guerra foi mandada de volta para a cozinha. Leonard e eu tínhamos plena consciência disso". Essa sensação de Éden perdido, de algo lindo que não deu certo ou não poderia durar, seria detectada em boa parte da obra de Leonard.

"Havia uma cena poética muito interessante em Montreal", diz Rosengarten. "E girava em torno de Irving Layton e Louis Dudek, que eram bons amigos na época." (Eles acabaram brigando mais tarde e suas contendas sobre poesia ficaram famosas.) "Havia muitas festas nas quais eles faziam leituras, várias delas na casa de Irving em Côte Saint-Luc", a oeste de Montreal. É um grande subúrbio hoje e tem uma rua batizada em homenagem a Layton, mas nos anos 1950 a casa de fazenda onde Irving vivia com a esposa e os dois filhos era isolada e cercada de terra cultivável. "Nessas festas as pessoas liam seus poemas umas para as outras, depois discutiam e criticavam os textos. Era bem intenso e às vezes durava quase a noite toda. Houve muitas ocasiões em que Leonard e eu saímos dos bares do centro às três da manhã, fomos para a casa do Irving e isso estava acontecendo. Leonard mostrava seus poemas nessas ocasiões. Eles levavam a produção literária a sério. Havia uma pequena revista com 250 cópias mimeografadas chamada *CIV/n* porque, naquela época, as livrarias não vendiam livros de poetas canadenses. Você não podia adquirir um livro com aquelas poesias contemporâneas em uma livraria em Montreal, era terrível. Mas, olhando para trás, agora percebo que aquela cena poética teve mais influência em mim em termos de estética do que todas as escolas de arte que frequentei na Inglaterra, com todas essas pessoas que viraram escultores importantes. Acho que o grupo em Côte Saint-Luc estava bem à frente de todos eles."

"Nós realmente queríamos ser grandes poetas", admite Leonard. "Pensávamos que todo encontro era uma reunião de cúpula. Achávamos terrivelmente importante o que estávamos fazendo."[9] Ele via aquelas noites como uma espécie de campo de treinamento em poesia, no qual "o treinamento era intenso, rigoroso e levado muito a sério". Leonard sempre teve uma atração por esses regimes. "Mas a atmosfera era amigável. De vez em quando havia lágrimas, alguém saía furioso, nós brigávamos, mas o interesse pela arte da escrita estava no centro da nossa amizade." Ele considerava o processo um aprendizado, e era um aprendiz entusiasmado. "Irving e eu costumávamos passar várias noites estudando poemas de autores como Wallace Stevens. Analisávamos o poema até descobrirmos o código, até sabermos exatamente o que o autor estava tentando dizer, e como dizia. Esta era a nossa vida, a nossa vida era a poesia."[10] Se Layton não virou o conselheiro pessoal de Leonard, acabou sendo um guia, um apoiador e um de seus amigos mais queridos.

Na quinta edição da *CIV/n*, lançada em março de 1954, Leonard fez sua estreia como poeta publicado. Junto a poemas de Layton e Dudek (que faziam parte do conselho editorial) e outros da cena poética de Montreal estavam três obras creditadas a Leonard Norman Cohen: "Le Vieux", "Folk Song" e "Satan in Westmount", esta última sobre um demônio que citava Dante e "cantava fragmentos de canções espanholas austeras".* No ano seguinte, Leonard conquistou o primeiro lugar na Competição Literária Chester Macnaghten, realizada na McGill, com o poema "Sparrows" e a poesia de quatro partes "Thoughts of a Landsman", que incluía "For Wilf and his House", poema publicado em 1955 na *The Forge*. Era um trabalho extraordinariamente maduro, erudito e emocionante, que começava assim:

---

* Curiosamente, na mesma página em que está a "Folk Song" de Leonard há o traçado de um pássaro empoleirado em um fio, desenho que não foi feito por Leonard.

> Quando jovem, os cristãos me falaram
> como nós prendemos Jesus
> como uma linda borboleta contra a madeira
> e eu chorei ao lado de pinturas do Calvário
> por feridas de veludo
> e pés tortos delicados

E terminava com:

> Então deixe-nos comparar mitologias.
> Aprendi a minha mentira elaborada
> de cruzes ascendentes e espinhos venenosos
> e de como meus pais o pregaram
> como um morcego contra um celeiro
> para saudar o outono e os corvos tardios famintos
> como um letreiro amarelo oco.

Layton começou a levar Leonard para suas leituras, com Leonard se alegrando com a desenvoltura do amigo, além dos gestos grandiosos, da fanfarronice e da paixão que as performances despertavam na plateia, especialmente nas mulheres. No verão de 1955, Layton levou Leonard para a Conferência de Escritores Canadenses em Kingston, Ontário, e o convidou para o palco, onde ele leu seus trabalhos e tocou um pouco de violão.

O violão não atrapalhou em nada o sucesso de Leonard com as mulheres, e ele tinha um lugar para onde levá-las agora que havia alugado um quarto com Mort na Stanley Street. "Nós não estávamos exatamente morando ali, apenas passávamos algum tempo lá e convidávamos amigos para passar a noite", esclareceu Rosengarten sobre o antiquado quarto com duas salas de estar em uma pensão vitoriana. A mãe de Leonard não ficou muito feliz com a situação, mas teve dificuldade para proibir o capricho. O relacionamento deles parecia muito complexo, indo além da ligação usual entre mãe e filho, ainda mais porque envolvia o arquétipo da mãe judia e seu filho. Masha, de acordo com a autoridade no assunto, o rabino Wilfred Shuchat, da Shaar Hashomayim, era "muito judia". Quando Nathan morreu, Leonard virou o objeto de seus mimos, seus castigos e sua devoção absoluta. Ela era uma mulher vigorosa e passional, com um marido enfermo, algo deslocada nos círculos de Westmount. Portanto, não chega a surpreender que o único filho homem, o caçula, virasse seu foco.

Leonard amava a mãe. Se ela o sufocava, ele sorria ou fazia um comentário sarcástico. Ele aprendeu a relevar a chantagem emocional e a insistência dela em alimentar o filho e seus amigos a qualquer hora do dia ou da noite. "Minha mãe me ensinou a nunca ser cruel com as mulheres", escreveu Leonard em um texto não publicado da década de 1970. Também aprendeu com Masha a contar com a devoção, o apoio e a proteção das mulheres. Assim, se tudo porventura ficasse intenso demais, ele tinha permissão de ir embora, ainda que nem sempre definitivamente, e raras vezes sem emoções conflitantes.

Aviva Layton (Aviva Cantor, antes de se casar) é uma loura australiana animada, afiada como um alfinete. Foi criada em uma pequena e sufocante comunidade judia de classe média em Sydney da qual estava louca para sair, o que fez assim que completou 21 anos. Ela queria ir a Nova York. Quando não a deixaram entrar, foi para Montreal. Amigos lhe deram o telefone de Fred Cogswell, poeta e editor da revista literária canadense *Fiddlehead*. No fim das contas, Cogswell morava em Nova Scotia, a 1.200 quilômetros de distância. "Mas ele me disse que havia um bando de poetas de Montreal que eu devia procurar", e lhe deu os nomes de meia dúzia deles, incluindo Dudek, Scott e Layton. A primeira pessoa para quem ela ligou foi Layton, pois "não ia procurar alguém cujo nome parecesse vagamente judeu". Ele a convidou para ir à casa de Côte Saint-Luc, onde morava com a segunda esposa, a artista Betty Sutherland, e os filhos.

Aviva chegou e descobriu que ele tinha mais visitas. "Todos os grandes nomes da literatura canadense estavam lá", incluindo os da lista de Cogswell. "Mas não eram grandes nomes na época, formavam um pequeno grupo à margem. Pensei: 'Isso é maravilhoso.'" Ela pretendia fazer parte daquele grupo, mas a intenção foi frustrada quando, pouco depois, ela e Irving iniciaram um caso amoroso que duraria vinte anos e geraria um filho, e cujo resultado mais imediato foi afastá-la de todos. "Eu não podia voltar à casa dele. Eram os anos 1950 e você precisava ter muito cuidado com escândalos. Irving era professor em uma escola paroquial e podia perder o emprego. Então eu vivia basicamente isolada em Montreal, com

Irving vindo me visitar duas ou três vezes por semana. A única pessoa a quem ele confiou a verdade sobre nós foi Leonard, e o trouxe para o meu pequeno apartamento no porão."

"Irving estava na casa dos quarenta na época, 21 anos mais velho que eu, e Leonard tinha 20, um ano mais novo que eu. Ainda consigo me ver abrindo a porta daquele apartamento, e lá estava Leonard, do outro lado, parecendo muito jovem e levemente rechonchudo, mas havia algo absolutamente especial nele. Irving havia falado: 'Alguém chamado Leonard Cohen vai tomar café conosco, e ele é o cara.' Nunca me esquecerei dele dizendo isso. Para Irving, 'o cara' significava que era um poeta de verdade. E isso foi no fim de 1955. *Let Us Compare Mythologies* estava prestes a sair."

Os três se encontravam regularmente no apartamento de Aviva. Apesar da grande diferença de idade entre Leonard e Layton, que era velho o bastante para ser pai do amigo, segundo Aviva os dois se comportavam "como iguais. Muita gente dizia que Leonard era aluno de Irving. Alguns pensam que ele era, literalmente, aluno, o que não é verdade, ou que Irving era o mentor dele. Nada disso. Leonard pensava, e ainda pensa, que Irving foi o maior escritor, poeta e homem da vida dele, além de um amigo, mas eu não diria que Leonard era o sócio júnior daquela empresa".

Leonard, descreve Layton, "era um gênio desde o primeiro momento em que o vi. Não tenho nada a ensinar a ele. Tinha portas a abrir, o que fiz. As portas da expressão sexual, da liberdade de expressão e assim por diante. Depois que as portas foram abertas, Leonard marchou de modo muito confiante por um caminho... um tanto diferente do meu".[11] Aviva completa: "Leonard disse a famosa frase que diz que Irving o ensinou a escrever poesia e ele ensinou Irving a se vestir. Acho que Leonard passou a escrever poesia melhor e Irving a se vestir de forma mais elegante, mas eles ensinaram coisas um ao outro." Quanto à diferença de classe social: "Isso era interessante. Leonard veio da Bel Air de Montreal, absolutamente exclusiva, e Irving nasceu nas favelas, mas quando Irving e eu fomos alugar uma casa, procuramos ficar o mais perto possível da região onde Leonard tinha sido criado, e quando Leonard quis comprar ou alugar uma casa, foi direto para a parte antiga da cidade, onde Irving viveu. Irving queria estar no lugar do qual Leonard queria fugir e Leonard queria estar no lugar do qual Irving queria fugir."

Irving mais tarde diria que Leonard "foi capaz de encontrar a tristeza em Westmount. É preciso ser um gênio para isso. Ele foi capaz de ver que nem todas as pessoas ricas, de vida confortável, nem todos os plutocratas eram felizes". Genialidade, segundo Layton, "é a capacidade muito rara de ver as coisas como elas realmente são. Você não se deixa enganar".[12] Leonard levou Irving e Aviva para a Belmont Avenue em várias ocasiões. "Ele costumava ir com frequência, ainda tinha um quarto lá e morava, acho, entre os dois lugares. Uma vez, quando Masha não estava por perto, nós fizemos uma festa enorme, uma daquelas festas loucas que haviam naquela época, e alguém vomitou nas pesadas cortinas damascenas. O lugar ficou um pandemônio completo. Eu me lembro de entrar na cozinha com Leonard e ele abrir as gavetas e mostrar que Masha guardava todos os clipes de papel, pregos e pedacinhos de barbante que haviam entrado naquela casa."*

Quando Aviva conheceu Leonard, ele falou algo "de que talvez não se lembre, mas que eu me recordo com absoluta clareza. Disse que estava estudando direito na McGill, e, naquele dia, enquanto estudava, olhou para o espelho, que estava vazio. Ele não conseguiu ver o próprio reflexo. Foi quando soube que a vida acadêmica, em qualquer instância, não era para ele". No ano seguinte, armado com um diploma de bacharelado, mais um prêmio literário (o Peterson Memorial Prize), uma chamada de capa na edição de março de 1956 da *The Forge* e, acima de tudo, seu primeiro livro de poesia publicado, *Let Us Compare Mythologies*, Leonard se matriculou na pós-graduação da Universidade de Columbia e trocou Montreal por Manhattan.

---

* O conteúdo da gaveta, conforme descrito por Leonard em *A brincadeira favorita*, também incluía "tocos de vela oriundos de várias noites de Shabat", "chaves de fechaduras que foram trocadas", "palitos de dente que nunca foram usados" e "uma tesoura quebrada".

CAPÍTULO QUATRO

OS MEUS GRITOS

Let Us Compare Mythologies foi publicado em maio de 1956. O volume fino e de capa dura contendo 44 poemas escritos entre os 15 e os 20 anos de idade era o primeiro lançamento de um selo que tinha por objetivo apresentar ao público novos escritores jovens, dignos de mérito, fundado pela Universidade McGill e editado por Louis Dudek. O próprio Leonard fez o projeto gráfico do livro, que foi ilustrado por Freda Guttman, sua namorada artista e musa de vários poemas. Os desenhos misteriosos dela, feitos à caneta-tinteiro, são ora paradisíacos, ora torturados: a imagem da capa é de um humano amedrontado e deformado que parece estar sendo atacado por pombos ou anjos em miniatura. Na contracapa, na foto do autor, um Leonard de 21 anos encara com firmeza a câmera. Apesar da expressão sóbria, da barba rala e das linhas profundas, que iam do nariz à boca, ele parece muito jovem. Nos poemas, por outro lado, parece muito mais velho, não só pela maturidade e pela autoridade da sua linguagem, que revela domínio da técnica poética, como pela "raiva e dor", que sugerem um homem que viveu muito, viu muito e perdeu algo de muito precioso.[1] Leonard dedicou o livro à memória de Nathan Cohen. A morte do pai é o tema do poema "Rites":

> a família veio observar o filho mais velho,
> meu pai; e ficou em pé diante da cama
> enquanto ele deitava em um travesseiro ensopado de sangue
> o coração meio podre
> e a garganta seca de arrependimento...
> mas meus tios profetizaram loucamente
> prometendo a vida como oráculos frenéticos;
> e só pararam de manhã

após sua morte
e os meus gritos.

Os temas e o conteúdo de boa parte do poema são perfeitamente familiares para os que conheceram Leonard como cantor e compositor. Há poemas, alguns batizados à moda de Lorca, como "Song" ou "Ballad", sobre religião, mitos, sexo, desumanidade, humor, amor, assassinato, sacrifício, nazistas e Jesus na cruz. Há ecos de Joana D'Arc e do Holocausto em "Lovers", em que um homem nutre sentimentos eróticos por uma mulher que está sendo levada para as chamas. Vários poemas trazem mulheres nuas e homens feridos, sendo as duas condições relacionadas. Em "Letter", um poeta armado apenas com a caneta e a indiferença clama vitória sobre a *femme fatale* que lhe faz uma felação:

> Escrevo isto apenas para roubá-la
> De quando um dia minha cabeça
> estiver pendurada junto com a de outros generais
> no portão da sua casa
> que tudo isso foi previsto
> e assim você saberá que não significou nada para mim

Os poemas têm uma noção de atemporalidade ou de um tempo em múltiplas camadas. Erros antigos são justapostos a atrocidades modernas e à linguagem arcaica (refinada, bíblica, romântica) se mistura a ironia contemporânea Leonard emprega tanto a forma poética tradicional quanto a prosa poética Como um trovador do século XX ou um romântico do século XIX, ele destaca as próprias experiências e sentimentos — geralmente de fracasso e desespero. A epígrafe veio do romance *O urso*, de William Faulkner, e se refere ao comentário feito por um jovem durante uma conversa sobre o significado da "Ode sobre uma urna grega" de Keats: "Ele tinha que falar de algo." Como Leonard explicou depois, quando um escritor "tem a urgência de falar", o assunto sobre o qual escreve "é quase irrelevante". Leonard tinha essa urgência.[2]

A edição original de *Let Us Compare Mythologies* teve cerca de quatrocentas cópias. Ruth Wisse, colega de Leonard na cadeira de Louis Dudek e editora do *McGill Daily*, assumiu o papel de chefe da equipe de vendas e vendeu metade dos exemplares no campus. O livro recebeu algumas resenhas no Canadá, a maior parte positiva. O *Queen's Quarterly* o chamou de "um começo brilhante".³ O crítico do *Canadian Forum*, Milton Wilson, escreveu: "Ele sabe construir uma frase, seus melhores poemas possuem versos limpos e organizados e ele escreve 'sobre algo'."⁴ Allan Donaldson, do *Fiddlehead*, achou as virtudes de Leonard "consideráveis", mas teve problemas com o que descreveu como a maior fraqueza do autor: "um uso excessivo de imagens de sexo e violência, tanto que em certos momentos sua obra vira uma espécie de *reductio ad absurdum* do Folies Bergères e da Câmara de Horrores do Madame Tussaud. Se não me engano, foi o Sr. Harry Truman que, comentando sobre o Folies Bergères, alegou não haver nada mais tolo do que o espetáculo prolongado de um grande número de seios nus."⁵ Leonard e Truman teriam discordado. A crítica parecia ser menos em relação à qualidade da obra e mais um reflexo do conservadorismo e puritanismo da literatura canadense, contra os quais Irving Layton se enfurecia em altos brados. O livro de Leonard continha um poema para Layton, intitulado "To I. P. L.", no qual ele descrevia o amigo carinhosamente como:

> ... depravado,
> vadiando pelas esquinas,
> entretendo velhas em lugares públicos

"Senti que o que escrevi era lindo, e essa beleza era o passaporte para todas as ideias", diria Leonard em 1991. "Pensei que o leitor objetivo e de mente aberta entenderia que a justaposição de espiritualidade e sexualidade era totalmente justificada. Eu sentia que essa justaposição criava essa beleza particular, esse lirismo."⁶ Em 2006, quando foi publicada uma edição fac-símile de quinquagésimo aniversário, Leonard comentou: "Há alguns poemas realmente bons nesse livrinho. Fui ladeira abaixo desde então."⁷ O comentário final pode muito bem ser um de seus familiares tiques autodepreciativos, pois é difícil afirmar que Leonard não tenha produzido obras melhores desde aquela época. Contudo, havia algo nesse primeiro livro que ele frequentemente parecia desejar alcançar no que veio depois: a inocência, a confiança, a abundância e a fome do eu mais jovem.

Let Us Compare Mythologies rendeu a Leonard o Prêmio Literário McGill. E também a atenção da mídia canadense. A Canadian Broadcasting Company o convidou para um projeto intitulado *Six Montreal Poets*, um álbum falado de poesia. Os outros cinco eram Irving Layton, Louis Dudek, A. M. Klein, A. J. M. Smith e F. R. Scott, os principais integrantes do chamado Grupo de Montreal, companhias de prestígio para um escritor jovem e iniciante. O álbum, gravado em estúdio, foi produzido pelo folclorista e empresário Sam Gesser, que fundou e gerenciava a divisão canadense do selo americano Folkways e promoveu os primeiros shows de Pete Seeger e The Weavers em Montreal. Leonard fez sua primeira aparição em disco no lado um, entre Smith e Layton, lendo oito poemas de *Let Us Compare Mythologies*: "For Wilf and His House", "Beside The Shepherd", "Poem", "Lovers", "The Sparrows", "Warning", "Les Vieux" e "Elegy". Ouvindo hoje, a voz de Leonard soa aguda e forçada, um tanto britânica. Isso ele atribuía à "influência nas universidades [canadenses]" durante aquele período. "Aquele sotaque tinha a intenção de honrar o poema. O estilo de declamação apresentado pelos Beats ainda não tinha chegado lá."[8]

Mas havia chegado a Nova York. Em 1956, mesmo ano em que Leonard publicou *Let Us Compare Mythologies*, Allen Ginsberg, judeu norte-americano formado na Universidade de Columbia, lançou o livro de poesia visceral *Uivo*. Em 1957, mesmo ano em que *Six Montreal Poets* saiu nos EUA pelo selo Folkways, Jack Kerouac, católico norte-americano com ancestrais de Quebec que entrara em Columbia por meio de uma bolsa de futebol americano, publicou o fundamental romance autobiográfico *On the Road*. Esses dois livros eram textos sagrados dos *beats*, integrantes do movimento literário dedicado à liberdade pessoal, à verdade e à autoexpressão, influenciado pelo jazz bebop, pelo budismo e por experiências com drogas e sexo. Os *beats* eram radicais. *Uivo* tinha sido banido, considerado obsceno, até um famoso processo judicial devolvê-lo às livrarias; já Kerouac conduziu uma cerimônia particular no fundo do seu quintal antes de enviar aos editores seu primeiro manuscrito, ocasião em que cavou um buraco para inserir o próprio pênis e acasalar com a terra. Embora o ritual não tenha sido exatamente igual ao enterro do primeiro escrito de Leonard na gravata-borboleta do pai, ele sentia afinidade. Em dezembro de 1957, quando Kerouac apareceu no Village

Vanguard de Nova York, antigo local de venda ilegal de bebidas alcoólicas que se transformara em clube de jazz, Leonard estava lá. Extremamente bêbado — Kerouac achava que beber o ajudava com a timidez —, ele leu acompanhado por músicos de jazz. Leonard, que também era tímido e alegava nunca ter realmente gostado de leituras de poemas, mas gostar de ler poesia para si mesmo, ficou impressionado.[9] Se era preciso apresentar poemas em público, aquela era uma boa forma de fazê-lo.

Leonard gostava dos *beats*. O sentimento não era recíproco. "Eu estava escrevendo versos muito rimados, refinados, e eles se revoltavam abertamente contra esse tipo de forma, que associavam ao establishment literário opressivo. Eu me sentia próximo daqueles caras e depois esbarrei com eles aqui e ali, embora não consiga me descrever nem remotamente como fazendo parte daquele círculo."[10] Nem tinha qualquer desejo de se juntar a eles. "Achava o nosso grupinho em Montreal mais louco e livre, que estávamos no caminho certo e, com um sentimento de superioridade provinciano, pensava que eles não estavam no caminho certo e não mereciam aquilo, pois não estavam honrando a tradição como nós."[11]

É interessante que um homem aparentemente ansioso para liderar uma série de grupos no ensino médio e na universidade tenha escolhido não se juntar a esse clube específico em um momento tão essencial para a poesia. Nos anos 1950, os *beats* transformaram os poetas em porta-vozes da contracultura, os astros de rock daquela geração, se você preferir. É interessante também que, embora Leonard fosse mais jovem que Ginsberg e Kerouac, eles o vissem como parte da velha-guarda. Nos anos 1960, quando os astros de rock virariam porta-vozes da contracultura e os poetas daquela geração, Leonard mais uma vez seria considerado velho, ainda que com motivos mais adequados dessa vez. Ele estava na casa dos trinta anos quando gravou o primeiro álbum, e se sentiu deslocado.

Leonard não se deixou atormentar pelo status de excluído. Na verdade, uma certa noção de isolamento parece ter começado no final do curso na McGill e no primeiro período na Universidade de Columbia, que parece coincidir com os primeiros episódios de depressão grave. "Quando digo depressão, não é apenas tristeza, não é como uma ressaca do fim de semana, quando a garota não apareceu ou algo do gênero", diz Leonard, descrevendo a escuridão e a ansiedade paralisantes que vivenciava. "É um tipo de violência mental que impede você de funcionar adequadamente de uma hora para a outra."[12] Leonard passava "muito tempo sozinho. Morrendo, deixando-me morrer devagar."[13]

O primeiro endereço de Leonard em Nova York foi a International House, no número 500 da Riverside Drive, onde a Universidade de Columbia alojava seus estudantes estrangeiros. Ficava no Upper West Side, a uma curta distância do Hudson River. À noite, Leonard ia para o centro, como fazia em Montreal, procurar os subterrâneos da cidade. E Nova York tinha vários. O Greenwich Village era particularmente atraente pra ele. Os dias de Leonard não eram dedicados ao estudo: em Columbia, como na McGill, ele não estava muito interessado na vida acadêmica. Em vez de ler, preferia escrever por si mesmo — ou sobre si mesmo, como aconteceu quando um professor, admitindo a derrota, permitiu que Leonard fizesse um trabalho sobre *Let Us Compare Mythologies*.

No quarto, sentado à mesa perto da janela, de onde podia ver o pôr do sol transformar o rio cinzento em dourado, escreveu uma série de poemas e contos. Um deles, "The Shaving Ritual", foi inspirado por um conselho dado pela mãe.[14] Sempre que as coisas ficassem ruins, dizia Masha, ele devia parar o que estava fazendo e se barbear para se sentir melhor. Era um conselho que seguia com frequência, à medida que os episódios de depressão aumentavam.

Leonard tinha ido a Nova York para ser escritor. Um escritor sério, ainda que popular. Mesmo nessa etapa inicial, quando o mundo literário canadense estava começando a falar dele como o melhor jovem poeta do Canadá, Leonard desejava que sua obra fosse lida e apreciada além do universo dos literatos canadenses, o pequeno grupo ao qual Irving Layton se referia como *canuckie schmuckies*.* Matricular-se em Columbia tinha sido, na verdade, algo para deixar a família de Leonard feliz. Ir aos Estados Unidos para fazer pós-graduação em uma universidade de renome era uma atividade aceitável para um jovem de criação conservadora da classe média alta judia de Montreal. Ir para os EUA virar escritor, nem tanto. Mort Rosengarten explica: "Isso não era e ainda não é estimulado por aquela comunidade. Eles não querem ver os filhos virando artistas. São muito hostis em relação a isso. Não querem saber deles. Mas Leonard conseguiu."

---

* Trata-se de um trocadilho, que pode ser traduzido como "babacas canadenses".

Pois ter conseguido teve muito a ver com o fato de ter perdido o pai aos 9 anos. "Ele nunca precisou lutar contra aquela influência masculina poderosa que um jovem encontra à medida que cresce."[15] A influência poderosa em sua infância era feminina: a mãe, que era "um espírito tcheckhoviano generoso, tolerante do jeito dela. Ficou assustada quando me viu correndo por Montreal com um violão embaixo do braço, mas era muito gentil em suas observações. De vez em quando, revirava os olhos, mas não passava disso".[16] Os tios intervinham de vez em quando, com "indicações, sugestões, conselhos e almoços, mas tudo muito sutil. Considerando as histórias que se ouve sobre tiranias familiares, a minha era muito gentil nesse aspecto".[17] Mesmo assim, o outro grande motivo para ir a Nova York era fugir de Montreal, interpor um espaço físico entre Leonard e a vida que a criação judia de classe média de Montreal havia mapeado para ele: de Westmount para McGill, depois, estudar direito ou administração e, por fim, assumir um lugar nos negócios da família.

Leonard estava escrevendo em Nova York, mas também estava afundando. Após a euforia de ter sido publicado pela primeira vez e da atenção que isso lhe rendera no Canadá, estava agora em um lugar onde ninguém sabia quem ele era e, se soubessem, não teriam se importado. Para os nova-iorquinos, a literatura canadense era um ponto no mapa cultural praticamente invisível a olho nu. Para fazer contato com colegas escritores (e ter algum status entre eles), Leonard fundou a revista literária *The Phoenix*, que teve vida curta. Ele estava solitário. Sentia falta do velho grupo de amigos de Montreal e realmente acreditava que eles eram especiais. "Toda vez que nos encontrávamos sentíamos que a ocasião era um marco na história do pensamento. Havia uma boa dose de amizade e bebidas. Montreal é minúscula, uma cidade francesa, e a quantidade de gente escrevendo em inglês é pequena. Não havia prêmios famosos naquela época, nem garotas. Mas alguns de nós estávamos empolgados e escrevíamos uns para os outros ou para qualquer garota que quisesse ouvir."[18]

Eis que Leonard conheceu uma garota em Nova York. O nome dela era Georgianna Sherman, mas ele a chamava de Anne ou Annie. Um ano e meio mais velha que ele, ela já havia se casado brevemente, quando era muito jovem, e agora trabalhava como coordenadora de planejamento da International House. Sherman era alta e muito atraente, de cabelos compridos e escuros, olhos comoventes, além de uma voz modulada e aristocrática. Ela vinha de uma família refinada da Nova Inglaterra: a avó era filha da Revolução Americana. "Irving e eu tínhamos ouvido Leonard falar tanto dessa Annie e de como ela era linda", conta Aviva Layton, "que ela quase virou lenda em nossa imaginação antes que a conhecêssemos. Mas ela realmente era requintada, uma alma linda, de sangue americano, muito, muito bom. Era uma jovem extremamente prendada: cozinhava muito bem, escrevia poemas, tocava piano e estava com esse judeu de Montreal, Leonard. Ela nunca tinha conhecido alguém como ele e ele nunca tinha conhecido alguém como ela. E os dois se apaixonaram." Leonard se mudou para o apartamento de Sherman em Upper Manhattan.

"Annie foi muito, muito importante na vida de Leonard naquela época", revela Aviva. "Ele estava começando a empreitada de ser escritor e tinha se mudado para Nova York em uma época em que os canadenses não atravessavam a fronteira para os EUA a fim de fazer carreira. Annie teve um papel crucial em Nova York. Ela o apresentou a muita gente. E Leonard começou a ver que havia todo um outro mundo fora de Montreal."

No verão de 1957, Leonard levou Annie ao Quebec, para exibi-la aos Layton, que tinham alugado uma casa de veraneio na região dos montes Laurentinos. "Leonard e Annie vieram depois, encontraram um lago, armaram uma tenda simples e ficaram por lá. Eles liam um para o outro (trouxeram muitos e muitos livros de poesia) e Leonard tocava violão. Os dois iam dormir quando o sol se punha e acordavam de manhã, junto com o nascer do sol. Às vezes, remavam pelo lago e passavam alguns dias em nossa casa de campo. Anne foi o primeiro grande amor de Leonard." E também uma musa, inspirando o poema "For Anne" em *The Spice-Box of Earth* e a personagem Shell, a amante de *A brincadeira favorita*.

O relacionamento não durou. Foi Leonard quem terminou tudo. A relação tinha começado a ir por um caminho que Leonard fazia questão de evitar: o casamento. Conforme escreveu em *A brincadeira favorita*: "Supondo que ele tivesse continuado com ela, a caminho da intimidade, rumo à conversa confortável e incessante de um casal casado. Ele não estaria abandonando algo mais austero e ideal, mesmo que risse daquilo, algo que poderia aplicar a beleza dela às ruas, ao tráfego, às montanhas e incendiar a paisagem que poderia dominar se estivesse sozinho?" Em outras palavras, ele tinha um trabalho a fazer, um trabalho masculino. Por mais que o amor de uma mulher pudesse aliviar a solidão e a escuridão, ainda se mostrava perturbado, "como generais ficam preocupados durante um período de paz prolongada". O término do relacionamento foi doloroso para Anne. E também para Leonard. Ter sido responsável pelo fim não significa que não sentisse terrivelmente a falta dela. Anos depois, sentado à mesa de madeira na casa branca da colina em uma ilha grega, olhando para o céu uniformemente azul, ele escreveria cartas, pedindo para que ela se juntasse a ele. Quando Anne recusou, escreveu poemas para ela:

>Com Annie longe
>Que olhos comparar
>Ao sol da manhã?
>
>Não que eu tenha comparado,
>Mas comparo
>Agora que ela se foi.
>
>("For Anne", *The Spice-Box of Earth*)

Annie se casou com o conde Orsini, dono do Orsini's, famoso restaurante de Nova York. Em 2004, ela publicou o livro *An Imperfect Lover: Poems and Watercolors*. No poema "How I Came to Build the Bomb" ela se descreve apaixonada por um "judeu errante" e aprendendo que "para um viajante, o amor / era um fardo que ele não poderia assumir".[19]

Após passar um ano em Nova York, Leonard voltou para Montreal e para o número 599 da Belmont Avenue. O mesmo fez seu avô, o rabino Klonitzi-Kline. O velho estava sofrendo do mal de Alzheimer e mais uma vez Masha virou sua cuidadora. Para um observador, aquilo podia parecer os velhos tempos: Masha na cozinha, fazendo comida, Leonard datilografando uma máquina de escrever manual, o velho entretido com o dicionário que tentava escrever de cabeça enquanto sua memória estava se desintegrando.

Leonard trabalhava então em um romance intitulado *A Ballet of Lepers*, que abria com: "Meu avô veio morar comigo. Não havia outro lugar para ele ir. O que aconteceu com todos os filhos dele? Morte, declínio, exílio — não sei. Meus próprios pais morreram de dor."[20] Era uma forma deprimente de começar um livro, e Leonard reconheceu o fato: "Mas eu não devo ser tão soturno no início ou você vai me deixar, e isso, eu suponho, é o que mais temo." Após fazer vários rascunhos para o romance, Leonard o mandou para editoras no Canadá. Por um tempo, parecia que a Ace Books iria publicá-lo, mas no fim ela o recusou, bem como todas as outras editoras. A *Ballet of Lepers* não é, como alguns pensaram, uma versão inicial de *A brincadeira favorita*. Na visão de Leonard, era, "provavelmente, um romance melhor. Mas nunca viu a luz do dia".[21] Ele arquivou o manuscrito.

A rejeição não impediu Leonard de escrever. Ele continuou a levar um caderno para todos os lugares aonde ia. Seu amigo da McGill, Arnold Steinberg, relembra: "De todas as coisas relacionadas a Leonard, a primeira que vem à mente era que ele estava constantemente escrevendo. Escrevendo e desenhando. Sempre dava para notar uma necessidade interna que empurrava palavras e imagens para fora, sem nunca terminar, como um motor em funcionamento." O músico de jazz de Montreal e professor de música Phil Cohen se lembra de ver Leonard sentado, escrevendo em uma mesa no canto de um mercado na esquina das ruas Shuerbrook e Côte-des-Neiges. "Imagino que fosse apenas um lugar onde ninguém o conhecia e ele podia se sentar e fazer o que queria. Algumas vezes ele olhava para cima e parecia totalmente fora de si. Não drogado, apenas em um mundo totalmente diferente. Leonard se envolvia muito com o que fazia. A partir da minha experiência trabalhando com vários artistas, captei uma sensação de quase desespero no olhar dele, que dizia 'não perturbe'. Disse a mim mesmo: 'Esse cara é muito sério.'"

Leonard achou impossível ficar na casa da mãe após ter morado sozinho e com Annie. Dessa forma, encontrou um apartamento na Mountain Street, e como não tinha mais a desculpa de estudar em Nova York, aceitou um emprego em uma das firmas da família Cohen a fim de pagar o aluguel. Por um ano Leonard trabalhou na W. R. Cuthbert & Company, a fundição gerenciada pelo tio Lawrence. Uma carta de referência escrita pelo gerente de pessoal em dezembro de 1957 dizia: "Leonard Cohen foi empregado por nós no período entre 12 de dezembro de 1956 e 29 de novembro de 1957 em vários cargos: operador de torno elétrico, operador de máquina de fundição injetada, assistente de estudo de tempos e movimentos. Durante o período em que foi empregado, o Sr. Cohen foi honesto, capaz e esforçado. Não hesitamos em recomendá-lo para qualquer tipo de emprego e gostaríamos de expressar nosso pesar por sua saída."[22]

Leonard, que não sentia o mesmo pesar, estava procurando emprego nos Estados Unidos. Ele se candidatou ao Interior Bureau of Indian Affairs em Washington para o cargo de professor em uma reserva. Estranhamente, a instituição tinha pouca utilidade para um poeta judeu de Montreal com habilidade na operação de tornos elétricos. (Seriam necessários mais nove anos para Leonard exibir a sabedoria sobre os americanos nativos no seu segundo romance, *Beautiful Losers*.) Assim, ele foi para outra firma da família, a empresa de roupas Freedman, gerenciada pelo tio Horace. Leonard passava os dias no escritório cuidando da papelada, ou na fábrica, pendurando os ternos e casacos prontos em cabides. Passava as noites nas boates e bares de Montreal, que no fim da década de 1950 ainda podia se gabar de ter a noite mais animada do Canadá. Tão animada que as autoridades designaram algumas ruas como proibidas para seu pessoal devido à grande quantidade de bordéis. Montreal, na época, era a Nova York do Canadá, a cidade que nunca dormia. Esperava-se que os músicos que trabalhavam nos vários clubes noturnos tocassem até que o último bêbado fosse carregado para fora.

Com a nova década e a Revolução Tranquila de Quebec a apenas dois anos de acontecer, era difícil não perceber que havia uma mudança no ar. "Pessoas de origens diferentes (em termos linguísticos, religiosos e tudo mais) estavam começando a se apresentar e se arriscar", descreve Phil Cohen. Alguns clubes passaram a apresentar atrações musicais mais experimentais. Entre elas estava um pianista de jazz chamado Maury Kaye, um judeu baixinho de Montreal cuja aparência (cavanhaque, óculos de aros grossos e cabelo bagunçado) o fazia parecer um *beatnik*. Kaye ficou bem conhecido no circuito de jazz canadense como líder de uma *big band*, um compositor e músico de acompanhamento famoso que havia tocado com Edith Piaf e Sammy Davis Jr. Também tinha uma banda de jazz menor e menos comercial que fazia shows bem tarde em clubes como o Dunn's Birdland, na Sainte-Catherine Street, um salão de jazz acima de uma popular delicatessen, a um vacilante lance de escadas. Em uma noite de abril de 1958, quando Kaye entrou no palco com a banda, à meia-noite, Leonard estava com eles.

Entre o público de umas cinquenta pessoas estava Henry Zemel, estudante de matemática e física na McGill, que naquela época não fazia ideia de quem era Leonard, embora, mais tarde, nos anos 1960, eles fossem acabar virando grandes amigos. "Era curioso", lembra Zemel, "um lugarzinho com uma plateia pequena e um palquinho. Leonard cantou e leu algumas poesias, mas eu me lembro de ele ter cantado mais do que lido." Aviva Layton, que foi à primeira noite de Leonard com Irving para dar apoio moral, concorda: "Não me lembro dele lendo poesia, me lembro dele cantando e tocando violão. Leonard ficou em um banquinho alto de três pernas e cantou músicas próprias. Aquela mágica que ele tem, seja lá o que for, era visível nessas apresentações."

— *Maury Kaye era um talentoso pianista e arranjador de jazz. Ele tocava algo e eu improvisava. Essa foi, provavelmente, a primeira vez que...*
— *Se apresentou no palco como cantor?*
— *Bom, eu era convidado para ler poesia de vez em quando, mas jamais gostei. Nunca fiquei incrivelmente interessado nesse tipo de expressão. Mas gostava de cantar, recitar minhas letras com esse grupo de jazz. Sentia que era muito mais fácil e eu gostava mais do ambiente. [Sorri.] Você podia beber.*
— *Era novo para você, improvisar? Você é mais conhecido por uma abordagem mais estudada.*
— *Bom, eu sentava com meus amigos nas escadas do lugar em que morávamos quando estávamos na faculdade, na Peel Street, e o calipso era popular em uma certa esquina de Montreal. Havia uma pequena população negra e alguns clubes de calipso, que começamos a frequentar bastante. E eu improvisava letras sobre as pessoas que estavam passando na rua, coisas assim.*

Junto com improvisações ao estilo *beat* que ele havia testemunhado no Greenwhich Village, Leonard preparou algumas declamações, entre elas "The Gift", um novo poema, que teve sua estreia na primeira noite no

Dunn's.* "Eles chamavam esse segmento de Poesia para o Jazz", lembra David Cohen, primo de Leonard. "Era uma coisa bem anos 1950. Leonard escrevia poesia e um pouco de blues, e eu me lembro dele lendo esse poema muito seriamente: 'Ela se ajoelhou para beijar a minha virilidade', ou algo assim. Eu estava morrendo de rir e todas as jovens pensaram: 'Ah, ele não é extraordinário?!' Aquilo fez Leonard ficar popular com as mulheres? Como dizem por aí, não atrapalhou." Ele também improvisava e contava piadas. Irving Layton, sempre o maior admirador, declarou Leonard um comediante nato.

Quando Mort deixou Montreal para estudar escultura em Londres, Leonard passou a confiar cada vez mais na amizade e no apoio de Layton, indo várias vezes por semana até a casa de Irving e Aviva para cear. Depois de comer, eles geralmente "decodificavam um poema". Aviva explica: "Escolhíamos um poema. Wallace Stevens, Robert Frost, qualquer um, e o repassávamos verso a verso, imagem a imagem. Como o poeta juntou essas imagens? O que esse poema realmente significa? Como podemos decodificá-lo? Sinceramente, isso valeu mais do que um doutorado em Columbia." Algumas noites eles iam ao cinema. Leonard e Irving "adoravam filmes trash", confidencia Aviva. "E depois ficávamos até o amanhecer conversando sobre o filme, analisando o simbolismo e tentando superar um ao outro na quantidade de símbolos percebidos". Quando ficavam em casa, conta Aviva, eles usavam "um aparelho de televisão antigo, em preto e branco, com aquela antena em formato de V, comendo montes de doces (Leonard sempre trazia uma fatia imensa do seu favorito, uma guloseima de açúcar tingida de um jeito que parecia bacon), eles falavam sobre o que viram até o amanhecer".

Embora Layton ainda fosse casado com Betty Sutherland, ele e Aviva estavam morando juntos abertamente havia algum tempo. O arranjo funcionou tão bem quanto possível até Aviva arrumar um emprego como professora em uma escola particular só para meninas, uma instituição conhecida por não simpatizar com estilos de vida alternativos. Irving e Aviva precisavam se casar, mas Irving não queria se divorciar da esposa e por isso propôs uma solução: compraria uma aliança para Aviva e eles fariam uma cerimônia falsa de casamento (Leonard seria o padrinho), e

---

* "The Gift" foi posteriormente publicado em *The Spice-Box of Earth*

ela poderia mudar de nome legalmente para Layton. Foi marcada uma data e os três se encontraram em um bistrô perto do apartamento de Leonard para um almoço regado a champanhe. "Irving vestia um casaco verde-garrafa horrível, eu estava com um vestido branco usado de anarruga, com pompons na barra, e Leonard, claro, era o único bem-vestido." Eles foram juntos até uma pequena joalheria na Mountain Street para comprar o anel. "Enquanto eu olhava as alianças de casamento", diz Aviva, "de repente vejo que Irving está do outro lado da loja dizendo: 'Vim comprar uma pulseira para minha esposa. Ela é artista.' Leonard, que entendeu a minha situação, disse: 'Aviva, vou comprar uma aliança de casamento para você', e comprou mesmo. Ele a colocou no meu dedo e disse: 'Agora você está casada.' E eu pensei: 'Com quem diabos eu devia estar me casando?' Estou contando essa história porque representa muito o jeito de Leonard. Tenho certeza de que ele pode ser absolutamente impossível se alguém quiser se casar com ele, mas era e sempre foi impecável: atencioso, cortês, generoso, realmente um homem muito correto."

Se detetives tentassem montar um perfil das atividades e do estado mental de Leonard, alguns objetos de uma das pilhas de caixas dos arquivos de Toronto poderiam fornecer pistas interessantes. Ou complicar ainda mais a situação. Junto com o romance não publicado *A Ballet of Lepers* estão: uma corda de violão, uma carteira de motorista, um certificado de vacinação, uma radiografia de tórax e um folheto destacando a declaração de independência de Cuba. Qualquer que fosse o crime, as evidências indicariam que foi cometido por um trovador que planejava uma jornada ao exterior, provavelmente, para algum lugar exótico. Há também um cartão de biblioteca e uma série de formulários de requisição que Leonard preencheu, solicitando publicações arcanas. Vários desses pedidos são para livros e artigos sobre benefícios, problemas, filosofia e técnica do jejum. Entre eles há um chamado "Notes of Some English Accounts of Miraculous Fasts", de Hyder Rollins, do *Journal of American Folklore* de 1921, e o título intrigante "Individual and Sex Differences Brought out by Fasting", de Howard Marsh, de uma edição de 1916 da *Psychological Review*. Leonard também solicitou os livros: *Mental Disorders in Urban Areas*, de Robert E. Faris, e *Venereal Disease Information*, de E. G. Lion. Em um papel fino e amarelado está um artigo datilografado intitulado

"Male Association Patterns". Nele, o autor Lionel Tiger, da Universidade de British Columbia, que fora conselheiro na colônia de férias junto com Leonard, discutia a homossexualidade masculina e o desejo pela companhia do mesmo sexo encontrados em "equipes esportivas, fraternidades, organizações criminais como a Cosa Nostra, grupos de bebedores, gangues adolescentes etc". "A lista é longa", escreveu Tiger, "mas o fator comum é a homogeneidade masculina e o senso comunal de masculinidade que prevalece."

Jejuar era algo que Leonard faria com entusiasmo nos anos seguintes. Ele parecia tão fervoroso em relação a perder peso quanto Masha em fazê-lo ganhar. Quanto à homossexualidade, segundo a opinião de todos, era apenas uma curiosidade intelectual e um assunto que fora jogado no *zeitgeist* pelos *beats*. Quando o jornalista britânico Gavin Martin perguntou a Leonard, em 1993, se ele já tivera um relacionamento gay, ele respondeu que não. Quando questionado se isso lhe causava algum arrependimento, Leonard respondeu: "Não, porque tive relacionamentos íntimos com homens a minha vida inteira, e ainda tenho. Considerei certos homens lindos. Senti atração sexual por homens, então, não acho que tenha perdido algo."[23] Suas amizades com homens eram (e continuam sendo) profundas e duradouras.

No verão de 1958, Leonard voltou para os montes Laurentinos e a colônia de férias, agora como orientador do acampamento Mishmar, em Prispstein, que abria as portas para crianças com dificuldades de aprendizado. Leonard levou o violão e a câmera. Ele voltou para casa com um rolo de filme contendo uma série de fotos de mulheres que conhecera lá. Nus. Agora que não sentia mais falta da companhia feminina que tanto desejara, estava compensando o tempo perdido. "Leonard sempre teve um desejo de santidade, [mas] ao mesmo tempo há uma forte tendência hedonista nele, como há em quase todo poeta e artista", analisa Irving Layton. "É porque o artista é dedicado ao prazer, particularmente a proporcionar prazer. E se ele também acabar tendo prazer em dar prazer aos outros, melhor ainda."[24]

Enquanto Leonard estava na universidade em Nova York e Mort na escola de artes em Londres, eles sublocaram o quarto na pensão da Stanley Street para amigos. Quando Mort voltou a Montreal, converteu o salão duplo em um estúdio de escultura e desejava transformá-lo em uma galeria de arte, junto com Leonard. Os dois passaram várias horas consertando o lugar e planejando como deveria ser. "Eles não queriam a formalidade apressada e o horário comercial das outras galerias de Montreal, que fechavam às cinco da tarde. Se as pessoas estavam trabalhando, elas não podiam frequentar esses ambientes", diz Rosengarten. A Four Penny Art Gallery, como eles a batizaram, ficava aberta até as nove ou dez horas da noite durante a semana, estendendo o horário nos fins de semana, "e indo até bem mais tarde se tivéssemos uma *vernissage*". As festas de abertura varavam a noite. Leonard imortalizou uma dessas noites em "Last Dance at the Four Penny". No poema aparecem o quarto na Stanley Street e tudo associado a ele: arte, amizade, liberdade e inconformismo. O lugar virou uma fortaleza contra a selvageria do mundo fora de suas paredes, em Montreal e além.

> Layton, meu amigo Lazarovitch,
> nenhum judeu jamais ficou perdido
> enquanto nós dois dançávamos alegremente
> nesta província francesa.

Os artistas que a galeria expunha eram os ignorados pelo establishment de Montreal, entre eles a esposa de Layton, Betty Sutherland. "Tínhamos alguns dos melhores artistas jovens e ativos, mas era muito difícil encontrar o trabalho deles, porque as galerias estavam empacadas com as próprias histórias e ideias rígidas", reclama Rosengarten. "Vendíamos livros de poesia porque ninguém mais os vendia e oferecíamos cerâmicas pelo mesmo motivo." Segundo Nancy Bacal, a Four Penny virou "um ponto de encontro, um refúgio para arte, música e poesia. Quando a noite estava quente, nós todos íamos para o telhado e cantávamos canções folclóricas e de protesto. Morton tocava banjo e Leonard, violão".

"A galeria", conta Rosengarten, "estava começando a dar certo. E a chamar a atenção dos críticos. Até que, na calada do inverno, houve um incêndio enorme que destruiu o prédio. Totalmente. E foi o fim, porque não havia seguro. Tínhamos uma exposição imensa naquela época e havia pinturas do chão ao teto. Todas foram perdidas. Eu tinha uma pequena escultura de cera que sobreviveu ao fogo, o que foi incrível. Era tão extraordinariamente delicada e foi a única que sobreviveu." A Four Penny havia morrido e sido cremada.

E Masha estava no hospital. A mãe de Leonard fora internada na ala psiquiátrica do Allan Memorial Institute, sofrendo de depressão. O Allan, como os locais chamavam o lugar, ficava em uma grande mansão no alto da McTavish Street, em Mount Royal. De suas instalações imaculadas a vista de Montreal era ainda melhor do que a do parque atrás da casa da família de Leonard. "Os lunáticos", escreveu Leonard, revisitando o incidente em *A brincadeira favorita*, "têm a melhor vista da cidade."*

Não é de surpreender que Masha, uma mulher com tendência à melancolia, tenha ficado gravemente deprimida após o segundo marido, doente, sair de casa para morar na Flórida e o pai enfermo também se mudar. Não era de estranhar que ela descontasse tanto no único filho homem quando ele a visitava, o que ele fazia com frequência. Ela o repreendia por ter mais tempo para suas *shiksas* do que para a mãe, para no momento seguinte se preocupar por ele não estar cuidando de si ou comendo adequadamente.

Também não surpreende que Leonard se sentisse frustrado, impotente e furioso. Frustração, desamparo e raiva com múltiplas causas, entre elas a depressão, condição que dividia com a mãe. Àquela altura, ele já sabia que tinha herdado a tendência depressiva dela e não estava em seu momento mais feliz. Durante a semana, ele trabalhava desde as sete da manhã em um emprego que detestava na empresa de roupas do falecido pai, enquanto a galeria que ajudou a criar com Mort tinha literalmente virado cinzas. Mas embora Leonard perseverasse sem reclamar, Mort descreve a situação, ecoando os sentimentos de vários amigos de Leonard: "Ele não era o tipo de pessoa depressiva que reclama. Tinha um ótimo senso de humor e a depressão não o impedia de ser engraçado." A mulher que sempre o apoiou e mimou agora ficava deitada o dia inteiro em um lugar que parecia um clube de campo para Leonard. Tal cenário trazia ainda um outro sentimento, o medo, não só de ver a mãe indefesa, mas da responsabilidade que vinha com isso e da visão do que poderia esperar se ficasse em Montreal. A cidade para a qual ele voltara, fugindo de Nova York, tinha ficado desconfortável, até mesmo ameaçadora.

---

* O Allan depois ganharia fama com a participação no Projeto MK-ULTRA, programa secreto de pesquisas da CIA sobre controle da mente realizado entre 1957 e 1964 usando drogas, violência e privação dos sentidos.

Um artigo escrito por Louis Dudek e publicado na revista canadense *Culture* deve ter sido o golpe final. O ex-professor, editor e defensor de Leonard criticou seus escritos, que chamou de "miscelânea de mitologia clássica" e "confusão de imagens simbólicas". Layton partiu imediatamente em defesa do amigo, chamando Dudek de "idiota" e definindo Leonard como "um dos talentos líricos mais puros que este país já produziu". Mas o estrago já estava feito. Embora Leonard continuasse amigo de Dudek, não se sentia mais seguro no lugar de poeta iniciante queridinho de Montreal. Era hora de se mudar. Para isso, precisava de dinheiro. Não suportaria ficar na Freedman Company e sabia que não podia ganhar a vida como poeta. Leonard pediu demissão do emprego e dedicou seus esforços a se candidatar a bolsas e subvenções. No tempo livre que lhe restava, após trabalhar em poemas, contos e resenhas ocasionais como freelancer para a CBC, passava com Layton várias horas preenchendo formulários e escrevendo propostas. Leonard solicitou então dinheiro para ir a capitais antigas (Londres, Atenas, Jerusalém, Roma), a partir das quais prometia escrever um romance.

Na primavera de 1959, duas cartas do Conselho Canadense chegaram: as propostas de Leonard e Irving tinham sido aprovadas. Leonard receberia dois mil dólares canadenses. Ele solicitou um passaporte imediatamente. Em dezembro de 1959, logo após voltar de uma leitura de poesia na rua 92, em Nova York, com Irving Layton e F. R. Scott, Leonard pegou um avião para Londres.

CAPÍTULO CINCO

UM HOMEM QUE FALA COM UMA LÍNGUA DE OURO

Era uma manhã fria e cinzenta e começava a chover quando Leonard desceu a Hampstead High Street carregando uma mala e um endereço. Faltava pouco para o Natal e as janelas das pequenas lojas brilhavam com as decorações. Cansado da longa jornada, ele bateu na porta da pensão, mas não havia quarto disponível. Só o que podiam lhe oferecer era uma humilde cama na sala de estar. Leonard, que sempre disse ter tido "uma infância muito messiânica", aceitou a acomodação e as regras da senhoria: ele acordaria antes do resto da casa todos os dias, arrumaria a sala, pegaria o carvão, acenderia o fogo e entregaria três páginas por dia do romance que disse ter vindo a Londres para escrever. A Sra. Pullman comandava tudo com mão de ferro. Leonard, com seu gosto pela limpeza e pela ordem, aceitou seus deveres de bom grado. Ele tomou um banho, fez a barba e saiu para comprar uma máquina de escrever, uma Olivetti verde, na qual escreveria sua obra-prima. Antes disso, parou na Burberry da Regent Street, loja de roupas preferida pela classe média alta inglesa, e comprou uma capa de chuva azul. O lúgubre clima inglês não conseguiu deprimi-lo. Tudo estava como deveria: ele era um escritor em um país onde, ao contrário do Canadá, havia escritores desde sempre — Shakespeare, Milton, Wordsworth, Keats. A casa onde Keats escreveu "Ode a um rouxinol" e cartas de amor para Fanny Brawne ficava a apenas dez minutos de caminhada da pensão. Leonard se sentia em casa.

Apesar da proximidade com o centro de Londres, Hampstead tinha ares de vilarejo. Um vilarejo repleto de escritores e pensadores. Entre os moradores permanentes do cemitério Highgate, que também ficava a uma breve caminhada de distância, estavam Karl Marx, Christina Rossetti, George Eliot e Radclyffe Hall. Quando Londres estava coberta por um nevoeiro tóxico, Hampstead, com seu ar mais limpo, no alto de uma colina e com três mil metros quadrados de charneca, atraía poetas tuberculosos e artistas sensíveis. Mort tinha sido o primeiro do grupo de Leonard a se hospedar lá, alugando um quarto de Jake e Stella Pullman enquanto cursava a escola de artes em Londres. Depois foi Nancy Bacal, que tinha ido a Londres estudar teatro clássico na London Academy of Music and Dramatic Art e acabou ficando, virando jornalista de rádio e televisão. Nancy também havia recebido a "cama dos novatos" e uma garrafa de água quente na sala de estar, onde ficou até Mort se mudar e a Sra. Pullman, julgando-a merecedora, permitir que ela ocupasse o quarto dele. E era lá que Nancy estava quando Leonard apareceu, em dezembro de 1959.

A escritora e professora de escrita Bacal não consegue se lembrar da época em que não conhecia Leonard. Ela nasceu e foi criada em Westmount, assim como ele. Os dois moraram na mesma rua e frequentaram as mesmas escolas de hebraico e de ensino médio. O pai dela era o pediatra de Leonard. "Era uma comunidade muito forte, fechada de várias formas, mas ele estava longe de ser a pessoa que normalmente fazia parte do grupo de Westmount. Ele lia e escrevia poesia enquanto as pessoas estavam mais interessadas em saber quem iriam levar para a graduação da escola dominical. Ele ia além das fronteiras desde muito novo." O mais curioso é que Leonard não era abertamente rebelde. Como Arnold Steinberg notou, ele parecia convencional, respeitava os professores, dava a impressão de que jamais se rebelaria.

"Eis a contradição", diz Bacal. "Leonard era envolvido com a religião, profundamente conectado com a sinagoga através do avô, que era presidente do templo, e também por conta do seu respeito pelos mais velhos. Lembro que Leonard costumava contar como o avô podia escolher um trecho aleatório da Torá e ser capaz de recitar todas as palavras de qualquer página. E aquilo me impressionava enormemente. Mas ele estava sempre preparado para fazer as perguntas difíceis, quebrar as convenções, encontrar o próprio caminho. Leonard nunca foi homem de agredir, atacar ou dizer coisas ruins. Estava mais interessado no que era verdadeiro ou certo." Ela se lembra das conversas sem fim que teve com Leonard na juventude sobre a comunidade deles: "o que era confortável, em que ela deixava a desejar, como sentíamos que as pessoas não estavam abertas para a verdade". A conversa foi interrompida quando Bacal foi para Londres, mas quando Leonard se mudou para a casa da Sra. Pullman ela foi retomada do ponto em que havia parado.

Ao contrário da maioria dos residentes de Hampstead, Stella Pullmann era da classe trabalhadora. "Sal da terra, muito pragmática, uma inglesa pé no chão", segundo Bacal. "Ela trabalhava no consultório dentário de um irlandês no East End londrino, pegava o metrô todos os dias. Todos que viviam na casa costumavam ir até lá uma vez por ano para fazer obturações. Ela nos ajudava muito. Leonard ainda a considera responsável por ele ter terminado o livro, pois ela lhe deu um prazo, o que o obrigou a terminar. Mas a Sra. Pullman não ficou exatamente impressionada com ele ou com qualquer um de nós. 'Todo mundo tem um livro dentro de si', dizia ela, 'então escreva. Não quero você à toa por aí.' Ela havia enfrentado a guerra, não tinha tempo para toda aquela bobagem. Leonard se sentia muito confortável lá porque não havia falsidades. Ele e Stella se deram muito, muito bem. Stella gostava muito de Leonard, mas secretamente. Ela jamais desejou que alguém ficasse 'todo cheio de si', como costumava dizer." Leonard manteve sua parte do acordo, e escrevia três páginas por dia do romance que ele começou a chamar de *Beauty at Close Quarters*. Em março de 1960, três meses após a chegada, havia terminado a primeira versão.

Na alta madrugada, após o horário de fechamento do pub King William IV, local favorito deles, Nancy e Leonard exploravam a cidade. "Estar em Londres naquela época foi uma revelação. Era outra cultura, uma espécie de terra de ninguém entre a Segunda Guerra Mundial e os Beatles. Era escuro, ninguém tinha muito dinheiro e havia algo que nunca tínhamos vivido: a classe trabalhadora de Londres. E não se esqueça de Pete Seeger e todas aquelas canções sobre trabalhadores. Nós começávamos à uma ou duas da manhã e andávamos a esmo, saindo do East End e conversando com homens de boné com sotaque *cockney*. Visitávamos pessoas noturnas em lugares toscos, tomando chá. Amávamos a vida das ruas, a comida das ruas, a atividade, os modos, os rituais das ruas", exatamente o tipo de lugar que atraía Leonard em Montreal. "Se você quiser encontrar Leonard", diz Bacal, "vá até algum pequeno café ou lugarzinho desconhecido. Quando ele acha um lugar, vai até lá todas as noites. Ele não estava interessado no que estava 'acontecendo', queria era descobrir o que havia por baixo daquilo."

Através do seu trabalho como jornalista, Bacal passou a conhecer a comunidade das Antilhas em Londres e a frequentar uma boate situada em um porão na Wardour Street, no Soho, o Flamingo. Nas sextas à noite, depois do fechamento, ele se transformava em uma boate dentro da boate chamada All-Nighter, que abria à meia-noite, embora qualquer um soubesse que as coisas não esquentavam até as duas da manhã. "Teoricamente, era um lugar muito duvidoso, mas, na verdade, era mágico", define Bacal. "Havia tanta maconha no ar, era como andar em uma pintura de fumaça." Ela e Harold Pascal, outro do grupo de Montreal que estava morando em Londres, iam lá quase todas as sextas. A música era boa (calipso e artistas brancos de R&B e jazz, como Zoot Money e Georgie Fame and the Blue Flames) e o público, fascinante. Era metade composto por negros, afro-caribenhos e um punhado de soldados afro-americanos, algo bastante incomum para a época. Já a metade branca era composta por mafiosos, prostitutas e *hipsters*.

Na primeira noite que Leonard foi com Nancy à boate, houve uma briga de faca. "Alguém chamou a polícia. Todos estavam chapados e dançando" quando a polícia chegou, lembra ela. "Não sei se você já esteve em algum desses lugares baratos, mas você não vai gostar de estar lá quando acendem as luzes. De repente, todos os rostos estavam lívidos. O incidente não durou muito, mas ficamos bem abalados. Eu me preocupei com Leonard, mas ele estava bem." Leonard amava o lugar. Após outra visita, escreveu para a irmã Esther, dizendo: "Foi a primeira vez que eu realmente gostei de dançar. Às vezes, até esqueço que pertenço a uma raça inferior. O *twist* é o maior ritual desde a circuncisão e lá você pode escolher entre os gênios de duas culturas. Pessoalmente, prefiro o *twist*."[1]

Com a primeira versão do romance terminada, Leonard voltou sua atenção para seu segundo volume de poesia. Ele acumulara os poemas para *The Spice-Box of Earth* no ano anterior e, por recomendação de Irving Layton, entregou tudo para a editora canadense McClelland & Stewart. Literalmente. Após dirigir para Toronto com um amigo, Leonard entregou o manuscrito pessoalmente a Jack McClelland. McClelland tinha assumido a empresa do pai em 1946, aos 24 anos, e era, de acordo com a escritora Margaret Atwood, "um pioneiro no mercado editorial canadense em uma época em que vários canadenses não acreditavam na literatura nacional ou achavam que ela não era boa ou interessante o suficiente".[2] McClelland ficou tão impressionado com Leonard que aceitou o livro na hora.

Poetas não são particularmente conhecidos por sua habilidade para as vendas, mas Leonard promoveu seu livro como um profissional. Ele até orientou a editora sobre a encadernação e a comercialização. Em vez da capa dura e fina habitual dos livros de poesia, que era ótima para prensar flores, mas que tinha um custo mais elevado, o volume sairia em uma capa de papel colorido e barato. E Leonard ainda se ofereceu para fazer o design. "Quero conquistar um público", escreveu ele em uma carta a McClellan. "Não estou interessado na academia." Ele queria deixar o trabalho acessível para "adolescentes voltados para a vida interior, amantes em todos os graus de angústia, platonistas decepcionados, consumidores de pornografia, monges de mãos cabeludas, adeptos do pop, intelectuais franco-canadenses, escritores não publicados, músicos curiosos etc., todos esses seguidores sagrados da minha Arte".[3] No geral, esse foi um inventário bem astuto e incrivelmente verdadeiro dos seus fãs.

Leonard recebeu uma lista de revisões e correções, e a data provisória de publicação foi marcada para março de 1960, mas acabou sendo adiada.

No mesmo mês, Leonard estava no East End londrino, andando para a estação de metrô, vindo do consultório dentário em que a Sra. Pullman trabalhava. Acabara de ter que arrancar um dente do siso. Estava chovendo. De acordo com Leonard, "chovia quase todos os dias em Londres", mas naquele dia choveu ainda mais forte que o normal, aquela chuva fria e com pingos inclinados típica de inverno na qual a Inglaterra se especializou. Ele se abrigou em prédio nas proximidades, uma filial do Banco da Grécia. Não pôde deixar de notar que o caixa usava óculos de sol e estava bronzeado. O homem disse que era grego e tinha visitado a terra natal recentemente. O clima, disse ele, era maravilhoso lá nessa época do ano.

Não havia nada prendendo Leonard em Londres. Ele não tinha um projeto para terminar ou promover, o que o deixava não só livre como vulnerável à depressão que os dias curtos e sombrios de um inverno londrino são tão bons em induzir. Em sua proposta para conseguir a bolsa do Conselho Canadense, Leonard disse que iria a todas as antigas capitais — Atenas, Jerusalém e Roma, além de Londres. Na Hampstead High

Street ele parou em uma agência de viagens e comprou passagens para Israel e Grécia.

Na discussão sobre o mistério e as motivações de Leonard Cohen, a sobrevivência tende a ser deixada de lado, enquanto os escritores se apegam às mais atraentes opções: depressão, sexo e Deus. Não há dúvida de que esses três temas tenham sido a força motriz da vida e da obra do autor. Mas o que mais ajudou Leonard foi seu instinto de sobrevivência. Leonard tinha um instinto de autoproteção que nem todos os escritores (ou amantes, depressivos, buscadores da espiritualidade ou qualquer um desses tipos criativos que a natureza ou a cultura fazem dolorosos e sensíveis) possuem. Leonard era um amante, mas quando se tratava de sobrevivência, também era um lutador.

Quando o pai de Leonard morreu, o que o menino de 9 anos queria guardar dele era a faca e o revólver que usara em serviço. Quando Leonard tinha 14 anos, a primeira história que publicou (no anuário do ensino médio) tinha o título "Kill or Be Killed". Sim, meninos gostam de armas e gângsters, e meninos judeus que cresceram durante a Segunda Guerra têm intensificada essa tendência cromossômica, mas Leonard definitivamente apresenta um espírito de luta. Quando perguntaram quem ele considerava um herói, ele citou nomes de líderes espirituais e de poetas: Roshi, Ramesh Balsekar, Lorca, Yeats, acrescentando uma advertência: "Admiro muitos homens e mulheres, mas é com a designação 'herói' que tenho dificuldade, porque isso implica algum tipo de reverência, algo um tanto estrangeiro para a minha natureza." Mas no dia seguinte, após pensar na pergunta, Leonard mandou um e-mail. A mensagem veio sem reservas dessa vez:

> eu esqueci
> meu herói é muhammad ali
> como dizem sobre o Timex nos anúncios
> leva um tombo
> e continua intacto[4]

Leonard ainda é um lutador. Na década de 1970, alguns anos depois dessa correspondência, ao descobrir que seu antigo empresário havia torrado o dinheiro que usaria para se aposentar, ele tirou o pó do terno, colocou o chapéu e rodou o mundo para ganhar sua fortuna de volta. Mas os deuses conspiraram para dar a ele, em igual medida, os instintos de fugir e de lutar. Quando se tratava de sobrevivência, Leonard geralmente recorria ao primeiro dos dois para "a saúde da minha alma",[5] como ele mesmo disse.

Leonard não estava brincando de todo quando disse ter vivido uma infância "messiânica". Desde cedo ele tinha forte noção de que faria algo especial e a expectativa de que iria "chegar à idade adulta liderando outros homens".[6] Também sabia, desde jovem, que seria escritor, e levava isso a sério. De todos os ofícios que um homem sensível e depressivo poderia ter seguido, poucos são mais arriscados que ser um escritor. Atuar? Atores estão na linha de frente, sim, mas a maior parte do estrago ocorre nos testes. Quando eles conseguem um papel, têm uma máscara atrás da qual podem se esconder. Mas escrever é revelar. "O poeta descobriu o inconsciente, não eu", disse Freud, de uma maneira que um analista reconheceria como inveja insuportável. É uma questão de permitir que a mente seja tão barulhenta e caótica quanto desejar e mergulhar nas profundezas sombrias desse pandemônio na esperança de que ele possa vir à tona com algo ordenado e belo. A vida de um escritor sério exige longos períodos de confinamento solitário. A vida de um escritor tão sério, meticuloso, autocrítico e sujeito à depressão como Leonard significa o confinamento solitário em uma prisão particular, cercada por cães de guarda.

Na infância, ele teve o apoio e o carinho das mulheres como proteção. Na juventude, foi ajudado por uma comunidade de pessoas que pensavam da mesma forma, composta em boa parte (mas não exclusivamente) por amigos do sexo masculino. Ele não tinha problemas em sair de um lugar e se mudar para outro. Viajava com pouca bagagem e gastava pouco tempo com sentimentalismos. Mas onde quer que estivesse, gostava de se cercar de um clã de colegas pensadores: pessoas que podiam sustentar uma conversa, beber e saber ficar em silêncio quando ele precisava ser deixado em paz para escrever. Atenas não era esse lugar. Mas um colega em Londres, Jacob Rothschild (futuro quarto barão Rothschild, jovem rebento de uma notória família de banqueiros judeus), que conheceu em uma festa, havia mencionado uma pequena ilha grega chamada Hidra. A mãe de Rothschild, Barbara Hutchinson, estava prestes a se casar de novo com um celebrado pintor grego chamado Nikos Hadjikyriakos-Ghikas, que tinha uma mansão na ilha. Rothschild sugeriu que Leonard fosse visitá-los. A pequena população da ilha incluía uma colônia de artistas e escritores do mundo inteiro. Henry Miller tinha morado lá no início da Segunda Guerra Mundial e escrito *O colosso de Marússia* sobre a "perfeição selvagem e nua" do lugar.

Após sair de Londres, Leonard fez uma parada em Jerusalém. Era a primeira vez dele em Israel. De dia, fazia um tour por locais antigos, e à noite, sentava no café Kasit, frequentado por "todos que achavam que eram escritores".[7] Lá conheceu o poeta israelense Natan Zach, que o convidou para se hospedar em sua casa. Após alguns dias, Leonard pegou um avião para Atenas. Ele ficou na cidade por um dia, durante o qual viu a Acrópole. À noite, pegou um táxi até Pireu e ficou em um hotel no porto. Na manhã seguinte, bem cedo, pegou a balsa para Hidra. Em 1960, antes de começarem a usar aerobarcos, a viagem levava cinco horas. Mas havia um bar a bordo. Leonard bebeu no deque e sentou-se ao sol, olhando para aquele lençol enrugado que era o mar e sob o cobertor azul macio do céu enquanto a balsa se movia lentamente pelas ilhas espalhadas como as contas de um colar pelo mar Egeu.

Assim que colocou os olhos em Hidra, ao longe, antes mesmo de a balsa atracar, Leonard gostou do que viu. Tudo ali parecia certo: o porto natural em formato de ferradura e os prédios brancos de cal nas colinas íngremes ao redor. Quando tirou os óculos escuros e apertou os olhos para ver o sol, a ilha lembrava um anfiteatro grego, e as casas pareciam anciãos de branco, sentados e empertigados nas fileiras. As portas de todas as casas eram voltadas para o porto, que era o palco em que se desenrolava um drama bastante comum: barcos balançando preguiçosamente na água, gatos dormindo nas pedras, jovens descarregando os peixes que haviam pescado naquele dia, velhos de pele curtida sentados nos bares, discutindo e conversando. Quando Leonard andou pela cidade, notou que não havia carros, e sim burros com cestinhas penduradas em cada lado do corpo, andando desajeitadamente pelas ruas íngremes de pedra entre o porto e o Monastério do Profeta Elias. Aquilo podia ser uma ilustração de uma Bíblia para crianças.

O lugar parecia organizado em torno de algum ideal antigo de harmonia, simetria e simplicidade. A ilha tinha apenas uma cidade de verdade, chamada simplesmente de cidade de Hidra. Seus habitantes chegaram à decisão tácita de que apenas duas cores básicas bastavam: azul (o mar e o céu) e branco (as casas, barcos e gaivotas circulando entre os barcos pesqueiros). "Eu realmente senti que tinha chegado em casa", disse Leonard mais tarde. "Senti que a vida do vilarejo era familiar, embora não tivesse experiência alguma com esse tipo de realidade."[8] O que também pode ter dado a Hidra uma sensação de familiaridade era o fato de ser o mais próximo que Leonard tinha vivenciado da utopia discutida por ele e Mort quando crianças na Montreal urbana. Era ensolarada, quente e povoada por escritores, artistas e pensadores do mundo inteiro.

Os chefes da comunidade expatriada do vilarejo eram George Johnston e Charmian Clift. Johnston era um jornalista australiano bonito de 48 anos, que tinha sido correspondente na Segunda Guerra Mundial. Charmian, de 37 anos e também jornalista, era sua atraente segunda esposa. Ambos haviam escrito livros e queriam se dedicar à escrita em tempo integral. Como tinham dois filhos (um terceiro viria depois), precisavam encontrar um lugar para morar onde a vida fosse barata, mas agradável. Eles descobriram Hidra em 1954. O casal era ótimo, líderes naturais e chegados a criar uma mitologia para si mesmos. Eles frequentavam o Katsikas', mercado na orla cuja sala dos fundos, de acordo com a perfeita simplicidade de Hidra, servia também de pequeno café e bar. As mesas à beira-mar faziam dali o ponto ideal para os expatriados se reunirem e esperarem a balsa, que chegava à noite trazendo o correio (todos pareciam esperar um cheque) e um novo lote de pessoas para observar, conversar ou levar para a cama. Em uma ilha pequena, quase sem telefone e eletricidade, portanto, sem televisão, a balsa fornecia notícias, entretenimento e contato com o mundo exterior.

Leonard conheceu George e Charmian assim que chegou. Ele não foi o primeiro jovem que eles tinham visto sair do porto carregando a mala e um violão, mas gostaram dele de cara, e a simpatia foi recíproca. Como Irving e Aviva Layton, os Johnston eram exuberantes, carismáticos e antiburgueses. Eles também vinham fazendo há anos o que Leonard desejava, que era viver como escritores sem a necessidade de um emprego formal. Os dois tinham pouquíssimo dinheiro, mas em Hidra podiam sobreviver, mesmo com três filhos para sustentar. E a vida que levavam estava longe de ser pobre: almoçavam sardinhas frescas com o vinho local *retsina*, que o velho Katsikas deixava que comprassem fiado, e pareciam brilhar no calor e no sol. Leonard aceitou o convite para passar a noite lá. No dia seguinte, eles o ajudaram a alugar uma das várias casas vazias na colina e lhe doaram cama, cadeira e mesa, além de panelas e frigideiras.

Embora tenha sido criado com muito, Leonard vivia feliz com pouco, e floresceu no clima mediterrâneo. Toda manhã ele se levantava com o sol, como os trabalhadores locais, e começava seu ofício. Após algumas horas de escrita, andava pelas ruas estreitas e sinuosas com uma toalha pendurada no ombro e ia nadar no mar. Enquanto o sol secava seu cabelo, ele andava até o mercado para comprar frutas e vegetais frescos e subia a colina de novo. Fazia frio dentro da velha casa. Ele se sentava à mesa de madeira dos Johnston e escrevia até ficar escuro demais para ver com os lampiões de querosene e as velas. À noite, voltava ao porto, onde sempre havia alguém com quem conversar.

O ritual, a rotina e a escassez dessa vida o satisfaziam imensamente. Parecia monástico de alguma forma, exceto por uma questão: a colônia de artes de Hidra antecipou os hippies em termos de amor livre em meia década. Leonard também era um monge que observava o Shabat. Às sextas-feiras acendia as velas e aos sábados, em vez de trabalhar, colocava o terno branco e ia ao porto tomar café.

Uma tarde, perto do fim do longo e quente verão, a balsa trouxe uma carta para Leonard, dizendo que a avó havia morrido e deixado 1.500 dólares canadenses para ele. Ele já sabia o que fazer com o dinheiro. No dia 27 de setembro de 1960, poucos dias depois do seu aniversário de 26 anos, Leonard comprou uma casa em Hidra. Era simples e branca, com três andares e duzentos anos de idade, situada em um grupo de prédios entre a cidade de Hidra e o próximo vilarejo, Kamini. Era um lugar tranquilo, embora não totalmente reservado. Se inclinasse o corpo para fora da janela, Leonard quase podia tocar a casa da frente, e dividia a parede do jardim com o vizinho de porta. A casa não tinha eletricidade nem encanamento (as chuvas da primavera enchiam uma cisterna, e, quando a água acabava, ele precisava esperar um senhor que passava de tempos em tempos com um burro carregando recipientes com água). Mas tinha grossas paredes brancas que afastavam o calor no verão, uma lareira para o inverno e um grande terraço onde Leonard fumava, pássaros cantavam e gatos ficavam à espreita, esperando que um dos pássaros caísse. Um padre veio e abençoou a casa, segurando uma vela acesa diante da porta da frente e desenhando uma cruz de fuligem. A vizinha idosa Kiria Sophia ia até lá todas as manhãs bem cedo para lavar os pratos, varrer o chão, lavar a roupa e cuidar dele. A nova casa lhe deu o prazer puro de uma criança.

"Uma das coisas que gostaria de mencionar e que muita gente não captou", diz Steve Sanfield, amigo de longa data de Leonard, "é como esse período na Grécia e a sensibilidade grega foram importantes para o desenvolvimento de Leonard e as coisas que levou consigo. Leonard gosta de música e comida gregas, fala grego muito bem para um estrangeiro e não há pressa com ele, é tudo 'Bom, vamos tomar um café e conversar sobre isso'. Nós dois carregamos *komboloi*, os terços gregos, e apenas homens gregos fazem isso. Não tem nada a ver com religião; na verdade, um dos significados da palavra em grego arcaico é 'contas da sabedoria', indicando que os homens as usavam apenas para meditar e contemplar."

A amizade de Sanfield com Leonard começou há cinquenta anos. Ele é o Steve descrito no poema "I See You on a Greek Mattress" (do livro de 1966 *Parasites of Heaven*), sentado na casa de Leonard em Hidra, fumando haxixe e jogando I Ching, e também o "grande mestre do haicai" citado no poema "Other Writers" (do livro de 2006 *Book of Longing*). Também é o homem que apresentou Leonard ao seu mestre zen, Roshi Joshu Sasaki. Em 1961, quando Sanfield embarcou na balsa em Atenas e desceu em Hidra por capricho, era "um jovem poeta em busca de aventura". Como Leonard, ele "se apaixonou" pelo lugar. As pessoas que conheceu no bar do porto lhe disseram: "Espere até conhecer Leonard Cohen. Vocês são dois jovens poetas judeus. Vai gostar dele." E ele gostou mesmo.

As lembranças que Sanfield tem de Hidra são de luz, sol, camaradagem, da simplicidade voluptuosa da vida e da energia especial que emanava da comunidade de artistas e aventureiros. Era uma comunidade pequena, cerca de cinquenta pessoas, embora houvesse idas e vindas. O esteio, os Johnston, "eram cruciais em nossas vidas. Eles brigavam muito, procuravam se vingar um do outro com a sexualidade e tudo ficou muito complicado, mas eram mesmo o centro da vida estrangeira no porto". Entre os outros residentes estavam o pintor britânico, contador de histórias e *bon vivant* Anthony Kingsmill, de quem Leonard ficou próximo; o ex-ator da Broadway e repórter Gordon Merrick, cujo primeiro romance, *The Strumpet Wind*, sobre um espião norte-americano gay, foi publicado em 1947; o poeta, artista radical e psiquiatra norte-americano Dr. Sheldon Cholst, que fincou sua bandeira em algum lugar entre Timothy Leary e R. D. Laing; além do jovem escritor sueco Göran Tunström, que trabalhava em seu primeiro romance e serviu de modelo para o personagem Lorenzo no romance *Joacim*, escrito por Axel Jensen em 1961 (embora muitos ainda acreditem que Lorenzo tenha sido baseado em Leonard).

"Muita gente se saiu bem naquele período inicial", explica Sanfield, "como Allen Ginsberg e Gregory Corso." Este último morava na ilha ao lado, onde treinava um time de softball. Leonard conheceu Ginsberg durante uma viagem a Atenas. Ele bebia um café na praça St. Agnes quando viu o poeta em outra mesa. "Fui até lá, perguntei se ele era mesmo Allen Ginsberg. Ele veio se sentar comigo e viramos amigos. Ele me apresentou a Corso", disse Leonard. "E minha associação com os *beats* ficou um pouco mais íntima."[9]

De acordo com Sanfield, no início dos anos 1960 Hidra viveu "a era de ouro dos artistas. Não éramos *beatniks*, os hippies ainda não tinham sido inventados e nos imaginávamos como boêmios ou viajantes internacionais, porque pessoas do mundo inteiro se reuniam ali com um objetivo artístico. Havia uma atmosfera muito empolgante e que comoveu todos que estavam lá. Houve revoluções na literatura e houve a revolução sexual, que acreditávamos ter vencido e provavelmente perdemos. Alguns de nós (George Lialios, Leonard e eu) começaram a analisar caminhos espirituais diferentes, como o budismo tibetano e o I Ching".

George Lialios foi uma figura importante na vida de Leonard na ilha. Nove anos mais velho que Leonard, tinha um bigode preto grosso, barba espessa, olhos brilhantes e penetrantes, além de uma mansão de 17 quartos no alto da colina. "Ele era um homem extraordinário e misterioso", diz Sanfield. Segundo muitos relatos, era filósofo, músico semiaristocrata e intelectual. O próprio Lialios se descrevia assim: "de Patras, nascido em Munique de pais gregos, sendo que minha família saiu da Alemanha e voltou para Atenas em 1935. Estudei direito, fiz três anos de serviço militar durante a chamada Guerra Civil, depois continuei meus estudos de música e composição em Viena, entre 1951 e 1960. Tenho uma certa inclinação para a filosofia". O pai grego tinha sido compositor, diplomata e estava na Alemanha durante a Segunda Guerra. George era fluente em grego, alemão e inglês. Leonard passou muitas noites em Hidra com

Lialios, a maior parte delas em sua casa. Às vezes, eles tinham conversas profundas. Em outras ocasiões, não falavam uma palavra sequer — sentavam juntos em silêncio na sala pouco mobiliada e de paredes brancas, como Leonard faria com Roshi nos próximos anos.

Outro ilhéu expatriado que teve papel fundamental na vida de Leonard foi Axel Jensen. Escritor norueguês magro e intenso de vinte e poucos anos, já tinha publicado três romances, um dos quais havia virado filme. A casa onde Jensen morava com a esposa Mariane e o filho (que também se chamava Axel) ficava no topo da colina onde Leonard morava. Sanfield se hospedou na casa dos Jensen quando chegou a Hidra, pois a família alugou o imóvel enquanto esteve fora. A sala de estar havia sido escavada na rocha da encosta. Havia cópias do I Ching e do *Livro tibetano dos mortos* nas estantes.

Quando Marianne voltou à ilha, o marido não foi junto. "Era a mulher mais linda que conheci", elogiou Sanfield. "Fiquei aturdido pela beleza dela, como todo mundo", inclusive Leonard. "Ela brilhava", descreve Sanfield, "uma deusa escandinava com um filho lourinho, e Leonard era aquele judeu moreno. O contraste era impressionante."

Leonard tinha se apaixonado por Hidra assim que a viu. Segundo ele, era um lugar em que "tudo o que você via era lindo. Cada esquina, lâmpada, tudo o que você tocava, tudo". O mesmo aconteceu quando viu Marianne. Em uma carta para Irving Layton, ele escreveu: "Marianne é perfeita."[10]

"Deve ser muito difícil ser famoso. Todo mundo quer um pouco de você", diz Marianne Ihlen com um suspiro. A poesia e as canções de Leonard tiveram musas antes e depois de Marianne, mas, se houvesse uma disputa, a vencedora certamente seria ela, por escolha popular. Apenas duas amantes não musicistas de Leonard tiveram fotografias estampadas nas capas dos álbuns dele, e Marianne foi a primeira. Na contracapa do segundo álbum de Leonard, o despido e íntimo *Songs from a Room*, ela aparecia em uma sala branca, sentada à mesa de madeira simples que Leonard usava para trabalhar, com os dedos tocando a máquina de escrever dele. Com a cabeça virada e um sorriso tímido para a câmera, vestindo apenas uma pequena toalha branca. Para muitos jovens que viram aquela foto pela primeira vez em 1969, um ano particularmente conturbado, ela capturava um momento, uma necessidade e um desejo que os atormentou desde então.

Aos 75 anos, Marianne tem um rosto gentil e arredondado, profundamente marcado por rugas. Como Leonard, não gosta de falar de si, mas é atenciosa demais para recusar. Pode-se imaginar que foi assim que deixou que escrevessem um livro em norueguês sobre sua vida com Leonard, após concordar em ser entrevistada para um documentário de rádio.* É muito modesta e pede desculpas por seu inglês (que é muito bom), do mesmo jeito que fazia em relação à sua aparência. Apesar de ter sido modelo, nunca entendeu por que Leonard a considerava a mulher mais linda que conhecera. Há 53 anos, "com 22 anos, loura, jovem, ingênua e apaixonada", para desgosto da família tradicional de Oslo, tinha fugido com Jensen, viajado pela Europa, comprado um antigo fusca na Alemanha e dirigido até Atenas. Uma senhora os convidou para ficar e permitiu que deixassem o carro no jardim abandonado enquanto viajavam pelas ilhas. Na balsa, o casal conheceu um grego gordo e bonito chamado Papas, que morava na Califórnia, onde tinha uma empresa de doces e biscoitos com seu nome. Eles disseram que procuravam uma ilha. "Ele falou para descermos na primeira parada. Era Hidra."

Era o meio de dezembro, com frio e chuva forte. Havia um café aberto no porto e eles correram para lá. O local era iluminado com neon no interior e aquecido por um forno no meio do salão. Enquanto tremiam sentados no local, um grego que falava um pouco de inglês foi ajudá-los. Ele falou sobre outro casal estrangeiro que morava na ilha, George Johnston e Charmian Clift, e se ofereceu para levá-los à casa deles. E assim tudo começou. Axel e Marianne alugaram uma casinha sem eletricidade e com um banheiro externo e ali ficaram. Axel escrevia, Marianne cuidava dele. Quando a estação mudou, Hidra ganhou vida com os visitantes e os dois noruegueses pobres, jovens e belos se viram convidados para coquetéis nas mansões dos ricos. "Uma das primeiras pessoas que conhecemos foi Aristóteles Onassis", relembra Marianne. Durante o período que passaram em Hidra, pessoas de todo tipo vinham com a corrente. "Havia casais, escritores, gente famosa, homossexuais, pessoas com muito dinheiro

---

* *So Long, Marianne: Ei Kjaerleikshistorie*, de Kari Hesthamar.

que não precisavam trabalhar, jovens a caminho da Índia e vindo de lá, pessoas fugindo de algo ou procurando algo." E havia Leonard.

A vida de Marianne tinha sido muito agitada nos três anos que haviam se passado entre a chegada dela a Hidra e a de Leonard. Ela e Axel tinham terminado, feito as pazes e depois se casado. Os dois usaram o adiantamento do terceiro romance dele para comprar uma antiga casa branca no alto de uma colina no final da rua dos Poços. Quando as chuvas chegaram, a rua virou um rio que parecia uma corredeira atravessando as ruas de pedra e indo em direção ao mar. A vida com Axel também era turbulenta. Os locais falavam que ele bebia muito e, quando bêbado, subia na estátua que fica no meio do porto e mergulhava lá de cima, de cabeça. Diziam ainda que Marianne era hippie e idealista. Ela então engravidou e foi a Oslo para dar à luz. Quando voltou a Hidra com o primeiro filho, batizado com o nome do marido, encontrou Axel fazendo as malas e pronto para ir embora com uma norte-americana por quem disse ter se apaixonado. No meio de tudo isso, Leonard apareceu.

Ela fazia compras no Katsikas' quando um homem parou na entrada e disse: "Você se juntaria a nós? Estamos sentados ali fora." Marianne não viu quem era, pois o sol brilhava por trás dele, mas era uma voz que, segundo ela, "não deixava dúvida sobre o que ele queria. Era direta e calma, sincera e séria, mas, ao mesmo tempo, com um senso de humor fantástico". Ela foi e encontrou o homem sentado à mesa com George e Charmian, esperando a balsa com o correio. Ele vestia calça cáqui e camisa verde desbotada, "as cores do Exército", e os tênis marrons baratos vendidos na Grécia. "Ele parecia um cavalheiro, antiquado, mas nós dois éramos antiquados", descreve Marianne. Quando olhou nos olhos dele, soube que tinha "conhecido alguém muito especial. Minha avó, que me criou durante a guerra, disse: 'Você vai encontrar um homem que fala com uma língua de ouro, Marianne.' Naquele momento vi que ela tinha razão."

Eles não viraram amantes de imediato. "Embora eu tivesse amado Leonard desde o instante em que nos conhecemos, foi um filme lento e lindo." Leonard, Marianne e o pequeno Axel começaram a se encontrar durante o dia para ir à praia. Depois, voltavam a pé para a casa de Leonard, muito mais próxima que a dela, para almoçar e tirar um cochilo. Enquanto Marianne e o bebê dormiam, Leonard ficava sentado observando os corpos queimados de sol, o cabelo branco cor de osso. Às vezes, ele lia seus poemas para ela. Em outubro, Marianne disse a Leonard que voltaria a Oslo, pois o divórcio estava em andamento. Leonard decidiu ir junto. Os três pegaram a balsa para Atenas, resgataram o carro dela e Leonard dirigiu mais de três mil quilômetros, de Atenas até Oslo. Eles interromperam a viagem para ficar em Paris por alguns dias. Marianne se lembra da sensação de estar desmoronando. Leonard, por sua vez, recorda "um sentimento que acho que tentei recriar centenas de vezes, sem sucesso. Aquela sensação de ser adulto ao lado de uma pessoa linda com quem você está feliz. Quando o corpo está bronzeado e você vai entrar em um barco, e parece que tem o mundo inteiro pela frente".[11]

De Oslo, Leonard pegou um avião para Montreal. Se iria ficar em sua ilha grega, por mais barata que fosse, precisava de mais dinheiro. Do apartamento alugado na Mountain Street ele escreveu para Marianne contando o que planejava. Havia se candidatado a outra subvenção do Conselho Canadense e estava confiante de que iria consegui-la. Também estava "trabalhando muito" em alguns roteiros para TV com Irving Layton. "Nossa colaboração é perfeita. Queremos transformar esse meio de comunicação em uma verdadeira forma de arte. Se começarmos a vendê-los, e acho que vamos conseguir, ganharemos muito dinheiro. E quando tivermos os contatos, poderemos escrever em qualquer lugar." Leonard e Layton falavam sobre fazer roteiros juntos há anos, quando sentavam no sofá com Aviva e assistiam à televisão, improvisando diálogos e rascunhando em blocos amarelos. Layton estava na mesma situação que Leonard, pois tinha sido demitido do cargo de professor graças a um comentário revolucionário que foi longe demais, então, eles insistiram nesse projeto com um entusiasmo particular. "Irving e eu pensamos que com três meses de trabalho intenso podemos ganhar o bastante para conseguirmos o sustento de pelo menos um ano. Isso nos dará nove meses para a poesia pura", escreveu Leonard. Quanto a seu segundo livro de poesia, que seria publicado na primavera, *The Spice-Box of Earth*, o lançamento poderia ajudar a vender os roteiros. Também haveria uma turnê para promover o livro, e ele gostaria que Marianne o acompanhasse. "Mahalia Jackson está no toca-discos. Estou junto com ela, voando com você nessa glória, afastando as mortalhas do sol, transformando tudo em música."[12] Cara, ele escrevia uma carta como ninguém! O telegrama que enviou foi mais curto, embora igualmente eficaz: "Arranje um apê. Só preciso da minha mulher e do filho dela." Marianne fez duas malas e pegou o avião com o pequeno Axel para Montreal.

CAPÍTULO SEIS

CHEGA DE HERÓIS CAÍDOS

Não foi fácil para Marianne em Montreal. Mas, até ali, não havia sido fácil para Marianne em lugar algum após um certo Axel ter chegado e outro ter partido. Marianne amava Leonard, amava Montreal e se dera bem com a mãe dele, a quem descreve como "uma mulher linda e forte, que era carinhosa comigo e com meu filho". Mas ela não conhecia ninguém em Montreal, e não havia nada a fazer, além de cuidar do filho. Leonard, por outro lado, parecia conhecer todo mundo e ter muito o que fazer. Ele e Irving Layton haviam terminado duas peças, *Enough of Fallen Heroes* e *Lights on the Black Water* (depois rebatizada de *Light on Dark Water*), que enviaram para apreciação junto com uma peça escrita apenas por Leonard e intitulada *Trade*. Eles, então, esperaram ansiosamente os dólares e os elogios que certamente chegariam pelo correio. Nada aconteceu.

Beauty at Close Quarters, o romance que Leonard escreveu em Londres, não ia muito melhor. Os editores da McClelland & Stewart, como Leonard contou em uma carta enviada ao escritor e crítico Desmond Pacey, consideraram o livro "repugnante", "enfadonho" e "um caso de amor prolongado consigo mesmo".[1] Jack McClelland pareceu confuso em relação ao que seu poeta queridinho havia lhe enviado. Era uma autobiografia? Leonard respondeu que tudo no livro tinha acontecido na vida real, exceto um incidente (a morte do garoto na colônia de férias na Parte Dois), mas que o protagonista (Lawrence Breavman) não era ele. Leonard e Breavman haviam feito "um monte de coisas como essas", escreveu ele, "mas reagimos de modo diferente às situações e por isso viramos homens diferentes".[2] McClelland rejeitou o romance, mas continuou empolgado com o segundo livro de poesias de Leonard, e *The Spice-Box of Earth* teve a publicação marcada para a primavera de 1961. No dia 30 de março, as provas estavam na editora, prontas para a avaliação de Leonard. Só que o autor não estava no Canadá, e sim em Miami, pegando um avião para Havana.

Não é uma grande surpresa que Leonard quisesse conhecer Cuba. Lorca, seu poeta favorito, havia passado três meses lá quando o país era o playground dos Estados Unidos, chamando o lugar de "paraíso" e exaltando suas virtudes e seus vícios.³ A revolução recente deixara o país ainda mais irresistível para Leonard, graças ao seu interesse por socialismo, guerra e utopias. O surpreendente naquela viagem era o momento. Leonard tinha ido para Montreal ganhar dinheiro, não gastá-lo. Após dois anos de espera, o segundo livro finalmente seria lançado, com a divulgação e a publicidade que o acompanhavam, e Leonard estava deixando para trás a mulher, que há pouco tempo — e a pedido do próprio — mudara de continente para ficar com ele. Também era um momento perigoso para tal visita. As relações entre os EUA e Cuba haviam se tornado tensas desde que as forças de Fidel Castro derrubaram o governo de Fulgencio Batista, amigo dos norte-americanos. Quando Leonard entrou em seu quarto no Hotel Siboney, em Havana, Castro e o presidente Kennedy estavam em um confronto direto. Falava-se de guerra. Mas tudo isso só aumentava sua atração pelo lugar.

— *Então você foi atrás da guerra?*
— *Fui. Motivado pela covardia que impele as pessoas a contradizerem o conhecimento mais profundo que têm em relação à própria natureza, elas se colocam em situações perigosas.*
— *Como um teste?*
— *Como uma espécie de teste, e esperando algum tipo de contradição com relação às minhas convicções mais profundas.*
— *Parece coisa de homem.*
— *É, um prazer idiota de homem.*

Em Havana, Leonard se vestia como um soldado revolucionário: calça larga verde cor de lodo, camisa cáqui e boina. Em homenagem a Che Guevara, ele deixou a barba crescer. Era um visual incongruente. Em um dos quatro poemas que Leonard escreveu em Cuba, ele se descreveu, com alguma razão, como o único turista em Havana. ("O único turista em Havana volta seus pensamentos para casa", de *Flowers for Hitler*.) Na canção que compôs 12 anos depois, sobre as experiências que teve em Cuba, "Field Commander Cohen", ele se descreveu, dessa vez sem qualquer justificativa, como:

> Nosso espião mais importante
> Ferido na linha de batalha
> Jogando ácido de paraquedas em festas diplomáticas

Ele também começou a trabalhar em um novo romance, ao qual deu o título de *The Famous Havana Diary*.

Dois anos após o início do novo regime, a cidade já se desgastava. Havia janelas fechadas nos modernos escritórios do centro de Havana e rachaduras no concreto, de onde cresciam ervas daninhas. As grandes casas coloniais, antigas residências de milionários, agora eram lar de camponeses cujos bodes mastigavam restos marrons, que apenas botânicos profissionais reconheceriam como grama. Contudo, apesar de Castro ter acabado com os agiotas, fechado os cassinos, recolhido as prostitutas e as encaminhado para instituições de treinamento profissional, ainda havia vida noturna e muitas mulheres a serem encontradas em Havana. E Leonard as encontrou. Ele bebia até de manhã no La Bodeguita del Medio, um dos bares favoritos de Hemingway, e, seguindo a rotina de Montreal, Nova York e Londres, andava a esmo pelos becos da cidade velha com o caderno em uma das mãos e uma faca de caça na outra.

Um ano depois, Leonard comentou em uma entrevista o interesse profundo pela violência: "Eu estava muito interessado no que realmente significava para um homem carregar armas e matar outros homens, me sentia atraído exatamente por esse processo. Isso chega perto da verdade. A verdade mesmo é que eu queria matar ou ser morto."[4] Não havia muita violência ou matanças para fazer, mas ele conseguiu ser capturado por uma pequena tropa de soldados cubanos armados durante um passeio diurno pela cidade litorânea de Varadero. Graças ao uniforme militar que vestia, foi confundido com um integrante da força de invasão norte-americana. Após finalmente convencê-los de que era canadense, tinha credenciais socialistas e apoiava a independência cubana, Leonard posou sorrindo com dois de seus captores para uma fotografia, que eles lhe deram de lembrança.

Como um bom turista, Leonard escreveu cartões-postais. No cartão que mandou para Jack McClelland, brincou sobre como seria bom, em termos de publicidade, se ele fosse morto em Cuba. Também mandou três cartões para Irving Layton, um deles com uma imagem de *O grito* de Munch e uma piada sobre outro homem que tinha fugido gritando de uma mulher. Se isso é uma referência à relação dele com Marianne, trata-se de um fato curioso, visto que foi Leonard quem pediu para ela ir para Montreal, e o relacionamento deles não havia acabado. Mas se Leonard às vezes parecia cortejar a vida doméstica tradicional, também fugia dela. Era muito mais intenso sentir saudades de alguém do que ter essa pessoa ao seu lado.

Em 15 de abril, um grupo de oito cubanos exilados nos Estados Unidos liderou uma série de bombardeios em três aeroportos cubanos. Alguns dias depois, já era bem tarde e Leonard escrevia à mesa que ficava ao lado da janela do seu quarto de hotel em Havana quando foi surpreendido por uma batida na porta. No corredor, um homem de terno escuro disse a Leonard que sua "presença era solicitada com urgência na embaixada canadense".[5] Ainda usando o traje militar cáqui, Leonard acompanhou o oficial. Enfim, o comandante Cohen estava sendo chamado à ação.

Na embaixada, Leonard foi levado ao escritório do vice-cônsul, que não pareceu impressionado ao vê-lo e lhe disse: "Sua mãe está muito preocupada com você."[6] Após ouvir os relatos de bombardeios e boatos de guerra, Masha ligou para um primo que era senador no Canadá e o instou a entrar em contato com a embaixada em Cuba para saber o paradeiro de Leonard e mandá-lo voltar para casa. Esse não estava entre os motivos que tinham passado pela cabeça de Leonard no caminho de carro até a embaixada para justificar a convocação. Aos 26 anos, ele já havia passado muito da idade de levar puxões de orelha maternos. Ao mesmo tempo, a julgar pela fanfarronice e pelo gosto por se fantasiar, ele não parecia ter saído da infância. Era compreensível que Masha estivesse preocupada. A guerra não tinha nenhum apelo romântico para ela, que testemunhara uma e cuidado do pai de Leonard, um veterano ferido. Mas Leonard decidiu ficar.

Ele estava em Havana no dia da invasão da baía dos Porcos, 17 de abril de 1961. Do quarto de hotel ouviu a artilha antiaérea e viu tropas correndo pelas ruas; não saiu da cidade até o dia 26 de abril. Embora admirasse os revolucionários e tivesse visto muitos cubanos felizes, também vira as longas filas de pessoas ansiosas em frente ao quartel-general da polícia, tentando obter notícias de parentes que tinham sido presos pelas forças de Castro, entre eles artistas e escritores. Nada era óbvio. "Eu sentia que estava, ao mesmo tempo, defendendo a ilha contra uma invasão americana e planejando tal invasão", ponderou ele. "Eu me julgava a par de tudo. Não conseguia ver a megalomania da minha perspectiva naquela época."[7] Leonard admitiu não ter fé em suas opiniões políticas, alegando que elas mudavam com frequência. "Nunca fui realmente passional quanto às minhas opiniões, mesmo naquela época." Ele se sentia atraído pelas ideias comunistas, da mesma forma que "pelas ideias messiânicas da Bíblia". Mais tarde, explicou a comparação: "A crença em uma irmandade humana, em uma sociedade mais compassiva, em pessoas que viviam por algo mais do que a própria culpa." Ele tinha ido a Cuba sentindo "que o mundo inteiro funcionava em prol da minha observação e educação pessoais".[8] Já tendo observado, era hora de partir.

O aeroporto José Martí estava lotado de estrangeiros tentando conseguir um lugar em um dos poucos aviões que deixavam Havana. Leonard enfrentou uma longa fila atrás da outra, até finalmente conseguir uma passagem. Quando estava na última fila, já no portão de embarque, ouviu chamarem o seu nome. Ele era procurando no balcão de segurança. Oficiais tinham revistado sua mala e encontrado a fotografia em que Leonard posara com soldados revolucionários. Com o cabelo escuro e a pele bronzeada pelo sol, talvez os oficiais tivessem pensado que ele era um cubano tentando fugir. Leonard foi levado a uma sala nos fundos e deixado aos cuidados de um guarda adolescente armado com um fuzil. O escritor tentou, sem sucesso, conversar com o jovem. Disse que era canadense e se defendeu, mas o garoto parecia entediado, o tipo de tédio que talvez pudesse ser aliviado ao disparar um tiro contra alguém. Então, Leonard ficou sentado em silêncio, olhando pela janela o avião no qual deveria estar. De repente, uma briga começou na pista de pouso. Guardas armados saíram correndo para lá, incluindo o de Leonard, que, na empolgação, não trancou a porta. Leonard então fugiu. Andando o mais calmamente que pôde, foi até o portão de embarque e, sem empecilhos, subiu as escadas do avião.

De volta ao Canadá e em trajes civis, Leonard mal passou uma semana em Montreal antes de decolar novamente, dessa vez para Toronto. Ele e Irving Layton foram convidados a ler na Conferência Canadense de Artes, no dia 4 de maio. Um Leonard de barba feita leu poemas de *The Spice-Box of Earth*. Três semanas depois, o livro foi lançado em uma festa organizada por Masha, no número 599 da Belmont Avenue, no que talvez tenha sido uma oferta de paz de Leonard para a mãe devido à fuga cubana.

O livro, que não ganhou a capa barata proposta originalmente por Leonard a Jack McClelland, e sim uma elegante capa dura, tinha 88 poemas. Seis eram da época em que Leonard frequentou a Universidade de Columbia e foram publicados pela primeira vez na revista literária *The Phoenix*. O livro foi dedicado à memória do avô materno, o rabino Kline, e à avó materna, a Sra. Lyon Cohen. Na sobrecapa havia comentários do crítico literário Northrop Frye e do poeta Douglas Lochhead, o primeiro opinando que "sua excelente capacidade poética até aqui é um dom para a balada macabra, lembrando Auden, mas profundamente original, onde as crônicas de tabloide são celebradas ao ritmo límpido das canções folclóricas", enquanto o segundo descrevia a poesia de Leonard como "forte, intensa e masculina", com "espírito e energia de conflito". Havia também um parágrafo sobre Leonard que parecia ter sido escrito pelo próprio, mas em terceira pessoa. Ele pintava uma imagem romântica do autor, mencionando a viagem a Cuba e o ano que passara escrevendo em uma ilha grega. Ele, então, citava a si mesmo, dizendo em seu estilo familiar, metade engraçado, metade verdadeiro: "Eu não deveria estar no Canadá, de jeito algum. Pertenço ao Mediterrâneo. Meus ancestrais cometeram um erro terrível. Mas preciso continuar voltando a Montreal para renovar minhas neuroses."[9] Contudo, as raízes eram muito mais importantes do que isso. Ele terminava com um inesperado ataque aos prédios modernos que tomaram suas ruas favoritas de Montreal — o que pode muito bem ter sido irônico. Leonard sabia que sua antiga vizinhança tinha problemas mais sérios com que se preocupar, considerando que suas grandes residências haviam virado alvo de militantes separatistas franceses, com bombas aparecendo em caixas de correio. Mas ele gostava sinceramente das antigas casas vitorianas, e se, pelo menos por ora, parecia ter se irritado com a mudança, era algo compreensível tão pouco tempo depois da experiência em Havana, quando percebeu que a vida após a revolução não era menos desesperadora do que antes.

A posição que Leonard ocupava na escala conservadora-modernista era ambígua. Um apresentador do canal CBC, curioso para saber como ele se via enquanto escritor, perguntou se Leonard se considerava um "poeta moderno". A resposta foi evasiva: "Sempre me descrevo como escritor em vez de poeta, e o fato de as linhas que escrevo não terminarem no fim da página não me qualifica como poeta. Acho que o termo 'poeta é muito exaltado e deveria ser aplicado a um homem apenas no fim de sua obra. Quando você analisa toda a obra e vê que ele escreveu poesia. Então, o veredito deve indicar que ele é um poeta."

The Spice-Box of Earth é a obra de um grande poeta: profundo, confiante e lindamente escrito. O título faz referência à caixa enfeitada de madeira que guarda os temperos perfumados usados na cerimônia judaica que marca o fim do Shabat e o início da semana secular, mas essa caixa de temperos é da Terra. Os poemas dançam de um lado para o outro na fronteira entre o sagrado e o mundano, o elevado e o carnal. O poema de abertura, "A Kite Is a Victim", apresenta o poeta como um homem com alguma dose de controle sobre o mundo de ideias sofisticadas, mas cujo trabalho criativo também está sujeito a limitações e restrições, exatamente como a pipa que, embora pareça voar livremente, está presa como um peixe na linha. O poeta faz um contrato tanto com Deus quanto com a natureza no poema, e o mantém ao longo do livro, repleto de pomares, parques, rios, flores, peixes, pássaros e insetos. A morte de um homem ("If It Were Spring") é romantizada por meio de imagens da natureza. Já "Beneath My Hands" compara os pequenos seios de Marianne a pardais caídos. Em "Credo", os gafanhotos que surgem do ponto em que um homem e sua amante acabaram de fazer sexo fazem alusão a pragas bíblicas. Sexo e espiritualidade dividem o leito em vários poemas. Em "Celebration", o orgasmo obtido através do sexo oral é comparado aos deuses que caíram quando Sansão derrubou seus templos.

Há poemas sobre namoradas (Georgianna Sherman foi a musa de "I Long To Hold Some Lady" e "For Anne", bastante elogiado pelos críticos), sobre anjos, as esposas adúlteras de Salomão e uma boneca sexual feita para um rei antigo ("The Girl Toy"), Irving Layton, Marc Chagall e A. M. Klein são temas de outros poemas. O pai e os tios de Leonard aparecem em "Priests 1957". Já o magistral poema em prosa que fecha o livro, "Lines From My Grandfather's Journal", é um dos três sobre o falecido avô de Leonard. O rabino Kline era culto e místico, um homem santo e de convicções. Leonard o considerava o Judeu Ideal, alguém que não lutava com as ambiguidades, como ele mesmo fazia. Segundo a descrição que Leonard fez de si em "The Genius" ("O Gênio"):

> Para você
> Eu serei um judeu banqueiro...
> Para você
> Eu serei um judeu da Broadway

Ele não tinha tanta certeza sobre o tipo de judeu que era. E, mesmo assim, em "Lines From My Grandfather's Journal", há passagens que podem se aplicar tanto a Leonard quanto ao avô:

> É estranho que mesmo agora a prece seja a minha linguagem natural... O escuro, a perda do sol: isso sempre vai me apavorar. Sempre vai me levar a experimentar... Oh, derrube estas paredes com música... Desolação significa não ter anjos contra quem lutar... Nunca me deixe falar casualmente.

Como acontece em *Let Us Compare Mythologies*, há poemas chamados "Songs". Quando Leonard virou compositor, parte do conteúdo deles seria transformada em canções de fato. Os fãs de sua música vão reconhecer o rei David e a mulher que se banha vista do teto de "Before the Story" na canção "Hallelujah", o "virar ouro" na canção "A Bunch of Lonesome Heroes" e o poema "As the Mist Leaves No Scar" como a canção "True Love Leaves No Traces".

A reação da crítica a *The Spice-Box of Earth* foi, no geral, muito positiva. Louis Dudek, que tinha feito duras críticas a Leonard em um texto dois anos antes, aplaudiu incondicionalmente o livro. Robert Weaver escreveu no *Toronto Daily Star* que Leonard era, "provavelmente", o melhor poeta jovem no Canadá de língua inglesa da atualidade".[10] Arnold Edinborough, na crítica para o *Canadian Churchman*, concordou, dizendo que Leonard havia tirado Layton do trono de principal poeta canadense.

Stephen Scobie definiu o livro na *The Canadian Encyclopaedia* como um dos que estabeleceram a reputação de Leonard como poeta lírico. Também houve algumas farpas: David Bromige, do *Canadian Literature*, teve problemas com "a ornamentação exagerada da linguagem" e disse sentir que Leonard deveria "escrever menos sobre o amor e pensar mais a respeito dele", mas concluiu que "as aflições mencionadas aqui são curáveis e, uma vez que Cohen tiver libertado a sensibilidade 'da luva grossa das palavras', ele conseguirá cantar como poucos de seus contemporâneos conseguem".[11] A primeira edição do livro esgotou em três meses.

Em retrospecto, é curioso ver como esse livro maduro e importante está entre dois incidentes incongruentes e imaturos. Pouco antes da publicação houve a aventura em Havana e, depois, um episódio mais estranho e ainda mais arriscado teve lugar, envolvendo um romancista *beat* viciado em drogas, uma missão de resgate e uma overdose de ópio. Alexander Trocchi era um escocês alto e carismático descendente de italianos e nove anos mais velho que Leonard. Nos anos 1950 ele tinha se mudado para um hotel barato em Paris, onde fundou a revista literária *Merlin*, publicou Sartre e Neruda, escreveu romances pornográficos e sustentou a própria interpretação do situacionismo em um estilo que poderia ser definido como a mistura entre o Movimento Beat e a emergência dos hippies. Entusiasta das drogas, transformou o vício em heroína em performance artística dadaísta. Trocchi, como Leonard o descreveria em versos, era um "drogado público".

Trocchi se mudou para Nova York em 1956, mesmo ano em que Leonard foi para lá estudar na Universidade de Columbia, e conseguiu emprego em um rebocador de navios no rio Hudson. Ele passava as noites no Greenwich Village, exatamente como Leonard, antes de se apossar de uma esquina da região de Alphabet City e fundar a "Universidade da Anfetamina". "Trocchi e um bando de amigos pintavam pedaços de madeira encontrada na água em cores psicodélicas, bem brilhantes. Com a alta intensidade movida pelas drogas, eles pintavam em minutos, com poucos detalhes", descreve o escritor britânico e figura da contracultura nos anos 1960, Barry Miles. "Allen Ginsberg levou Norman Mailer lá porque era algo simplesmente incrível de se ver." Nessa parte desmazelada e pouco valorizada do Lower East Side, parecia que alguém tinha jogado uma bomba de arco-íris. Trocchi chamava essas obras de arte de "futiques" (algo como "futiguidades"), antiguidades do futuro. É fácil ver por que Leonard ficou interessado em Trocchi.

Na primavera de 1961, ainda defensor da heroína, Trocchi deu um pouco da droga a uma garota de 16 anos. "Ele não era traficante, só tinha essa coisa absurda e bem doente de adorar apresentar as pessoas à heroína", explica Miles, "mas isso era um crime grave em Nova York", e Trocchi foi preso. Diante da possibilidade da cadeira elétrica ou pelo menos de um longo período na prisão, ele fugiu. Nancy Bacal, que foi apresentada a Trocchi por Leonard quando fazia uma reportagem para o canal CBC sobre o uso de drogas em Londres, descreve: "Alex era uma pessoa estranha, brilhante, singular. Leonard gostava muito dele." Isso era evidente. Leonard conseguiu se encontrar com Trocchi na fronteira do Canadá, depois o levou para Montreal e o hospedou em seu apartamento. O escocês não gostava de viajar de mãos vazias. Ele levou ópio consigo e resolveu prepará-lo no fogão de Leonard. Quando acabou, entregou a frigideira com os restos para o amigo. Aparentemente, Trocchi deixou um pouco demais ali. Quando os dois saíram a pé em busca de um lugar para comer, Leonard desmaiou enquanto atravessavam a Sainte-Catherine Street. Ele tinha ficado cego. Trocchi o arrastou para longe da rua e dos carros em movimento e eles ficaram sentados no meio-fio até Leonard se recuperar. Nos quatro dias seguintes, Leonard foi o anfitrião de Trocchi até alguém (alguns dizem que foi George Plimpton e outros, Norman Mailer) surgir com documentos falsos para que Trocchi pegasse um navio de Montreal para a Escócia. Após descer em Aberdeen, ele seguiu viagem até Londres, onde se registrou como viciado em heroína no serviço público de saúde britânico e passou a obter a droga legalmente.

No poema "Alexander Trocchi, Public Junkie, priez pour nous", que apareceria em seu terceiro livro de poesias, *Flowers for Hitler*, Leonard escreveu sobre o fora da lei que ajudou a resgatar:

> Quem é mais puro
> mais simples que você?...
> Estou apto a vadiar
> em um coma de jornais...
> Eu abandono planos de derramamento de sangue no Canadá...
> Você trabalha

> nos banheiros da cidade
> mudando a Lei...
> Sua pureza me impele a trabalhar.
> Devo voltar à luxúria e aos microscópios

Apesar de sua excelência e boa recepção, *The Spice-Box of Earth* não venceu o prêmio literário Governor General na categoria de poesia. De acordo com Irving Layton, isso magoou Leonard. Se algo não saísse como ele desejava, Leonard pelo menos podia confiar no status de queridinho do mundo poético canadense. Nesse momento, o Conselho Canadense surgiu como a cavalaria com uma subvenção de mil dólares canadenses. Em agosto de 1961, Leonard estava de volta à Grécia, escrevendo.

"Era um bom lugar para trabalhar", diz Mort Rosengarten, que morou com Leonard em Hidra por dois meses. "Era muito especial. Não havia eletricidade, telefone ou água. Era lindo e, na época, muito barato, então, era o melhor lugar para ele escrever. Tínhamos uma bela rotina: íamos dormir umas três da manhã, mas levantávamos muito cedo, às seis, e trabalhávamos até o meio-dia. Comecei a desenhar. Na verdade, a primeira vez que realmente comecei a desenhar foi lá. Eu tinha estudado escultura, mas nunca havia desenhado ou pintado. Ele também me deu um grande saco de gesso, com o qual fiz algumas esculturas. Ao meio-dia, nós descíamos até a praia e nadávamos, depois, almoçávamos no porto, voltávamos para casa, fazíamos a *siesta* por algumas horas e, depois, começávamos com o *happy hour*. Era ótimo, bastante divertido e produtivo. Leonard trabalhou muito. Mas eu não consegui manter essa rotina, certamente, nenhum de nós conseguiria."

Leonard contava com o auxílio, ou pelo menos com a companhia, de várias drogas. Ele tinha um apreço particular pelo Maxiton, cujo nome genérico é dexanfetamina, estimulante conhecido fora dos círculos farmacêuticos como *speed*. Ele também tinha simpatia pelo seu contraponto: o Mandrax, sedativo hipnótico muito popular no Reino Unido. Era o par de fármacos mais lindo que um escritor esforçado desejava conhecer. Melhor ainda: podiam ser comprados sem receita médica na Europa. Como reserva, havia uma harmonia tripla de haxixe, ópio e ácido (esse último ainda era legalizado na Europa e em boa parte da América do Norte naquela época).

— Mandrax eu até entendo, mas speed? Suas canções não parecem ter vindo de um homem sob o efeito de anfetaminas.
— Bom, os meus processos, mental e físico, são tão lentos que o speed me colocou no ritmo normal.
— E o ácido e os psicodélicos?
— Ah, eu os investiguei profundamente.
— No sentido de estudar ou de tomar algumas doses?
— Claro. Muito mais que algumas. Felizmente, ele perturbou o meu sistema, o ácido. Dou crédito ao meu estômago ruim por me impedir de entrar em um vício grave, embora tenha continuado a tomar, porque o marketing dele predominava. Eu fazia uma viagem após a outra, sentado em meu terraço na Grécia, esperando ver Deus, mas geralmente acabava com uma ressaca terrível. Tenho muitas histórias de ácido, como todo mundo. Ao lado da minha casa havia uma espécie de depósito de lixo onde brotavam milhares de margaridas durante a primavera, e eu estava convencido de que tinha uma comunhão especial com as margaridas. Parecia que elas viravam seus rostinhos amarelos para mim sempre que eu começava a cantar ou tratá-las de modo carinhoso. Todas se viravam na minha direção e sorriam.
— Tem alguma canção ou poema de Leonard Cohen feito sob o efeito do ácido?
— Meu romance Beautiful Loser surgiu com um pouco de ácido no processo. E muito speed.

"Ele contou sobre o que estava escrito na parede?", pergunta Marianne. "Era em tinta dourada e dizia: 'Eu mudo, eu sou o mesmo, eu mudo, eu sou o mesmo, eu mudo, eu sou o mesmo, eu mudo, eu sou o mesmo.' Achei lindo." De acordo com Steve Sanfield, "fumamos muito haxixe e começamos a usar LSD e drogas psicotrópicas mais como um caminho espiritual do que recreativo". Havia uma variedade de caminhos a seguir. Para Richard Vick, poeta e músico britânico que morava na ilha, Hidra "sempre teve o xamã estranho que ia e voltava, era o destaque do inverno e estava envolvido com tarô, terapia com caixa de areia ou algo do gênero". O i-ching e o *Livro tibetano dos mortos* eram populares, e George Lialios também estava investigando o budismo e Jung.

Leonard continuava a jejuar, como fazia em Montreal. A disciplina de uma semana de jejum o atraía, assim como o elemento espiritual da purgação e purificação, bem como o estado mental alterado que produzia. Jejuar deixava a mente concentrada para escrever, mas também se tratava de um pouco de vaidade, pois o processo mantinha o corpo magro e o rosto delgado e sério (embora as anfetaminas também ajudassem nisso). Leonard parecia ter profunda necessidade de abnegação, autocontrole e fome. Em *Beautiful Losers* ele escreveu: "Por favor, faça-me vazio, se eu estiver vazio, então posso receber, se eu puder receber, significa que vem de algum lugar fora de mim, se vem de fora de mim, não estou sozinho. Não posso suportar esta solidão... Por favor, deixe-me ter fome... Amanhã começo o meu jejum." A fome sobre a qual escreveu parecia englobar tudo. No poema de *The Spice Box of Earth* chamado "It Swings Jocko", uma canção bebop para o próprio órgão sexual, ele escreveu:

> Quero ter fome,
> fome de comida,
> de amor, de carne.

Leonard se absteve de comer carne, mas não era tão contido quando se tratava do apetite "pela companhia das mulheres e a expressão sexual da amizade".[12] Bastava sentar em alguma taverna do porto em Hidra por algum tempo para compilar um catálogo e tanto de quem dormiu com quem e se maravilhar diante da complexidade de tudo e com o fato de tão pouco sangue ter sido derramado. Era possível ouvir a história de uma mulher expatriada, tão angustiada por Leonard ter partido em uma balsa que se jogou no mar atrás dela, mesmo sem saber nadar. O homem que mergulhou e a resgatou, dizem, virou seu novo amante. "Todo mundo frequentava a cama de todo mundo", conta Richard Vick. Leonard também, embora ele fosse, de acordo com Vick, muito discreto, quando comparado aos outros ilhéus. Vick se lembra de uma noite passada em um bar de Kamini, em que estava bebendo com a namorada da época e a amiga dela, quando Leonard e Marianne apareceram. Ao longo da noite descobriu-se que as duas acompanhantes de Vick conheciam Leonard intimamente. Segundo Vick, as duas mulheres falaram de modo amigável: "Sabe, Leonard, nunca estivemos apaixonadas por você." Ao que ele respondeu, no mesmo tom: "É, eu também não." "Eram tempos inocentes", relembra Vick, mas difíceis para Marianne. "Sim, ele era mulherengo", confirma Marianne. "Eu sentia o ciúme aumentar. Todo mundo queria um pouco do meu homem, mas ele escolheu viver comigo. Eu não tinha com o que me preocupar." Marianne continuou se preocupando, mas ela não era de reclamar, e o amava.

Em março de 1962, dois anos após ter saído de Londres para Hidra, Leonard fez o caminho de volta para a pensão da Sra. Pullman em Hampstead. Ele tinha encontrado uma editora londrina para o romance que começara a escrever lá e, a pedido da Secker & Warburg, fora a Londres a fim de revisá-lo. Para alguém que descrevia o processo de escrita como "árduo" e "arrancado à força do coração", cortar e revisar um manuscrito que considerava pronto era um tormento. Ele escreveu para Irving Layton falando que segurara "um grande bisturi" e tinha "rasgado orquestras para chegar à minha linha melódica direta".[13] A operação foi realizada com a ajuda de anfetaminas e a dor, aliviada por Mandrax e haxixe. Ainda assim, era difícil revisitar algo com que ele estava satisfeito. Era como estar trancado em um quarto com uma antiga amante, que havia considerado bonita, mas cujas falhas eram tudo que conseguia ver agora. Leonard escreveu para amigos falando sobre os pesadelos, o pânico e a depressão. O céu cinzento de Londres não ajudou. O pub King William IV não era o Bodeguita del Medio e Hampstead não era Hidra. Ele enviou uma carta a Marianne dizendo o quanto estava com saudades. No romance, escreveu que "ele precisava estar sozinho para poder sentir falta dela, para ter perspectiva".

Como fez durante a última estadia em Londres, Leonard saía pela cidade com Nancy Bacal, que tinha se mudado da casa da Sra. Pullman. Por meio de Bacal, ele conheceu um afro-caribenho de Trinidad chamado Michael X. Como Trocchi, Michael era um homem complexo, carismático e perturbado. "Leonard era fascinado por Michael", diz Nancy Bacal. "Todo mundo era. Ele era um homem intrigante, agradava a todos. Era poeta e agitador, encantador e mentiroso, um homem adorável, alegre, maravilhoso – e um perigo. Leonard ficou atraído por ele, como eu também fiquei, é claro." Antes de Nancy e Michael X virarem amantes em 1962, Michael de Freitas, seu nome na época, tinha sido um vigarista cujo currículo incluía trabalho como capanga de Peter Rachman, senhorio de um cortiço de Londres cuja mão de ferro era tão famosa que seu sobrenome entrou para o dicionário.* Com o tempo, Michael de Freitas formou um pequeno império de clubes musicais e prostitutas. Mas Michael X, o homem com quem Bacal vivia, era um ativista de direitos civis, articulado e uma ponte entre o underground negro de Londres e a comunidade branca proto-hippie. Juntos, Michael e Nancy fundaram o Movimento Black Power de Londres. Eles "produziam continuamente panfletos em máquinas de xerox e queriam mudar o mundo para melhor". Nessa e nas viagens subsequentes para Londres, Leonard conheceu Michael bastante bem. Ele, Nancy, Michael e Robert Hershorn passavam noites em restaurantes indianos, imersos em discussões sobre arte e política.

"Michael disse que era completamente contra armar os negros nos Estados Unidos", revelou Leonard a um jornalista em 1974. "Ele disse que era loucura, porque nunca seriam capazes de resistir àquela máquina. Eles são os donos das balas, das fábricas de armamentos e das armas. Aí você dá aos negros algumas armas e os joga contra exércitos? Ele era até contra facas. Dizia que deveríamos usar os dentes, algo que todos têm. Essa era a visão dele. Era um tipo diferente de subversão. A subversão da vida real, implantar o medo do negro."[14] Leonard se lembrou de quando foi à casa de Michael e elogiou uma bebida que ele havia preparado. "Meu Deus, como você faz isso?", perguntou na ocasião. Michael respondeu: "Não espere que eu diga. Se você souber os segredos da nossa comida, saberá os segredos da nossa raça e da nossa força."

Como diz Bacal: "Eram tempos muito escandalosos. Era como se tudo fosse e não fosse político. Você nunca sabia o quanto aquilo poderia ir longe, o quanto poderia ser perigoso, eficaz, ou se era apenas outro episódio do *flower power*." Michael era uma dessas pessoas que podiam falar algo como piada e você nunca sabia o que era verdade e o que não era. Isso o tornava fascinante, porque na vida não sabemos exatamente o que é verdade e o que é fabricado ou sonho. Ele vivia assim, abertamente. Era muito dinâmico.**

Acabou sendo dinâmico até demais. Em 1967, quando as coisas começaram a ficar muito sombrias, Bacal abandonou Michael. Naquele mesmo ano, o ex-namorado virou o primeiro negro a ser preso segundo a Lei

---

* Rachman também chegou aos jornais por ser o dono da casa que sediou os negócios de Christine Keeler e Mandy Rice-Davies, as garotas de programa que quase derrubaram o governo britânico em 1963, no caso Profumo.
** Bacal está escrevendo um livro de memórias sobre esse período, *A Different Story*.

de Relações Raciais da Grã-Bretanha, estatuto originalmente aprovado para proteger imigrantes do racismo. O motivo da prisão foi ter exigido que atirassem em qualquer mulher negra vista com um homem branco. Bacal é branca. Após sair da prisão, agora com o nome de Michael Abdul Malik, ele fundou uma comuna Black Power em uma loja na região norte de Londres, apoiada e fundada por brancos ricos e famosos. John Lennon e Yoko Ono doaram mechas de cabelo para um leilão. Lennon também pagou a fiança quando ele foi preso acusado de um assassinato que aconteceu em Trinidad. Michael, que nasceu lá, tinha voltado para montar outra comuna revolucionária. Dois integrantes da comuna, incluindo a filha de um político britânico, foram encontrados esquartejados, aparentemente por desobedecer à ordem de Michael para atacar uma delegacia.

Em Londres, Michael X disse a Leonard — talvez de brincadeira, talvez não — que planejava derrubar o governo de Trinidad e, quando o fizesse, nomearia Leonard ministro do Turismo, uma pasta estranha para ele, que seria mais adequado para ministro da Cultura. "Também achei muito esquisito", concorda Bacal, "mas, por algum motivo, Leonard achou maravilhoso." De alguma forma, Michael X o conhecia bem. Do ponto de vista de Michael, como homem negro em Londres envolvido em políticas revolucionárias, Leonard era um turista, assim como fora em Havana. "Eu me lembro deles apertando as mãos para selar a promessa", disse Bacal. "Leonard ficou felicíssimo, muito satisfeito, e a história acabou aí." O fim da história de Freitas/X/Malik aconteceu em 1975, quando ele foi enforcado por assassinato. O governo de Trinidad ignorou os pedidos de clemência dos Estados Unidos, do Reino Unido e do Canadá, feitos por celebridades como Angela Davis, Dick Gregory, Judy Collins e Leonard Cohen.

Na Londres de 1962, Leonard continuava a entregar páginas para Stella Pullman. Ele ficou na cidade o máximo que conseguiu suportar: quatro meses — quatro semanas a mais do que na primeira visita. Ele não terminou de revisar o romance, mas fez grandes progressos em um novo livro de poesia. No verão, já estava de volta à casa em Hidra, onde recebeu a visita da mãe. Masha ainda temia que o filho não estivesse se cuidando direito, mas, em vez de agir por intermédio do Consulado, decidiu ir pessoalmente ver como ele estava. Marianne e o pequeno Axel foram morar com um amigo durante a visita. Embora Masha tivesse conhecido Marianne em Montreal e soubesse que ela vivia com Leonard, havia uma forte sensação de que ela não se sentiria confortável dividindo o teto com o filho e a namorada escandinava, que não era judia.

Abandonado por uma mulher que o amava (ainda que temporariamente e a pedido seu) e sufocado por outra, Leonard não conseguia escrever. Masha ficou com ele por um mês. Quando ela foi embora, Leonard retomou a vida com Marianne, o pequeno Axel e sua Olivetti, com gratidão e alegria, e terminou o romance ao qual tinha dado vários nomes: *The Mist Leaves no Scar*, *No Flesh So Perfect*, *Fields of Hair* e *The Perfect Jukebox*, até finalmente escolher *A brincadeira favorita*.

CAPÍTULO SETE

POR FAVOR, ME DESCUBRAM, TENHO QUASE 30 ANOS

"Uma biografia pode ser considerada completa", escreveu Virginia Woolf em *Orlando*, "se ela abordar seis ou sete eus, enquanto uma pessoa pode ter milhares." É verdade, mesmo não sendo palavras que aqueçam o coração de um biógrafo. Autobiógrafos pegam a parte fácil, pois podem ficar na frente do espelho e usar a máscara que melhor lhes convier. *A brincadeira favorita* é uma espécie de autobiografia, embora na verdade seja um tipo de biografia. Um tipo de biografia de Leonard Cohen escrita por Leonard Cohen como escritor-fantasma de si mesmo. Ela reconta a vida do escritor desde a infância até o início da vida adulta por meio de um alter ego chamado Lawrence Breavman, que se parece com Leonard e (mudança de nome à parte) divide com o autor família, amigos, amantes e o acúmulo de experiências, às quais ele pode ou não ter reagido da mesma forma que Leonard. Ou como Leonard acredita (ou gosta de pensar) que reagiu. A autobiografia, mesmo uma quase autobiografia, pode ser o mais ficcional dos gêneros. O primeiro romance de um escritor geralmente tem uma boa dose de autobiografia, mas, para complicar mais a questão, *A brincadeira favorita*, tecnicamente, não é o primeiro romance de Leonard. Antes dele houve o inédito *Ballet of Lepers*, o inacabado *Famous Havana Diary* e todos os contos não publicados ou inacabados, de certa forma autobiográficos, empilhados como bonecas russas da linha Cohen, refletindo e desviando *ad infinitum*.

Trata-se de um livro maravilhosamente escrito e muito engraçado, de um jeito sombrio, irônico, incisivo, exuberante, erótico, autoconsciente e brincalhão — típico de Leonard Cohen. A narrativa se abre com cicatrizes: cicatrizes de beleza (a orelha furada da amada), de guerra (o ferimento de batalha do pai), de uma briga com um amigo de infância sobre estética (o estilo correto para as roupas de um boneco de neve). E termina em uma cicatriz, a memória indelével de um jogo do qual o autor participou quando criança e a marca que um corpo deixa na neve. Ao longo do processo, nosso herói orgulhoso (porém debochado e marcado) enfrenta, em ordem cronológica, a morte do pai, a colônia de férias judaica, a sinagoga, o desejo (seguido do ato) sexual e a experiência de se tornar um escritor de "páginas enegrecidas", no que foi possivelmente a estreia da expressão muito usada por Leonard para descrever o próprio trabalho. Embora o autor tenha se irritado por alguns críticos analisarem o livro como uma autobiografia, e não uma obra de arte, e ainda que o conteúdo do romance possa não se sustentar por si só, o livro fornece evidências úteis sobre a vida de Leonard para o biógrafo cansado de escavar as trincheiras e que gostaria de passar algumas horas em uma cadeira confortável em uma torre de marfim.

 A forma não convencional usada por Leonard para organizar sua "vida" lembra mais um filme do que um romance, mais especificamente um filme de arte daqueles que marcam a passagem para a vida adulta e um filme sobre amizade no qual Breavman e Krantz/Leonard e Mort interpretam "dois talmudistas se deliciando em sua dialética particular, que não passava de um disfarce para o amor". Cada capítulo desse relato sobre como a vida o levou a virar o escritor dessa história é apresentado como uma cena separada, que ele ao mesmo tempo roteiriza, dirige, na qual é o astro principal e observa do banco de trás, a um só tempo, sorrindo enquanto executa perfeitamente o "truque do saco de pipoca" com a garota que está na cadeira ao lado.

 A brincadeira favorita foi publicado em setembro de 1963 no Reino Unido, pela Secker & Warburg, e no ano seguinte nos Estados Unidos, pela Viking. As críticas dos dois lados do Atlântico foram positivas. O norte-americano *Saturday Review* descreveu o livro como "um romance picaresco-interior, extraordinariamente rico em linguagem, sensibilidade e humor". O jornal britânico *Guardian* o chamou de "livro-canção, pedaço lírico e exploratório de semiautobiografia". Ele chegou até o respeitado Suplemento Literário do *Times*, ganhando uma crítica curta, porém favorável, em uma seleção de "Outros Novos Romances". O escritor canadense Michael Ondaatje elogiou o "estilo poético elíptico, rigidamente editado" e destacou ligações com o *Retrato do artista quando jovem*, de James Joyce.[1] (Essas ligações existem de fato, e Leonard estudou Joyce na Universidade McGill, com Louis Dudek.) Alguns anos depois, o escritor T. F. Rigelhof fez comparações entre o romance e *In Praise of Older Women*, do escritor húngaro-canadense Stephen Vizinczey, igualmente "pungente, hilário e carregado de erotismo". Os dois romances, escreveu Rigelhof, foram "corajosos e desenfreados demais para Jack McClelland".[2] McClelland pode ter demorado a gostar do livro que viraria um clássico cult, mas não era, de forma alguma, conservador em seus gostos. Segundo o escritor e editor Dennis Lee, que depois trabalharia para ele, McClelland era um homem exuberante, "um verdadeiro louco, no mesmo nível dos escritores mais loucos que publicava". Se ele tinha algum problema com o livro de Leonard, era mais provável que fosse por não se tratar de poesia, e não pelo conteúdo sexual. Até porque ele tinha contratado Leonard pessoalmente e à primeira vista como poeta. McClelland acabou publicando *A brincadeira favorita* sete anos depois dos britânicos. Até esse momento, o primeiro romance de Leonard só poderia ser encontrado no Canadá mediante importação.

Ainda assim, a vida continuou a levar Leonard de volta a Montreal, como faria em vários períodos no início e no meio dos anos 1960. "Não tínhamos dinheiro algum, então ele foi para Montreal. Ele foi embora porque tinha que ir", explica Marianne, que basicamente ficava para trás em Hidra, "não porque ele queria isso. Ele precisava ganhar dinheiro." Os cheques que chegavam para Leonard na balsa raramente passavam de mais de vinte dólares por vez. Marianne ajudava no que podia. Ela vendeu a casa no topo da colina, trabalhou como modelo e, quando recebeu o dividendo anual de uma pequena herança, pagou a conta que eles tinham pendurado no Katsikas'. Leonard e Marianne não gastavam dinheiro com eles mesmos, mas havia uma criança para sustentar e eles simplesmente não tinham o bastante. Então, a fim de manter vivo o sonho de viver escrevendo em uma ilha por mais um ano, Leonard foi correr atrás de dinheiro em Montreal, o que virou uma empreitada incrivelmente cansativa. E não ajudou quando George Johnston e Charmian Clift, os primeiros a mostrar a Leonard a possibilidade de levar uma vida assim, decidiram sair de Hidra e voltar para a Austrália, em 1964. O último livro de Johnston, *My Brother Jack*, tornou-se um *best-seller*, algo que todos os escritores expatriados desejavam para resolver seus problemas financeiros.* Mas Johnston, agora com 50 anos, estava sofrendo de tuberculose. Ele queria ir para casa receber tratamento médico e capitalizar em cima do seu sucesso.

Leonard, que também já não era mais tão jovem segundo os padrões dos anos 1960, com o 30º aniversário à vista, seguiu em frente, candidatando-se a subvenções e pegando trabalhos esporádicos. Ele pensou na possibilidade de vender os direitos de *A brincadeira favorita* para o cinema, mas não apareceram candidatos até 2003, quando o cineasta canadense Bernard Hébert fez um filme e, curiosamente, transformou a obra em uma narrativa mais convencional na tela do que no romance. Leonard também tentava vender seu arquivo de manuscritos a um negociante de livros em Montreal, desta vez com sucesso. Em 1964, a diretora da Biblioteca Thomas Fisher de Livros Raros da Universidade de Toronto, Marian Brown, comprou a primeira coleção de documentos de Cohen.

Contudo, seria errado imaginar que Leonard estava labutando com tristeza pela cidade natal, com uma nuvem negra sobre a cabeça e uma latinha de esmolas na mão. Embora geralmente sentisse a necessidade de fugir de Montreal, ele adorava o lugar. Montreal estava para Leonard basicamente como Dublin para Joyce. Ele ficava imerso na cidade, apreciando a companhia dos amigos. E das amantes. Leonard era dedicado às mulheres e elas devolviam o sentimento em quantidades que aumentavam de acordo com a sua reputação. Para Leonard, ele tinha trabalhado arduamente por vários anos a fim de escrever "o soneto perfeito para atrair a garota", para levantar os olhos de suas "páginas enegrecidas" e descobrir que as mulheres estavam se tornando sexualmente disponíveis.[3] Isso tinha acontecido em Hidra e agora acontecia em Montreal. "Foi ótimo", comemorou ele. "Foi um momento em que todos estavam dando à outra pessoa o que desejavam. As mulheres sabiam o que os homens queriam."[4] Quando perguntaram se ter tanto do que ele desejava desvalorizava o ato para ele, Leonard respondeu: "Ninguém consegue a quantidade certa em termos do que imagina que o próprio apetite merece. Mas isso durou só

---

* De acordo com Aviva Layton, Leonard foi responsável pelo título do livro. "George comentou: 'Não sei que nome dou para ele', e Leonard então perguntou: 'É sobre o quê?' Ele respondeu: 'Meu irmão Jack'. Leonard finalizou: 'É isso.'"

alguns momentos e depois voltou à velha história de terror... Eu te dou isso se você me der aquilo. Você sabe, fechando o acordo: o que eu consigo *versus* o que você consegue. Vira um contrato."⁵ Leonard detestava contratos, a ponto de não ter um com a McClelland. Tudo foi definido com um aperto de mão, um acordo de cavalheiros. Para Leonard, não era uma questão de lealdade, e sim de ter liberdade, controle e uma rota de fuga.

Leonard tinha alugado um duplex mobiliado na região oeste de Montreal, uma velha casa de carruagens. Marianne viajou mais uma vez para se juntar a ele. Era possível ir a pé de casa para a Universidade McGill e, nos dias quentes, Leonard ia até lá e ficava sentado no local em frente ao Prédio das Artes em que a grama se curvava para baixo e as pessoas tocavam violão e cantavam. Foi ali que Erica Pomerance o viu pela primeira vez. Como a maioria dos estudantes de arte da McGill, ela sabia quem era Leonard, e se incluía no "círculo de admiradores" que o cercava no gramado do campus, na "informalidade continental do Le Bistro". De acordo com Pomerance, "se você estava procurando Leonard, o Le Bistro era o primeiro lugar aonde ir".

O Le Bistro parecia ter sido contrabandeado de Paris por alguém, com seu bar em forma de ferradura coberto de zinco, cardápio escrito no quadro-negro e comprido espelho na parede. Em outra parede, Leonard tinha rabiscado um poema:

> MARITA
> POR FAVOR, ME DESCUBRA,
> TENHO QUASE 30 ANOS

O poema tinha sido escrito por Leonard depois de ter seus avanços recusados por Marita La Fleche, dona de uma loja de roupas de Montreal, que disse para ele voltar quando tivesse crescido. O Le Bistro era o ponto de encontro escolhido pela *intelligentsia* e pelos artistas, tanto anglófonos quanto francófonos, para sentar e conversar a noite inteira, bebendo vinho tinto e fumando cigarros franceses. Em qualquer noite era possível encontrar Leonard, Irving Layton, Mort Rosengarten, Derek May, Robert Hershorn, o escultor Armand Vaillancourt e Pierre Trudeau, escritor socialista e professor de direito que viraria primeiro-ministro do Canadá e cuja capa de chuva bege à la Humphrey Bogart ficou tão famosa quanto a azul de Leonard.

Outro ponto de encontro frequente era o café, bar e clube de *folk* na Bleury Street chamado 5th Dimension. Leonard estava lá com Hershorn na noite em que conheceu Pomerance. Ele chegou a comentar com o amigo que ela lembrava Freda Guttman, sua ex-namorada na McGill, e foi se apresentar. Pomerance conta: "Ele era mulherengo, uma personalidade extremamente magnética, tinha uma aura especial antes mesmo de estourar no mundo da música. Eu tinha 18 anos e fiquei muito impressionada com essas pessoas. Eles eram sofisticados, tinham o próprio estilo de se vestir (de preto, muito simples) e de conversar (sobre arte e literatura, não tanto sobre política). Pareciam ter a vida sob controle. Eram tão seguros de si e de onde estavam indo mas, ao mesmo tempo, não se mostravam concentrados demais em algo específico, exceto na criatividade e na arte. Quando era mais jovem, acho que eles eram o meu ideal, especialmente Leonard e Derek May. Leonard parecia a epítome do cool."

Leonard a cortejou por algum tempo. "Ele não seduz do jeito típico. Era muito devagar, bem despreocupado. Você se sentia atraída por ele em um nível espiritual." Ele a levou até a casa na Belmont Avenue, onde a mãe ainda mantinha o quarto dele arrumado. "Havia fotografias do pai e dele quando criança. Fumamos haxixe e ele quase me seduziu naquele quarto, mas eu ainda era virgem e me lembro de pensar que, mesmo sendo difícil resistir a ele, não queria fazer amor pela primeira vez com alguém que estava vivendo com outra mulher." Ela se refere a Marianne.

Leonard apresentou a jovem à mãe. "Uma mulher muito atraente, de rosto e traços muito fortes, cabelo grisalho e duro, vestida como uma judia da classe alta de Westmount, que tinha posses", relembra Pomerance, que também era judia de Montreal. "Ela ficava no meio do caminho entre o Velho Mundo e o Novo. Governava a casa, era o que se chamaria hoje de mãe dominadora. Tive a sensação de que ela estava sedenta, queria participar da vida de Leonard e dos sucessos dele." Leonard, contudo, "era mercurial, um espírito livre que parecia fazer apenas o que desejava. Não era possível prendê-lo em lugar algum. Acho que ela gostaria de ter mais tempo com ele, mas Leonard ia e voltava. Quando se cansava da mãe, ele fugia, mas sempre continuava por perto".

Após perder a virgindade em outro lugar, Pomerance não resistiu para sempre aos encantos de Leonard. "Ele me levou a todos os lugares aonde ia com boa parte das suas amantes, como o Hotel de France, um hotel barato na rua Saint-Laurent, esquina com a Sainte-Catherine, que ele adorava, e fomos caminhar nas montanhas. A certa altura ele me levou para a casa dele", disse, referindo-se ao local em que Leonard morava com Marianne. "Foi quando eu o ouvi tocar violão para mim pela primeira vez. Ficamos sentados e fumamos um pouco, porque Leonard gostava de maconha e haxixe, e tocamos juntos." Pomerance tocava violão e cantava. "Eu me lembro que Leonard gostava de um estilo de música meio country."

Leonard também apresentou Erica a Marianne. "Ela parecia tão bacana, linda e calma", descreve Pomerance. "Essa mulher era tudo o que eu não era. Acho que eles devem ter feito um acordo. Ele provavelmente levava para lá outras mulheres com quem tinha relacionamentos casuais, e quando você estava lá, ficava óbvio que Marianne era a esposa por lei, a musa, a rainha, e que havia um tremendo respeito. Eles pareciam estar em pé de igualdade. Ela era muito simpática, carinhosa e tolerante — você não sentia que ela estava com ciúme ou algo assim, mas acho que ela provavelmente aturou muita coisa para continuar com Leonard, porque ele era instável, tinha as próprias regras e precisava de liberdade. Eu me lembro de um dia, era aniversário dele. Nós voltamos para o quarto na casa da mãe dele. Leonard estava deitado na cama com uma rosa amarela no peito, muito, muito passivo, lembrando um buda, inviolável e intocável em algum lugar remoto."

"Você não tinha acesso total a ele, só ao que ele estava disposto a oferecer naquele momento. Leonard não tentava preencher os silêncios com conversas fúteis, tudo o que ele fazia tinha que ter significado e importância. Por outro lado, passava a sensação de que o tempo era ilimitado, e ele não funcionava no mesmo ritmo das outras pessoas. Ele não corria atrás de jornalistas para se promover. Seu magnetismo é tão grande que parece um barco que cria uma onda, com as pessoas sendo atraídas na direção dele e de suas ideias. Para mim o que emanava dele era um modelo de criatividade e liberdade para explorar e se expressar."*

---

* Em 1968, Pomerance lançou seu álbum experimental de estreia, chamado *You Used to Think*, que continha a canção "To Leonard From Hospital". Ela acabou virando documentarista.

Durante esse tempo, Leonard estava escrevendo, datilografando páginas, preenchendo cadernos. Ele trabalhava em um novo livro de poesias para dar sequência ao bem-sucedido *The Spice-Box of Earth*, que batizou de *Opium and Hitler*. Ele mandou o manuscrito para Jack McClelland. O editor não concordou com o título e, a julgar pela longa correspondência entre eles, não parecia muito convencido pelo conteúdo. Michael Ondaatje, que também foi publicado por McClelland, escreveu que o editor "não estava certo se Cohen era um gênio, ainda que se deliciasse com a possibilidade, e por isso o apresentava constantemente ao público como tal".[6]

Essa teria sido uma posição confortável para alguém com a sensibilidade de Leonard, capaz de flutuar satisfeito em um mar de elogios e, ao mesmo tempo, dar de ombros modestamente. Porém, Jack McClelland era muito mais crítico nas cartas enviadas a Leonard do que quando falava dele com outras pessoas. O editor disse a ele que publicaria o livro de qualquer jeito "porque você é Leonard Cohen",[7] o que, de muitas formas, é o inverso do famoso incidente que ocorreria vinte anos depois, quando o chefe da gravadora norte-americana de Leonard, após ouvir o sétimo álbum dele, diria: "Leonard, sabemos que você é ótimo, mas não sabemos se você é bom", e se recusaria a lançá-lo.[8]

A resposta de Leonard a McClelland não continha o humor e a falsa fanfarronice habituais: era furiosa, honesta e autoconfiante. Ele sabia que o livro era "uma obra-prima", escreveu. "Nunca houve um livro como esse escrito no Canadá, de prosa ou poesia." Sim, ele poderia escrever outro *Spice-Box* e deixar todos felizes, incluindo a si mesmo, visto que não tinha nada contra resenhas elogiosas, mas preferiu seguir em frente. "Nunca escrevi com facilidade, detesto o processo boa parte do tempo. Então, tente entender que nunca tive o luxo de poder escolher os tipos de livros ou poemas que desejava escrever, as mulheres que queria amar ou as vidas a viver."[9]

Leonard também argumentou em favor de manter o título, que atrairia "os adolescentes doentes que compõem o meu público".[10] Mas é um homem essencialmente prático e concordou com várias revisões pedidas por McClelland, dizendo: "Vou esculpir um pouco aqui e ali, desde que não toque no osso."[11] Ele acabou enviando a McClelland cinquenta novos poemas, além de rebatizar o livro como *Flowers for Hitler* e cortar a dedicatória da qual McClelland não tinha gostado:

> Com desdém, amor, náusea e, acima de tudo,
> uma noção paralisante de comunidade
> este livro é dedicado
> aos professores, doutores, líderes do tempo dos meus pais:
> A GERAÇÃO DE DACHAU

Este apelido amargo tinha sido retirado do poema escrito para Alexander Trocchi, seu amigo "drogado público". Nele, Leonard arrumava desculpas para a própria incapacidade de assumir uma postura tão comprometida:

> ... Eu tendo a me distrair...
> com a desaprovação do meu Tio
> à minha traição
> à indústria de roupas masculinas.
> Eu me vejo...
> recebendo conselhos
> da geração de Dachau...

Leonard já havia sentido a desaprovação dos tios em relação a *A brincadeira favorita*. Eles não ficaram nada satisfeitos por terem sido retratados como traidores do nome sacerdotal Cohen, como pessoas que se comprometem apenas com o sucesso financeiro. (Ou com o fato de Leonard ter escrito sobre o período que Masha passou em um hospital psiquiátrico.)

O livro, agora, não era mais dedicado à geração de Dachau, mas a Marianne. Ele também escreveu uma "OBSERVAÇÃO SOBRE O TÍTULO" que, como a dedicatória original, foi construída na forma de poema:

> Há
> algum tempo
> este livro teria
> se chamado
> O SOL BRILHA PARA NAPOLEÃO
> e antes ainda ele
> teria se
> chamado
> MUROS PARA GENGHIS KHAN

Em troca, McClelland concordou com alguns pedidos de Leonard, especialmente a troca do design original da capa, que mostrava o rosto de Leonard sobreposto ao corpo nu de uma mulher. "Ninguém vai comprar um livro que tenha na capa um corpo feminino com o meu rosto no lugar dos peitos", escreveu Leonard em setembro de 1964 em uma carta longa e irritada para McClelland. "A imagem é simplesmente ofensiva. É suja, no pior dos sentidos. Não tem a sinceridade de um filme só para homens, a imaginação de um cartão-postal indecente ou a energia do verdadeiro humor surrealista." Ele disse a McClelland que não voltaria ao Canadá para promover o livro. "Eu me sentiria muito envergonhado ao ficar ao lado de uma pilha deles em um coquetel... Então, por que não esquecemos tudo? Você nunca gostou muito do livro mesmo."[12]

Flowers for Hitler foi publicado no outono de 1964. A sobrecapa, com um design diferente, continha um trecho de uma das cartas de Leonard para McClelland, dizendo: "Este livro me tira do mundo do poeta queridinho e me coloca na pilha de estrume dos escritores de linha de frente. Eu não o planejei dessa forma. Amei as resenhas carinhosas recebidas por *Spice-Box*, mas elas me deixaram um pouco envergonhado. *Hitler* não vai receber a mesma hospitalidade dos jornais. Meus sons são novos demais, logo, as pessoas vão dizer: isso não é original, isso é frágil, a força dele acabou. Bom, eu digo que nunca houve um livro como este escrito no Canadá, de prosa ou poesia. Tudo o que posso pedir é que você o coloque nas mãos da minha geração, e ele será reconhecido."

Tematicamente, *Flowers for Hitler* não era inteiramente novo para Leonard, pois havia sexo, violência, assassinato e o Holocausto em seus primeiros dois livros de poemas, além de canções para amantes e celebrações de professores e amigos. De diferente havia o estilo. Muito menos formal e com uma linguagem mais livre e contemporânea, o que fez com que a escuridão e a tortura descritas por ele parecessem mais pessoais (o sofrimento autoinflingido, a escuridão interior) e o amor que ele expressava por Marianne e Irving Layton, mais sincero. Como epígrafe, Leonard escolheu as palavras de Primo Levi, sobrevivente de um campo de concentração: "Tome cuidado para não sofrer na sua própria casa o que nos foi infligido aqui." Um aviso não só de que a história pode se repetir como também de que ela não é algo congelado em algum outro lugar e época: é a natureza da humanidade.

Em uma entrevista de 1967 para o jornal estudantil da University of British Columbia, *The Ubyssey*, Leonard explicou: "[Levi está] questionando de que adianta alguma solução política se essas torturas e mutilações continuam em nossos lares? É disso que fala *Flowers for Hitler*. É sobre pegar a mitologia dos campos de concentração e trazê-la para a sala de estar, dizendo: 'É isso que fazemos uns com os outros'. Nós criminalizamos o genocídio, os campos de concentração, o gás e tudo mais, mas se um homem abandona a esposa, ou se é cruel com os outros, tal crueldade vai encontrar uma manifestação se ele tiver capacidade política, e ele tem. Não faz sentido a recusa em reconhecer as deidades coléricas. É como colocar meias nos pés dos pianos, como faziam os vitorianos. A verdade é que todos nós sucumbimos a pensamentos lascivos, a pensamentos malignos, a pensamentos de tortura."[13]

A entrevistadora, a professora de literatura Sandra Djwa, perguntou a Leonard se ele não estava na mesma seara de William Burroughs, Günter Grass e Jean-Paul Sartre em *A náusea*. Ele respondeu: "A única diferença entre esses escritores e eu é que eu defendo a ideia do êxtase como solução. Se as pessoas ficarem doidonas, elas podem encarar a parte ruim. Se um homem sente no coração que vai encarar apenas uma confrontação mundana com os sentimentos e precisa recitar para si mesmo os *slogans* de Norman Vincent Peale: 'Seja melhor, seja bom', ele não sentiu o gosto daquela loucura. Ele nunca decolou, nunca abandonou o fio prateado e não sabe como é se sentir como um deus. Para ele, todas as histórias sobre santidade e o templo do corpo são insignificantes... O negócio de Sartre é que ele nunca perdeu a razão... As pessoas agora estão interessadas em explodir as próprias cabeças, e é por isso que os escritos de esquizofrênicos como eu serão importantes."[14]

Uma resposta curiosa. Parece igualmente megalomaníaca e louca, anti-Nova Era, porém mais Nova Era ainda, embora com um acabamento antigo. Ou é possível que ele estivesse doidão. Leonard, obviamente, considerava *Flowers for Hitler* um livro importante, tanto que, em 1968, escolheria metade do seu conteúdo para a antologia *Selected Poems*. Contudo, se realmente acreditava que *Flowers for Hitler* seria provocativo demais para os literatos e o despiria do status de "poeta queridinho", ficou decepcionado com a reação favorável que recebeu. O livro levou o crítico Milton Wilson a escrever no *Toronto Quarterly* que Leonard era "potencialmente o escritor mais importante que a poesia canadense produziu desde 1950", acrescentando: "Não só o mais talentoso como também, eu diria, o mais comprometido profissionalmente em tirar o máximo do próprio talento."[15] (Um tanto profético, visto que um de seus poemas, "New Step", seria encenado como balé no canal CBC em 1972 e outro, "Queen Victoria and Me", viraria uma canção em seu álbum de 1973, *Live Songs*.)

Flowers for Hitler pouco fez para restabelecer as relações entre Leonard e o *establishment* judeu de Montreal e, presumivelmente, contribuiu menos ainda pelo bem do relacionamento com seus tios. Em dezembro de 1963, em um simpósio realizado na cidade sobre o futuro do judaísmo no Canadá, Leonard apresentou uma palestra intitulada "Solidão e história", em que castigava a comunidade judaica de Montreal por abandonar o espiritual em prol do material. Conforme escreveu em *A brincadeira favorita*, os homens como seus tios, que ocupavam as primeiras filas da sinagoga, eram comprometidos apenas com seus negócios. A prática religiosa era uma máscara vazia: "Eles não acreditavam que o sangue deles era consagrado... Não pareciam perceber o quanto a cerimônia era frágil. Participavam dela cegamente, como se aquilo fosse durar para sempre... A nobreza deles era insegura porque se baseava na herança e não na criação momento a momento diante da aniquilação."

Leonard disse ao grupo reunido na Biblioteca Pública Judaica de Montreal que os homens de negócios tomaram conta de tudo e transformaram a comunidade religiosa em uma corporação. Os judeus tinham "medo de ser solitários" e buscavam segurança nas finanças, negligenciando seus sábios, filósofos, artistas e profetas. "Os judeus devem sobreviver na própria solidão como testemunhas", conclamou ele. "Os judeus são testemunhas do monoteísmo e é isso que eles devem continuar a declarar." Para o palestrante, agora que A. M. Klein, o grande poeta judeu canadense, amigo de Layton e muito admirado por Leonard, havia silenciado (um quadro de doença mental, seguido de uma tentativa de suicídio que o levara à hospitalização e o forçara a parar de escrever), a responsabilidade de serem testemunhas solitárias e profetas recaía sobre os jovens poetas e artistas judeus. A acusação de Leonard chegou à primeira página do *Canadian Jewish Chronicle*, com a manchete "Poeta-romancista diz que o judaísmo foi traído". A polêmica agora era nacional. Dois meses depois, durante uma aparição no Centro Comunitário Judeu da University of British Columbia como parte de uma turnê de leituras pelo oeste do Canadá, que também incluía uma apresentação ao estilo do clube Dunn's Birdland em Manitoba, na qual Leonard foi acompanhado pelo guitarrista de jazz Lenny Breau e sua banda, ele não pediu desculpas. Ao contrário: parecia energizado, quase maníaco, quando falou do seu trabalho. Anunciou que planejava se retirar do mundo e se consagrar a escrever uma liturgia confessional que assumiria a forma de um novo romance.

De volta a Montreal, a neve caía mais forte do que nunca. O frio do inverno na cidade era brutal: ele o assaltava. Leonard foi para o seu santuário favorito, o Le Bistro. Lá, em uma dessas noites glaciais, conheceu Suzanne.

Suzanne Verdal tem cabelo preto comprido e usa uma saia longa e esvoaçante, e sapatilhas de balé. Por vários anos vem levando uma vida cigana, com gatos e gerânios em um trailer que foi construído para ela nos anos 1990 e é rebocado por um caminhão velho. O veículo parece saído diretamente de um conto de fadas e fica estacionado em Santa Mônica, Califórnia, onde Suzanne trabalha como massagista e escreve sua autobiografia à mão.

No início dos anos 1960, quando ela e Leonard se encontraram pela primeira vez, Suzanne era uma garota recatada de 17 anos, "que havia acabado de sair de um internato em Ontário com o sonho futuro do paraíso boêmio". Ela frequentava as galerias de arte e os cafés, "fazendo anotações e observando as pessoas. Sempre havia algum artista jovem passando a fim de participar de longas discussões sobre arte ou política". Suzanne escrevia poesia, mas seu talento era como dançarina. Ela trabalhava em dois empregos para pagar as aulas de dança e tarde da noite ia ao Le Vieux Moulin, um dos clubes noturnos frequentados por Leonard e seus amigos. O local tocava jazz até de manhã e os habitantes de Montreal bebiam e dançavam inverno glacial adentro. Uma noite, na pista de dança, ela conheceu Armand Vaillancourt, um homem incrivelmente bonito, de cabelo comprido, barba e 15 anos mais velho que ela. Vaillancourt era amigo de Leonard e um escultor de Quebec com algum renome, que assinava uma escultura pública da rua Durocher. Suzanne e Vaillancourt viraram parceiros de dança, amantes e pais de uma garotinha. Eles moravam no estúdio de Vaillancourt, um "barraco de madeira sem isolamento térmico", na rua Bleury.

A primeira vez que Suzanne encontrou Leonard foi no Le Bistro. Ela o vira por lá em várias ocasiões, às vezes sentado com Marianne em uma mesinha embaixo do grande espelho. Suzanne não consegue se lembrar sobre o que falavam, mas, "mais do que verbal, o nosso contato era visual. Era o mais íntimo dos toques e completamente visceral. Testemunhávamos simultaneamente as cenas mágicas se desenrolando na época e parecia que estávamos de modo verdadeiro e sincero na mesma frequência".

Suzanne assinara seu primeiro contrato profissional como dançarina aos 18 anos e, após passar um verão estudando com Martha Graham em Nova York, tinha fundado a própria companhia de dança moderna em Montreal, "fazendo experiências com músicas de John Cage e Edgar Varèse". Eles se apresentaram no Beaux Arts, na L'Association Espagnole, onde se tocava flamenco noite adentro, e também na televisão. Ela começou a ganhar fama como dançarina e coreógrafa de vanguarda. Erica Pomerance descreve: "Suzanne era bacana, criativa e uma das pessoas bonitas, um ícone da dança, como Leonard em relação à poesia e ao cenário artístico. Ela misturava as danças clássica, moderna e étnica, e tinha um estilo que era a epítome do não conformismo, muito Nova Era. Ela criava as roupas meio ciganas que vestia", costurando sedas, brocados e cortinas velhas que encontrava na loja do Exército da Salvação na rua Notre Dame.

Quando a relação com Vaillancourt terminou, Suzanne saía para longas caminhadas no porto ao lado do rio St. Lawrence. "Eu adorava os navios enormes que atracavam lá e a sensação de viagem distante. Eu me identificava com os sons dos trens de carga se movendo devagar, assustadoramente poéticos e de alguma forma reconfortantes. Admirava a arquitetura antiga e os elevadores para grãos." Ela decidiu alugar um apartamento barato em um dos prédios grandes e dilapidados da região, virando a primeira do círculo deles, segundo ela, "a colonizar a Velha Montreal". Hoje a área é chique e a pensão abandonada de 1950 onde ela viveu com a filha virou um hotel que cobra trezentos dólares canadenses a diária. No meio dos anos 1960, os únicos outros ocupantes do lugar eram "um casal idoso e uma senhora britânica com seu gato". O prédio fedia a fumo velho de cachimbo e os andares eram todos tortos, mas feitos de boa madeira, antiga e polida. Além disso, havia vitrais nas janelas. Suzanne achava o lugar "absolutamente lindo, inspirador".

Como havia poucos restaurantes ou cafés por perto, os amigos vinham à casa dela. Suzanne lhes servia "chá de jasmim ou da marca Constant Comment, além de tangerinas pequenas e lichias de Chinatown", que ficava a uma caminhada de distância. Entre os visitantes estava Phillippe Gingras, amigo poeta "que escreveu uma homenagem linda para mim antes do Leonard, em francês, no livro *Quebec Underground*. Quando Philippe vinha, eu acendia uma vela para invocar o Espírito da Poesia. Eu chamava a chama de Anastasia, não me pergunte o motivo". Ela repetiu tal cerimônia para Leonard. "Tenho certeza de que Leonard observava aquele pequeno ritual toda vez que sentávamos para tomar chá juntos. Era um momento esotérico e espiritual, porque eu convidava o Espírito da Poesia e a conversa de qualidade." Os dois andavam juntos pela Velha Montreal em silêncio, "o ruído das botas dele e o som dos meus sapatos quase em sincronia", enquanto desciam o rio, passando pela Notre-Dame-de-Bon-Secours, onde os marinheiros eram abençoados antes de ir ao mar e onde a Virgem usava uma auréola de estrelas e estendia as mãos para eles no porto.

"Nós estávamos definitivamente na mesma frequência", diz Suzanne. "Quase podíamos ouvir o pensamento um do outro às vezes, e isso era um deleite para nós. Eu sentia um lado profundo e filosófico de Leonard que ele também parecia ver em mim, e ele se divertia com o fato de eu ser uma espécie de iniciante, tendo acabado de emergir como jovem artista." Leonard, embora mais jovem que Vaillancourt, era dez anos mais velho que Suzanne. Em uma dessas visitas, Leonard passou a noite com a moça. "Não dormimos juntos, embora ele fosse muito sedutor. Eu não queria estragar ou contaminar a pureza da minha estima pelo nosso relacionamento, por ele e por mim."

Em agosto de 1967 Suzanne trocou Montreal por São Francisco. Segundo ela, foi nessa época que soube por um amigo em comum que Leonard tinha escrito um poema a seu respeito, chamado justamente "Suzanne". Pouco tempo depois, quando alguém tocou um disco de Judy Collins cantando as palavras dele, ela descobriu que também se tratava de uma canção. Da primeira vez que ouviu a música, Suzanne se sentou "cortada até o âmago", como se alguém tivesse apontado uma lente de aumento em direção à sua vida. Quando voltou a Montreal, estava famosa, não como dançarina, coreógrafa ou designer, e sim como musa de uma canção de Leonard Cohen da qual todos estavam falando.

Suzanne já havia sido musa de outros homens, mas nada tão marcante e onipresente quanto "Suzanne". É possível que sua visão fosse mais positiva caso "Suzanne" tivesse continuado apenas como poema, algo mais aceitavelmente boêmio, ou, como o produto da inspiração tinha entrado no mundo comercial, se alguns dos benefícios financeiros tivessem chegado até ela, visto que sua própria carreira não havia decolado tão ostensivamente e com tanto sucesso quanto a de Leonard com a canção que levava o nome dela. Além disso, para Suzanne, a canção dizia respeito à intimidade quando havia apenas distância, pois Leonard tinha partido para outra.

Em um documentário do canal CBC em 2006 sobre Suzanne Verdal, perguntaram ao professor de literatura Edward Palumbo se a musa é uma figura descartável e ele respondeu: "No caso de Suzanne, parece que realmente é, ou foi. Por outro lado, a musa é maior que o poeta, pelo menos na mitologia. A musa é a fonte do que há, a inspiração. A musa pode alegar algo mais que esse papel?" Ele concluiu, então, que não.[16]

Jung acreditava que a musa *era* o poeta, ou sua *anima*, a imagem inconsciente do Feminino. Foi a si mesmo que Leonard viu no espelho que Suzanne segurava. O psiquiatra Allan Showalter* explica: "A tarefa principal da musa é permitir que o artista veja o próprio aspecto feminino que, do contrário, é invisível para ele. Ela deve ser uma tela que se encaixa nas projeções do artista. O que completa o artista não são as qualidades intrínsecas do interesse romântico, mas seu próprio arquétipo feminino. Então, se projeções do artista dominam ou substituem as qualidades da musa, a alma da musa é dissipada."

A relação entre o artista e suas fontes de inspiração é, invariavelmente, unilateral: fotógrafos "roubam" a alma de seus retratados, romancistas descaradamente convertem parentes e amigos em personagens. O poeta Leonard transformou a Suzanne física na "Suzanne" metafísica, fazendo dela um anjo. O mágico Leonard a serrou ao meio, depois juntou as duas partes (a carnal e a espiritual) e a fez mais perfeita do que antes. O compositor Leonard fez dela uma melodia santificada, tanto implausivelmente íntima quanto indescritivelmente grande. "Suzanne" é uma canção

---

* Showalter é conhecido entre os aficionados por Leonard Cohen como o *webmaster* do site 1heckofaguy.com.

imponderável e misteriosa. As grandes canções, as que nos fazem voltar a elas repetidamente, são mistérios. Nós as buscamos não por familiaridade ou conforto, embora haja conforto em "Suzanne", e sim pelo que é desconhecido, por algo oculto nelas que continua a nos assombrar e transformar em seguidores.

Leonard falou sobre a canção e sua musa com frequência ao longo dos anos. Como era sua primeira e mais conhecida canção até "Hallelujah", entrevistadores continuaram perguntando sobre o assunto. No texto do encarte do álbum de 1975, *Greatest Hits*, Leonard escreveu: "Tudo aconteceu exatamente como foi escrito. Ela era esposa de um homem que conheci. A hospitalidade dela era imaculada." Para o cineasta Harry Rasky ele explicou melhor, em 1979: "Uma velha amiga cujo nome era Suzanne me convidou para a casa dela perto do rio... A pureza do evento não foi comprometida por qualquer carnalidade. A canção é quase uma reportagem... Mas a canção havia começado. Foi como se ela tivesse dado a semente da canção para mim." Em uma entrevista de 1993, generalizou: "Acho que geralmente há alguém em minha vida que me oferece imenso conforto e apoio. Sempre encontro alguém a respeito de quem posso dizer que sem essa pessoa algo não teria acontecido."[17] Em 1994, ele explicou um pouco mais em uma entrevista para a rádio BBC.

"A canção havia começado e o padrão de acordes tinha sido desenvolvido antes do nome de mulher entrar nela. E eu sabia que era uma canção sobre Montreal. Ela parecia surgir da paisagem que eu tanto amava em Montreal, que era o porto, a orla e a igreja dos marinheiros que havia lá, chamada Notre-Dame-de-Bon-Secours, que se destacava no rio... Eu conhecia aquela visão." Entrou na história "a esposa de um amigo meu. Eles eram um casal impressionante em Montreal naquela época, fisicamente impressionantes. Todos estavam apaixonados por Suzanne Vaillancourt e todas as mulheres estavam apaixonadas por Armand Vaillancourt, mas ninguém se permitiria pensar em seduzir a esposa de Armand Vaillancourt. Primeiro, porque ele era um amigo e, segundo, porque eles eram invioláveis como casal. Eu a encontrei uma noite e ela me convidou para a casa dela perto do rio... Ela me serviu um chá Constant Comment que tinha um pouco de laranja. Os barcos passavam e eu toquei o corpo perfeito dela com a minha mente, porque não havia outra maneira. Não havia outra forma de poder tocar o corpo perfeito dela naquelas circunstâncias. Então, ela forneceu o nome que está na canção".[18] Recentemente, ele descreveu "Suzanne" como "uma espécie de portal. Preciso abri-lo com cuidado ou o que está além dele não será acessível para mim. Nunca foi sobre uma mulher em particular. Era sobre o começo de uma vida diferente para mim, a minha vida andando sozinho a esmo em Montreal".[19]

Em uma carta enviada por Suzanne após nossa entrevista havia uma nota de rodapé: "Leonard declarou publicamente que não tentou me seduzir. Ele esqueceu que, muito depois, quando já era muito famoso, tive a oportunidade de visitá-lo em um hotel do East End, na rua Saint-Laurent. Eu tinha voltado de uma das minhas viagens e queria dar um oi. Ele claramente expressou seu desejo por intimidade física, mas eu recusei. Eu apreciava a santidade da nossa conexão. Sentia que ter um encontro sexual com ele mudaria aquela vibração que já nos havia inspirado tanto. Nós tínhamos uma conexão de alma, até onde me constava."

> — Li em algum lugar que não originamos um pensamento, os pensamentos chegam espontaneamente e frações de segundo depois tomamos posse deles. Nesse sentido, ninguém tem um pensamento original, mas pensamentos originais surgem, e nós os reivindicamos.
> — Então, você não escreveu "Suzanne", "So Long, Marianne" ou "Sisters of Mercy" sobre mulheres que conheceu, elas eram pensamentos externos sobre os quais você reivindicou direitos autorais?
> — Einstein era modesto o bastante para dizer que sua teoria da relatividade veio de fora. Gostamos de pensar que inventamos essas coisas, mas na verdade a coisa surge e nós explicamos como se fosse nossa.
> — Você ainda tem contato com essas mulheres que inspiraram suas canções?
> — Exceto por Suzanne Vaillancourt, com quem não esbarro há uns trinta anos, mantenho contato com a maioria dos meus amigos, tanto homens quanto mulheres.

As experiências de Leonard com ácido continuaram em Montreal. Segundo Aviva Layton: "Minha primeira viagem de ácido foi em 1964, no apartamento de Leonard em Montreal. Ele me deu o ácido na ponta do seu lenço branco. Era do primeiro lote daqueles professores de Harvard, Timothty Leary e Ram Dass. Ele ficou comigo o dia inteiro, o que mostra sua generosidade, porque é muito entediante ficar ao lado de alguém que está em uma viagem de ácido." Três semanas depois, no apartamento dos Layton, ele fez o mesmo por Irving. "Irving resistia a todo tipo de droga, mas Leonard e eu o persuadimos: 'Você tem que tomar ácido.' Irving disse: 'Ácido não vai fazer nada por mim porque eu já vivo em um mundo alucinatório.' Leonard deu a ele um pouco do papel de seda." Por quase uma hora eles ficaram lá sentados, com Irving dizendo de tempos em tempos: "Viu? Não está acontecendo nada." Até que a droga bateu. "Leonard viu Irving encarando muito as estantes e perguntou: 'O que você está olhando?' Irving respondeu: 'Todos os livros estão saindo, um por um, e se curvando diante de mim, cada um deles.' Tínhamos toneladas de livros, uma parede inteira deles, cada um saindo e fazendo uma reverência na frente de Irving. Depois, todos se curvaram diante de um quadro com a imagem da mãe dele." Irving jamais admitiu que a droga teve algum efeito nele. Isso, ele disse a Leonard, era a sua "vida normal".

Em outubro de 1964, após receber o Prix Littéraire du Québec por *A brincadeira favorita*, Leonard e Irving Layton saíram com outros dois poetas, Phyllis Gotlieb e Earle Birney, em uma turnê rápida de leitura pelo circuito universitário: seis escolas e uma biblioteca em uma semana. O cineasta e poeta eventual Don Owen, conhecido de Leonard, filmou as apresentações para um documentário a ser entregue ao Comitê Nacional de Cinema do Canadá, projeto que foi arquivado quando dois desses poetas se mostraram pouco cativantes na tela. No fim das contas, o material seria usado em um documentário sobre apenas um deles. Naquele momento, o poeta em questão havia ido para a Grécia: Leonard tinha um romance para escrever.

Leonard sentava em seu quarto na casa da colina em Hidra, escrevendo furiosamente, movido por um senso de urgência avassalador. Tinha a sensação de que o tempo estava se esgotando. Era uma sensação estranha para um homem de 30 anos, a menos que ele fosse Jesus, estivesse gravemente doente ou pensando em suicídio. "Trinta ou 35 anos é a idade tradicional para os poetas se suicidarem, você saiba?", disse Leonard a Richard Goldstein do *Village Voice* em 1967. "É a idade em que você finalmente entende que o universo não sucumbe aos seus comandos."[20]

Pode-se argumentar que o universo fez um belo trabalho de sucumbir a Leonard. A poucos dias de seu aniversário de 30 anos ele tinha sido agraciado com um prêmio literário e filmado durante um tour de leitura de poesia para um documentário do qual acabaria sendo o personagem-tema. Leonard tinha críticas positivas, o respeito dos literatos canadenses, uma congregação de admiradoras, além de uma subvenção que lhe permitia morar em uma ilha grega onde uma linda mulher arrumava a casa, colocava comida na mesa, flores na escrivaninha e permitia que ele fizesse o que desejasse, no caso, escrever seu novo romance, *Beautiful Losers*. "Mas quando trabalhava", diz Marianne, "às vezes era uma tortura fazer com que o texto ficasse do jeito que queria. Algumas partes vinham assim: *puf!*, mas ele era perfeccionista, um homem que exige muito de si."

Leonard chegou a dizer que, durante a escrita de *Beautiful Losers*: "Eu me considerava um perdedor. Estava destruído. Não gostava da minha vida. Jurei que apenas encheria as páginas com tinta preta ou me mataria." Ele comentou ainda: "Quando você fica destruído... esse é o momento, o momento REAL", o momento verdadeiro e extático mencionado por ele anteriormente, quando disse que escritores que não estiveram doidões ou sentiram o gosto da loucura nunca saberiam do que se trata. Se Leonard estava doidão ou louco durante esse período, é algo discutível. Ele estava inquestionavelmente em um estado mental alterado enquanto escreveu *Beautiful Losers*, fumando haxixe, tomando ácido e, acima de tudo, *speed*. Um homem pode fazer muito sob o efeito de anfetaminas, e Leonard tinha arrumado bastante trabalho para si no livro que se seguiu a *A brincadeira favorita*, com mais mitologias para comparar e outra busca para empreender, ou talvez a mesma busca empreendida por outro dos seus seis ou sete mil eus.

Beautiful Losers é uma prece — às vezes, uma prece histericamente engraçada e suja — pela unidade do eu e um hino à perda do eu através da santidade e da transfiguração. Jesus talvez concordasse com essa sensação; Deus poderia tê-lo terminado em seis dias em vez dos nove meses que Leonard levou. O livro foi "escrito a sangue", segundo Leonard.[21] Em vários momentos ele escreveu dez, 15, vinte horas por dia. Escrevia no terraço, no porão e "atrás da casa em uma mesa colocada entre as rochas, ervas daninhas e margaridas".[22] Escreveu tendo a companhia do álbum de Ray Charles *The Genius Sings the Blues* até o LP empenar ao sol, o que o levou a ligar o rádio na estação das Forças Armadas norte-americanas, que tocava basicamente música country. "Era um verão absurdamente quente. Nunca protegi a cabeça. O que você tem nas mãos é mais uma insolação do que um livro."[23] Em uma carta a Jack McClelland ele elogiou a própria obra, considerando-a "O *Bhagavad-Gita* de 1965".[24] Décadas depois, no prefácio da edição em chinês lançada no ano 2000, ele foi mais modesto e o classificou como uma "estranha coleção de *riffs* de jazz, piadas de pop art, *kitsch* religioso e preces abafadas". Leonard também disse à imprensa: "Acho que é a melhor coisa que já fiz."[25] Era tudo isso ao mesmo tempo.

Quando terminou de digitar as sete últimas palavras do livro ("para sempre em sua viagem ao fim"), Leonard fez um jejum de dez dias, sobre o qual diz: "Enlouqueci completamente. Foi a minha viagem mais louca. Alucinei por uma semana. Eles me levaram a um hospital em Hidra." No hospital, ele recebeu um suplemento de proteína e, após ser mandado para casa, passou semanas na cama, tendo alucinações. Quando Marianne cuidava de Leonard, ele disse: "Gostaria de dizer que isso me tornou virtuoso."[26]

É tentador sugerir que Leonard estava sofrendo de transtorno maníaco-depressivo, que tem seu ápice em homens na mesma idade definida por Leonard como a do suicídio dos poetas e cujos sintomas incluem surtos de intensa atividade criativa seguidos de paralisia e um "complexo messiânico", uma convicção profunda de ter algo grande para fazer ou de que salvaria o mundo. Por outro lado, efeito semelhante pode ser obtido ao se tomar grandes doses de anfetaminas junto com LSD por longos períodos, trabalhando sem folga e concluindo tudo com um jejum de dez dias. "Sem um conjunto detalhado de observações feito por uma testemunha no qual se basear", diz o Dr. Showalter, "o máximo que se pode alegar é que o diagnóstico de Leonard Cohen poderia ser transtorno bipolar em vez de transtorno depressivo maior. Mas esses sintomas também poderiam resultar de uma série de outros transtornos, incluindo estado de agitação psicótica, intoxicação e várias síndromes depressivas e psicóticas associadas ao abuso de álcool ou drogas."

Segundo Leonard, uma tarde ele olhou para o céu de Hidra e o viu "repleto de cegonhas". Os pássaros "pousaram em todas as igrejas e saíram de manhã", o que ele considerou como um sinal de que estava melhor. "Então, decidi ir a Nashville e virar compositor."[27] Embora não tenha posto a decisão em prática imediatamente, a música estava bem presente em seus pensamentos durante o período em que escreveu *Beautiful Losers*. Um rascunho tinha o subtítulo de "A Pop Novel", outro incluía um trecho em que a narrativa era norteada por acordes de guitarra. Na versão publicada, Leonard escolheu como epígrafe "Somebody lift that bale" (algo como Alguém levante aquele fardo) da música de Kern-Hammerstein chamada "Ol' Man River", na qual um homem cansado da vida e com medo da morte escolhe o riso em vez das lágrimas.

Leonard não podia ir a Nashville imediatamente porque ainda estava vivendo em um limbo de tempo. Estava saindo dos efeitos da anfetamina e tentando se ajustar a um lugar onde o tempo tinha diminuído de velocidade até atingir um ritmo rastejante, um lugar onde você precisava esperar que a água subisse a colina no lombo de um burro se quisesse lavar o rosto. "Voltar é muito ruim", definiu Leonard. "Levei dez anos para me recuperar totalmente. Tinha lapsos de memória, foi como se as minhas entranhas tivessem fritado. Não conseguia mais me levantar, ficava na cama como um vegetal, incapaz de fazer qualquer coisa por um longo tempo."[28] Mesmo exausto, ele encontrou os meios necessários para enviar cópias do seu manuscrito para a Viking, em Nova York, e a McClelland, no Canadá. O original foi vendido para a biblioteca da Universidade de Toronto, que guardava seus arquivos. Ele escreveu um resumo do livro no qual mencionava um habitante moderno de Montreal "movido pela solidão e pelo desespero" que "tenta se curar invocando o nome de Catherine Tekawitha, garota iroquesa convertida pelos jesuítas no século XVIII e a primeira donzela índia a fazer um voto de castidade".

"*Beautiful Losers*", escreveu ele, era "uma história de amor, um salmo, uma missa negra, um monumento, uma sátira, uma prece, um grito, um mapa da natureza selvagem, uma piada, uma afronta de mau gosto, uma alucinação, um tédio, uma exibição irrelevante de virtuosidade doente. Em resumo", concluiu, "um épico religioso desagradável de incomparável beleza."[29]

CAPÍTULO OITO

MUITO TEMPO FAZENDO A BARBA

Enquanto Leonard estava destruído e acabado em Hidra, onde Marianne cuidava dele como Masha cuidara do seu pai, no Canadá dois homens faziam um filme que pintava um quadro totalmente diferente. A cena de abertura, gravada em outubro de 1964, mostrava um jovem autoconfiante que estava longe de parecer um viciado em anfetaminas e lembrava mais uma versão mais nova, bem-educada e um tanto gordinha de Dustin Hoffman. Em pé no palco, entretendo a plateia universitária com uma história sobre visitar um amigo em um hospital psiquiátrico de Montreal e ser confundido com um paciente, Leonard era engraçado, seco, autodepreciativo e cortês, mantendo a entonação e o ritmo de um comediante de stand-up.

Ladies and Gentlemen... Mr. Leonard Cohen, lançado em 1965, é um documentário em preto e branco de 44 minutos composto de cenas filmadas por Don Owen na turnê anterior dos quatro poetas, além de cenas inéditas captadas pelo documentarista do National Film Board Donald Brittain. Essas imagens mostram Leonard fazendo uma série de coisas aparentemente bacanas em várias locações em Montreal, de aparência descolada, ao som de uma trilha requintada de jazz. A narração o descreve como "talento singular com quatro livros publicados" (*Beautiful Losers* estava terminado, mas ainda não tinha sido lançado). O documentário apresentava Leonard como uma celebridade na literatura canadense de forma mais contundente do que os prêmios literários e o álbum *Six Montreal Poets* haviam feito até então.

É um filme curioso, entre um infomercial de Leonard Cohen e um estudo aprofundado de um autor no trabalho e no lazer. Ele aparece no Le Bistro e andando pelas ruas onde costumava perambular quando adolescente, parando para admirar velhos pôsteres de filmes em frente a um cinema lindamente decadente. Também aparece lendo um poema para uma plateia extasiada de jovens mulheres com cabelos penteados para frente e maquiagem dos anos 1960. Depois, lê o mesmo poema para amigos (Mort, Layton, Hershorn, May), mas, dessa vez, acompanhado ao violão. Também aparece lidando com jornalistas e acadêmicos e é flagrado de cueca em um quarto de hotel barato, que supostamente custava 3 dólares por noite. Ele é espionado enquanto se barbeia, toma banho, dorme, explica, pondera e escreve sentado à mesinha do quarto, com o cigarro em uma das mãos e a caneta na outra, enquanto a luz da rua ilumina um cinzeiro que transborda e ele se movimenta desajeitadamente diante do papel de parede prensado e barato.

Imagens antigas de filmes caseiros destacam o contraste entre tudo isso e a vida que Leonard abandonou pela poesia: elas mostram um garotinho angelical em pé ao lado de um carro com o chofer negro da família. Ali estão seus tios, vestidos formalmente em ternos com botões de rosa nas lapelas, além da grande casa de Westmount, cujos residentes, segundo Leonard, sonham "com sexo judaico e carreiras em bancos", enquanto o caminho escolhido por ele era "infinitamente amplo e sem direção". A primeira preocupação dele ao acordar de manhã é "descobrir se estou em um estado de graça", o que ele define como "o equilíbrio para cavalgar através do caos ao seu redor". O filme é cheio das afirmações grandiosas, irônicas, brincalhonas e evasivas que Leonard usaria em entrevistas ao longo da carreira. Irving Layton estava correto quando disse para as câmeras que a principal preocupação de Leonard era realmente "preservar o eu". Apesar da aparência documental, boa parte do filme é teatro puro, um relato ficcional da vida de Leonard, tão inescrutável e criado para fins de entretenimento quanto *A brincadeira favorita*.

Ser filmado morando em um hotel decadente em Montreal era melhor para a imagem de poeta maldito do que aparecer no duplex alugado perto da McGill, além de preservar a privacidade. Contudo, ele foi verdadeiro quando falou no filme que hotéis eram "uma espécie de templo, de refúgio, um santuário temporário e, por isso, ainda mais delicioso". Leonard frequentemente procurava refúgios e santuários (espirituais, terrenos e sexuais) e não mostrava inclinação de se demorar excessivamente em nenhum deles. A vida de hotel parecia ter sido feita para ele, pois era descomplicada. Quanto mais barato o hotel, mais simples: só o básico, ninguém perturbava o hóspede, que era deixado à vontade para fazer o que desejasse. E em um hotel, não importa o que você faça, na manhã seguinte o quarto estará limpo e seu pecado eliminado, deixando o hóspede livre para recomeçar ou seguir em frente.

"Sempre que entro em um quarto de hotel", explicou Leonard para a câmera, "há um momento depois que a porta se fecha e as luzes iluminam um ambiente muito confortável, anônimo, sutilmente hostil, quando você sabe que encontrou um lugarzinho na grama e as matilhas vão dar uma folga por mais três horas, e você vai beber, acender um cigarro e passar muito tempo fazendo a barba." O que era uma boa solução para quando as coisas parecem difíceis, de acordo com o conselho da mãe. Lançado no ápice da mudança de Leonard para a carreira musical, *Ladies and Gentlemen... Mr. Leonard Cohen* parece menos um retrato de uma figura literária séria e mais o de um aprendiz de celebridade pop-rock.

"Encontre uma santinha e foda com ela repetidamente em alguma parte agradável do paraíso, vá direto ao seu altar de plástico, concentre-se em sua medalha de prata, foda até ela tocar como uma caixinha de música... Encontre uma dessas estranhas e impossíveis piranhas e foda com ela como se a sua vida dependesse disso, gozando por todo o céu, foda com ela na Lua tendo uma ampulheta de aço enfiada no próprio rabo."

Beautiful Losers foi publicado na primavera de 1966. Não houve livro igual no Canadá. Nada escrito por Leonard Cohen se igualava ao romance, mesmo que alguns de seus temas (amor, solidão, amizade, Deus, êxtase, as atrocidades da vida moderna) possam parecer familiares. O protagonista, que conhecemos apenas como "I", é um antropólogo, "um antigo sábio, louco, com um luto indefinido", que se apaixonou por uma jovem índia morta no século XVIII em cujo retrato esbarrara por acaso enquanto estudava uma tribo nativa canadense quase extinta. Catherine Tekakwitha, ou Kateri, é mártir e santa, a primeira iroquesa a fazer um voto de castidade e uma deslocada, incapaz de viver no mundo onde habitava. I também é um deslocado. E solitário, bastante solitário. Apesar do humor frenético e da linguagem bombástica, é um dos livros mais solitários de Leonard.

Edith, a esposa de I, suicidou-se ao permanecer no fundo de um poço de elevador, esperando calmamente até ser esmagada. F é o melhor amigo, guru, colega de masturbação e, às vezes, amante do protagonista (e de Edith também). Ele é um intelectual, louco, separatista político canadense e, possivelmente, santo, que está no hospital morrendo de sífilis. Um mártir para Montreal, mas, principalmente, para o próprio pênis. Contudo, é possível que F seja I, e todos os personagens sejam a mesma pessoa. Há algo de uma viagem de peiote no livro, com seus personagens que mudam de forma e se dissolvem. Às vezes, eles parecem deuses, mas há um materialismo cômico também. *Beautiful Losers* é uma prece que roga tanto pela união quanto pelo vazio, uma busca pela satisfação sexual e espiritual. É uma sátira da vida nos anos 1960 e também um tratado sobre a história do Canadá: antes dos jesuítas chegarem ao país, Catherine saltitava feliz na grama com os garotos de sua tribo, em união com a natureza, os deuses e o homem. O Canadá também caiu em desgraça com a vacuidade da vida urbana e as "duas solidões": o cisma entre as populações anglófona e francófona. Talvez tudo se acertasse se ele pudesse voltar no tempo e foder com essa jovem santa, ou se pudesse foder com ela como seu velho e santificado amigo/professor, ou ainda se ele mesmo pudesse ser um santo moderno, um buda de celuloide.

Beautiful Losers é "um romance redentor, um exercício para redimir a alma", definiu Leonard em uma entrevista de 1967. "Naquele livro eu tentei lutar com todas as deidades que existem agora: a ideia de santidade, a pureza, o pop, o McLuhanismo, o mal, o irracional, todos os deuses que criamos para nós."[1] Em uma entrevista para o canal CBC, ele contou: "Estava escrevendo uma liturgia, mas usando todas as técnicas do romance moderno. Então, trata-se de uma prece imensa usando as técnicas convencionais do suspense pornográfico: humor, trama, desenvolvimento de personagens e intriga convencional."[2] Ele deixou claro que "não estava interessado em guardar nada" — e não guardou mesmo. *Beautiful Losers* é excessivo, maníaco, livre. Não é arrumadinho em cenas perfeitamente editadas como *A brincadeira favorita*. Ele mistura arte sofisticada e popular, poesia e Hollywood, a beleza lírica e a linguagem dos quadrinhos. *A brincadeira favorita* foi considerado um livro pioneiro, mas *Beautiful Losers* era verdadeiramente pioneiro. O *Globe and Mail* o descreveu como "masturbação verbal", o *Toronto Daily Star* o chamou de "livro mais revoltante já escrito no Canadá", mas também de "livro canadense do ano".

Leonard estava muito infeliz com a recepção do livro e com as vendas baixas no Canadá, uma reação compreensível considerando o quanto a experiência de escrita tinha sido intensa. Chegou aos ouvidos de Jack McClelland que Leonard o culpava, reclamando do preço do livro, do design, da má distribuição e da falta de promoção. McClelland ficou furioso, pois sentia que tinha feito de tudo para publicar o livro. Quando leu o manuscrito de Leonard pela primeira vez, em maio de 1965, o achou "estarrecedor, chocante, revoltante, nojento", mas também "louco, incrível e maravilhosamente bem-escrito... Não vou fingir que gostei, porque não é o caso", escreveu para Leonard. "Tenho certeza de que vai acabar nos tribunais, mas vale a pena tentar. Você é um cara legal, Leonard, é ótimo conhecê-lo. Só preciso decidir agora se amo você o bastante para passar o resto dos meus dias na cadeia por sua causa."[3] Ele havia provado que sim, e agora, um ano depois, Leonard estava "se lamentando porque *Beautiful Losers* não está disponível em todas as lojas... O que raios você esperava? Você pode ser ingênuo, mas certamente não é burro. As livrarias têm todo o direito de decidir o que vão vender, e muitas decidiram que não querem correr o risco de lidar com esse livro". McClelland lembrou Leonard de que eles fizeram uma grande festa promocional para o livro, cujo valor foi "quase totalmente perdido porque você não achou adequado para a sua imagem comparecer ou não estava disposto a se expor. Eu estou começando a pensar", concluiu McClelland, "que o National Film Board não lhe fez favor algum".[4] O que McClelland estava insinuando era que *Ladies and Gentlemen... Mr. Leonard Cohen* tinha subido à cabeça do autor.

Beautiful Losers também não vendeu muito nos EUA, apesar de a crítica no *Boston Globe* declarar que "James Joyce não está morto. Ele mora em Montreal" (e de uma das cópias acabar comprada por um jovem Lou Reed). Em 1970 o livro foi publicado no Reino Unido pela Jonathan Cape. O editor, Tom Maschler, ficou "impressionado com *Beautiful Losers*. Achei maravilhoso, um romance original e importante". O suplemento literário do *Times* fez uma crítica cujo tamanho refletia a fama de Leonard como cantor naquela época.* "*Beautiful Losers* é uma abstração de todas as buscas pela inocência perdida... sofre incrivelmen-

---

* O crítico Nicholas Walter claramente não era fã da música de Leonard: "O impacto de uma canção como 'Dress Rehearsal Rag' em um jovem aluno deve ser avassalador", escreveu ele, "mas na verdade ela é apenas uma abstração de todos os climas aceitáveis de perdição e, mesmo assim, a arte avassaladora é o tipo de arte da qual você se livra quando amadurece."

te de personagens descaracterizados, desesperos cósmicos, não resolvidos nem mesmo pelos espasmos do sexo frenético, a parafernália compulsivamente listada do ambiente e o emprego iconográfico de todos os fenômenos da comunicação moderna que o autor conseguiu encaixar. É um romance que mostra masturbação em um carro em movimento, um dispositivo masturbatório que fornece a própria energia — Brigitte Bardot e (você adivinhou) os Rolling Stones. É um romance que tem de tudo, e o problema é exatamente este: quando tudo é assunto, não há assunto, e ele se refina através da retórica, como um mau poema que tenta se convencer a entrar nos eixos. Há talento aqui, mas nenhuma noção de limite."[5]

Para Irving Layton, Leonard "é um dos poucos escritores que mergulharam voluntariamente no elemento destrutivo, não só uma como várias vezes, e depois voltaram do abismo com a dignidade para nos contar o que viram e colocar uma moldura no vento. Vejo Leonard como o rato branco que puseram no submarino para ver se o ar está impuro. Ele é o rato branco da civilização, que atesta as impurezas da sociedade".[6]

Os evangelhos divergem com relação a quando e onde Leonard decidiu virar cantor e compositor. De acordo com a jornalista e socialite Barbara Amiel, foi no verão de 1965, em Toronto, em uma suíte do King Edward Hotel. Leonard estava compondo melodias na gaita e cantando seus poemas para uma amiga, enquanto em outro lugar da suíte um casal nu estava "se pegando". Leonard viu isso como uma resposta positiva e anunciou: "Acho que vou me gravar cantando os meus poemas." A amiga estremeceu, aconselhando: "Por favor, não faça isso", embora ela estivesse um pouco atrasada, visto que Leonard já tinha sido filmado cantando e tocando violão em *Ladies and Gentlemen... Mr. Leonard Cohen*.[7] A canção apresentada se chamava "Chant", que Leonard mais tarde definiria como a primeira que compôs,[8] e tinha uma melodia parecida com a de "Teachers", sobre a qual Leonard recitava as palavras:

> Abrace-me luz dura, luz suave abrace-me
> Luz da Lua em suas montanhas dobre-me
> Abrace-me luz dura, luz suave abrace-me

Em sua biografia de Cohen, Ira B. Nadel alega que a canção foi composta uns seis meses depois, em um evento de poesia comandado por F. R. Scott, no qual estavam presentes Irving Layton, Louis Dudek, Ralph Gustafson, A. J. M. Smith e Al Purdy. "Leonard tocou violão, cantou e fez imensos elogios a Dylan", conta ele. Como ninguém no recinto ouvira falar do músico, Scott correu para uma loja de discos e voltou com *Bringing It All Back Home* e *Highway 61 Revisited*. Ainda segundo Nadel, ele tocou os discos "para constrangimento de todos", exceto de Leonard, que ouviu "com atenção e de modo solene" e anunciou para o recinto que "*ele* seria o Dylan canadense".[9] Contudo, pelo relato do próprio Leonard em 1967, no *Village Voice*, e para qualquer jornalista musical desde então (incluindo esta biógrafa), sua intenção era compor canções country em vez de ser um cantor e compositor de *folk-rock*. Ele se sentia mais confortável no country, considerando sua participação nos Buckskin Boys, do que com o *folk* ou o rock, gêneros com os quais não sentia proximidade. Leonard datou sua decisão como algumas semanas após o término de *Beautiful Losers*, quando fez um jejum de dez dias e passou por um período de loucura.

Marianne Ihlen alega que Leonard falava em gravar discos desde o início dos anos 1960. "Estávamos sentados em uma dessas lanchonetes em Montreal em que há dois sofás de couro com a mesa no meio e na parede havia uma dessas pequenas *jukeboxes*. Leonard disse: 'Marianne, meu sonho é ter uma das minhas canções em uma dessas máquinas.' Foi um processo longo. Leonard sempre estava com um violão. Se ele estivesse sentado à mesa tocando, de repente brotavam 25 pessoas ao redor, então, você poderia chamar aquilo de apresentação, mesmo que ele estivesse apenas tocando para nós. Dava para ouvir na voz dele que algo estava acontecendo."

No meio dos anos 1960, um amigo cineasta de Montreal chamado Henry Zemel, que ouvira Leonard cantar no Dunn's Birdland em 1958, o gravou tocando violão e cantando em um velho gravador de rolo Uher em sua casa na Sherbrook Street. O quarto tinha uma acústica excepcional, conta Zemel, e Leonard, Mort, Derek May e vários músicos, incluindo a banda *folk* local Stormy Clovers, apareciam para tocar juntos. A música na fita de Zemel não parece country nem *folk*. É basicamente instrumental, uma mistura misteriosa de John Cage, música oriental, flamenco e antigas gravações de campo, mas é possível ouvir Leonard improvisando no tom-tom e na flauta chinesa, acompanhado por Zemel e parecendo trabalhar no som de violão que seria sua marca registrada. O último trecho dessa fita é uma canção desconhecida e sem título escrita por Leonard na qual ele canta/entoa as palavras "Não posso esperar" como se fosse um lamento. Durante esse período, Leonard também compôs música instrumental para um curta-metragem experimental feito pelo amigo Derek May em 1966 e intitulado *Angel*. Leonard aparece no filme conversando no parque com uma mulher e um cachorro, que se revezam usando asas. A música dele foi tocada na trilha sonora pelos Stormy Clovers.

No fim das contas, aconteceu gradualmente, às vezes em público, mas geralmente em particular, sozinho ou com amigos. Em fevereiro de 1966 Leonard apareceu no centro 92nd Street Y, em Nova York, para uma leitura, e encerrou-a cantando "The Stranger Song" um pouco mais lenta, com a voz tensa e triste e alguns trechos diferentes, mas, no geral, semelhante à versão que entraria dois anos depois no primeiro álbum dele. Em 1968, Leonard explicou ao *Montreal Gazette*: "Eu vejo o canto como expressão de uma voz que venho usando desde que consigo me lembrar. Este é apenas um aspecto do som dela." Em 1969, ele comparou no *New York Times*: "Não há diferença entre um poema e uma canção. Alguns, inicialmente, eram canções, outros eram poemas, e há os que eram situações. Toda a minha escrita tem violões por trás, até os romances."

Mas todos, incluindo Leonard, concordam com o motivo pelo qual decidiu se tornar cantor e compositor: dinheiro.

— *Bom, eu sempre toquei vilão e cantei. Morava na Grécia há alguns anos e era uma forma muito boa de viver. Eu até conseguia viver na Grécia com 1.100 dólares por ano, mas não conseguia pagar a conta da mercearia, então, voltava para o Canadá, arranjava vários trabalhos, pegava o dinheiro, comprava a passagem, voltava para a Grécia e vivia até o dinheiro acabar. Eu não conseguia ganhar a vida como escritor. Meus livros não vendiam. Eles recebiam ótimas críticas, mas meu segundo romance, Beautiful Losers, vendeu umas três mil cópias no mundo inteiro. A única alternativa econômica era provavelmente ser professor universitário ou arrumar emprego em um banco, como fez o grande poeta canadense Raymond Souster. Mas eu sempre toquei violão e cantei, então, era uma solução econômica para o problema de ganhar a vida e ser escritor.*

Hidra era barata e Leonard tinha uma herança de 750 dólares por ano, mas morar lá havia se mostrado impossível com a renda de escritor. *Beautiful Losers*, apesar de toda a polêmica e atenção que atraiu, não vendeu significativamente até Leonard gravar discos e o livro ser reeditado em brochura. Ele publicou um quarto volume de poesia em 1966, que não teve impacto algum em sua conta bancária. Os poemas de *Parasites of Heaven*, alguns datados do fim dos anos 1950, também falavam de amor, solidão e desespero, mas com uma estrutura mais convencional que os de *Flowers for Hitler*, além de serem mais pessoais, como canções. Michael Ondaatje observou que, enquanto os poemas em *Flowers for Hitler* "tinham um elenco de milhares, estes têm um elenco de um ou dois [e] os objetos de suas descrições não são as torturas públicas intensas, e sim a quietude e a dor particulares".[10] Ele poderia muito bem estar descrevendo um cantor e compositor sensível dos anos 1960. E *Parasites of Heaven*, embora geralmente tratado pelos críticos literários como uma obra pouco substancial, é importante para os fãs da música de Leonard, pois inclui uma série de suas futuras canções: "Suzanne", "Master Song", "Teachers", "Avalanche" e "Fingerprints".

No verão de 1966, o canal CBC ofereceu a Leonard a oportunidade de apresentar um novo programa de televisão. O trabalho dele consistiria em entrevistar convidados, fazer curtas-metragens e observações. Leonard aceitou com empolgação. Ele já tinha falado em buscar um público mais amplo: "Acho que acabou a época em que os poetas deveriam sentar em degraus de mármore com capas negras", e essa parecia uma oportunidade de ouro.[11] Ele disse ao *Toronto Daily Star* que tinha por objetivo "se aproximar dos espectadores, fazer com que eles participem do programa e até que mandem filmes caseiros", uma abordagem interativa que era incomum no meio dos anos 1960.[12] Mas o programa não vingou. O produtor Andrew Simon supostamente disse que Leonard mudou de ideia: "Não houve briga. Era uma coisa pessoal e emocional. Leonard sentia que Deus não o tinha colocado aqui para ser um astro de TV." No mesmo artigo, contudo, Leonard alegou que não tinha problema algum com a ideia de um poeta estar na televisão: "Sempre me senti muito diferente dos outros poetas que conheci. Sempre senti que, de alguma forma, eles tomaram uma decisão contra a vida. A maioria deles fechou muitas portas. Nunca me senti muito à vontade com esse tipo de gente. Sempre me senti mais à vontade com músicos. Gosto de fazer canções e cantar, esse tipo de coisa."[13]

Todos os sinais apontavam para a música. Em 1966, Leonard pegou dinheiro emprestado com o amigo Robert Hershorn e foi para Nashville.

— Por que Nashville e a música country? Havia músicas muito mais interessantes acontecendo e outros lugares para se estar em 1966.
— Eu ouvia a rádio das Forças Armadas que vinha de Atenas e tinha muita música country boa. Eu também tinha alguns discos lá: Ray Charles, Edith Piaf, Nina Simone, Charlie e Inez Fox e Sylvie Vartan, que fez um disco em Nashville, em francês. Não sei se você já ouviu, é um ótimo álbum. Eu ouvia tudo isso e o rádio, mas não sabia o que estava acontecendo nos EUA. Elvis Presley era o único cara que eu ouvia, além das Shirelles e dos murmúrios bem iniciais da Motown. Pensei em ir direto para Nashville, talvez trabalhar lá. No caminho, parei em Nova York, onde esbarrei no assim chamado renascimento da canção folk, que incluía Joan Baez, Dylan, Phil Ochs, Judy Collins e Joni Mitchell. Foi a primeira vez que ouvi as músicas deles. Eu pensei: "Estou escrevendo essas pequenas canções há um tempo, tocando apenas para os meus amigos", então, achei que poderia experimentar tentar apresentá-las para algum tipo de instituição comercial que pudesse usá-las.

Após descer do trem na Pennsylvania Station vestindo a capa de chuva azul, Leonard andou pela rua 34 até o Penn Terminal Hotel, carregando a mala e o violão. Hospedagem digna de filme *noir* nova-iorquino, parecia barato e era: tijolos escuros, corredores estreitos e mal-iluminados, um elevador grande o bastante apenas para um homem e um cadáver. A janela no quarto, de formato estranho, estava presa, entreaberta. O aquecedor sibilava como um trem a vapor e, junto com a goteira marrom na pia, formava um acompanhamento lento e perpétuo. Era um quarto horrível, concluiu Leonard sem hostilidade. Ele pensava isso sempre que ficava no Penn Terminal, o que acontecia com bastante frequência, mesmo quando podia pagar algo melhor. As roupas ficavam largas na silhueta de 53 quilos, pós-anfetamina. Quando ele olhava para o reflexo ao espelho, via um homem que parecia ter vivido em uma montanha por muitos anos. Leonard fez a barba e saiu. Ele tinha uma mulher para encontrar.

Robert Hershorn havia falado com Leonard sobre Mary Martin. Ela tinha se mudado de Toronto, onde nasceu, para Nova York em 1962, e encontrado seu caminho no Greenwich Village. Martin tinha trabalhado muito e conseguido passar de garçonete no clube de *folk* Bitter End até assistente-executiva de Albert Grossman, empresário de Bob Dylan, diretora de Artistas e Repertório da Warner Brothers e chefe da própria empresa de gerenciamento de artistas em 1966. No mundo dos negócios da música, dominado por homens no início dos anos 1960, as poucas mulheres estavam em sua maioria atrás do microfone: Joan Baez, Judy Henske, Carolyn Hester, Judy Collins; Martin era uma exceção. Ela tinha um histórico de ajudar músicos canadenses: seu auxílio foi crucial fazer os Hawks (depois conhecidos como Band) conseguirem o posto de banda de Dylan. Além disso, também gerenciava os colegas de Leonard, os Stormy Clovers. "Uma mulher muito empreendedora e sensível", define Leonard, "que nos dava muito apoio."[14] Leonard gostava de mulheres que agiam dessa forma. Ele falou com Martin sobre seus romances e poesias, e lhe disse que tinha composto algumas coisas que talvez pudessem ser canções. Impressionada com o que ouvira, ela prometeu ver o que poderia fazer. E ligou para a amiga Judy Collins.

Collins, então com 27 anos, era uma aristocrata da cena do Greenwich Village: bacana, elegante, cabelo comprido e liso, além de olhos azuis tão marcantes que Stephen Stills escreveu uma canção sobre eles.* Ela tinha começado como pianista clássica em Seattle, primeiro se apresentando com uma orquestra sinfônica aos 13 anos e depois descobrindo a música *folk*. Isso a levou para Nova York em 1961, onde foi para um hotel de dois dólares por noite e mal teve tempo de desfazer as malas quando Jac Holzman, dono e gerente da Elektra Records, viu sua apresentação no Village Gate e lhe ofereceu um contrato com a gravadora. O primeiro álbum de Judy Collins, *A Maid of Constant Sorrow*, era de *folk* tradicional e foi lançado naquele mesmo ano. Holzman tinha tentado

---

* "Suite Judy Blue Eyes" foi gravada por David Crosby e Graham Nash em 1969.

sem sucesso contratar Joan Baez, que era a rainha do *folk* tradicional e da canção de protesto, e procurava a sua Baez desde então. Porém, não levou muito tempo para ele ver que Collins era uma artista bem diferente, muito mais experimental, o que fez dela uma *commodity* muito mais valiosa no meio dos anos 1960, quando o *folk* tradicional começou a se transformar no *folk-rock*.

Quando Leonard chegou a Manhattan, no verão de 1966, Collins trabalhava em seu sexto e até então mais inovador álbum, *In My Life*. Além da faixa-título, dos Beatles, ela gravou canções de Dylan, Donovan, Randy Newman e até Brecht-Weill. Holzman, embora gostasse do caminho que estava seguindo, ainda achava que faltava algo. "Eu disse: 'Se não der certo, precisamos de mais canções'", conta Holzman. "Judy retrucou com: 'Onde raios vou conseguir mais canções?' Eu aconselhei: 'Espalhe por aí que você está procurando.' E assim ela fez, um tanto contrariada. Uns dez dias depois eu recebi uma ligação de Judy dizendo: 'Conheci um escritor maravilhoso.'"

Quando conta a história da primeira vez que encontrou Leonard, Judy Collins ri alto. Dois homens de negócios sentados na mesa ao lado nesse movimentado restaurante de hotel em Beverly Hills levantam os olhos do almoço bancado pela empresa para encarar esta magnífica senhora de 71 anos que tem uma vasta juba de cabelos brancos e veste uma bela jaqueta *rockabilly*.

Anoitecera cedo naquele início de outono. Ela abriu a porta e lá estava "um homenzinho de terno escuro, boa aparência, tímido", que lhe disse que Mary Martin o havia mandado com o objetivo de cantar suas canções. "Todos os cantores com novas canções vinham me procurar porque eu tinha contrato com uma gravadora e poderia divulgá-los. Afinal, eu não compunha, pelo menos não até 1967, e só comecei porque Leonard perguntou: 'Por que você não compõe suas próprias canções?'" Mary Martin "sempre falava de Leonard", recorda Collins. "Era 'Leonard isso, Leonard aquilo'. Ela ficava dizendo: 'Ah, você tem que ajudá-lo, precisa ouvir as canções.' Como eu gostava de Mary e a respeitava, perguntei: 'Bom, o que ele faz?' Ela respondeu: 'Escreve poesia, escreveu um romance e compôs algo que acredita ser uma canção e quer vir aqui ver você.' A maioria das pessoas no Village literalmente agarrariam você na rua, o jogariam no chão e cantariam suas canções antes mesmo de você conseguir dizer oi. Então eu disse: 'Por favor, deixe que ele venha.'"

"Ele veio até a minha casa, bebemos um pouco de vinho e fomos comer no Tony's", restaurante italiano da vizinhança. "Depois, ele foi embora. Sem me mostrar as canções! Tivemos uma conversa sobre coisas importantes, sabe? Claro que música era importante, mas não quando você pode ter uma conversa realmente boa com alguém. Falamos da vida, de morar em Nova York, de Ibiza, pois Leonard tinha acabado de voltar de lá e meu namorado Michael também. E falamos de literatura. Na época, eu tinha lido um pouco da poesia dele, além de *Beautiful Losers*. Michael também era escritor, fez o roteiro do filme *Escândalo: a história que seduziu o mundo*, que fala do caso Profumo, então, tínhamos muito a conversar. Quando Leonard saiu, acho que eu disse: 'Ouvi falar das canções famosas que você tem. Que tal voltar amanhã?'"

Leonard voltou no dia seguinte, com o violão. Dessa vez ele ficou sentado na sala e cantou três canções: "Suzanne", "Dress Rehearsal Rag" e "The Stranger Song". Collins ficou "perplexa, especialmente com 'Dress Rehearsal Rag'. Isso é que é sombrio: uma canção sobre suicídio. Eu tinha tentado me matar aos 14 anos, antes de descobrir a música *folk*, então, é claro que adorei. Estávamos procurando desesperadamente algo incomum para o meu álbum e, quando ouvi 'Dress Rehearsal Rag', sabia que tinha encontrado. 'The Stranger Song' me pareceu a menos acessível das três músicas que ele cantou. Hoje eu a adoro, e a gravaria em um segundo, mas ainda não estava nesse ponto. Michael disse: 'Você precisa gravar essa 'Suzanne' também.' Eu pensei e respondi: 'Sim, tem que ser 'Dress Rehearsal Rag' e 'Suzanne'".

Segundo outros relatos sobre a história, Judy não ouviu naquele dia nada que pudesse usar, mas disse a Leonard para manter contato caso compusesse novas canções, o que ele teria feito, tocando "Suzanne" para ela ao telefone da casa da mãe em Montreal, em dezembro de 1966. "Mentira", nega Collins. "Falamos sobre eu gravar 'Dress Rehearsal Rag' logo de cara e 'Suzanne' no dia seguinte." Os fatos estão a favor de Collins, visto que *In My Life*, contendo suas versões de "Dress Rehearsal Rag" e "Suzanne" foi lançado em novembro de 1966. Jac Holzman confirma que Collins gravou as canções praticamente assim que as ouviu. "Elas eram ótimas", elogia Holzman, "a qualidade das músicas, a complexidade simples, as rimas internas, as letras eram mágicas em sua perfeição. Você acaba de escutar uma canção de Leonard e sabe que ele disse tudo o que tinha pra dizer. Ele não abandonou aquela canção até ela estar finalizada. Essas duas canções eram a cola de que precisávamos para unir tudo." Com as outras canções prontas para gravar e a foto para a capa pronta, era só questão de acertar os títulos e créditos antes de o álbum estar nas lojas e começar a escalada até as 50 mais tocadas.

"Suzanne" foi tocada pela primeira vez na estação de rádio nova-iorquina WBAI. "Judy Collins tinha um programa regular, que durava uma hora, onde cantava, tocava discos e convidava outros músicos. Era muito popular", conta o disc-jockey Bob Fass. "Eu era o engenheiro de som. Judy me dava os álbuns com antecedência para que eu pudesse montar a programação. Ela tocou 'Suzanne' para mim e eu disse 'Judy, você compôs isso?'. Ela respondeu: 'Não, foi Leonard Cohen'. 'Quem é Leonard Cohen?'. 'É um poeta canadense.' Engraçado que, depois de Judy Collins tê-lo mencionado, uma jovem apareceu na minha porta, na Greenwich Avenue, subiu os degraus e disse: 'Estou aqui para falar de Leonard Cohen' — e passamos algumas horas muito agradáveis juntos. Acho que ela era amiga dele, foi como se ele a tivesse mandado para me analisar. E nunca mais a vi de novo. É um desses mistérios."

Collins deu tanto apoio a Leonard e o elogiou tão generosamente que muitos imaginaram que eles eram namorados. "Não éramos", nega Collins. "Ele é o tipo de homem perigoso com o qual eu teria me envolvido e arrumado muitos problemas. Era encantador e muito intrigante, muito profundo, mas nunca tive esse tipo de sentimento por ele. Eu amava suas canções, e isso bastava. Já era problema suficiente", ri Collins. "Mas as canções dele, não havia nada igual. Ninguém, incluindo Dylan. Leonard era um músico sem habilidade e treinamento, mas, devido à sua inteligência e à sua pura teimosia, eu imagino, ele aprendeu violão sozinho e compunha canções muito incomuns. A estrutura melódica não é algo que você encontra normalmente, há mudanças inesperadas e reviravoltas em tudo que ele faz. Elas são brilhantes, articuladas, literárias e vão além. Foi o que me ganhou. E o fato de um judeu do Canadá conseguir analisar a Bíblia em detalhes a ponto de dar de mil a zero nos católicos em histórias que eles acreditavam conhecer."

Leonard continuou a mandar canções para Collins. "Ele fazia novas canções o tempo inteiro. Nessa época, eu estava tão impressionada com o material que estava pronta para gravar tudo o que ele me mandava. E, como você sabe, eu fiz praticamente isso: gravei qualquer coisa, tudo. Acho que há uma canção de Leonard em praticamente todos os meus álbuns depois disso." Foram três no álbum de 1967, o primeiro a ter músicas entre as cinco mais tocadas, *Wildflowers*: "Sisters of Mercy", "Priests" e "Hey, That's No Way to Say Goodbye", essa última composta ao som do aquecedor e da goteira pingando em um quarto de hotel de paredes finas na rua 34. Ela surgiu "de uma cama excessivamente usada no Hotel Penn Terminal em 1966", escreveria Leonard no encarte do álbum *Greatest Hits*, de 1975. "O quarto está quente demais, não consigo abrir as janelas. Estou no meio de uma discussão feia com uma loura. A canção está escrita a lápis, pela metade, mas nos protege enquanto cada um de nós manobra em busca da vitória incondicional. Estou no quarto errado. Estou com a mulher errada."[15] Essa não era Marianne, embora, segundo Leonard, ela tivesse perguntado sobre quem era a canção quando viu a letra no caderno dele. Marianne estava em Hidra. Em meio ao redemoinho da vida dele em Nova York, Hidra parecia 1 milhão de quilômetros distante.

Menos de dois meses após chegar a Manhattan, Leonard tinha um empresário e duas canções no álbum de uma grande artista. Havia descoberto, para sua alegria, que podia compor canções "na estrada", sem a sensação de vida e morte que tinha experimentado com *Beautiful Losers*.[16] Ele tinha descoberto que podia viver na vida real como fizera no filme: em um hotel barato, livre e sempre perto de uma saída. Leonard colocou o plano de ir a Nashville em suspenso, fez a mala e se mudou para o Henry Hudson Hotel no lado oeste da rua 57. No meio dos anos 1960, não era o hotel-butique glamoroso de hoje, estava mais para uma versão barata do Chelsea Hotel com o visual e o cheiro de um hospital vitoriano para os necessitados. Se alguém fosse ali registrar todos os drogados, vigaristas, vagabundos e artistas sem dinheiro, vários de seus residentes teriam levantado a mão.

O quarto de Leonard, com sua cortina florida e colcha surrada, mal chegava ao dobro do tamanho da cama de solteiro que fazia parte da mobília. Mas a janela fechava, pelo menos, e havia uma piscina no hotel, além de haxixe e várias jovens dispostas a aquecê-lo à noite. Havia a sueca alta que estudava ioga e se prostituía, o escritor bem jovem, mal chegando aos 20 anos, que enfrentava uma acusação de narcóticos com certo apoio financeiro da parte de Leonard, e o adorável artista sem-teto que Leonard resgatou e com o qual descobriu compartilhar o fascínio pela Santa Catherine Tekawitha. A imagem de Santa Kateri estava na porta da Catedral de St. Patrick na Fifth Avenue, entre as ruas 50 e 51. Leonard ia até lá e subia os degraus de pedra como um peregrino para deixar uma flor aos pés dela.

Embora não vencesse uma hipotética disputa de queda de braço com o Greenwich Village, a cena *folk* de Montreal estava prosperando. A cantora e guitarrista Penny Lang tocava nos cafés da cidade desde 1963: "Se você gostasse de música *folk*, nem precisava procurar, ela parecia estar em toda parte. Havia sete ou oito cafés, mas muita música acontecendo ao mesmo tempo, em parques e outros lugares. Parecia muito vibrante, como se um lado da cidade que havia dormido por um bom tempo tivesse acordado." Lang não ouviu falar de Leonard ("Eu não lia poesia") até 1966, quando os Stormy Clovers começaram a tocar "Suzanne". "A canção meio que foi passada para outros cantores na cidade, então eu a aprendi e criei uma versão meio diferente. Ele é um escritor requintado, ninguém escreve como ele. E isso é realmente tudo o que eu sabia sobre Leonard Cohen."

Era dezembro e Leonard, que tinha voltado ao Canadá mais uma vez, estava pensando muito sobre a carreira musical na qual fizera os primeiros progressos. Ele escreveu uma carta para Marianne dizendo que sabia o que deveria ser: "um cantor, um homem que não possui nada... Eu agora sei para o que devo treinar."[17] Então, ele ligou para Penny Lang. "Foi a primeira vez que falei com Leonard, que apenas ligou e disse: 'Você poderia me ensinar um pouco de violão?'", conta Lang. "Mas eu sou bipolar e estava muito mal, então recusei: 'Não, estou muito deprimida'. E acabou aí. Depois eu percebi que, se alguém teria entendido a palavra depressão na época, provavelmente teria sido Leonard." Lang seguiu o próprio caminho para Nova York alguns meses depois, onde um caçador de talentos da Warner Brothers a ouviu tocar "Suzanne" no Gerde's do Greenwich Village e lhe ofereceu um contrato desde que ela pudesse gravá-la com uma banda de rock. "Quando a expressão 'banda de rock' entrou na história, eu disse não." Lang, contudo, aceitou dar aulas de violão para Janis

Joplin. Ela queria acompanhar a si mesma no palco quando cantasse sua versão de "Me and Bobby McGee" de Kris Kristofferson, "mas isso nunca aconteceu, porque Janis morreu". Leonard não lhe pediu aulas de violão novamente. Preferiu praticar sozinho, tocando na frente de um espelho de corpo inteiro para uma plateia de um só, o único cuja opinião realmente importava.

— *Qual era a do espelho?*
— *Por narcisismo, eu sempre costumava tocar na frente de um espelho. Acho que era para descobrir a melhor aparência enquanto tocava violão, ou talvez fosse só o local em que a cadeira e o espelho estavam no quarto onde por acaso eu morava. Mas eu me sentia muito confortável me vendo tocar.*

Quanto mais ele tocava, mais canções lhe vinham. Era como se as habilidades realmente mínimas de Leonard como violonista dessem uma simplicidade ao processo. "Eu estava sempre interessando no minimalismo, mesmo se não usássemos esse termo. Gostava de coisas simples, da poesia simples, mais do que da decorativa."[18] Da mesma forma que a poesia escrita por ele tinha uma melodia implícita, as melodias dele tinham uma poesia implícita. "As canções geralmente surgem de tocar violão, apenas brincar no violão. Experimentar sequências diferentes de acordes. É, basicamente, tocar violão e cantar todo dia até me fazer chorar, depois eu paro. Não choro copiosamente, mas sinto um pequeno nó na garganta ou algo assim. Aí sei que cheguei a um lugar um pouco mais profundo do que aquele em que estava quando comecei a pegar o violão."[19]

A carta de Leonard para Marianne fechava com as seguintes palavras: "Querida, eu espero que possamos reparar os espaços dolorosos para onde as incertezas nos levaram. Espero que você possa sair do desespero e espero que eu consiga ajudá-la."[20] O carteiro chegou com um pacote de Nova York para Leonard: era o novo álbum de Judy Collins. Carregando-o com todo o cuidado para o toca-discos, segurando-o pelas bordas, ele colocou a agulha na faixa quatro. A neve caía pesada lá fora. Em alguns dias o menino Jesus renasceria. Leonard, sozinho no seu quarto no lado oeste de Montreal, ouviu Judy cantar "Suzanne". Quando a música acabou, ele levantou a agulha e a recolocou no início da faixa. E de novo. E de novo.

CAPÍTULO NOVE

COMO CORTEJAR UMA DAMA

No anúncio no *Village Voice* se lia: "Andy Warhol apresenta Nico cantando ao som do Velvet Underground." Era fevereiro de 1967 e Leonard, de volta a Nova York mais uma vez, virou o colarinho da capa de chuva para cima e andou pelo East Village até o Dom. A sala cavernosa, localizada em meio a uma fila de casas vitorianas com terraço em St. Mark's Place, tinha sido um centro comunitário de imigrantes alemães, um restaurante polonês e um local para shows até Warhol tê-la alugado um ano antes e transformado-a em um circo-discoteca de vanguarda. Era o palco para as suas performances artísticas, chamadas *Exploding Plastic Inevitable*, com direito a filmes experimentais (de Warhol e Paul Morrissey), dançarinos (gente linda e louca do estúdio de Warhol, a Factory, como a socialite transformada em estrela Edie Sedgwick e o poeta e fotógrafo Gerard Malanga) e música. A banda da casa era o Velvet Underground, da qual Warhol era empresário. Sob as ordens dele, o cantor e compositor da banda, um nova-iorquino judeu baixo e jovem chamado Lou Reed, dividia os holofotes com uma alemã loura alta na casa dos 20 anos. Nico, disse Lou Reed, "definiu um padrão para pessoas de aparência incrível".

Leonard esbarrou em Nico por acaso. Uma noite, durante sua última passagem por Nova York, ele tinha ido parar em um clube noturno, e lá estava ela, a rainha de gelo, em pé como Marlene Dietrich, no fundo do bar. Nico tinha um rosto bem definido, pele de porcelana, olhos penetrantes e um guitarrista bonito, que era seu único acompanhamento enquanto ela cantava suas canções em um tom monótono, estranho e profundo. "Fiquei completamente hipnotizado", descreveu Leonard. "Eu já havia passado da fase das louras. Vivia com uma loura e me senti por um bom tempo morando no meio de um pôster nazista. Aquilo era uma reprise."[1] (Como ele estava presumivelmente se referindo a Marianne, isso também pode dar alguma pista do motivo pelo qual ela precisara se mudar durante a visita da mãe de Leonard.)

A mulher que seria a próxima musa de Leonard nasceu com o nome de Christa Päffgen, em Colônia, em 1938, quatro anos após Leonard nascer e cinco anos após Hitler chegar ao poder. Foi modelo em Berlim e atriz, chegando a estudar com Marilyn Monroe na escola de Lee Strasberg, em Nova York, e a conseguir um pequeno papel em *A doce vida* de Fellini (1960) e um grande, em *Strip Tease* (1963), de Jacques Poitrenaud. Ela entrou em um estúdio de gravação pela primeira vez em Paris, com Serge Gainsbourg, para cantar a música-tema de *Strip Tease*, composta por ele. Sua voz sombria e lúgubre não agradou a Gainsbourg, e uma versão cantada por Juliette Gréco acabou sendo usada.* A segunda tentativa de Nico de gravar foi mais bem-sucedida, agora em Londres, em 1965, com um produtor igualmente celebrado, o guitarrista Jimmy Page. A versão dela para a canção do cantor *folk* canadense Gordon Lightfoot "I'm Not Sayin'" foi lançada como *single* pela Immediate Records, selo de Andrew Loog Oldham, empresário dos Rolling Stones. Brian Jones, guitarrista dos Stones, era amante de Nico.

Uma conexão com Bob Dylan levou Nico novamente a Nova York. Enquanto Dylan servia de babá para Ari, filho de Nico, fruto do breve caso com o astro de cinema francês Alain Delon, ele compôs a canção "I'll Keep It With Mine", que deu para Nico. Quando o empresário dele, Albert Grossman, mandou uma passagem de avião para ela ir a Nova York, Nico supôs que Grossman gostaria de ser empresário dela também. Não era o caso, mas, através da conexão entre Dylan e Grossman, ela conheceu Warhol, que a achou perfeita e a colocou em seus filmes. O mais famoso deles foi *The Chelsea Girls*, no qual Ari, então com 4 anos, também apareceu. Warhol a colocou ainda no Velvet Underground. Sua voz entediada, narcótica e gótica estava nos dois lados do primeiro single da banda ("All Tomorrow's Parties/I'll Be Your Mirror"), lançado em outubro de 1966, mais ou menos na mesma época em que Leonard estava tocando suas canções para Judy Collins. Leonard passou a seguir

---

* A versão de Nico foi lançada postumamente na compilação *Le Cinéma de Serge Gainsbourg* (2001).

Nico por Nova York. Ela atuou como guia turística involuntária, levando o poeta-compositor de um lugar de gente moderna e reputação questionável para o outro.

> — Eu me lembro de entrar em um clube chamado Max's Kansas City, que ouvi falar que era o lugar para onde todos iam. Eu não conhecia ninguém em Nova York e me lembro de ficar muito tempo à toa no bar (nunca fui bom nesse tipo de trabalho árduo de socialização), até que um jovem veio até mim e disse: "Você é Leonard Cohen, que escreveu Beautiful Losers", que ninguém tinha lido, pois só vendeu algumas cópias nos Estados Unidos. E era Lou Reed. Ele me levou para uma mesa cheia de notáveis: Andy Warhol, Nico. De repente, eu estava sentado nessa mesa com os grandes espíritos da época. [Risos.]
> — Mas você estava mais interessado em falar com Nico. Como foi?
> — Eu fazia parte da multidão que desejava Nico. Uma mulher misteriosa. Tentei falar com ela e cheguei a me apresentar, mas ela não estava interessada.

Segundo Lou Reed, "*Beautiful Losers* é um livro incrível, um livro maravilhoso, e, acima de tudo, incrivelmente engraçado e muito ardiloso. Eu me lembro de Leonard me falar que começou a compor canções após ouvir 'I'll Be Your Mirror'. Quem diria..."[2] Leonard gostou de Reed, em parte, porque Nico gostava dele.

Era de se imaginar que Leonard e Warhol se dariam bem, pois eram dois homens que acreditavam em fazer da própria vida a obra, e da obra, vida. Mas, como aconteceu com os *beats*, Leonard alegou não se encaixar nesse grupo, pois se sentia um provinciano. De acordo com Danny Fields, contudo, "Não havia um clube do qual Leonard não fizesse parte. Nós o amávamos. Nico o amava. Eu o amava, ele era amado. A reputação dele na época era feroz e ele era sexy. Leonard não precisava fazer muito, bastava não vomitar na mesa". Fields era o executivo de Artistas e Repertório da Elektra Records em Nova York, amigo próximo de Nico, e conhecia a cena de Manhattan em meados dos anos 1960 como a palma da mão. O problema de Leonard era claramente outro, um tipo de timidez, o apreço por ser deslocado, ou ambos, que transformaram o outrora jovem gordinho em um homem que realmente não desejava se juntar a clube algum, independente de ter sido convidado.

Nico disse a Leonard que gostava de homens mais novos e não abria exceção. O jovem da vez, seu guitarrista, era um cantor e compositor de aspecto saudável do sul da Califórnia que mal tinha chegado aos 18 anos, chamado Jackson Browne. Um cruzamento de surfista com anjo, cuja boa aparência natural parecia sobrenatural diante do cadavérico Warhol e de seu grupinho vestido de preto. Browne tinha ido a Nova York em uma aventura: alguns amigos estavam rodando o país de carro e precisavam de alguém para dividir a conta. Browne pegou o violão e o cartão de crédito da mãe. Quando chegaram a Manhattan, Browne olhou pela janela de trás e viu "imensos pôsteres da Nico em toda parte, muito lindos e simplesmente incríveis".[3] Eram para promover os shows solo dela, abertos por Tim Buckley, cantor e compositor que Browne conhecia do circuito de cafés de Orange County. Buckley contou a ele que Nico procurava um guitarrista em tempo integral e, "como ele tinha um lance próprio rolando", não queria aceitar. Browne então pegou uma guitarra emprestada.

Nico abriu a porta do apartamento e olhou Browne de cima a baixo com sua famosa encarada. Como gostou do que viu, convidou o jovem a entrar. Ela cantou suas músicas para o garoto e ele garantiu que conseguiria tocá-las. Nico perguntou se ele tinha alguma canção própria (e ele tinha, várias na verdade, embora ainda não fosse contratado por uma gravadora; Browne só tinha contrato com uma editora musical). A primeira das canções de sua autoria que tocou para Nico foi "These Days", uma balada refinada e meditativa que compôs aos 16 anos, após sua segunda viagem de ácido. Browne descreve: "Ela disse 'Eu vai cantarr este canção'. Todo mundo fazia uma imitação da Nico, ela era divertida de imitar."[4] Após escolher mais duas canções de Browne, ela o indicou para os postos de músico de acompanhamento e namorado, ambos devendo entrar em vigor imediatamente.

"Nico morava em um apartamento com o filho pequeno, que tinha uns 4 anos de idade. Ela o dividia com um cara grandão, chamado Ronnie, que usava grandes casacos de pele, tinha muito dinheiro e eu não sei o que fazia da vida. Talvez fosse dono de um clube noturno ou um restaurante, algo assim. Ele era muito gentil e, por incrível que pareça, não parecia ter qualquer interesse nela, exceto como amigo. Eu pensei: 'Uau, isso é incrível'", ri Browne. "Lembro que Leonard costumava ir à casa dela. Eu sabia que ele tinha ficado meio famoso por causa de 'Suzanne', gravada por Judy Collins, e ele tinha escrito um livro muito bom, *Beautiful Losers*, do qual parecia ter vergonha por algum motivo, vai saber. Ele também costumava ir ao clube onde tocávamos. Ficava sentado na mesa da frente para escrever e olhar para ela."[5]

A imagem que ele descreve faz pensar em *Morte em Veneza*: um escritor velho, solene e apaixonado (aos 32 anos de idade, Leonard pareceria bem velho aos olhos do adolescente Browne), desejando uma beleza perigosa e intocável. Browne simplesmente supôs que Leonard estava "compondo uma canção para ela" — e ele, de certa forma, estava mesmo, embora esperasse mais que uma gravação dela. "Ela havia recebido uma canção de Bob Dylan, uma de Tim Hardin, Nico estava juntando ótimas canções para interpretar e eram todas inéditas, um pouco como Judy Collins fazia na época, então, se alguém quiser fazer a ligação entre Judy Collins e Nico, aí está."[6]

Leonard ficou amigo dos dois. "Ele lia os poemas que escrevera, enquanto a observava, todo sonhador, e eram poemas incríveis." Em algumas ocasiões, ele ia com ambos ao Dom, antes de Browne terminar com Nico. "Eu gostava dela", admite Browne, "e levei algum tempo para perceber que era só um casinho. Então, eu terminei, mas mesmo após o fim do relacionamento trabalhava para ela e a via todas as noites. Aí as coisas ficaram estranhas. Havia alguém ligando para assediá-la, ela me acusou de fazer essas ligações e meio que surtou." Browne voltou para a Califórnia, bem a tempo para o chamado Verão do Amor. "Nico era louca e misteriosa", define Browne. "Ela não contava a ninguém de onde vinha, acho que não queria ser considerada alemã, e tinha essa postura de rainha do gelo. Mas também tinha um sorriso realmente infantil, parecia uma garotinha quando ria. E passava quase o tempo todo com o filho. Havia esse lado da Nico que não era muito conhecido. Eu realmente gostava dela."

E Leonard também. Embora não tenha chegado a conquistá-la, ficou "loucamente apaixonado por ela".[7] Danny Fields se espanta: "Ela não ficou com Leonard? Mas ficou com Lou [Reed]. Só Deus sabe. E Nico *venerava* Leonard. Ela ligava para ele, dizendo 'Oh Lehhhnarrrdt'. Era assim que ela pronunciava o nome dele, naquela voz germânica: 'O que você acharrr, Lehhhnarrrdt?'; 'Será que o Lehhhnarrrdt vai gostar das minhas músicas?". Nico estava ansiosa por se aliar a pessoas criativas. Leonard era *muito* importante para ela, que era, certamente, uma moça de emoções conflitantes."* Embora fosse bem coerente no gosto por homens. Após Jackson Browne, Nico namorou Jim Morrison e Jimi Hendrix, ambos com vinte e poucos anos.

> — *Esbarrei com Jim Morrison algumas vezes, mas não o conheci bem. E Hendrix, nós chegamos a tocar de improviso juntos uma noite em Nova York. Esqueci o nome do clube noturno, mas eu estava lá, ele também, e ele conhecia minha canção "Suzanne", então, nós meio que improvisamos em cima dela.*
> — *Você e Hendrix improvisaram "Suzanne"? O que ele fez com a música?*
> — *Ele foi muito gentil. Não distorceu a guitarra. Foi adorável. Depois esbarrei com ele de novo. Eu me lembro de estar andando na rua 23, onde fica o Chelsea Hotel, com Joni Mitchell, uma mulher muito bonita, quando parou uma grande limusine com Jimi Hendrix no banco de trás. Ele conversou com Joni de dentro do carro.*
> — *Não importava para ele que ela estivesse com outro homem, especificamente com você?*
> — *Bom, sabe como é, ele era um homem muito elegante, então, não foi grosseiro.*
> — *Joni saiu com ele e deixou você?*
> — *Não, ela não fez isso. Mas Nico fez. Fui com ela ouvir Jim Morrison, acho que ele estava tocando pela primeira vez em Nova York, em um clube noturno, quando Hendrix apareceu. Ele era glorioso, muito lindo. Quando era hora de ir embora, eu disse para Nico: "Vamos." E ela respondeu: "Vou ficar. Você pode ir." [Risos.]*

Alguns anos depois, Leonard e Nico se encontraram por acaso no bar e restaurante espanhol El Quijote. Quando o bar fechou, acabaram no quar-

---

* Fields foi responsável por contratar Iggy Pop, a banda MC5 e os Ramones, entre outros. Iggy, a quem Nico não dispensou, escreveria uma canção para ela quase ao estilo Leonard Cohen, chamada "Nazi Girlfriend", que abre com as seguintes frases: "I want to fuck her on the floor/Among my books of ancient lore" (Quero foder com ela no chão/Entre meus livros da antiga tradição).

to de Leonard no Chelsea Hotel, que ficava ao lado. Era um dos quartos menores, e Leonard estava apenas de passagem. Eles se sentaram juntos na cama, lado a lado, continuando a conversa que haviam começado lá embaixo. A certa altura, sentindo o clima favorável, Leonard colocou uma das mãos no braço dela. Nico o acertou com tanta força que ele levitou. "Há várias histórias envolvendo os ataques de raiva e brutalidade física dela", conta Fields. "A outra brutalidade dela, a passiva, consistia apenas em fazer você questionar sobre o que ela estava pensando, a tal ponto que as pessoas se apaixonavam por ela. Talvez fosse um soco de amor. 'Não quero me apaixonar por focê': *Pow!* Talvez ela quisesse que ele fizesse o estilo homem das cavernas para conquistá-la, já que os homens tinham muito medo dela. Nico amava Leonard. Todos nós o amávamos."

Mas em 1967, sentindo que "não tinha habilidade alguma" e "não sabia mais como cortejar uma dama", Leonard voltou sozinho para o quarto de hotel.[8] Com Nico ocupando todos os seus pensamentos, ele escreveu "The Jewels in your Shoulder" e "Take this Longing", depois rebatizada como "The Bells", que posteriormente ensinou para Nico. Ela era tanto "the tallest and blondest girl" [a garota mais alta e mais loura] da canção "Memories" quanto a musa para "Joan of Arc" ("Essa canção foi composta para uma garota alemã que conheci. Ela é ótima cantora, amo as canções dela. Recentemente, li uma entrevista em que perguntaram a ela sobre mim e meu trabalho. E ela respondeu que eu sou 'completamente desnecessário'", contou ele a uma plateia parisiense em 1974.[9]) Ela também inspirou "One of Us Cannot Be Wrong". Após uma das ocasiões em que Nico o rejeitou, Leonard voltou ao quarto e "me entreguei à magia negra das velas", as velas verdes que havia comprado em uma loja de mágica e vodu, "uni duas velas de cera, uni a fumaça de dois incensos de sândalo e fiz muitas práticas bizarras e ocultas que não renderam absolutamente nada, exceto uma amizade duradoura".[10]

Leonard agora morava no Chelsea Hotel, prédio vitoriano imponente de tijolos vermelhos situado no número 222, no lado oeste da 23rd Street, no que antes era o distrito teatral de Nova York. O hotel tinha quatrocentos quartos, boa parte deles ocupados por artistas, escritores e boêmios. Mark Twain tinha ficado lá, Arthur Miller morou lá por seis anos e elogiou o lugar "sem aspiradores de pó, sem regras e sem-vergonha". Dylan Thomas morreu no seu quarto no estabelecimento e Sid Vicious matou a namorada Nancy Spurger no dele. O hotel também foi cenário para o filme de Andy Warhol *The Chelsea Girls*.

O Chelsea era popular entre os poetas *beat* e igualmente popular com seus sucessores, os músicos de rock, entre eles Bob Dylan, Jimi Hendrix, Janis Joplin e Patti Smith, que morou lá com o namorado fotógrafo Robert Mapplethorpe. Smith descreveu o hotel como "uma casa de bonecas saída de *Além da Imaginação*".[11] (Leonard conhecera Patti Smith no ano anterior e a levou para jantar, com Irving e Aviva Layton. "Ela era só uma garota na época", conta Aviva. "Uma mocinha largada, sem seios e vestindo trapos em vez de plumas. Achei que ela morava na rua, mas Leonard nos disse: 'Ela é um gênio, absolutamente brilhante, vai ser uma verdadeira potência.'")

As paredes do saguão do Chelsea estavam lotadas de pinturas que tinham sido dadas ou penhoradas ao gerente do hotel, Stanley Bard, à guisa de aluguel. Uma porta do saguão levava ao El Quijote. O elevador mais lento da hotelaria norte-americana subia e descia lentamente os 12 andares, abrindo as portas para corredores pintados de amarelo e um aglomerado de quartos de várias formatos, tamanhos e luxos. O de Leonard, no quarto andar, era iluminado por uma lâmpada pendurada e tinha uma pequena televisão preto e branco, um fogão elétrico e uma pia onde a água escorria marrom-ferrugem até você contar até dez. Mais da metade do hotel era composta por moradores de longo prazo, e parecia que o único propósito de alguns era ir para um quarto maior e melhor. Era "uma grande casa de fraternidade boêmia", define a escritora e jornalista Thelma Blitz, na qual Leonard, ele mesmo ex-presidente de uma fraternidade, sentiu-se "inteiramente em casa".

Ele tinha tudo de que precisava nessa última versão de lar, incluindo o apoio feminino. Desde os 9 anos, quando o pai morreu, Leonard contou com os cuidados de diversas mulheres. Durante sua infância na indústria da música, essas mulheres foram Mary Martin e Judy Collins. *In My Life* foi o álbum de Collins que mais vendeu até então, passando 34 semanas nas paradas norte-americanas e recebendo boa dose de atenção e execuções em rádio. "Era realmente o ápice da era do 'sucesso pop'", define Collins, "então, um pouco foi isso e também a promoção que eu estava recebendo da Elektra". Como "Suzanne" era uma canção incrivelmente poderosa e Collins, uma torcedora incrivelmente fanática do seu compositor, Leonard também estava recebendo atenção, incluindo a de John Hammond, o principal executivo de Artistas e Repertório da gravadora mais importante dos Estados Unidos, a Columbia.

Hammond era um aristocrata de Nova York: a mãe era uma Vanderbilt e o avô, um general da Guerra Civil. Ele teve uma criação extremamente privilegiada mas, como Leonard, escolheu outro caminho. Hammond se alinhava com o movimento dos direitos civis e virou crítico de jazz, produtor de álbuns e executivo com um currículo extraordinário. Entre os vários grandes nomes que contratou e/ou produziu estavam Billie Holliday, Pete Seeger, Count Basie, Aretha Franklin e Bob Dylan. "John Hammond era um gênio", elogia Collins. "Com Dylan ele conseguiu ver além do entediante blues no estilo Woody Guthrie e assinou um contrato de três álbuns antes de 'Blowing in the Wind'. Ele sempre observava cuidadosamente o que estava acontecendo e ouvia tudo. Ouviu o que eu estava fazendo e tentou me contratar para a Columbia, mas eu tinha prometido assinar com a Elektra na semana anterior, e foi quando ele escutou Leonard, porque não havia outro lugar para ouvi-lo àquela altura." Enquanto isso, Mary Martin ligava para Hammond a fim de elogiar Leonard, além de lhe enviar cópias dos livros dele e convencer o executivo a ir ao escritório nova-iorquino da CBC para uma exibição particular de *Ladies and Gentlemen... Mr. Leonard Cohen*. Martin também fez Leonard gravar uma fita demo com composições próprias no banheiro dela, sentado em uma banheira vazia e cantando para um gravador Uher emprestado. Uma cópia dessa fita foi enviada a Garth Hudson, tecladista da The Band, a fim de que ele compusesse as partituras principais das canções, necessárias para a publicação. Outra cópia foi entregue pessoalmente a Hammond, no escritório dele, por Martin e sua colega advogada E. Judith Berger, vestidas com suas menores minissaias.

Leonard recebeu um telefonema de Hammond, o convidando para almoçar em um restaurante ali perto. Depois, o executivo perguntou se poderia voltar ao Chelsea com Leonard e ouvi-lo tocar. Empoleirado na beira da cama embaixo da lâmpada pendurada, Leonard cantou para ele por uma hora: entre as canções estavam "Suzanne", "The Stranger Song", "Master Song", "Hey That's No Way to Say Goodbye", "The Jewels in your Shoulder" e uma canção que ele disse ter composto naquele dia, "Your Father Has Fallen". Hammond sentou-se na única cadeira e ficou de olhos fechados, completamente mudo. Quando Leonard parou de tocar, abriu os olhos e sorriu. "Você conseguiu", ele disse. Leonard, sem saber exatamente o que tinha conseguido, agradeceu e o acompanhou até a saída. De volta à Columbia Records, Hammond anunciou que planejava contratar Leonard. O fato não seria recebido com entusiasmo universal na gravadora, algo que aconteceria mais vezes. O executivo-chefe interino Bill Gallagher disse: "Um poeta de 32 anos? Você está maluco?"[12] Ele tinha razão: em 1967, o rock era a nova poesia e o mundo do rock não confiava em um homem com mais de trinta anos. Mas Hammond insistiu. Larry Cohen, ex-vice-presidente da Columbia/Epic, cujo escritório ficava na porta ao lado, lembra de Hammond dizendo que, "de todos os artistas contratados por ele, aquele Leonard era o mais inteligente, o que dizia muito, vindo de John. Ele não era dado a banalidades extraordinárias. Ele gostava muito de Leonard Cohen".

No dia 22 de fevereiro, ainda sem contrato, Leonard fez sua estreia oficial ao vivo como cantor em Nova York. Era um concerto beneficente para a rádio WBAI, realizado no Village Theatre, na 6th Street com a 2nd Avenue, com uma programação impressionante, que tinha Pete Seeger, Tom Paxton e Judy Collins. Bob Fass sugerira que Collins o levasse para o palco e o apresentasse como um artista novo, como Joan Baez fez com Dylan. Collins adorou a ideia, mas Leonard vetou. "Ele disse: 'Não consigo cantar e certamente não consigo me apresentar'", lembra Collins. "Eu retruquei: 'Claro que consegue', mas Leonard nunca planejou se apresentar. Insisti: 'Por que você não vai e canta 'Suzanne'? Todos vão conhecer a canção, então, será confortável para você'. Por fim, ele aceitou."

"Judy me contou: 'Acho que ele não quer fazer isso'", relembra Bob Fass. "Depois ela ligou de novo, confirmando: 'Ele mudou de ideia e vai aceitar', então, nós o anunciamos. No dia do show, Judy entrou no palco e cantou uma canção, depois chamou Leonard. Ele teve dificuldade para afinar o violão e Judy lhe cedeu o dela. Ele começou a cantar, mas talvez o tom estivesse errado ou ele não conseguiu ouvir o retorno, então, a voz dele falhou. Ele disse: 'Não posso continuar', e saiu do palco. Eu pensei: 'Isso foi realmente muito ruim', e continuei com o show." Mais tarde, Collins disse a ele que Leonard gostaria de voltar. "E ele voltou mesmo. Eu falei: 'Esse homem tem coragem.'" Collins continua: "Leonard estava muito, muito, muito nervoso, tremendo feito vara verde. Ele nunca tinha cantado em público assim antes, apenas em pequenos clubes noturnos de Nova York, onde lera seus poemas. Então, ele começou a cantar 'Suzanne' e no meio da música parou e saiu do palco, mas todo mundo o adorou. Aí eu fui lá e falei: 'Você precisa voltar e terminar a canção'. Ele discordou: 'Não consigo', ao que eu sugeri: 'Vou lá com você'. Então, subi ao palco com ele, nós terminamos a canção juntos, e essa foi a estreia de Leonard."

Em uma carta para Marianne, datada de 23 de fevereiro de 1967, Leonard escreveu: "Querida, cantei em Nova York pela primeira vez ontem, em um imenso concerto beneficente. Todos os cantores dos quais você ouviu falar estavam lá se apresentando. Judy Collins me apresentou à plateia de mais de três mil pessoas." Ele descreveu ter tocado um acorde e descoberto que seu violão estava completamente desafinado: "Tentei afiná-lo e minha garganta só emitiu um ruído, como se estivesse grasnando." Ele conseguiu cantar apenas quatro versos de "Suzanne", com a voz "inacreditavelmente monótona, então parei e simplesmente disse: 'Desculpem, não posso continuar', e saí do palco. Meus dedos pareciam de borracha, todos ficaram confusos e minha carreira na música morria entre as tosses das pessoas nos bastidores". Ele descreveu para Marianne que tinha ficado em pé e observado da coxia, entorpecido, Collins tocar mais algumas canções até que finalmente voltou e conseguiu cantar "Stranger Song", mesmo com a voz e o violão ainda falhando. "De alguma forma, consegui terminar, e achei que ia cometer suicídio. Ninguém sabia o que fazer ou dizer. Acho que alguém pegou a minha mão e me tirou do palco. Todos nos bastidores sentiram muita pena de mim e não conseguiam acreditar em como eu estava feliz, no quanto estava aliviado por ter dado errado. Eu nunca tinha sido tão livre."*

Marianne relembra: "Eu estava sentada na casa da minha mãe em Oslo com o pequeno Axel e algo muito estranho aconteceu. De repente, meu filho ficou em pé e disse: 'Cohne morreu, Marianne'. Ele chamava Leonard de 'Cohne' naquela época e, como Leonard mesmo contou, ele 'morreu' aquela noite no palco." A carta concluía dizendo que ele voltaria a Hidra em um ou dois meses para começar a trabalhar em outro livro.

---

* Outros relatos dizem que a primeira aparição de Leonard com Collins foi no dia 30 de abril no Town Hall em um concerto beneficente para o SANE (sigla em inglês para o Comitê Nacional para uma Política Nuclear Segura). A data na carta de Leonard confirma isso, assim como um anúncio listando os participantes do concerto para o SANE.

"Espero que você esteja se sentindo bem, minha amiguinha de vida", encerrava ele. "O cartão de Axel é lindo, dê um abraço nele por mim. Boa noite, querida. Leonard."[13]

Leonard ainda falava em escrever um livro quando enviou outra carta para Marianne, em abril, três dias depois de se apresentar em um show com ingressos esgotados em um festival de arte na Universidade Estadual de Nova York, em Buffalo. Tinham oferecido a ele uma turnê de quarenta datas em faculdades norte-americanas no outono e, antes disso, o Newport Folk Festival e a Expo'67 em Montreal. Ele estava "muito ansioso para escrever um livro antes disso começar". Porém, "isso" já tinha começado. Uma segunda cantora, Buffy Santie-Marie, gravou duas canções dele, e Nico planejava cantar "The Jewels in your Shoulder" em seu primeiro álbum solo. Apenas mulheres, mas ele escreveu para Marianne que se sentia "morto para a luxúria, cansado da ambição, um aluno preguiçoso da minha própria dor". Leonard contou que tinha "abandonado os planos de santidade, revolução, visões redentoras, maestria musical". O que queria era estar com Marianne em Hidra.[14] Dias depois, escreveu para Marianne de novo, agora descrevendo a vela verde e fina que mantinha acesa no quarto, "dedicada a São Judas Tadeu, Padroeiro das Causas Impossíveis".[15] Não fez qualquer menção a Nico na carta, mas claramente ela não era a única causa perdida na cabeça de Leonard.

John Hammond não tinha desistido de Leonard. Quando a Columbia Records indicou um novo chefe, Clive Davis, Hammond o convenceu a dar o sinal verde para contratar Leonard. Um contrato com data de 26 de abril de 1967, indicando a Mary Martin Management Inc. como representante e Bob Johnston como produtor, foi entregue no escritório de Martin na Bleecker Street. Ele oferecia quatro opções de um ano e um adiantamento de dois mil dólares, que seria pago até trinta dias após o término da gravação dos dois lados de um LP. Leonard pegou a caneta e assinou. Ele agora era um artista contratado.

O Estúdio E da Columbia ficava no sexto andar do velho prédio coberto com chumbo da rádio CBS, no lado oeste da rua 52. Ao sair do elevador, em 19 de maio de 1967, primeiro dia de gravação, o olho de Leonard se fixou em um grande cartaz feito de lona onde se lia "The Arthur Godfrey Show". Godfrey, personalidade popular no rádio, transmitia seu programa diário de uma sala ao lado do estúdio de gravação. Ele era conhecido pela personalidade alegre, tinha até a própria linha de ukuleles plásticos e tocava um regularmente em seus shows. Mas essa alegria não se estendia aos músicos excêntricos e cabeludos com quem era obrigado a dividir o andar. Leonard, carregando uma maleta e um violão — e parecendo mais um professor universitário do que um músico —, empurrou a porta pesada e entrou em uma sala de uns três metros quadrados, com um teto de nove metros de altura. Sentado em um sofá na sala de controle, vestindo terno e lendo jornal, estava John Hammond. Bob Johnston, o produtor indicado no contrato, tinha sido retirado do projeto. "Eu disse a Leonard que queria muito fazer isso", afirma Johnston, "e Leonard queria que eu fizesse, mas se negaram totalmente porque eu já tinha muitos artistas: Dylan, Johnny Cash, Simon e Garfunkel." Seis meses antes, os últimos da lista haviam estado no Estúdio E com Johnston para gravar seu álbum de sucesso *Parsley, Sage, Rosemary and Thyme*. John Hammond tinha decidido cuidar do álbum de Leonard e contratara alguns músicos de estúdio para isso.

Nessa primeira sessão, de três horas, eles gravaram cinco versões de "Suzanne", seis de "Stranger Song" (com violão e órgão, violão e baixo e apenas violão) e seis de "Hey, That's No Way to Say Goodbye", cinco descritas como "versões rock" com a banda e uma "versão simples", tocada solo. Hammond gritava entusiasmado ao microfone atrás do vidro: "Te cuida, Dylan!" O produtor "nunca dizia algo negativo", explica Leonard. "Havia apenas graus de concordância. Tudo o que você fazia era 'bom', mas algumas coisas eram 'muito boas'." Com o tempo, Leonard aprendeu que "se estava apenas 'bom', precisava gravar outra versão".[16] Na segunda sessão ele gravou quatro versões de "So Long, Marianne".

Havia muito tempo para aprender. Leonard costuma dizer que *Songs of Leonard Cohen* foi um álbum difícil de fazer, e as planilhas encontradas nos arquivos da Columbia (cartões escritos à mão que registravam datas, horários e o conteúdo de cada sessão de gravação) atestam isso. Leonard gravou o álbum entre 19 de maio e 9 de novembro, com dois produtores em três estúdios. Para a quarta e a quinta sessões, em junho, a operação mudou para o Estúdio B, uma cobertura no antigo prédio da Columbia na 7th Avenue, onde os elevadores tinham ascensoristas que usavam uniformes cinza com botões de latão e faixas. Era uma sala menor pelo menos, com uma aparência funcional e desmazelada que Leonard tentava melhorar com velas e incenso, mas nada o deixava mais confortável.

> — Nunca veio fácil. Nunca fiquei muito confiante com o processo e nunca fui capaz de conseguir exatamente o que queria. Sempre tive aquela sensação de "tomara que eu simplesmente consiga terminar esse troço!". E você fica baixando os seus padrões, pouco a pouco, até finalmente dizer: "Terminei, deixa para lá." Não é aquilo de "vai ser lindo, vai ser perfeito, vai ser imortal". Na verdade, a dúvida urgente era: "Será que eu sou capaz de terminar?"
> — Como foi a sua primeira vez, você simplesmente deixou Hammond fazer tudo do jeito que ele queria ou fez exigências específicas?
> — Pedi um espelho de corpo inteiro. Foi a minha única exigência. Ele tinha umas ideias muito boas sobre como tudo deveria ser feito. Trouxe um baixista cujo nome está na ponta da minha língua, um baixista muito bom, e definimos muitas canções, só nos dois. E ele era muito sensível. Acho que essa foi a base principal de pelo menos metade das músicas daquele álbum, só a guitarra e o baixo.

Leonard sabia o som que queria, ou, pelo menos, o que não queria, mas por ser um músico sem treinamento formal lhe faltava a linguagem para explicar. Além disso, não tocava tão bem quanto os músicos de estúdio, por isso, se sentia intimidado por eles. "Eu não sabia cantar com uma banda, com músicos profissionais e realmente bons, que mandavam muito bem. Eu tendia a ouvir os músicos em vez de me concentrar no que estava fazendo, pois eles faziam aquilo com muito mais proficiência que eu."[17] Hammond, espertamente, dispensou a banda e fez Leonard trabalhar com apenas um músico de acompanhamento: Willie Ruff, um baixista sofisticado e intuitivo que tinha tocado com Dizzy Gillespie, Count Basie e Louis Armstrong. Ruff não ligava para o fato de Leonard não conseguir ler partituras ou cifras. "Ele dava apoio ao violão muito bem. Sempre antecipava meu próximo movimento, entendia a canção muito profundamente", elogiou Leonard. "É um desses músicos raros, que tocam de forma abnegada e fornecem total e completo apoio. Não teria conseguido fazer essas faixas sem ele."[18]

O local mudou de novo, agora para o Estúdio C, uma antiga igreja ortodoxa greco-armênia reformada, na 30th Street, onde Miles Davis gravou *Kind of Blue*. Àquela altura Leonard estava gravando a 16ª versão de "Suzanne", além de uma canção chamada "Come on, Marianne". "Acho que sempre foi 'Come on Marianne, it's time that we began to laugh and cry'", supõe Marianne, mas "a não ser que eu esteja sonhando, havia um grupo na Califórnia, talvez os Beach Boys, com uma letra parecida. Quando ele compôs, para mim era como 'Vamos lá, tentar manter o barco flutuando'. E aí descobrimos que não conseguíamos."

Leonard tinha começado a compor a canção no ano anterior, em Montreal, e terminado o processo no Chelsea Hotel, mas ainda estava hesitante no estúdio em relação a duas palavras no título e no refrão que davam significados bem diferentes à letra. "Não pensei que estava dizendo adeus", analisou Leonard, "mas acho que estava." Ele não a compôs para ser uma canção de despedida, era quase como se a canção tivesse tomado a decisão por ele. "Há um tipo de compositor que diz olá para as pessoas nas canções e há aquele que diz adeus, e você sabe que sou mais um escritor de elegias, pelo menos naquela fase específica", explicou ele em 1979. "Acho que para muitos compositores a obra tem uma qualidade profética, não digo no sentido cósmico ou religioso, e sim em termos da própria vida. Você geralmente compõe sobre eventos que ainda não aconteceram."[19] Era uma afirmação interessante. A primeira metade dela sugere que dizer adeus é um conceito de composição, algo que se encaixava em seu gosto e estilo. Quanto à segunda parte, ele certamente não era supersticioso a ponto de acreditar que as músicas ditavam seus atos enquanto tomavam forma. Porém, quando Leonard compunha uma canção, ele realmente se aprofundava — e parece que acabou descobrindo uma ânsia de partir.

Em julho, Leonard tirou um mês de folga do estúdio, e parecia que tinha sido libertado da prisão. Muito havia acontecido enquanto ele estava em Nova York envolvido em sua nova carreira musical. Houve um golpe de estado na Grécia, que agora era governada por uma junta militar, e em Israel tinha acontecido a Guerra dos Seis Dias. Irving Layton, amigo de Leonard, tinha ido ao Consulado de Israel oferecer seus serviços ao Exército. Eles recusaram.[20] O motivo da pausa foi uma série de shows que Leonard precisava fazer.

O primeiro, no dia 16 de julho, foi no famoso Newport Folk Festival, pelo qual, mais uma vez, ele precisava agradecer a Judy Collins. Ela estava no conselho diretor do festival e, dois anos após Bob Dylan ter sido vaiado por usar guitarra elétrica, ainda enfrentava os tradicionalistas para reconhecer o novo caminho que a música *folk*, inclusive a dela, estava trilhando. Collins queria fazer um *workshop* para cantores e compositores, e acabou conseguindo. Os primeiros da lista de participantes eram Leonard e outra novata, uma cantora e compositora sem contrato chamada Joni Mitchell.

"Conheci Joni através de Al Kooper", músico de rock que tinha tocado com Dylan no show histórico de Newport, revela Collins. "Ele me ligou às três da manhã e estava com uma garota que tinha falado que era cantora e compositora. Ele foi para a casa dela achando que ia transar, mas quando chegou lá descobriu que ela *realmente* cantava e compunha. Ele a colocou no telefone cantando 'Both Sides Now', que eu precisava gravar, é claro."

"Judy", explica Danny Fields, "era uma fonte de descobertas. Tomei conhecimento de Leonard pela primeira vez, como aconteceu com várias pessoas, pela canção 'Suzanne' no álbum de Judy, *In My Life*, de 1966. Após o horário de fechamento no The Scene, de Steve Paul, clube noturno onde Hendrix e Tiny Tim ficaram famosos, aqueles que se consideravam da galera *cool* do rock'n'roll iam para a casinha do proprietário, na rua 18, para ouvir aquele álbum. No início de 1967 comecei a trabalhar na Elektra e Judy era uma das minhas artistas, depois veio Leonard. Mas eu só fui encontrá-lo mesmo em Newport. Tinha ido ao festival como representante da gravadora e, como todo mundo, fiquei hospedado no Viking Hotel. Era lindo, tranquilo e, como não precisava dirigir, tomei LSD. Eu estava com Judy e Leonard e eles disseram: 'Vamos para o quarto do Leonard.'"

Fields se lembra de "se sentar no chão e contemplar o carpete enquanto eles ficavam nas duas camas com seus violões. Leonard estava ensinando a Judy 'Hey, That's No Way to Say Goodbye', e essa era a trilha sonora do universo e das oito dimensões da existência naquele carpete felpudo. Quando acordei, pouco antes do amanhecer, eles ainda estavam sentados com os violões e Judy comentou: 'Ah, acho que Danny precisa de um pouco de ar fresco, Leonard. Vamos levá-lo para dar uma volta'. E, enquanto o sol nascia, fomos andar em torno da baía, em cujos penhascos ficavam os grandes palácios dos industriais de Newport. Foi maravilhoso. Quando voltei para Nova York, Judy faria o show do Central Park na noite seguinte [o Rheingold Festival], e levou Leonard ao palco para cantar 'Suzanne' com ela".

A crítica do *New York Times* sobre Leonard em Newport o descrevia como um "cantor extremamente eficaz, que cria um efeito hipnótico e encantador". Contudo, como acontecera no concerto beneficente da WBAI, Leonard ficou apavorado. "Ele me disse que se sentia *incrivelmente* nervoso", relembra Aviva Layton, que estava na plateia no Central Park. "Era o meio do verão, o lugar estava lotado e o sol se punha quando Judy Collins anunciou: 'Quero apresentar a vocês um cantor e compositor, o nome dele é Leonard Cohen'. Ele apareceu com o violão e algumas pessoas reclamaram porque tinham ido ver Judy Collins, não esse desconhecido Leonard Cohen. Então, ele teve que conquistar a multidão. Estava diante de milhares de pessoas, espremidas como sardinhas em lata e apenas disse, muito calmamente: 'Hoje o meu violão está cheio de lágrimas e penas', depois tocou 'Suzanne' e foi isso. Incrível." Leonard comemorou o fato de ter conseguido ir até o fim da apresentação, em particular, em seu quarto do Chelsea Hotel. Junto com ele estava a nova namorada, que havia conhecido em Newport, uma cantora e compositora esbelta e loura com uma voz tão singular quanto a de Nico.

Joni Mitchell também nasceu e foi criada no Canadá, como Leonard, mas as paisagens onde cada um deles cresceu eram imensamente diferentes: a dele era urbana e cosmopolita enquanto a dela continha os vastos céus da pradaria. Filha de um piloto da Força Aérea canadense, Joni foi criada em uma cidadezinha de Saskatchewan. Ela era uma pintora de talento e, quando criança, contraiu poliomielite (na mesma epidemia que afetou Neil Young, outro canadense criado em cidade pequena), descobrindo o talento para a música durante a longa e solitária convalescência. Aprendeu a tocar ukulele sozinha e, depois, violão, sobressaindo-se no instrumento e inventando o próprio estilo, com afinações sofisticadas. Em 1964, Joni abandonou a escola de arte para ser cantora de *folk*, mudando-se para Toronto e os cafés de lá, onde a cena *folk* acontecia. Em fevereiro de 1965 ela deu à luz uma filha, fruto de um caso com um fotógrafo. Algumas semanas depois se casou com o cantor *folk* Chuck Mitchell e deu o bebê para adoção. O casamento não durou. Joni foi embora, ficou com o nome dele e se mudou para o Greenwich Village, onde morava sozinha em um pequeno quarto de hotel quando conheceu Leonard.

Foi um romance intenso. No início, Joni fez papel de estudante para o professor Leonard. Ela pediu a ele uma lista de livros que deveria ler. "Eu me lembro de pensar, quando ouvi as canções dele pela primeira vez, que eu não era cosmopolita. Minha obra parecia muito jovem e ingênua comparada à dele."[21] Leonard deu algumas sugestões, incluindo Lorca, Camus e o I Ching, mas rapidamente descobriu que Joni não precisava de muita ajuda com nada, especialmente com a composição musical. Os dois fizeram canções (muito diferentes) chamadas "Winter Lady", mas a de Joni parece ter sido composta primeiro. Ela também fez duas canções de amor mencionando "Suzanne": "Wizard of Is", com melodia quase idêntica e trechos praticamente retirados da canção de Leonard ("You think that you may love him", escreveu ela sobre o homem que fala "em enigmas"), e "Chelsea Morning", passada em um quarto com velas, incenso e laranjas em que o sol se derrama como o doce amanteigado *butterscotch*, e não como mel.

Leonard levou Joni a Montreal, onde ficaram na casa na Belmont Avenue em que ele passou a infância. Na canção "Rainy Night House" ela descreveu o "homem santo" ("holy man") acordado a noite inteira, observando enquanto ela dormia na cama da mãe dele. Eles pintaram retratos um do outro. Era de Leonard o rosto desenhado por Joni no mapa do Canadá na canção "A Case of You", na qual um homem se declara "tão constante quanto uma estrela polar" ("as constant as a northern star"). Quando descobriu que ele não era tão constante assim, Joni também escreveu sobre isso em "That Song About the Midway" e em "The Gallery", na qual um homem que se descreve como santo e reclama de ter sido chamado por ela de cruel implora para que ela o leve para a cama.

Pela primeira vez, o jogo virou: Leonard era o muso de uma mulher. Não de qualquer mulher, mas aquela chamada por David Crosby (que também teve um caso amoroso breve e intenso com Joni Mitchell em 1968) de "a maior cantora e compositora da nossa geração". Em um ano o caso de Leonard e Joni acabou. Leonard contou ao jornalista Mark Ellen: "Eu me lembro de termos passado um tempo juntos em Los Angeles há alguns anos e alguém me perguntar: 'Está gostando de morar com Beethoven?'"[22] Se Leonard estava gostando de morar com Beethoven? "Não gostei", ele ri, "quem gostaria? Ela é um prodígio, tem um dom. Ótima pintora, também." Como diz David Crosby, "era muito fácil amá-la, mas turbulento. Amar Joni é meio como cair em uma betoneira".

Nos anos seguintes Mitchell pareceu fazer questão de se distanciar de Leonard artisticamente. "Eu gostei de Leonard Cohen brevemente, embora, depois de ter lido Camus e Lorca, tenha começado a perceber que ele tinha tirado muitas frases desses livros, o que foi decepcionante", opinou ela em 2005 sobre o homem que havia descrito como "um espelho para o meu trabalho", que "me ensinou a investigar as profundezas da minha experiência". Ela o descreveria como "um poeta de alcova, de certa forma",[23] alcunha mais forte que "The Bard of the Bedsit", um dos apelidos que a imprensa musical britânica daria a ele, mas qualquer investigação meticulosa das canções de Mitchell antes e depois de Leonard parece indicar que ele exerceu algum efeito sobre o trabalho dela. Ao longo das décadas, Leonard e Joni continuaram amigos.

Em 22 de julho de 1967, Leonard estava em Montreal apresentando-se na Expo'67, a Feira Mundial, um show importante. O Canadá, ciente de estar sob os olhos do mundo, tratou a ocasião como uma celebração da sua independência e, no caso de Quebec, uma ode à harmonia. Como escreveu o jornalista canadense Robert Fulford, o sucesso do evento marcava "o fim do Pequeno Canadá, um país com medo do próprio futuro, temendo grandes planos. Apesar do espectro do separatismo franco-canadense que assombrou o Canadá no início e no meio dos anos 1960, a Expo parecia sugerir que, agora, entrávamos em um período novo e mais feliz de nossa história".[24] O *poète, chansonnier, écrivain* Leonard, como era descrito no programa, tocaria no Youth Pavilion (ter 33 anos e dois meses de vida não o excluía do Pavilhão da Juventude). Era uma das tendas menores, montada ao estilo de um clube noturno, com cadeiras e mesas, e estava com a lotação esgotada.

Se Leonard tinha ficado nervoso tocando no Central Park, essa apresentação em casa o apavorou. A família marcava presença: a mãe estava na primeira fila, além de vários amigos. Erica Pomerance estava lá, junto com "um bando de aficionados por Leonard Cohen, que eram meio amigos, meio admiradores, basicamente, fãs de sua poesia". Leonard tinha enchido o pequeno palco de velas. Ele chamou a plateia para ir ao palco e buscar uma vela para cada mesa para que ele pudesse cantar. "Ele foi hesitante e sério, pouco refinado", descreveu o crítico musical de Montreal, Juan Rodriguez. Nancy Bacal concorda: "Ele estava apavorado, simplesmente travado. E me contou que, olhando para aquelas pessoas, questionou: como poderia virar uma outra pessoa? Como conseguiria se transformar em um artista performático quando elas o conheciam a vida inteira? Foi difícil demais para ele."

Havia mais um festival de verão no qual Leonard precisava se apresentar antes de voltar a Nova York para continuar a trabalhar no álbum, o Mariposa Folk Festival, em Innis Lake, perto de Toronto. Após mais duas sessões com Hammond em agosto, Leonard fez outra pausa de três semanas, que passou em Los Angeles. O diretor John Boorman queria fazer um filme baseado na canção "Suzanne", com trilha sonora de Leonard. Era a primeira vez que bancavam as viagens dele pelo continente. Havia até caixas de fósforo personalizadas com seu nome no quarto do Landmark Hotel. Após acender um cigarro, Leonard sentou-se à mesa e escreveu uma canção chamada "Nine Years Old", que depois viraria "The Story of Isaac". O filme não saiu. Em vários momentos, Leonard falou que "não conseguia se identificar" com a ideia ou que abandonou a empreitada quando descobriu não ter os direitos da canção. Segundo ele, os direitos de "Suzanne", "Master Song" e "Dress Rehearsal Rag" tinham sido "surrupiados na cidade de Nova York".[25] Auxiliado pelo empresário, Leonard tinha criado a própria editora musical, a Stranger Music. O arranjador, produtor e editor musical Jeff Chase foi chamado, pois Mary Martin pensou que seria útil e, em algum ponto do processo, Leonard assinou um contrato cedendo os direitos das canções para ele.

O próprio Leonard lamenta: "Minha mãe, que sempre achei meio ingênua (ela era russa, com um inglês imperfeito), disse: 'Leonard, tenha cuidado com essas pessoas lá. Eles não são como nós'. Claro que eu não disse nada para desrespeitá-la, pois era minha mãe, mas pensei: 'Mãe, não sou mais criança, sabe?' Eu estava com 32 anos. Já tinha vivido um bocado. Mas ela tinha razão. Ela tinha razão."[26]*

---

* Chase e Cohen chegaram a um acordo em 1987.

No dia 8 de setembro, Leonard gravou mais quatro canções com Hammond no Estúdio B. Essa seria a última sessão deles juntos. Foram apresentados vários motivos para o produtor abandonar o barco Leonard sempre disse que Hammond ficou doente, e ele tinha mesmo problemas de saúde: contratou Leonard para a Columbia logo depois de ter tirado uma folga devido a um ataque cardíaco e, nos anos subsequentes, teria vários outros episódios como esse. A doença da esposa de Hammond seria outro motivo. Em sua autobiografia, contudo, Hammond não aborda tais temas, dando a entender que havia diferenças musicais em jogo. Leonard, escreveu ele, "teve um ataque de medo" diante da abordagem de produção simples de Hammond e "não conseguia conceber a ideia de que sua voz era comercial o bastante para vender discos. A simplicidade era o seu grande trunfo, e nós lhe dissemos isso. Não era o que ele queria ouvir. Fui voto vencido, e trouxeram outro produtor".[27]

As recordações de Hammond sobre a assinatura do contrato com Leonard reconhecidamente contém vários erros, mas Larry Cohen, associado dele na Columbia, corrobora o que disse sobre o estilo de produção: "O *modus operandi* de John, e eu o conheço há anos, não era mudar as pessoas ou o som delas. Ele trazia à tona o melhor de cada um. John não deu qualquer instrução a Dylan. Ele veio com o que queria fazer e por isso John o contratou e o deixou fazer seu trabalho."

O próprio Leonard chegou a dar a entender que desejava mais do que apenas voz e violão. "Eu estava tentando achar... Queria uma espécie de som de fundo 'encontrado' para várias das minhas melodias. O que eu desejava em 'The Stranger Song' era o som de um pneu no chão molhado, uma espécie de zumbido harmônico. [Hammond] estava quase me deixando levar um gravador para o carro, mas acabou permitindo a segunda melhor opção. Entrei em contato com uns cientistas malucos de Nova York que tinham dispositivos para criar sons. Infelizmente, ele ficou doente no meio do processo."[28] Seja qual for a explicação, os quatro árduos meses de trabalho no álbum de estreia não deram em nada. Leonard estava de volta à estaca zero.

CAPÍTULO DEZ

A POEIRA DE UMA LONGA NOITE INSONE

Tanta coisa aconteceu naquele ano desde que Leonard tocou suas canções para Judy Collins que o mundo parecia estar sob o efeito de anfetaminas. Algumas coisas, contudo, não aconteceram, especialmente o álbum de Leonard, que sentia a incapacidade de gravar um disco como um problema individual. Judy Collins tinha acabado o sétimo LP, *Wildflowers*, que continha outras três canções compostas por Leonard, mas ainda não gravadas por ele. Uma segunda versão de "Suzanne" também chegou à parada de *singles*, cantada por Noel Harrison, ator inglês da mesma idade de Leonard. Ele deve ter sentido que perdera os direitos sobre a canção em mais de um sentido e, como "Suzanne" era, por consenso, sua canção-assinatura, parecia que também estava se perdendo. Quando as sessões de gravação foram interrompidas, Leonard se comportou como um homem perdido. Ficou trancado em seu quarto de hotel por uma semana, fumando grande quantidade de haxixe. Tinha se sentido perdido em Nova York antes, quando frequentava a Universidade de Columbia e, naquela ocasião, havia ido embora após um ano, voltado para casa e para seus amigos em Montreal. Contudo, havia assuntos profissionais inacabados com a Columbia Records, e por isso ele ficou e recorreu ao mais próximo de uma comunidade de artistas que havia em Nova York: o grupo de Warhol e os residentes do Chelsea Hotel.

Às vezes, os dois grupos se sobrepunham. Edie Sedgwick, uma bela loura andrógina, a mais famosa das socialites estrelas de Warhol, tinha se mudado para o Chelsea, após ter incendiado acidentalmente o apartamento comprado pela mãe. Edie fugiu engatinhando e teve apenas uma das mãos queimada. Sua nova casa ficava no quarto andar, no final do mesmo corredor do quarto de Leonard. O amigo Danny Fields, em visita a Leonard, perguntou se ele já tinha conhecido Edie. Leonard disse que não. "Gostaria de conhecê-la?", perguntou Fields. "É uma pessoa mágica, por quem todos se apaixonam." Leonard aceitou. Fields correu para o quarto de Edie e a encontrou com Brigid Berlin, outra das socialites renegadas de Warhol. Gordinha e simples, Brigid pode não ter sido abençoada com a beleza convencional, mas inegavelmente tinha personalidade. Quando Fields a viu pela primeira vez, ela saía de um táxi amarelo com apenas um sarongue em volta da cintura, um kit médico de brinquedo pendurado entre os seios nus e carregando também a grande maleta falsa de médico que levava a todos os lugares. A maleta estava repleta de frascos com "algo que ela produziu como uma cientista louca" e cujos ingredientes eram, basicamente, anfetamina líquida e vitamina B. "Ela corria por aí com uma seringa, gritando: 'Vou te pegar!' E pegava mesmo, injetando a mistura nas suas nádegas, atravessando a calça com a agulha." Ela então ganhou o apelido de Brigid Polk, pronunciado como *poke* (picar em inglês). Warhol deu a ela um dos papéis principais de *The Chelsea Girls*, junto com Edie e Nico.

Quando Fields entrou no quarto, viu as duas mulheres "colando lantejoulas em um livro para colorir", atividade que, depois dos 7 anos de idade, era realizada apenas se a pessoa estivesse sob o efeito de anfetaminas. "Brigid dormiu em cima de um tubo de cola instantânea Ready Glue e ficou grudada ao chão. Como ela tentou se virar e não conseguiu, permaneceu simplesmente deitada. Havia resquícios de fogo na lareira e velas nos candelabros que tinha adquirido em uma loja de vodu onde todos foram comprar feitiços e unguentos", incluindo Leonard. "Eu anunciei: 'Edie, o famoso poeta e compositor Leonard Cohen está aqui para conhecê-la'. Ela respondeu: 'Ah, traga-o para cá, só vou me maquiar'. Quando Edie colocava maquiagem, podia levar literalmente três horas, por isso argumentei: 'Ele é um cara simples e você fica linda de qualquer jeito. Vou buscá-lo.'"

Fields voltou com Leonard. Ao entrar no quarto, os olhos dele imediatamente se voltaram para as velas. Leonard foi direto até elas e ficou lá, encarando. "A primeira coisa que Leonard disse a Edie foi: 'Estou intrigado com essas velas. Você as colocou aqui nesta ordem?'; 'Ordem? Por favor! São apenas velas!' E ele retrucou: 'Não, é uma ordem muito infeliz esta em que você as colocou. Significa má sorte ou infortúnio". Edie riu, e foi isso. Eu os deixei sozinhos com as velas, mas, veja só: elas pegaram fogo logo em seguida e o quarto foi totalmente queimado. Edie fugiu pela segunda vez rastejando pelo chão e, quando foi procurar a maçaneta, queimou a mão de novo."

Brigid Polk era artista plástica. Entre seus trabalhos mais conhecidos estava a série *Tit Paintings*, obras feitas mergulhando seus seios em tinta e, depois, pressionando-os no papel. Ela também tinha um *Cock Book*, livro de páginas em branco no qual ela pediu a pessoas (mulheres e homens) para desenharem o próprio pênis. Entre os participantes estavam o pintor Jean Michel Basquiat, a atriz Jane Fonda e Leonard, que declinou o convite para ilustrar suas partes íntimas e escreveu em uma página: "Deixe-me ser o tímido do seu livro." Ele estava envolvido e ao mesmo tempo não envolvido, o que descrevia sua relação com o grupo de Warhol em geral. Eles o agradavam mais do que a cena hippie da Costa Oeste, que havia começado a se infiltrar em Nova York: "Parecia haver algo débil no movimento hippie. Eles arrancavam flores de jardins públicos e as colocavam em armas, mas deixavam os locais onde acampavam uma bagunça. Não havia qualquer autodisciplina", criticou ele.[1] A pop art de Warhol também era um estudo interessante para Leonard à medida que fazia a transição da literatura para a música pop, da torre de marfim para a arte comercial. Além disso, as modelos e estrelas que cercavam Warhol eram uma distração interessante e um prazer ocasional. Ele foi acidentalmente registrado em filme na companhia da estrela de Warhol, Ivy Nicholson, em *B.O.N.Y. (Boys of New York)*, feito por um texano fã de cinema chamado Gregory Barrios com o patrocínio de Warhol. Mas, na verdade, Leonard estava só de passagem.*

Ele sentia falta de Marianne e de Hidra. Leonard comia sozinho em um restaurante grego, bebia *retsina*, pedia itens do cardápio em grego e tocava discos gregos na *jukebox*. E mandou para Marianne um poema longo e carinhoso que tinha feito para ela e começava com:

    Isto é para você
    é o livro que eu pretendia ler para você

---

* Essa foi a segunda aparição de Leonard no cinema naquele ano. Ele também surge apresentando "The Stranger Song" em *The Ernie Game*, do diretor canadense Don Owen.

> quando ficássemos velhos
> Agora eu sou uma sombra
> Estou tão inquieto quanto um império
> Você é a mulher
> que me libertou.

E terminava com:

> Anseio pelas fronteiras
> da minha errância
> e me movo
> com a energia da sua prece
> pois você está ajoelhando
> como um buquê
> em uma caverna de osso
> atrás da minha testa
> e me movo na direção de um amor
> que você sonhou para mim.[2]

A pedido de Leonard, Marianne veio para Nova York com o pequeno Axel, e ele começou a apresentá-la para sua vida na cidade, a levando a todos "os pequenos cafés engraçados que ele amava", relembra ela. Marianne ia até a loja porto-riquenha de mágicas frequentada por Leonard e Edie comprar velas e óleos perfumados, que formavam lindos desenhos na água da banheira enferrujada do quarto de Leonard. Eles almoçavam no El Quijote, onde Leonard a apresentou a Buffy Saint-Marie, de quem Marianne gostou. Também a apresentou a Andy Warhol e aos colegas moradores do hotel, muitos dos quais ela achou bizarros. Era "uma cena estranha", descreve Marianne, que não conseguia evitar comparar esse hedonismo sombrio e distante de Nova York com a vida que eles tinham em Hidra, onde andavam "descalços, eram pobres e apaixonados". Também ficou evidente que Leonard não queria realmente que ela fosse morar com ele. Enquanto Leonard ficava no Chelsea, Marianne se mudou com Axel, agora com 9 anos, para um apartamento na Clinton Street, dividido com Carol Zemel (esposa de Henry Zemel, amigo de Leonard), que estudava em Columbia.

Durante o dia, enquanto Axel estava na escola e Carol Zemel na universidade, Marianne fazia artesanato, gatinhos de lã e aço. À noite, enquanto Carol ficava de olho na criança, ela os vendia na rua, em frente aos clubes noturnos. Não era a melhor das vizinhanças, e Leonard tinha pedido para Marianne parar, dizendo-se preocupado, mas ela continuou. A única vez em que teve problemas foi quando lhe apontaram uma faca e roubaram seus ganhos quando ela saiu do cinema em que tinha ido sozinha assistir a um filme de Warhol. Leonard e Marianne ainda se encontravam. Ele a levou a um show de Janis Joplin e apresentou as duas nos bastidores, mas o tempo que passava com Marianne ficava cada vez menor. Ela sabia que Leonard estava envolvido com outras mulheres. As coisas melhoraram para Marianne quando Steve Sanfield, amigo deles de Hidra, apareceu em Nova York com a missão de arrecadar fundos para o novo centro zen de Roshi, servindo-lhe de companhia. Marianne fez de tudo para dar certo, ficou lá por um ano, mas não era feliz em Nova York. Quando o ano escolar acabou, ela voltou para a Europa.

Leonard fez as malas e saiu do Chelsea, voltando para o Henry Hudson Hotel, no lado oeste da rua 57. "Era um lugar ameaçador, um buraco e um impasse", define Danny Fields. "Achei que talvez o Chelsea tivesse se tornado feliz demais para ele, que precisava de um lugar mais adequadamente sinistro e desolado."

O álbum de Leonard foi retomado quatro semanas após ter sido suspenso, pois a Columbia havia indicado um novo produtor. John Simon tinha 26 anos, e, segundo ele, era "apenas mais um produtor júnior entre tantos na Columbia Records. Isso até eu ganhar muito dinheiro para eles com 'Red Rubber Ball'". A canção, coescrita por Paul Simon (que não é parente dele) e gravada pelo Cyrcle, produzido por ele, foi um sucesso tão grande que até Leonard conhecia. ("Eu adorava", elogiou ele. "Ainda adoro.") Como resultado, John Simon ganhou "um escritório com janela e artistas decentes para produzir", primeiro, Simon e Garfunkel, e, depois, Leonard Cohen.

John Simon não sabia absolutamente nada sobre Leonard ou a história complicada do álbum. "Leonard me contou que estava morando no Chelsea Hotel esperando John Hammond marcar uma sessão e, sempre que a data de gravação se aproximava, John ligava para adiá-la por um mês. Leonard, pelo que me lembro, pediu um produtor diferente porque estava cansado de esperar. Até onde eu sei, Hammond não estava doente. Fui ao escritório dele com John e o produtor só tinha elogios a Leonard."

Simon começou a ler a poesia de Leonard e o convidou para ficar na casa vazia dos pais dele em Connecticut, onde poderiam se conhecer melhor e discutir o álbum em paz. "Acho que Leonard se reconheceu naquela casa. Nossas famílias eram de judeus intelectuais de classe média. Eu ia para a cama e quando acordava de manhã encontrava Leonard examinando os livros do meu pai. Ele dizia que tinha ficado acordado a noite toda." Simon ouviu as gravações "acústicas e meio demo" que Leonard tinha feito com Hammond e eles marcaram a data para começarem a trabalhar: 11 de outubro de 1967. Dessa vez, quando Leonard chegou ao Estúdio B para a primeira sessão, não havia músicos esperando por ele, apenas seu jovem produtor e os dois engenheiros designados pelo sindicato. ("Os produtores só podiam falar", explica Simon. "A menos que você fizesse parte do sindicato, estava totalmente proibido de tocar em qualquer equipamento: microfone, mesa de som etc.")

Leonard "parecia confiante", diz Simon, "e estava cantando muito bem, com boa qualidade e ótimo tom". Não havia espelho de corpo inteiro dessa vez: Leonard apenas se sentou, tocou e cantou. Foram onze sessões com Simon em dois meses nos estúdios B e E. Como Steve Sanfield ainda estava na cidade, Leonard o convidou para ir junto. "Ele tinha gravado todas as canções, uma atrás da outra, e fiquei impressionado com elas", relembra Sanfield. "O produtor também parecia impressionado, tanto que previu: 'Vamos fazer um ótimo álbum.'"

Sanfield estava morando com um amigo que vivia em Nova York, Morton Breier, autor de *Masks, Mandalas and Meditation*. Eles fizeram planos de encontrar um grupo de jovens estudantes hassídicos. Apesar do envolvimento profundo com o zen-budismo, Sanfield não tinha perdido o interesse no judaísmo. Nem Leonard, que aceitou o convite para ir com eles. No caminho, esbarraram em um grupo de Hare Krishnas liderados por Swami Bhaktivedanta, que visitava os EUA pela primeira vez. Allen Ginsberg estava lá cantando com eles e Leonard disse a Sanfield que gostaria de ficar. Senfield, tendo achado o encontro com os hassídicos pouco produtivo, retornou quando o círculo de cantos estava no fim. Leonard estava no mesmo lugar onde tinha sido deixado. "O que você acha?", perguntou Sanfield. Leonard respondeu: "Música boa."

Leonard se mostrou igualmente indiferente quando Sanfield falou sobre o professor Roshi Sasaki e o efeito que teve em sua vida. Contudo, naquela noite, Leonard foi ao apartamento de Breier para ver Sanfield e disse: "Preciso contar uma história para você." Madrugada adentro, relembra Sanfield, "ele me contou uma versão longa da história do Sabbatai Zevi, o falso Messias. Eu perguntei: 'Por que você me contou isso?' A resposta foi: 'Bom, eu achei que você deveria ouvir.' Deve ser porque eu estava elogiando demais o Roshi." Leonard desconfiava de homens santos. "Eles sabem como agir", explicaria ele três décadas depois, quando estava morando no monastério de Roshi. "Eles sabem como atingir as pessoas, esse é o espetáculo deles." Leonard explica, ainda, que o motivo de ter ciência disso é "porque *eu* fui capaz de fazer isso em escala reduzida e particular. Fui um hipnotizador muito bom quando era muito jovem".[3]

Eram quatro da manhã quando Leonard e Sanfield saíram para tomar o café da manhã. "E quem vinha andando pela rua? Bhaktivedanta, todo paramentado", conta Sanfield. Quando o guru se aproximou, Leonard quis saber: "Como era aquela melodia mesmo?" Bhaktivedanta parou e cantou "Hare Krishna" para eles e eles continuaram "andando pelas ruas e cantando".

Leonard ainda lutava no estúdio de gravação, mas, na quarta sessão noturna com Simon, conseguiu fazer três versões finais: "You Know Who I Am", "Winter Lady" e, após 19 tentativas fracassadas, "Suzanne". Três semanas e quatro sessões depois, Leonard acertou "So Long, Marianne", canção que tinha gravado mais de uma dúzia de vezes, com dois produtores e dois títulos diferentes. Desde maio de 1967, Leonard havia gravado um total de 25 composições originais com John Hammond e John Simon. Dessas canções, dez entraram no álbum de estreia de Leonard, quatro seriam revisitadas no segundo e no terceiro álbuns e duas apareceriam como faixas-bônus na reedição de *Songs of Leonard Cohen* em 2003 ("Store Room" e "Blessesd Is the Memory").

As outras nove canções gravadas por Leonard, quase o bastante para um álbum, eram "The Jewels in your Shoulder", "Just Two People" (também conhecida como "Anyone Can See"), "In the Middle of the Night", "The Sun Is My Son", "Beach of Idios", "Nobody Calls You But Me", "Love Is the Item", "Nancy", "Where Have You Been Sleeping" e "Splinters". Todas permaneciam inéditas quando este livro foi escrito. Leonard cantou

"The Jewels in your Shoulder" no show da universidade em Buffalo, Nova York, em abril de 1967. Além disso, em algum lugar existe um acetato raríssimo com demos iniciais que inclui "Love Is the Item", mas o resto continua guardado.

Quando Leonard acabou de gravar os vocais e o violão, John Simon assumiu. Ele criou arranjos de cordas e acrescentou vocais de apoio feitos principalmente pela cantora Nancy Priddy, então namorada de Simon, não creditada no álbum. Também fez *overdub* em vários instrumentos na faixa gravada por Leonard. "O que eu gostei e satisfez o meu impulso criativo foi o fato de Leonard ter me dado espaço para criar com os arranjos dele", diz Simon. "Até hoje fico muito feliz com os arranjos que fiz usando vozes femininas em vez de instrumentos." Porém, quando Leonard ouviu o que o produtor fizera, não gostou. Se antes ele tinha achado a produção de Hammond crua demais, a de Simon não era crua o bastante.

— *Do que exatamente você não gostou ali?*
— *John Simon compôs alguns arranjos deliciosos, como o de "Sisters of Mercy", baseados no meu jeito de tocar violão. Eu queria vozes femininas, e ele veio com belos coros de mulheres. Nós tivemos uma desavença sobre "Suzanne": ele queria um piano pesado e sincopado, e talvez bateria. Esse foi o meu primeiro pedido: que não houvesse bateria em nenhuma das minhas canções, então, esse foi um ponto de discórdia. Além disso, ele queria substituir a estrutura pesada de acordes por baixo da canção para dar movimento, e eu não gostei disso, queria que nos baseássemos apenas no meu jeito de tocar, e ele achava que faltava lastro. Depois, tivemos outra desavença em relação a "So Long, Marianne", pois havia uma convenção complicada na época na qual certas canções às vezes paravam e recomeçavam, e eu acreditava que isso interrompia a música. Mas eu realmente acho que ele é um produtor muito bom e levou o projeto até o fim. Como meu amigo Leon Wieseltier disse: "Tem a deliciosa qualidade de estar terminado."*
— *Uma sensação particularmente deliciosa àquela altura, eu imagino.*
— *Bom, quando John Hammond ficou doente eu fui pego de surpresa e meio que perdi contato com as canções. Cheguei a procurar uma hipnotizadora em Nova York. Queria que ela me fizesse voltar ao impulso*

original das canções. Foi uma medida desesperada, mas achei que valia a pena tentar. E não funcionou, não consegui perder a consciência. [Risos.] Todo esse episódio tem um quê de comédia do qual não pude escapar.

As discordâncias continuaram até Simon finalmente jogar a toalha. "Ele falou: 'Você faz a mixagem. Vou sair de férias'", conta Leonard, "e eu fiz",[4] trabalhando com o engenheiro do estúdio, Warren Vincent. Quando Vincent perguntou qual era o problema, Leonard respondeu que não gostava dos arranjos. A orquestração em "Suzanne" era grandiosa demais e "Hey, That's No Way to Say Goodbye" estava muito suave. "Não sou esse tipo de cara", reclamou Leonard para ele. "Não acredito que sensibilidade precise ser fraqueza." Vincent respondeu: "Vamos ver o que podemos fazer." "Bom, se não conseguirmos, vou cometer suicídio", radicalizou Leonard.[5]

Naquela semana, por acaso, Nico estava se apresentando no Scene de Steve Paul, um clube noturno nova-iorquino situado em um porão com ares de caverna e labirinto, popular tanto entre o povo do rock quanto em meio à alta sociedade. A série de shows era para promover o primeiro álbum solo dela, *Chelsea Girl*, que tinha canções de Jackson Browne e Bob Dylan, mas nada de Leonard. A banda da casa no Scene era um jovem grupo de *folk-rock* psicodélico da Costa Oeste chamado Kaleidoscope. David Lindley, Chris Darrow, Solomon Feldthouse e Chester Crill eram virtuoses musicais que tocavam vários instrumentos de corda de várias etnias. Era a primeira turnê deles na Costa Leste e o grupo deveria fazer vários shows no Café Au Go Go, mas o dono disse para eles não voltarem após a primeira noite, pois ninguém gostava de hippies cabeludos da Califórnia em Nova York. Steve Paul ficou com pena deles e lhes ofereceu uma residência de três semanas em seu clube noturno.

"O Scene", descreve Chris Darrow, "era o clube da cidade na época, e todo mundo que era alguém apareceu lá na primeira noite em que tocamos: Andy Warhol e o seu pessoal, Frank Zappa com o Mothers of Invention, o Cyrcle. Tiny Tim foi o mestre de cerimônias. Essa foi a noite em que conhecemos Leonard Cohen. Ele veio me procurar após nosso primeiro show. Naquela luz ele parecia o ser humano mais pálido que já conheci. Estava usando uma jaqueta de couro preta e carregava uma maleta da mesma cor. Eu me lembro disso especificamente porque ele estava deslocado em termos do que um músico de 1967 vestiria. Meu pai era professor universitário, e Leonard parecia um professor universitário, com um estilo bem acadêmico. Ele estava muito confiante, como se pertencesse àquele lugar. Foi direto na minha direção e falou: 'Estou fazendo um álbum para a Columbia Records e acho que vocês são ótimos. Vocês estariam interessados em tocar no meu disco?'"

Após o último show da noite, eles se encontraram na hamburgueria grega em cima do clube. O assuntou passou a ser a Grécia e o quanto Leonard gostara de morar lá. Como Chester Crill lembrou, Leonard disse gostar do país porque podia comprar ritalina, estimulante amplamente usado tanto para narcolepsia quanto para hiperatividade, sem receita médica. Crill revelou a Leonard que tinha parado de tomar ácido desde que alguns fabricantes começaram a misturá-lo com ritalina. "Leonard discordou: 'Ah, eu adorei isso.' Ele disse que era muito bom para a concentração."

Na tarde seguinte, Leonard, carregando uma maleta e um violão, encontrou a banda no Albert Hotel, onde os membros dividiam um quarto. Sentado na cama, o único lugar que não estava ocupado por alguma pessoa ou instrumento musical, Leonard cantou suas canções para eles. "Eu não sabia o que achar delas", diz Crill. "Pareciam tentativas de música *folk*, mas meio que no gênero pop, embora as canções fossem um pouco incomuns para o pop. Não era o típico A-B, A-B." David Lindley, por sua vez, afirma: "Gostei delas. Achei que era uma abordagem meio incomum, mas naquela época as pessoas faziam muitas coisas incomuns, havia todo tipo de abordagem. Muitas palavras nas canções eram ótimas e ele tinha uma forma bem contida de dizê-las. Além disso, ele realmente parecia gostar de nós, então, foi bom." A banda aceitou comparecer ao estúdio e tocar no álbum. "Achei que aquilo não ia render nada", lembra Crill, "mas estávamos morrendo de fome e queríamos obter dinheiro suficiente para comer, fazer as apresentações em Boston e, depois, ir para casa. Aquilo realmente nos salvou."

O Kaleidoscope apareceu no Estúdio E com muitos instrumentos de corda, como violão-harpa, baixo, violino, bandolim e vários outros do Oriente Médio, fornecidos por Feldthouse. Crill e Darrow se viram dividindo o elevador com Arthur Godfrey. "Eu me lembro de ouvir o programa de rádio dele no táxi com os caras, voltando do estúdio, e ele dizia: 'Eu tive que dividir o elevador com um bando de hippies imundos'", diverte-se Crill. No estúdio iluminado à luz de velas, Leonard tinha profundas discussões com o homem da mesa de controle, que dizia: "'Já gastamos todo o dinheiro, é o álbum mais caro com o qual já nos envolvemos', blá-blá-blá. Então, eles tocavam algo para nós e o produtor dizia no alto-falante: 'Só temos um canal aberto, então, não dá para colocar dois instrumentos', e começava uma discussão de dez minutos. O pobre Leonard ficava 'Não queremos o carrilhão' porque, em cada uma dessas faixas, parecia haver duas orquestras e uma esteira de bagagens. Era como um bolo de frutas, todo enfeitado. Abrir espaço para que conseguíssemos tocar demorou mais do que o tempo que realmente passamos tocando, devido à tecnologia da época. Além disso, pegar um cara que estava sentado no quarto apenas tocando violão e cantando com uma voz bonita e calma e colocar a Entrada dos Gladiadores... Jesus! As canções dele não precisavam de um monte de orquestração e vozes femininas para passar a mensagem. Parecia o primeiro álbum do Tiny Tim. Senti muita pena dele."

No estúdio, Leonard cantou as canções como fazia originalmente, antes dos *overdubs*. "Ele repassou muitas canções", lembra Chris Darrow, "basicamente, tentando descobrir se alguém tinha alguma ideia. Eu me lembro dele tocando violão e da minha dificuldade para descobrir qual era o ritmo, pois ele tinha um estilo de tocar violão meio amorfo e muito circular. Acho que um dos problemas que Leonard estava tendo era querer algo muito específico. Ele sabia o que queria, mas acho que teve dificuldade na época para encontrar produtores ou outros músicos que entendessem aquilo. Eu nunca o vi falar mal de ninguém, mas, por ser o primeiro álbum e ele não ser conhecido como músico, acho que havia coisas que ele tinha muita dificuldade de comunicar."

Não houve ensaio. A banda improvisava e Leonard dizia quando gostava de algo e se era necessário que eles acrescentassem outro instrumento. Isso sempre gerava uma voz da sala de controle, dizendo a Leonard que só podia ter um. Quando ele protestava, "diziam: 'Não podemos mudar, estamos presos nisso.' Foi horrível para ele. Para nós, nem tanto, porque, a cada minuto, estávamos ganhando mais dinheiro para sair de Nova York", lembra Crill.

O Kaleidoscope fez três sessões com Leonard Cohen, duas longas e uma curta, tocando "So Long, Marianne", "Teachers", "Sisters of Mercy", "Winter Lady" e "The Stranger Song". O nome deles não aparece nos créditos do álbum, nem os dos outros músicos. Como Lindley disse, na época, "éramos como ursos dançantes ou focas que se apresentavam em público". Você só fazia o trabalho e seguia em frente. John Simon também seguiu em frente: foi produzir a banda Blood Sweat & Tears e se certificou de não estar no estúdio enquanto Leonard e o Kaleidoscope tocavam. Simon achava que tinha feito tudo o que podia por Leonard, e se Leonard queria mudar, sim, ele havia ficado decepcionado, "mas o álbum era *dele*. Além do mais, como ele era mais velho, eu fui condicionado a sair de fininho, educadamente".

Mais de 40 anos depois, Simon ainda fala com imenso entusiasmo sobre o álbum: "'Suzanne' é linda, do cacete, amo essa faixa. As cordas e as garotas aliadas ao vocal rico e ao violão formam um cobertor exuberante de som. 'Hey, That's No Way to Say Goodbye' é outra das minhas favoritas, essa e 'Suzanne' têm uma linha de guitarra em terça com o vocal. Gosto muito da parte das garotas (foi minha) e amo o instrumento que parece um berimbau brasileiro ou uma harpa judaica com tom grave, que deve ser do Kaleidoscope. O bandolim em 'Sisters of Mercy' provavelmente é o Kaleidoscope, isso é que é elaborado... 'So Long Marianne': ouvi em algum lugar que Leonard proibiu bateria no álbum. Bom, tem bateria nessa aí. Por acaso, o estéreo era tão novo e estranho para mim ou para quem quer que tenha mixado isso (como saber a essa altura?) que eu coloquei o baixo e a bateria totalmente de um lado do estéreo, algo que não se deve fazer. 'The Stranger Song' me fez pensar na letras dele. Embora Bob Dylan tenha preparado o terreno para os letristas que vieram depois, no sentido de ter um público para aceitar letras mais cuidadosas e menos banais que as letras pop em geral, Leonard parece mostrar mais requinte. A escansão dele é mais rígida e as rimas, mais verdadeiras. Enquanto a linguagem de Dylan tinha uma conexão com 'o povo' na tradição de Woody Guthrie, do blues e do *folk*, as letras de Leonard revelam um poeta mais instruído, vulnerável e literato. Mas Leonard não era apenas um poeta que dedilhava um pouco. Que maravilha a velocidade do seu padrão de *finger picking*. Gosto do humor na letra de 'One of Us Cannot Be Wrong', que tem um sentimento subjacente de luxúria ardente e jovem, mas ao mesmo tempo é hilária. Quanto ao gosto questionável do final com o gravador, o apito e Leonard gritando bem agudo, o que posso dizer? Nós éramos jovens."

Leonard disse: "Sempre penso em algo que Irving Layton falou sobre os requisitos para ser um jovem poeta e acho que eles também valem para um jovem cantor ou um cantor iniciante: 'As duas qualidades mais importantes para um jovem poeta são arrogância e inexperiência.' Só uma autoimagem muito forte pode mantê-lo no caminho quando o mundo conspira para silenciar a todos."[6]

Songs of Leonard Cohen foi enviado para as lojas em 26 de dezembro de 1967, no inverno do Verão do Amor.* Leonard tinha 33 anos na época, um antediluviano pelos padrões dos anos 1960. Ele tentou disfarçar a idade na fotografia da capa do álbum, um *close* tirado em uma cabine de fotos de uma estação de metrô nova-iorquina. Em tom sépia e com margem preta funérea, a imagem mostra um homem solene de paletó escuro e camisa branca, inegavelmente adulto. Poderia muito bem ser a foto de um poeta espanhol morto. Comparada à foto na contracapa de *Let Us Compare Mythologies*, na qual Leonard parece mais fechado e menos rebelde, era como se os olhos sem fundo dele tivessem visto demais nos onze anos entre o primeiro livro e o primeiro LP. A contracapa foi ocupada pelo desenho colorido de uma mulher em chamas, imagem de uma santa mexicana que Leonard encontrou na loja onde comprava velas e feitiços. Era bem diferente de qualquer outra capa de álbum da época.

Mas o álbum de Leonard era diferente de tudo no seu tempo – ou em qualquer tempo, na verdade. As canções soavam tanto novas quanto antigas, cantadas com a autoridade de um homem acostumado a ser ouvido, o que ele era mesmo. As imagens e os temas (guerra e traição, saudade e desespero, desejo sexual e espiritual, familiares aos leitores de sua poesia) estavam de acordo com o *Zeitgeist* do rock, mas as palavras nas quais eram expressos eram densas, sérias e enigmáticas. Há uma aura hipnótica no álbum, efeito cumulativo do ritmo, da inflexão, do violão circular,

---

* Devido ao período de festas, a data de lançamento geralmente é considerada como janeiro de 1968.

da voz confiável e sem pressa de Leonard, através da qual as canções são absorvidas e cridas tanto quanto compreendidas.

Há personagens tão crípticos nas canções quanto os de Bob Dylan, como o homem com o sadismo de um nazista e o corpo dourado de um deus, com quem o cantor divide uma amante em "Master Song". Dylan, na verdade, era o nome que surgia com mais frequência nas críticas de *Songs of Leonard Cohen*, especialmente em discussões sobre as letras. "One of Us Cannot Be Wrong", a canção ironicamente bem-humorada que Leonard escreveu inspirado por Nico (sobre um homem surrado, mas não derrotado pela luxúria), tinha um pouco em comum com "Leopard-Skin Pill-Box Hat" de Dylan. Entretanto, a poesia das letras de Leonard era mais afiada e controlada, impregnada de técnica literária, de retórica e, também, de liturgia.

"Suzanne", que abre o álbum, parece ser uma canção de amor, mas é uma canção de amor misteriosíssima, na qual a mulher inspira uma visão de Jesus, primeiro, caminhando sobre as águas e, depois, abandonado pelo pai na cruz. "So Long, Marianne", da mesma forma, começa como um romance até descobrirmos que a mulher que o protege da solidão também o distrai das suas preces, consequentemente, privando o autor da proteção divina. Como as duas mulheres em "Sisters of Mercy" não são namoradas dele, aparecem retratadas como freiras. (Leonard compôs essa canção durante uma nevasca em Edmonton, Canadá, após encontrar duas mochileiras no corredor. Ele ofereceu a cama do seu quarto de hotel, e, como elas foram direto dormir, ficou observando de uma poltrona, compondo, e tocou a música para elas na manhã seguinte, quando acordaram.) Mas, por mais pura e sagrada que seja a situação, a possibilidade romântica sempre está presente para o homem que, em *A brincadeira favorita*, descreveu a mulher que arrumava a cama do hotel na qual acabaram de fazer amor como tendo "as mãos de uma freira". Há muitos amantes nessas canções, bem como professores, mestres e salvadores. Em "Teachers" o iniciado tem vários para escolher, incluindo um louco e um homem santo que fala através de enigmas.

Talvez a faixa mais críptica no álbum seja "The Stranger Song", uma canção magistral e cheia de camadas sobre exílio e seguir em frente. Ela nasceu, disse Leonard, "de mil quartos de hotel, dez mil estações de trem".[7] O estranho pode ser o judeu, exilado de origem, em fuga perpétua de seus assassinos e de Deus, o trovador sem raízes por necessidade ou o escritor, a quem a domesticidade sugaria a vontade de criar. Aqui o amor, mais uma vez, é apresentado como algo perigoso. Temos José (Joseph na letra da música), o bom marido e judeu, procurando um lugar onde a esposa possa dar à luz uma criança que não é dele e cuja existência causará mais problemas para o seu povo. No "holy game of poker", não adianta ficar sentado e esperar uma boa mão de cartas. A única forma de ganhar é trapacear, não mostrar emoção alguma ou fazer questão de sentar perto da saída.

Se Leonard tivesse gravado apenas esse álbum irresistível e sumido, como o crítico musical norte-americano Anthony DeCurtis escreveu no texto para o encarte da reedição de 2003, "seu status como um dos mais talentosos compositores do nosso tempo continuaria garantido". No lançamento do disco, a imprensa dos EUA se mostrou consideravelmente menos empolgada. Arthur Schmidt escreveu na *Rolling Stone*: "Acho que não consigo tolerá-lo. Há três canções brilhantes, uma boa, três belas porcarias e três merdas supremas... Independentemente de o homem ser poeta ou não (e ele é um poeta brilhante), não necessariamente é um compositor."[8] Donal Henahan, do *New York Times*, o amaldiçoou com elogios leves: "O Sr. Cohen é um bom poeta e romancista e agora surge com uma boa gravação de suas canções." Leonard soava "como um homem triste que se aproveita da autopiedade e da solidão adolescente", escreve ele, posicionando Cohen "em algum lugar entre Schopenhauer e Bob Dylan" na "escala de alienação".[9]

No Reino Unido o álbum teve uma boa recepção. Tony Palmer o elogiou no jornal *Observer*.* O crítico da *Melody Maker*, Karl Dallas, escreveu: "Prevejo que os comentários sobre ele vão ficar ensurdecedores. As canções são bem complexas. Ninguém pode acusá-lo de subestimar seu público."[10] O álbum não entrou nas paradas do Canadá. Nos Estados Unidos, ficou nos setores mais baixos das 100 mais, enquanto no Reino Unido chegou ao 13º lugar, uma diferença na devoção que permaneceria ao longo de boa parte da carreira musical de Leonard.

---

* O mesmo Tony Palmer filmaria o documentário sobre Leonard, *Bird on a Wire*, em 1974.

Nas entrevistas dadas em 1968 para promover o álbum, Leonard parecia estar tateando nesse mundo novo da música pop. Ele reclamou para a imprensa britânica que Nova York não o entendeu, pois "ficavam me colocando um rótulo de intelectual, mas não me encaixo nele. Nunca pensei em mim mesmo como um Poeta com P maiúsculo. Só quero fazer canções para as pessoas porque considero que elas podem entender o que eu entendo. Quero escrever o tipo de canções que você ouve no rádio do carro. Não quero alcançar qualquer tipo de virtuosidade. Quero escrever letras que ninguém note, mas se peguem cantando alguns dias depois, sem lembrar de onde as ouviram".[11] Contudo, apesar dos protestos e de querer ser considerado um artista popular, ele tinha recusado "shows de 15 mil dólares", disse Leonard, "porque não queria fazê-los", acrescentando que "a presença de dinheiro em toda a empreitada vem tendo um efeito mágico e sinistro em mim". Embora o dinheiro tenha sido grande motivação para a transição da literatura para a música, ele disse a *Melody Maker* que já pensava em desistir da música: "Neste momento eu me sinto como me senti quando terminei meu romance [*Beautiful Losers*]. No fim do livro eu sabia que não escreveria outro porque coloquei tudo o que tinha ali."[12]

Ele falava em voltar à Grécia, mas acabou caindo no redemoinho promocional e ficou experimentando máscaras para ver qual servia. Ele se descreveu na *The Beat* como anarquista "incapaz de jogar a bomba"[13] e disse ao *New York Times*: "Quando vejo uma mulher transformada pelo orgasmo que tivemos juntos, eu sei que nos conhecemos. Sou mesmo a favor do matriarcado." Ele também era a favor da cruz: "A crucificação será mais uma vez entendida como símbolo universal, não apenas um experimento de sadismo, masoquismo ou arrogância."[14] Em uma entrevista à *Playboy*, de 1968, ele definiu: "Eu tinha algumas coisas em comum com os *beatniks* e, mais ainda, com os hippies. O próximo movimento talvez fique ainda mais perto de onde estou."[15] O título da reportagem da *Playboy* resumiu perfeitamente: "*Mensch* da Renascença." A foto tirada em Hidra com chapéu de aba larga, bigode fino e sorriso malicioso fez o melancólico nova-iorquino/canadense parecer um ator de filme mudo mal-escalado para interpretar um corretor de imóveis da Flórida.

A gravadora norte-americana de Leonard mudou o material promocional para o álbum, trocando a citação da crítica do *Boston Globe* ("James Joyce não está morto") por uma frase da entrevista à *Playboy*: "Estou na cena dos foras da lei desde os 15 anos." Também foi acrescentada uma foto meio incongruente de um Leonard sorridente e com barba por fazer vestindo um pijama listrado, deitado sobre o autorretrato sombrio da capa do álbum. Na campanha promocional mais sensata feita no Reino Unido, a CBS lançou, no início de 1968, uma coletânea de preço acessível chamada *The Rock Machine Turns You On*. Entre faixas de Dylan, Simon and Garfunkel, Spirit, Tim Rose e Taj Mahal estava Leonard cantando "Sisters of Mercy".

Enquanto isso, Leonard estava em um quarto sombrio no Henry Hudson Hotel, falando com um jornalista do *Montreal Gazette* e garantindo que o próximo álbum, aquele que há poucas semanas ele não tinha certeza se iria fazer, seria um álbum de música country. Como havia planejado desde o início, ele prometeu ir ao Tennessee.

CAPÍTULO ONZE

O TAO DO CAUBÓI

Ele sabia andar a cavalo, atirar com rifle e, para um homem que alegava não ter um grama de sentimentalismo sequer, cantava uma canção de Hank Williams de partir o coração. De todos os urbanoides nova-iorquinos sofisticados de trinta e poucos anos, o mais provável de sobreviver caso fosse abandonado na região rural do Tennessee era Leonard. Mas seus assuntos com Nova York ainda não estavam terminados. A editora norte-americana Viking, pegando carona na campanha promocional do álbum, imprimiu uma segunda edição de *Beautiful Losers* e se preparava para lançar em junho de 1968 outro livro de poesias, *Selected Poems 1956-1968*.* O primeiro livro de poesias de Leonard a ser publicado nos EUA tinha vinte novos poemas, incluído o que rabiscara para Marita na parede do Le Bistro, além de uma seleção dos volumes anteriores. Muitos foram escolhidos a dedo por Marianne, com ênfase nos poemas líricos e pessoais sobre amor e perda. O caso de amor deles estava tudo, menos terminado, pois mesmo que a conexão estivesse erodida pelo tempo, a distância e as questões de Leonard em relação à domesticidade e à sobrevivência, eles ainda estavam ligados.

Se havia bons motivos para não sair de Nova York, não havia motivo algum para ficar no Henry Hudson Hotel, e Leonard voltou ao Chelsea. Não demorou muito para notar uma mulher que parecia ter a mesma rotina dele, perambulando pelo hotel às três da manhã em busca de bebida e companhia. Janis Joplin se mudou para o Chelsea enquanto gravava seu segundo álbum com a banda Big Brother & the Holding Company, produzido por John Simon. Uma noite, quando Leonard voltava do Bronco Burger e Janis vinha do Estúdio E, os dois se viram dividindo o elevador e, depois, uma cama desfeita. Anos mais tarde, após Leonard ter imortali-

---

* Essa edição saiu no Reino Unido em 1969.

zado o boquete de Janis na forma de canção, primeiro em "Chelsea Hotel #1", que cantou ao vivo, mas nunca lançou, e depois em "Chelsea Hotel #2", gravada em *New Skin for the Old Ceremony*, de 1974, ele transformou uma versão mais refinada do encontro em anedota para contar no palco: "Ela não estava procurando por mim, procurava o Kris Kristofferson. Eu não estava procurando por ela, procurava a Brigitte Bardot, mas caímos nos braços um do outro por algum processo de eliminação."[1] As palavras dele tinham o humor sombrio que vem tanto da solidão quanto da honestidade. Os refinamentos posteriores para a anedota eram menos sombrios e mais próximos do *stand-up*. Ele disse ter perguntado se ela procurava alguém e, quando ouviu a resposta, ironizou: "Minha querida, você está com sorte. Eu sou Kris Kristofferson."[2] De qualquer modo, ela abriu uma exceção.

O interessante é que as anedotas seguiram um caminho semelhante ao das canções. "Chelsea Hotel #1" é a mais aberta e emocional das duas:

> A great surprise, lying with you baby
> Making your sweet little sound...
> See all your tickets
> Torn on the ground
> All of your clothes and
> No piece to cover you
> Shining your eyes in
> My darkest corner*

A segunda já era mais cautelosa e fria:

> I can´t keep track of each fallen robin...
> I don't think of you that often**

Essa versão faz o encontro parecer trivial, especialmente quando comparada à extravagância do poema "Celebration" em que o orgasmo do sexo

---

* "Uma ótima surpresa dormir com você querida/Fazendo o seu sonzinho doce.../Ver todas as suas passagens/Rasgadas no chão/Todas as suas roupas e/Nada para cobri-la/Brilhando seus olhos em/Minha esquina mais escura" (*N. da T.*)
** "Não consigo dar conta de cada tordo caído.../Não penso em você tanto assim" (*N. da T.*)

oral atingiu o protagonista "como esses deuses no teto que Sansão derrubou". Depois Leonard expressou arrependimento em várias ocasiões por ter citado o nome de Joplin como a autora da felação e musa da letra: "Ela não teria se importado", especulou ele. "A minha mãe teria se importado."³ Possivelmente, mas na verdade foi Leonard quem se importou, não só por ser uma rara falta de boas maneiras da parte dele, como por ter revelado o mistério e mostrado como se faz a mágica. Janis foi uma transa de uma noite só, e se pode dizer com segurança que não foi a única mulher do Chelsea a fazer sexo oral nele, mas algo em relação a ela — ou ao que aconteceu com ela menos de três anos depois em um quarto de hotel em Los Angeles (Janis Joplin morreu de overdose aos 27 anos) — parece ter marcado Leonard.

David Crosby estava em Miami no breve hiato entre ser demitido pelos Byrds e fundar o Crosby, Stills & Nash quando viu Joni Mitchell pela primeira vez. Ela cantava sozinha em um café e Crosby ficou "impressionado". Ele a levou para morar com ele em Los Angeles, começou a procurar um contrato com uma gravadora para o seu novo amor e se nomeou produtor do álbum. "Ela era magnífica, mágica, e embora eu não fosse um produtor de verdade, sabia que alguém precisava impedir que o mundo tentasse traduzir o trabalho dela em um formato normal de baixo, bateria e teclado, porque isso teria sido um puta desastre." Apesar de todas as boas intenções, fazer um álbum com Joni "não foi divertido", pois trabalhar com Beethoven não era mais fácil do que viver com Beethoven. Quando tudo acabou e o sangue foi lavado das paredes, Joni surpreendeu Crosby ao sugerir que ele produzisse o segundo álbum do amigo Leonard Cohen.

Crosby não conhecia nada de Leonard além da versão de "Suzanne" feita por Judy Collins, considerada por ele "uma das canções mais lindas que já ouvi". Mas Joni era persuasiva. Crosby marcou duas sessões para 17 e 18 de maio no estúdio da Columbia em Los Angeles, uma sala grande na qual tinha trabalhado anteriormente com os Byrds. Leonard, que parecia não fazer objeção aos planos de Joni, voou para Los Angeles. "Eu não me lembro dele falar algo sobre o que realmente gostaria de fazer. Ele apenas se colocou nas minhas mãos. Coitado", diz Crosby. No primeiro dia, eles gravaram uma canção, "Lady Midnight", e no segundo gravaram duas, "Bird on the Wire" e "Nothing to One".

"Não foi exatamente uma experiência feliz", admite Crosby. "É uma história embaraçosa para mim e foi difícil de aceitar porque eu poderia produzi-lo agora tranquilamente, mas, na época, não fazia ideia de como gravá-lo. Eu o ouvia cantar e não sabia o que fazer com uma voz como a de Leonard, porque sou um cantor melódico. O único cantor vagamente parecido com ele era Bob Dylan, e eu também não conseguiria gravá-lo. Quando os Byrds tentaram gravar canções de Dylan, nós modificamos tudo, acrescentamos uma batida, colocamos harmonias, traduzimos completamente essas músicas. Era bem óbvio que Leonard era um dos melhores poetas e letristas vivos, então, imaginei que o jeito de lidar com isso era levá-lo pelo caminho que Dylan tinha tomado, de falar as letras mais do que cantá-las. Isso não o deixou feliz."

A versão de "Nothing to One" produzida por Crosby tem a harmonia cantada por ele, enquanto sua produção de "Bird on the Wire" tem algo de Byrds solo em um café, com vocal *folk-rock* com um toque de pop rítmico. Essas duas gravações acabaram saindo como faixas-bônus na reedição de *Songs From a Room*, em 2007, mas a versão de "Lady Midnight" feita pela dupla Cohen-Crosby continua guardada. "Ao longo dos anos eu me perguntei se Leonard me perdoou. Deus sabe que ele merecia alguém mais inteligente e experiente do que eu, mas Bob Johnston sabia *exatamente* o que estava fazendo", pondera Crosby.

Leonard esbarrou com Bob Johnston em L.A. Normalmente, Los Angeles não é um lugar onde se esbarra em pessoas, pois elas estão todas em carros que avançam lentamente por avenidas infinitas a caminho de alguma reunião importante, mas Johnston fez questão de ser a exceção à regra. Johnston, como disse Bob Dylan sobre o homem que produziu vários dos seus melhores álbuns, era "maravilhoso".[4] Como Deus, Johnston estava em toda parte, tinha fogo nos olhos e você precisaria de boa sorte para tentar questioná-lo, especialmente se trabalhasse para uma gravadora. Johnston era (ainda é, aos 80 anos quando este livro foi escrito) uma pessoa de espírito independente, um ruivo barbudo e magro, de sotaque texano pesado e música no sangue. O bisavô dele era um pianista clássico, a avó era compositora, a mãe ganhou um Grammy de composição aos 92 anos e a esposa, Joy Byers, escreveu canções gravadas por Elvis Presley. Johnston também compunha, mas ele era mais conhecido na época como produtor de vários dos maiores e mais influentes artistas da época

Ele trabalhava como produtor contratado da Columbia Records. Em quatro meses e meio de 1968 ele gravou *John Wesley Harding*, de Bob Dylan; *Bookends*, de Simon e Garfunkel; *By the Time I Get to Phoenix*, de Marty Robbins; *History of Bonnie and Clyde*, de Flatt & Scruggs; e *Live at Folsom Prison*, de Johnny Cash. Alguns desses álbuns ainda esperavam a vez de sair, como os ônibus de um terminal. Mesmo após a frustração da primeira vez, ele continuava determinado a produzir um álbum de Leonard Cohen.

"Eu não pretendia fazer outro álbum", revela Leonard. "Não achava necessário. Até que um dia encontrei Bob Johnston e gostei do jeito que ele falava e de como entendeu o meu primeiro álbum, sabendo exatamente o que era bom e ruim nele."[5] Johnston explica: "Leonard disse para nos encontrarmos e eu respondi 'Claro, porra'. Tinha acabado de alugar uma fazenda de oito quilômetros quadrados de Boudleaux Byrant." Bryant e a esposa Felice eram compositores bem-sucedidos de Nashville, autores de sucessos como "Love Hurts" e "All I Have to Do Is Dream". Johnston continua: "Falei com Leonard sobre isso e ele comentou: 'Algum dia eu vou ter uma fazenda como essa e vou compor alguns discos.' Respondi: 'Toma, faça isso agora', e dei a chave para ele, que morou lá por dois anos."

Antes disso, contudo, Leonard foi para Hidra. As relações dele com a sua segunda casa eram o oposto das suas "relações neuróticas" com Montreal. Leonard queria ficar sentado em mangas de camisa ao sol, fumar um cigarro e observar a vida passar lentamente. Queria voltar à vida simples na casa da colina com Marianne e o filho dela. Ele ficou feliz ao descobrir que a junta militar não teve um efeito muito tangível no lugar. Quando o novo governo grego anunciou a proibição de cabelos compridos, minissaias e uma série de músicos e artistas, os expatriados passaram a se reunir nas tavernas à noite, quando trancavam as portas, fechavam as persianas e tocavam a música banida pela lei. Apesar disso, na verdade os coronéis não haviam notado Hidra ou, se notaram, não se importaram. Mesmo assim, houve algumas mudanças na ilha que Leonard não pôde ignorar. George Johnston e Charmian Clift, por exemplo, não estavam mais sentados nas mesas ao sol em frente ao Katsikas' esperando a balsa com as notícias e os recém-chegados. E as casas nas colinas agora eram iluminadas por luzes elétricas.

Tinham se passado três anos desde que Leonard acordara para ver sua casa recém-conectada ao século XX. Marianne conta: "Leonard saiu da cama após uma semana se sentindo mal. Tinha viajado pelas ilhas com Irving Layton e pegou algum tipo de gripe. Ele veio ao estúdio, olhou para o céu e descobriu que durante a noite os novos fios elétricos haviam sido instalados bem em frente à sua janela. Leonard estava sentado na cadeira de balanço que eu trouxe da minha pequena casa. Eu fiz uma xícara de chocolate quente pra ele e peguei o violão, que estava pendurado na parede e totalmente desafinado. Enquanto estávamos sentados lá, os pássaros pousavam no fio como notas em uma partitura. Eu ouvi 'Like a Bird. On the wire...'. Tão bonito. Mas levou três anos até ele sentir que a música estava terminada".

Terminar o relacionamento deles também levou muito tempo. Leonard disse em 1970, ao apresentar a canção "So Long, Marianne" em um show: "Morei com ela por uns oito anos, uns seis meses por ano. Os outros seis meses eu ficava em outro lugar. Até me dar conta de que estava morando com ela quatro meses por ano, depois, dois meses por ano, e lá pelo oitavo ano eu estava morando com ela algumas semanas por ano. Então, pensei que era hora de compor essa música para ela." Logo após começar a canção, ele parou de cantar e acrescentou: "Eu ainda moro com ela alguns dias por ano."[6]

Tudo o que Marianne diz sobre o fim do caso amoroso é: "Para mim ele ainda era o mesmo, um cavalheiro, que tinha um ar estoico e aquele sorriso atrás do qual tenta se esconder ('Estou falando sério ou isso é piada?'). Estávamos apaixonados e um dia o tempo se esgotou. Sempre fomos amigos, ele ainda é o meu amigo mais querido e sempre vou amá-lo. Eu me sinto muito afortunada de ter conhecido Leonard naquele momento da minha vida. Ele me ensinou muito e eu espero ter dado a ele um ou dois versos."

Leonard foi de Hidra para Londres, onde fez duas aparições na BBC naquele verão: no programa de rádio *Top Gear*, apresentado por John Peel (o respeitado e influente DJ britânico foi um dos primeiros entusiastas de Cohen), e em um show para a televisão no qual apresentou quase todas as músicas do primeiro álbum, além de três canções que apareceriam em álbuns posteriores e uma cantoria improvisada, autodepreciativa e chapada com o nome de "There's No Reason Why You

Should Remember Me". As duas apresentações foram muito bem-recebidas. Na época, *Songs of Leonard Cohen* estava entre os vinte álbuns mais tocados no Reino Unido. Ele era, basicamente, um astro do pop/rock. Também houve alguma repercussão nos Estados Unidos. Naquele verão, Leonard apareceu duas vezes no *New York Times*: em uma análise sobre o movimento de cantores e compositores pop e em uma matéria, ilustrada por fotografias de Leonard e Dylan, que debatia quais letras pop deveriam ser consideradas "poesia".

O fato de o livro mais recente de poesias de Leonard, *Selected Poems*, ganhar popularidade nos Estados Unidos confundia ainda mais a situação. O texto promocional da sobrecapa atraiu o mercado de pop/rock ao mencionar o álbum de Leonard e as gravações das canções dele por Judy Collins, Buffy Sainte-Marie e Noel Harrison. Também atraiu o submundo literário ao relembrar a indignação gerada pelo romance *Beautiful Losers* junto aos críticos e acadêmicos ao chamá-lo de "*Minnesinger** contemporâneo" e às almas sensíveis ao descrevê-lo como "eclético, perspicaz, profundamente pessoal".[7]

Mas os literatos não aceitaram calorosamente a mudança de Leonard para a seara popular, especialmente no Canadá. Isso o transformava em uma "personalidade", trazendo o risco descrito por Michael Ondaatje de que "o nosso interesse em Cohen guiasse o julgamento final, em vez da qualidade da escrita". Cohen e Dylan, analisou Ondaatje, eram "artistas públicos" que dependiam fortemente "da capacidade de serem cínicos em relação ao próprio ego e à santidade pop enquanto continuam a fortalecê-lo. Eles podem enganar os homens da mídia que serve de alto-falante e ao mesmo tempo manter a integridade e parecer sinceros frente ao seu público".[8] Era um argumento razoável, embora a mídia em geral estivesse bem ciente desse jogo e interpretasse Leonard como uma obra de ficção em movimento, enquanto os acadêmicos analisavam as palavras no papel. As palavras de Leonard, graças à promoção e às vendas do primeiro álbum, agora começaram a vender em quantidades nunca antes imaginadas. Eram números de álbuns de rock, não de livros de poesia. *Selected Poems* venderia duzentas mil cópias.

---

* Trovador, cantor-poeta na tradição cavalheiresca alemã. (*N. da T.*)

Após a curta turnê promocional em Londres, Leonard voltou a Nova York e ao Chelsea. Ele se hospedou no quarto 100 (que ganharia fama posteriormente graças a Sid Vicious e Nancy Spungen), guardou a máquina de escrever na mesa e a guitarra no canto. Na mesa de cabeceira, colocou os livros que estava lendo: *Myra Breckinridge*, de Gore Vidal (que, como *Beautiful Losers*, tinha sido considerado pornográfico por vários críticos), e *Tales of the Hasidim: The Later Masters*, de Martin Buber, histórias sobre rabinos em busca da iluminação. Quanto a este descendente específico de Aarão, ele tinha começado a frequentar a Igreja da Cientologia.

A cientologia era uma nova religião, fundada há uma década e meia pelo escritor de ficção-científica norte-americano L. Ron Hubbard. Ela tinha alguns paramentos das antigas religiões, como a cruz de oito pontas e os livros sagrados. O primeiro deles, *Dianética – o poder da mente sobre o corpo*, uma miscelânea imaginativa de misticismo oriental e Freud, entre outras coisas, parecia um livro de autoajuda antes de o gênero se popularizar e, como eles, vendeu imensas quantidades. Hubbard alegava curar a mente inconsciente e, em consequência, os problemas físicos e psicológicos do ser humano, gerando a libertação das dores e dos traumas, a irmandade universal, o fim das guerras e a união com o universo. Não surpreende que a cientologia tenha feito ótimos negócios nos Estados Unidos de 1968, quando não faltavam jovens traumatizados procurando algum tipo de resposta. Foi um ano de turbulência e paranoia: os assassinatos de Martin Luther King e Robert Kennedy, rebeliões nos guetos, protestos em universidades, jovens norte-americanos voltando do Vietnã em caixões — e nem as drogas, nem as velhas ortodoxias estavam funcionando.

A religião de Hubbard tinha um *slogan*: "A cientologia funciona", e espalhava sua palavra através de jovens adeptos que abordavam outros jovens na rua. Ela também refletia as origens de seu fundador na ficção--científica, com direito a extraterrestres, dispositivos estranhos e linguagem própria. Hubbard escreveu que o anseio mais forte do homem era a sobrevivência, mas essa sobrevivência estava ameaçada pelos *engramas*, memórias celulares de dor física e mental que nos prendem ao passado. A forma de remover essas cargas era através de um processo chamado auditoria, que consistia em revisitar antigos traumas com a supervisão de um auditor (um conselheiro da cientologia) e conectado a um *E-meter*, dispositivo que parece uma série de latinhas com um botão sintonizador. Após uma auditoria bem-sucedida você ficaria "limpo" e estaria pronto para seguir para a próxima etapa, até virar um "operador de thetan" e viver um presente sem dor. Apesar de todo esse papo de poção mágica, Leonard achava que a cientologia tinha "dados muito bons",[9] e marcou uma auditoria.

À noite, o Chelsea Hotel ganhava vida. Pessoas que raramente saíam dos quartos à luz do dia surgiam, e geralmente se reuniam no quarto de Harry Smith, um homem extraordinário de 45 anos no corpo de um velho excêntrico: cabelos brancos desalinhados, barba malfeita, testa imponente e óculos enormes que aumentavam seus olhos brilhantes e inteligentes. Ele morava com seus pássaros de estimação em um quarto minúsculo, escuro e sem banheiro, no oitavo andar. O local estava repleto de objetos antigos: varinhas mágicas, roupas de índios seminolas, ovos ucranianos pintados, uma coleção de aviõezinhos de papel, livros esotéricos e estranhos discos norte-americanos. Nos círculos musicais, Smith era reconhecido pela *Anthology of American Folk Music*, três álbuns duplos compilados da sua coleção de velhos e rudimentares álbuns de *folk*, blues e gospel. Os discos tiveram enorme influência em Dylan e no *revival* do *folk* nos anos 1960. Smith era musicólogo, antropólogo, especialista em nativos-americanos e xamanismo, cineasta experimental, contador de histórias e místico, que alegava ter aprendido a arte da alquimia mais ou menos na mesma idade em que Leonard estudou hipnotismo. Não surpreende que Leonard tenha se interessado por ele. Junto com os vários residentes, escritores e celebridades da música que passavam pelo Chelsea, ele ficava sentado aos pés de Smith para ouvir seu monólogo labiríntico.

"Víamos Harry como um monumento nacional e um guru sardônico com quem até Leonard tinha algo a aprender", diz Terese Coe, autora da peça *Harry Smith at the Chelsea*. "É por isso que Leonard ficava lá. Harry podia explicar qualquer assunto intelectual, histórico e artístico. Ele podia mostrar as pinturas, falar das suas recentes desventuras fazendo filmes, lamentar seus desastres financeiros, insultar hóspedes atuais em termos elípticos, tocar Brecht-Weill, Woody ou Arlo Guthrie. Eu nunca o ouvi tocar canções de Leonard Cohen. Até onde se sabe, estávamos nos reunindo com um sábio que às vezes era também anti-herói, uma diversão em que tudo podia acontecer, mas nada realmente imoral aconteceu na minha presença. Éramos bastante comportados."

Leonard, nitidamente vestido de modo mais formal que os outros presentes, ficava quieto e raramente falava algo, relembra Coe, que era uma jovem poeta e trabalhava para um jornal *underground* quando conheceu Leonard no quarto de Smith. Ela virou musa de dois poemas de *The Energy of Slaves* (1972): "It Takes a Long Time to See You Terez" e "Terez and Deanne". "Eu era um capricho passageiro, e ele me deu uma cantada passageira com frases provocadoras." Ela o define à época como "um romântico incurável. Naquela era de 'paz e amor', muitos eram fisgados por aquele enigma. Ele não era de falar sobre sua filosofia em relação ao amor. Ele mantinha a vida particular e os amigos em segredo. As respostas estão em suas canções, e elas são várias e inconstantes".

Havia uma série de frequentadores assíduos nas noites de Harry Smith. Peggy Biderman trabalhava no Museum of Modern Art e tinha uma filha adolescente, Ann (atualmente uma roteirista de TV bem-sucedida), com quem Leonard saiu por algum tempo. Claude Pelieu e Mary Beach eram artistas que faziam colagens, editavam uma revista e traduziram Burroughs e Ginsberg para o francês. Stanley Amos gerenciava uma galeria de arte do seu quarto no Chelsea com direito a vernissages e ia ao quarto de Harry ler o tarô. Sandy Daley era fotógrafa, diretora de fotografia, bem como amiga de Warhol e Leonard. Em 1970, Daley fez um filme *underground* em seu quarto no décimo andar, que era totalmente pintado e decorado em branco. O filme se chamava *Robert Having his Nipple Pierced*, sendo que o Robert em questão era o Mapplethorpe. A narradora do filme e namorada de Mapplethorpe, Patti Smith, era outra amiga íntima de Harry Smith. Havia também Liberty, a bela poeta e modelo loura com quem Leonard teve um caso. Liberty tinha posado para Salvador Dalí e era musa de Richard Brautigan e Jerome Charyn, além de ser ativista feminista e ter abandonado o marido, um político republicano, pelos *yippies* e a contracultura. Após as reuniões, todos, incluindo Harry, iam para o El Quijote ocupar a mesa grande no fundo do bar. Leonard costumava pagar a conta do grupo todo discretamente e ir embora antes de eles descobrirem que estava tudo pago. Ser generoso com o dinheiro era uma das poucas coisas que Leonard parecia gostar em relação ao seu novo nível de sucesso.

O dia era 21 de setembro de 1968. O sol lançava sombras longas, três quartos do ano tinham se passado e Leonard continuava em Nova York. Era a véspera do dia mais solene do calendário judeu e 34º aniversário de Leonard. Para comemorar, ele foi sozinho a um lugar lotado, o Paradox, restaurante macrobiótico em um porão do East Village gerenciado por cientologistas. O lugar era um ponto de encontro hippie, onde era possível "viajar" sem ser incomodado. Se o frequentador não tivesse dinheiro, poderia trabalhar na cozinha em troca de comida. Thelma Bliz, jovem redatora publicitária, ficava em uma das longas mesas coletivas e um dia, ao tirar os olhos do jantar, viu o homem sentado diante de si encarando-a profundamente.

"Eu não o conhecia. Ele não se parecia com os outros frequentadores. Tinha cabelo curto, quando todos tinham cabelo comprido, e parecia meio careta. Ele estava vestido de modo conservador, não como um homem de negócios, mais como um professor universitário." E lembrava muito o Dustin Hoffman, Blitz lhe disse na época. "Leonard respondeu: 'As pessoas geralmente me falam isso.'" Eles conversaram sobre tudo: poesia, metafísica, vegetarianismo, com Leonard cordialmente assumindo o ponto de vista oposto a tudo o que ela dizia. "Foi um ótimo debate. Até ler as biografias, eu não sabia que ele tinha sido presidente do clube de debate na faculdade." Os dois discutiram a noite toda, até o Paradox fechar e Leonard perguntar se ela gostaria de caminhar com ele. Eles então perambularam pelo St. Mark's Place, onde os excêntricos se reuniam. Leonard parou para falar com um jovem que levava uma grande tartaruga para dar uma volta. "Ele perguntou: 'Você alimenta essa coisa com o quê?', e o jovem respondeu: 'Hambúrguer, anfetaminas e heroína.'"

Durante a caminhada, Leonard contou que eles iam ao Chelsea Hotel. "Eu não sabia o que era o Chelsea, então perguntei: 'O que tem lá?', e ele falou: 'Nico'. Eu só tinha uma vaga noção na época de quem eram Nico e Andy Warhol, mas ele tinha uma melancolia na voz quando disse Nico que me fez pensar que ela era o motivo de Leonard estar lá." No hotel, Leonard foi direto para a mesa de correio nos fundos do saguão e disse seu nome. "Foi assim que eu descobri quem ele era", diz Blitz. "Eu surtei um pouco, porque notei que o homem era importante. O primeiro álbum dele estava na janela da livraria St. Mark, mas eu não o tinha reconhecido. Ele estava totalmente diferente da foto na capa. Mas, em vez de tentar me impressionar com suas conquistas, como os caras normalmente fazem, nem me contou quem era. Depois, falou com uma pontada de autoironia, subestimando suas conquistas: 'Bom, eu tenho alguns admiradores no Canadá.'"

Ele disse a Thelma que era seu aniversário e os dois brindaram a isso no El Quijote com um prato de aipo e azeitonas em vez de álcool. Depois, foram ao quarto de Leonard no primeiro andar. "Ele pegou um violão e cantou duas canções que não reconheci até o segundo álbum sair: 'Bird on the Wire' e 'The Partisan Song'. Naquele momento, eu senti um distanciamento e escrevi em meu diário que a máscara de luto e distanciamento se aprofundava quando ele cantava. Ele ficava olhando para o nada, longe, indo e voltando, algo semelhante à membrana nictante de um sapo surgia em seus olhos e ele parecia não estar lá. Eu pensei: 'Será que o estou aborrecendo?' Falei que estava cansada de ser redatora publicitária e ele sugeriu a inanição e vários bons livros. Também falou de professores, mestres, e sobre vencer a dor, dizendo frases como: 'Quanto mais vencemos a dor, mais ficamos sujeitos a ela, em um nível maior', o que lembrava um verso de 'Avalanche': 'You who wish to conquer pain' (Você que deseja vencer a dor). Contudo, havia muita dor naquela época entre as pessoas que formavam a contracultura: a dor de odiar sua cultura, odiar o sistema, estar completamente em desacordo com tudo. Todos estavam participando de algo."

Leonard não falou muito com Blitz sobre a cientologia, exceto "para dizer que funcionava". Ele falou sobre dinheiro, contando que "tinha cem mil dólares e não sabia o que fazer com eles: comprar terras na Nova Escócia? Eu me lembro de ele ficar meio angustiado ao falar de dinheiro". Eles passaram a noite juntos. Na manhã seguinte, quando Leonard a acompanhou até o ponto de ônibus, pois ela iria passar o Ano-Novo judaico com a família, ele pediu para que ela lhe telefonasse quando voltasse. Quando ela o fez, a telefonista do Chelsea avisou que Leonard tinha saído do hotel. Ele havia ido para o Tennessee.

Dois anos depois do previsto e três dias antes da primeira sessão para gravar *Songs from a Room*, Leonard finalmente estava em Nashville. O amigo de Montreal, Henry Zemel, foi junto. Para recebê-los no portão de desembarque estava um homem alto, de cabelo comprido, bandana e bigode. Era meio hippie e um caipira de bom coração. Como Bob Johnston estava ocupado no estúdio, como sempre, mandou Charlie Daniels buscá-los. Em 1968, Daniels não era o astro country *hardcore* indicado ao Opry, de barba grande e chapéu Stetson, e sim um compositor e músico de estúdio que tocava violino, violão, baixo e bandolim. Johnston conheceu Daniels em 1959, quando produziu o Jaguars, banda de rock'n'roll liderada por Daniels. Eles passaram anos tocando no circuito sem chegar a lugar algum. Uma noite, Daniels ligou para Johnston e perguntou se ele poderia tirá-lo da cadeia. Tudo foi planejado com antecedência: Daniels estava prestes a brigar com o dono de um clube noturno. Johnston gritou ao telefone que ele deveria "sair de lá e ir para Nashville, porra", e ele obedeceu. Johnston o mantivera ocupado desde então, tocando em álbuns de Johnny Cash, Marty Robbins, Bob Dylan e, agora, Leonard Cohen.

Nashville era uma cidade que mais parecia um subúrbio. No caminho para o hotel, Leonard viu mais homens de terno que chapéus de caubói e mais igrejas que bares. Os grandes negócios da cidade eram os seguros e a publicação de Bíblias. A Music Row, com seus prédios pequenos e jardins arrumados, parecia a Acacia Avenue. Apesar disso, Nashville era a segunda maior cidade musical nos Estados Unidos, perdendo apenas para Nova York, e era cheia de fantasmas, de homens que deixaram esposas e famílias nas montanhas para vender suas canções e acabaram bebendo o pouco dinheiro e a dignidade que lhes restaram. Após fazer o check-in no hotel, Leonard e Zemel saíram a pé para conhecer a cidade: havia a ACM para nadar de manhã, os pés-sujos mais desconhecidos e os bares mais escuros, esfumaçados e aflitos.

No dia 26 de setembro de 1968, a dupla chegou ao Estúdio A da Columbia em Nashville para a primeira sessão. Leonard carregava um violão e Zemel, um chicote de domador de leões. Ao olhar a sala, Leonard respirou fundo: ele precisaria de muitas velas para iluminar o lugar enorme, grande o bastante para abrigar uma orquestra sinfônica, e ainda sobraria espaço para um jogo de futebol. Bob Johnston estava atrás do vidro, bancando o líder de torcida, sorrindo e animado. Apesar disso, começar o segundo álbum trazia à tona as lembranças infelizes que Leonard relacionava ao primeiro. Ter um amigo lá ajudou. Zemel estalava o chicote para mantê-lo concentrado, o que deixava os músicos tão perplexos quanto a harpa judaica que tocava em metade das gravações. "Estou pronto", dizia Leonard, um homem bravo enfrentando o pelotão de fuzilamento. "O que você quer que eu faça?"

A primeira pergunta que Johnston fazia aos artistas com quem trabalhava era: "O que *você* quer fazer?" Esse era um conceito e tanto em uma época em que os artistas estavam mais acostumados a receber ordens. Johnston tinha fama de brigar com executivos de gravadoras para conseguir o que seus artistas queriam, mas era bastante esperto para saber que essa pergunta não ajudaria Leonard, então disse: "Toque uma canção." Leonard pegou o violão e começou a cantar. Enquanto ele fazia isso, Johnston levantou-se e anunciou: "Certo, vamos sair para comer um hambúrguer e tomar umas cervejas." Leonard então comentou: "Bom, eu estava pronto para cantar a canção", e Johnston retrucou: "Você pode fazer isso quando a gente voltar." Eles saíram para ir ao Crystal Burger. Enquanto estavam fora, o engenheiro Neil Wilburn configurou os microfones do jeito que Johnston gostava. Wilburn tinha trabalhado com Johnston durante a gravação dos álbuns de Johnny Cash feitos em presídios e o ajudara a obter aquela voz profunda e sombria de cela de prisão. Para o álbum de Leonard, foram usados três microfones para o vocal dele, com antigas placas de eco para obter um efeito de reverberação.

Johnson relembra: "Quando voltamos, Leonard perguntou: 'O que eu tenho que fazer?' Falei de novo para ele simplesmente tocar uma canção, e ele o fez." Era "The Partisan". "Depois, eu toquei a gravação para Leonard. A voz dele soava como uma montanha. Quando ouviu, ele disse: 'É assim que a minha voz tem que ser?' Respondi: 'Ah, pode apostar que sim.'" Naquele primeiro dia, começando às seis da tarde e parando a uma da manhã, Johnston gravou Leonard cantando dez canções. Cinco entrariam em *Songs from a Room*, uma seria deixada para o terceiro álbum, *Songs of Love and Hate*, e quatro continuam inéditas: "Baby I've Seen You", "Your Private Name", "Breakdown" e "Just Two People" (Leonard também havia tentado gravar essa última com John Hammond em seu primeiro álbum).

Pelo mesmo motivo que Nashville tinha uma proliferação de compositores, também estava repleta de excelentes músicos. Johnston disse a Leonard que poderia ter a nata dos músicos de estúdio em seu álbum. "Mas ele recusou, dizendo 'Quero amigos seus, eles serão cordiais.'" Johnston reuniu um pequeno grupo de forasteiros, homens que podiam tocar música country, mas não faziam parte do sistema "Nashvegas" convencional. Além de Charlie Daniels, a equipe tinha Ron Cornelius no violão, Charlie McCoy no baixo e Elkin "Bubba" Fowler, violonista, pastor e banjoísta que tinha participado de uma dupla pop psicodélica que vestia toga e se chamava Avant-Garde. Não precisavam de um baterista: Johnston concordava com Leonard em relação a isso, e o próprio Johnston tocava os teclados.

Ron Cornelius, a quem Johnston deu o posto de líder da banda, tocou com uma banda jovem e hippie de country rock/*folk* elétrico do norte da Califórnia chamada West. Eles haviam ido a Nashville em 1967 para trabalhar com Johnston em seu álbum de estreia e voltado em 1968, para que Johnston produzisse o segundo. Os integrantes da West se orgulhavam de não aceitar trabalhos externos, mas a carreira da banda não ia bem e Johnston convenceu Cornelius a tocar no álbum de Leonard. Quando Johnston mostrou as canções de Leonard para ele, Cornelius respondeu: "Você está brincando?" Ele relembra: "Eu estava acostumado a guitarras, baixo, bateria, piano e a tocar de forma alta, amplificada e rock, então pensei: 'Cara, isso é muito esquisito.' Mas acho que, como acontece com qualquer um que vire fã de Leonard Cohen, quando você mergulha nas letras, pensa: 'Olha, eu não quero saber se nunca toquei algo assim na vida. Isso é muito, muito profundo.'"

As planilhas de *Songs from a Room* não são tão certinhas ou detalhadas quanto as de *Songs of Leonard Cohen*. Johnston não teve tempo ou vontade de preencher a papelada. "Bob não preenchia nada", lembra Cornelius, rindo. "Ele só enrolava a fita e ia para o aeroporto." Johnston corria para Nova York de manhã, trabalhava com Simon e Garfunkel, voltava à tarde, gravava Dino Valenti, talvez encaixasse uma sessão com Dylan, Cash ou Dylan e Cash juntos, pegava uma cerveja e alguns hambúrgueres, tirava uma hora de cochilo em seu Eldorado vermelho e depois trabalhava cinco ou seis horas com Leonard. As planilhas mostram apenas dez sessões de estúdio com Leonard: quatro em setembro, uma no início de outubro e, após uma pausa de um mês, cinco em novembro, além de algumas sessões sem ele para que Johnson fizesse os *overdubs*.

A vida em Nashville entrou na rotina que era possível, em se tratando de algo que dependia da vida *workaholic* de Johnston: nadar de manhã na ACM, almoçar no restaurante de Bob e Joy Johnston durante a semana e, à noite, ir para o Estúdio A. Enquanto os engenheiros preparavam a sala, eles batiam papo no porão, transformado por Johnston em sala de pingue-pongue. O local também servia para gravar vocais, assim como o armário de vassouras poderia servir, caso Johnston considerasse necessário. Quando a sessão terminava, Leonard e Zemel saíam para comer bacon e ovos no restaurante favorito deles, que, segundo Zemel, tinha "luzes fluorescentes fortes, uma garçonete loura de má reputação e um cozinheiro rápido e tatuado que parecia estar em liberdade condicional", e acabavam em um bar no qual, não surpreendentemente, fizeram sucesso com várias mulheres de Nashville.

Charlie Daniels relembra a gravação como "muito tranquila. Todas as velas estavam acesas e tudo era muito calmo. Não havia planilhas, nós mudávamos tudo o tempo todo e ninguém na sala de controle dizia que você precisava fazer isso ou aquilo. Um dos pontos fortes de Bob Johnston como produtor era que ele não atrapalhava o artista e o deixava ser quem ele era. Era assim com todos os artistas que produzia, mas isso ficava muito evidente com pessoas como Dylan e especialmente com Leonard Cohen. Com Dylan era um ambiente pouco diferente, porque usávamos bateria e instrumentos elétricos, e era mais um conceito de banda. Eu me lembro de uma vez em que Dylan pediu que eu fizesse um solo. Charlie McCoy perguntou: 'Bom, o quanto você quer que ele toque?' E Dylan respondeu: 'Tudo o que puder.' Essa era a atitude dele: 'Vou fazer o meu e você faz o *seu*'; mas Leonard é um indivíduo muito singular. O negócio com ele são as letras, é a melodia e é o jeito como ele afina o violão. Nunca vi alguém com aquela suavidade a ponto de tocar um violão de corda natural com as cordas afinadas para baixo daquele jeito, quase moles. Ele tem um tipo muito singular de música, muito frágil, que pode facilmente ser comprometido ou destruído por alguém de mão pesada."

Daniels continua: "Leonard ficava lá com seu violão, cantava uma música e tentávamos criar algo ao redor que a complementasse. Se havia algo que sentíamos necessidade de melhorar, de um jeito ou de outro, tentávamos melhorar. O principal era fazer parte da canção de modo discreto e muito transparente, nada que distraísse a atenção da letra e da melodia. É possível colocar algo lá e destruir tudo rapidamente. Aprendi muito trabalhando com Leonard, algo que provavelmente não teria aprendido em outro lugar: que, às vezes, menos é mais. Quando você tem um estúdio cheio de músicos, todo mundo quer tocar, mas com essas músicas é mais uma questão do que você deixa de fora. E Bob era ótimo em juntar tudo e avisar quando tudo estava se encaixando, ou então dizer: 'Acho que precisamos seguir outro caminho com isso aí'".

Cornelius se lembra: "Virou uma equipe. Tenho certeza de que Leonard, quando olhou para Charlie Daniels e para mim pela primeira vez, pensou: 'Caramba, onde eu fui me meter?' Mas depois ele viu que nós compreendíamos musicalmente o que ele fazia e ficávamos pasmos com ele como compositor. Era um projeto no qual pensávamos o dia inteiro, todos os dias, até o álbum ter terminado. Bob Johnston é um tipo muito raro e nasceu com um dom que nunca mais encontrei em outra pessoa. Ele podia fazer um desconhecido tocar ou cantar bem, ali, naquela noite, melhor do que jamais cantou ou tocou a vida inteira. Não precisava dizer 'Quero que você toque isso', ele apenas tinha um jeito de tirar algo de um músico ou cantor, extrair o melhor dele." Leonard olhava pelo vidro da sala de controle e o via se mexendo, às vezes dançando, perdido em uma de suas canções. Quando acabava de cantar, Johnston dizia: "Cara! Essa canção foi fantástica. Temos que colocá-la no álbum. Meu Deus, você precisa fazer isso de novo", ao mesmo tempo aumentando a confiança de Leonard e fazendo com que ele gravasse outra versão na hora.

Uma música cuja gravação não foi fácil foi "Bird on the Wire". Leonard a repetiu de inúmeras formas diferentes, mas toda vez que a ouvia achava que parecia desonesta. Por fim, ele disse a Johnston que não ia continuar, e os músicos foram dispensados. "Bob disse que estava tudo bem e podíamos esquecer isso", conta Leonard. "Voltei ao hotel para pensar na situação, mas fiquei cada vez mais deprimido."[10] Ele estava determinado a acertar essa música. Era como se a canção, além de ser uma carta para Marianne, fosse uma espécie de investigação pessoal, uma "My Way", mas sem a fanfarronice (Leonard nunca foi muito fã de Sinatra, mas nutria simpatia por Dean Martin). "De certa forma, a história dessa gravação é toda a minha história", explica Leonard. "Nunca a cantei de modo verdadeiro, nunca. Sempre fiz uma espécie de apresentação impostora estilo Nashville, de acordo com a qual eu tocava a canção, seguindo mil modelos."[11]

Quatro dias antes da última sessão de gravação, em 25 de novembro de 1968, Leonard pediu a todos para saírem, exceto Zemel, McCoy e

Johnston. "Eu sabia que naquele momento algo iria acontecer. Eu só fiz a voz antes de começar o violão e me ouvi cantar aquela primeira frase: 'Like a bird', e sabia que a canção seria verdadeira e nova. Eu me ouvi cantar e foi uma surpresa. Depois, ouvi a gravação, e sabia que tinha acertado."[12]

Outra canção com a qual Leonard não estava totalmente convencido era "The Partisan", que aprendeu a tocar pela primeira vez na colônia de férias Sunshine usando o *People's Songbook* quando tinha 15 anos. Johnson diz: "Ele a tocou para mim, e era linda, mas não estava feliz com ela. Ele ficava andando de um lado para o outro, reclamando que ela ficaria ótima com umas vozes francesas. Eu disse: 'Vejo você em alguns dias.' Ele perguntou: 'Não estávamos gravando?' Respondi: 'Agora não.' No dia seguinte, fui a Paris e achei três cantoras e um acordeonista através de alguns conhecidos, e eles tocaram, fazendo *overdubbing* na gravação de Leonard. Voltei sem dizer nada e toquei o resultado para Leonard, que disse: 'Elas são boas, realmente parecem francesas.' Eu revelei: 'É porque são mesmo'", ri Johnston. "Ele ficou furioso por eu não tê-lo levado à França."

Hank Williams chamava a música country de "blues de branco". Por essa definição, pode-se dizer que Leonard teve sucesso em fazer seu álbum country em *Songs from a Room*. Como nos velhos *folks* e blues crus da *Anthology* de Harry Smith, as canções falam de Deus, morte, amor, perda, pecado, redenção e seguir em frente. Além disso, o som é frugal, bem menos ornamentado que o de *Songs of Leonard Cohen*. "Muitos dos meus amigos que eram puristas musicais me criticaram pela produção exagerada do primeiro álbum", lembra Leonard. "E eu acho que isso me afetou, e fiquei determinado a fazer um álbum bem simples. É muito austero."[13] Excluindo a elegante "Tonight Will Be Fine" e "Bird on the Wire" (que Johnny Cash cantaria muitos anos depois e cuja melodia fácil de cantar foi comparada por Kris Kristofferson a "Mom and Dad's Waltz", de Lefty Frizel), as outras não eram canções estilo Nashville, você não podia se imaginar cantando essas músicas na varanda dos fundos ou em um bar. Apesar do som de grilo da harpa judaica, a sensação geral está mais para quartos pequenos e simples europeus ou nova-iorquinos do que para os Estados Unidos rurais e abertos.

O álbum é repleto de assassinos: fanáticos religiosos, revolucionários e suicidas. Na bela e desolada "Seems So Long Ago, Nancy", Leonard canta sobre uma jovem que conheceu em Montreal, a filha de um juiz, que se matou quando seu filho ilegítimo foi levado embora. Na melancólica "Story of Isaac", Leonard pegou a mesma história bíblica citada por Dylan em "Highway 61 Revisited" (Deus mandando Abraão sacrificar o próprio filho) e a transformou em um protesto contra a violência e as atrocidades antigas e atuais, públicas e pessoais. A canção tem o olho do romancista para os detalhes, a potência e a elegia presentes em suas primeiras poesias, e, também, um toque autobiográfico pelo fato de o protagonista ser um garoto de 9 anos, a idade de Leonard quando o pai morreu. E o blues acústico cru de "The Butcher" usa o Hagadá da Páscoa judaica para obter o mesmo efeito antigo/contemporâneo.

As críticas nos EUA não foram boas. Alec Dubro escreveu na *Rolling Stone*: "Em 'Story of Isaac' ele é prosaico a ponto de ser banal. Quando não está sendo prosaico e sim obscuro, como faz em 'A Bunch of Lonesome Heroes', é apenas irritante. Outros cantores-poetas são obscuros, mas geralmente passam a sensação de tentar chegar ao cerne do significado. Porém, Cohen canta com tanta falta de energia que fica fácil concluir: se ele não vai se emocionar com aquilo, por que nós deveríamos?"[14] William Kloman, do *New York Times*, foi mais gentil, comentando que, "como contador de histórias, Cohen é soberbo, mesmo quando coloca uma moral reticente no fim de suas histórias", mas não gostou da produção mais contida do álbum e concluiu: "Falta beleza às canções novas de Cohen."[15]

Lançado em abril de 1969, *Songs from a Room* se saiu melhor que o antecessor. Chegou ao número 12 nas paradas do Canadá e ao 63 nos EUA. No Reino Unido, no entanto, conquistou o segundo lugar, perdendo para uma compilação de sucessos de preço acessível chamada *20 Dynamic Hits*, que ia de Deep Purple a Cilla Black. Todos os críticos europeus pareceram gostar do novo estilo de produção sem adornos. Parecia certo que "O Bardo da Alcova" chegasse até nós nu, com pouca bagagem além dessas canções estranhamente confortáveis, que pareciam ter sido escritas sob a perspectiva de uma vida vivida nas longas e escuras horas antes do amanhecer por alguém em cujas palavras você podia confiar.

— *Acho que esse elemento de confiança é crucial. Sem dúvida, acredito que o que leva qualquer pessoa a um livro, poema ou canção é o fato de confiar no cara, ou na mulher.*
— *Você também? É o que te atrai no trabalho dos outros?*
— *Nunca falei dessa forma, mas, sim, acho que sim. Eu procuro essa sensação de confiança. Quando ouço alguém como George Jones, ele está trabalhando com os melhores músicos de estúdio de Nashville, é uma produção absolutamente impecável, às vezes exagerada, mas não importa, você confia naquela voz.*

O número 5.435 da Big East Fork Road ficava a uns 56 quilômetros ao sul de Nashville, sendo os últimos dez em uma sinuosa estrada de terra que saía dos arredores de Franklin, a cidade mais próxima. Os oito quilômetros quadrados dos Byrant englobavam florestas, um riacho, cavalos, rebanhos de gado puro-sangue, pavões selvagens, galinhas, quatro celeiros e uma cabana. Descendo do jipe recém-adquirido, Leonard inspecionou seu novo reino. Ele tinha cantado em "Stories of the Street" sobre encontrar uma fazenda. Era um sentimento comum nos anos 1960, isso de voltar ao campo, já que a vida urbana ficou cada vez mais distópica, e agora ele tinha conseguido, por dois anos, a 75 dólares por mês. A cabana era minúscula, contrastando com o resto do lugar. A porta da frente se abria direto para uma sala de estar com uma pequena cozinha nos fundos, dois minúsculos quartos e um banheiro externo. A porta dos fundos se abria para o riacho. O lugar, decorado de modo simples e modestamente mobiliado, era uma versão rural no Tennessee da casa de Hidra, apenas mais isolada.

O vizinho mais próximo morava a quase oitocentos metros de distância, em uma pequena casa erguida com blocos de cimento, teto de papel alcatroado e um alambique ilegal nos fundos. Willie York era um desdentado produtor ilegal de bebidas alcoólicas que, junto com o irmão, tinha passado onze anos e meio na prisão por ter matado um xerife em 1944. O cantor country Johnny Seay imortalizou York na canção "Willie's Drunk and Nellie's Dying", sendo Nellie a esposa dele, que fez a revista *Life* descer a Big East Fork Road em busca da história do casal. Leonard, que teve a própria experiência com a *Life* quando a revista fez um perfil dos artistas expatriados em Hidra, gostou de York imediatamente e costumava atravessar os campos à noite levando uma garrafa de uísque para visitá-lo.

Leonard comprou pistolas e um rifle na loja de suprimentos do exército e um cavalo de um amigo de York chamado Ray "Kid" Marley, campeão de rodeio do Texas que foi para o Tennessee treinar cavalos. "Kid era uma verdadeira figura", descreve Ron Cornelius, "era um cara muito grande, uma montanha de homem que costumava correr um bocado quando estávamos [a banda West] na cidade e ficávamos bêbados o tempo inteiro." Leonard revela: "Eu achava que sabia andar a cavalo, pois andávamos na colônia de férias, mas o cavalo que Kid Marley me vendeu mudou a minha ideia de que eu poderia cavalgar. Acho que ele viu esse moço sofisticado da cidade e me pregou uma peça ao me vender esse cavalo que eu mal conseguia pegar para encilhar. O bicho era malvado." Leonard imortalizou o cavalo na canção "Ballad of the Absent Mare" (em *Recent Songs*, 1979) e teria feito o mesmo por Marley e York se a versão original de "Chelsea Hotel" não tivesse sido substituída por "Chelsea Hotel #2", que tinha uma letra bem diferente.

> — *Eu era péssimo como caubói. [Risos.] Mas eu tinha um rifle. Durante o inverno, havia essas massas de gelo que se formavam no despenhadeiro de ardósia a algumas centenas de metros da minha cabana. Fiquei em pé na porta atirando nessas massas de gelo por tanto tempo que comecei a me tornar hábil.*
> — *Você morava sozinho na cabana?*
> — *Morei sozinho por boa parte do tempo, mas Suzanne aparecia de vez em quando.*
> — *Você gostava mais de ficar sozinho.*
> — *É, sempre preferi assim.*

É estranho pensar como a vida de Leonard estava diferente de nove meses atrás em Nova York. No Tennessee, Leonard era o homem da natureza. Quando Ron Cornelius levou a Bill Donovan (amigo de São Francisco que viraria gerente de turnê de Leonard e sua banda) até a cabana para conhecer Leonard, "ele abriu a porta totalmente nu e disse: 'Bem-vindos, amigos, podem entrar', como se isso fosse normal", lembra Donovan. Leonard lhes ofereceu chá, recusou um baseado "e ficou andando pela casa o tempo todo sem roupa", nem um pouco constrangido e conversando amigavelmente.

Leonard explica: "Achei que estava tendo a vida dos sonhos lá." No poema feito na cabana, de nome "I Try To Keep in Touch Wherever I Am", ele escreveu:

>O sol entra pela claraboia
>Meu trabalho me chama
>doce como o som do riacho.

CAPÍTULO DOZE

OH, FAÇA-ME UMA MÁSCARA

Os anos 1960 não tinham a menor intenção de passar calmamente. O último ano da década testemunhou o primeiro homem a andar na Lua, enquanto na Terra, nos Estados Unidos, houve o festival de Woodstock, a reunião das tribos hippies bem como Charles Manson e Altamont, a morte do sonho hippie. Para Leonard, 1969 também seria um ano grandioso. Foi quando conheceu a mulher que faria dele pai e o homem que faria dele um monge.

Joshu Sasaki Roshi é um japonês baixo e gordinho, mestre zen da escola Rinzai de budismo radical, nascido no primeiro dia de abril de 1907. Em 1962, quando tinha 55 anos e era apenas um garoto com um sonho louco, ele trocou o Japão por Los Angeles para estabelecer o primeiro centro Rinzai dos EUA. Leonard ouvira falar de Roshi pela primeira vez por meio do amigo Steve Sanfield, que tinha estudado com ele e morado por três anos na garagem de sua pequena casa alugada em Gardena, subúrbio barato de Los Angeles. Sanfield tinha se apaixonado pela esposa de outro aluno e Roshi pediu que eles fossem embora. Vários meses depois, quando o casal esperava um filho, Roshi permitiu que voltassem para celebrar o casamento dos dois no recém-inaugurado Centro Zen da Cimarron Street. Sanfield escreveu para Leonard em Nashville e o convidou para ser o padrinho. Não houve resposta, mas quando ele e a noiva chegaram para o casamento, Leonard estava lá esperando.

Leonard pareceu fascinado pela cerimônia, especialmente pelos Dez Votos do Budismo e pelo fato de Roshi ignorar aquele que dizia sobre não ceder ao vício das drogas e do álcool, consumindo uma quantidade impressionante de saquê. Leonard e Roshi mal trocaram uma palavra naquele dia, o que o músico não considerou problema. Desde que virou uma celebridade no mundo da música, Leonard parecia ter adquirido um grande números de "amigos" que mal conhecia e desejavam falar com ele. Em sua visão, bons eram os modos japoneses antigos, onde homens se encontravam e "faziam uma reverência um para o outro por até meia hora, trocando cumprimentos e se aproximando gradualmente, entendendo a necessidade de adentrar a consciência do outro com cuidado".[1]

Algumas semanas depois, Leonard fez outra aparição, sem ser anunciado, agora em Ottawa, durante a celebração organizada por Jack McClelland para os vencedores do cobiçado prêmio do General Governor de literatura. Leonard tinha ganhado por *Selected Poems 1956-1968*, mas mandou um telegrama recusando a láurea, o que era muito incomum. Apenas outro vencedor havia recusado a honraria e o respectivo cheque de 2.500 dólares canadenses: um separatista francês em protesto político. E ainda mais incomum era recusar o prêmio e comparecer à festa.

Mordecai Richler cercou Leonard e exigiu saber seus motivos, mas nem ele sabia. No telegrama ao comitê, Leonard escreveu: "Boa parte de mim deseja essa honraria, mas os poemas em si a proíbem completamente." Se ele quis dizer que tinha escrito livros mais dignos do prêmio do que a antologia ou se os poemas já haviam sido julgados por ele mesmo está aberto para o debate. Certamente, o trabalho dele estava recebendo muito mais atenção de muito mais críticos agora que tinha gravado um álbum. A nova carreira também trouxe grande aumento na renda, significando que Leonard não dependia mais de prêmios para ajudar a pagar as contas. Contudo, para o mundo literário canadense esse comportamento pareceu apenas indicar uma celebridade pop expatriada rejeitando seu país e sua antiga vida.

De Ottawa, Leonard viajou para Montreal, onde foi a um antigo local de trabalho, a fábrica do tio Horace, visitar o primo David. Almoçando na cafeteria da empresa, David disse a Leonard: "'Você é famoso, um grande astro.' Eu não quis dizer sarcasticamente e ele não interpretou dessa forma. Ele só respondeu: 'Você entra na máquina promocional da Columbia e não consegue evitar ficar muito bem-conhecido. Não sou criança e vi isso destruir muitos jovens que vão do nada ao estrelato. Já passei pela máquina, não se pode escapar dela. Depois que você vira artista com eles, é isso.'" Quando Leonard saiu de Montreal para Nashville, parou em Nova York mais uma vez. Após fazer check-in no Chelsea Hotel, foi ao Centro de Cientologia. Lá, conheceu uma mulher.

* * *

"Era o início da primavera de 1969. Marcamos uma aula de cientologia no mesmo dia. Ele entrou no elevador do Centro de Cientologia enquanto eu saía e nossos olhos se encontraram. Alguns dias depois, sentamos perto um do outro. Embora eu estivesse vivendo com outra pessoa, deixei o relacionamento por Leonard imediatamente e me mudei para o Chelsea com ele." Suzanne Elrod era uma bela moça de cabelo escuro de Miami, Flórida. Algumas pessoas em Montreal diziam que ela possuía forte semelhança com a Suzanne da canção de Leonard. Ela tinha 19 anos.

Leonard, com 34, era 15 anos mais velho, quase a mesma diferença de idade que havia entre a mãe e o pai dele, mas ainda era consideravelmente mais jovem que o homem rico com quem Suzanne morava no luxuoso Plaza Hotel. Suzanne se recusa a contar a história da sua família, composta por judeus seculares. Ela foi a Nova York não para estudar, ter aventuras ou fugir, mas como "uma garota muito jovem e ingênua armada apenas com as fantasias românticas típicas da minha geração, querendo ter uma família. Eu tinha um rio de amor para dar, e encontrei Leonard", explica ela. "Sabia que ele estava destinado a ser o pai dos meus filhos e o amor da minha vida, não importa o que acontecesse." Quando ela disse ao homem com quem morava que estava indo embora, ele insistiu em conhecer "o poeta pobre" que a tinha roubado e organizou um jantar para os três. Depois, "se trancou em uma das suítes por várias horas para ouvir as músicas e ler os livros de Leonard que fizera o chofer comprar. Quando terminou, disse que pelo menos eu o estava deixando por alguém que valia a pena".

A vida deles no quarto de Leonard no Chelsea era reclusa, segundo Suzanne, com poucas festas ou vida social. Leonard parecia tão impressionado com a jovem obstinada e sexual quanto ela com ele. Mas também parecia estar com um olho na porta. Em seu passaporte havia um papel dobrado de motel contendo uma lista de nomes e telefones de pessoas do mundo inteiro, entre eles Viva, uma das estrelas de Warhol, o cantor *folk* Dave Van Ronk, a roqueira *folk* Jolie Felix, Judy Collins, Marianne e uma "Jane" que morava no número 41 da West Street.[2] Também estavam na lista o compositor e maestro Leonard Bernstein e o diretor de cinema italiano Franco Zefirelli. Em junho de 1969, pouco depois de conhecer Suzanne, Leonard se juntou a Bernstein e Zefirelli na Itália, onde ele dirigia um filme sobre a vida de São Francisco. O diretor levou os dois Leonard ao túmulo de São Francisco e falou sobre a possibilidade de trabalharem juntos na trilha sonora. Infelizmente, isso não aconteceu. Quando *Irmão Sol, irmã Lua* estreou, em 1972, a trilha sonora era do cantor e compositor escocês Donovan.

Da Itália, Leonard foi para a Grécia. Suzanne o acompanhou, e ficou com ele na casinha branca em Hidra. "Minha primeira impressão era que as salas eram muito pequenas e acabadas", lembra Suzanne. Com o tempo ela "mudou muitas coisas, reconstruiu a sala do andar de baixo e o jardim, mantendo a autenticidade da casa, pois era o que Leonard e eu amávamos no lugar. Eu respeitava muito o espírito da casa. Gostava dela elegante, esparsa e branca, em toda a sua simplicidade camponesa grega".

Enquanto estavam na ilha, veio a notícia do suicídio de Charmian Clift. No dia 8 de julho, véspera da publicação do novo romance do marido, *Clean Straw for Nothing*, Clift tomou uma overdose de barbitúricos. (George Johnston morreria um ano depois de tuberculose.) Leonard ficou de luto com o resto da ilha, mas em Hidra, como em Nova York, ele e Suzanne, basicamente, viviam reclusos.

Quando voltou para a cabana no Tennessee, Leonard levou Suzanne. Ele a apresentou a Willie York e Kid Marley. O caubói de rodeio "chegava sem ser convidado, geralmente bêbado, para contar histórias às vezes hilárias, às vezes insípidas, enquanto cuspia no chão, cravava as botas no piso de madeira, com esporas e tudo, botava a mão no joelho e dizia: 'Mas estamos nos divertindo.' Às vezes, ele era fascinante", diz Suzanne, "e nós ríamos e o mantínhamos bêbado. Em outros momentos, nos livrávamos dele o mais rápido possível, educadamente e sem levar tiros. Afinal, todos tinham rifles no banco de trás das caminhonetes. Eu mencionei as várias bandeiras confederadas que ainda estavam hasteadas 'lá no vale'? Era um lugar interessante para visitar e compreender, mas nós moramos lá por um período tranquilo e breve, ainda bem, como vivemos em outros lugares".

Leonard também levou Suzanne a Montreal, para conhecer a mãe. Eles moraram por um breve período na casa onde Leonard passou a infância na Belmont Avenue enquanto ele procurava um lugar para comprar. Masha, disse Suzanne em 1980, "era a influência espiritual mais onírica. Eu só me incomodava por ela sempre me chamar de Marianne".[3]

Leonard comprou uma casinha barata perto do Parc du Portugal, junto ao Principal, uma região basicamente povoada por famílias de imigrantes portugueses e gregos, mas que ainda mantinha os antigos mercadinhos judeus de mesas enceradas. O casal mal tinha se mudado para lá e foi para Nova York mais uma vez. Na cidade, Leonard revisitou com Suzanne alguns dos lugares que frequentava, incluindo o Gaslight, onde viram um show de Loudon Wainwright III. Mas Leonard não ia mais ao Centro de Cientologia. O desencanto aconteceu, bem como a raiva pelo fato de a organização ter começado a explorar seu nome. Leonard havia "ficado limpo" e tinha um certificado confirmando seu status de "Dianético Sênior, Grau IV de Liberação".[4] "Eu participei de todas as investigações feitas pela minha geração que envolviam a imaginação", admite Leonard. "Eu até dancei e cantei com os Hare Krishna. Sem toga, não me juntei a eles, mas experimentava tudo."[5]

O despontar da nova década encontrou Leonard e Suzanne na casinha de Montreal, até ela não suportar mais o frio e ir para Miami. Leonard, por sua vez, voltou a Nashville. Bob Johnston falava em um terceiro álbum e a Columbia Records falava ainda mais, sobre uma turnê europeia.

Leonard nunca tinha feito uma turnê, mas sabia que não gostava de turnês. Viajar não era o problema: "Eu voei por aí como cortiça por boa parte da minha vida",[6] conta ele. Mas era diferente quando havia outra pessoa no comando, dizendo onde ele precisava estar e quando. Os tios de Leonard confirmariam a aversão dele ao trabalho em horário comercial, enquanto o hábito de virar presidente dos vários clubes em que entrava indicava que Leonard não gostava muito de seguir regras, a menos que ele as criasse. Ele também tinha um problema de medo do palco: "Sentia que o risco de humilhação era muito grande", e precisava de estímulo para se apresentar.[7] Porém, temia mais ainda por suas canções. Elas surgiram para ele em particular, vindas de algum lugar puro e honesto, e ele tinha trabalhado muito, arduamente, para fazer com que fossem representações sinceras de um momento. Ele queria protegê-las em vez de exibi-las e prostituí-las para estranhos que pagassem por uma intimidade artificial. "Minha ideia era fazer apenas álbuns", revelou ele a Danny Fields. E também esperava que suas canções "pudessem fazer seu caminho pelo mundo" por intermédio dos discos, como equivalentes em áudio a livros de poesia, sem que ele precisasse apresentá-las ao vivo.

Leonard ligou para Bob Johnston, dizendo que não faria turnê a menos que o produtor aceitasse ser o gerente e tocar os teclados na banda. Foi uma boa estratégia, pois Johnston seria o primeiro a admitir que não era músico, e a probabilidade de a Columbia deixar o chefe da divisão de Nashville abandonar o posto e entrar em turnê parecia remota. Exceto que Johnston tinha acabado de sair da empresa para trabalhar de modo independente. Celebrar a mudança com uma viagem pela Europa com todas as despesas pagas pelo antigo empregador pareceu a Johnston uma ótima ideia. Quanto a ser o gerente, ele disse a Leonard que tocaria na banda, cuidaria dele na estrada e não cobraria um centavo para fazê-lo, mas que era melhor falar com Marty Machat, advogado e empresário que lidava com os negócios de Johnston. Machat tinha sido o braço direito de Allen Klein, empresário dos Beatles e dos Rolling Stones. Leonard e Johnston fizeram um acordo no qual Johnston indicou Bill Donovan como gerente de turnê e convocou a banda para os ensaios: Cornelius, Daniels, Fowler e as *backing vocals* Susan Musmanno e Corlynn Hanney. Leonard, por sua vez, telefonou para Mort Rosengarten em Montreal e pediu que ele fosse ao Tennessee.

"Leonard pediu que eu fizesse uma máscara para ele", diz Rosengarten. "Uma máscara teatral. Ele queria usá-la durante as apresentações. Então, eu fui para o lugarzinho dele, no fim de uma estrada suja no meio do nada." Não havia onde comprar material, mas eles acharam uma loja de hobbies em Franklin que vendia "pacotes para kits de modelagem. Comprei todos, e Leonard voltou de Nashville com um saco de gesso". Enquanto Leonard ensaiava em Nashville, Mort ficava na cabana e trabalhava na máscara. "Com Leonard longe, não havia ninguém por perto, exceto esse velho que fazia álcool ilegal e Kid Marley, que se vestia de caubói e nunca ia a lugar algum sem o seu cavalo, que ficava em um trailer sempre preso à sua caminhonete. Uma noite, ele apareceu bêbado na cabana e estávamos esperando Leonard, mas aí ele decidiu voltar à cidade para comprar mais bebida. Fui com ele e o cavalo também, no trailer."

A máscara feita para Leonard se apresentar era, na verdade, uma imagem do próprio Leonard: uma máscara mortuária confeccionada a partir de um molde de gesso do rosto dele, sem expressão e com buracos para a boca e os olhos. Leonard, claramente, tinha autoestima suficiente para não querer trabalhar atrás do rosto de outra pessoa. A máscara de si mesmo lhe daria uma casca mais grossa para resguardar sua sensibilidade e proteger suas canções da contaminação, mas também deixava óbvio que o Leonard público era uma performance e que ele estava bem ciente do disfarce. Como escreveu no espelho do banheiro em *Ladies and Gentlemen... Mr. Leonard Cohen: caveat emptor* (o risco é do comprador, em tradução livre do latim). "Deixe o homem que me observa saber que isso não é totalmente desprovido de fraude." Leonard também conhecia Dylan Thomas ("Oh, faça-me uma máscara e um muro que me escondam de teus espiões/dos agudos olhos esmaltados e das garras que denunciam") e Nietzsche ("Esta natureza tão oculta, que instintivamente emprega o discurso para silenciar e disfarçar [...] desejos e insiste que uma máscara de si deva ocupar o seu lugar").

Rosengarten diz: "Leonard achou que isso era útil para construir sua persona no palco. Uma máscara é neutra, a pessoa que a usa é quem lhe dá vida, a forma de mexer a cabeça, os olhos e tudo mais. Vira algo muito poderoso." Leonard decidiu não usar a máscara, mas a guardou por décadas. Mort acabou esculpindo uma para ele em alumínio.

"Ah, cara", diz Bob Johnston, "nunca houve algo como aquela turnê." Ela começou com nove shows em oito cidades europeias, em duas semanas, e foi movida a LSD e Mandrax. Leonard, vestindo uma roupa de safári cáqui e brandindo o chicote de Henry Zemel, era um general Patton quixotesco liderando seu exército desorganizado que, no show de Hamburgo, estava mais para bucha de canhão. Era 4 de maio de 1970, dia do Massacre de Kent State nos Estados Unidos, e, como uma espécie de gesto de paz intrincado e contra as autoridades, Leonard decidiu começar a segunda metade do show batendo o pé no chão duas vezes e fazendo a saudação nazista. Ele tinha sido recebido por isqueiros acesos e longos aplausos de pé, mas o clima mudou rapidamente.

A multidão "enlouqueceu", conta Johnston, "começaram a xingar e a jogar objetos. Um cara surgiu em alta velocidade pelo corredor com uma arma. Ele estava a um metro e meio do palco quando foi jogado no chão pelo segurança. Charlie Daniels virou para mim e disse: 'Estou fora.' Eu falei: 'Não se mova, se eles vão matar alguém, vai ser o Leonard.' A multidão se acalmou quando ele pegou o violão e disse: 'Vocês terminaram? Acabaram todos?', e aplaudiu quando ele começou a tocar. Mas era uma antiga canção ídiche e ele começou a dançar no palco com uma perna só, como os judeus fazem, cantando 'Ai-eee, ai-eee'. Eles começaram a xingar e a jogar objetos de novo. Então, ele começou uma de suas canções, nós acompanhamos, e tudo se acalmou. Leonard sempre fazia proezas assim, sem sofrer consequência alguma". Na manhã seguinte, contudo, Daniels pediu demissão no hotel. "Acabou para mim", disse ele. "Tenho esposa e filho e vocês não. Não posso levar um tiro aqui por causa de Leonard Cohen." Foi preciso a banda inteira se reunir para convencê-lo a ficar.

Em Londres, Leonard fez uma leitura de poesia no ICA e tocou duas noites no Royal Albert Hall, com ingressos esgotados imediatamente após o anúncio dos shows. O primeiro álbum tinha acabado de conquistar um disco de ouro no Reino Unido e o segundo estava em alta nas paradas. O *Guardian* noticiou: "A plateia hippie da moda aplaudia histericamente, mas espero que eles entendam qual é a de Cohen." Caso não tivessem entendido, o crítico Robin Denselow explicava que as canções de Leonard refletiam uma "desolação peculiarmente canadense" e a mensagem delas, uma vez retirada a poesia, era "obsessão por si mesmo, cinismo, falta de comunicação. São dois desconhecidos fazendo amor freneticamente em um misterioso quarto de hotel".[8]

Leonard ligou para Nico, que também estava em Londres, mas ela o dispensou novamente. Apesar disso, conheceu várias mulheres mais generosas em termos de afeto. Ele comprou um livro para Suzanne chamado *The Language of Flowers*, no qual escreveu uma dedicatória, dizendo que ela era "um sopro fragrante entre as tempestades imundas da vida".[9] Leonard levou Cornelius, Johnston e Donovan para encontrar um amigo em Londres que, segundo ele, tinha o melhor ácido de todos. "Ele se chamava Poeira do Deserto e era uma espécie de LSD turbinado", diz Cornelius. "Você tinha que pegar uma agulha, pois um alfinete era grande demais, encostar a língua naquele pozinho marrom e você *ia embora* por 16 horas, sem volta, apenas com aquela quantidade da agulha." Vastos suprimentos foram comprados e consumidos. Chegou ao ponto de o gerente da turnê fazê-los andar de mãos dadas no aeroporto para não perder ninguém a caminho do avião. "Era uma grande fila de conga", relembra Donovan, "com todo mundo cantando."

No voo para Viena a aeromoça avisou que havia uns trezentos fãs esperando por eles no aeroporto. "Leonard afirmou: 'Ah, eles me amam em Viena'", conta Johnston, "mas quando aterrissamos, ele saiu, acenou para a multidão e todos gritaram: 'Cadê o Bubba?' Acaba que Bubba Fowler fazia muito sucesso em Viena, mas não sabia." Contudo, o público europeu amava Leonard, mesmo quando ele o provocava, e talvez fosse exatamente por isso que ele o provocasse, embora o consumo de fármacos também possa ter algo a ver com isso. Por mais que Leonard alegasse não gostar de se apresentar, a relação dele com o público era de afeto e gratidão. No show de Amsterdã, ele convidou a multidão para o hotel, o que resultou em ação da polícia. No Olympia de Paris, chamou a plateia para subir ao palco e mais uma vez a polícia foi acionada.

Era a primeira turnê de verdade de Leonard e ele ainda estava encontrando seu caminho como artista de palco, mas, para uma primeira turnê, foi extraordinária. A banda saiu da França para Nova York em julho, quando o Balé Real de Winnipeg se preparava para estrear *The Shining People of Leonard Cohen* em Paris. Coreografado por um aluno da Universidade McGill chamado Brian Macdonald, que tinha conhecido Leonard em 1964, contava com uma trilha sonora eletrônica e a leitura de vários poemas de Leonard, entre eles os eróticos "When I Uncovered your Body" e "Celebration".

Nos EUA, Leonard estava com uma apresentação marcada no festival de *folk* Forest Hills. Sair das grandes casas de ópera e salões de concerto europeus para um show em um estádio de tênis afetou um pouco o humor de Leonard. Bob Dylan, que também estava no festival, tinha escolhido justamente aquele dia para conhecer Leonard. Dylan também não estava no melhor dos humores após ter sido barrado por um segurança (que deve ter sido o único homem em um festival de *folk* a não reconhecê-lo) quando entrava no camarim de Leonard. O segurança ligou para Johnston: "Tem um cara aqui falando que é Bob Dylan e dizendo que conhece você." Johnson brincou: "Nunca vi o desgraçado na vida, mas tudo bem, deixe-o entrar"; "Cara, isso não teve graça", retrucou Dylan.

Leonard estava nos bastidores com Ron Cornelius, que colocava novas cordas em seu violão. Johnston pôs a cabeça na porta, dizendo: "Bob Dylan está aqui." "E daí?", respondeu Leonard. "Ele quer conhecer você", explicou Johnston. "Deixe-o entrar", convidou Leonard. Dylan entrou e, por alguns instantes, ele e Leonard simplesmente ficaram lá parados, sem falar nada. Coube a Dylan quebrar o silêncio: "Como você está indo aqui?", perguntou. "Bom, tenho que estar em algum lugar", retrucou Leonard. "Foi uma conversa estranhíssima", descreve Cornelius, que conhecia Dylan e tinha trabalhado com ele. "Eles conversavam nas entrelinhas, se é que você me entende. Dava para ver que eles estavam se comunicando, mas não tinha nada a ver com as palavras que diziam. Foi um dos climas mais esquisitos que já presenciei na vida, apenas levemente hostil. Mas isso também tem a ver com o fato de que estávamos tocando em lugares onde Leonard era o número um e Dylan o número dois. Leonard lotou o Albert Hall em 32 minutos e depois chegamos aos Estados Unidos, onde Bob Dylan é o número um e ninguém ouviu falar de Leonard." Por mais estranho que tenha sido o encontro, tanto Leonard quanto Dylan saíram dele se considerando amigos. Porém, Cornelius estava certo quanto ao status de Leonard nos Estados Unidos. Uma crítica do show na *Billboard* o considerou "nervoso" e "sem vida". Nancy Erlich escreveu: "Ele se esforça muito para conseguir aquele vocal apático, aquela voz banal e sem graça falando do além-vida. E a voz não oferece conforto ou sabedoria, expressa derrota total. A arte dele é opressiva."[10]

Como Leonard e a banda ainda precisavam tocar em dois festivais na Europa, pegaram o avião de volta. O primeiro deles era no sul da Franca, na cidade da Provença, a dez quilômetros de Aix, e eles tinham sido alocados em uma velha hospedaria country nos arredores da cidade. O hotel tinha estábulos e a banda estava com a tarde livre, então, alugaram cavalos e cavalgaram pela paisagem, que parecia uma pintura de Cézanne, cantando músicas de caubói. Mal sabiam eles que o festival de três dias, cuja programação incluía bandas francesas e estrangeiras, como Mungo Jerry e Johnny Winter, tinha virado um mini-Woodstock francês. Tinham aparecido mais pessoas do que o planejado pelos organizados, sendo que muitas se recusaram a pagar 55 francos pelo ingresso e quebraram as cercas para entrar. A prefeitura local, preocupada com as "hordas de hippies desordeiros em busca de alvoroço e escândalo", que faziam acampamentos improvisados na campina, dançavam com Hare Krishnas e tomavam sol nus e chapados, baniram o festival e mandaram ao local o CRS, a polícia francesa antirrebelião. Segundo todos os relatos, o show continuou sem problemas, além do fato de os frequentadores mais estrondosos estarem exigindo que o festival fosse gratuito e do temor dos organizadores de que talvez não ganhassem o bastante para pagar os artistas.

Quando dirigiam pela estrada cercada de árvores até o local do festival, Leonard e a banda encontraram o caminho totalmente bloqueado por carros estacionados e abandonados. Ainda faltavam alguns quilômetros, mas era longe demais para andar, eles precisavam levar os instrumentos e não havia como telefonar pedindo ajuda. Foi quando Bob Johnston pensou nos cavalos. De volta à pousada, após negociar por meio de um intérprete, eles saíram novamente a cavalo, pegando a rota entre os caminhos estreitos na montanha naquela noite quente e iluminada pelas estrelas, rumo às luzes distantes.

"No meio do caminho", diz Johnston, "Leonard fala: 'Não podemos fazer o show. Acabou o vinho.' Estávamos no meio do mato e eu o tranquilizei: 'Leonard, não se preocupe.' Até que, mais ou menos 1,5 quilômetro adiante, no meio do nada, vimos um bar chamado Texas." O bom Deus nos havia abençoado e guiado até um improvável bar temático do Velho Oeste. Havia até um poste para amarrar os cavalos. Eles desceram dos cavalos e elaboraram no bar o plano de entrar no festival cavalgando até o palco. Era o tipo de decisão tomada após um grande consumo de vinho misturado ao estilo de liderança de Bob Johnston e à ousadia provavelmente gerada pela turnê europeia. Eles cavalgaram para os bastidores, foram na direção das rampas e subiram o palco. Johnston lembra: "O palco balançava muito. Os caras do festival acenavam e gritavam que iria desabar." Aquilo pareceu uma possibilidade real. O garanhão branco que Leonard montava pareceu sentir o risco e empacou, mas acabou convencido. "Dei um chute na bunda dele", conta Johnston, "e Leonard entrou cavalgando no meio do palco, empinou o cavalo e saudou a plateia."

Naquele momento, Leonard era o *showman* perfeito, parecendo estar totalmente no controle tanto da espontaneidade quanto do artifício. O único problema foi que a entrada triunfal foi recebida com vaias. As pessoas começaram a interrompê-lo para gritar ofensas: Leonard era uma diva por fazer uma entrada tão grandiosa, era capitalista e os ingressos estavam caros demais devido ao seu cachê exorbitante, e também era simpatizante do fascismo por ter casa na Grécia e se recusar a falar contra o governo militar. Como costumava fazer, Leonard tentou envolver "os maoístas", como chamava seus detratores, em um debate entre as canções. A resposta deles era jogar garrafas. A certa altura Leonard pensou ter ouvido tiros, mas era só uma luz do palco sendo quebrada. Mesmo assim, independentemente do que pudesse acontecer, não estava com medo. Ele não era mais o Comandante Cohen, era o Conquistador, o cavaleiro branco do Apocalipse. E disse aos causadores do tumulto que, se quisessem briga, deveriam subir ao palco, pois ele e seus homens estavam prontos para enfrentá-los. No fim da apresentação, a banda de Leonard tinha um nome oficial: Army (Exército, em inglês). A próxima campanha seria tomar uma pequena ilha a seis quilômetros da costa sul da Inglaterra que tinha sido invadida por seiscentos mil jovens, dez vezes mais que os frequentadores do festival em Aix. Antes de aterrissar na ilha de Wight, porém, Leonard foi para um hospital psiquiátrico.

Em 28 de agosto, dois dias antes da data marcada para se apresentar no festival da ilha de Wight, um sedã estacionou em frente ao Hospital Henderson, em Sutton, no sul de Londres. Ao olhar para cima, Leonard viu um prédio velho e imponente com uma torre de janelas estreitas. Parecia uma instituição onde você poderia se internar e nunca mais sair. Leonard entrou. Bill Donovan estava lá, dizendo que tudo estava preparado para ele na torre. "Ah, caramba", disse Leonard a Bob Johnston enquanto o diretor médico do hospital os acompanhava, "espero que eles gostem de 'So Long, Marianne.'"

"Leonard disse: 'Quero tocar em hospitais psiquiátricos'", lembra Johnston. E assim como fez quando Johnny Cash manifestou o desejo de se apresentar em presídios, Johnston concordou e "agendou vários". Apesar das aparências, o Henderson (atualmente fechado por motivo de cortes no financiamento) era um hospital pioneiro, com uma abordagem inovadora para o tratamento dos transtornos de personalidade. Ele se denominava uma comunidade terapêutica, e seus pacientes eram residentes. "Era só terapia pela fala", diz o ex-enfermeiro encarregado Ian Milne. "Nada de remédios, nada de 'zumbis.'" A maioria dos pacientes tinha a idade de Leonard ou era mais jovem — e o mesmo valia para a equipe. Para quem vinha de fora, mal seria possível diferenciá-los. Todos estavam no encontro comunitário matinal em que o diretor médico anunciou ter recebido uma ligação dizendo: "Um cara quer vir cantar para nós, fazer o show que apresentará na ilha de Wight. O nome dele é Leonard Cohen." Todos ficaram boquiabertos. O falatório até parou.

Ron Cornelius se lembra da primeira vez que Leonard comunicou à banda a intenção de tocar em hospitais psiquiátricos. "Estávamos no Hotel Mayfair e ele disse: 'Vamos aproveitar esta turnê. Vamos ver as cidades, passar dois ou três dias nelas. E quando não estivermos fazendo shows, quero tocar em instituições mentais.' Eu falei: 'O quê? Não vou tocar em uma casa de loucos. Sim, eu topo o Albert Hall, mas estou fora das casas de loucos.' Bom, eles falaram, falaram e falaram, até Leonard finalmente dizer: 'Ron, vá só uma vez.' Após ver o que a música fez por aquelas pessoas eu acabei gostando desses shows, e nós fizemos vários, em toda a Europa, no Canadá e até nos Estados Unidos."

Leonard não disse por que desejava tocar para pacientes psiquiátricos e a banda não perguntou, mas Johnston se lembra de tê-lo ouvido dizer uma vez que "precisou ir ao hospício uma vez, quando escreveu *Beautiful Losers* ou algo assim". Segundo Johnston, Leonard disse que tinha tomado muito ácido, saído em um barquinho e olhado o sol por tempo demais. Ele falou ao jornalista Steve Turner, em 1974, que se sentia atraído por hospitais psiquiátricos pela "sensação de que a experiência vivida por muita gente nesses lugares qualificaria essas pessoas a serem um público especialmente receptivo ao meu trabalho. De certa forma, quando alguém consente em ir a um hospital psiquiátrico ou é internado já reconheceu uma tremenda derrota. Dizendo de outra forma, já fez uma escolha. E eu sentia que os elementos dessa escolha e os elementos dessa derrota correspondiam a certos elementos que produziam minhas canções, e assim haveria uma empatia entre as pessoas que viveram essa experiência e as experiências documentadas em minhas músicas".[11]

Então, o sentimento de solidariedade teve algo a ver com isso. Em uma entrevista de 1969, ele comentou: "Sempre amei as pessoas que o mundo costumava chamar de loucas. Gostava de passar tempo e conversar com esses velhos ou com os drogados. Eu tinha apenas 13 ou 14 anos, e nunca entendi por que fazia isso, mas me sentia em casa com aquelas pessoas." Havia algo de "identificação, exceto pelo destino", considerando o histórico dele e da mãe. Em um nível mais prático, era também um bom lugar para "unir mais a banda", explica Donovan, "e impressioná-los". Leonard fez tudo isso pagando do próprio bolso e sem alarde. Embora existam dois grandes álbuns de Johnny Cash gravados em presídios, não há um *Leonard Cohen ao vivo no hospital Henderson*. Porém, existe uma fita desse show, e é boa. Milne, que gostava de fazer gravações amadoras, o capturou em seu gravador de rolo Stella de quatro canais.

O show começou por volta das sete da noite no sótão da torre, com seu teto alto. Havia um pequeno palco, tão lotado com a banda e o equipamento normal de shows que Leonard precisou tocar e cantar no chão. Ele ficou em pé embaixo das janelas altas e estreitas, que davam ao recinto uma sensação de capela. Uns cinquenta residentes ocuparam uma meia dúzia de filas de cadeiras dobráveis enquanto a banda fazia uma rápida passagem de som com "Arms of Regina", música inédita que soava como uma balada country nem lenta, nem rápida e de harmonias emocionantes. Para a plateia Leonard disse: "Tinha um homem com quem falei ontem à noite, um médico. Eu disse que vinha para cá e ele me alertou: 'Eles são um bando difícil de jovens loucos.'" Enquanto tocava os acordes iniciais de "Bird on the Wire," Leonard parou: "Estou com vontade de falar. Alguém me avisou lá embaixo que tudo o que vocês fazem aqui é falar. Isso é psicótico, é contagioso". Aparentemente, era mesmo. Leonard falou muito durante o show de oitenta minutos, entre as onze canções e um poema, e geralmente de modo mais livre que em shows comuns. Ele explicou como o romance com Marianne esfriou lentamente até morrer e contou a história de algumas canções: "You Know Who I Am" tinha "algo a ver com umas trezentas viagens de ácido que fiz" e "One of Us Cannot Be Wrong" "foi composta quando parei com a anfetamina". "Tonight Will Be Fine" foi tocada como uma música de baile country, alegre, estridente e com versos a mais. Também houve sinais de "tennesseeficação" em "Suzanne", com a torre de madeira solitária mudando de "alone" para "lonesome". Leonard experimentava letras diferentes aqui e ali. Em "Bird on the Wire", "I have saved all my ribbons for thee" (Guardei todos os meus laços para ti) foi alterada para a bem diferente "I have broken all my sorrows on thee" (Quebrei todas as minhas mágoas em ti). Não houve reconhecimento ou reação da plateia quando ele acrescentou: "Foi composta no Chelsea Hotel em Nova York, onde você nunca sai do elevador sozinho", mas, na época, "Chelsea Hotel #2" e as histórias de Janis tinham acontecido há alguns anos.

Parecia haver alguns fãs de Leonard Cohen na plateia. Um deles berrou pedindo "Famous Blue Raincoat", "que eu não sabia que alguém conhecia, pois cantamos apenas em shows. É uma canção que compus em Nova York quando morei no lado leste do East Side e é sobre dividir mulheres, dividir homens e a ideia de que se você se agarra a alguém..." — Leonard deixou a conclusão no ar. Durante as canções, a plateia ficou muda, encantada. Quando pararam, os aplausos foram altos e arrebatadores. "Eu queria dizer que essa é a plateia que estávamos procurando." Leonard parecia emocionado e feliz. "Nunca me senti tão bem tocando diante de uma plateia." Pessoas que tinham problemas mentais pareciam deixar Leonard e suas canções à vontade. Eles fizeram outros shows em hospitais psiquiátricos naquele ano, que "foram um dos pontos altos da turnê inteira, cada um deles", diz Donovan, por conta do "jeito como a plateia se fixava no que Leonard fazia e como ele interagia com eles".

No início de novembro de 1970 eles tocavam no hospital psiquiátrico Napa State, um edifício gótico colossal situado em uma vinícola de setecentos mil metros quadrados na Califórnia. A banda contava com uma nova *backing vocal* temporária, chamada Michelle Phillips, do the Mamas and the Papas.* Alguns dias antes, no Halloween, Phillips tinha se casado com o ator Dennis Hopper, que considerava Leonard um amigo e o convidou para a cerimônia. "Então, nós arrastamos Hopper para o hospital também", revela Bill Donovan. "No caminho ele tomou ácido", que começou a fazer efeito exatamente quando a limusine entrou no local. Eles começaram a descarregar os equipamentos e podiam ver a equipe levando o público ao prédio no qual iriam se apresentar. Muitos pacientes estavam em cadeiras de rodas e outros caminhavam devagar. O hospital recebia muitos pacientes em estado grave e altamente medicados, e também havia uma ala separada para os doentes que cometeram crimes. "Quando Hopper viu aquilo, ele surtou. Como se fosse *A Noite dos Mortos-vivos* ou algo assim. Ele correu de volta para a limusine, trancou a porta e não saía", conta Donovan. Enquanto isso, Leonard cantou, tocou e falou um pouco, depois se juntou aos pacientes com o violão, "e todos que podiam se mexer o seguiram pelo recinto, de um lado para o outro e dando a volta no palco".

Quando a banda se apresentou em um hospital de Montreal, uma jovem paciente disse a Leonard que não era louca e tinha sido internada

---

* Ela cantou em duas datas oficiais: no Berkeley Community Center e no Hollywood Bowl.

pelo pai porque tinha usado drogas. Ela implorou para que ele a ajudasse a sair. Havia algo em sua história que o fez lembrar de Nancy, a filha do juiz sobre a qual compôs "Seems So Long Ago, Nancy". Eles formularam um plano de fuga, que não deu certo. Felizmente, pois eles descobriram que ela realmente tinha uma doença mental grave. "Aconteceram umas coisas que deixariam você sem fôlego", conta Ron Cornelius. "Em um show, oito ou nove pessoas que estavam em cadeiras de rodas decidiram que exatamente às seis da tarde todos cagariam nas calças. Eles foram retirados do local com as roupas sujas e aos gritos porque a música estava fazendo algo inédito por eles. Um garoto se levantou e faltava um triângulo na cabeça dele, dava para ver o cérebro funcionando. Ele começou a gritar para Leonard no meio de uma canção, a ponto de nos fazer parar. O garoto disse: 'Está bom, está bom, grande poeta, grande artista. Você vem aqui, traz a banda, traz as garotas bonitas, canta todas essas palavras bonitas e tudo, mas o que eu quero saber, cara, é o que você acha de mim?' Leonard saiu do palco e, antes de você se dar conta, estava abraçando o garoto."

No caminho para a ilha de Wight, Leonard analisou a revista musical que Johnston lhe dera. Ela estava aberta em um anúncio de página inteira para o álbum, que mostrava Leonard vestindo um suéter preto e olhando para a esquerda, como se tentasse ignorar o que a gravadora tinha escrito atrás da sua cabeça: "Você já teve a sensação de querer se desligar da vida? Entrar em algum tipo de contemplação solitária só para pensar em tudo por algum tempo? Tudo. Você. Ela. Isto. Eles. Bom, é assim que um poeta se sente, porque ele não é diferente de ninguém. O que faz o poeta ser diferente é que ele dedica tempo a colocar tudo no papel. Lindamente. E o que faz Leonard Cohen ser um poeta muito diferente é que ele transforma sua poesia em canções. Ele fez isso para *Songs of Leonard Cohen*, e depois veio *Songs from a Room*, um segundo álbum para o número cada vez maior de pessoas que se identificaram com ele e com o que ele sente, mas não têm essa rara visão poética. Pode haver milhões de Leonard Cohen no mundo. Você pode até ser um deles", encerrava. Se Mort tivesse produzido em massa aquelas máscaras de Leonard, eles poderiam ter ganhado uma fortuna. Um sorriso lento e chapado cresceu no rosto de Leonard, que poderia ser atribuído em boa parte ao Mandrax, a droga escolhida por ele nessa parte da turnê. Seu exército passou a chamá-lo de Capitão Mandrax.

A ilha de Wight, que fica a seis quilômetros de balsa da costa sul da Inglaterra, é uma ilhazinha plácida, cercada de iates e popular entre oficiais da Marinha aposentados e refinados turistas em férias. Durante cinco dias no verão de 1970, ela foi invadida por centenas de milhares de jovens amantes da música, hippies e militantes, seis vezes a população da ilha. Da colina acima e a oeste do local do festival, em Afton Down, era possível ver a poeira das cercas que foram derrubadas e a fumaça dos caminhões e quiosques em chamas. Apelidada de Colina da Devastação por motivos óbvios para quem estivesse lá, ela fora tomada por invasores sem ingresso, alguns dos quais responsáveis pelo tumulto. Ao longe, espremidos na frente do palco, estavam milhares de frequentadores do festival exaustos, que passaram dias assistindo a uma programação que competia com a de Woodstock. Entre os artistas que se apresentaram naquele ano estavam The Who, The Doors, Miles Davis, Donovan e Ten Years After. Leonard ficou com o penúltimo horário do quinto e último dia, após Jimi Hendrix e Joan Baez e antes de Richie Havens.

A tensão vinha aumentando no festival há vários dias. Os organizadores esperavam 150 mil pessoas, mas mais de meio milhão apareceu, muitos sem intenção de pagar. Mesmo após os promotores serem forçados a declarar o festival gratuito, a má vontade continuou. Kris Kristofferson foi expulso do palco por vaias e garrafas durante sua apresentação. "Eles vaiaram todo mundo", conta Kristofferson, "exceto Leonard Cohen." Ao longo do dia, a situação só piorou. Baez se ofereceu para entrar antes de Hendrix e tentar acalmar a situação: "Eu sabia que era um pouco mais difícil protestar contra a minha música."[12] Durante o show de Hendrix, alguém na multidão jogou um foguete sinalizador que ateou fogo na parte superior do palco. As chamas aumentaram enquanto Hendrix tocava. Leonard e Johnston estavam ali perto e viram tudo.

"Leonard não estava preocupado", diz Johnston. "Hendrix não se importou, nem nós. Leonard estava sempre desatento a coisas desse tipo. Só ficou aborrecido quando disseram que não havia piano ou órgão. Alguém tinha colocado fogo neles e os empurrado para fora do palco, sei lá, então, eu não podia tocar. Leonard disse: 'Vou estar no trailer tirando um cochilo, podem me chamar quando encontrarem um piano e um órgão.'"

Ele tomou um pouco de Mandrax. Eram umas duas da manhã quando acordaram Leonard e o levaram ao palco com a roupa de safári, barba por fazer, cabelo comprido e olhos muito drogados. Enquanto o Army ocupava seus lugares, ele ficou parado, encarando a noite totalmente escura.

Jeff Dexter, conhecido DJ britânico da época, que estava no palco tocando discos entre os shows, fez a apresentação e viu imediatamente que Leonard e a banda "estavam totalmente sob o efeito do Mandrax. Dopados de um jeito que eu poderia ter trepado com todos e ninguém perceberia". Ele temeu pela segurança do grupo. Murray Lerner, o documentarista norte-americano que filmava o festival, também: "Pensei que aquilo seria um desastre e aconteceria o mesmo que houve com Kristofferson", diz Lerner. "Mas ele parecia tão calmo", diz Johnston. "Estava calmo por causa do Mandrax. Foi o que salvou aquele show e o festival. Era alta madrugada, aquelas pessoas estavam sentadas na chuva após terem colocado fogo no palco de Hendrix, e ninguém dormia há vários dias." Todos os ingredientes para dar errado. "Mas aí Leonard, sob o efeito do Mandrax, começou a cantar, muito lentamente, tão devagar que levou dez minutos para cantar: 'Like... a... bird.' E todos na plateia estavam totalmente com ele. Foi a coisa mais incrível que já ouvi", relembra Charlie Daniels. "Se Leonard estava doidão por causa do Mandrax, isso certamente não levou a nenhuma decisão musical ruim. As multidões podem ser engraçadas, estava ficando tarde e ele parecia simplesmente sentir o clima. Ele meio que deixou rolar e tranquilizou o público."

Antes de cantar, Leonard falou com as centenas de milhares de pessoas que não podia ver como se todos estivessem sentados em uma sala pequena e escura. Ele contou, devagar e calmamente, uma história que parecia uma parábola, funcionou como hipnose e, ao mesmo tempo, testou a temperatura da multidão. Descreveu como o pai o levava ao circo quando criança. Leonard não gostava muito de circos, mas gostou quando um homem ficou em pé e pediu a todos que acendessem um isqueiro para que pudessem se localizar. "Posso pedir a cada um de vocês que acendam um isqueiro", solicitou Cohen, "para que eu possa saber onde vocês estão?" Houve alguns no começo e, à medida que o show se desenrolava, ele viu chamas se acendendo na chuva enevoada.

"Ele os hipnotizou", explica Lerner, "e a mim também." Para os casais na plateia, Leonard cantou "Suzanne", dizendo: "Talvez essa seja uma boa canção para fazer amor." E para os guerreiros, cantou "The Partisan", dedicada "a Joan Baez e ao trabalho que ela está fazendo". Johnston elogia: "Foi mágico. Do início ao fim. Nunca vi algo assim. Ele foi simplesmente incrível." A apresentação encantadora foi lançada 39 anos depois, junto com as imagens feitas por Lerner, no CD/DVD *Leonard Cohen Live at the Isle of Wight 1970*.

Um mês depois do festival, Leonard, Johnston e o Army estavam de volta ao Studio A da Columbia em Nashville, gravando o terceiro álbum de Leonard, *Songs of Love and Hate*. O trabalho começou em 22 de setembro de 1970, quatro dias após Jimi Hendrix ter morrido, aos 27 anos, em Londres, e continuou diariamente até o dia 26, oito dias antes de Janis Joplin morrer com a mesma idade em um hotel de Los Angeles. A pausa nas gravações foi para fazer algumas apresentações nos Estados Unidos e no Canadá em novembro e dezembro. O primeiro deles era um show contra a Guerra do Vietnã em uma universidade de Madison, Wisconsin. Uma bomba caseira tinha explodido lá naquele verão e os White Panthers ofereceram proteção a Leonard, que recusou. Ele começou o show com uma canção que tinha aprendido na colônia de férias socialista, "Solidarity", e dedicou "Joan of Arc", composta para Nico, à memória de outra musa, Janis.

Quando chegaram a Montreal no dia 10 de dezembro para o último show de 1970, a cidade estava sob lei marcial após os sequestros de um jornalista e do comissário de comércio britânico na antiga vizinhança de Leonard, Westmount. O primeiro-ministro canadense, Pierre Trudeau, velho amigo de Leonard do Le Bistro (da famosa capa de chuva bege enquanto Leonard tinha a também famosa capa azul), estava na CBC, dizendo com muita raiva ao repórter: "Há muitos corações sangrando por aí, que não gostam de ver pessoas com capacetes e armas. Tudo o que eu posso dizer é: continuem sangrando." Conheça a nova década, igual à antiga. Na casinha no bairro imigrante, Leonard e Suzanne assistiam à neve cair de modo constante e pousar na rua, silenciosamente cobrindo tudo de branco.

CAPÍTULO TREZE

AS VEIAS SE DESTACAM COMO RODOVIAS

Ele sorri como um santo louco na foto no canto inferior da capa do álbum, feita durante a turnê: olhos arrebatadores, barba por fazer e a cabeça se dissolvendo no fundo preto. Na contracapa, no lugar dos títulos das músicas, aparece escrito em branco sobre preto, como uma mensagem no quadro-negro de um hospício:

> ELES TRANCARAM UM HOMEM
> QUE QUERIA GOVERNAR O MUNDO
> OS TOLOS
> ELES TRANCARAM O HOMEM ERRADO

Os críticos chamaram *Songs from a Room* de lúgubre. Não era, era duro. *Songs of Love and Hate* era sombrio, com suas canções de dor e autodepreciação, que surgem em infinitas variações, incluindo um corcunda, uma imolação, uma traição, um suicídio, aborto, membros quebrados, céu partido e um escritor abatido (em "Last Year's Man") que se sentia incapaz de mexer a mão para criar novos mundos. Leonard estava deprimido e esgotado — estava farto. Tinha visto os bastidores e agora sabia como escondiam os coelhos nos chapéus. Os críticos que tinham visto por meio de sua farsa e chamaram a voz dele de "fraca e digna de pena" e suas canções de "hedonistas", estavam certos. Não houve vitórias. As medalhas eram falsas. Quase quatro anos se passaram desde que ele havia escrito para Marianne descrevendo a dolorosa primeira aparição no palco com Judy Collins e a liberdade e beleza que sentiu naquele "fracasso total". Agora, contudo, morando na cabana do Tennessee com Suzanne e contemplando um terceiro álbum, que não queria e não se achava capaz de fazer, mas que o contrato com a gravadora exigia que fizesse, Leonard sentia apenas "uma angústia profunda e paralisante".[1]

Amor, luxúria, o Cinturão da Bíblia e a companhia de homens (músicos em quem confiava e a quem admirava) pareciam a configuração ideal para Leonard Cohen, mas o mesmo poderia ser dito sobre a vida dele com Marianne na casinha em Hidra. A depressão do músico, contudo, apontava em outra direção. Suzanne analisa: "Claro que pode parecer um quarto escuro sem portas. É uma experiência comum a muitas pessoas, especialmente as de natureza criativa. E quanto mais espiritual é a pessoa, mais próxima essa tendência daquilo que a igreja chamou de *acídia*", pecado que engloba a apatia na prática da virtude e a perda da graça. "Talvez a maior luta, o que permite à obra brilhar ou permite que você brilhe através da obra, é o ato de se despir, ser apenas verdadeiramente quem você é e adaptar o *pathos*, acalmar a insignificância diária e acabar com as dúvidas, simplesmente agindo", dedicando-se e seguindo em frente.

O contrato de Leonard com a Columbia exigia mais dois álbuns. Ele perguntou a Bob Johnston se poderia dar à gravadora dois LPs ao vivo, já que eles haviam registrado a maioria dos shows da última turnê. Johnston respondeu que eles poderiam até aceitar um disco ao vivo, mas não até receberem um novo álbum de estúdio. Então, Leonard se dedicou e seguiu em frente. Ele morava em um quarto de hotel em Nashville, nadava na piscina da ACM duas vezes ao dia e foi ao estúdio cinco dias direto. A gravação foi relativamente indolor no início. Havia uma familiaridade fácil com a banda, afiada na estrada, assim como com relação aos engenheiros e ao estúdio. Charlie Daniels define: "Nós nos acostumamos uns aos outros e tínhamos uma ideia muito maior de onde estávamos indo e do que fazer com as canções dele." E havia apenas oito canções, sendo que quase todas Leonard tinha tentado gravar anteriormente nos primeiros dois álbuns e/ou apresentado com a banda no palco. A versão de "Sing Another Song, Boys", que aparece no álbum, por exemplo, foi gravada ao vivo no festival de Aix.

Após cinco dias no Estúdio A, a banda seguiu seu caminho, e Leonard e Johnston levaram a fita master a Londres para fazer os *overdubs*: a parte falada por Leonard em "Joan of Arc", o coro de crianças em "Last Year's Man" e o arranjo de cordas de Paul Buckmaster, violoncelista clássico e baixista de rock experimental que tinha feito os arranjos dos dois primeiros álbuns de Elton John. Buckmaster conta ter recebido "carta branca", mas acrescenta que "a música de Cohen é quase impossível de arranjar". A contribuição dele foi acrescentar "pequenas áreas de textura emocional e cor".²

Cornelius se lembra: "Começou quando gravamos *Songs from a Room*, mas cresceu à medida que foi se aprofundando. 'Famous Blue Raincoat' meio que amadureceu bem diante dos nossos olhos, e o mesmo vale para 'Avalanche'. É fácil exagerar e, ao mesmo tempo, se não houvesse força suficiente por trás, a música não conseguiria a energia que tem, mas ela meio que cresceu e virou um monstro." Cornelius e Leonard concordaram que o álbum não ia lá muito bem. Leonard o levou para Londres. "Por algum tempo", revela Cornelius, "Bob [Johnston] e eu quase saíamos no tapa constantemente por causa do disco, brigando sobre o que pensávamos que era o melhor para Leonard. Eu e Leonard acabamos cortando várias partes compostas por Buckmaster porque, no fim das contas, o resultado teria sido exagerado, mas se você ouvir atentamente, tem muita coisa ali."

"Foi um álbum meio estranho", define Leonard.³ Quase não há vestígios do Tennessee nele, exceto pelo toque de ritmo distorcido em "Diamonds in the Mine", uma cantoria furiosa e gritada sobre a falta de sentido de tudo. O álbum contém algumas das canções mais sombrias de Leonard e também algumas das mais lindas. O erotismo resignado de "Joan of Arc" e o tom agridoce e sereno de "Famous Blue Raincoat" (outra canção sobre um triângulo amoroso, é uma carta escrita para um rival, amigo ou ambos nas horas escuras antes do amanhecer) soam quase insuportavelmente adoráveis ao lado das sombrias e perturbadoras "Sing Another Song, Boys", "Dress Rehearsal Rag" (da qual Leonard diz: "Eu não compus essa canção, eu a sofri") e "Avalanche", a canção intensa e cativante que abre o álbum.⁴ Essa última é cantada por um corcunda, criatura grotesca, dona de uma montanha de ouro e que cobiça as mulheres, a caricatura de um judeu feita por um nazista. Ou poderia ser cantada das profundezas do inferno por um homem atormentado que anseia pela conexão com o Divino. Ou, ainda, por um homem que já conquistou a mulher, mas não a quer ou rejeita a domesticidade oferecida por ela. Além disso, poderia ser cantada por Deus, o Jesus gentil do Novo Testamento, com os farelos da última ceia na mesa e uma ferida lateral, um personagem que acaba sendo tão duro e exigente quanto o

Jeová do Antigo Testamento. Nesses seis versos cantados em tom menor e sem o tempero dos vocais femininos, há múltiplas camadas, toda uma casa de espelhos, mas os sentimentos que permanecem constantes são de solidão e saudade, depressão e desespero.

Songs of Love and Hate forma com os primeiros dois álbuns, *Songs of Leonard Cohen* e *Songs from a Room*, uma espécie de trilogia em que assassinos marcham ao lado de suicidas, mártires com soldados, gurus com figuras do Antigo Testamento, enquanto homens que desejam o amor e suas amantes marcham em direções opostas. Como acontece nos livros de poesia de Leonard, há temas e ideias recorrentes, lições aprendidas e desaprendidas, bem como a alegria que se transforma em amor e, depois, em dor. Joana D'Arc, cuja imagem estava na contracapa do primeiro álbum de Leonard, é tema de uma canção do terceiro. Já Marianne Ihlen, retratada na contracapa do segundo álbum, foi tema de uma canção do primeiro. "Dress Rehearsal Rag", composta para o primeiro álbum e gravada para o segundo, finalmente chegou ao terceiro, três anos após ter aparecido no álbum de Judy Collins, que efetivamente lançou a carreira musical de Leonard.

Quando *Songs of Love and Hate* foi lançado, em março de 1971, soou um apito imaginário e os EUA e o Reino Unido correram para lados opostos do playground. Na Grã-Bretanha o álbum chegou a ficar entre os cinco primeiros nas paradas. Nos Estados Unidos, apesar da campanha promocional, foi um fracasso, nem chegando às 100 mais. O Canadá não o recebeu tão bem quanto o álbum anterior, mas a Universidade Dalhousie, em Halifax, concedeu a Leonard um doutorado honorário no mês em que o disco foi lançado. A nota dizia: "Para muitos jovens dos dois lados do Atlântico, Leonard Cohen virou um símbolo de angústia, alienação e incerteza", o que lembra o anúncio da Columbia Records que falava sobre os milhões de Leonard Cohen que existiam por aí, desmotivados com a vida. "As pessoas diziam que eu estava 'deprimindo uma geração' e que 'deveriam distribuir navalhas com os álbuns do Leonard Cohen porque é música pra cortar os pulsos'",[5] conta o próprio Leonard. A imprensa do Reino Unido passou a chamá-lo de "Laughing Len".

A primavera em Montreal é maravilhosa. Sempre pareceu quase um milagre que, após tantas agressões prolongadas, ela ainda tenha a força de vontade de suceder o inverno. O sol deixou de ser preguiçoso e passou a derreter a neve. Mesas e cadeiras brotavam em frente aos cafés onde os sobreviventes, despidos de suas armaduras de inverno, sentavam-se para admirar as flores. A escuridão havia passado, por ora. Leonard e Suzanne estavam instalados na casinha perto do Parc du Portugal. Ela havia adotado "três adoráveis patinhos, que grasnavam o tempo todo até Leonard decretar: 'Ou eu ou os patos, Suzanne'". Leonard estava tentando escrever. "Ele estava sempre escrevendo", conta Suzanne, "mesmo quando achava que não. Continuamente." Ela também escrevia na ocasião, um romance pornográfico. "Foi um ardil inocente, uma isca para acabar com a página em branco, não só para divertir Leonard como para fazê-lo continuar [tentando] escrever outro romance. Eu acreditava e ainda acredito que ele tem outro romance esperando para nascer, ao qual gostaria que se dedicasse. Então, comecei esse livro, pornográfico para os padrões de 1969-70, mas que para os de hoje seria apenas outro romance moderno sardônico/romântico, fingindo que estava com bloqueio de escritora, não ele. Perguntei a Leonard se aceitaria escrever outro parágrafo caso eu escrevesse um, só para me ajudar. Ele aceitou, e foi assim que tudo começou, de brincadeira", cada um escrevendo uma página e lendo-a para o outro. "Nunca imaginei que chegaria a terminar, mas terminei." Suzanne levou uns dois anos. Eles mandaram a obra para algumas editoras. "Nós rimos quando as cartas de rejeição chegaram, pois junto com as desculpas eles diziam que gostariam de me conhecer mesmo assim."

Leonard também acabou seu romance, mas só em meados dos anos 1970. O livro foi aceito pela editora, mas, na hora de revisar, ele cancelou tudo. Um amigo a quem Leonard falou sobre o livro teve a impressão de que era uma autobiografia na qual Leonard discutia a natureza da fama e a sexualidade de uma celebridade: o que as pessoas esperavam dele e o que lhe ofereciam agora que ele tinha virado um astro da música. Outro amigo entendeu que era uma ficção vastamente autobiográfica e que ele tinha escrito com tanta sinceridade sobre a família que teve dúvidas com relação a publicá-lo. Algo curioso, considerando a franqueza com que Leonard escrevera sobre a família em *The Favourite Game*. Uma entrevista de 1976 ao *Melody Maker* parece confirmar essa teoria. Ele tinha escrito sobre a família, afirmou Leonard, mas sentia "que não era honesto o bastante. Em outras palavras, iria magoá-los sem ter o lado bom. Então, cancelei na última hora, mas me senti bem porque está escrito. Talvez haja um momento apropriado para ele no futuro. Mas não por enquanto" — nem até a publicação deste livro.[6]

No verão, um novo filme entrou em cartaz com trilha sonora de Leonard Cohen. *Onde os homens são homens*, de Robert Altman, era uma espécie de western estrelado por Warren Beatty e Julie Christie como um jogador e uma prostituta que se unem para montar um bordel. Altman era um grande fã de *Songs of Leonard Cohen* e ouvia tanto o disco que gastou mais de uma cópia, aumentando consideravelmente as vendas nos EUA. Altman ligou para Leonard perguntando se podia usar o álbum em seu filme. Leonard concordou, embora não tenha se empolgado, considerando suas experiências com diretores. O cineasta ligou para a produtora Warner Brothers a fim de ver se eles conseguiam adquirir os direitos da Columbia. Na época, o departamento musical da divisão de cinema da Warner Brothers era chefiado por Joe Boyd, norte-americano que tinha ganhado fama na Grã-Bretanha nos anos 1960, produzindo ou lançando a carreira de artistas como Pink Floyd, Nick Drake e a Incredible String Band. Altman convidou Boyd para uma exibição-teste do filme.

"As luzes se apagaram e Beatty surgiu na tela", descreve Boyd, "descendo uma colina ao som do arpejo de guitarra que é a introdução de 'The Stranger Song'. E depois temos algumas cenas com Julie Christie ao som da voz e do violão de Leonard Cohen. Eu pensei: 'Hã? Isso é meio doido.' Eu não tinha um grande sentimento de 'Ah, meu Deus, a música de Leonard Cohen, que incrível', mas quando o filme terminou e as luzes se acenderam, todo mundo na sala, equipe, editores, virou para Robert e disse: 'Ah, meu Deus, Bob, isso é *inacreditável*, você é um gênio.'" Boyd telefonou para a Columbia Records, acabou falando com Bob Johnston e perguntou se ele sabia como poderiam conseguir o canal da guitarra sem a voz. Embora Johnston não tivesse gravado o álbum, sabia que não havia canais separados da guitarra porque as apresentações foram gravadas ao vivo no estúdio, com voz e guitarra juntas. Contudo, eles encontraram algumas passagens instrumentais feitas pelo Kaleidoscope que não entraram no álbum, sem os vocais de Leonard. Ao ver o filme no cinema, Chris Darrow quase pulou da cadeira quando reconheceu o instrumental improvisado por eles em "Sisters of Mercy", "Winter Lady" e "The Stranger Song". Chest Crill teve basicamente a mesma reação: "Quando ouvi, eu disse: 'Era *assim* que o álbum deveria ter sido mixado, despojado e com os instrumentos reagindo aos vocais de Leonard.'"

Naquele mesmo ano "Sisters of Mercy" também apareceria, junto com mais cinco músicas de Leonard, no filme de Rainer Werner Fassbinder *Precaução ante uma prostituta*. O cineasta era fã de Leonard desde o início da carreira do músico e usaria as canções do ídolo em vários filmes. *Fata Morgana*, de Werner Herzog, outro filme alemão, utilizou "Suzanne", "So Long, Marianne" e "Hey, That's No Way to Say Goodbye". Outras canções de Leonard também foram requisitadas: Tim Hardin gravou "Bird on a Wire" (uma das várias versões a substituir o "the" de Leonard pelo "a") e a sempre fiel Judy Collins incluiu mais duas canções de Cohen em seu novo álbum, *Living*: "Famous Blue Raincoat" e "Joan of Arc". Uma gravação ao vivo na ilha de Wight de "Tonight Will Be Fine" apareceu em um álbum triplo, a compilação *The First Great Rock Festivals of the Seventies: Isle of Wight/ Atlanta Pop Festival*, lançada no verão de 1971. Feliz por tantas de suas canções estarem vivendo sem que precisasse apresentá-las ao vivo, Leonard se pôs a escrever: estava dando os últimos retoques em um novo livro de poesia, além de trabalhar no que descreveu para Danny Fields como "um novo grande bloco de prosa". Ele se chamava "The Woman Being Born", título também dado ao primeiro rascunho do livro *Death of a Lady's Man*.

Leonard estava em Montreal com Suzanne há uns seis meses e isso já começava a parecer tempo demais. Ele viajou a Londres em agosto, com a desculpa de procurar uma editora no Reino Unido para a antologia dos poemas de Irving Layton que desejava lançar. No mês seguinte foi à Suíça, acompanhado por uma amiga inglesa muito atraente, uma artista. O objetivo da viagem de Leonard era encontrar o amigo Henry Zemel, que filmava um documentário para o cinema sobre o psicanalista e catastrofista russo Immanuel Velikovsky. Leonard tinha lido sobre Velikovsky na *Reader's Digest*, revista que era uma das favoritas do pai. Nos anos seguintes, explorou a escrita de Velikovsky sobre a sexualidade dos deuses e suas teorias de que a evolução, a religião e os mitos eram uma resposta às verdadeiras catástrofes de origem celestial: cometas e planetas em colisão haviam causado as pragas e os dilúvios bíblicos, bem como uma amnésia pós-traumática coletiva na humanidade.

Considerado lunático pela comunidade científica, Velikovsky aceitou um cargo de professor na Universidade do Novo Mundo, experiência educacional utópica fundada na Suíça pelo cientista político e comportamental norte-americano Alfred de Grazia, ex-autor de manuais de guerra psicológica para a CIA. Entre os professores da universidade estavam William Burroughs e Ornette Coleman. Quando o escritor, produtor, músico nova-iorquino e aspirante a aluno Brian Cullman apareceu em setembro de 1971, não encontrou nada, "não havia campus ou prédios, eram apenas 15 ou 20 garotos ricos que usavam aquilo como desculpa para não serem mandados à guerra e fugirem da faculdade". Alojados em um *resort*, eles recebiam uma pequena grade de aulas, incluindo uma sobre sexualidade que basicamente consistia em "uma mulher mais velha e sexy, de óculos e decote farto, liderando os alunos em jogos sexuais".

Velikovsky chegou com Leonard e Zemel e começou a dar palestras frequentadas por Leonard. Ele disse a Cullman que gostaria de perguntar ao professor sobre a sexualidade que gerou a vida na Terra. "Eu estava realmente empolgado para conhecer Leonard", lembra Cullman, "mas a maioria das pessoas lá, até os universitários, não estava nem aí. Uma noite, eu me sentei com Leonard e Henry no saguão do hotel. Ele estava com um violão e tocou 'Bird on the Wire' e canções de *Songs of Love and Hate*. Como havia umas lindas garotas francesas no saguão que não faziam ideia de quem ele era, Henry ficou elogiando Leonard por um bom tempo, com Leonard minimizando os elogios e depois tentando aceitá-los: 'Você já ouviu Charles Aznavour?'; 'Não'; 'Ouviu Bob Dylan?'; 'Sim'; 'Bom, eu sou metade um, metade o outro', e elas não manifestaram o menor interesse. Ele fingia não estar preocupado com as francesas, mas parecia visivelmente magoado por elas não o reconhecerem."

Leonard aparece no filme fazendo perguntas a Velikovsky perto do final. Que efeito a amnésia coletiva do homem tem no futuro, que rituais podem repetir o trauma e quando a próxima catástrofe aconteceria? Segundo Velikovsky, esse processo não vai parar de acontecer enquanto o homem continuar a viver seguindo "o papel que criou em sua arrogância, em sua violência, em sua falta de compreensão do que aconteceu no passado". O filme de Zemel, *Bonds of the Past*, foi exibido pelo canal CBC em fevereiro de 1972, um mês depois da publicação do mais recente livro de poesia de Leonard.

"Acabei de escrever um livro chamado *The Energy of Slaves* e nele eu digo que estou sofrendo", confessou Leonard ao jornalista Paul Saltzman. "Não digo com essas palavras porque não gosto delas, elas não representam a situação real. Foram necessários oitenta poemas para representar a situação em que estou agora. É cuidadosamente trabalhado, sabe? Levei vários anos para escrever [...] e está aqui [...] em capa dura. É cuidadoso, controlado e o que chamamos de arte."[7] A "situação real" parecia ser tão louca e perdida quanto o era em *Songs of Love and Hate*. Ele escreveu:

> Não me restou mais talento
> Não consigo mais escrever um poema
> Pode me chamar de Len ou Lennie agora
> Como você sempre quis

E em outro texto:

> Os poemas não nos amam mais
> eles não querem nos amar...
> Não nos evoque, eles dizem
> Não podemos mais ajudá-lo

Ele era "um dos escravos", escreveu. "Vocês são empregadores." Todos queriam algo que ele não tinha mais energia para fornecer: a gravadora, a plateia, e "todos os mentirosos débeis da Era de Aquário". Até as mulheres, que sempre o apoiaram mesmo quando ele não retribuía o apoio, começaram a se tornar complicadas.

> Você está quase sempre com outra pessoa
> Vou queimar a sua casa
> e foder a sua bunda...
> Por que você não vem até a minha mesa
> sem calças
> Estou farto de surpreender você

Agora, ele era uma celebridade, e as mulheres eram a recompensa:

> As garotas de 15 anos
> Que eu queria quando tinha 15

> Eu as tenho agora...
> Aconselho todos
> a ficarem ricos e famosos

A crítica no suplemento literário do *Times* ridicularizou: "As garotinhas de todas as idades que gostam de seguir a moda terão o livro em suas prateleiras, entre o *Bhagavad-Gita* e a cópia nunca aberta de *Os cantos*."[8] Outros críticos foram ainda menos gentis. Stephen Scobie, que costumava defender Leonard, descreveu o livro como "flagrantemente ruim [...] deliberadamente feio, ofensivo, amargo, antirromântico."[9] Fica difícil argumentar contra as últimas quatro palavras, mas Leonard disse que não escrevia mais pela beleza, e sim em nome da verdade. Ele tinha sido brutalmente honesto em *Songs of Love and Hate*, exceto por uma única inverdade – em "Last Year's Man", quando escreve que é incapaz de escrever. Obviamente, ele havia encontrado a clareza para terminar o álbum.

The Energy of Slaves tinha uma honestidade brutal semelhante. Revisitado hoje, quase parece poesia punk. O poema "How We Used to Approach the Book of Changes: 1966" despe a escuridão de Leonard e a transforma em uma prece à qual ele voltaria no turbulento ano que estava por vir.

> Bom pai, como agora estou arruinado, não há líder
> do mundo nascente, nem santo para os que sofrem,
> não há cantor, nem músico, nem mestre de coisa alguma, não
> há amigo para os meus amigos, nem amante para os que me amam
> apenas a minha ganância permanece comigo, mordendo cada
> minuto que não trouxe meu insano triunfo
> mostre o caminho agora...
> ... e deixe-me ser por um momento
> nesta miserável e atordoante desgraça, um animal
> feliz

A Columbia Records puxou, então, a corrente de Leonard: ele precisava se apresentar nos lugares onde as pessoas estavam comprando o álbum: 17 cidades pela Europa e duas em Israel, tudo no período de um mês. Como já tinham se passado quase dois anos desde a última turnê, ele deve ter pensado que conseguiria ficar sem fazer outra, motivo pelo qual nem tinha uma banda. O Army havia sido dispensado há mais de um ano. Charlie Daniels estava gravando um segundo álbum solo e Bubba Fowler abandonara a esposa e os filhos para fugir com Susan Mussmano, uma das *backing vocals*. O casal se apaixonou durante a turnê de Leonard de 1970 e não tinha lugar para ir, então, Bob Johnston permitiu que eles morassem em seu barco, uma lancha que havia pertencido ao grande nome do country Hank Snow. Johnston pagou outro grande nome do country (ainda que pobre e desconhecido na época), Kris Kristofferson, para reformá-la. Diz Bill Donovan: "Leonard e eu fomos lá algumas vezes, e vimos o casal. Eles saíram do porto, dizendo que iriam levar o barco até o golfo, e nunca mais tivemos notícias deles."*

Bill Donovan assinou contrato para a segunda turnê, junto com Ron Cornelius e Bob Johnston, que montou uma nova banda. Fowler e Daniels foram substituídos por dois californianos: o guitarrista de flamenco David O'Connor e o baixista de jazz Peter Marshall, que na época morava em Viena. Johnston ainda procurava cantoras para os *backing vocals* quando as três semanas de ensaio começaram. "Havia uma ruiva linda que disse: 'Você vai cometer o maior erro da sua vida se não me contratar', e eu respondi: 'Eu sei, ainda não ouvi ninguém melhor.' No dia seguinte, veio uma garota com cara de cavalo, óculos grandes e que estava um trapo por ter vindo de Los Angeles." Ela disse que tinha cantado no musical *Hair* e feito aparições regulares no programa de TV *Smothers Brothers*. Johnston a ouviu cantar: "Ela era incrível, e conhecia todas as músicas de Leonard. Embora eu tenha odiado dispensar a ruiva, falei para a garota da cara de cavalo: 'Você vai com a gente.'" O nome dela era Jennifer Warnes. A segunda vocalista também era de Los Angeles: Donna Washburn, filha do presidente da empresa de refrigerantes 7-Up, cujo currículo musical incluía trabalhos com Dillard & Clark e Joe Cocker.

Leonard estava concentrando todos os esforços para se manter coeso e entrar em forma para a campanha: praticando ioga, nadando duas vezes

---

* Susan Musmanno mudou de nome para Aileen Fowler, como é creditada nas gravações feitas em 1970 do álbum *Live Songs*. Ela e Fowler, que adotou o nome de Elkin Thomas, trocaram o barco por uma fazenda nas pradarias do norte do Texas. O casal ainda mora lá quando não está em turnê como a dupla *folk* Aileen e Elkin Thomas. A segunda cantora de apoio de Leonard, Corlynn Hanney, passou a fazer álbuns religiosos.

ao dia, jejuando. Ele tinha o hábito de jejuar uma vez por semana, geralmente às sextas-feiras, se a turnê não atrapalhasse. Brian Cullman conta que durante a conversa deles na Suíça, Leonard falou mais de jejum do que de poesia. "Mas até o jejum dele era elegante. Enquanto jejuava, ele bebia suco de uva branca com limão e água com gás." Jejuar era importante para Leonard desde que começou a tarefa de mitigar a tendência às formas arredondadas que as antigas fotografias de família deixavam clara. Ele precisava manter as arestas afiadas.

Suzanne foi para Nashville se juntar a Leonard e estava lá quando Paul Saltzman o entrevistou em um quarto de hotel. O jornalista notou que Leonard ficou sentado em silêncio enquanto Suzanne fazia carinho em seu pé. Ela parecia ser louca por Leonard, dizendo a certa altura: "Você me ensinou quase tudo o que eu sei." Eles pareciam "tão bem juntos", escreveu Saltzman, "carinhosos, calmos e amorosos."[10] Marty Machat também procurava formas de aliviar o sofrimento da turnê, levando um cineasta que gravava todos os shows. Assim, se alguém quisesse ver Leonard ao vivo após o fim da turnê, ele estaria imortalizado em filme.

O homem que Machat tinha em mente para o trabalho era Tony Palmer, jovem londrino que fez filmes elogiados sobre Frank Zappa, Gustav Mahler e a banda Cream. Palmer também era crítico musical do *Observer*, "a primeira pessoa", alega ele, "a criticar o primeiro LP de Leonard, e de modo extremamente favorável". Machat levou Palmer a Nova York para conhecer Leonard. "Conversamos por três horas e Leonard foi extremamente modesto, humilde, quase tímido. Ele ficava perguntando se eu achava as canções boas e expressava uma insatisfação com as gravações da época, que se estendia até o primeiro álbum e 'Suzanne'. Perguntei o motivo e ele respondeu que elas não expressavam verdadeiramente a emoção que sentiu quando as compôs, mas provavelmente era algo mais complicado que isso." Ele disse a Palmer "que não gostava de filmagens e enumerou todos os motivos pelos quais achava essa uma péssima ideia", mas acrescentou: 'Esta, provavelmente, vai ser a única turnê que vou fazer na vida. Gostaria de ter um registro adequado do que vai acontecer'. Então, foi só uma discussão de como eu trabalharia." Palmer assinou um contrato que lhe dava 35 mil dólares, um "orçamento baixo" segundo ele, já que precisava cobrir uma equipe de quatro pessoas, as despesas de viagem e os equipamentos. Ele se pagou duas mil libras e recebeu carta branca para filmar o que quisesse, fosse Leonard pelado em uma sauna, chorando no palco ou tomando ácido antes do show. Machat disse a Palmer que estava colocando dinheiro do próprio bolso no filme "para que Leonard não precisasse se preocupar com isso".

"A impressão era de que Machat atuava como uma figura paterna para Leonard, sendo o escudo protetor que cuidava e tomava conta dele. O mesmo acontecia no dia a dia na estrada: ele era muito solícito, sempre verificava o quarto de hotel para ver se estava tudo bem e se Leonard estava confortável. Leonard nunca pediu uma grande suíte na cobertura do Ritz, mas queria que o chuveiro funcionasse." Leonard tinha falado com Johnston que nessa turnê, ao contrário da última, com hotéis que estavam entre os maiores da Europa, eles ficariam em "quartos menores, com uma cama pequena e uma mesa". Ele não conseguiu o que desejava, mas isso andava acontecendo muito ultimamente. Quando saiu com a banda para Dublin, onde a turnê começou no dia de São Patrício de 1972, Suzanne estava grávida.

Foi uma turnê extraordinária, totalmente gravada pela câmera de Palmer, tanto as apresentações incendiárias quanto o pandemônio, momentos em que o equipamento e, às vezes, Leonard pifava. Palmer também filmou os bastidores e momentos fora do palco, registrando Leonard sendo entrevistado por vários jornalistas europeus, que faziam basicamente as mesmas perguntas, com sotaques diferentes. E Leonard respondia com muita paciência, às vezes com toda franqueza, às vezes desviando-se da pergunta ou em uma mistura inseparável dos dois. Quando um repórter perguntou se era judeu praticante, saiu-se com: "Estou sempre treinando." E falou a um jornalista alemão: "Não posso dizer que a minha infância foi perturbada [pela Segunda Guerra Mundial, mas] eu senti empatia pela minha raça."

O show de Berlim aconteceu no salão onde Goebbels fez seu discurso anunciando a guerra total. Leonard, remetendo à saudação nazista da última turnê, decidiu fazer o mesmo discurso. Houve algumas vaias da multidão, mas, no geral, as pessoas o adoraram. A conexão entre Leonard e a plateia em vários shows, como as filmagens deixam claro, era palpável, muito física. Em Hamburgo, Leonard pulou para o meio da multidão e beijou uma jovem, um beijo profundo e longo. "Não parava mais", relembra Cornelius. "Leonard acabou no chão e eu me perguntei se eles iam começar a tirar as roupas." Nos bastidores, Leonard confessou a Palmer: "Eu me desgracei." Na noite seguinte, em Frankfurt, Leonard convidou a plateia para o palco e, enquanto a banda tocava, os fãs o jogaram no chão e deitaram por cima dele. "Havia um monte de gente em cima dele, serpenteando como uma pilha de vermes", descreve Cornelius. "Ele simplesmente se perdeu, ficou tão sexualmente envolvido com a plateia que levou aquilo a outro patamar."

Uma procissão de mulheres se oferecia a ele. Uma atriz linda foi aos bastidores com o marido e, enquanto ele observava e Palmer filmava, deu em cima de Leonard, que a dispensou. "Ele se encantou com várias mulheres", conta Palmer. "A certa altura achei que estava muito íntimo de Jennifer [Warnes]. Se estavam juntos, foram muito discretos, mas parecem muito felizes nas cenas que filmamos." A câmera também captou Leonard em crise, debatendo consigo mesmo, com a banda, os fãs, os meios de comunicação e com Palmer sobre performance e o status de celebridade e a natureza corruptora de ambos, bem como os danos que causam ao artista. "Você ganha uma sensação de importância no coração que é absolutamente fatal para a escrita de poesia", definiu para um entrevistador. "Você não pode se sentir importante e escrever bem."

Ele mencionou a humilhação que sentia por "não ter entregado as mercadorias", referindo-se às canções. Eram sempre as canções. Quando Palmer alegava que "a plateia estivera absolutamente atônita", Leonard retrucava: "Não faz sentido eles ficarem atônitos se não estou comunicando minhas canções adequadamente." No show de Manchester, Leonard tentou explicar à plateia que buscava ir além da "mera execução de algumas canções 'museu'". E continuou: "Fiz as canções para mim e para as mulheres há vários anos, e é curioso ficar preso naquele esforço original, pois eu queria dizer algo para uma pessoa e agora estou em uma situação em que preciso repetir isso como um papagaio acorrentado ao poleiro, noite após noite." Ele também se denominava um "rouxinol arruinado". Em vários shows, Leonard chegava a sugerir a devolução do dinheiro a todos os presentes. Fora do palco, recitou seu poema-prece de *The Energy of Slaves* para Palmer diante da câmera: "Deixe-me ser por um momento, nesta miserável e atordoante desgraça, um animal feliz."

Na viagem de avião de Paris para Israel, Leonard estava quieto. "Ele gostava de sentar perto da frente do avião, geralmente comigo", conta Palmer. "E como Leonard odiava comida de avião, sempre carregava uma tigelinha de caviar barato, limões e uma fatia de pão integral. Era bem contemplativo." Ele estava ansioso para tocar em Israel. E apavorado por tocar em Israel. Na véspera, tinha se apresentado para uma multidão que o adorava e saído com Brigitte Bardot. Leonard havia convidado Bill Donovan para almoçar com eles e conhecê-la, mas Donovan precisou ir a Israel antes de todo mundo, a fim de preparar tudo para os shows.

A primeira apresentação, na Yad Eliyahu Arena, foi no mesmo dia em que Leonard e a banda pousaram em Tel Aviv. A segurança no aeroporto foi lenta e rigorosa, com armas por toda parte, mas eles chegaram ao local do show a tempo. Quando entraram no palco, porém, a pista estava totalmente vazia. A plateia foi colocada nas arquibancadas ao redor, como se estivesse lá para assistir a um jogo de basquete invisível. A segurança foi orientada a afastar todos da pista, pois o chão tinha acabado de ser envernizado. Quando Leonard, perturbado por conta da distância entre eles, convidou a plateia a descer, ela foi contida por guardas armados de uniforme laranja. "Eles surtaram e começaram a bater em todo mundo com os cassetetes, espancando os garotos", lembra Donovan. "Leonard pulou do palco para a multidão e um cara correu até o palco, agarrando o violão de Ron, e então eu o chutei para fora do palco. Foi quando alguém me acertou por trás e me nocauteou. Acabou sendo uma espécie de rebelião." Segundo Peter Marshall: "Eu estava escondido atrás do meu contrabaixo e um cara levantou uma cadeira, como se estivesse em um filme, e ia acertar o meu rosto, mas alguém pegou a cadeira por trás."

A banda se reuniu nos bastidores. Jennifer Warnes disse que estava assustada. Leonard se questionou em voz alta: "Talvez eu tenha ido longe demais." Depois, liderou todos na volta ao palco. "Sei que vocês estão tentando fazer o seu trabalho, mas não precisam fazer isso com os punhos", disse aos guardas antes de dedicar uma canção a eles. Leonard pediu à plateia para se sentar e apreciar o show. "Ele acabou fazendo todos se acalmarem, e terminou o show", conta Marshall. Assim que acabou, eles saíram correndo de lá para o ônibus da turnê, um ônibus urbano israelense, alugado durante a estadia. Quando passavam por Jerusalém, "com a banda toda bebendo vinho, tocando e se divertindo", como lembra Marshall, "vimos um soldado israelense pedindo carona para sair do país. Nós paramos. Ele achou que estava entrando em um ônibus comum e viu aquela festa gigantesca. Nós pegamos o fuzil dele e lhe demos o que estava rolando, maconha, ácido... Ainda consigo ver o olhar no rosto dele. Esses caras tinham uma vida dura na época".

O Binyanei Ha'uma em Jerusalém era pequeno e novo, com uma acústica excelente. A plateia estava no lugar certo, sentada lá embaixo, perto do palco. No camarim, Bob Johnston entregava o LSD de praxe, Desert Dust. "Será que isso ainda funciona?", perguntou Leonard. "Vamos ter um problemão se funcionar. E se não funcionar, também." Em pé diante do microfone, olhando para a plateia atenta e afetuosa, ele parecia ainda mais afetado que o usual. A conexão que tinha com eles era mais do que apenas emocional, englobava a história judaica e os laços de sangue que partilhavam. Os olhos de Leonard estavam chapados e brilhantes. Ele parecia tanto energizado quanto enfraquecido, como se andasse na corda bamba e pudesse cair a qualquer momento, ou ser alçado do próprio corpo rumo ao céu. As músicas soaram lindas quando ele cantava e a banda parecia estar conectada ao sistema nervoso de Leonard, mas ele sentia que não estava bom o bastante, que estava decepcionando essa plateia e essas canções preciosas. Ele tentou explicar o que estava sentindo, mas a explicação ficava cada vez mais complexa.

"Elas viraram meditações para mim e, às vezes, sabe, eu simplesmente não entro em transe, sinto que estou enganando vocês, então, vou tentar de novo, certo? Se não funcionar, eu paro. Não há motivo para mutilar uma canção em nome das aparências. Se não melhorar, simplesmente encerramos o show e eu devolvo o dinheiro de vocês. Algumas noites você é erguido do chão e em outras você não consegue sair do chão, e não há motivo para mentir em relação a isso. Hoje nós simplesmente não estamos saindo do chão. A Cabala diz que, se você não consegue sair do chão, deve ficar no chão. A Cabala diz que, a menos que Adão e Eva se encontrem, Deus não senta em seu trono e, de alguma forma, as minhas partes masculina e feminina se recusam a se encontrar hoje à noite, Deus não senta em seu trono e é algo terrível de acontecer em Jerusalém. Então, ouçam, vamos sair do palco agora e meditar profundamente no camarim para tentar voltar à forma e ver se conseguimos lidar com isso", explicou Leonard, garantindo: "Vamos voltar."[11]

Nos bastidores, Leonard estava tendo um colapso e anunciou: "Estou destroçado." Ele disse que devolveria o dinheiro à plateia. Mas os fãs não queriam o dinheiro de volta, disseram a ele: os ingressos não eram caros e algumas pessoas tinham viajado trezentos quilômetros para ver o show. Alguém foi até a porta do camarim e disse que a plateia ainda estava lá esperando e queria cantar uma canção para Leonard. Primeiro, ele não entendeu, mas depois os ouviu. Eles cantavam "Hevenu Shalom Aleichem". Marshall chamou Leonard em um canto e aconselhou: "Temos que trabalhar e terminar o show ou podemos não sair daqui inteiros." Leonard respondeu: "Acho que preciso é fazer a barba." Era o que a mãe recomendava fazer quando a situação estivesse ruim. Havia um espelho e uma pia no camarim e alguém arranjou uma navalha. Enquanto a multidão batia palmas e cantava no auditório, Leonard fez a barba lentamente, serenamente. Quando terminou, ele sorriu. Todos voltaram ao palco. Quando Leonard cantou "So Long, Marianne", submergindo na canção que compusera para uma mulher em uma época diferente e menos complicada, mudando a descrição dela de *pretty one* (bonita) para *beautiful one* (linda), lágrimas começaram a descer pelo seu rosto.

Nos bastidores, todos estavam chorando quando o show acabou. Era a última noite da turnê: eles iam voltar para casa. Leonard pegou o violão e começou a cantar "Bird on the Wire" à moda country. Bob Johnston cantou um verso, transformando-a em um blues gospel, e depois a banda toda entrou, fazendo instrumentos com as vozes e criando um ruído suave ao fundo, tão doce e reconfortante quanto uma canção de ninar.

Adam Cohen nasceu em Montreal no dia 18 de setembro de 1972. De acordo com Suzanne, "não foi um *enfant du hasard*, foi planejado". Se Leonard tinha planejado ser pai, não se comportou como tal. Quando Steve Sanfield foi visitá-lo com a esposa e o filho para parabenizar o amigo pelo primeiro bebê, Suzanne estava lá, "muito solene", e Leonard estava em Nova York. Ele estava no Chelsea, tendo o que devia ser uma sombria festa de um homem só. O hotel era o cenário perfeito, pois a cena do Chelsea tinha ficado por vezes tão fraturada e sombria quanto o estado mental de Leonard.

"Havia muitas facções, muitas drogas e traumas, muitas coisas difíceis acontecendo, um tiroteio", conta Liberty, a modelo que virou poeta e escritora feminista, morou no Chelsea Hotel e namorou Leonard por um breve período. "Eu tinha um quarto com pé direito alto, lareira e uma varanda de ferro forjado, mas meus vizinhos de porta eram traficantes de cocaína e cafetões." Se Leonard havia voltado lá para se lembrar da época em que era livre e desimpedido, ele não pareceu a Liberty "alguém [que estava] buscando a liberdade [...] De certa forma, ele parecia carregar os vestígios de uma criação privilegiada de classe média", particularmente no contexto do início dos anos 1970 e do círculo do Chelsea. Ela se lembra dele como doce e gentil, mas reticente, e especula: "Eu sentia que ele ainda não tinha atravessado o espelho, não havia entrado na própria 'casa dos mistérios' ou não tinha passado tempo suficiente lá, embora tenha sobrevivido, é claro. Muitos loucos não conseguiram."

Mesmo que Leonard não fosse louco, ele claramente se sentia preso. Ao mesmo tempo, a criação, as raízes patriarcais e o senso de dever diziam que ele não podia desprezar a paternidade. Ele voltou para casa, mas relutante e impossivelmente fatigado. Estava deprimido. Foi um trabalho árduo encontrar um jeito de continuar e não sair do rumo. Sanfield e a esposa voltaram à casa dele para jantar. Foi uma noite "muito desconfortável". Depois de comer, lembra Sanfield, "Leonard disse 'vamos', então nós saímos para alguns clubes noturnos. Fiquei pensando: 'Este homem acabou de ter um filho, o que você está fazendo, cara?' Leonard reclamou: 'É dura esta vida. É dura.'"

Naquele mesmo ano, quando Sanfield voltou à Califórnia, Leonard telefonou para ele, pedindo: "Você poderia me levar ao seu professor? Ele está na minha cabeça há um bom tempo." Sanfield perguntou onde Leonard estava. Ele respondeu que estava em Montreal e prometeu ir ao Tennessee pegar o jipe e atravessar o país. Eram mais de três mil quilômetros do Tennessee até as montanhas de Santa Bárbara, e a viagem levou vários dias. A estrada na montanha estava tomada pela neve quando Leonard chegou à casa de Sanfield. Quando eles saíram para Los Angeles, o jipe atolou em uma estrada secundária e eles precisaram caminhar na neve profunda até encontrarem uma caminhonete para rebocá-los. No caminho, pararam em Fresno, onde assistiram à sessão vespertina no cinema, e depois partiram de novo para o Centro Zen de Los Angeles. "Levei Leonard até Roshi, nós sentamos lá e tomamos chá", conta Sanfield. "Foi basicamente silencioso até Roshi dizer: 'Você leva amigo ao monte Baldy.' Alguns dias depois, Leonard e eu fomos até lá no jipe e Roshi disse a Leonard: 'Certo, você fica aqui.'"

Ele ficou, mas não aguentou uma semana. Era inverno e era o monte Baldy, um campo de treinamento budista rigoroso onde todos aqueles jovens arrasados percorriam com dificuldade a neve para meditar às três da manhã. Leonard desceu da montanha gelada e foi com Suzanne de avião para Acapulco e para o sol.

CAPÍTULO QUATORZE

UM ESCUDO CONTRA O INIMIGO

15 de março de 1973: Obrigado pela faca e pelo bom cinto. Eu os usei para arranhá-la e enforcá-la um pouco. Enquanto ela sofre, eu tenho oportunidade de respirar o ar fresco e procurar pelo meu corpo embaixo da gordura. *17 de março*: Ouvindo violinos ciganos, meu jipe enferrujando no Tennessee, casado com a mulher errada, como sempre. Ela ama o jeito que faço amor com ela. *19 de março*: "Deite-se, não há ninguém observando você... o show acabou."[1]

Leonard desistiu da cabana no Tennessee, deixou o jipe na garagem de Bob Johnston e voltou para Montreal e Suzanne. Ele comprou a casa ao lado da que já tinha (eram geminadas, com uma parede em comum) e projetou um estúdio de escultura para Mort no térreo e o escritório para escrever no segundo andar. Um local para fugir quando a domesticidade passasse da medida. Aparentemente, um homem não afeito a esse arranjo estava se esforçando muito para fazer a situação doméstica dar certo. O que Leonard estava escrevendo, porém, não dava muitos motivos para otimismo.

A Columbia lançou o quarto álbum de Leonard, *Live Songs*, em abril. Embora não tenha chegado às paradas do Reino Unido, poderia disputar o título de álbum ao vivo mais sombrio de todos os tempos. *Live Songs* tem nove canções gravadas nas turnês de 1970 e 1972 e uma que Leonard registrou sozinho na cabana em um gravador emprestado de Johnston. O disco abre com "Minute Prologue", uma ruminação desesperadora sobre *dissension* (divergência) e *pain* (dor), improvisada sobre um violão solitário e lento, e fecha com a pesarosa gravação de estúdio "Queen Victoria", um poema de *Flowers for Hitler* ("my love, she gone with other boys"), ao qual ele deu adornos musicais mínimos. Entre as outras faixas, além de apresentações simples e emotivas de canções dos dois primeiros álbuns, estão "Please Don't Pass Me By (A Disgrace)", uma cantoria de 13 minutos que faz referência ao Holocausto ("I sing this for the Jews and the gypsies and the smoke that they made"), "Passing Thru" — apresentada como um hino country fatigado — e "Improvisation", uma pesarosa ampliação instrumental da introdução de "You Know Who I Am". A fotografia apagada de Leonard na capa foi tirada por Suzanne. Ele está magro e com o rosto branco, pálido, o cabelo tosado à máquina e o corpo vestido de branco, desaparecendo como um fantasma contra o fundo de azulejos da mesma cor.

O texto do encarte veio de uma carta enviada pela jovem escritora e artista britânica Daphne Richardson para Leonard, com quem se correspondia. Richardson tinha escrito incialmente sobre um livro experimental no qual estava trabalhando, que incluía colagens de poemas de Bob Dylan e Leonard Cohen. Ela pediu permissão para usá-los, o que Leonard concedeu (ao contrário de Dylan). Algum tempo depois, Richardson, que tinha entrado e saído de hospitais psiquiátricos, escreveu para Leonard em uma dessas internações, lhe enviando um livro que havia escrito enquanto estava internada. Leonard o achou "comovente. Um testemunho de dor, nunca li nada igual".[2] Da próxima vez que foi a Londres, eles marcaram um encontro, no qual ele descobriu "uma garota muito atraente na casa dos trinta anos" e uma artista talentosa. Leonard perguntou a Richardson se ela gostaria de ilustrar *The Energy of Slaves*. Durante um período em que ele não verificou o correio, uma pilha de cartas dela se acumulou. Ela escreveu, com um desespero cada vez maior, que tinha sido internada novamente e insistira para sair, visto que precisava trabalhar no livro de Leonard. Eles não acreditaram, disse ela, e a amarraram. Leonard tentou entrar em contato, mas "cheguei tarde demais". Ela se matara três dias antes. Leonard foi citado no bilhete de suicídio. Ele decidiu publicar a carta no encarte do álbum, porque ela sempre quis ser publicada, e ninguém o faria.[3]

Em fevereiro de 1973, Leonard voltou mais uma vez a Londres, agora para encontrar Tony Palmer e Marty Machat e ver *Bird on a Wire*, filme de Palmer sobre a turnê do ano anterior. Quando Leonard se viu, ficou com lágrimas nos olhos. "Ele chorou em metade do filme", revela Palmer. "Ele ficava dizendo: 'Isso é verdadeiro demais, é verdadeiro demais', repetindo como se fosse um mantra." Machat gostou do filme: "Estou muito feliz com o resultado", contou a Palmer. A BBC, que o comprou imediatamente, também ficou feliz e cobriu 75% dos custos de produção. Uma semana depois, Machat ligou para Palmer, pois havia um problema. Leonard considerou o filme "agressivo demais". Foi feita uma reunião, durante a qual, de acordo com Palmer, um editor chamado Humphrey Dixon, que tinha trabalhado como assistente de edição no filme, alegou que podia salvá-lo. "Vá em frente", permitiu Palmer, e aí começou o longo e caro trabalho de remontar *Bird on a Wire*. "Li que, de acordo com o testemunho de Leonard, foram gastos mais quinhentos mil dólares", diz Palmer. "Marty olhou para mim um tanto ironicamente e disse: 'Não se preocupe, desta vez não é o meu dinheiro.'"

Em uma entrevista dada a Roy Hollingworth (do *Melody Maker*) enquanto estava em Londres, Leonard descreveu o filme como "totalmente inaceitável" e contou que estava pagando do próprio bolso para terminá-lo. Quando estivesse pronto, ele prometeu "sair de cena". Perguntado sobre o que ele queria dizer com isso, Leonard respondeu: "Bom, eu vou partir. Quero voltar a outro ritmo. De alguma forma, não organizei muito bem a minha vida dentro do rock. De alguma forma, *isso*, a vida do rock, ficou importante, em vez do que produziu a canção. Não me vejo levando uma vida com muitos bons momentos, então, decidi ferrar com tudo e ir embora. Talvez a outra vida também não vá ter muitos bons momentos, mas essa aí eu conheço, e não a quero." Ao longo da entrevista, várias pessoas da gravadora britânica de Leonard demonstraram preocupação. Ao receber o Disco de Ouro pelas vendas de *Songs of Love and Hate* no Reino Unido, ele o colocou no chão, sem muita preocupação com a conservação do objeto que, no final da entrevista, estava coberto de lixo, incluindo uma xícara de café virada para baixo. "Eu me descobri não conseguindo escrever de forma alguma", confessou ele, acendendo outro cigarro turco na guimba do que acabara de terminar. "Sinto que não estou mais aprendendo. Comecei a sentir que estava prestando um desserviço a algumas canções, então, preciso me dedicar a outra coisa."[4]

Leonard contratou Henry Zemel para trabalhar em *Bird on a Wire*, tendo Dixon como coeditor. Ele precisava de alguém de confiança para cuidar do filme. Quando viu as imagens da turnê, Zemel percebeu a luta do amigo com a fama e o quanto ele tinha trabalhado em prol de manter a sinceridade do seu envolvimento tanto com a plateia quanto com as canções. E também sabia da sensação de Leonard de que a fama havia cobrado um preço em sua obra. "Ele se via basicamente como um poeta lírico", descreve Zemel, "e um poeta lírico tem certo tipo de inocência e ingenuidade, um relacionamento inflexível com o mundo e com o que faz. Quando algo quebra essa visão, a ideia do que o mundo poderia ser e do que ele se dedica a fazer com que seja, será possível juntar os pedaços de novo? A qualidade do trabalho, a voz, nunca mais será a mesma."

Marianne estava de volta à casa onde ela e Leonard viveram em Hidra, quando um dia Suzanne apareceu lá. Ela tinha um bebê nos braços, que chorava ruidosamente, e disse a Marianne, por cima do lamento do filho, que estava em um hotel e queria saber quando ela iria se mudar de lá. Marianne fez as malas e foi embora. "Foi uma cena triste", descreve Marianne em voz baixa. Quando Leonard ouviu isso, ele se ofereceu para dar uma casa a Marianne (ela havia vendido a dela no período em que o casal não tinha recursos financeiros) ou, se ela quisesse ficar, ele compraria outra casa para Suzanne. "Ele sempre foi muito generoso", elogia Marianne, que recusou a oferta. Era hora de voltar à Noruega. Quando Leonard se juntou a Suzanne e Adam na casinha branca da colina, é difícil imaginar que, enquanto tentava encontrar seu velho ritmo, os pensamentos não se voltassem de vez em quando para o período em que viveu lá com outra mulher e uma criança em momentos mais inocentes e protetores.

Ele voltou à velha rotina de nadar pela manhã no porto. Depois, "ficava à toa pelo porto, sentado nas pedras e olhando pessoas por várias horas", descreve Terry Oldfield, jovem compositor e músico que se mudou para Hidra no início dos anos 1970 e deu aulas de flauta para o filho de Marianne algum tempo. Leonard foi uma das primeiras pessoas que Oldfield conheceu na ilha. Leonard, que pareceu a Oldfield estar "em um estado mental muito lúcido", disse que tinha acabado de passar um tempo em um monastério.

Em Hidra, Leonard pintava e também trabalhava no livro de prosa que tinha começado em Montreal, cujo título mudou de *The Woman Being Born* para *My Life in Art*. Enquanto isso, vários de seus antigos poemas e canções estavam saindo pelo mundo sem ele, às vezes de formas curiosas. "The New Step", de *Flowers for Hitler*, tinha sido transformado em um balé dramático homônimo de um só ato, exibido na CBC, e uma coletânea de letras de música e poemas sobre as mulheres gerou o musical off-Broadway de Gene Lesser chamado *Sisters of Mercy*. O que Leonard estava escrevendo sobre mulheres (ou sobre uma mulher em particular) em *My Life in Art* não era bonito. "Foda-se este casamento [...] e a sua cama morta noite após noite."* Segundo ele escreveu, era preciso "estudar o ódio que tenho por ela e como ele se transmutou em um desejo de solidão e distância".⁵ Leonard expressou esse sentimento de modo menos brutal em uma nova canção:

> Moro aqui com uma mulher e um filho
> A situação me deixa um tanto nervoso

O título dado à canção, que falava basicamente da situação doméstica que vivia, foi "There Is a War".

Em 6 de outubro de 1973, o Egito e a Síria lançaram o ataque a Israel que iniciou a Guerra do Yom Kippur. No dia seguinte, Leonard deixou Suzanne e Adam em Hidra e pegou o avião de Atenas para Tel Aviv. O plano dele era se alistar no Exército israelense: "Vou parar a bala do Egito. Trompetes e uma cortina de navalhas", escreveu ele.⁶ Seus motivos, como estas palavras poderiam sugerir, eram complexos: compromisso com a causa, sem dúvida ("Nunca disfarcei o fato de que sou judeu e, em qualquer crise em Israel, estarei lá", disse Leonard em 1974. "Estou comprometido com a sobrevivência do povo judeu."), mas também havia algo de bravata, narcisismo e, quase no topo da lista, desespero para fugir.⁷ "As mulheres," comentou ele, "apenas deixam você sair de casa por dois motivos: ganhar dinheiro ou lutar em uma guerra" e, no estado mental dele na época, morrer por uma causa nobre, independente de qual fosse, era melhor do que a vida que estava tendo como artista com um contrato de servidão e homem aprisionado.⁸

Suzanne relembra: "Senti orgulho dos atos heroicos e de generosidade de Leonard, mas tive medo de acontecer algo. Havia muita hostilidade naquela época, o que acabou virando medo da perda, e temi pelo pior

---

* Estas palavras depois apareceriam no poema em prosa "Death to this Book", de *Death of a Lady's Man*, de 1978.

Sabendo que ele não iria mudar de ideia, eu me lembro de colocar um laço azul dentro do bolso da camisa dele sem avisar, de modo que, na minha cabeça, ele estaria a salvo. E estava realmente rezando naqueles primeiros dias." Leonard, por outro lado, sentado no avião, indo para o que chamava de "lar mítico", sentia-se livre. Ele estava "magro de novo e solto".[9] Logo após chegar a Tel Aviv, Leonard conheceu o cantor israelense Oshik Levi, que estava unindo uma pequena equipe de artistas para entreter as tropas, composta por Matti Caspi, Mordechai "Pupik" Arnon e Ilana Rovina, e à qual ele ficou feliz de acrescentar Leonard. Não era isso que Leonard tinha em mente. Ele alegou que suas canções eram tristes e não eram conhecidas por levantar o moral, mas Levi era persuasivo e não houve oferta melhor do Exército israelense. Nas semanas seguintes, Leonard viajou de caminhão, tanque e jipe a postos avançados, acampamentos, hangares, hospitais de campanha, qualquer lugar onde houvesse soldados, e se apresentava para eles até oito vezes por dia. Os soldados se reuniam ao redor (às vezes mal passavam de uma dúzia) e, se a noite estivesse muito escura, acendiam as lanternas na direção dele enquanto tocava.

"Em toda unidade que visitamos ele perguntava qual era a posição deste ou daquele soldado. Leonard sempre queria se juntar às Forças e ser um deles", contou Levi ao jornal *Ma'ariv*. "Eu costumava provocá-lo: 'Decida: você quer ser piloto, artilheiro ou mergulhador da Marinha? A cada dia você se empolga com algo diferente". Os músicos acampavam com os soldados e conversavam com eles a noite inteira. "Ele era uma pessoa modesta, com alma de filósofo, questionando o sentido da vida", descreve Levi. "Ele teve muitas conversas com Arnon sobre filosofia, astrologia e a Bíblia. Leonard costumava falar com frequência sobre a essência do judaísmo e sobre seu nome hebreu, Eliezer."[10]

No caderno que sempre carregava, Leonard fez anotações sobre o que tinha visto em Israel: a beleza do deserto, a irmandade dos soldados, os mortos e feridos que o fizeram chorar. Como aconteceu em Cuba, ele também escreveu fantasias de fugas mirabolantes, envolvendo roubar uma arma e matar o oficial que o aborrecia "com incansáveis pedidos para cantar 'Suzanne'".[11] Ele também compôs uma canção em Israel, de modo milagrosamente rápido, chamada "Lover Lover Lover". Caspi se lembra de Leonard improvisando a letra na frente dos soldados durante a segunda apresentação deles.

> Que o espírito desta canção
> Se levante puro e limpo
> Que seja um escudo para você
> Um escudo contra o inimigo

Na turnê de 1974, Leonard a apresentaria como uma canção "composta no deserto do Sinai para soldados dos dois lados".[12] Naquele mesmo ano, ao descrever sua experiência à revista *ZigZag*, ele disse: "A guerra é maravilhosa. Eles não vão acabar com ela. É um dos poucos momentos em que as pessoas podem agir da melhor forma. É muito econômica em termos de gestos e movimentos: cada gesto é preciso, cada esforço é feito ao máximo. Ninguém brinca. Há oportunidade de sentir coisas que você simplesmente não consegue vivendo na cidade moderna." Tudo isso, particularmente essa última questão, preocupava Leonard há muito tempo.[13]

De Israel ele pegou um avião diretamente para a Etiópia, país que também estava à beira de uma guerra. Leonard parecia estar cortejando o perigo, tentando o destino. Em vez de tentar pegar em armas, ele preferiu um quarto no Imperial Hotel em Asmara. Enquanto a chuva caía lá fora, livre, Leonard escreveu: "Tinha meu violão e foi quando senti as canções surgindo: por fim, as conclusões que eu vinha carregando em manuscrito pelos últimos quatro ou cinco anos, de quarto de hotel em quarto de hotel."[14] Ele refinou "Lover Lover Lover", mudando a primeira frase de "I saw my brothers fighting in the desert" para:

> Pedi a meu pai... Mude meu nome
> O que estou usando agora está coberto
> De medo e sujeira e covardia e vexame

Na Etiópia ele também finalmente "quebrou o código" de "Take this Longing", canção que compusera há anos para Nico e foi gravada por Buffy Sainte-Marie como "The Bells", e pôde "conseguir uma versão para mim".[15] Ele fez edições finais na letra de "Chelsea Hotel #2", a segunda versão da música que descrevia seu encontro sexual com Janis Joplin em Nova York. Leonard e Ron Cornelius haviam composto a música juntos na última turnê, em um voo transatlântico de Nashville para a Irlanda. "Era na época em que você podia sentar no fundo do avião e fumar", lembra Cornelius, "e, por boa parte desse voo de oito horas e meia, Leonard e eu fumamos e trabalhamos naquela canção. Quando finalmente pousamos em Shannon, ela estava pronta." Leonard revelou ao gerente da turnê, Billy Donovan, que era a primeira canção que ele tinha feito com outra pessoa. A outra surgiu na Etiópia e foi "Field Commander Cohen", um relato irônico de suas proezas militares heroicas imaginadas. Na verdade, ao viajar para essas zonas de combate, Leonard evitava a guerra que o aguardava em casa com Suzanne.

Contudo, ele estava exausto e pronto para fazer as pazes. Após ver muito sangue, morte e ódio em Israel, sentia que precisava voltar e cuidar do pequeno jardim que tinha plantado e ver se, de alguma forma, ele conseguia ter uma vida familiar bem-sucedida. Antes disso, porém, Leonard foi ao monastério fazer um retiro com Roshi. Quando, enfim, voltou para Suzanne e Adam no fim do ano, a paz reinou na casinha em Montreal por tempo suficiente para Suzanne engravidar do segundo filho deles.

Em julho de 1974, a nova versão do filme *Bird on a Wire* estreou em Londres, mas não ficou em exibição por muito tempo, pois a BBC tinha desistido de transmiti-la. O filme foi exibido pela TV alemã, mas acabou desaparecendo (além das eventuais cópias piratas) por quase quarenta anos. Leonard foi a Londres para a estreia. Segundo o jornalista da *ZigZag* para quem tocou três de suas novas canções, ele parecia "muito cordial", mesmo quando relembrava que precisou abrir mão do escritório, pois havia um novo bebê a caminho, sendo obrigado a escrever em uma casinha no jardim. Era uma mudança e tanto de humor desde a última visita a Londres, quando as entrevistas sugeriam que ele planejava sair do mundo da música: "Não quero dar a impressão de que estava muito doente e acabei de melhorar, isso não é verdade", contestou Leonard na ocasião. O que aconteceu foi que "há dois meses eu tive uma semana de ouro, meu violão soava bem e muitas canções inacabadas sugeriram conclusões".[16]

Leonard renovou o contrato com a Columbia Records. Ele tinha passado boa parte do mês anterior em um estúdio de Nova York trabalhando em um novo álbum, chamado *New Skin for the Old Ceremony*. Se distanciando dos primeiros quatro álbuns, nesse ele tentava obter um som diferente usando músicos totalmente novos e um jovem produtor. John Lissauer era 15 anos mais novo que Leonard e acabara de terminar a faculdade de música em Yale, onde estudara música clássica e jazz. Eles se conheceram por acaso, no Nelson Hotel de Montreal, onde Lissauer se apresentou em uma banda com Lewis Furey, cujo primeiro álbum ele tinha acabado de produzir. Leonard estava na plateia e conhecia Furey desde 1966, quando ele era um violinista e poeta inexperiente de 16 anos. Furey havia pedido a Leonard para olhar sua poesia, o que Leonard não só fez como passou uma lição de casa para o jovem pupilo (ler Irving Layton, escrever um soneto), virando seu mentor.

Após o show, Furey apresentou Lissauer a Leonard, o que impressionou a namorada de Lissauer, grande fã de Leonard Cohen, bem mais do que o companheiro, que "não era muito ligado nesse negócio de cantores e compositores *folk*". Leonard propôs a Lissauer: "Gosto do que você está fazendo, quer conversar sobre gravar?" Lissauer respondeu: "Claro", e não ouviu mais nada por algum tempo, até Leonard ligar subitamente, dizendo que estava no Royalton Hotel em Nova York, pronto para começar a trabalhar.

Lissauer morava em um grande *loft* situado em um prédio de quatro andares sem elevador na rua 18, que tinha sido um clube noturno da máfia nos anos 1950 e estava tomado por "todos os instrumentos conhecidos pelo homem". Lissauer convidou Leonard para uma visita, avisando que deveria tocar a campainha no térreo e ficar embaixo da janela que ele jogaria a chave da porta da frente. Algumas horas depois, quando Lissauer estava ao piano tocando com cuidado e atento ao som da campainha, entra Leonard com um sorrisão no rosto. Na entrada do prédio, ele tinha esbarrado com um entregador de pizza que trazia um pedido para a vizinha de Lissauer. Quando ela jogou a chave, Leonard pegou, fez o pagamento e disse ao entregador que levaria a pizza. "Ela era a maior louca pelo Leonard Cohen, então, imagina você abrir a porta e ter a pizza entregue pelo seu ídolo. Ela gritou", diverte-se Lissauer. "Foi uma loucura." Ele estava começando a entender que Leonard era popular com as mulheres.

Marty Machat, que nunca tinha ouvido falar em Lissauer, não estava convencido da escolha do produtor. Ele ligou para John Hammond, executivo de Artistas e Repertório e primeiro produtor, que marcou uma sessão vespertina no Estúdio E da Columbia. No dia 14 de junho de 1974, Leonard e Lissauer chegaram, acompanhados de quatro músicos. Sob o olhar atento do desconfiado empresário, o executivo mais festejado da Columbia, eles gravaram demos de "Lover Lover Lover", "There Is a War" e "Why Don't You Try". "Eu criei algo meio etíope, Oriente Médio", diz Lissauer. "Leonard nunca teve um ritmo assim em suas canções e funcionou muito bem." Hammond aprovou, dizendo a Leonard que iria dar certo e ele não precisava ficar lá. Machat deu uma aprovação mais relutante. "Sei que Marty não gostou de mim, e eu não estava acostumado com isso porque sou tranquilo, trabalho arduamente e me dou bem com todo mundo. Talvez fosse algo possessivo. Leonard era *dele* e estava me procurando para fazer algo. Marty era obcecado por Leonard, era o único artista com quem ele se importava, pois pensava que estar associado a Leonard lhe dava um pouco de classe e humanidade. Acho que Marty nunca traiu Leonard. É lendário como ele foi cruel com outros artistas, mas fez o certo com Leonard. Seja o que for, não era uma situação confortável."

Lissauer pediu que o estúdio ficasse fechado para todos (empresários, gravadora, namoradas), exceto para Leonard, os músicos e ele mesmo. Às vezes, Machat aparecia para ouvir a mixagem bruta, mas o pedido de Lissauer foi em boa parte atendido, assim como a decisão de não gravar em um dos estúdios da Columbia, e sim em um estúdio pequeno e íntimo chamado Sound Ideas. "Era muito mais confortável, os engenheiros eram mais jovens e modernos e não usavam jalecos, nem pesquisavam em manuais de referência." A equipe contava com uma engenheira, raridade no início dos anos 1970, chamada Leanne Ungar. O álbum marcou o início de uma das associações musicais mais duradouras de Leonard. "A atmosfera no estúdio era realmente divertida e leve" e o processo de gravação foi "muito experimental", define Ungar. "Nós experimentávamos vários instrumentos e coisas diferentes."

Essas ideias, em geral, vinham de Lissauer. Ele levava para casa uma simples demo com violão e vocal, "brincava com ela", lembra o produtor, "depois voltava e dizia a Leonard: 'Que tal nós fazermos desta forma?' Queria tirá-lo do mundo do *folk*. Queria que o álbum levasse o ouvinte a vários lugares, desse a ele uma pequena viagem visual e cinemática. 'Isso é poesia', disse a ele, complementando: 'Quando você faz um álbum tradicional de cantor e compositor, como os últimos dois, é fácil parar de ouvir a poesia, e elas serem apenas canções.' Eu sentia que estava ilustrando a poesia com pequenos toques aqui e ali, combinações incomuns de instrumentos". À gravação básica de vocal e violão de Leonard ele acrescentava cordas e metais da Filarmônica de Nova York, instrumentos de sopro feitos de madeira, piano tocado por Lissauer, uma viola tocada por Lewis Furey e uma harpa judaica tocada por Leonard. Havia, também, banjo, bandolim, violão, baixo e, incomum para um álbum de Leonard, bateria, tocados por Jeff Layton, John Miller, Roy Markowitz e Barry Lazarowitz. A cantora e compositora Janis Ian, que por acaso apareceu no estúdio, fez alguns vocais de apoio.

Nessa ocasião, de acordo com Lissauer, Leonard "não mostrou inseguranças com relação ao seu canto. Ele sentia que não era um cantor 'cantor', que não tinha aquela coisa pop-tenor, mas sabia que chamava a atenção musicalmente e podia comunicar uma história. Nós nunca falávamos sobre tom, o que falávamos era: 'Você manteve a linha?' Em outras palavras, a narrativa ficou intacta? Acreditamos nesse verso? Isso é fundamental com Leonard. Ele nunca se esconde atrás de truques vocais: é o que você faz quando não tem algo a dizer. Às vezes, ele falava: 'Me deixa fazer de novo para ver se consigo aumentar a energia, se posso encontrar aquele verso', e usava o dedo para indicar o caminho. Mas, na maior parte das vezes, os vocais saíam facilmente".

Uma abordagem bem diferente foi utilizada em "Leaving Green Sleeves", a canção que fecha o álbum. A interpretação que Leonard fez da balada *folk* inglesa do século XVI era uma gravação ao vivo no estúdio com a banda, que, segundo Lissauer, foi "resultado do *ng ka pay*", licor doce coreano com 70% de teor alcoólico. Considerado bom para reumatismo, era o favorito de Roshi, que estava no estúdio bebendo com Leonard — uma exceção à regra das portas fechadas. Lissauer achou um lugar em Chinatown onde comprar o *ng ka pay* "e de vez em quando nós corríamos lá para pegar uma garrafa. Daí alguns dos vocais, digamos, exóticos. Em 'Leaving Green Sleeves' quase foi preciso segurar Leonard para que ele ficasse em pé e cantasse. Ele estava totalmente sob o efeito do licor".

Enquanto Leonard cantava, com as mãos postas diante de si como se estivesse lendo um livro invisível, Roshi sentou no sofá em silêncio, calçado com suas meias *tabi*, "apenas radiante, emanando boas vibrações", lembra Lissauer.

— *O que Roshi fazia no estúdio?*

— *Dormia, boa parte do tempo. Ele já estava bem idoso.*
— Mas por que ele estava lá, afinal?
— *Nós tínhamos viajado por monastérios trapistas, na época em que houve uma reconciliação entre o catolicismo e o zen-budismo sob a tutela de Thomas Merton, monge trapista que escreveu belos livros. Eu ia com Roshi e ele liderava semanas de meditação em vários monastérios. Por acaso, ele estava em Nova York quando eu estava gravando, então, veio ao estúdio.*
— Como todos secretamente querem ser críticos de música, até os mestres zen, o que Roshi disse sobre as canções e a sua performance?
— *Na manhã seguinte, quando tomávamos café, eu perguntei o que ele achava e ele disse que eu deveria cantar "mais triste".*
— Muitos fãs de Leonard Cohen teriam pagado uma bebida para ele e contratado Roshi como seu diretor musical. Qual foi a sua reação?
— *Eu pensei: não mais triste, mas preciso ir mais fundo.*
— Aparentemente, você estava triste o bastante naquele período. Por causa da situação doméstica?
— *Definitivamente, acho que não foi o caso. Claro que quando esse tipo de condição predomina, é quase impossível manter amizades.*
— Quando você está ocupando demais se torturando?
— *Você não tem tempo pra mais ninguém. Fica totalmente tomado. E embora eu ache que todos vivam a vida como se fosse uma emergência, a emergência é crítica quando você está apenas tentando descobrir como ir de um momento a outro, não sabe o motivo e não há circunstâncias práticas que pareçam explicar. Claro que as circunstâncias ficam desagradáveis devido aos relacionamentos que você não consegue sustentar, mas não acho que tenha sido o contrário.*
— Ser pai fez alguma diferença em sua depressão, seja distraindo você dela ou mudando o foco de alguma forma?
— *Não aconteceu no meu caso, embora é verdade que ter filhos tira você do centro do palco. Não há como se sentir exatamente da mesma forma sobre si mesmo depois disso, mas não pareceu mitigar aquela condição soturna. Não sei qual era o problema até hoje. Gostaria de saber, mas esse foi um componente da minha vida e o motor da maior parte da minha investigação nas várias coisas que procurei: mulheres, canções, religião.*

Em agosto, Leonard voltou para casa em Montreal, a fim de fazer uma entrevista com a escritora israelense-canadense e locutora Malka Marom para o programa do canal CBC *The Entertainers*. A entrevista aconteceu na casinha do jardim, o novo local que ele usava para escrever, iluminada por velas. Marom recorda: "Ele agiu de modo muito esquisito. Logo depois que preparei o equipamento de gravação, a mão de Leonard foi direto para baixo da minha saia. Perguntei: 'O que você está fazendo?', e ele respondeu: 'Este é o verdadeiro diálogo' ou algo assim. Eu retruquei: 'Bom, além desse negócio físico há algum outro diálogo?' Ele desviou: 'Só pode ser expresso em poesia.' Então perguntei as coisas mais mundanas só para ver até onde era possível ser poético, como: 'A que horas você acorda? O que comeu no café da manhã? Seu casamento é feliz?', e ele respondeu tudo com poemas inéditos."

Ela também perguntou qual era a visão dele sobre o casamento e a monogamia, dada a iminente chegada do segundo filho com Suzanne. "Acho que casar é para as pessoas muito, muito idealistas", definiu. "É uma disciplina de extrema severidade. Virar as costas de vez para todas as outras possibilidades e experiências do amor, da paixão, do êxtase e estar determinado a encontrá-las em uma só pessoa é uma noção superior e virtuosa. O casamento hoje é o monastério, o monastério hoje é liberdade." Leonard disse a Marom que tinha chegado "a uma visão mais realista" de si mesmo. Não havia mais "propósito elevado" em suas atividades: "Eu só continuo para não ter que ficar parado", admitiu.

Em setembro, menos de um mês após o lançamento do novo álbum, Suzanne deu à luz o segundo filho de Leonard, uma menina batizada por ele de Lorca, em homenagem ao poeta espanhol.

New Skin for the Old Ceremony foi o primeiro dos cinco álbuns de Leonard a não incluir a palavra "Songs" no título ou ter uma foto dele na capa,* substituída pelo desenho de um casal alado nu copulando nas nuvens. Era uma xilogravura do *Rosarium philosophorum*, texto alquímico do século XVI que tinha fascinado Carl Jung, e ilustrava o *coniunctio spiritum*, a união sagrada entre os princípios feminino e masculino. Con-

---

* Exceto nos Estados Unidos, onde uma "capa recatada" cobriu a ilustração censurada com uma foto dele.

tudo, a união descrita nessas canções parece decididamente profana. As letras são cáusticas, mordazes e sombrias, às vezes com humor negro, mas não menos sombrias e brutais. O amor sobre o qual ele canta é tão violento quanto a guerra sobre a qual ele também canta; a mulher é "a vadia e a besta da Babilônia". Em várias canções, o pobre e sitiado amante e serviçal Leonard é perfurado, enforcado, fustigado, preso e, com uma joelhada no saco e um soco no rosto, sentenciado à morte.

Ele não dispensou a autocomiseração, se referindo a este "grateful faithful woman's singing milionaire [...] working for the Yankee dollar". A única força estava no desdém e no tom afiado de suas palavras. Mesmo na versão de Leonard para a mais cortês das canções, "Greensleeves", quando vê sua mulher nua no início da alvorada, ele espera que ela seja outra pessoa. Em "A Singer Must Die", ele canta um boa-noite mordaz para sua amante noite após noite após noite após noite após noite após noite. "Why Don't You Try" é ainda mais cáustica:

> Você sabe que esta vida é cheia de companhias doces,
> Muitas transas satisfatórias de uma noite só
> Você quer ser um fosso em volta de uma torre?

É uma farpa perfeitamente cruel em sua abordagem sobre sexo e cativeiro. Embora sua musa não seja citada nominalmente, Leonard nunca havia tratado uma delas de modo tão descortês. As canções, cientes disso, defendem seus argumentos diante dos tribunais, dos ancestrais e do Deus dele.

O que faz esse álbum tão diferente dos antecessores é que sua poesia sombria, tão sombria quanto em *Songs of Love and Hate*, está geralmente coberta por arranjos musicais sofisticados e inesperados, que vão do afro-percussivo, estilo Brecht-Weill, à moderna música de câmara. Leonard elogia: "É bom. Não tenho vergonha dele e estou pronto para defendê-lo. Em vez de pensar no álbum como uma obra-prima, prefiro olhar para ele como uma pequena joia."[17] As críticas também foram em geral favoráveis. No Reino Unido, a *Melody Maker* o achou "mais vigoroso que os últimos quatro álbuns",[18] enquanto o *NME* o descreveu como "uma mistura agradável do Cohen *vintage* com algumas texturas novas. O Armagedom foi adiado, ainda que temporariamente".[19] Nos EUA, a *Rolling Stone* seguiu o caminho do meio, dizendo que "não é um de seus melhores" trabalhos, mas tem algumas canções "que não serão esquecidas facilmente por seus admiradores".[20]

As duas canções mais duradouras de *New Skin* eram bem diferentes uma da outra. "Chelsea Hotel #2" era uma das produções cantor-compositor mais diretas do álbum. "Who by Fire", por sua vez, tinha sido diretamente inspirada em uma prece hebraica cantada no Dia do Perdão, quando o Livro da Vida é aberto e são lidos em voz alta os nomes de quem vai morrer e como. Leonard contou que a ouviu pela primeira vez na sinagoga aos 5 anos de idade, "em pé, ao lado dos meus tios com seus ternos pretos".[21] A liturgia dele terminava com uma pergunta que seus parentes mais velhos nunca responderam e cuja resposta Leonard ainda procurava: que força invisível controla tudo isso e quem diabos está no comando?

New Skin for Old Ceremony não tinha sido um grande sucesso comercial fora da Alemanha e do Reino Unido, em que foi Disco de Prata. Nos Estados Unidos e no Canadá não chegou às paradas. Mas, se havia um álbum, era preciso haver uma turnê. Em setembro de 1974, mês do nascimento de Lorca, do segundo aniversário de Adam e dos 40 anos de Leonard, ele embarcou em sua maior turnê até então. Dois meses de shows foram marcados na Europa, incluindo uma apresentação na conferência da CBS Records em Eastbourne, Inglaterra, seguida por duas semanas em Nova York e Los Angeles em novembro e dezembro. Os primeiros dois meses de 1975 também foram tomados por shows, que o levaram a ficar entre o Canadá, os Estados Unidos e o Reino Unido.

Como Bob Johnston fez no passado, o novo produtor de Leonard montou a banda para a turnê, um pequeno grupo de multi-instrumentistas e cantores que tinham tocado no álbum: John Miller, Jeff Layton, Emily Bindiger e Erin Dickins. Também seguindo os passos de Johnston, Lissauer se juntou a Leonard na estrada, tocando teclados. Foi "muito diferente da turnê anterior com os garotos do country", conta Lissauer. "Tínhamos muita unidade artística." A nova banda de Leonard era muito jovem. "Éramos todos garotos. Eu tinha 22, nunca havia tocado em um show para uma plateia tão grande e nunca tinha saído em turnê com um cara reverenciado como ele. Na Europa, Leonard era maior que Dylan, com todos os shows esgotados, e tinha os fãs mais sinceros e dedicados, quase malucos. Os amantes reais de poesia não ficam violentos mas, olha, de vez em quando havia algumas pessoas que precisavam ser monitoradas para não se matarem. Havia pessoas para quem Leonard significava a vida ou a morte. Eu via as garotas na primeira fila" — e as mulheres superavam os homens na proporção de três para um na plateia, pelas contas de Lissauer — "chorarem abertamente por Leonard, além de mandarem cartas e presentes. E convites. Nós encontrávamos pessoas após o show. Alguém que fosse intrigante ou atraente conseguia entrar nos bastidores, e elas diziam coisas como: 'Eu ia me suicidar, coloquei um de seus álbuns para tocar e você me salvou.'"

A crítica do show de Manchester feita pelo *Guardian* descreveu Leonard como tendo "o ar inspirado e frágil de um destrutivo. Ele era uma figura solitária e de aparência sensível no palco, envolvido com seu violão, arrancando com uma mal-ajambrada determinação o que passava por uma linha melódica. Cohen gerava uma atmosfera de vulnerabilidade e arrependimento, sensações estranhas ao pop. Nenhuma das canções tinha senso de humor, nenhuma era radiante e animada. Mas tudo aquilo tinha um calor soturno."[22]

Particularmente quando comparada às outras duas, a turnê se desenrolou sem grandes incidentes, além de o ônibus enguiçar a caminho do show de Edimburgo (eles formaram duplas e pediram carona até o local da apresentação) e do confronto entre Marty Machat e Herbert von Karajan em Berlim, quando o famoso maestro, ainda ensaiando com a Filarmônica de Berlim, não quis deixá-los entrar para fazerem a passagem de som. "Os egos de Marty e von Karajan eram notáveis", lembra Lissauer. Uma das apresentações memoráveis foi a Fête de l'Humanité em Paris. "Meio milhão de pessoas e todas aquelas pequenas facções comunistas se uniram para um festival e mandaram grandes limusines para nos levar até lá", diz Lissauer. "Nós nos vestimos de modo simples para a ocasião, com uniformes de campanha, e fizemos com que nos deixassem a oitocentos metros do local, onde entramos em vários pequenos Renaults velhos para ir até lá. Não queríamos ser vistos entrando [em limusines], porque muitas pessoas lá estavam bem exaltadas. Havia muitas conversas bastante passionais sobre política, uniformes, boinas e gauleses. Leonard passou algum tempo com eles e se enturmou perfeitamente."

Quando a banda chegou a Nova York para os shows de novembro, Suzanne foi encontrar Leonard, que a levou para a entrevista com Danny Fields.* Ele disse a Fields que tinha parado de fumar, enquanto elogiava elegantemente a beleza do cigarro. Leonard também não estava mais bebendo, e tentou dar a Fields a garrafa de vodca que tinha ganhado de Harry Smith. Fields perguntou se seus filhos estavam sendo criados como judeus. Leonard respondeu: "A menos que eu mude de nome, definitivamente vou criá-los como judeus." Isso significava que sim; o pedido ao pai/Pai feito na canção "Lover Lover Lover" para mudar de nome era retórico. "Nunca gostei da ideia de as pessoas mudarem de nome. É bom saber de onde você veio."[23]

Em uma entrevista dada na mesma época a Larry "Ratso" Sloman para a *Rolling Stone*, Leonard reclamou: "Acho que estou ficando velho. Minhas unhas estão esfarelando diante do ataque das cordas do violão. Minha garganta está indo embora. Por quantos anos mais eu preciso fazer isso?" Longe de desistir, porém, ele manifestou o desejo de continuar para sempre, alegando que todo homem "deveria tentar virar um ancião".[24]

Em Los Angeles, Leonard fez uma residência no Troubadour, o famoso clube *folk* de West Hollywood onde Tom Waits foi descoberto em uma noite para cantores amadores e onde Joni Mitchell fez sua estreia em Los Angeles. "Ele fez dois shows por noite durante cinco noites, todos com ingressos esgotados", conta o porteiro do Troubadour, Paul Body. "Eu recolhia os ingressos, então me lembro de ver Phil Spector no domingo com a filha de Lenny Bruce, Kitty. Dylan também apareceu uma noite. Houve umas celebridades bem diferentes e toneladas de mulheres lindas. O único homem que vi capaz de atrair mulheres mais lindas que Leonard Cohen provavelmente foi Charles Bukowski. As mulheres se vestiam à moda dos anos 1970 e babavam com cada palavra dita por Leonard durante e após o show." Leonard usava um terno cinza que, segundo Body, "lembrava o ator francês Jean Gabin", e a banda se apresentava toda vestida de preto. "O gerente do Troubadour, Robert Marchese, me disse: 'É

---

* A entrevista era para a revista *Interview*, de Andy Warhol, mas o editor decidiu no último minuto que Leonard "não era chique o bastante". Ela acabou sendo publicada na *Soho Weekly* em dezembro de 1974.

melhor verificar se tem alguma navalha no banheiro porque esse negócio é verdadeiramente deprimente."'

Entre os shows, o jornalista Harvey Kubernik perguntou a Leonard sobre o novo álbum. "Por um tempo não pensei que haveria outro álbum. Eu sentia que estava esgotado como compositor porque não estava mais saindo", confessa. "Agora entrei em outra fase, que é muito nova para mim. Comecei a colaborar com John nas canções, algo que nunca esperei ou pretendi fazer com ninguém. Não foi uma questão de aperfeiçoamento, era uma questão de dividir a concepção com outro homem." Para Leonard, o álbum anterior, *Live Songs*, representava "um período muito confuso e sem direção. O que gostei nele é que documenta essa fase de modo bem claro. Tenho muito interesse na documentação".[25] Leonard contou que ia visitar Dylan na casa dele em Malibu, mencionando que Dylan o considerava um de seus poetas favoritos. Leonard também foi a uma apresentação de Allen Ginsberg em Los Angeles e a um jantar com Joni Mitchell. Kubernik acompanhou Leonard e se lembra de Mitchell dizer a ele, sorridente e sem rodeios: "Sou *groupie* apenas para Picasso e Leonard."

Além dos shows em Nova York e em Los Angeles, a turnê norte-americana teve, na melhor das hipóteses, uma recepção morna. Em alguns lugares, os ingressos mal venderam. "Ele era quase desconhecido", conta Lissauer. "Na verdade, Leonard não queria tocar nos Estados Unidos, por sentir que eles não o entendiam. E como eles não se esforçavam, ele também não se esforçava, então, acabava tendo uma não plateia. Isso me perturbava como produtor musical. Eu queria que ele fizesse sucesso nos Estados Unidos. Contudo, na turnê canadense, ele foi seguido por uma multidão e alguns shows foram realmente fabulosos. Gravamos vários deles."

Enquanto estava na estrada, Leonard já planejava um novo álbum de estúdio. Agora ele queria uma colaboração total com Lissauer. "Leonard gostou mesmo das minhas melodias, então, decidimos compor juntos. Estava indo muito bem, compusemos algumas canções bem fortes e trabalhamos nelas na estrada" — "Came So Far for Beauty", "Guerrero", "I Guess It's Time", "Beauty Salon" e "Traitor Song". Eles também trabalharam em versões novas para "Diamonds in the Mine", "Lover Lover Lover" e "There Is a War". Quando a turnê acabou, foram direto até Nova

York para trabalhar no álbum, chamado provisoriamente por Leonard de *Songs for Rebecca*.

Leonard, mais uma vez, se mudou para o Royalton Hotel. Lissauer o encontrava lá e recebia algumas letras, que discutia com Leonard e depois levava para casa e começava a criar melodias. "Então, nós nos reuníamos no meu *loft*", descreve Lissauer, "e trabalhávamos no meu piano de cauda. Leonard não trazia o violão porque minhas mudanças de acorde não eram do tipo que o atraíam naturalmente. Quer dizer, eu estava tentando compor para ele em um estilo que fosse confortável. Não era apenas compor uma canção pop e fazer com que ele cantasse, mas também puxar melodias e estruturas um pouco para fora da zona de conforto dele, que era basicamente de acordes simples, nada de acordes estendidos ou inversões e tal. Além disso, ele tendia a não querer cantar saltos, preferindo cantar as notas bem juntas, quase falando-cantando como um *chanteur* francês. Mas acho que ele estava cansado de compor o mesmo tipo de canção, queria sair disso, e confiava em mim o suficiente para tal." Lissauer fez demos das canções para que eles pudessem avaliar o que tinham. Leonard parecia feliz com o rumo que elas estavam tomando, então, decidiu viajar para a Grécia.

Em Hidra as canções foram deixadas de lado e Leonard voltou a trabalhar em *My Life in Art*. "Era muito ruim há dez anos, antes de o mundo me conhecer, mas agora é bem pior", escreveu. Seria preciso "derrubar a minha vida com amor novo".[26] Havia uma série de relações. Ele ainda morava com Suzanne, mas o que compunha sobre ela eram injúrias. Suzanne alega nunca ter levado para o lado pessoal: "Morando com um escritor, você sente que tudo é uma página em branco, tudo é um ensaio, que o autor tem o direito de pausar, apagar, repetir, variar e repetir novamente. Então, eu o deixava fazer isso. Leonard encontrava alívio, propósito e conforto na desconstrução e na reclamação das desgraças diárias. Eu queria ser uma boa plateia e companhia, não só a esposa reativa, embora isso fosse inevitável algumas vezes, é claro."

Quando Leonard voltou aos Estados Unidos, no outono, foi para passar mais tempo com Roshi. Em um texto não publicado com o título pessimista de "The End of my Life in Art", ele escreveu: "Vi Roshi hoje de manhã cedo. O quarto dele estava quente e perfumado [...] Destrua o eu particular e o absoluto aparece. Ele falou comigo calmamente. Eu esperei pela repreensão. Ela não veio. Esperei porque há uma repreensão em todas as vozes, menos na dele. Ele tocou o sino. Fiz uma saudação e fui embora. Eu o visitei novamente após várias horas desagradáveis no espelho [...] Estava muito faminto pela seriedade dele após a frivolidade imbecil e o desespero das horas no espelho."[27] Leonard também estava faminto pela fome. A vida doméstica o fizera ganhar peso, e o que ele precisava era estar vazio. Como escreveu em *Beautiful Losers*: "Se eu estiver vazio, então posso receber, se eu puder receber, significa que vem de algum lugar fora de mim, se vem de fora de mim, não estou sozinho. Não posso suportar esta solidão", uma solidão mais profunda do que a presença contínua da mulher e dos filhos poderia aliviar.

Lissauer foi para Los Angeles encontrar Leonard e eles retomaram o trabalho em *Songs for Rebecca*. "Nós reservamos alguns quartos no Chateau Marmont com um pátio externo e alugamos um piano elétrico. Trabalhamos nessas canções, demos continuidade a elas e eu ensinei acordes para que ele pudesse tocar algumas músicas ao violão. Depois, ele e Marty disseram: 'Vamos voltar à turnê'". Foi marcada uma semana de shows nos EUA. A gravadora norte-americana de Leonard estava lançando um álbum *Best of*, presumivelmente após ter descoberto que *New Skin for the Old Ceremony*, que não conseguiu ficar nem entre as 200 mais nos EUA, era um cachorro morto, que não valia mais a pena chutar. A compilação foi lançada no outro lado do Atlântico com o título *Greatest Hits* (*Maiores sucessos*), onde Leonard realmente tinha sucessos, pois *New Skin* tinha chegado ao 24º lugar nas paradas do Reino Unido. Leonard escolheu as canções para a compilação e escreveu o texto do encarte.

Para essa turnê, Lissauer formou uma nova banda, que agora incluía um baterista. Eles caíram na estrada em novembro, levando as novas músicas compostas em dupla e acrescentando-as ao repertório. "Leonard estava empolgado, eu estava empolgado, até Marty parecia estar mais feliz do que o esperado, visto que ele não queria que Leonard trabalhasse comigo para começo de conversa", conta Lissauer. Após o último show, Leonard e Lissauer entraram em estúdio (primeiro o Sound Ideas, em Nova York, e depois o A&M, em Los Angeles). Eles gravaram todas as canções escritas em dupla e a nova versão de "Diamonds in the Mine". "E então a fonte secou. Leonard desapareceu, Marty não atendia minhas ligações.

Pensei: 'O que raios está acontecendo?' Simplesmente evaporou. Sem que ninguém dissesse uma palavra sequer."

Era dezembro de 1975 e Leonard tinha voltado para casa em Montreal. Coincidentemente, Bob Dylan também estava em Montreal, na turnê Rolling Thunder, um espetáculo de rock que tinha entre os convidados Joni Mitchell, Joan Baez, Roger McGuinn, Ronee Blakley, Bobby Neuwirth, Ramblin' Jack Elliott e Allen Ginsberg. Dylan estava doido para acrescentar Leonard à programação. Ratso Sloman, que estava viajando com a turnê como repórter (e cujo relato virou o livro de 1978 *On the Road with Bob Dylan*) lembra: "Bob estava incrivelmente decidido a convencer Leonard. Ele era obviamente fã do trabalho de Leonard, e vice-versa. Dylan se orgulhava do que estava fazendo com o Rolling Thunder porque essas apresentações eram intensas, fascinantes e Montreal era a cidade de Leonard, então, significava muito para ele que Leonard estivesse lá. Bob ficava me perseguindo, dizendo: 'Faça com que ele venha', e me despachou para a casa de Leonard."

Quando o carro estacionou em frente ao "bangalôzinho doido" perto da Saint-Dominique Street, Sloman conferiu o endereço de novo. Não parecia a casa de uma celebridade. Quando Suzanne o deixou entrar, Sloman instintivamente se abaixou, de tão baixo que era o teto. O chão era em declive e as paredes estavam tomadas por prateleiras repletas de livros, fotos emolduradas e quinquilharias empoeiradas. Lembrava uma casa de avó de contos de fadas, feita de pão de mel. Leonard estava lá dentro com alguns amigos, todos tocando algum instrumento. Mort Rosengarten tocava colheres acompanhando a gaita de Leonard. Suzanne levou Sloman para ver as crianças. "Eles pareciam tão doces, anjinhos nos berços daquele quartinho caindo aos pedaços, e Suzanne tinha muita paciência. Parecia um cenário doméstico muito tranquilo."

Foi muito difícil persuadir Leonard a sair de casa e ir com ele ao Forum. Quando finalmente conseguiu, Leonard insistiu em levar os amigos e a gaita. Todos se espremeram no carro e cantaram antigas canções *folk* francesas pelo caminho. Quando estacionaram no local, Dylan veio imediatamente cumprimentar Leonard, dizendo que se ele quisesse subir ao palco e tocar algumas canções, ele ficaria satisfeito. Ronee Blakley, Bobby Neuwirth e Ramblin' Jack também foram, além da esposa de Dylan, Sara, e de Joni Mitchell. Leonard chamou Mitchell de "minha pequena Joni" e os dois pareciam muito descontraídos um com o outro. Joni se juntou a Sara nos pedidos para Leonard cantar na apresentação, mas ele recusou. "É óbvio demais", negou. Para Sloman, Leonard "era meio controlador, no sentido de controlar a própria música, de apresentar as canções e o contexto. Ele não me parece alguém que improvisa com a banda, a menos que sejam seus amigos em casa". Embora Leonard não tenha participado, Dylan dedicou uma canção a ele, "uma canção sobre casamento": "Isis", cuja letra incluía o sentimento "what drives me to you is what drives me insane". "Esta é para o Leonard", falou Dylan, "se ele ainda estiver aqui."

Leonard ainda tentava fazer o relacionamento com Suzanne dar certo. Ele comprou um pequeno apartamento do outro lado da rua onde ficavam as casas de Montreal para ter mais espaço. Uma babá se mudou para o quarto onde ele escrevia e, como estava frio demais para usar o jardim, ele trabalhava na cozinha. "Eu adorava ouvi-lo tocando violão, cantando ou escrevendo calmamente", diz Suzanne. "Quando Leonard queria curtir as crianças, ele curtia. Nunca o pressionei ou fiz disso uma obrigação. Não havia uma tirania doméstica, mas ele era um pai amoroso, sólido e zeloso. Cantava canções de ninar para eles e fazia os gestos carinhosos normais."

Quando chegou a primavera, Leonard saiu para mais uma turnê europeia. Essa era consideravelmente mais longa, com mais de cinquenta shows, começando em Berlim em abril de 1976 e terminando em julho, em Londres. John Miller substituiu Lissauer como diretor musical, e o resto da banda era composto por Sid McGuiness, Fred Thaylor e Luther Rix. As novas cantoras de apoio de Leonard eram Cheryl Barnes (que três anos depois apareceria no filme do musical *Hair*) e uma Laura Branigan com 19 anos de idade (que três anos depois assinaria contrato com a Atlantic e viraria uma artista pop de sucesso). O repertório dessa vez incluía novas (ou tecnicamente velhas) canções: "Store Room" era uma gravação não incluída no primeiro álbum de Leonard, "Everybody's Child" foi descartada na época do segundo e "Die Gedanken Sind Frei", uma canção *folk* alemã sobre liberdade de pensamento, foi escrita no século XIX. Uma crítica do show no *Melody Maker* observou o quanto Leonard parecia alegre no palco: "Lá se foi a tristeza sem fim, [ele está] no ápice do humor e da emoção."

Após o último show, Leonard foi para Hidra. Suzanne e as crianças estavam lá, e Irving e Aviva Layton faziam uma visita. Leonard estava ansioso para mostrar a Irving o que vinha escrevendo. "Eles sempre leram um para o outro o que escreviam", conta Aviva. Irving foi efusivo como sempre em relação ao trabalho do amigo. "A única vez que vi Irving criticar levemente Leonard foi quando ele passou por uma fase bem religiosa, meio mística, metade judia, metade cristã, e isso definitivamente não fazia o estilo de Irving. Mas foi só isso: Leonard amava a poesia de Irving e Irving amava a de Leonard."

Quando os Layton foram embora, Leonard passou horas com Anthony Kingsmill, pintor que morava em Hidra. Richard Vic se lembra de Kingsmill como "um homenzinho incrivelmente espirituoso e sábio, além de bebedor [que] tinha forte influência sobre Leonard. Eu me lembro de uma ocasião em um dos locais no porto onde as pessoas se reuniam ao amanhecer depois de passarem a noite nos bares. Leonard estava lá tocando alguns acordes e Anthony, bêbado, ficou muito agitado e disse: 'E quem *você* acha que está enganando, Leonard?'". Ele pareceu refletir profundamente sobre a pergunta. E continuou refletindo após ter saído de Hidra e ido para os EUA.

Leonard alugou uma casa em Brentwood, no oeste de Los Angeles, perto do Sunset Boulevard. O motivo para morar em Los Angeles era que Roshi vivia lá e Leonard vinha passando muito tempo com ele no Centro Zen em Los Angeles e no monte Baldy, geralmente atuando como motorista e o levando de carro entre os dois lugares. Roshi recomendou que Leonard se mudasse para o monte Baldy com Suzanne e os filhos (havia acomodações familiares no monastério, além de cabanas individuais para os monges) para estudar. Era tentador, pelo menos para Leonard. Suzanne o acompanhara em um retiro, mas achou que "ficar sentada a noite inteira era de uma austeridade da qual eu não conseguia compartilhar". Leonard também passava muito tempo em Los Angeles com um produtor com quem estava compondo. Não era John Lissauer e, sim, Phil Spector. Atualmente, ele está na prisão estadual da Califórnia, onde cumpre pena de prisão perpétua que pode virar condicional após 19 anos, mas, na época, morava em uma mansão em Beverly Hills.

"Então", explica John Lissauer, "sobre o famoso álbum desaparecido. Tenho as mixagens brutas, mas as fitas simplesmente desapareceram.

Marty recolheu as fitas de duas polegadas nos dois estúdios. Ele nunca retornou minhas ligações e Leonard também não. Talvez ele estivesse envergonhado. Levou 25 anos até eu descobrir o que aconteceu. Ouvi isso de algumas fontes diferentes: Marty era empresário de Phil Spector e Spector não tinha cumprido o grande acordo feito com a Warner Brothers. Eles receberam um adiantamento enorme, dois milhões de dólares, do qual Marty pegou uma porcentagem substancial, mas Phil não produziu álbum algum. Então, a Warner disse a Marty: 'Ou ele entrega um álbum ou queremos o dinheiro de volta.' Marty respondeu: 'Eu sei o que fazer. Dane-se esse projeto do Lissauer. Vou colocar Phil e Leonard juntos'". O que ele acabou fazendo mesmo.

CAPÍTULO QUINZE

EU AMO VOCÊ, LEONARD

Phil Spector tinha 36 anos, cinco a menos que Leonard. Era um homem baixo e meticuloso, de olhos brilhantes, calvície incipiente e um queixo retraído. Em termos de roupa, Spector preferia ternos sob medida e camisas de babados, ou, às vezes, uma capa e uma peruca, que refletiam o status de "Primeiro Magnata da Adolescência" (como Tom Wolfe o batizou) e, por muitos anos, Imperador do Pop. Spector tinha 19 anos de idade quando compôs e gravou sua primeira música a chegar ao primeiro lugar das paradas — em 1958, uma canção chamada "To Know Him Is to Love Him", cujo título foi tirado das palavras na lápide do pai. Em 1960, Spector virou produtor fonográfico e chefe do próprio selo musical. Na primeira metade dos anos 1960 ele criou mais de 20 sucessos.

Houve produtores antes de Phil Spector, mas não quem se igualasse a ele. Outros produtores trabalhavam nos bastidores, enquanto Spector era direto, exuberante, excêntrico e mais famoso que muitos dos artistas que gravava. Os discos dele eram obras de Phil Spector, e os artistas e músicos eram meros tijolos na celebrada "Wall of Sound", nome dado ao estilo de produção épico adotado por ele, que exigia batalhões de músicos tocando ao mesmo tempo. Trombetas que se mesclavam à bateria que se mesclavam às cordas que se mesclavam aos violões — e tudo intensificado pelos ecos de fita. Através dessa técnica, Spector transformava baladas pop e canções R&B como "Be My Baby", "Da Doo Ron Ron" e "Unchained Melody" em minissinfonias densas e clamorosas, que capturavam a alegria e a dor do amor adolescente em dois refinados minutos e meio.

Leonard não era adolescente. É bem possível que ele nunca tenha sido adolescente. As canções dele, bem como a poesia, eram canções de adulto. As letras eram sofisticadas e as melodias, arrumadas de modo a permitir que as palavras pudessem respirar e ressoar. A forma como ele cantava era simples e sua preferência em termos de produção, como em tudo o mais, sutil e contida. Além da hipotética situação de serem os últimos a sobrar em uma orgia, fica difícil imaginar Leonard Cohen e Phil Spector como parceiros musicais. Contudo, pela graça de Marty Machat, foi o que aconteceu. A lógica de Machat era simples: ele tinha um cliente, Spector, que era um dos nomes mais conhecidos do pop norte-americano, mas que tinha chegado ao fundo do poço e estava prestes a perder muito dinheiro se não fizesse logo um álbum para a Warner Brothers. E tinha outro cliente, Leonard, reverenciado em quase todos os lugares, exceto nos EUA, que estava compondo com um produtor bem menos festejado que Spector, Lissauer, cujo último álbum produzido para Leonard não tinha feito nada para colocar o cantor e compositor nas paradas dos EUA. Spector viu Leonard tocar no Troubadour e disse a Machat que tinha ficado "hipnotizado". Leonard confessou ser fã das primeiras gravações de Spector, considerando-as "tão expressivas que eu não me importaria de ser o Bernie Taupin dele".[1] Então, por que não juntá-los e fazer com que Leonard faça a letra e Spector, a música? Isso resolveria o problema de Spector e talvez até o de Leonard.

Acaba que Leonard e Spector tinham mais em comum do que se imaginava: além de serem judeus da Costa Leste, com o mesmo empresário, ambos haviam perdido seus pais aos 9 anos de idade (o de Spector se suicidou) e tinham relacionamentos muito próximos com suas mães. Ambos amavam profundamente o som de vozes femininas cantando. Spector, que geralmente compunha para mulheres, tinha formado vários grupos femininos nos anos 1960. Os dois eram muito sérios e defensivos em relação ao próprio trabalho. Além disso, eram sujeitos a humores sombrios e, em 1976, quando começaram a trabalhar juntos, estavam em relacionamentos que se desintegravam e bebendo muito. E assim começou a história extraordinária de *Death of a Ladies' Man*.

Spector morava em uma mansão de vinte quartos, uma fazenda espanhola digna de astro de cinema, construída no início dos anos 1920 em Beverly Hills. Havia uma fonte na frente, uma piscina nos fundos e jardins exuberantes em toda parte. A propriedade era cercada por arame farpado com placas de "Mantenha Distância". Se alguém ignorasse o aviso, havia guardas armados. Quando Leonard subiu os degraus da frente pela primeira vez, acompanhado de Suzanne, a empregada que atendeu à porta os fez passar por uma armadura antiga e paredes na sala de estar repletas de pinturas a óleo e fotografias emolduradas de Lenny Bruce, Muhammad Ali, Martin Luther King, John Lennon, heróis e amigos de Spector. Como o resto da casa, a sala era fria e mal-iluminada: havia mais luz vindo do aquário e da *jukebox* que do grande candelabro no teto.

Spector convidara o casal para jantar. Foi uma pequena reunião, na qual ele se relevou um anfitrião encantador: inteligente, engraçado e sociável. Porém, à medida que a noite se transformava em manhã e as garrafas vazias se acumulavam, Spector ficou cada vez mais animado. Um a um os convidados foram saindo, apenas Leonard e Suzanne permaneceram. Quando eles finalmente se levantaram para ir embora, Spector gritou para os funcionários trancarem as portas. "Ele não nos deixava sair da casa", conta Suzanne. Leonard argumentou que, se eles iam passar a noite lá, era melhor encontrar algo mais interessante para fazer do que gritar com os empregados. No dia seguinte, quando a porta foi destrancada e Leonard e Suzanne tiveram permissão para sair, Leonard e Spector haviam trabalhado em um novo arranjo para "I Went to your Wedding", da cantora country Patti Page, e feito a primeira investida compondo em dupla.

Ao longo das próximas semanas, Leonard visitou a mansão regularmente. Spector era noturno, então Leonard percorria de carro a curta distância entre a casa alugada em Brentwood e a mansão à tarde. Leonard se vestia para trabalhar, de terno e carregando uma maleta. Segundo Dan Kessel, ele parecia "um Dustin Hoffman sofisticado e europeu". A empregada levava Leonard até a sala de estar, onde as cortinas pesadas de veludo bem-fechadas ofuscavam o sol brilhante da Califórnia e um ar-condicionado lançava um vento gelado, e o deixava lá sozinho, dando-lhe tempo para ajustar seus olhos ao crepúsculo que durava noite e dia. Alguns minutos depois, Spector fazia sua entrada, ladeado por Dan e David Kessel. Os irmãos Kessel conheciam Spector desde a infância. O pai, o guitarrista de jazz Barney Kessel, era amigo próximo de Spector e tocou em várias de suas famosas gravações. Os filhos dele, que também eram guitarristas, participaram de várias gravações com Spector, incluindo o álbum de John Lennon *Rock'n'Roll*, produzido por ele.

Entra em cena um carrinho prateado antigo repleto de bebidas e comidas. Enquanto os irmãos Kessel se retiravam para o quarto adjacente, o escritório de Spector, Leonard e Phil batiam papo por um tempo antes de começarem a trabalhar. Às vezes, eles escolhiam uma canção para ouvir na *jukebox* de Spector, abastecida com músicas obscuras de R&B e rock'n'roll, além de antigos sucessos de Elvis, Dion, Dylan, Johnny Cash dos tempos da Sun e Frankie Laine. Em seguida, eles começavam a trabalhar na composição, dividindo o longo banco de mogno ao piano. Os irmãos Kessel ouviam nos monitores no escritório, davam opinião quando Spector pedia e, quando seus serviços eram solicitados, apareciam para tocar guitarra. No resto do tempo eles jogavam sinuca.

"O dia inteiro e noite adentro, eles trabalhavam por um tempo, faziam uma pausa, trabalhavam por um tempo, faziam uma pausa", conta David Kessel. "As sugestões iam e vinham. Leonard trazia anotações e Phil dizia: 'Certo, essa história combina com esse tipo de música', ou Phil tinha o instrumental e Leonard dizia: 'Ei, cara, isso meio que me lembra disso aqui.' Muitas vezes, durante as gravações, eu sentava lá fora com Leonard perto da fonte e ele comentava: 'Uau, isso é diferente', 'Isso é interessante', 'Isso deve ficar ótimo', 'Nunca fiz isso desse jeito'. Ele nos usava como caixas de ressonância: podíamos dar ideias sobre o rumo da música ou o que ele podia esperar. Tudo o que Phil dizia era: 'Isso é bacana, vai ser interessante. Quero ver no que vai dar e espero que fique muito bom'", lembra Dan Kessel. "Leonard era famoso por ser lento e prudente, enquanto Phil ia direto ao assunto. Mesmo assim, ou talvez justamente por isso, eles se complementavam como compositores. Havia muitos risos." Quando o cantor e compositor de blues Doc Pomus, amigo de Spector, apareceu um dia para visitá-lo em casa, notou que eles "pareciam dois bêbados, cambaleando por aí".[2]

Entre os papéis que Leonard carregava na maleta estavam letras de algumas canções feitas com John Lissauer para *Songs for Rebecca*: "Guerrero" e "Beauty Salon", que, após receberem novas melodias e arranjos, virariam "Iodine" e "Don't Go Home with your Hard-On". Leonard também trouxe a canção inacabada "Paper-Thin Hotel", que havia começado a compor na turnê do *New Skin*. "Memories", porém, foi composta ao piano da mansão de Spector. Ao apresentá-la durante um show em Tel Aviv, em 1980, Leonard a chamou de "uma cantiga vulgar que compus há algum tempo com outro judeu em Hollywood, na qual coloquei minhas lembranças adolescentes mais irrelevantes e banais".[3] As letras de Leonard lembravam, de modo quase spectoriano, o Ensino Médio e o caso quase terminal de desejo sexual do qual ele sofria na época. Às vezes, também evocavam a tentativa fracassada de seduzir Nico:

> Preguei uma Cruz de Ferro na lapela
> Fui até a garota mais alta
> e mais loura
> Eu disse... "Você não vai me deixar ver
> O seu corpo nu?"

Em menos de um mês eles tinham, aproximadamente, uma dúzia de canções prontas. Em janeiro e fevereiro de 1977 e em mais uma última sessão em junho, eles gravaram nove: as oito que chegaram ao último álbum e uma que não foi lançada, outra das canções de *Songs for Rebecca*, chamada "I Guess It's Time". A gravação começou no Gold Star, um estúdio pequeno e escuro no coração decadente de Hollywood. Era o lugar favorito de Spector para gravar, pois o velho equipamento analógico dava ao estúdio um som rico e amplo, além do marcante cheiro de queimado quando as válvulas da mesa de som começavam a aquecer. "O lugar também tinha uma câmera de eco famosa", diz Hal Blaine, "igual a um caixão de cimento, por toda a extensão do estúdio, um som incrível. Criamos muitos sucessos com Phil no Gold Star". Blaine, um dos bateiristas, era o eixo do grupo livre de excelentes e versáteis músicos de estúdio de Los Angeles apelidado de Wrecking Crew. Spector sempre os contratava para algo e *Death of a Ladies' Man*, diz Blaine, "era só mais um trabalho. Nunca sabíamos o que íamos fazer até a hora de chegar lá e fazer".

No dia 24 de janeiro de 1977, Leonard chegou no Gold Star, para a primeira sessão, vestindo calça branca e blazer azul-escuro, "parecendo que ia entreter uma amante em um encontro amoroso na Riviera", relembra David Kessel. Ao entrar no estúdio, ficou surpreso. A sala estava cheia de pessoas, instrumentos e suportes de microfone. Quase não havia espaço para se mexer. Ele contou quarenta músicos, incluindo dois bateristas, diversos percussionistas, meia dúzia de violonistas, instrumentos de sopro, um punhado de *backing vocals* e uma série de tecladistas. "Ele ficou estupefato", diz David Kessel, "e meio desorientado, tipo: 'Opa. Certo, é assim que ele trabalha normalmente? O que estamos fazendo aqui? Você pode me ajudar a descobrir?' A situação era diferente para ele." Spector, que estava na sala de controle ainda mais bem-vestido que Leonard, usando um terno preto caro, camisa verde e botas de salto cubano, falou pelo alto-falante do estúdio: "Quem estiver descontraído nesta sala, pode sair daqui agora, porra."[4] No console havia uma garrafa de vinho Manischewitz Concord Grape. Spector despejou o conteúdo em um copo do Piu-Piu e tomou de canudinho.

Havia outro rosto na sala que Leonard reconheceu: Ronee Blakley, a vivaz cantora *folk* que ele encontrou em Montreal na turnê *Rolling Thunder* de Dylan. Blakley tinha acabado de ganhar fama interpretando uma frágil estrela country no filme de 1975 dirigido por Robert Altman, *Nashville*, e era amiga de Spector. "Eu não o namorei", diz Blakley, "mas saí com ele um pouco. Phil tem um lado muito, muito doce". Spector tinha pedido a ela para fazer um dueto com Leonard em "Iodine", a primeira música gravada por eles, uma canção sobre fracasso, perda e as feridas deixadas pelo amor, que tinha recebido um arranjo divertido de Nino Tempo. Ela também cantou com ele na agridoce faixa de abertura do álbum, "True Love Leaves No Traces", baseada no poema "As the Mist Leaves No Scar" do livro de Leonard *The Spice-Box of Earth*, de 1961, e em "Memories", canção exuberante e burlesca cuja letra fazia uma referência irônica ao tipo de pop cheio de angústia adolescente no qual Spector se especializou e que tem um refrão feito para ser cantado por corais de bêbados à meia-noite.

Parecia ser a primeira vez que Leonard tinha ouvido uma proposta de dueto, mas ele não fez objeção. "Era um homem elegante, afável, atencioso e gentil", descreve Blakley. "Ele não foi cruel nem ríspido, jamais falou: 'Sou inteligente, tenho jeito com as palavras e sei como fazer um comentário que vai soar bem, mas com um tom cruel.'" Não houve ensaios ou planilhas, eles simplesmente cantaram a canção juntos uma ou duas vezes e Blakley fez a parte dela que, segundo a própria, "não foi tão fácil". Como Hal Blaine destaca, as músicas de Leonard "não eram canções comuns de rock'n'roll. Elas foram escritas por um poeta para um disco de rock'n'roll pouco convencional. Leonard estava em um mundo à parte". O outro problema era que Leonard parecia inseguro com relação ao seu canto. Blakley diz: "Ele realmente acreditava que não tinha uma grande voz, embora ela seja incrível, muito sensível e vulnerável. Ela vibra às vezes, mas ao mesmo tempo quase faz um estrondo, tem um caráter bíblico. É uma voz que funciona particularmente bem ao lado de vozes femininas."

O sol estava começando a nascer quando a primeira sessão de gravação terminou. Os Kessel conferiram se as fitas tinham sido corretamente catalogadas e as colocaram em um carrinho, que era levado ao carro de Spector após cada sessão, sob escolta armada do guarda-costas dele, George. "Phil sempre levava as fitas para casa", diz Dan Kessel, "e não foi diferente com Leonard. É assim que Phil conduzia seus negócios. Estúdios não protegem as fitas com o mesmo rigor que você mesmo." George era um policial federal norte-americano aposentado. Como Spector, ele carregava a arma em um coldre lateral. A diferença, segundo Dan Kessel, é que "a arma do guarda-costas estava sempre carregada e a de Phil nunca estava". Leonard brincava, falando em arrumar o próprio guarda-costas armado e participar de um tiroteio no Sunset Boulevard. Ele pediu a Malka Marom, que o visitava em Los Angeles, para acompanhá-lo ao estúdio e comentou que Spector a temia por achar que era um soldado israelense. Marom foi ao estúdio e achou a atmosfera "muito assustadora porque Phil Spector estava sentado lá com garrafas de vinho Manischewitz e uma arma na mesa. Eu disse a Leonard: 'Por que você está gravando com este louco?' Ele respondeu: 'Porque ele é muito bom no que faz'".

Harvey Kubernik recebeu o cargo de fornecedor de comida e era despachado ao mercadinho Canter's para comprar fígado fatiado e sanduíches de carne enlatada sob ordens de Spector ou Marty Machat, que ia ao estúdio com a namorada, Avril. Kubernik já havia visto Spector no estúdio. Comparado aos outros álbuns, lembra ele, as sessões com Leonard "não eram tão caóticas". Mas para Leonard, diz David Kessel, "parecia um redemoinho".

A segunda noite de gravação já estava avançada quando Bob Dylan apareceu no estúdio. "Ele entrou pela porta dos fundos", diz David Kessel, "com uma mulher em cada braço. Na mão direita, em volta do corpo da mulher, carregava uma garrafa de uísque que bebia direto do gargalo". Allen Ginsberg veio logo atrás com o namorado, o poeta Peter Orlovsky. Ao vê-los, Spector pulou da cadeira e os cumprimentou pelo alto-falante do estúdio. Havia tantos judeus no recinto que poderia muito bem ser um *bar mitzvah*, brincou ele. O trabalho parou enquanto Spector desceu para socializar. Houve muitos abraços, bebidas e, como acontecia com qualquer pessoa que aparecesse no estúdio de Spector, os visitantes foram postos para trabalhar.

Leonard estava gravando "Don't Go Home with your Hard-On", um relato turbulento sobre o paraíso da vida doméstica. Dylan, que estava se divorciando da esposa Sara, não pareceu ter o menor problema para entrar no espírito da canção. Ginsberg cantou depois que "Spector estava totalmente empolgado, dando ordens a todos, incluindo Dylan: 'Vai para lá! Fique longe do microfone!'",[5] lembra Dan Kessel. "Ele estava muito animado. Ia para trás do console, depois voltava para nós no estúdio. Ficava indo e voltando, interagindo com todos e regendo o grupo", descreve Blaine "Era como se estivesse regendo a Filarmônica, e isso continuou por várias horas, mas é assim que trabalhávamos com Phil. Ele não estava tentando nos derrubar, apenas procurava aquela sensação. Aquela magia."

A sessão se transformou em uma festa regada a álcool. De dia, quando a maioria dos frequentadores tinha ido embora, Spector e Leonard ouviam a fita pelos grandes alto-falantes do estúdio, com o volume alto e a música, feroz. "Isto", disse Spector, bebendo seu Manischewitz, "é *punk rock*, filho da puta!". Leonard se serviu de um copo de Cuervo Gold e vaticinou: "Todos agora vão saber que dentro deste exterior sereno e digno de buda bate um coração adolescente."[6]

Por sugestão de Dan Kessel, a próxima sessão ocorreu no Whitney Studios, em Glendale. O prédio novo ficava em uma vizinhança mais calma, tinha equipamentos top de linha e era da Igreja de Jesus Cristo dos Santos dos Últimos Dias. Frank Zappa e Captain Beefheart tinham gravado lá. "Uma noite", conta Dan Kessel, "Phil estava monitorando o resultado em níveis tão supersônicos que Leonard precisou cobrir os ouvidos com as mãos. De repente, um dos dois imensos alto-falantes explodiu, estourando a janela de vidro à prova de som que separava o estúdio da cabine de controle. O estrondo da Parede de Som em volume alto conseguiu fazer isso." Enquanto o alto-falante era consertado, a gravação se mudou de novo, agora para o Devonshire Sound Studios, no San Fernando Valley.

Leonard não sabe dizer precisamente quando perdeu o controle do álbum, só sabia que perdeu. "Definitivamente não era hippie ou suave, Leonard estava muito coeso, sério e profissional", define David Kessel.

"Então, a situação ficou meio estranha para ele." Toda a empreitada, conforme Leonard descreveu, foi um suplício. Spector era tão cuidadoso em obter os instrumentos e o som corretos quanto Leonard, então, reescrevia infinitamente as músicas e o fazia esperar até as duas, três, às vezes quatro da manhã para cantar. Àquela altura, Leonard já estava exausto e com os nervos à flor da pele. "Foi um daqueles períodos em que minha habilidade estava prejudicada e eu não tinha condições de resistir à influência muito forte de Phil, e ele acabou tomando o álbum para si", explica Leonard.[7] Nas primeiras horas da manhã, após ver o carro de Spector levar as fitas das gravações do dia para sua mansão, Leonard dirigia de volta para a casa que alugara em uma cidade estranha para uma família prestes a se separar.

"Perdi o controle da minha família, do meu trabalho e da minha vida. Foi um período, muito, muito sombrio", admite Leonard. "Eu estava enlouquecido naquela época e [Spector], certamente, também estava." Enquanto a escuridão de Leonard se manifestava como "recolhimento e melancolia", em Spector era "megalomania, insanidade e o tipo de devoção a armamentos que era realmente intolerável. As pessoas estavam armadas até os dentes. Todos os amigos dele, os guarda-costas e todos os outros estavam bêbados ou intoxicados por outras substâncias, então, você tropeçava em balas e mordia canos de revólver no seu hambúrguer. Havia armas por toda parte. Phil estava fora do controle". Durante uma sessão às quatro da manhã, quando Leonard finalmente ia cantar, Spector desceu da sala de controle. Na mão esquerda estava uma garrafa meio vazia de Manischewitz e na direita, uma arma. Spector passou um dos braços pelo ombro de Leonard de modo amigável. E empurrou o cano da arma contra o pescoço dele, dizendo: "Leonard, eu te amo", enquanto engatilhava. "Eu espero que você ame, Phil", respondeu Leonard.[8]

"Balas pelo chão é um exagero", retruca David Kessel — e é bem provável que seja mesmo. Quanto mais entrevistas uma pessoa dá, mais um incidente é aumentado, até virar uma hipérbole. "Não havia balas pelo chão do estúdio", continua Kessel. "Ele provavelmente está falando da casa de Phil. Aliás, muitos norte-americanos têm armas de fogo para quaisquer fins, e a Constituição permite isso", explica. "Leonard pareceu intrigado com todo o ambiente de Spector e costumava fazer comentários sarcásticos e observações sobre nós, mas nunca tive a sensação de ele estar incomodado com as armas ou com qualquer outra coisa. Pelo contrário, daquele jeito comedido dele, Leonard pareceu se divertir durante a produção."

Stan Ross, engenheiro-assistente e um dos donos do Gold Star, tinha uma visão oposta: "Minha principal lembrança de todo o episódio foi que Phil e Leonard estavam muito infelizes com o que estava acontecendo, e acho que com razão."[9] Devra Robitaille, assistente (e até recentemente namorada de Spector) que tocou sintetizador no álbum, concorda com Ross. Ela disse ao biógrafo de Spector, Mick Brown, que Leonard e Spector "não concordavam de forma alguma. Havia uma série de diferenças criativas. Era sempre muito tenso, muito desconfortável". E imprevisível. Spector "podia estar de ótimo humor ou podia estar desvairado. Boa parte disso era culpa da bebida. Alguém dizia algo ou ele simplesmente ficava de mau humor e tudo mudava. Todos estavam lá se dando bem até que, de repente, o clima começava a ficar tenso, eram cinco da manhã e todos estavam exaustos. [...] Algumas vezes ele desmaiava de bêbado e Larry [Levine] e eu precisávamos colocar Spector de volta na cadeira e acordá-lo. Às vezes, ele conseguia reagir e fazia uma gravação brilhante, em um momento de genialidade".[10] Até Levine, engenheiro e amigo de Spector de longa data, disse que Phil "não estava em seu melhor momento" e Leonard "merecia algo melhor do que recebeu".[11]

O violinista para quem Spector apontou a arma durante a gravação era Bobby Bruce. Estava tarde e ele fazia um solo em "Fingerprints", canção à moda country sobre um homem apaixonado perdendo a identidade, e Spector, de acordo com Dan Kessel, "queria que Bobby repetisse com um determinado sentimento: 'Faça desse jeito, Bobby. Não, mais assim'". A atmosfera no estúdio estava tensa e, tentando deixar o clima mais leve, Bobby começou a fingir um jeito efeminado. "Claro, Phillip, eu me derreto todo por você", conta Dan Kessel. "Normalmente, Phil teria rido, mas ele não estava de bom humor." E puxou a arma. Levine entrou no meio para tentar acalmar a situação, mas Spector se recusava a guardar a arma. O engenheiro teve que ameaçar desligar o equipamento e ir para casa se ele não o fizesse. "Spector finalmente percebeu que eu falava sério e guardou a arma", disse Levine. "Eu amava Phil. Sabia que aquele não era o verdadeiro Phil."[12] Bruce guardou o violino no estojo calmamente e foi embora.

Para a gravação da faixa-título no Whitney Studios, Leonard providenciou proteção: Roshi. Dan Kessel descreve: "O mestre zen de Leonard era simpático, amigável, falava calmamente e usava trajes de monge." Ronee Blakley lembra: "Era o tipo de homem que você queria por perto. Divertido, gentil, disciplinado, especial. Leonard também atuava como motorista de Roshi. Espero que eu não esteja dizendo isso do modo errado, mas era uma lição de humildade. Ele estava aprendendo a servir." Segundo Ronee, Leonard tinha tentado convencê-la a ir ao monte Baldy passar um tempo com Roshi: "Ele contou que isso tinha salvado a vida dele."

A sessão começou às 19h30, como sempre, mas às 3h30 eles ainda não tinham tocado "Death of a Ladies' Man" até o fim. Spector obrigara os músicos a não tocarem mais que seis compassos por vez. Às quatro da manhã, ele ficou em pé na janela da sala de controle, bateu palmas e Leonard começou sua meditação de nove minutos sobre amor, casamento, emasculação e o vazio deixado quando "the great affair is over" (o grande caso amoroso termina). A enorme sala do estúdio tinha um órgão de catedral que Spector disse a Dan Kessel para tocar. Kessel nunca tinha tocado um desses. "Virei o botão de ligar, sentei e rapidamente experimentei os registros até conseguir o maior som que encontrei." Então Spector "começou a nos reger como um maestro de orquestra sinfônica. Leonard entrou no momento perfeito e começou a cantar com o coração, acompanhado por quarenta músicos com atenção sensível a cada respiração do vocal dele. Milagrosamente, sem planilha e sem ensaio, seguimos juntos rumo a uma aterrissagem suave. Estávamos todos animados quando terminamos", lembra Dan Kessel, "e ninguém estava mais empolgado que Leonard."

Quatro meses após a última sessão no Whitney em fevereiro, durante a qual "Fingerprints" e "I Guess It's Time" foram gravadas, houve outra sessão, em junho, no Gold Star, para gravar "Paper-Thin Hotel". A canção abordava temas familiares a Leonard Cohen (separação, chifres e rendição) e tinha recebido um arranjo romântico e agridoce com corais, pianos e guitarra *pedal steel*. E foi isso. Spector levou as fitas para casa sob escolta armada como sempre e foi trabalhar na mixagem em local secreto.

Ninguém parecia ter contado a Leonard que o álbum havia terminado. Ele acreditava que as partes exaustas que cantou no início da madrugada eram vocais brutos que teria oportunidade de refazer. Não foi o caso. Quando Leonard ouviu o álbum finalizado, ele hesitou. O que saía dos grandes alto-falantes era um homem exausto, como se tivesse levado vários socos, sem rumo na vida. "Achei que ele tinha tirado as vísceras do disco e mandei um telegrama para ele sobre isso", contou Leonard.[13] Ele perguntou a Spector se poderiam voltar ao estúdio para refazer os vocais, mas o produtor discordou. "No último momento", disse Leonard, "Phil não resistiu a me aniquilar. Acho que ele não consegue tolerar outra sombra em sua escuridão."[14]

Leonard disse ao *New York Times* que não gostava de nada no álbum: "A música em algumas partes é muito poderosa, mas, de modo geral, acho estridente demais, agressivo demais. Os arranjos atrapalharam. Não consegui transmitir o significado das canções."[15] Canções essas que tinham algumas das letras mais poderosas de Leonard sobre o amor desesperado, sufocante, verdadeiro, sem fé e carinhoso, mas geralmente cruel. Contudo, independente de como ele se sentia em relação a *Death of a Ladies' Man*, era difícil negar que Spector tinha capturado a noção de aniquilação de Leonard naquele período da vida. Leonard *estava* perdido, cansado, e *realmente* não restava mais nada. Suzanne tinha deixado Leonard e a mãe dele estava prestes a fazer o mesmo.

Masha estava no estágio final de uma leucemia. Leonard fazia várias viagens a Montreal, sofrendo com o *jet-lag* e a angústia. Enquanto tudo isso acontecia, ele também dava os últimos ajustes no livro chamado *Death of a Lady's Man*. Enquanto isso, Marty Machat havia recrutado o filho Steven, recém-formado em direito, para convencer a Warner Brothers a lançar o disco. O chefe do selo, Mo Ostin, não queria saber da gravação. E muito menos a gravadora de Leonard, a Columbia.

"Aquele álbum", diz Steven Machat, "tinha dois bêbados iguais a quaisquer garotos, fazendo um álbum sobre pegar garotas e fazer sexo. Foi o álbum mais honesto que Leonard Cohen já fez." Steven conseguiu convencer um gerente de produto da Warner e "fechei o acordo para o meu pai". Ele deixou claro que não o fez por Leonard, por quem não tinha grande afeto, embora possa ter tirado alguma satisfação do conhecimento de que Leonard "não gostaria que o álbum visse a luz do dia". Em seu livro *Gods, Gangsters and Honour*, Steven Machat revelou a opinião de Leonard: "Este álbum é um lixo. É a masturbação do seu pai. Eu amo Marty, ele é meu irmão, mas nunca mais quero ver esse Spector. Ele é o pior ser humano que já conheci."

— Em casa, Phil era encantador, exceto pelo ar-condicionado e pelo fato de não deixar você ir embora. Quando estávamos só nos dois, era muito agradável. Você conhece Phil, ele tem algo de amável. Impossível não gostar dele. Só quando havia uma grande plateia é que surgia uma espécie de performance, mostrando que ele era famoso.
— O que mudava quando vocês entravam no estúdio?
— Ele entrava em um humor meio wagneriano. Havia muitas armas no estúdio e muita bebida alcóolica. Era uma atmosfera meio perigosa. Havia muitas armas ao redor. Ele gostava de armas. Eu também gostava, mas não costumo carregar uma.
— As armas eram disparadas?
— Nenhum disparo, mas é difícil ignorar uma .45 no console. Quanto mais pessoas havia na sala, mais louco ele ficava. Eu não conseguia deixar de admirar a extravagância da performance dele, mas a minha vida pessoal estava caótica. Eu não estava em um bom momento naquela época, mentalmente falando, e não consegui conquistar meu espaço lá.

Death of a Ladies' Man foi lançado em novembro de 1977, creditado em letras grandes a "Spector & Cohen" na capa e na contracapa. Não surpreende que Spector tenha colocado o próprio nome na frente, mas era um destino esquisito para um álbum que Leonard descreveu para Harvey Kubernik como "o mais autobiográfico da minha carreira".[16] A capa dupla se abre para uma foto panorâmica em sépia feita em um restaurante de Los Angeles, em que Leonard está sentado à mesa ao lado de Suzanne e de uma amiga, parecendo um cervo diante de um farol de carro, com a expressão em algum lugar entre chapada e aturdida. O momento capturado pela imagem não poderia ser mais diferente da outra capa de um álbum seu com foto de uma de suas amantes não artistas, *Songs from a Room*, na qual Marianne, vestindo apenas uma toalha, está sentada à mesa em que ele escrevia na casa de Hidra, sorrindo timidamente.

Os críticos pareciam não saber o que dizer do álbum. Era muito distante do que se esperava de Leonard, mas mesmo assim as críticas não foram particularmente violentas. Nos Estados Unidos, elas foram até bastante positivas, especialmente quando comparadas às do álbum anterior. O *New York Times* escreveu: "Este álbum pode ser um dos híbridos mais bizarros e lentamente satisfatórios que a música pop já produziu";[17] Robert Hilburn, do *Los Angeles Times*, estava "convencido que é *o* álbum de 1977. Tudo foi feito com um ouvido para intensidade e a emoção à flor da pele". Paul Nelson escreveu na *Rolling Stone*: "Ou é gradualmente imperfeito ou é ótimo *e* imperfeito, e estou apostando na última opção", observando que, apesar das diferenças ("o extrovertido mais extravagante do mundo produzindo o introvertido mais fatalista do mundo"), Spector e Cohen tinham muito em comum, como o fato de integrarem "aquele seleto clube dos poetas solitários" e estarem dolorosamente cientes "do que são a fama e o desejo".[18]

No Reino Unido, o jornal musical *Sounds* comparou o álbum a *Desire*, de Bob Dylan, e a faixa-título a "Imagine", de John Lennon, e "Hedda Gabler", de John Cale, enquanto acrescentava: "Acólitos fanáticos não precisam se preocupar, pois ainda soa como [Cohen], mas com um apelo muito mais amplo."[19] Acabou sendo um álbum durável. Muitos que detestaram, por conta do tom bombástico destoante, acabaram conquistados nos anos seguintes. Leonard também ficou menos negativo com o tempo, embora raramente toque músicas desse álbum em shows, com exceção de "Memories". O disco nada fez para melhorar o status de Leonard nos EUA: não entrou nas paradas. Contudo, se ele queria uma prova do quanto era amado do outro lado do oceano, *Death of a Ladies' Man* chegou ao 35º lugar no Reino Unido.

Com Suzanne longe, Leonard saiu da casa em Brentwood e voltou a Montreal. Ele queria estar perto da mãe pelo tempo que lhe restasse. Quando ela foi internada, ele a visitava todos os dias no hospital e sentava ao seu lado da cama. Uma vez Mort Rosengarten o acompanhou e eles entraram com uma garrafa de álcool escondida para fazerem um brinde, como nos velhos tempos. Leonard telefonou para Suzanne e contou que Masha estava morrendo. "A última ligação me convenceu a voltar para casa imediatamente", diz Suzanne, que pegou o avião para Montreal com os filhos. Em fevereiro de 1978, a mãe de Leonard morreu. Pouco depois, alguém invadiu a casa na Belmont Avenue. O único objeto roubado foi a arma do pai de Leonard.

Você me pergunta como eu escrevo. É assim que eu escrevo. Eu me livro do lagarto. Evito a pedra filosofal. Enterro minha namorada. Retiro minha personalidade de campo para ter a permissão de usar

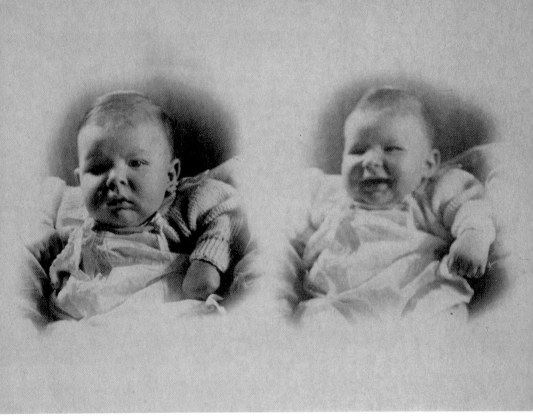

Leonard aos quatro meses.

Nathan Cohen (canto superior esquerdo), pai de Leonard,
e seu tio, Horace Cohen (sentado, no centro).

A casa número 599 da Belmont Avenue.

Leonard e a avó paterna.

Dominique Issermann fotografada por Leonard.

Leonard e a backing vocal Perla Batalla.

Adam se recupera de um acidente de carro no hospital, em Toronto.

Rebecca e Leonard nos bastidores com um bolo.

Rebecca, a filha de Leonard, Lorca, Perla e Leonard.

Vista da cabana em Mount Baldy.

A casa-monastério de Leonard.

A backing vocal
Julie Christensen e Leonard.

Leonard e o produtor de TV Hal Willner.

Leonard e a cantora e tecladista Anjani Thomas.

Um rabino ao estilo do Rat Pack, Royal Albert Hall.

Leonard com o empresário Robert Koryem, Las Vegas.

Leonard e sua banda, Helsinki.

No palco com Javier Mas.

Antes do show em Veneza, 2009.

Passagem de som, Veneza, 2009.

Leonard e a mãe, Masha.

Leonard e a irmã, Esther.

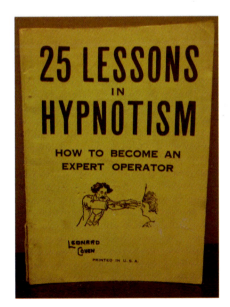
O livro *25 Lessons in Hypnotism*, que despertaria o interesse do jovem Leonard pelo mesmerismo.

Leonard e Masha.

Mort Rosengarten e Leonard.

A primeira banda de Leonard: os Buckskin Boys, 1952 — de cima para baixo: Terry Davis, Mike Doddman e Leonard.

Leonard e o amigo Robert Hershorn.

Abaixo: Aviva e Irving Layton, Anne Sherman e Leonard nos montes Laurentinos, Quebec, 1957.

Acima: Leonard, Harry Parnass, Masha Cohen e Anne Sherman, Nova Jersey.

Leonard na pensão da Sra. Pullman, Hampstead, 1960.

Com Marianne, em Hidra.

Irving Layton e Marianne, em Hidra.

Irving Layton, em Hidra.

Leonard durante viagem a Cuba, 1961.

Em Nova York com Saint Kateri.

Leonard em um show de Joni Mitchell, Wisconsin, 1969.

Tomando uma cerveja com Willie York.

Leonard e o mestre zen Joshu Sasaki Roshi.

Leonard e Suzanne Elrod.

Leonard nos bastidores, Wisconsin, 1970.

O filho de Leonard, Adam, pintando o pai.

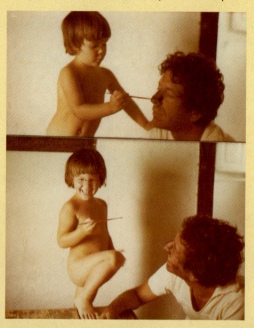

Leonard e a amiga Nancy Bacal.

a primeira pessoa o quanto desejar sem ofender o meu apetite pela modéstia. Então, eu me demito. Resolvo coisas para minha mãe ou alguém como ela. Eu como demais. Culpo os que estão mais perto de mim por arruinarem meu talento. Então você vem até mim. A notícia alegre é minha.

("I Bury My Girlfriend", *Death of a Lady's Man*)

Death of a Lady's Man, o novo livro de Leonard, dedicado "a Masha Cohen, à memória da minha mãe", foi publicado no outono de 1978. Embora o título fosse quase idêntico ao do novo álbum, havia uma pequena mas significativa diferença. Aqui ele se referia a uma mulher em particular. A ilustração na capa e na contracapa, o *coniunctio spirituum*, símbolo da união dos princípios masculino e feminino, era a mesma da capa do penúltimo álbum, *New Skin for the Old Ceremony*. "Achei que iria confundir o público tanto quanto eu estava confuso", conta Leonard.[20] Boa parte dos 96 poemas e poemas em prosa foi escrita durante um período de dez anos, a duração do "casamento" de Leonard com Suzanne, em vários lugares, incluindo Hidra, monte Baldy, Montreal, a cabana no Tennessee e Los Angeles. Alguns foram retrabalhados do romance cuja publicação Leonard tinha cancelado e que foi chamado sucessivamente de *The Woman Being Born*, *My Life in Art* e *Final Revision of My Life in Art*.

No cerne de *Death of a Lady's Man* está a história de um casamento e a capacidade dessa união (cuja ascensão e queda são digeridas no poema "Death of a Lady's Man" como foram na faixa-título do álbum de mesmo nome) tanto para curar quanto para ferir. A discussão ia além da união entre um homem e uma mulher, expandindo-se para o relacionamento do homem com Deus e o mundo, e, ainda, para o relacionamento do escritor com suas palavras, mas, em todos os casos, guerra e paz, vitória e derrota parecem estar separados por uma parede fina como papel. A intenção de Leonard tinha sido publicar o livro antes do lançamento do álbum. Ele havia enviado o manuscrito em 1976, mas mudou de ideia na última hora, pois queria escrever uma série de artigos para acompanhar seu conteúdo e, em suas palavras, "confrontar o livro", revisitá-lo página a página e escrever sua reação ao que tinha lido.

Os comentários de Leonard aparecem na página oposta de 83 dos poemas. O dispositivo faz *Death of a Lady's Man* parecer um livro escolar, notas de rodapé para *Death of a Ladies' Man* ou um i-ching de Leonard Cohen. Os comentários assumem formas variadas. Em alguns, ele faz avaliações de seus poemas que muitas vezes são sérias, brincalhonas, críticas, laudatórias, irônicas, esclarecedoras e confusas. Alguns comentários são, eles mesmos, poemas em prosa. Em várias ocasiões os poemas parecem travar um debate contínuo com o texto que os acompanha. Alguns comentários, adicionando uma camada a mais, não são feitos na voz do autor, e sim de um personagem do poema. Em outros, como um professor dando aula sobre os escritos de Leonard Cohen, ele nos aponta o significado dos poemas, encaminhado o aluno para os inéditos *My Life in Art*, *Final Revision of My Life in Art* e *Os cadernos de Nashville de 1969*, que obviamente o leitor é incapaz de consultar. O comentário para um poema também chamado "My Life in Art" oferece um ensinamento budista: "Destrua o eu particular e o absoluto aparece." Já a observação sobre "Death to this Book" atesta que o livro é cheio de mortes e nascimentos, faz um estudo profundo da raiva e da reclamação brutais do poema e declara: "Ficará claro que sou o estilista da minha era e o único homem honesto da cidade." O último poema do livro, de apenas cinco linhas, é "Final Examination":

> Tenho quase 90
> Todos os que conheço morreram
> exceto Leonard
> Ele ainda pode ser visto
> Amarrado ao seu amor

O comentário questiona a precisão desse final para a história e, após levantar mais questões do que respondê-las, conclui com uma declaração de união: "Vida longa ao casamento entre homens e mulheres. Vida longa ao coração único."

Death of a Lady's Man é um livro incrível, tão bem-estruturado quanto o primeiro romance de Leonard, *The Favourite Game*, e tão complexo, enigmático e ambíguo quanto o segundo, *Beautiful Losers*. É um espelho, um salão espelhado e repleto de ilusões, com todas as suas diversas camadas se mesclando umas às outras como, bem, uma produção de Phil Spector. Não é o livro de poesia mais popular de Leonard, mas especialmente quando associado a *Death of a Ladies' Man* (o disco) é um dos seus trabalhos mais amplos e totalmente concretizados. Leonard achou o livro "bom" e engraçado, além de sentir muito carinho por ele, mas afirma que ele foi "recebido muito friamente em todos os círculos. Não foi respeitado". Segundo ele, poucos o analisaram e, quando o fizeram, "o dispensaram unanimamente. [...] E foi isso. Esse foi o fim do livro".[21]

Um mês após a morte de Masha, Leonard estava de volta a Los Angeles com Suzanne e os filhos. Como Suzanne jamais suportou o frio de Montreal, eles alugaram um novo lugar para morar em Hollywood Hills. Quando a primavera chegou, contudo, Suzanne foi "embora de repente. Eu o amei um dia, e disse adeus naquela noite", conta ela. "Foi a história do 'rato que rugiu', e ambos ficamos chocados." Embora eles nunca tivessem se casado legalmente, em 1979 Leonard e Suzanne se divorciaram. Steven Machat cuidou de tudo. "Eles vieram, relataram tudo o que tinham, descreveram o acordo que fizeram e eu o redigi. Fiquei sabendo que Leonard honrou todas as cláusulas dele", conta Machat.

CAPÍTULO DEZESSEIS

UM TIPO SAGRADO DE CONVERSA

Em novembro de 1978, Leonard estava gravando em um estúdio de Montreal. Trabalhava sozinho, sem músicos nem produtor. A sensação de estar sozinho era boa. A sensação de estar sozinho era ruim. Ele tinha passado o primeiro verão em uma década sem Suzanne, que estava na casa de Leonard em Hidra com o namorado. Leonard estava na casa de Montreal com Adam e Lorca. Barbara Amiel estava entrevistando Leonard lá para a revista *Maclean* quando o telefone tocou. Era Suzanne, fazendo um interurbano da delegacia em Hidra. Após moradores reclamarem de "perturbações" na casa, ela e o namorado foram presos por posse de drogas. A mistura das xilogravuras do Kama Sutra que tinha pendurado nas paredes e a ausência do amado patriarca parecia ter se mostrado demais para os ilhéus suportarem. Leonard relatou a Amiel que tinha alertado Suzanne sobre a probabilidade de a nova decoração ofender a moça que fazia a limpeza. A queixa contra Suzanne e o amigo foi retirada, mas ao custo de vários milhares de dólares para Leonard. "Atualmente", disse ele a Amiel, "eu trabalho para sustentar minha esposa, meus filhos e minhas responsabilidades."[1]

Quando Suzanne voltou a Montreal, ela pegou as crianças e se mudou para a França, alugando uma casa em Roussillon, Vaucluse. Se Leonard quisesse vê-los, haveria negociações a fazer. E ele queria: após a apreensão inicial sobre a paternidade, ele a levava a sério — e os amigos dizem que ficou de luto por ter sido separado dos filhos. Leonard tinha escolhido não fazer uma turnê para *Death of a Ladies' Man*, dizendo: "Eu não sentia que poderia divulgá-lo."[2] Apesar de ter sido uma experiência volúvel e enervante, as canções grandiosas e por vezes agressivas do álbum precisariam ser imensamente "desespectorizadas" para que ele as cantasse no palco. Não fazer turnê também deu a Leonard mais tempo para negociar a nova vida familiar a distância, que envolveria passar ainda mais tempo em voos transatlânticos. Curiosamente, Leonard escolheu voltar para Los Angeles, o que deixava a jornada para a França consideravelmente mais longa do que se saísse de Montreal. Ele se juntou a dois outros alunos de Roshi e comprou outra casa barata em uma região de preços acessíveis. O duplex ficava a curta distância de carro do Centro Zen Cimarron. Toda manhã, no mesmo horário, Leonard ia meditar no Centro Zen. De lá ele seguia para a academia de ginástica antes de voltar para a parte pouco mobiliada da casa para escrever. A vida sem Suzanne e os filhos parecia mais estruturada.

A velha amiga Nancy Bacal também estava morando em Los Angeles. Quando ele apareceu na porta da casa dela em Hollywood Hills, Bacal tinha acabado de sofrer uma terrível perda: o noivo havia morrido em um acidente de motocicleta. Ela estava arrasada. "Eu mal conseguia respirar. Leonard olhou para mim, sorriu com aquele jeito doce e sardônico e disse calmamente: 'Bem-vinda à vida.'" Ele recomendou que ela o acompanhasse ao monte Baldy para passar um tempo com Roshi, dizendo: "É perfeito para você. É para os verdadeiramente perdidos." Estava claro que Leonard obviamente se considerava parte da congregação devido ao papel central que Roshi e sua forma austera de zen-budismo tinham em sua vida naquela época. Quando Leonard não estava no Centro Zen em Los Angeles, era possível encontrá-lo no monastério do monte Baldy, "um hospital para corações partidos", como ele o chamava, ou acompanhando Roshi a vários monastérios de outras denominações religiosas pelos Estados Unidos.[3]

Leonard também virou editor, contribuindo para uma nova revista budista chamada *Zero*, que tinha sido fundada um ano antes e foi batizada devido ao gosto de Roshi por termos matemáticos. Zero, para Roshi, era o lugar onde todos os mais e menos se igualavam em Deus, a ausência de si e o amor verdadeiro. Steve Sanfield tinha sido um dos primeiros editores. Cada edição continha algumas palavras de Roshi, entrevistas com artistas como Joni Mitchell e John Cage, artigos de intelectuais e poemas de Allen Ginsberg, John Ashberry e Leonard Cohen, entre outros.

Apesar do profundo envolvimento com o budismo, Leonard insistia para quem perguntasse que continuava judeu. "Tenho uma religião perfeitamente boa", contou ele, destacando que Roshi nunca fez qualquer tentativa de lhe dar uma nova.[4] Quando Bob Dylan veio a público falar de sua conversão ao cristianismo em 1979, "abalou seriamente o mundo [de Leonard]", diz Jennifer Warnes, que à época morava na casa de Leonard. Ele "ficava andando pela casa, esfregando as mãos e dizendo: 'Não entendo. Simplesmente não entendo isso. Por que ele procuraria Jesus tão tarde assim? Não entendo essa coisa de Jesus'".[5]

No verão de 1979, Leonard começou a trabalhar em um novo álbum, batizado provisoriamente de *The Smokey Life*. Ainda traumatizado pela experiência com Phil Spector, ele planejava produzir ou pelo menos coproduzir. Além disso, queria trabalhar com John Lissauer de novo, mas ele estava em Nova York, Roshi estava em Los Angeles e Leonard ainda não se sentia pronto para deixar o mestre zen. Joni Mitchell, de quem Leonard continuou amigo, sugeriu que ele trabalhasse com Henry Lewy, que há tempos atuava como seu engenheiro de produção. Como Leonard tinha se dado mal ao ignorar a última recomendação dela (não trabalhar com Phil Spector), decidiu concordar. Leonard conheceu Lewy, homem de fala suave, na casa dos cinquenta anos, e gostou dele de cara. Lewy nasceu na Alemanha e era adolescente quando a Segunda Guerra Mundial começou. A família dele teve que pagar suborno para sair do país. Era um homem de rádio e engenheiro de estúdio, o que o deixava ainda mais interessante que os outros produtores, pois preferia simplesmente fazer, em vez de exigir tudo do jeito dele.

Leonard tocou para Lewy as novas canções que tinha gravado em Montreal, incluindo "Misty Blue", versão de uma canção country-*soul* dos anos 1960, composta por Bob Montgomery, e "The Smokey Life", que Leonard tinha gravado tanto com Lissauer quanto com Spector (com esse último sob o título de "I Guess It's Time"). Lewy gostou do que ouviu e sugeriu marcar um estúdio para fazer algumas demos bem informais, só os dois. O lugar escolhido por Lewy foi o Kitchen Sync, pequeno estúdio de oito canais em East Hollywood que era popular entre as bandas punk de Los Angeles. Harvey Kubernik, que estava no Kitchen Sync gravando *Voices of the Angels*, álbum em que artistas punk liam poesia, "ficou espantado" ao ver Leonard, "um cara que esteve nos maiores estádios do mundo", gravando lá. "Esta era a terra de Bukowski, o único lugar onde você era abordado por uma prostituta e ela dizia: 'Tenho troco para cinquenta'", diz Kubernick. Ele perguntou a Leonard o que ele fazia lá e ouviu a resposta: "Meu amigo Henry Lewy e eu estamos fazendo um pouco de navegação exploratória."

Enquanto o trabalho no álbum continuava, Lewy sugeriu que eles chamassem um baixista. Quem ele tinha em mente era Roscoe Beck, integrante de uma jovem banda de jazz-rock baseada em Austin, Texas, chamada Passenger. Eles foram para Los Angeles porque Joni Mitchell procurava uma banda de apoio para sua turnê e Lewy os indicou, mas a turnê não aconteceu. Lewy ligou para Beck e marcou uma sessão. Beck diz: "Fui ao estúdio, encontrei Leonard, apertei a mão dele e gravamos, só nós dois. Ele me mostrou ao violão as duas canções que fizemos naquele dia, 'The Smokey Life' e 'Misty Blue', Henry apertou o botão do gravador e foi isso." Leonard, vestindo um terno cinza-escuro, gravata e botas pretas de caubói, "tinha modos muito cavalheirescos e bastante carisma", lembra Beck. "Fiquei realmente impressionado. Tive a sensação imediata de que era o começo de algo." Observando como Leonard estava alegre com a sessão, Lewy comentou: "Ele tem uma banda inteira, sabe?" Leonard, então, disse: "Ótimo, da próxima vez traga todos eles."

O álbum, rebatizado como *Recent Songs*, foi gravado no A&M, estúdio grande situado no antigo espaço de Charlie Chaplin em Hollywood. Não havia armas, guarda-costas nem álcool no estúdio, que alguém se lembre. Lewy "criou uma atmosfera extremamente hospitaleira, em que as coisas podiam simplesmente acontecer", define Leonard. "Ele tinha aquela ótima capacidade de Bob Johnston, tinha muita fé no cantor, como fez com Joni. E simplesmente deixava acontecer."[6] Mitchell na verdade estava no A&M, trabalhando em um estúdio no fim do corredor no álbum *Mingus*, que Lewy produzia simultaneamente ao de Leonard. Às vezes ela aparecia nas sessões de Leonard, e era tudo muito tranquilo. "O espírito de Henry era simplesmente encantador", conta Beck, "e 'encantador' era uma palavra que ele usava muito. Você acabava uma gravação e Henry apertava o botão de retorno, dizendo: 'Isso foi simplesmente encantador.' Eu não me lembro de ouvir uma palavra negativa sequer da boca de Henry."

Após gravar as faixas com os membros da Passenger (e a ajuda de Garth Hudson, tecladista da Band, em "Our Lady of Solitude"), Leonard chamou Jennifer Warnes para ser a principal *backing vocal* e contratou John Bilezikjian e Raffi Hakopian para tocarem solos de violino e de *oud* em "The Window", "The Guests", "The Traitor" e "The Gypsy's Wife". Outro ponto a favor de Lewy: como ele era engenheiro e não músico, trabalhava melhor com artistas que tinham uma visão própria e forte do que queriam. "As ideias musicais eram especificamente minhas", diz Leonard. "Sempre quis misturar esses sons do Oriente Médio, do Leste Europeu, com as possibilidades rítmicas de uma banda de jazz de seis integrantes ou uma seção rítmica de rock'n'roll."[7]

Nos créditos do álbum, Leonard agradeceu à mãe por lembrar a ele, "pouco antes de morrer, do tipo de música que ela gostava". Quando ele tocou para ela seu último álbum, *Death of a Ladies' Man*, Masha perguntou por que ele não fazia canções como as que eles cantavam pela casa, muitas delas antigas canções russas e judaicas cujas melodias sentimentais eram, em geral, tocadas no violino. E Leonard fez. Ele encontrou o violinista clássico Bilezikjian através de um conhecido em comum, Stuart Brotman.* Quando Bilezikjian foi ao estúdio, levou também o *oud*. Leonard ficou tão impressionado com as improvisações feitas no *oud* que o fez trocar de instrumento, contratando o amigo de Bilezikjian e também armênio Hakopian para tocar violino.

A inclusão de uma banda de *mariachis* foi uma ideia espontânea de Leonard. Ele e a banda foram apreciar um burrito com margarita no El Compadre, restaurante mexicano preferido dos músicos de rock no Sunset Boulevard ali perto. Bandas de *mariachis* geralmente se apresentavam lá madrugada adentro, e Leonard abordou uma delas, perguntando se estariam dispostos a ir ao estúdio e tocar em seu álbum. A banda, que parecia não fazer ideia de quem Leonard era, tocou em "Ballad of the Absent Mare", canção inspirada tanto pelo cavalo que Leonard comprou de Kid Marley no Tennessee quanto pelos ensinamentos de Roshi sobre os Dez Touros, poemas que ilustravam as etapas do caminho para a iluminação. Os *mariachis* também tocaram em "Um Canadien errant" ("The Wantering Canadian"), canção *folk* patriótica de 1840 sobre um rebelde do Quebec banido para os Estados Unidos e com saudades de casa. O fato de ser cantada em inglês por um judeu canadense que vagou pela Califórnia, acompanhado por uma banda mexicana que morava em Los

---

* Coincidentemente, Brotman se juntou à banda Kaleidoscope logo depois que eles apareceram no álbum de estreia de Leonard.

Angeles, trouxe novas camadas ao tema do exílio na canção. E Leonard, recentemente órfão e divorciado, parecia estar com saudades de casa, ou de algum tipo de casa, apesar da autoproclamada falta de sentimentalidade e nostalgia. O mais próximo que ele tinha de um lar era com Roshi, a quem, escreveu nos créditos do álbum, "devo meus agradecimentos".

Leonard também agradeceu ao falecido amigo Robert Hershorn por apresentá-lo aos poetas e místicos persas Attar e Rumi, "cujas imagens influenciaram várias canções, especialmente 'The Guests' e 'The Window'", ainda que as imagens de "The Window", com lanças, espinhos, anjos, santos, "the New Jerusalem glowing" (o brilho da Nova Jerusalém), o "tangle of matter and ghost" (emaranhado de matéria e fantasma) e a "word being made into flesh" (a palavra transformada em carne) pareçam cristãs.* A imagem da janela era importante na poesia e nas canções de Leonard há tempos, sendo um lugar de luz e observação, que atuava como espelho e fronteira entre realidades diferentes, entre o interno e o externo. Falando da canção, Leonard a descreveu como "uma espécie de prece para juntar as duas partes da alma".[8]

Recent Songs está repleto de banquetes, espinhos, rosas, fumaça e santidade, canções sobre luz e escuridão, perda e estar perdido. "The Gypsy's Wife" aborda diretamente a perda de Suzanne. Sua melodia sensual é combinada com uma letra sombria e acusatória, de tom bíblico. Leonard disse que era uma das canções que compôs com maior rapidez. Após ter sido abandonado por Suzanne, ele estava no apartamento de uma mulher em Los Angeles, onde encontrou violão. Leonard pegou e tocou enquanto ela se arrumava para sair. "E era exatamente isso o que eu estava pensando: 'Where, where is my gypsy wife tonight' (Onde, onde está a minha esposa cigana esta noite?). De certa forma ela foi escrita para [...] a esposa que estava perambulando por aí, mas é apenas uma canção sobre a forma por meio da qual homens e mulheres perderam uns aos outros."[9] Parece um tanto desproporcional que o homem que descreveu a si mesmo em uma canção como "some kind of gypsy boy" (uma espécie de cigano) e claramente não queria companhia feminina seja tão apocalipticamente duro em uma canção sobre o julgamento que aguardava quem surgisse

---

* Na versão de "The Window" publicada em *Stranger Music*, coletânea de poesias e canções de Leonard lançada em 1993, ele mudou a frase sobre "Nova Jerusalém" para o neutro "the code of solitude broken" (o código da solidão partida).

entre um homem e sua esposa.¹⁰ Mas a dor de perder a família ainda era aguda.

Recent Songs também contava com três canções do álbum descartado *Songs for Rebecca*: "Came So Far for Beauty", "The Traitor" e "The Smokey Life", com pegada jazz. A primeira creditava John Lissauer como coautor e coprodutor. "Era exatamente como eu tinha gravado a demo", diz Lissauer, que tocou piano enquanto John Miller estava no baixo. "Eles não fizeram nada com ela." Lissauer não recebeu o crédito pelas outras duas músicas, embora alegue que elas também sejam exatamente o que tinha feito com Leonard.

"Fiquei muito magoado com isso tudo", confessa Lissauer. "Eu estava fazendo vários outros álbuns e Leonard não estava vendendo muito, então, não estava perdendo dinheiro ou algo assim. Só fiquei decepcionado com o jeito como fui tratado. Sempre disse que não era Leonard e, sim, Marty [Machat]." Não parecia haver mais canções de *Rebecca* entre as reaproveitadas, que incluíam "Misty Blue", "The Faith", "Billy Sunday" (que Leonard havia cantado em vários shows da turnê de 1979-80, mas ainda não tinha gravado) e "Do I Have to Dance All Night", uma canção dançante gravada em um show de 1976 em Paris e lançada como *single* (junto com "The Butcher") na Europa.

Recent Songs saiu em setembro de 1979, dois anos após *Death of a Ladies' Man*, mais rápido do que os fãs se acostumaram a esperar de Leonard. Foi dedicado a Irving Layton, "meu amigo e inspiração, o mestre incomparável da linguagem interior". O retrato de Leonard que ocupava toda a capa foi baseado em uma foto feita por Hazel Field, amiga e amante de uma noite só. A versão ilustrada o deixava menos cansado e mais Dustin Hoffman do que a fotografia. Após a fúria e o estilo bombástico incongruentes de *Death of a Ladies' Man*, o tom basicamente acústico do álbum, com arranjos graciosos aliados ao sabor *folk* cigano-romântico do violino e ao exotismo do Oriente Próximo do *oud*, foi recebido pelos críticos como uma volta à antiga forma. A *Rolling Stone* escreveu: "Não há uma faixa de *Recent Songs* sem algo a oferecer."¹¹ Larry "Ratso" Sloman, escrevendo para a *High Times*, previu que seria "o maior LP de Cohen" e "certamente será Disco de Prata, se não de Ouro".¹²

Porém, John Lissauer estava certo: o álbum não vendeu muito. Apesar da boa resposta da crítica, ele foi mal nos EUA e não chegou às paradas no Canadá. No Reino Unido alcançou o 53º lugar, sendo a posição mais baixa de um álbum de estúdio de Leonard Cohen. O altamente impopular *Death of a Ladies' Man* tinha chegado ao 35º lugar. O *NME* ecoou as críticas regulares recebidas na Grã-Bretanha e o descreveu como "o álbum mais completo de Cohen em termos musicais", mas fez questão de destacar o "ar alheio, quase impessoal" e as letras que "tendem a uma obscuridade um tanto sobrenatural".[13] Mas Leonard ficou feliz com *Recent Songs*: "Gosto daquele álbum", disse ele refletindo, mais de vinte anos depois: "Acho que é o meu favorito."[14]

A turnê do *Recent Songs* começou na Suécia, em outubro de 1979. A banda de Leonard para a turnê de 52 shows na Europa era o Passenger (Roscoe Beck, Steve Meador, Bill Ginn, Mitch Watkins e Paul Ostermeyer), mais John Bilezikjian e Raffi Hakopian. "Era *world music* antes mesmo de o termo existir", diz Beck. "Leonard e eu falamos sobre como o grupo era singular para a época." Leonard também estava acompanhado de duas de suas melhores vocalistas de apoio, Jennifer Warnes, que tinha feito turnê com ele no início da década, e uma novata chamada Sharon Robinson.

Robinson cantava e dançava em Las Vegas nas peças de Ann-Magret quando Warnes, que havia assumido a tarefa de encontrar uma segunda vocalista, ligou perguntando se ela gostaria de fazer um teste para a turnê europeia de Leonard Cohen. Robinson não conhecia o trabalho de Leonard, mas a Europa parecia uma boa ideia. "Jennifer me recomendou e depois me levou para fazer o teste com Leonard", lembra Sharon. "Toda a banda estava lá. Eu estava um pouco nervosa, mas Leonard, sentado no sofá, exalava um tipo de energia muito boa, um carinho e uma cordialidade verdadeiros dos quais realmente gostei. Eu me senti em casa logo de cara."

Ajudando a fazer Leonard se sentir em casa estava Roshi, que viajou com a banda no ônibus da turnê, devidamente paramentado, e lia calmamente através de seus grandes óculos quadrados enquanto a Europa passava do outro lado da janela. "Ele ia aos shows e ficava nos bastidores", lembra Beck. "É muito estranho, a presença dele era, ao mesmo tempo, grande e quase invisível. Poucas palavras eram ditas e ele parecia desaparecer junto à parede do camarim. É realmente um mestre zen!" Talvez tenha sido em homenagem a ele que Leonard mudou o "worm on a hook" (verme em um gancho) para "a monk bending over a book" (um monge se inclinando diante de um livro) em "Bird on the Wire". Nas longas viagens de carro entre as cidades, Leonard e a banda cantavam "Pauper Sum Ego" ("I Am a Poor Man"), canto monástico em latim. Durante as viagens de ônibus, Leonard e Jennifer Warnes compuseram uma canção sobre uma santa, "Song of Bernadette". Às vezes, Bilezikjian ia até o fundo do ônibus quando o restante da banda estava dormindo e tocava *oud* e violino "suavemente para não acordar ninguém". Mas quando todos estavam acordados, lembra ele, "cantávamos canções de Leonard, que viraram nossos hinos. Criávamos um arranjo vocal, cantando como se tivéssemos nossos instrumentos. Acho que Leonard ficou emocionado com aquilo. Vi um sorriso largo no rosto dele". Como aconteceu na turnê de 1972, eles foram acompanhados por um cineasta na estrada. O canadense Harry Rasky estava fazendo um documentário sobre Leonard para a CBC. O grupo aumentou de novo quando Henry Lewy pegou o avião para encontrá-los na turnê pelo Reino Unido, com frenéticos onze shows em 12 dias, para gravar as apresentações com o objetivo de fazer um álbum ao vivo. Apesar de Leonard improvisar menos e estar significativamente mais alegre nessa turnê do que no último álbum ao vivo (*Live Songs*, de 1973), a Columbia escolheu não lançar o álbum gravado em 1979, pelo menos não até duas décadas depois, quando finalmente saiu, no ano 2000, com o nome de *Field Commander Cohen*.* A turnê terminou em Brighton em dezembro, 16 dias antes do fim dos anos 1970. Após dois meses de folga (dos quais Leonard passou duas semanas em um monastério), tudo recomeçou nos anos 1980 com uma bem-sucedida turnê pela Austrália.

Quando os integrantes da banda voltaram aos seus respectivos lares, de acordo com Jennifer Warnes, eles não sabiam o que fazer da vida. "[Houve] dois ou três divórcios logo após a turnê, e acho que aconteceram simplesmente porque os parceiros não conseguiam entender o que aconteceu. Houve graves alterações de personalidade. Roscoe começou a usar ternos Armani. Foi uma confusão. Nós telefonávamos uns para os outros perguntando: 'O que faremos agora?' O coração tinha sido parti-

---

* A foto de Leonard na qual o retrato de *Recent Songs* foi baseado está na capa desse álbum.

do, e agora o buraco estava aberto."[15] Beck e Warnes se tornaram um casal após terem se envolvido romanticamente na Europa. Como o restante da banda, eles queriam apenas levar a turnê para os Estados Unidos. "Não conseguimos criar interesse suficiente para isso", lamenta Beck. Curiosamente, contudo, nessa época uma entrevista com Leonard saiu na revista semanal de celebridades norte-americana *People*.

Os leitores mais acostumados a textos sobre astros de cinema e a Clínica Betty Ford leram sobre o cantor e compositor canadense que não conseguia vender discos nos Estados Unidos e se recuperou do "breve período de colapso" no "centro para meditação e trabalhos manuais" de Roshi. Leonard explicou: "Quando vou lá, é como tirar a poeira. [...] Não estou morando com ninguém. Não há quem consiga viver comigo. Quase não tenho vida pessoal." Como essa última frase era um conceito alienígena para a *People*, eles também entrevistaram a ex-namorada dele. Segundo a revista, ela disse: "Eu acredito nele. Ele moveu pessoas na direção certa, rumo à delicadeza, mas aí eu fiquei muito sozinha, prova de que a poesia simplesmente não estava lá." De acordo com a *People*, Suzanne alegava que Leonard não cumpriu o acordo da pensão alimentícia dos filhos. Leonard, por sua vez, mencionou "os hábitos consumistas em Miami" de Suzanne, acrescentando: "Meus únicos luxos são passagens de avião para ir a qualquer lugar, a qualquer momento. Preciso apenas de mesa, cadeira e cama."[16]

O documentário de Harry Rasky, *Song of Leonard Cohen*, que foi exibido no Canadá em 1980, construiu um cenário muito mais nobre. O filme abre com Leonard sentado na janela, o mais simbólico dos lugares, em seu apartamento de Montreal. O apartamento é espartano e organizado, muito mais parecido com as casas dele em Los Angeles e em Hidra do que com a cabana lotada de quinquilharias e livros onde morou com Suzanne e os filhos, ali perto. Tem paredes brancas, piso pintado, uma velha mesa de madeira e uma banheira pequena com pés em forma de garra. Leonard também parece estar cercado por amigos e pessoas que o apoiam. Hazel Field mora no apartamento ao lado e surge escalando a varanda, com braços e pernas compridos e cabelo alisado, carregando uma xícara de café para Leonard. Já Irving Layton aparece trazendo uma companhia jovem e loura. Os dois ficam encantados quando Leonard coloca para tocar a canção "The Window" no aparelho de som.

"Leonard era um gênio desde o primeiro momento em que o vi", elogia Layton, acrescentando: "[Suas canções têm] o caráter do mistério, da perdição, da ameaça, da tristeza, o caráter dramático que você encontra nas baladas escocesas e inglesas" dos séculos XII e XIII. Quando Rasky pergunta se ele acha as canções de Leonard tristes ou alegres, a resposta é: "Ambos. O que gosto particularmente nelas é o que chamo de caráter maníaco-depressivo. Se você reparar, em algumas de suas canções mais reveladoras e comoventes, ele sempre começa com um tom de dor, angústia, tristeza, e, de alguma forma, melhora até chegar a um estado de exaltação e euforia, como se tivesse se libertado do diabo, da melancolia, da dor."[17] Os judeus, analisa Layton, "sempre tiveram o dom da ansiedade, da dor e da solidão".[18] O Wandering Canadian (Canadense Errante) diz a Rasky que "está cansado de se mudar" e gostaria de "ficar em um lugar só por um tempo". O problema é que "sempre parece haver bons motivos para se mudar".[19]

Em 24 de outubro de 1980, Leonard voltou à Europa para fazer mais cinco semanas de shows. Jennifer Warnes escolheu não acompanhá-lo, deixando Sharon Robinson como única cantora de apoio. Nessa época, Leonard e Sharon tinham se aproximado mais. Em Israel, quando a turnê terminou, eles começaram a compor uma canção juntos, "Summertime". Sharon "tinha essa melodia para a qual não havia escrito uma letra, mas que realmente adorava". Como havia um pequeno piano de cauda no saguão do hotel em Tel Aviv, ela tocou a melodia para Leonard, que gostou. "Ele começou a procurar a letra adequada na mesma hora." Embora Leonard não tenha gravado a canção, a primeira música composta pela dupla seria gravada por Diana Ross e Roberta Flack.

A turnê terminou com duas apresentações em Tel Aviv. De acordo com Sharon, Leonard levou a banda ao mar Vermelho e também para visitar um *kibutz*. Após os shows, ele foi para Nova York. No quarto do Algonquin Hotel, Leonard se preparava para celebrar o Chanucá com Adam e Lorca. Ele tinha providenciado velas, um livro de orações e também um caderno. Quando o Chanucá acabou e as crianças foram embora, ele abriu na página em que tinha começado a escrever o hino poderoso e belo de rendição intitulado "If It Be your Will".

Eis que a cortina desceu e Leonard saiu calmamente pelos bastidores. Parecia um bom momento para sair do negócio da música. A turnê havia acabado e, embora os shows tenham sido bons, o álbum não vendeu bem. O mundo tinha outras coisas com que se ocupar. Leonard não achou que sentiriam falta dele.

— *Você perdeu o interesse ou simplesmente estava sem fôlego?*
— *Não sei. Imagino que tenha sentido uma certa insegurança sobre o que eu estava fazendo. Eu meio que perdi o jeito para o negócio, pensei. Embora, em retrospecto, mesmo analisando o trabalho de outros escritores, essa seja uma avaliação comum e quase rotineira do próprio trabalho em diferentes períodos. Geralmente, o melhor trabalho de alguém é considerado inadequado ou incompetente no momento. Eu certamente lutei com essas ideias, não só como escritor. Porém, como qualquer homem ou mulher consolida uma grande parte de sua autoestima por meio de sua obra, é sempre uma questão.*
— *Você tinha planos para aproveitar esse tempo afastado?*
— *Meus filhos estavam morando no sul da França, e passei muito tempo indo e voltando para visitá-los. As partes de* Book of Mercy *estavam surgindo e eu estava compondo o álbum que acabaria tendo o nome de* Various Positions. *A certa altura, meu trabalho era tão lento e um martírio tão grande que eu descartava boa parte do que fazia, então, pensei que era legítimo dizer que minha vida e minha obra estavam em desordem.*

Os próximos quatro anos foram passados longe dos olhos do público. Se alguém procurasse por Leonard, poderia encontrá-lo no monastério do monte Baldy, no apartamento de Montreal, na casa em Hidra ou na França, em um trailer nos fundos do caminho que levava à casa em que Suzanne e as crianças moravam. Leonard viajava sempre para a França.

Trinta anos depois, Adam Cohen descreveu como "admirável a forma pela qual ele conseguia manter contato conosco, apesar da [...] agitação doméstica, digamos assim, os antagonismos pós-divórcio".[20] A relação entre Leonard e Suzanne continuava litigiosa, embora, na opinião dela, "nós tenhamos resolvido tudo, ao longo de vários anos e com muitos altos e baixos, mas melhor do que a maioria dos casais que conheci desde então. Os *voyeurs* e fofoqueiros vão querer exagerar os momentos difíceis e os mal-intencionados vão desconfiar dos melhores momentos".

A casa escolhida por Suzanne e comprada por Leonard era uma fazenda do século XVII em Bonnieux, que tinha sido propriedade de monges e gerenciada por eles. A paisagem rural ao redor dela era cheia de antigas igrejas rurais. Às vezes, Suzanne levava as crianças até lá, "embora não tenha dito palavras carinhosas nos ouvidos das crianças sobre Jesus andando no Jardim". Ela se diz ciente de que Leonard "teria gostado se eu os tivesse educado com pelo menos o conhecimento da tradição judaica", mas não havia sinagogas na região. Depois, quando Suzanne e as crianças moraram em Manhattan, ela "tentou pesquisar a sério, mas o rabino com quem falei não foi acessível, então desisti. E fazer isso sem Leonard não fazia sentido para mim". Leonard cuidou da educação judaica das crianças: "Contei as histórias para eles, ensinei as preces, mostrei como acender as velas. Também expliquei o A a Z dos dias santos importantes", e celebrava esses dias com eles.

Quando estava em Hidra, Leonard entrava com gratidão no velho ritmo de nadar, escrever e socializar no bar da região portuária. Ele ouviu de Anthony Kingsmill sobre um concerto no qual Terry Oldfield, um dos jovens moradores expatriados, estava trabalhando e perguntou a Oldfield se podia ouvir. Depois, se ofereceu para ir a Atenas gravá-lo com o jovem. "Um cara muito generoso", elogia Oldfield. "Eu estava tentando ganhar a vida com música e me esforçando muito. Acho que ele se identificou um pouco com isso. Talvez o tenha levado de volta ao início na ilha, quando estava escrevendo." Leonard convidou Oldfield para sua casa e mostrou o quarto onde escrevia. "Era no porão, muito escuro. Parecia uma espécie de útero e tinha um pequeno teclado eletrônico com o qual ele brincava, um desses Casios movidos a pilha. Era o quarto em que ele criou algumas de seus melhores obras. Ele disse: 'Este quarto foi muito bom comigo'".

No início de 1982, Lewis Furey foi a Hidra por um mês, com a esposa, Carol Laure, visitar o amigo Leonard. Eles levaram uma amiga, a fotógrafa francesa Dominique Issermann. Furey tinha gravado dois álbuns como cantor e, tal qual Leonard, não estava "muito empolgado com a indústria musical e a ideia de gravar discos. Estava mais interessado em canções para o teatro, em ciclos de canções que contavam uma história". Um dos motivos para a visita era que ele tinha uma ideia para um musical, uma ópera-rock, e esperava que Leonard fizesse as letras das canções.

Na época, segundo Leonard, ele estava "trabalhando experimentalmente para minha formação no soneto spenseriano, que tem métrica e forma de rima muito complexas, apenas para manter minhas habilidades em dia em termos de métrica e rima". Quando Furey perguntou se ele queria escrever letras para a sua ópera-rock, a resposta foi "na verdade, não". Mas Furey era persuasivo e, quando a conversa passou para o lançamento em videodisco, formato do tamanho de um LP, que não sobreviveu ao tempo, Leonard ficou intrigado. "Ele me deu um esboço de trama muito elementar", contou Leonard, "e eu escrevi as letras como um exercício."[21]

Nas quatro semanas seguintes, Leonard surgiu com "pelo menos quatro ou cinco letras completas", relembra Furey, "muito técnicas e perfeitamente estruturadas", como sonetos. Furey começou a compor a música para elas. O projeto, que eles chamaram de *Night Magic*, era "basicamente uma história de Fausto", explica Furey, "só que o personagem de Mefistófeles foi transformado em três anjos adolescentes que aparecem na janela e o preço a pagar era sofrer alegria, redenção e deterioração". Leonard e Furey trabalharam esporadicamente no musical por um ano e meio, a maior parte do tempo em Paris, onde Furey e a esposa moravam e para onde Suzanne planejava se mudar com Adam e Lorca. Dominique Issermann também morava em Paris e Leonard tinha iniciado em Hidra um relacionamento duradouro com a bela fotógrafa.

Enquanto Furey procurava financiamento, Leonard começou a trabalhar em um curta-metragem musical para a CBC chamado *I Am a Hotel*, cuja trama girava em torno de personagens em um hotel imaginário. Leonard participou do filme como residente de longo prazo do hotel, fumando um cigarro e observando enquanto as histórias de vários personagens aconteciam sem diálogos, ao som de cinco de suas canções: "The Guests", que havia inspirado o projeto, "Memories", "The Gypsy's Wife", "Chelsea Hotel #2" e "Suzanne". O curta foi exibido em 1983 e ganhou um prêmio no festival de televisão de Montreux, o Rose d'Or. Enquanto isso, Leonard se reunia com a McClelland & Stewart para falar do novo livro que estava escrevendo, batizado inicialmente de *The Name*, depois como *The Shield* e, por fim, como *Book of Mercy*.

Dennis Lee, contratado recentemente por McClelland para chefiar o departamento de poesia, era poeta, ensaísta e autor do livro de 1977 *Sa-*

vage Fields: An Essay in Literature and Cosmology*, um estudo conjunto do romance de Leonard, *Beautiful Losers*, e de *The Collected Works of Billy the Kid*, de Michael Ondatjee. Segundo Lee: "Por dez ou 12 meses Leonard e eu nos aproximamos e passamos a nos conhecer muito intensamente dentro da esfera muito estreita do livro em que ele estava trabalhando." Leonard descreveu a nova obra como "um livro de orações [...] um tipo sagrado de conversa". Era também "um livro secreto para mim, feito para pessoas como eu usarem em um determinado momento".²² Ele escreveu porque se viu "incapaz de falar de qualquer outra forma. Senti como se tivesse sido amordaçado e silenciado por muito, muito tempo, alguns anos. Era com a maior das dificuldades que conseguia me comunicar com alguém, mesmo para as coisas mais simples. E quando fui capaz de falar, era nesses termos, um discurso à fonte da misericórdia".²³

> Em flagrante derrota eu vim a você e fui recebido com uma doçura que não ousara lembrar. Hoje eu venho até você de novo, maculado por estratégias e preso na solidão do meu ínfimo domínio. Estabeleça sua lei neste lugar murado.
>
> ("6", *Book of Mercy*)

"O conteúdo, o caráter devoto do que ele estava fazendo, sempre esteve lá", diz Lee, "mas ele realmente tirou as luvas e entrou de modo mais direto e explícito. Estava muito ciente de estar estabelecendo novos rumos para si." Lee se lembra de que o primeiro rascunho que viu "era muito mais um esboço. Boa parte dos melhores trechos foi escrita depois, ao longo do processo. Eu me lembro de estarmos trabalhando em Toronto e, do nada, ele ir embora, passar um ou dois meses na França. Ele me contou que ficava sozinho quando não estava com os filhos e, ao voltar, revelou que ficava ouvindo minha voz em sua cabeça, repetindo o que eu disse antes de ele partir: 'Acho que ainda tem mais.' Não havia *prima donna*, nada de 'Eu sou Leonard Cohen, você não tem que fazer sugestão alguma'. Ele era o ser humano mais encantador, culto, e realmente estava concentrado em acertar no livro, apesar de tudo o que estava acontecendo em sua vida. À noite, não havia nada para fazer além de trabalhar no manuscrito em busca de mais material. Ele voltou com algumas coisas que realmente me surpreenderam".

Na última viagem de Leonard a Toronto, antes da publicação do livro, a principal discussão entre eles foi o título. "Uma pergunta que Leonard tinha era: havia risco de o título soar pretensioso ou religioso demais a ponto de despertar a suspeita do leitor antes mesmo da leitura? No fim das contas, para Leonard tudo se resumiu à decisão sobre batizar o projeto como *The Book of Mercy* ou apenas *Book of Mercy*. Decidimos que o artigo *The* deveria ser omitido para não dar a impressão de ser o livro *definitivo* da misericórdia, ou um livro da Bíblia. Era um título mais modesto. Talvez não lhe agradasse a ideia de nomeá-lo como algo mais grandioso do que desejava." (Talvez, pelo mesmo motivo, Leonard costumasse dispensar o artigo definido nos títulos de seus álbuns e canções.) Após terminar o trabalho em *Book of Mercy*, Leonard e Lee foram ao cenário de *Fraggle Rock*, série infantil de TV feita em Toronto por Jim Henson. Leonard manifestou o desejo de conhecer o inventor dos Muppets. Lee recorda: "Ele se divertiu muito vendo a gravação do programa."

Book of Mercy, décimo livro de Leonard, foi publicado em abril de 1984. A capa era ilustrada por um símbolo desenhado por Leonard, que ele chamou de "emblema da Ordem do Coração Unificado". Ele assumia a forma de um hexagrama como a Estrela de Davi, mas feito com dois corações entrelaçados ou, como Leonard descreveu, "uma versão do *yin* e do *yang* ou qualquer desses símbolos que incorporam as polaridades e tentam reconciliar as diferenças". O livro era dedicado ao "meu professor". O que Leonard aprendeu ao estudar com Roshi também lhe trouxera uma compreensão maior do Talmude, da Torá, da Cabala e do livro de orações judaicas. Ele disse que voltou a se familiarizar com os estudos judaicos após ter "destruído meus joelhos"[24] e se visto incapaz de ficar por longos períodos em *zazen*, meditação sentada. "Eu decidira fazer o que nunca fizera: observar o calendário [judaico] de modo diligente, usar *tefillin* todos os dias e estudar o Talmude. *Book of Mercy* saiu dessa investigação."[25] Embora o livro tenha referências cristãs e budistas, além de seculares, o objetivo de Leonard ao escrevê-lo foi "afirmar as tradições que herdei" e "expressar minha gratidão por ter sido exposto a essas tradições".[26]

O livro é composto por cinquenta trechos em prosa numerados, um para cada ano da vida de Leonard, nos quais ele fala, implora, confessa e reza (para si mesmo, para o amigo, o professor e a mulher, mas, basicamente, para Deus) pela salvação e por misericórdia. Os trechos são escritos com ritmo, tom e musicalidade implícitos dos salmos e "do discurso carregado que ouvi na sinagoga, onde tudo era importante. [...] Sempre senti que o mundo foi criado por meio de palavras, por meio do discurso em nossa tradição. Sempre vi a luz enorme do discurso carregado e foi onde tentei chegar".[27] Quando alguém se vê "incapaz de funcionar", explica Leonard, a única opção é "falar com a fonte absoluta das coisas. [...] A única coisa que você pode fazer é rezar".[28]

A crítica no *Globe and Mail* do Canadá descreveu *Book of Mercy* como "uma vitória eloquente do espírito humano na luta consigo mesmo". A Associação Canadense de Escritores deu a ele o Prêmio CAA de Poesia Lírica. O rabino Mordecai Finley (a quem Leonard conheceria depois) se lembra de ter dito a Leonard um dia, após a sinagoga: "Vários dos seus poemas têm a sensação da liturgia judaica. Você já compôs conscientemente algo litúrgico?" Finley continua: "Ele disse: 'É o que eu sempre pensei que estava escrevendo, liturgia', significando algo vindo do coração que, ao ser recitado, leva você a um lugar mais profundo. A poesia dele tinha um tom litúrgico, rítmico. Ela quase passa direto pelo cérebro e entra em nós. Temos uma tradição litúrgica no judaísmo, em que grandes poetas judeus escrevem poesias e as incorporam ao livro de orações, mesmo que não tenham procurado escrever orações, e acho que Leonard é, na verdade, o maior especialista vivo em liturgia hoje. Li os poemas de *Book of Mercy* em voz alta nos dias santos e acho que eles deveriam estar em nosso livro de orações."

CAPÍTULO DEZESSETE

A ALELUIA DO ORGASMO

Salmos foram feitos para serem cantados. De volta a Los Angeles, Leonard ligou para Henry Lewy. Os dois entraram no estúdio para fazer um álbum no qual ele lia o *Book of Mercy* acompanhado por um quarteto de cordas, que acabou não sendo lançado. Leonard voltou para Nova York e ligou para John Lissauer com o objetivo de fazer outro disco, de conteúdo diferente, mas que, de certa forma, era um espelho de *Book of Mercy*.

Segundo Leonard, enquanto ele escrevia *Book of Mercy*, "o público quase evaporou". Ele havia escrito aquelas preces para si mesmo[1] e disse ainda que não tinha intenção de ficar "conhecido como autor de preces".[2] Uma vez terminado o livro, o público voltou a entrar nitidamente em foco. Um grande motivo para isso era que Leonard estava ficando sem dinheiro. Se ele vivesse como uma celebridade, teria arranjado um iate ou um vício em cocaína, que poderia ser mais fácil de entender, mas, embora não gastasse muito dinheiro consigo mesmo, ele ainda tinha despesas: Suzanne, os filhos, o monastério de Roshi e vários amigos a quem sustentava financeiramente, de uma forma ou de outra. A maior parte da renda de Leonard vinha de suas canções, não dos livros, e já haviam se passado cinco anos desde o último álbum.

John Lissauer ficou "um pouco surpreso" ao ouvir que Leonard estava ansioso para gravar com ele — uma reação compreensível visto que Leonard tinha fugido do último disco e saído para reescrever ou regravar as canções com outros dois produtores. Por mais aborrecido que tivesse ficado, Lissauer, como Ron Cornelius, que por vários anos não recebeu o crédito pela coautoria de "Chelsea Hotel #2", culpou Marty Machat. "Era só uma lição para tomar cuidado com empresários ou com empresários obcecados. Leonard sabia como Marty era, mas Marty tinha cuidado muito bem dele, então, Leonard vivia uma certa negação em relação a ele. Nós brincamos sobre isso desde então e Leonard admitiu que sabia da verdadeira faceta de Marty, mas que na época ele era um sujeito incomparável." Lissauer não mencionou o abortado *Songs for Rebecca*. "Qual era a motivo para deixar Leonard incomodado? Teria posto um fim na situação e eu estava feliz por ele ter ligado."

Em seu quarto no Royalton, Leonard "tinha um sorriso presunçoso na cara. E quando Leonard está sorrindo como um garotinho é algo que você nunca esquece. Ele tinha esse sintetizadorzinho Casio tosco comprado na rua 47 com a Broadway, em uma daquelas lojas de câmeras para turistas, no qual você aperta uma tecla e ele toca um ritmo insignificante. Então, ele cantou para mim 'Dance Me to the End of Love'". Leonard tocou para Lissauer várias canções em diversas etapas de composição, apenas uma delas ao violão. Nas outras, ele foi acompanhado pela elegante flatulência do seu Casio. Lissauer concluiu que Leonard tinha chegado a um ponto do processo de composição em que havia "esgotado as ideias como violonista. Ele conseguia algumas coisas tocando violão, mas esse Casio bobo fazia o que ele não conseguia no violão e permitiu que Leonard abordasse a composição de modo diferente". Compor canções certamente estava mais uma vez se mostrando torturantemente difícil para Leonard, mas esse tecladinho brega de duas oitavas do qual ele parecia gostar tanto forneceu todo um novo conjunto de ritmos para trabalhar, e Leonard descobriu que podia criar algo que nunca poderia ter feito com seis cordas, o que ele chamava de "habilidade única".

Agora Marty Machat não fez qualquer objeção a Leonard trabalhar com Lissauer. A única exigência foi manter o orçamento mais baixo possível. A impressão que Lissauer teve de Machat era que Leonard tinha gastado "uma tonelada de dinheiro de modo insensato e não estava fazendo turnês". Lissauer ligou para o Quad Recording e negociou um bom acordo, marcando quatro ou cinco dias de estúdio. O Quad ficava na Broadway com a rua 49, 13 andares acima do Metropole, clube de *strip-tease* sofisticado "onde um cara ficava do lado de fora distribuindo panfletos embaixo de um grande globo espelhado giratório". Lissauer formou uma pequena banda com o amigo Sid McGinnis, que tocava violão na banda do *The David Letterman Show*, Richard Crooks, um baterista que tinha tocado com Dr. John, além de Ron Getman e John Crowder, dois nativos de Tulsa que depois liderariam um grupo country de sucesso Tractors. O próprio Lissauer tocava teclados e o sintetizador Synclavier.

"Em vez de basear tudo em Leonard e seu violão e fazer *overdub*, nós passamos a criar faixas como uma banda e tentamos tirar uma pequena performance delas", diz Lissauer, "algo que eu desconfio que ele não fazia há muito tempo. Eu trouxe o meu Synclavier, um protótipo muito incipiente de sintetizador, um troço fenomenalmente grande, que ocupava quatro estojos de rodinhas com computadores e discos flexíveis e custava em torno de 35 mil dólares. O Casio de Leonard deve ter custado 99 dólares, se tanto, mas eu não conseguia fazer Leonard largá-lo." O teclado nem tinha saída de áudio e precisava de um microfone para captar o som. "Eu tentei de tudo, até gravar com uma bateria real, mas ele gostava do som do Casio e, de certa forma, era muito encantador. Então, nós acrescentamos uns enfeites, de modo que não fosse tão embaraçoso."

Leonard disse que "sempre teve interesse em máquinas e teclados eletrônicos". "Na verdade, para o meu primeiro álbum, eu entrevistei uma ou duas pessoas que estavam fazendo um trabalho experimental com instrumentos eletrônicos. Tentei obter um som, um zumbido que ficaria ao fundo de 'The Stranger Song'. Jamais consegui o tipo que estava procurando, mas a tecnologia alcançou uma sofisticação tal, hoje, que posso usar meus brinquedinhos na gravação."[3] A primeira canção a mostrar Leonard em seu Casio foi a faixa de abertura do novo álbum, "Dance Me to the End of Love". A semente da canção foi um texto que Leonard leu sobre uma orquestra de detentos em um campo de concentração. Eles eram obrigados pelos nazistas a tocar enquanto seus colegas prisioneiros marchavam para as câmaras de gás. Como prova do talento de Leonard com as palavras e devido à melodia romântica, ela acabaria virando uma canção popular em casamentos.*

Leonard chamou o sétimo disco de estúdio de *Various Positions*, título que sugeria um Kama Sutra Cohen, mas o objetivo dele com o álbum era explorar "como as coisas realmente funcionam, a mecânica do sentimento, como o coração se manifesta, o que é o amor", que, segundo ele, "não é totalmente desejo, há algo mais. O amor está lá para mitigar a sua

---

* Em 1995, "Dance Me to the End of Love" acabou fornecendo o título e algumas partes da letra para um livro de arte e poesia de mesmo nome, cuja introdução descreve "uma canção delirantemente romântica de Leonard Cohen, que é visualizada de modo brilhante através das pinturas sensuais de Henri Matisse". Nenhuma das pinturas mostrava o Holocausto.

solidão, a prece é para acabar com a sensação de separação em relação à fonte das coisas".[4] As canções assumem várias posições. Diversos personagens oferecem instruções diferentes: a mãe morta o envia de volta para o mundo em "Night Comes On" e o oficial comandante o envia de volta ao campo de batalha em "The Captain". Às vezes, personagens semelhantes aparecem em canções e contextos diferentes: "Heart with No Companion" descreve uma mãe sem filho e um capitão sem navio, enquanto "Hunter's Lullaby", cantada pelo eu lírico de uma mulher injustiçada (a esposa abandonada e mãe dos filhos dele), tem ecos dos comentários de Leonard em *Death of a Lady's Man*.

A canção "Hallelujah" contém uma multiplicidade de posições. Fala dos motivos para compor canções (para atrair mulheres, para agradar a Deus) e sobre a mecânica da composição ("it goes like this, the fourth, the fifth..."/acontece assim, a quarta, a quinta...), sobre o poder da palavra e da Palavra, sobre querer sexo, sobre fazer sexo e sobre a guerra dos sexos. É também uma canção sobre "a rendição total [e] a afirmação total". Como Leonard explicou: "Este mundo está cheio de conflitos e [...] coisas que não podem ser pacificadas, mas há momentos em que podemos transcender o sistema dualista, pacificar e aceitar toda esta bagunça. [...] Independente da impossibilidade da situação, há um momento em que você abre a boca, abre os braços [...] e apenas diz: 'Aleluia! Abençoado seja o nome.'"[5]

"Hallelujah" levou quatro anos para ser composta. Quando Larry "Ratso" Sloman o entrevistou em 1984, Leonard mostrou uma pilha de cadernos, "livro atrás de livro cheios de versos para a canção que ele na época chamava de 'The Other Hallelujah'". Leonard guardou oitenta deles e descartou outros tantos. Mesmo após a edição final, ele tinha dois finais diferentes para "Hallelujah". Um deles era pessimista:

> Não é alguém que viu a luz
> É uma fria e partida aleluia

A outra tinha um tom de bravata quase à moda de "My Way":

> Mesmo sendo tudo em vão
> Fico diante do Senhor da Canção

> E na minha língua apenas
> Aleluia

Bob Dylan preferia a segunda versão, que Leonard acabou usando no álbum, embora retomasse o final mais sombrio em vários shows. Leonard e Dylan, quando se viram em Paris, na mesma época, marcaram encontro em um café para trocar letras. Dylan mostrou sua nova canção, "I And I". Leonard perguntou quanto tempo levou para compor e Dylan respondeu 15 minutos. Leonard, por sua vez, mostrou "Hallelujah". Impressionado, Dylan perguntou quanto tempo Leonard levou para compor. "Alguns anos", disse Leonard, envergonhado demais para dar a verdadeira resposta. Sloman, que era amigo e admirador tanto de Leonard quanto de Dylan, especula: "Sempre tive esse debate na minha cabeça sobre quem é o melhor compositor. Bob tinha essas proezas incríveis da imaginação das quais duvido que alguém chegue perto, essas frases que vêm do nada: 'Compus em 15 minutos, no táxi', e, literalmente, derrubavam você. Mas acho que, como compositor formal e estrutural, Leonard é superior."

"Hallelujah" foi a única canção que Leonard tocou para Lissauer no quarto de hotel sem usar o Casio. "Ele tocou alguns versos ao violão em seu estilo 6/8", lembra Lissauer. "Meio *chung-chiggie, chung, chung, chung-chung-chung chung*, com acordes que não iam a lugar algum. Foi uma das primeiras canções em que trabalhei. Levei para casa e comecei a trabalhar nos acordes para transformá-la em algo mais gospel e dar uma levantada na música. Entramos em estúdio logo em seguida. Eu me sentei ao piano de cauda, toquei e cantei para ele de um jeito grandioso e gospel. Leonard falou: 'Isso é fabuloso.' Então, foi a versão que fizemos. A original era bem diferente."

Lissauer trouxe a banda. "Não queria fazer uma balada poderosa, então disse ao baterista para tocar sem baquetas e usar as vassourinhas, bem suave. Queria que ficasse realmente exposta no início, como a voz de Deus." Depois Lissauer acrescentou um coral. "Não era um grande coral gospel, mas gente comum. Pessoas cantando 'Hallelujah' como fariam na igreja, pessoas que não eram realmente cantores, como os caras da banda, então, tinha uma sensação de sinceridade e não era 'We Are the World.'" Entre as mulheres do coral estavam Erin Dickins, Crissie Faith, Merle Miller e Lani Groves (uma das cantoras de apoio de Stevie Wonder), além de uma cantora de jazz e tecladista que fazia então seu primeiro trabalho com Leonard, Anjani Thomas. A própria voz de Leonard ecoava como se ele cantasse em uma catedral. "Eu me lembro de Leonard implorando por um *reverb*", diz Leanne Ungar. "Ele sempre gostou de *reverb*." Há, certamente, muito *reverb* em *Various Positions*, fazendo a voz já profunda de Leonard soar cavernosa. Quando acabaram de gravar "Hallelujah", Lissauer a tocou e deixou todos aturdidos, segundo ele. "Ficamos tipo 'uau, isso é um *standard*. Essa é uma canção importante'."

Dylan tinha falado para Leonard que achava as canções dele parecidas com "orações", principalmente a que encerrava o álbum, "If It Be your Will". Leonard explicou que "era uma antiga prece que me ocorreu reescrever".[6] O primeiro rascunho foi feito no Algonquin Hotel de Nova York em dezembro de 1980, logo após o Chanucá, quando os filhos voltaram para a mãe. É uma canção sobre rendição, resignar-se totalmente à vontade do outro, seja para "speak no more and my voice be still" (não falar mais e minha voz ficar inibida), ou "sing to you from this broken hill" (cantar para você desta colina partida). É uma prece pela conciliação e unidade cujo último verso suplica "draw us near/And bind us tight/All your children here" (Aproxime-nos/e nos una com força/todos os seus filhos aqui). E, como *Book of Mercy*, é uma prece por misericórdia:

> Deixe a misericórdia cair em um ensejo
> Em todos os corações queimando no inferno
> Se este for o seu desejo
> Para nos deixar bem

É uma canção intensa e emocionante, íntima, frágil e cantada em uma voz que se aprofundou com a idade. Lissauer observou que ela tinha caído quatro semitons desde que ele havia trabalhado com Leonard pela última vez. "Foi uma gravação celestial", elogia Lissauer. "Jennifer Warnes cantou com ele em apenas uma tentativa." Leonard ficou muito satisfeito com o resultado. Perguntado em uma entrevista em 1994 sobre qual canção ele gostaria de ter feito, ele respondeu "'If It Be your Will'. E eu fiz".[7]

De acordo com Lissauer, todo o álbum foi fácil de gravar. "Os garotos da banda não estavam bebendo ou se drogando, muito menos Leonard, e Leanne Ungar é muito certinha. Eu provavelmente estava usando um pouco de cocaína às duas da manhã porque estava trabalhando demais nessa época e ficava acordado por mais tempo que o meu corpo conseguia lidar, mas foi muito convencional." Apesar disso, a gravação demorou bastante, "uns sete meses, porque Leonard acabava sumindo por alguns meses". Desta vez, ao contrário de *Songs for Rebecca*, Leonard sempre voltava, e eles trabalhavam em mais uma ou duas canções. Um motivo para as ausências de Leonard era compor. "Ainda faltavam uma ou duas canções para completar um álbum", diz Lissauer, "e ele estava trabalhando nisso enquanto gravávamos."

O trabalho podia estar indo bem no estúdio, mas, no quarto do Royalton Hotel, Leonard arrancava os cabelos. "Eu me via de cueca, rastejando pelo carpete, incapaz de acertar um verso, sabendo que havia uma sessão de gravação e podia usar o que tinha, mas não ia conseguir."[8] Parte do problema era o perfeccionismo. Leonard não era literalmente incapaz de compor, mas o que ele fazia não parecia bom o bastante. "Tive que ressuscitar não só a minha carreira, mas a mim mesmo e a minha confiança como escritor e compositor",[9] admite ele. Entre as canções cogitadas para o álbum e abandonadas estão "Nylon and Silk", batizada assim, segundo Lissauer, "porque ele estava tocando um violão de nylon e eu tirava sons sedosos do sintetizador. Acho que ele nunca chegou a fazer uma letra para ela", e também "Anthem", em versão inicial bem diferente da canção que acabaria aparecendo dois álbuns depois em *The Future*. Devido a um problema, a introdução de "Anthem" foi apagada acidentalmente por um técnico. "Pensei em algumas formas de resolver a situação", conta Leanne Ungar, "mas Leonard decidiu que isso significava que a canção ainda não estava pronta para ser gravada."

Quando Leonard e Lissauer ouviram a mixagem final do álbum, ambos ficaram empolgados. Leonard ficou feliz com o som moderno, os arranjos sutis e a produção suave e de alta tecnologia. "Havia uns momentos requintados ali", lembra Lissauer, "'Hallelujah', 'If It Be your Will'. Eu pensei: 'Isso é especial. É *isso*. Este será o álbum que vai fazer Leonard estourar nos Estados Unidos'". Leonard e Marty Machat levaram a fita para a Columbia e a tocaram para Walter Yetnikoff, chefe da divisão musical, que não gostou. Como Leonard se recorda, "Yetnikoff disse: 'Leonard, sabemos que você é ótimo, mas não sabemos se você é bom'". A gravadora não disse a ele que decidira não lançar o novo álbum nos Estados Unidos.

— Como você descobriu que *Various Positions* não foi lançado nos Estados Unidos?
— Por acaso peguei um catálogo de lançamentos recentes e procurei a imagem do meu álbum no panfleto. Como não encontrei, imaginei que tinha ocorrido algum erro tipográfico. Eles não precisavam me dizer o motivo. Do ponto de vista deles, o mercado era tão limitado que não justificava a máquina de distribuição que precisaria ser acionada.
— Você se resignou naquela época com não ter público nos EUA?
— Achei que estavam cometendo um erro. Achei que havia um público nos Estados Unidos e no Canadá. O que eu não entendia na época (pois achei que se tivessem se dado o trabalho de promovê-lo, teria vendido em mais lugares), e entendo agora, muito profundamente, é que os dólares que gastariam me promovendo podem dar muito mais lucro promovendo outro cantor, então, não tenho problema com isso. Acho que não senti qualquer remorso ou amargura. A maior parte da energia foi dedicada a encontrar algum pequeno selo que o lançasse.

"Quando Leonard me falou dessa reunião com Yetnikoff e que não iriam lançar o álbum", diz Ratso Sloman, "fiquei tão furioso que literalmente persegui Yetnikoff. Eu ia a todos os eventos da Columbia, como os de Dylan, para procurá-lo e dizer: 'Que ousadia a sua não lançar o álbum de Leonard, você é uma vergonha!'" Ele escreveu em um texto de 1985 para a revista *Heavy Metal* que a Columbia tinha mandado "o novo garoto de Leonard direto para o chuveiro. Abortado nos EUA, como diria 'The Boss'*, mas, como Dylan me disse alguns meses atrás, no estúdio onde estava terminando seu álbum mais novo para a Columbia, 'alguém vai lançar o álbum de Leonard aqui. Eles precisam fazer isso'". Quanto a John Lissauer, ficou arrasado, "porque sabia o quanto o álbum todo era bom. Então disse: 'Tudo bem, cansei da indústria musical, eles são um bando de idiotas', e me demiti". Ele diz que não recebeu pela produção do álbum.

Em retrospecto, *Various Positions* pode ser visto como um trampolim entre a atemporalidade e o estilo de balada ao violão dos primeiros álbuns

---

* Referência ao apelido de Bruce Springsteen e à sua famosa canção, "Born in the USA" (*N. da T.*).

de Leonard e o som ágil, eletrônico e quase igual a hinos dos que vieram depois. A melodia em tom menor de "Dance Me to the End of Love" tem gravidade e romance familiares à Velha Europa e também a modernidade e novidade do pequeno Casio. Onde antes havia escuridão e letras do Antigo Testamento cantadas apenas por Leonard, agora há a prece transcendente "If It Be your Will", cantada serenamente com Jennifer Warnes, e o hino "Hallelujah", com um coral de vozes e sintetizador.

O álbum foi lançado no mundo inteiro, exceto nos Estados Unidos, em janeiro de 1985, e foi anormalmente ignorado pela imprensa musical do Reino Unido. O *NME* observou a "satisfação triste" que pairava sobre ele, a "correção virginal" das harmonias de Jennifer Warnes e a semelhança geral do álbum com "a trilha sonora de um filme francês ou com Scott Walker no período Brel. [...] Embora o título proponha uma tese de escárnio sexual, as canções são relatos complexos embora pacíficos de um coração fatigado".[10] A revista *Sounds* fez a crítica do primeiro e último *single*, "Dance Me to the End of Love", descrevendo seu coral como "inspiração copulando com a comercialidade" e prevendo um sucesso.[11] Foi um fracasso. O álbum não foi melhor e chegou ao 52º lugar no Reino Unido, uma das posições mais baixas de Leonard nas paradas. Com exceção da Noruega e da Suécia, o primeiro álbum de Leonard em cinco anos foi extraordinariamente mal em toda a Europa, embora tenha alcançado a metade inferior dos 100 mais no Canadá.

A promoção do *Various Positions* começou em 31 de janeiro de 1985, na Alemanha, em uma longa turnê com 77 shows. Leonard tinha feito 50 anos há alguns meses e não desejava voltar à estrada, mas obedientemente tirou a poeira do terno. John Lissauer não pôde acompanhá-lo, pois a esposa esperava o primeiro filho, mas escolheu a banda para Leonard: John Crowder, Ron Getman e Richard Crooks, que tinham tocado no álbum, e Mitch Watkins, veterano da turnê de 1979-1980. Faltavam apenas um tecladista e cantoras de apoio. "Pensei em Anjani", diz Lissauer, "para matar dois coelhos com uma cajadada só."

Anjani Thomas, então na casa dos vinte anos, era cantora, pianista e tocava em um trio de jazz no Havaí, onde nasceu. Ela havia acabado de se mudar para Nova York e Lissauer foi uma das primeiras pessoas no ramo da música que conheceu. Ele a contratou para fazer um vocal em "Hallelujah" após o fim da gravação principal e dois meses depois a convidou para fazer o teste com Leonard. "Então, fui ao *loft* de John na rua 13", diz Anjani. "Cheguei lá antes de Leonard. Eu me lembro de John abrindo a porta para ele e de olhar para baixo. Eu era muito tímida na época, tinha acabado de me mudar de uma ilhazinha no Havaí para a cidade grande e realmente não sabia nada sobre Leonard, seu trabalho e sua estatura. Eu vi primeiro os sapatos pretos. Quando levantei o olhar, vi a calça preta, o cinto preto e a camisa preta e o blazer preto, a gravata country preta e pensei: 'Uau'. De onde eu venho os homens usam camisas havaianas e shorts. Nunca tinha visto alguém tão coberto de preto. Leonard foi muito gentil, apertou a minha mão e toquei uma canção para ele, que disse: 'Ótimo, agora que eu sei que você sabe cantar e tocar, o emprego é seu".

A parte europeia da turnê incluía a Polônia pela primeira vez. A República Polonesa do Povo não era conhecida por receber músicos pop ocidentais. As quatro datas tinham sido acrescentadas de última hora, resultado do esforço de um promotor independente que era fã de Leonard Cohen. O nome de Leonard era conhecido na Polônia basicamente através do comediante, escritor e personalidade popular de rádio Maciej Zembaty, que traduzia e cantava canções de Leonard (mais de sessenta delas) desde o início dos anos 1970 e tinha sido preso em 1981 por organizar um festival de canções banidas pelo regime. A versão de Zembaty da adaptação feita por Leonard para "The Partisan" tinha virado hino não oficial do movimento Solidariedade. Os ingressos para os shows esgotaram instantaneamente (o primeiro atrasou duas horas para a polícia confiscar milhares de ingressos falsos na porta) e os fãs estavam tão animados que Anjani recebeu um guarda-costas, um homem anteriormente designado para proteger o Papa.

Leonard tinha ancestrais lituanos e pareceu emocionado por visitar a Polônia. Ele falou no palco sobre as "milhares de sinagogas e comunidades judaicas eliminadas em poucos meses" durante a guerra, mas quando ficou sabendo que Lech Walesa, líder do Solidariedade, tinha pedido a Leonard para subir ao palco, ele recusou, talvez preocupado com o promotor que tinha lutado tanto para levá-lo até lá, ou provavelmente por conta de sua falta de inclinação habitual a assumir lados em termos de política. Durante o show em Varsóvia, Leonard também disse: "Não sei mais de que lado as pessoas estão, e não me importo. Há um momento em que precisamos transcender o lado em que estamos e entender que somos criaturas de uma ordem superior. Não significa que eu não deseje coragem a vocês em sua luta. Existem homens de boa vontade nos dois lados dessa luta. É importante lembrar que alguns lutam por liberdade e outros, por segurança. Em um testemunho solene da fé inquebrantável que une uma geração à outra, canto esta canção." Era "If It Be your Will".

Anjani era a única mulher na turnê (não havia outra vocalista. John Crowder, Ron Getman e Mitch Watkins também cantavam harmonias) e a mais jovem integrante da banda. Nada disso era uma experiência nova para ela, mas uma turnê desse tamanho era. "Algumas vezes eu esbarrava em Leonard na sauna do hotel e falávamos sobre assuntos espirituais. Isso dava um alívio, sabe, a conexão com uma alma semelhante no caminho." Anjani tinha começado a meditar aos 16 anos, após alguns amigos terem morrido de overdose. "Eu sabia que se continuasse na música e usando drogas aquela poderia muito bem ser uma possibilidade para mim. Tive que ir para uma direção totalmente diferente, então, segui um caminho espiritual. Eu era jovem o suficiente para acreditar que se você se dedicar vai alcançar a iluminação. Não alcancei, mas certamente me fez sofrer bastante. Também vi que Leonard não estava bem, porque todo mundo em uma jornada espiritual não está bem durante boa parte do caminho."

Antes de sair em turnê, Leonard tinha dito a Ratso Sloman: "Olha, ninguém entra em uma sala de meditação zen para afirmar a própria saúde. Você entra porque tem dúvidas e porque deseja estudar como a mente se ergue, então, eles fazem você ficar sentado sem se mexer por sete dias, e por fim você fica tão entediado e fatigado com a mente que pode ter a sorte de deixá-la cair por um segundo. Assim que a mente descansa, os Mistérios se manifestam como realidade. Não é mistério algum." Leonard também disse a Sloman que essa era a primeira vez em que precisava trabalhar para sustentar os filhos, mas que pensar neles o fazia seguir em frente. "Fora isso", revelou Leonard, "é lúgubre, é lúgubre."

Quando a turnê europeia terminou, em 24 de março, eles voltaram aos EUA para fazer alguns shows na Costa Leste. Na apresentação de Boston, a uma distância segura da Polônia, Leonard dedicou "The Partisan" ao movimento Solidariedade. Cruzando a fronteira com o Canadá para uma turnê-relâmpago, Leonard soube que *Night Magic*, musical no qual colaborou com Lewis Furey, tinha conquistado um Genie Award de Melhor Canção Original para "Angel Eyes".* A turnê continuou na Austrália, depois voltou aos EUA, agora na Costa Oeste, com shows em São Francisco e Los Angeles. Depois retornaram à Europa, para mais 15 shows, além de um em Jerusalém.

No meio do verão de 1985, Leonard finalmente estava em casa em Los Angeles. Na sua metade ainda escassamente mobiliada do duplex, ele desfez a mala, abriu uma garrafa de vinho e esquentou uma quentinha para o jantar.

Various Positions foi finalmente lançado nos Estados Unidos em janeiro de 1986, pelo microscópico selo Passport. Não abalou as paradas norte-americanas, mas Deus age de modo misterioso, especialmente na história milagrosa de "Hallelujah". John Lissauer disse à gravadora que ela deveria ser lançada como *single*. "Era o melhor *single* que já fiz para um artista sério, mas eles disseram: 'O que é isso? Nem sabemos o que é isso.' 'Bom, é uma espécie de hino', expliquei. Eles responderam: 'Isso nunca vai decolar.'" Eis que, 25 anos depois da primeira aparição em *Various Positions*, "Hallelujah" viraria, como descreveu a revista *Maclean*, "o mais próximo que a música pop teve de um texto sagrado".

Recentemente, vários ensaios e artigos de peso, bem como um documentário de uma hora da BBC, foram feitos pelo mundo sobre essa canção de Leonard Cohen. Enquanto este livro era escrito, "Hallelujah" tinha sido gravada por diversos artistas, mais de trezentos. Algumas interpretações preferiam um final da canção em relação ao outro. John Cale chegou a ponto de pedir a Leonard todos os versos que ele tinha escrito a fim de compilar a própria versão. Leonard lhe deu 15. "As gravações subsequentes mexeram aqui e ali com as palavras, transformando a canção em algo multiforme, uma série de possibilidades em vez de um texto fixo", escreveu Bryan Appleyard no *Sunday Times*. "Mas duas possibilidades predominaram: ou era uma canção melancólica, porém alegre, no fim das contas, ou era um comentário gélido e amargo sobre a futilidade das

---

* A trilha sonora foi lançada como álbum duplo na França em 1985, onde o filme também fez parte da seleção oficial do Festival de Cannes.

relações humanas."[12] Ele se esqueceu de mencionar uma terceira categoria, "a aleluia do orgasmo", como Jeff Buckley descreveu no palco, embora essa talvez possa ser incluída na primeira possibilidade. Porém, Appleyard tinha razão. "Hallelujah" viraria uma espécie de hino ecumênico/secular para o Novo Milênio. Como k. d. lang comentou: "ela tem muito material estimulante, muita densidade. Pode ser profunda, simples, ter vários significados para pessoas diferentes, há muito nela."[13] Além disso, como acontece com várias canções de Leonard, a amplitude da melodia era generosa para quem escolhesse gravá-la.

Entre eles estão Bob Dylan, Neil Diamond, Willie Nelson, Bono, o mestre havaiano do ukulele Jake Shimabukuro e o grupo *acapella* Conspiracy of Beards, de São Francisco. Rufus Wainwright cantou na trilha sonora do filme de animação *Shrek*,* Justin Timberlake e Matt Morris, do *Clube do Mickey*, cantaram no programa para arrecadação de doações para a iniciativa *Hope for Haiti*. A versão transcendente de Jeff Buckley, gravada no álbum de 1994 chamado *Grace*, foi usada na trilha sonora de vários seriados norte-americanos, como *Plantão Médico*, *Scrubs*, *The OC – Um Estranho no Paraíso*, *The West Wing* e *Ugly Betty*. "Hallelujah" foi cantada na final do *American Idol*, quando o juiz Simon Cowell a declarou (especificamente a versão de Buckley, uma vez que fãs da canção assumem lados distintos) uma de suas canções favoritas de todos os tempos. Ela também chegou à final (é uma canção feita para finais) do programa de talentos da TV britânica *The X Factor*, cuja grandiosa versão gospel feita pela jovem vencedora Alexandra Burke virou o download de venda mais rápida na história da Europa.

A versão de "Hallelujah" feita por Burke chegou ao topo da parada de *singles* do Reino Unido no Natal de 2008, gerando protestos indignados dos fãs de Jeff Buckley, que levaram a versão do falecido cantor ao primeiro lugar, jogando a de Burke para o segundo. Como consequência, a versão original de Leonard foi para o 36º lugar, formando uma trindade simultânea de "Hallelujahs" nas paradas. A versão de Leonard também ressurgiu em *Watchmen – O filme*, do ano seguinte, fornecendo a música de fundo para uma cena de sexo entre dois super-heróis. A maioria

---

* A versão de John Cale foi usada no próprio filme, tendo aparecido anteriormente no ambiente mais agradável de *Basquiat* (1996).

daqueles que conheciam a canção ficou com um sorriso zombeteiro no rosto. Contudo, um jornalista exasperado pediu a moratória do uso de "Hallelujah" em trilhas de cinema e TV. "Eu meio que me sinto da mesma forma", concordou Leonard em uma entrevista para a CBC. "Acho que é uma boa canção, mas foi cantada por gente demais." Ele não conseguiu deixar de mencionar que também havia "um leve senso de vingança no meu coração" quando lembrou que a gravadora norte-americana tinha se recusado a lançá-la. "Eles não a achavam boa o bastante."[14]

Jennifer Warnes, que tinha assinado contrato com a Arista como artista solo, vinha falando com o chefe da gravadora, Clive Davis, sobre o novo álbum que gostaria de fazer. Na turnê de Leonard de 1979, na qual Warnes e Roscoe Beck se apaixonaram, eles tiveram a ideia de fazer um álbum produzido por Beck em que ela cantaria apenas canções de Leonard. "Eu podia ouvi-lo antes de virar realidade", diz Beck. "Lembro especificamente de observar Leonard e Jennifer no dueto de 'Joan of Arc' todas as noites e visualizar Jennifer fazendo o vocal principal." Davis, que tinha sido chefe da Columbia Records quando Leonard assinou contrato com John Hammon, parecia ter a mesma visão sobre o apelo comercial das canções de Leonard nos EUA de Walter Yetnikoff, o homem que o sucedeu no posto, e também recusou. Mas, para Warnes, era "um álbum que precisava ser feito", não só para si mesma como para Leonard. "Ele recebeu críticas ruins por anos e acho que perdera a fé."[15] Warnes, por outro lado, teve um sucesso considerável em seus duetos com Joe Cocker ("Up Where We Belong") e Bill Medley ("The Time of my Life"). Segundo Beck: "Nós teríamos dado nosso último suspiro para terminar aquele disco." Por fim, eles encontraram um pequeno selo independente disposto a fazer o lançamento e começaram a trabalhar.

Uns quarenta músicos apareceram em *Famous Blue Raincoat*, de Warnes. Entre eles estavam David Lindley, que tinha tocado no primeiro álbum de Leonard, Sharon Robinson, que cantou com Warnes na turnê de 1979, o guitarrista Stevie Ray Vaughan, o cantor de R&B Bobby King e o compositor, arranjador e tecladista Van Dyke Parks. À medida que a gravação progredia, Beck ligava para Leonard e o atualizava sobre o andamento do projeto. Ele disse que tinham gravado a canção escrita por Leonard e Warnes "Song of Bernadette" e perguntou se havia novas canções que pudessem ouvir. "Ele tocou a cópia de trabalho de 'First We Take Manhattan' pelo telefone. Eu gravei e criamos o nosso arranjo, uma versão mais blues. Assim que a ouvi, sabia que gostaria que Stevie Ray Vaughan a tocasse." Ele conhecia o festejado jovem guitarrista de blues-rock de Austin, onde o Passenger vivia: "Stevie e eu éramos amigos desde os vinte anos. Ele costumava tocar frequentemente com o Passenger e eu costumava tocar na banda dele. Ele estava em Los Angeles para o Grammy, então eu o procurei para tocar na canção." Vaughan estava se apresentando no Greek Theatre. Beck convidou Leonard e Jennifer para irem ao show. "Eles nunca tinham visto Stevie ao vivo. Jennifer ficou impressionada, assim como Leonard. Eu me lembro dele comentar: 'É isso que venho tentando que guitarristas façam há anos: fazer a guitarra falar'".

Beck tocou o disco de Jennifer Warnes para Leonard, que ouviu em silêncio. Impressionado, ele começou a se interessar muito mais pelo álbum. Leonard fez um dueto com Warnes em "Joan of Arc" e lhe deu outra de suas canções inéditas, "Ain't No Cure for Love", cujo título foi criado após ler sobre a crise da Aids em Los Angeles.

Famous Blue Raincoat foi lançado em 1987. O álbum tinha nove canções,* incluindo algumas gravadas anteriormente por Judy Collins ("Bird on a Wire", "Joan of Arc", "Famous Blue Raincoat") e outras que Warnes lançou antes de Leonard gravar as próprias versões, como Collins fizera no passado. De certa forma, era um álbum tributo, mas na verdade era mesmo um disco de Jennifer Warnes cujas canções por acaso tinham o mesmo compositor. O vocal impecável dela realçou o lirismo das canções de Leonard. Ao remover o fator com o qual algumas pessoas pareciam ter problemas, a voz de Leonard, elas soavam mais suaves, melodiosas e, com a produção refinada de Beck, mais contemporâneas. "Ela transformou grappa em chardonnay", definiu a crítica do *Saturday Night*. "Um elixir perfeito para o público do meio dos anos 1980."[16]

O álbum de Warnes vendeu três quartos de milhão de cópias nos EUA, foi Disco de Ouro no Canadá e rendeu um *single*, "Ain't No Cure for Love", que foi sucesso tanto na parada "adulto contemporâneo" quanto na de country. A arte da contracapa era um desenho feito por Leonard, que mostrava a mão dele passando uma tocha para Warnes, com a legenda

---

* Foram lançadas mais quatro canções na reedição de vigésimo aniversário, em 2007.

"Jenny canta Lenny". Leonard ficou feliz e grato ao passar a tocha para ela. Com *Famous Blue Raincoat*, ele finalmente tivera sucesso em esconder a própria voz e entregar totalmente as canções a uma voz feminina.

Leonard estava compondo canções para o novo álbum e, mais uma vez, foi um processo lento e doloroso. Tomando uma taça de conhaque, ele reclamou a Roshi das dificuldades e perguntou o que deveria fazer. Roshi respondeu: "Você olha para a Lua, abre a boca e canta." E Leonard cantou, gravando pelo período de um ano e meio, e gastando com estúdio em três países diferentes, pois alternava entre Paris, Montreal e Los Angeles, deixando uma trilha de palavras abandonadas por onde passava. Como acontecera antes, Leonard estava feliz de saber que as canções compostas no passado estavam indo bem sem ele. Além de Jennifer Warnes, Nick Cave gravou "Avalanche" em seu primeiro álbum com a banda Bad Seeds. Os filhos de Leonard contaram que ele tinha virado *cult* entre músicos mais jovens: Ian McCulloch e Suzanne Vega o elogiavam em entrevistas e a banda britânica Sisters of Mercy, além de tirar o nome de uma de suas canções, tinha apelidado a bateria eletrônica que usavam de Doktor Avalanche. Leonard também soube que em Nova York estavam fazendo outro musical baseado em sua obra, chamado *Sincerely L. Cohen*, cujo título foi tirado das palavras finais de "Famous Blue Raincoat".

Foi intrigante essa ressurgência de uma canção com a qual Leonard sempre teve problemas, "nunca ficou satisfeito, nunca acertou realmente a letra e sempre achou que havia algo na canção que não estava claro".[17] Mas a mãe dele gostava da melodia. "Eu me lembro de tocar a música na cozinha e ela mostrar interesse enquanto fazia outra coisa, dizendo: 'Essa é uma boa melodia'".[18] A canção se manteve e lhe serviu bem, exatamente como a velha capa de chuva Burberry azul que a inspirou. Parecia ter sido há uma vida que ele comprara o casaco em Londres quando tinha 25 anos e escrevera seu primeiro romance, dormindo na cama dobrável de uma fria pensão em Hampstead. Uma garota que Leonard havia tentado conquistar em seu primeiro inverno londrino tinha dito que a peça o deixava parecido com uma aranha, o que talvez tenha sido o motivo pelo qual ela se recusou a ir à Grécia com ele, pensou. "A capa tinha um caimento mais heroico quando eu tirava o forro", escreveu ele no texto do encarte em *Greatest Hits* (1975), "e alcançou a glória quando as mangas desgastadas foram consertadas com remendos de couro. As coisas eram claras. Eu sabia como me vestir naquela época." A capa foi roubada do *loft* onde Marianne vivia quando visitava Nova York, enquanto ele gravava o primeiro álbum. "Eu não a usava muito nesses últimos tempos."

Em setembro de 1986, enquanto estava em Paris visitando Dominique, Leonard gravou uma nova canção, chamada "Take this Waltz". A letra era a adaptação de Leonard para o inglês (auxiliada por uma namorada costa-riquenha que falava espanhol) de um poema de Federico García Lorca. A música foi feita para a compilação *Poetas en Nueva York*, que marcaria o quinquagésimo aniversário da morte de Lorca. Foi um trabalho difícil, que levou 150 horas, contou Leonard, mas era mais do que uma tradução: era um poema com mérito próprio, que parecia refletir tanto Leonard quanto Lorca. Por exemplo, ele transforou a macabra imagem de Lorca de uma floresta de pombos secos em "a tree where doves go to die" (uma árvore aonde as pombas vão para morrer). Após gravar a canção, Leonard foi a um evento de gala em Granada que homenageava Lorca. Depois, voltou aos EUA para fazer um papel no seriado policial *Miami Vice*. Ao longo do tempo, o programa tinha chamado uma lista eclética de convidados, como Frank Zappa e James Brown, para fazer participações especiais. O personagem de Leonard, o chefe francês da Interpol, não ficava na tela nem por um minuto, murmurando de um jeito sombrio e francês ao telefone, mas teve o efeito desejado por Leonard ao aceitá-lo: impressionou sua prole, agora adolescente.

A relação de Leonard com Dominique, contudo, ia apenas pelo caminho carnal. Em 1987, de volta a Paris, ele escreveu em um poema, intitulado "My Honour" (Minha honra):*

> Minha honra está em mau estado
> Rastejo aos pés de uma mulher
> Ela não cede um milímetro.
> Estou bem para 52
> mas 52 são 52
> Nem sou um mestre zen

---

* Publicado no livro *You Do Not Have to Love Me*, de 1996, com litografias de Josette Trepanier.

Ele não era nada além de

>aquele babaca de terno azul
>que não conseguia suportar mais

"Então eu tive um colapso", admite Leonard, "e fui para um monastério. [...] Eu pensei: 'Não preciso mais fazer mais discos, vou virar monge.'"[19]

Leonard foi ao monastério para estar em lugar nenhum e para não ser ninguém. Foi ficar sentado naquele local austero hora após hora, sem qualquer objetivo. É dito na literatura que, se uma pessoa conseguir permanecer sem objetivo por tempo suficiente, todas as versões dela mesma surgiriam e, tendo surgido, decidiriam que não há motivo para ficar e iriam embora, deixando apenas a paz perfeita. Ele tinha ido ficar com Roshi, a quem amava e que, ao mesmo tempo, se preocupava e não se preocupava profundamente com quem Leonard era. Leonard tinha ido trabalhar muito, bater pregos, consertar e reparar coisas, pelo menos fisicamente. Roshi sabia o quanto Leonard gostava de austeridade, da solidão e do trabalho. Ele o instruiu a encontrar uma quadra de tênis e jogar.

CAPÍTULO DEZOITO

OS LUGARES ONDE EU BRINCAVA

Iggy Pop tem uma história sobre Leonard Cohen. Iggy estava em Los Angeles gravando um álbum, e, uma noite, Leonard telefonou. "Ele disse: 'Venha para cá, li um anúncio nos classificados de uma garota buscando um amante que misture a energia crua de Iggy Pop e o humor elegante de Leonard Cohen. Acho que devíamos respondê-la como uma equipe.'" A resposta foi: "'Leonard, não posso. Sou casado, você vai ter que fazer isso sozinho.' Acho que ele fez", conta Iggy. "Não sei se ele conseguiu se dar bem."

> — *Iggy Pop ficou curioso quanto à resposta que você mandou para uma mulher em busca do amor por meio dos classificados.*
> — *[Risos.] Pelo que me lembro, esbarrei com Iggy em uma sessão sendo produzida pelo meu amigo Don Was e mostrei a ele o recorte de um jornal de São Francisco que alguém tinha me enviado. Decidimos responder e, para garantir a autenticidade, Don tirou uma foto com a Polaroid de Iggy e eu sentados na minha cozinha. Falamos com a jovem ao telefone, pelo menos eu falei, mas não houve qualquer envolvimento pessoal.*

Leonard certamente sentiu empatia pela mulher, que se denominou "Fearless" ("sem medo"), e cujo ideal em termos de parceiro amoroso parecia tão formidável quanto os dele. Responder o anúncio com Iggy era um exercício de transformar o impossível em possível, ainda que só por um momento e para alguém que não ele mesmo. Leonard vinha convivendo com impossibilidades há algum tempo, sendo uma delas a ideia de terminar outro álbum. Por mais de três anos ele compôs, descartou e recompôs várias canções até finalmente considerar algo pronto para gravar e, após ouvir a própria voz, decidia que não soava honesto e precisava ser reescrito. Leonard falava sério ao dizer que nunca mais queria gravar outro disco – e a ideia de abandonar tudo e ir para um monastério era sem dúvida uma possibilidade. Não importava o quanto aquela existência fosse árdua, não superava o fardo que a composição tinha virado.

Various Positions, o álbum que ele esperava ser capaz de ressuscitar sua carreira e sua confiança como compositor, além de ajudá-lo a cuidar das responsabilidades financeiras que tinha, não fez nada disso. Exigiu "muita força de vontade manter o trabalho direito", disse Leonard a Mat Snow, do *Guardian*, "nem com toda a força de vontade do mundo você consegue acertar a vida. Porque você é babaca demais [...] à medida que envelhece, fica muito interessado no trabalho porque é onde você pode refinar o caráter e ordenar o seu mundo. Você fica preso às consequências dos seus atos, mas no seu trabalho é possível voltar atrás".[1] Ele trocou o "desastre de dez ou quinze anos de famílias desfeitas e quartos de hotel pela ideia ofuscante de que minha voz era importante, que eu tinha um propósito no cosmos. [...] Bom, após noites solitárias o suficiente você não se importa se tem um propósito no cosmos ou não".[2]

Ainda assim, ele trabalhava. Leonard morava sozinho e gravava sozinho (nada de músicos e produtores, apenas um engenheiro), lenta e dolorosamente, em ritmo glacial. Estava passando longos períodos em Montreal, então várias das novas canções foram gravadas lá, no Studio Tempo. Anjani Thomas, que coincidentemente também morava na cidade na época, pois o namorado Ian Terry era o engenheiro-chefe do estúdio, acrescentou *backing vocals* a algumas delas. "Era realmente um trabalho solo", disse Leonard, "porque eu tinha a concepção bem clara na mente. Eu sabia exatamente como gostaria que soasse e estava usando muitos instrumentos sintetizados".[3] Em 1987, contudo, Leonard tinha chegado ao ponto em que queria outro par de ouvidos. Após ter se impressionado com seu trabalho em *Famous Blue Raincoat*, ele chamou Roscoe Beck e pediu que ele agendasse um estúdio em Los Angeles.

Beck se lembra da primeira vez que ouviu a canção "First We Take Manhattan", que Leonard tinha dado a Jennifer Warnes. O destaque estava na "sofisticação harmônica. Não era apenas uma canção *folk* na guitarra. Agora que Leonard usava teclados, estava compondo de uma perspectiva diferente". Ele se acostumou a tocar as novas canções sozinho e preferiu manter boa parte dessa sensação frugal e despojada no álbum. "Inicialmente Leonard não tinha certeza se íamos contratar uma banda", conta Beck. "Acho que foi uma decisão mútua não fazê-lo e gravá-las do jeito que estavam, como ele as tocava no teclado." Leonard tinha trocado o Casio de 99 dólares por um teclado Technics, mas ainda era um sintetizador primitivo sem saídas individuais, o que fazia da gravação um desafio. Os engenheiros, técnicos, tecladistas e equipamentos listados nos créditos superam muito os músicos convencionais. Havia baterias eletrônicas, cordas sintetizadas e ritmos feitos com o apertar de um botão, além das formas mais singulares de tocar teclado que já foram registradas em um álbum de grande gravadora, como o solo orgulhosamente feito com apenas um dedo em "Tower of Song". Mais para o final, segundo Beck, eles chamaram "algumas pessoas para adoçá-lo", como Sneaky Pete Kleinow na *pedal steel* em "I Can't Forget", John Bilezikjian no *oud* em "Everybody Knows" e Raffi Hakopian no violino em "Take this Waltz", a canção que Leonard tinha gravado em Paris para o álbum do quinquagésimo aniversário de Lorca. Jennifer Warnes cantou em várias faixas, incluindo os *dee-do-dum-duns* retrô-pop grudentos em "Tower of Song".

Oito canções foram terminadas, mas um álbum com apenas oito canções e quarenta minutos de duração parecia muito menor em CD do que em um disco de vinil. Então Leonard arriscou uma nona, gravando uma nova versão de "Anthem" com Beck, acrescentando cordas e *overdubs*, mas acabou cancelando a canção novamente. Eles também gravaram uma versão inicial e bem diferente de "Waiting for the Miracle". Dessa Leonard gostou, e até ligou para Beck dizendo o quanto tinha ficado feliz com ela. Três semanas depois, ele ligou de novo para dizer que tinha reescrito a letra e queria refazer os vocais. No estúdio, Beck descobriu que ele também tinha mudado a melodia, "e ela não se encaixava com o que já tinha sido feito". Eles continuaram trabalhando na canção pela noite adentro. "Fizemos vários vocais até ele ficar bem cansado. Por fim, Leonard disse: 'Chega, pode compilar'" (o que significava a permissão para fazer um master das melhores partes das várias gravações vocais). Leonard achou um lugar para dormir enquanto Beck trabalhava. "Assim que tinha juntado tudo, Leonard acordou, entrou na sala de controle e disse: 'Bom, vamos ouvi-la.' Eu toquei e ele disse: 'Odiei.' Depois foi embora e foi isso."

A canção passou por várias outras mudanças antes de ser terminada. A certa altura, Leonard a entregou para Sharon Robinson (embora eles não trabalhassem juntos desde a turnê de 1980, continuaram bons amigos), que veio com "uma versão completamente diferente", conta Beck, "na qual eu toquei violão. Eu realmente gostei do que Sharon fez, mas essa também acabou não sendo a versão final" (que apareceria no álbum de Leonard *The Future*, em 1992). Outra composição de Cohen e Robinson entrou nesse álbum. Em uma visita à casa dela, Leonard lhe entregou uma folha com versos que eram uma litania de sabedoria cansada do mundo e do cinismo e perguntou se ela poderia compor uma melodia. Sharon aceitou a tarefa e assim surgiu a canção "Everybody Knows".

O que mais marcou Beck quando trabalhava com Leonard no álbum foi a mudança na voz dele. "Pensei: 'Uau, Leonard achou um novo jeito de cantar.' O elemento de barítono na voz dele sempre esteve lá. Em 'Avalanche', por exemplo, ele canta de forma bem profunda, no peito, mas aqui ele realmente usava isso e a voz cantada estava ficando mais narrativa." A entonação era lacônica, quase recitada, como um antigo *chansonnier* francês que foi parar por engano em uma discoteca. Era urbana e sem pressa. Como um crítico do Reino Unido definiria, Leonard se demorava em cada palavra "como alguém que dirige pelas ruas procurando prostitutas".[4] A voz dele era tão profunda, seca, arguta e encantadora quanto suas canções. O novo álbum tinha tudo. Era sofisticado e contido, mas muito humano. Era brutalmente honesto, mas muito acessível, e suas canções abordavam todos os aspectos da vida: sexo, sofisticação, amor, desejo e humor, particularmente o humor.

> Nasci assim
> Não tive chance
> Nasci com o dom
> de uma voz de ouro

O humor sempre esteve presente, mas muitos não conseguiam vê-lo. Era sombrio, irônico e geralmente direcionado a si mesmo, mas as piadas nunca estiveram tão evidentes quanto nesse álbum.

I'm Your Man foi lançado em fevereiro de 1988 no Reino Unido e na Europa, e dois meses depois nos Estados Unidos e no Canadá. A faixa título apresenta o profeta como frequentador de bares de pessoas ricas, caindo de joelhos, uivando para o céu, tentando descobrir o que as mulheres querem e preparado para fornecer isso de qualquer forma exigida por elas. Embora a cantoria sobre amor, sexo e Deus de "Ain't No Cure for Love" tenha sido inspirada por relatos sobre a crise da aids, estava impregnada da visão de Leonard sobre o amor: é uma ferida letal que um homem não consegue evitar, do mesmo jeito que Jesus não pode evitar a cruz. "I Can't Forget", que surgiu como uma canção sobre o êxodo dos judeus do Egito, traz Leonard seguindo em frente de novo, agora incapaz de se lembrar do motivo, após tanto tempo vivendo o mito de si mesmo. "Everybody Knows" é um contagioso elogio público ao pessimismo. "First We Take Manhattan" é provavelmente a única canção eurodisco a citar a guerra entre os sexos e o Holocausto. Já "Tower of Song" fala da vida dura, solitária e aprisionada de um escritor (chegando a evocar um campo de concentração na frase "They're moving us tomorrow to that tower down that track"/"Eles vão nos levar amanhã para a torre no fim daquela estrada"), mas substitui o debosche pela permissividade habitual desse tipo de canção. Ele ainda estava "crazy for love" (louco pelo amor), mas agora sentia dor "in the places where I used to play" (nos lugares onde eu brincava) e, apesar de todo o trabalho árduo, nada disso importava para as mulheres, para Deus ou para a posteridade da música pop. O lugar onde ele escrevia ainda ficava cem andares abaixo do de Hank Williams.

A foto na capa mostra Leonard vestindo um elegante terno listrado, com grandes óculos escuros de astro de cinema francês, cabelo penteado para trás e rosto tão sério e impenetrável quanto o de um chefão da máfia. Na mão onde estaria uma arma ou um microfone, há uma banana mordida. A imagem foi feita na antiga fábrica da Ford em Wilmington, Califórnia, um imenso salão com janelas e vasto estacionamento interno cheio de vigas de aço, geralmente usado como locação de filmes. Jennifer Warnes estava lá fazendo o clipe para a versão dela de "First We Take Manhattan", no qual Leonard aceitou aparecer. Sharon Weisz, relações-públicas da gravadora de Warnes, estava tirando fotos na locação quando as portas de aço do elevador enorme se abriram e Leonard saiu comendo a banana. "Dei meia-volta, tirei uma foto dele", diz Weisz, "e esqueci. Quando recebi a folha de contatos e vi, achei muito engraçado, revelei e mandei uma cópia para ele. Algumas semanas depois Leonard ligou, dizendo: 'O que você acha de eu usar a foto na capa do meu álbum?' Nem sabia que ele estava gravando um álbum. Perguntei como se chamaria, ele disse *I'm Your Man*, e comecei a rir incontrolavelmente." Embora a pose tenha sido um acidente feliz, Leonard acertou ao perceber o quanto ela resumia perfeitamente a extravagância e o absurdo que marcaram a criação do álbum.

I'm Your Man mudou a imagem de Leonard, pelo menos entre os fãs mais jovens, de poeta sombrio e torturado para oficialmente *cool*. Embora soasse diferente dos álbuns anteriores, tinha aquela sensação de familiaridade instantânea, correção e durabilidade que caracterizam um clássico. Foi precedido em janeiro de 1988 pelo single "First We Take Manhattan", uma das duas canções do álbum já familiares a vários ouvintes graças ao sucesso do disco de Jennifer Warnes. Sem dúvida, *Famous Blue Raincoat* ajudou a abrir o caminho para o oitavo álbum de Leonard (especialmente nos Estados Unidos) e *I'm Your Man* cresceu rapidamente, embalado pelas canções mais alegres e por seu som contemporâneo. O álbum foi um sucesso. O maior sucesso de Leonard desde o início dos anos 1970 e o maior nos Estados Unidos desde sua estreia. Chegou ao primeiro lugar em vários países europeus, foi Disco de Platina na Noruega, de Ouro no Canadá e de Prata no Reino Unido, onde vendeu trezentas mil cópias antes de ser lançado nos Estados Unidos, onde até vendeu bem. Leonard fez piada e atribuiu isso ao jabá que mandou para o departamento de marketing da Columbia em Nova York.

Foi um esquema armado com Sharon Weisz, a quem ele pediu para promover o álbum. "Leonard tinha uma relação meio estranha com a gravadora, por ela ter se recusado a lançar o álbum anterior, e ele conduziu isso com bastante cinismo", revela Weisz. "Então eu estava tentando descobrir como ele ia trabalhar com essas pessoas e o quanto elas seriam receptivas a um novo álbum dele." A gravadora não parecia muito empolgada, a julgar pela baixa quantidade de pessoas da Columbia Records na festa em homenagem a ele em Nova York, na qual a divisão internacional deu a Leonard um prêmio Crystal Globe pelas vendas de mais de cinco milhões de álbuns fora dos Estados Unidos. "Dali em diante, meio que viramos nós dois contra o mundo", disse Weisz. Ela conseguiu uma lista de nomes de executivos de promoção da Columbia nos Estados Unidos e Leonard mandou uma carta assinada à mão para cada um deles.

"Bom dia", datilografou Leonard em uma folha de papel cinza com a data de 1º de abril de 1988. "Não sei bem como se faz isso, então, por favor, tenha paciência comigo. Tenho um novo álbum, I'M YOUR MAN, saindo na semana que vem, que já é um sucesso na Europa e estou indo para lá fazer uma grande turnê. Sei que posso contar com o seu apoio para esse novo disco nos Estados Unidos e, se você puder dar alguns telefonemas em meu nome, eu ficaria muito feliz. Enviei alguns dólares para cobrir as despesas com as ligações. Agradeço antecipadamente pela ajuda. Cordialmente, Leonard Cohen. P.S.: Tem muito mais de onde isso veio." ("Nós discutimos muito sobre se as notas de dólar deveriam ser novinhas em folha ou muito velhas", lembra Weisz, "e decidimos pelas que pareciam bem sujas".)

I'm Your Man foi elogiado pelos críticos nos dois lados do Atlântico. John Rockwell, do *New York Times*, o chamou de "obra-prima", Marc Cooper, da revista britânica de rock Q, escreveu que, em seu melhor álbum desde o meio dos anos 1970, Leonard tinha aperfeiçoado "a arte de ser Leonard Cohen [...] as belas melodias de sempre e um poeta em processo de envelhecimento que se leva muito a sério — até hesitar".[5] "Todos os grandes críticos da época escreveram sobre ele", disse Weisz, "e as críticas foram extraordinárias." Quem parecia achar que Leonard tinha sumido saudou *I'm Your Man* como um retorno.

No dia 7 de fevereiro, Leonard foi para a Europa fazer uma turnê promocional de entrevistas. Houve uma grande expectativa para os shows, que estavam marcados para começar em abril. Leonard voltou a Los Angeles para se preparar, mas houve um grave problema: seu empresário estava morrendo. Marty Machat tinha um caso grave de câncer de pulmão e, embora estivesse claro para todos que a condição era terminal, Machat estava convencido de que iria sobreviver. No início de março, poucas semanas antes do início da turnê, Leonard estava ficando ansioso. Uma grande quantia tinha sido paga ao escritório de advocacia Machat & Machat como adiantamento da turnê e Leonard precisava ter acesso ao dinheiro. Ele ligou para Marty e foi atendido por Avril, namorada dele.

Steven Machat afirmou: "Meu pai era muito quieto, muito tímido. Leonard era muito quieto, muito sombrio, e no meio desse relacionamento estava Avril." Machat despreza a parceira do pai como "uma mulher a quem meu pai dava dinheiro para trabalhar como relações-públicas de Leonard" e que ele "mantinha por perto por achar que Leonard Cohen a queria por perto". Steven Machat também não gostava de Leonard: "Nunca gostei dele, desde o início. Ele nunca olha nos seus olhos, jamais. Faz papel de vítima." Mas Marty Machat amava Leonard e teria feito mais por ele do que por qualquer outra pessoa. Como isso presumivelmente incluía o próprio filho, não deve ter ajudado a relação entre Steven e Leonard. "Meu pai falava ao telefone com Leonard e estava pouco se fodendo para todo mundo, só queria o dinheiro, mas com Leonard ele se sentava para conversar e ouvia o que ele tinha a dizer. Se Leonard ficasse doente, meu pai ficava aborrecido: 'Ah, Leonard está resfriado.' Era interessante. Quando Leonard foi a Israel fingindo que ia lutar na guerra, de repente meu pai redescobriu que tinha sangue judeu."

Steven sabia que o pai não tinha muito tempo de vida. Em sua mente ele via abutres circulando e incluía Leonard entre eles. Contudo, às vésperas de uma grande turnê para o que possivelmente era o álbum mais comercial de sua carreira, Leonard estava fazendo o melhor para cuidar dos negócios. Steven Machat afirma que Leonard o procurou pedindo ajuda e que ele aceitou em nome do pai. Talvez tenha sido isso, embora as evidências pareçam indicar que Leonard recorreu a advogados em busca de conselhos e a mulheres pedindo ajuda. Com a benção de Marty, Avril foi com Leonard ao banco retirar o dinheiro de que precisava. Kelley Lynch, secretária e assistente de Marty, se ofereceu para lidar com as questões administrativas da turnê. Quando Marty Machat morreu, no dia 19 de março de 1988, aos 67 anos, Lynch pegou vários arquivos sobre Leonard dos escritórios da Machat & Machat com permissão dos advogados, incluindo documentos relacionados à editora musical que Marty Machat tinha criado para Leonard. Lynch levou os arquivos para Los Angeles, onde montou residência e começou a se fazer tão indispensável para Leonard como Marty. A certa altura Leonard e Kelley viraram namorados e ela acabou virando empresária dele.

Enquanto isso, Roscoe Beck tinha formado a banda para a turnê de Leonard, que tinha pedido para Beck vir junto como diretor musical — só que ele ia produzir álbuns de Eric Johnson e Ute Lemper. Assim, Leonard caiu na estrada com uma banda composta por Steve Meador e John Bilezikjian, que tocaram na turnê de 1979-80, Steve Zirkel (baixo), Bob

Metzger (violão e *pedal steel*), Bob Furgo, Tom McMorran (ambos tocando teclados) e duas novas cantoras de apoio: Julie Christensen e Perla Batalla.

Era uma dupla e tanto: Julie, loura alta de chamar a atenção que, por metade dos anos 1980, cantara com o então marido Chris D. na instigante banda punk de raiz de Los Angeles chamada Divine Horsemen, e Perla, morena *mignon* e animada de origem sul-americana que tinha a própria banda e um histórico ligado ao jazz e ao rock. Ambas eram estilosas, provocadoras e vocalistas de talento que já haviam cantado juntas. Christensen foi a primeira a ser contratada. Beck a conhecia de Austin, onde ela cantava jazz e de vez em quando fazia shows com o Passenger. Christensen se lembra de ver o Passenger após a turnê de Leonard de 1979-1980 e observar como "todos voltaram mudados. Todos tinham algum tipo de aura ao redor por terem virado cidadãos do mundo". Por isso, não hesitou quando foi convidada por Beck para o teste tendo em vista a turnê de Leonard de 1988. Henry Lewy supervisionava os ensaios com Beck e ficou impressionado com sua voz e familiaridade com as canções de Leonard. Ela cantava o repertório dele ao piano com a mãe desde que era uma garotinha. "Não precisei fazer teste com Leonard", conta Christensen, "mas ele quis me conhecer porque estar na estrada é como um casamento." Em um almoço, Leonard disse: "Esta vai ser uma turnê bem difícil, vamos tocar quatro ou cinco noites por semana em cidades diferentes." Christensen riu e comentou: "Leonard, eu acabei de tocar no CBGB's, no Mab e nesses lugares onde precisava mijar na estrada e me trocar em banheiros horrorosos. Minha reação foi algo como: 'Vamos lá, vamos arregaçar as mangas e ir em frente.'" Leonard ficou encantado.

Beck ligou para Perla, e como ela não cresceu tocando canções de Leonard Cohen, foi a uma loja de discos e comprou o máximo de fitas dele que conseguiu. Sendo os EUA, não havia muitas, mas Roscoe disse para ela não preparar nada, "porque 99% disso era o que Leonard sentiria em relação a mim como pessoa, o que me deixou nervosa. Lembro que entrei vestida de branco dos pés à cabeça e lá estava Leonard, todo de preto. Nós olhamos um para o outro, rimos e foi isso". Leonard também ficou encantado. "Mas a verdadeira mágica aconteceu quando Julie e eu começamos a cantar. Nós liamos a mente uma da outra em termos musicais, nunca dizíamos qual parte íamos pegar, nossas vozes estavam constantemente se misturando. Juntas, nós éramos uma força e tanto como dupla de *backing vocals*." No dia em que viajaram para a Europa, os pais de Perla foram ao aeroporto se despedir. "Era a minha primeira vez fora do país. Meu pai era um cara bem antiquado, muito doente, mas elegante, que usava terno. Ele parecia Leonard nesse sentido, e o fato de eu estar indo para a Europa era muito importante. Ele pediu a Leonard para cuidar de mim, os dois apertaram as mãos e Leonard prometeu que cuidaria."

A turnê de 59 concertos em três meses começou em 5 de abril de 1988 na Alemanha. "Havia uma boa sintonia entre todos naquela turnê", diz Julie. "Leonard era realmente como um monitor de colônia de férias. Na turnê, se estivéssemos cansados por conta do *jet-lag* e acordássemos no meio da noite, pendurávamos um cabide na porta para indicar que estávamos acordados e não havia problema em entrar. Em várias ocasiões eu fui ao quarto de Leonard apenas para fazer um lanche e bater papo." Perla se lembra dele parecendo "muito feliz, muito brincalhão. Muita gente não conhece esse lado dele, mas Leonard é uma das pessoas mais engraçadas que já conheci, tão hilária que às vezes você só queria morrer de rir". Quando ela e Julie criaram uma rotina espontânea de *vaudeville* no placo, Leonard rapidamente se juntou a elas. Durante a parte espanhola da turnê, Leonard fez Perla traduzir para a plateia o que ele dizia entre as canções, o que, dependendo do humor e do consumo de vinho tinto, poderia ser longo, complexo, humilhante, além de terrível para uma mulher que foi criada falando inglês. "Toda noite ficávamos ansiosíssimos para ver o que ele ia fazer", conta Perla. "Era muito divertido, e às vezes tão arriscado quanto fazer teatro."

Na Europa, Leonard era cercado pelos fãs. "As mulheres nos seguiam por toda a parte", diz Julie, "os homens também, por sinal, sempre perguntando: 'Onde Leonard está hospedado?'" Na Suécia foi uma luta para atravessar a multidão de garotas adolescentes e pegar a balsa até a Dinamarca. Perla conta: "Se Leonard estava na rua ou em um café as pessoas vinham procurá-lo, não havia privacidade alguma, mas ele estava muito feliz. Nós fazíamos longas caminhadas pelas ruas e ele estava confortável, acho, deliciado com o sucesso." No Reino Unido, a BBC fez um documentário sobre ele, *Songs from the Life of Leonard Cohen* e o Palácio de Buckingham mandou um convite para o show Prince's Trust junto com Erick Clapton, Elton John, Dire Straits, Bee Gees e Peter Gabriel. Segundo Julie: "Peter Gabriel veio até Leonard com alguns álbuns para ele autografar. Parecia um discípulo: 'Você pode autografar este aqui? E este é para o meu filho.'" O príncipe Charles, cuja organização de caridade foi beneficiada pelo show, também era fã de Leonard Cohen: "A orquestração é fantástica e as letras, tudo", elogiou o príncipe em uma entrevista para a TV britânica. "Ele é um homem extraordinário e tem essa voz incrível, calma e rouca."[6] Na Islândia, Leonard foi recebido pelo presidente do país.

Na véspera do Dia da Independência dos Estados Unidos, eles voltaram ao país. Àquela altura, Leonard já tinha se acostumado às diferenças entre as turnês americana e europeia, mas o show do Carnegie Hall no dia 6 de julho não poderia ter sido melhor. Os ingressos estavam esgotados e a imprensa veio aos borbotões. "Eu me lembro de pensar que, se jogassem uma bomba ali, a crítica de rock norte-americana estaria acabada", diz Sharon Weisz, "devido à quantidade de jornalistas que pediram ingressos para o show." O crítico do *New York Post* Ira Mayer escreveu: "Se algum dia houver um prêmio para reconhecer o mais emotivo do mundo pop, Leonard Cohen será o vencedor indiscutível. Ele deu vazão de modo magnífico a todas os medos, as dúvidas, os desejos, as lembranças e os arrependimentos que englobam o amor no século XX."

Após dois shows na Costa Oeste, em Berkeley e Los Angeles, houve uma pausa de três meses até a turnê norte-americana ser retomada, em outubro. No Halloween, no Texas, eles se apresentaram em um estúdio de TV para o *Austin City Limits*, popular programa de shows que era exibido há muito tempo pela PBS. No dia 16 de novembro a turnê acabou como começou, em Nova York, quando o *New York Times* declarou *I'm Your Man* o álbum do ano. Leonard ficou em Nova York. Adam e Lorca estavam morando lá agora e o Chanucá aconteceria em poucas semanas. Ele reservou um quarto de hotel em uma das vizinhanças menos badaladas de Manhattan e começou a se preparar para o dia santo.

Os anos 1980 não foram fáceis para muitos artistas que surgiram nos anos 1960. Eles enfrentaram dificuldades na década em que o estilo tomou o lugar da substância, os *yuppies* substituíram os hippies, brilhantes CDs deixaram os discos de vinil obsoletos e as drogas da vez foram criadas para alimentar egos em vez de expandir consciências. Embora Leonard tivesse vivido um momento difícil na primeira metade da década, no final ele se adaptou muito melhor que a maioria dos seus quase contemporâneos. Ele tinha o estilo, a batida, os sintetizadores e os vídeos, dois excelentes clipes feitos por Dominique Issermann, a quem *I'm Your Man* foi dedicado. (Escritas ao redor da imagem de um homem e de uma mulher fazendo dança de salão estavam as palavras: "Todas estas canções são para você, DI.")

I'm Your Man tinha vendido mais que todos os álbuns anteriores. "Em termos da minha dita carreira", analisou Leonard, "certamente foi um renascimento, mas é difícil considerá-lo um renascimento a nível pessoal. Foi feito sob as condições deploráveis e mórbidas de praxe."[7] Suzanne o processava querendo dinheiro e o relacionamento amoroso com Dominique ia mal. Essa era uma dança cujos passos complicados Leonard conhecia bem: a intimidade e a distância, as separações e as reconciliações, correr quando a pressão aumentava e, quando tudo acabava, o adeus. O romance geralmente era substituído por uma amizade duradoura. Leonard parece ter continuado amigo de várias ex-namoradas e, incrivelmente, poucas parecem ter algo de ruim a dizer sobre ele. Mas o resultado mais imediato do fim de um longo caso amoroso era o frisson de liberdade que abria caminho para a depressão, da qual Leonard podia surgir com um poema ou canção.

Leonard alegou em várias entrevistas e confirmou no verso de encerramento de "Chelsea Hotel #2" que ele não é um homem sentimental ou nostálgico e nem olha para trás. A religião validaria isso como posição saudável: quando a esposa de Ló olhou para trás em Sodoma foi transformada em uma estátua de sal. Como escritor, embora tendesse a olhar para si mesmo ou para seus arredores, Leonard também olhava para trás, para namoradas de quem tinha se separado. Em *A brincadeira favorita*, seu alter-ego ficcional escreve para a garota que amava, ansioso pela separação: "Minha mais querida Shell, se você me deixar eu sempre vou mantê-la a seiscentos quilômetros de distância e escrever belos poemas e cartas. [...] Temo viver em qualquer lugar além da expectativa." Ainda nesse papel, Leonard parecia florescer nesse paradoxo entre distância e intimidade. Como homem, era mais complicado. Geralmente isso parecia fazê-lo sofrer e, humilhado, ele se voltava para Deus, mas como Roshi lhe disse: "Você não pode viver no mundo de Deus. Não há restaurantes ou banheiros lá."[8]

De volta a Los Angeles, sem algo para mantê-lo ocupado, a depressão reapareceu. Ela vinha em ciclos, dizia ele, às vezes mesmo quando tudo ia bem, o que o deixava envergonhado:[9] "Pode-se pensar que o sucesso ajuda a resolver seus problemas pessoais, mas não funciona assim."[10] Quando a situação não ia bem, a depressão podia derrubá-lo com força.

— *Nunca soube de onde vinha e tentei de tudo para acabar com ela, mas nada funcionava.*
— *O que você tentou?*
— *Bom, tentei todo aquele negócio, todos os antidepressivos antes do Prozac, como Demerol, Desipramina, os inibidores de MAO.*
— *Valium? As morfinas?*
— *Não, morfina, não. Isso teria sido fatal, mas experimentei tudo até o Zoloft e o Wellbutrin. Tentei tudo o que tinham. A maior parte deles me deixou pior do que antes.*
— *Então você é um especialista em todos os fármacos relacionados à depressão?*
— *Acho que sou, mas nada funcionou.*

Leonard disse à atriz Anjelica Houston: "Quando tomava Prozac, meu relacionamento com a paisagem melhorava. Eu realmente parava de pensar em mim mesmo por um ou dois minutos." Ele parou de tomar porque "não parecia ter qualquer efeito na minha melancolia, na minha visão sombria", e porque "o remédio aniquila totalmente o desejo sexual".[11] Leonard tinha amigos que lhe recomendaram psicoterapia, mas ele declarou: "Nunca acreditei de verdade. Não tinha convicção alguma de que esse modelo era exequível. E após observar alguns amigos que fizeram esse tratamento por vários anos, ficou claro que não era terrivelmente eficaz para essas pessoas, então nunca me convenci do valor que teria para mim."[12] Pode ser que Leonard tenha sentido que, como ex-presidente de sociedade de debate e homem de letras, poderia driblar quem tentasse administrar a cura pela fala. Também havia a sua dignidade e a questão quase britânica de levar uma tarefa até o fim. Leonard não era o tipo de homem que daria a outra pessoa a responsabilidade de retirar o sofrimento dele. As anfetaminas ajudavam, se ele não as usasse em grandes doses e por tempo demais. Contudo, agora que estava na casa dos cinquenta, sentia dificuldade para tomá-las. Beber também ajudava, assim como o sexo. Leonard tinha virado uma espécie de especialista em automedicação, mas o que parecia funcionar melhor era uma rotina disciplinada. As longas horas de meditação e estudo que ele fazia com Roshi não o curaram da depressão, mas o ajudaram a ver a situação de uma perspectiva mais útil. Chegou a reconhecer que a depressão "tinha a ver com um isolamento em relação a mim mesmo", que ele tentou abordar através de várias buscas espirituais.[13] A parte difícil era fazer aquilo funcionar no mundo dos restaurantes e toaletes.

Pela primeira vez em muito tempo, o mundo estava sendo bom com Leonard, no que dizia respeito ao trabalho. O sucesso de *I'm Your Man* levou o álbum *Greatest Hits* de volta às paradas no Reino Unido e inspirou a gravadora americana a fazer um lançamento tardio do desprezado último álbum, *Various Positions*. No Canadá, sua poesia estava sendo celebrada em uma exposição na Library and Archives. Tanto Leonard quanto sua música apareceram em um filme canadense para a TV chamado *A Moving Picture*, uma fantasia estrelada pelo Balé Nacional do Canadá. Em fevereiro de 1989, Leonard estava em Nova York, onde foi convidado para cantar no programa de TV norte-americano *Night Music*, apresentado por David Sanborn e Jools Holland, e que tinha Hal Willner como um de seus jovens produtores.

"Como dizem sobre o assassinato de Kennedy", compara Willner, "você se lembra da primeira vez que ouviu Leonard Cohen. Foi na rádio WDAS, na Filadélfia. Eu era muito jovem, 'Suzanne' tocou e não havia nada como aquilo. Ouvir Leonard me fez ser capaz de ver a música como poesia, mais até do que com Dylan. Quando me mudei para Nova York, trabalhei como estagiário da Warner Brothers na época em que gravavam *Death of a Ladies' Man* e me lembro de ver como ele era uma figura controversa dentro da indústria. Ou eles entendiam ou não entendiam, não havia meio-termo. Aquele álbum teve um efeito enorme em mim e em Doc Pomus, nós o ouvíamos o tempo todo". Willner considerou *I'm Your Man* uma "obra-prima". Ele tinha visto o último show de Leonard em Nova York no Beacon Theatre e o descreveu como "um dos shows mais perfeitos que já vi. Como ele estava aparecendo em programas de TV para promover o álbum, aproveitei para tê-lo no programa".

Willner ficou conhecido por fazer a curadoria de álbuns e apresentações do programa, que tinha uma escalação eclética de músicos e cantores que apresentavam material composto por outros artistas. Como Willner diz, ele estava "tentando combinar elementos de fantasia". Ele teve a mesma abordagem com a aparição de Leonard no *Night Music*. "Leonard manifestou o desejo de cantar 'Tower of Song', mas eu tinha uma fantasia na cabeça de fazer 'Who by Fire' com Leonard e Sonny Rollins, outro convidado do programa. Geralmente quando as pessoas improvisam juntas, preferem músicas mais aceleradas e aquela canção tinha um aspecto espiritual, mas eu sabia que as pessoas iriam se identificar." Quando ele mencionou a ideia para Leonard, "houve aquele silêncio. Depois veio a resposta, hesitante: 'Ele faria isso?'". No ensaio, Leonard parecia temeroso. Sonny Rollins o observava de perto, como se tentasse decifrá-lo. Leonard olhou para trás e viu Julie e Perla cuidando da retaguarda. Elas sorriram. Leonard começou a cantar "Who by Fire". Então, Willner relembra, "Sonny Rollins, que estava sentado lá encarando Leonard o tempo todo, pegou o saxofone e começou a tocar, em um entendimento diferente da canção". Após o ensaio, diz Julie, Rollins, "este colosso do saxofone, um mestre", veio até ela e perguntou calmamente: "Você acha que o Sr. Cohen gosta do que estou fazendo?"

De volta a Los Angeles, uma onda de calor se instalou. Leonard estava no andar superior do seu duplex, no canto da sala de estar, tocando o sintetizador Technics, o que fazia na maior parte do tempo quando não era requisitado em algum lugar. Ele estava suficientemente feliz em sua cela de assoalho bruto e paredes brancas simples, sem imagens ou distrações. As janelas estavam abertas, deixando entrar o calor abafado. Leonard tinha pensado em instalar um ar-condicionado, mas não o faria até a próxima década. Ele foi interrompido pelo toque do telefone. Era uma jovem amiga, Sean Dixon, que soava aflita e queria que ele fosse visitá-la. Eles tinham se conhecido quando Leonard gravava *I'm Your Man* no Rock Steady Studios, onde Dixon era recepcionista. Um dia, Leonard tinha ido com Leanne Ungar pegar as fitas master, pois planejavam mixá-las em outro estúdio. Quando chegaram lá, Dixon estava sozinha, cuidando de um cão abandonado que tinha acabado de encontrar na rua. Leonard decidiu na hora que iriam fazer a mixagem no Rock Steady. "Todos os dias", lembra Dixon, "eu chegava com esse cãozinho perdido que estava muito deprimido. E nós apenas sentávamos lá quando Leonard não estava trabalhando e abraçávamos o cachorrinho enquanto ele falava e pensava no que gostaria de fazer."

Dixon estava ligando para Leonard para falar de um gato. A colega com quem ela dividia apartamento tinha voltado para o Texas deixando Hank, um gato de pelo longo e idade indeterminada que estava muito doente. Os veterinários não conseguiam descobrir o que ele tinha. O enema e os fluidos intravenosos que lhe deram nas duas consultas anteriores não haviam ajudado. Hank se arrastava embaixo da cama embutida no pequeno apartamento de Dixon, que pensava que ele estava morrendo. Na manhã seguinte, ela foi levá-lo ao veterinário, mas o carro tinha sumido, foi roubado. "Implorei a Leonard: 'Você não pode vir aqui dar uma olhada nele, por favor? Não sei o que fazer.'"

Leonard foi até lá e Dixon pegou o gato debaixo da cama. "Ele tinha uma aparência horrível, estava coberto dos vários medicamentos que tinha cuspido e não se lambia há dias, mas logo de cara Leonard disse: 'Ah, eu não acho que este animal esteja morrendo.' E completou: 'Vou cantar para ele.' Eu pensei: 'Ai, meu Deus, Leonard é maluco', mas ele argumentou: 'Não, é sério, faz vibrar todos os órgãos internos, vai ser realmente bom.' Eu estava desesperada, então aceitei: 'Tudo bem, faça o que você quiser'". Ele colocou Hank na cama.

"Havia uma cadeira bem encostada na cama, na qual Leonard se sentou e se inclinou, colocando a boca na testa de Hank e cantando como fazem no monastério: 'Oooooooooooooooooooom', muito, muito profundamente, bem mais grave do que ele costuma cantar, como um ronco. Leonard fez isso por dez minutos e ele é alérgico a gatos, então seu nariz estava escorrendo, os olhos lacrimejavam e ele estava ficando congestionado, mas continuou. E Hank simplesmente ficou lá. Não tentou fugir, arranhá-lo ou algo assim. Até que finalmente Leonard parou e disse: 'É isso, querida, isso vai dar um jeito nele', com total confiança." Ele lhe deu mil dólares, insistiu que Dixon comprasse outro carro, e foi embora. Hank voltou a se esconder embaixo da cama, "mas no meio da noite eu o ouvi levantar e ir até a cozinha, além de sons abafados vindos da caixa de areia. O próximo som que ouvi de manhã foi Hank mastigando ração. Não acreditei que ele estava comendo, pois não comia havia dias. Então olhei para a caixa de areia esperando ver algo realmente horrível, mas o estranho é que não havia nada, foi o milagre da caixa de areia. E o gato ficou ótimo. Além das eventuais bolas de pelos, nunca mais ficou doente."

Dixon testemunhou outra demonstração das habilidades de Leonard, quando a cozinha dele foi invadida por formigas. "Elas ocupavam todo o balcão e eu procurava algum inseticida, quando ele disse: 'Não, eu vou tirá-las daí. Observe'. Ele se inclinou, apontou o dedo e brigou: 'Saiam da minha cozinha neste instante, todas vocês, agora, vão embora!' Ele fez isso por alguns minutos e juro que todas as formigas foram embora e nunca mais voltaram. Leonard era um encantador de gatos e de formigas."

Dois milagres. Bastava para qualificar Leonard à santidade. Ele também tinha milagrosamente encontrado outra amante e musa, uma bela atriz loura, inteligente, bem-sucedida e quase trinta anos mais nova. "Acho que ninguém domina o coração", diz Leonard. "Ele continua a cozinhar como um *kebab*, borbulhando e fritando no peito de todos."[14] Ou ele o faz nas chamas dos fornos na torre da canção.

CAPÍTULO DEZENOVE

JEREMIAS DA TIN PAN ALLEY*

"O interessante é que ele acha que nos vimos pela primeira vez quando eu tinha 5 ou 6 anos", diz Rebecca De Mornay. Leonard estaria com trinta e poucos anos. Era o final dos anos 1960 na Inglaterra, quando Rebecca frequentou um internato chamado Summerhill. Um amigo de Leonard tinha um filho lá e ele foi fazer uma pequena apresentação. Summerhill era um experimento precoce em termos de educação progressista, uma escola sem regras. Leonard se lembra de ver uma professora andando pelo lugar com os seios nus e também se lembra de ter visto Rebecca. "Eu duvidei. 'Como você se lembra de mim naquela época?' Ele respondeu: 'Foi algo na sua luz.' Incrível, mas Leonard se lembraria da luz e ele não costuma inventar as coisas."

Rebecca nasceu na Califórnia, onde foi criada até o pai, o apresentador de programa de entrevistas e conservador Wally George, abandonar a mãe boêmia. De lá, ela passou a infância se mudando da Áustria para a Austrália, entre vários outros locais. A mãe de Rebecca era fã de Leonard Cohen e tocava os discos dele quando ela era criança. "Eu me lembro de dormir ouvindo as músicas, quase como uma canção de ninar: 'Suzanne', 'The Stranger Song', 'One of Us Cannot Be Wrong.'" Quando Rebecca começou a tocar violão, algumas das primeiras músicas que aprendeu foram dele e, quando decidiu virar cantora e compositora no meio da adolescência, as músicas de Leonard a influenciaram. No fim da adolescência, Rebecca se voltou para a atuação e se mudou novamente para a

---

* Tin Pan Alley (rua das panelas de lata) é um apelido um tanto pejorativo para um grupo de compositores que criavam *hits* em esquema de linha de montagem na Nova York do final do século XIX e início do século XX. (*N. da T.*)

Califórnia, onde começou uma bem-sucedida carreira no cinema aos 22 anos, no filme de Francis Ford Coppola *O fundo do coração*.

A primeira vez que Leonard e Rebecca se encontraram como adultos foi em meados dos anos 1980, em uma festa oferecida pelo cineasta Robert Altman, outro fã de Cohen. Rebecca se lembra de ter reconhecido Leonard do outro lado da sala, ido até ele, "sentado e começado a falar, algo que não costumo fazer com quem não conheço. Eu tive essa sensação de que podia e devia falar com ele. Não sei o que disse, mas ele pareceu um pouco cético. Eu me lembro de uma grande reticência da parte de Leonard. Não sei dizer se era porque era tímido ou cauteloso comigo. Tem aquele ditado 'Confie na arte, não no artista', que é quase sempre verdadeiro, mas quando conheci Leonard, a pessoa era tão interessante quanto a arte, talvez até mais".

Os caminhos deles se cruzaram de novo em 1987 em Los Angeles durante um show de Roy Orbison que estava sendo gravado para um especial do canal PBS, *A Black and White Night*. Entre os convidados de Orbison estavam Bruce Springsteen, Tom Waits, Jackson Browne e Jennifer Warnes. Leonard estava na plateia e também Rebecca, separadamente. "Vi Leonard e de novo fui falar com ele: 'Oi, lembra que nós nos encontramos?', e novamente houve aquele olhar cético. Foi engraçado, como se ele antecipasse que estabelecer uma conexão comigo poderia acabar em algum tipo de empreitada árdua, o que talvez tenha sido mesmo", diverte-se Rebecca. "Eu disse: 'Sabe, realmente gostaria de encontrá-lo para conversar.' Ele simplesmente falou: 'Tudo bem.' E pareceu uma rendição relutante."

Eles se encontraram, conversaram e repetiram o feito. "Tínhamos uma amizade no começo, que durou dois ou três anos. Era estritamente amizade, pois eu tinha namorado." Eles falavam sobre arte e trabalho, especialmente o de Leonard. "Faço muitas perguntas quando alguém me interessa e ele gostava de falar comigo sobre o seu processo." Lenta, imperceptivelmente, a amizade virou flerte. "Começou a virar um relacionamento significativo para mim, nós passamos a falar da vida real, das nossas vidas secretas. Em algum momento após toda essa conversa, não sei bem como aconteceu, mas algo mudou e estávamos súbita, louca, e intensamente apaixonados. Ele me deu um anel muito bonito. Por mais incrível que parecesse, íamos nos casar."

Houve um pedido: ("Ah, baby, let's get married, we've been alone too long"/ Ah, querida, vamos nos casar. Estamos sozinhos há tempo demais) na canção "Waiting for the Miracle". Sem dúvida, uma proposta muito Leonard Cohen: resignada, alegremente pessimista e com referências a nudez e guerra. Leonard e Rebecca falaram em morar juntos, mas era melhor manter os lares separados por enquanto. Ela morava com os gatos em uma casa na colina, três quilômetros ao norte da que Leonard dividia com a filha Lorca, que conseguira emprego trabalhando em um disque-ajuda para os angustiados. Leonard conseguia ouvi-la à noite lá embaixo, falando com quase suicidas ao telefone. Sobre o relacionamento com Rebecca, Leonard comentou: "Acho a coisa toda muito executável." Embora achasse "imprudente se declarar um homem feliz", mesmo ele tinha que admitir que "não tinha do que reclamar".[1]

Quem leu até aqui e não está dando socos no ar ou dizendo "finalmente" deve estar pensando que é uma situação curiosa. Não o fato de Leonard ter uma bela namorada ou mesmo estar feliz, e sim de que ele fosse se casar. Um velho adágio na tradição do Leste Europeu diz que um homem deve rezar uma vez antes de ir ao mar, duas vezes antes de ir à guerra e três vezes antes de se casar, mas quando se trata do último dos três, Leonard nunca pareceu parar de rezar. Contudo, o casamento com Rebecca De Mornay realmente parecia executável. Estrelas de cinema estão acostumadas a começar o dia cedo e não se abalam com quem põe o despertador para tocar às 4h30, para ir ao Centro Zen. O trabalho também exige que estrelas de cinema saiam de casa por longos períodos, então é menos provável que se chateiem se o cônjuge fizer o mesmo. Elas são comprometidas com o trabalho, têm a própria renda e estão acostumadas a estar com pessoas distraídas ou envoltas nos próprios pensamentos. Para chegar onde estão na profissão precisam ser ferozmente obstinadas. E, se forem Rebecca De Mornay, são jovens, incrivelmente lindas, muito sexies e amam música, em especial a música de Leonard. Então, caso Leonard houvesse se esquecido de rezar para os anjos, talvez pudesse não ser tão perigoso agora que o milagre parecia ter chegado.

"No meio disso tudo", explica Rebecca, "eu estava fazendo o que acabou sendo o maior filme da minha carreira e ele estava tentando fazer o álbum *The Future*, que também acabou sendo o maior sucesso dele nos Estados Unidos. Tivemos um impacto muito criativo e inspirador um no outro, fumando uma tonelada de cigarros, bebendo caldeirões de café. Juntos, vivendo, trabalhando." Rebecca ganhou o papel principal em *A mão que balança o berço*, no qual interpreta uma jovem perturbada que finge ser uma babá. O filme foi gravado em Tacoma, subúrbio de Seattle. Leonard foi junto, "o que pouquíssimos homens ficariam confortáveis em fazer", destaca Rebecca. Era o primeiro relacionamento importante de Leonard com uma mulher mais festejada e bem-sucedida que ele, mas isso não parecia perturbá-lo. "Ele ficou comigo em uma casa que aluguei lá e passava o tempo no meu trailer, compondo canções, feliz da vida e tocando sintetizador enquanto eu filmava. A última faixa de *The Future* se chama 'Tacoma Trailer' por isso."

É uma bela imagem, Leonard explorando seu teclado contente enquanto Rebecca sai para interpretar uma babá psicótica e tocando uma canção quando ela volta do trabalho. "Tacoma Trailer" é instrumental, mas surgiu rápido. Rebecca estava fazendo um bom trabalho como musa. E Leonard precisava de uma, pois o ato de compor não havia se tornado menos árduo. Raramente foi fácil, mas em algum momento de 1982 algo mudou, ele não conseguiria dizer o quê, e ficou muito pior. Parecia ser algum tipo de perfeccionismo agudo relacionado a um desejo de autenticidade completa. Leonard podia compor uma canção "perfeitamente razoável", segundo ele, até "uma boa canção", mas quando ouvia a si mesmo cantando sentia "que o cara cantando estava enganando você".[2]

Leonard especulava que o problema podia ter a ver com a noção de mortalidade, "que toda esta empreitada é limitada e há um fim à vista".[3] O prazo lhe deu foco, como acontece nesses casos, mas, em vez de fazer o trabalho seguir frente, mantinha Leonard no mesmo lugar, indo mais fundo, tentando achar "o tipo de verdade que posso reconhecer, o tipo de equilíbrio entre verdade e mentira, luz e escuridão".[4] Ele trabalhava na mesma canção repetidamente, de modo diligente e dedicado por anos (para sempre, se necessário fosse), tentando fazê-la dar certo. Desde os tempos de jovem poeta, Leonard tinha uma paixão imensa pela escrita e a sensação "de estar nisso de modo *permanente*",[5] segundo o próprio, e fazia o que fosse preciso para dar certo. O problema com relacionamentos amorosos, porém, era que eles tendiam a atrapalhar o isolamento, o espaço, a distância e o desejo que a escrita exigia. Em 1993, Leonard respondeu aos leitores da revista masculina norte-americana *Details* (infelizmente foi apenas uma vez). Quando perguntaram "Qual a principal coisa que os homens devem saber sobre as mulheres?", ele ponderou: "As mulheres estão profundamente envolvidas em um padrão de pensamento que gira em torno da noção de compromisso."[6] Enfim, ele parecia pronto para se comprometer com Rebecca, dizendo a jornalistas que o relacionamento deles era "exclusivo e altamente convencional"[7] e que "há um arranjo formal entre nós, sim".[8]

O sucesso de *I'm Your Man* gerou ansiedade para um novo álbum, o que não ajudou a acelerar o processo. Muito menos o fato de mais da metade das canções em que Leonard trabalhava estarem inacabadas há tempos. Ele estava compondo o sexagésimo verso para a canção "Democracy" quando foi interrompido pelo telefone. Seu filho Adam tinha se envolvido num grave acidente de carro em Guadalupe, onde tinha ido trabalhar como *roadie* para uma banda de calipso. Ele teve ferimentos graves: pescoço e bacia fraturados, nove costelas quebradas e um pulmão em colapso. O garoto de 18 anos foi levado inconsciente por uma ambulância aérea a um hospital em Toronto. Leonard foi encontrá-lo quando era levado para a UTI. Durante os quatro meses que Adam passou no hospital, Leonard manteve vigília. Ele sentava em silêncio no quarto, observando o filho, que continuava em coma e, às vezes, lia a Bíblia em voz alta. Quando Adam finalmente recobrou a consciência, suas primeiras palavras foram: "Pai, você pode ler outra coisa?"[9] Suzanne diz: "Leonard queria ficar lá ao lado da cama dele por meses, e não fez praticamente mais nada, largou tudo para estar lá. Por fim, se eu tinha esquecido por um momento o motivo pelo qual o amava por conta de um coração cheio de ressentimentos, ver como ele estava presente para nossos filhos em Guadalupe me fez relembrar."

Adam se recuperou por completo. Durante o processo, pai e filho ficaram muito unidos. Leonard deixou de lado todos os pensamentos sobre o trabalho enquanto se concentrava em Adam, e mais uma vez começou a especular que, se ele nunca terminasse outro disco, não seria o fim do mundo. Como acontecera no passado, suas canções pareciam estar muito bem sem o seu envolvimento direto. Uma delas, "Bird on the Wire", chegou então ao primeiro lugar das paradas norte-americanas em uma versão comovente feita pelos Neville Brothers, tirada da trilha sonora da comédia romântica de mesmo nome. Outro filme da mesma época, *Um som diferente*, usava a canção "Everybody Knows" em duas versões, a original de Leonard e uma gravação do Concrete Blonde. A trilha sonora desse último também contava com uma banda de rock jovem e moderna chamada Pixies, cujo vocalista daria sem querer o impulso para um álbum de tributo a Leonard Cohen.

A revista de rock francesa *Les Inrockuptibles* pensou na ideia de fazer um álbum com regravações de Leonard Cohen feitas por artistas da parte mais interessante do espectro rock após uma entrevista com Black Francis, do Pixies, em que ele elogiou *I'm Your Man*. Francis não era fã da música de Leonard até 1990 quando, durante uma turnê europeia particularmente terrível com sua banda, ele esbarrou em uma fita de *I'm Your Man* em um posto de gasolina francês. A fita continuou fechada na bolsa até o ônibus chegar à Espanha e a banda ter alguns dias de folga. "O plano", diz Francis, "era nós irmos para uma cidade com praias e clubes noturnos, mas a banda não estava em um momento feliz e eu queria fugir de todos, em especial da baixista, Kim". Francis pediu ao gerente da turnê para levá-lo a algum lugar calmo onde pudesse ficar sozinho e foi deixado em um hotel turístico grande e vazio mais para o fim do litoral. Quando fez o *check-in*, ele viu que Kim Deal tivera a mesma ideia. "O hotel supôs que éramos melhores amigos e nos colocou um ao lado do outro, embora houvesse oitocentos quartos vazios. Estávamos exaustos demais para resistir e apenas aceitamos o nosso destino."

Francis ficou trancado no quarto. Ele tinha levado as duas fitas que havia comprado na estrada, entre elas *I'm Your Man*. "Era um verão brilhante e ensolarado, mas eu mantinha as cortinas fechadas, meu quarto estava muito escuro e sombrio, e toquei *I'm Your Man* no meu aparelho de som. E só ouvi aquilo por três dias consecutivos, sem parar. Eu estava no estado emocional certo: uma combinação entre meio solitário, frustrado, entediado e sozinho nesse lugar vazio, nesse hotel no fim do universo, e entendi. A voz, os tecladinhos Casio, o tipo de paisagem exagerada porém espaçosa, trouxe tudo para um ponto: tudo o que era sexy no álbum era extremamente sexy, o que era engraçado, extremamente engraçado, o que era pesado, extremamente pesado. Virei fã."

Já Nick Cave era fã de Leonard Cohen há mais tempo. Ele teve contato com as músicas de Leonard pela primeira vez na adolescência, em uma pequena cidade da Austrália, quando uma namorada o fez ouvir *Songs of*

Love and Hate no quarto com ela. Muitos foram os homens apresentados aos álbuns de Leonard dessa forma. "Nunca tinha ouvido algo assim", elogia Cave. "Continua sendo um dos álbuns seminais que mudaram totalmente o tipo de música que eu faria. Foi o primeiro álbum a mostrar que era possível pegar as visões sombrias e dilacerantes em relação a si mesmo que encontrávamos em boa parte da poesia e da literatura europeias que estávamos lendo na época e aplicá-las ao rock. Quando lancei meu primeiro álbum com a Bad Seeds, fizemos uma versão de 'Avalanche' na primeira faixa, ainda mais lúgubre que a dele, como uma tentativa de definir o tom do álbum." Quando sete anos depois a *Les Inrockuptibles* pediu a Cave e à Bad Seeds para participarem do álbum, ele recusou. Cave detestava álbuns-tributo e "não conseguia pensar em algo pior. O que aconteceu é que fomos ao pub, passamos a tarde lá e voltamos ao estúdio bem intoxicados e começamos a tocar 'Tower of Song'. Tocamos por umas três horas sem parar, meio que passando por todos os tipos de estilos musicais da história, apenas brincando, e depois a esquecemos. Alguém encontrou, fez uma edição e soava bem, ou pelo menos como se houvesse um senso de humor por trás dela. Essa é uma versão bem ferrada da música". E acabou indo parar no álbum-tributo.

I'm Your Fan foi lançado em novembro de 1991 com dezoito canções de Leonard Cohen gravadas por, entre outros, Pixies ("I Can't Forget"), R.E.M ("First We Take Manhattan"), James ("So Long, Marianne"), Lloyd Cole ("Chelsea Hotel") e Ian McCulloch ("Hey, That's No Way to Say Goodbye"). John Cale, o mais velho dos colaboradores, deu à "Hallelujah" a primeira versão feita por um artista de renome. O *NME* descreveu a versão dele como "uma coisa de beleza selvagem e assombrosa". Leonard ficou "felicíssimo" com o álbum. Não importava tanto para ele se os livros pegassem poeira nas prateleiras, "mas a canção realmente tem uma urgência e, se não for cantada, não é nada".[10] Segundo ele, todo mundo precisava de algum estímulo e se você persistisse o suficiente acabaria acontecendo. E a hora de Leonard tinha chegado. Naquele mesmo ano, ele foi eternizado no Juno Hall of Fame do Canadá. No discurso de aceitação, brincou: "Se eu tivesse recebido essa atenção quando tinha 26 anos, teria virado a minha cabeça. Aos 36, talvez confirmasse a minha ida para um caminho espiritual um tanto mórbido. Aos 46 teria esfregado no meu nariz as minhas fraquezas e gerado uma trama de fuga e um álibi, mas aos 56, uau, estou só acertando meu ritmo e isso definitivamente é uma vantagem."[11] O que foi ótimo, visto que seus compatriotas lhe deram uma honraria ainda maior em outubro, agraciando Leonard com a Ordem do Canadá.

Talvez para ajudar a equilibrar a balança, Leonard aceitou o pedido de Hal Willner de aparecer no álbum-tributo a Charles Mingus, *Weird Nightmares*. "Fui à casa dele em Los Angeles com um monte de poemas de Mingus", diz Willner, "e Leonard escolheu uma estrofe que amava no poema chamado 'The Chill of Death'. Eu tinha um gravadorzinho DAT, ele sentou à mesa e repetiu o poema várias vezes no microfone durante meia hora. Ao longo do processo, alguém ligou e ele atendeu ao telefone, ainda lendo o poema. Disseram: 'Leonard, o que você está fazendo?'; 'Estou lendo 'The Chill of Death'. Isso também entrou no álbum."

Em março de 1992, Rebecca foi à cerimônia do Oscar. Quem a acompanhava, o homem imaculadamente vestido que andou pelo tapete vermelho ao lado dela, era Leonard. Câmeras zuniram como mosquitos e fotos de Rebecca e Leonard apareceram em vários tabloides. "Uma revista inglesa publicou fotos nossas e escreveu 'A Bela e a Fera'", conta Rebecca. Foi uma tremenda maldade chamarem a atriz de Fera. Isso lembra as manchetes sobre Serge Gainsbourg quando ele foi fotografado com as famosas namoradas Bardot, Gréco e Birkin. A diferença era que Leonard, ao contrário de Gainsbourg, sempre fez tudo para evitar esse tipo de atenção. "O Oscar era *mesmo* o lugar menos provável para ver Leonard Cohen", analisa Rebecca. "Pedi para ele ir comigo porque me convidaram e eu estava com ele na época. Leonard disse: 'Tudo bem.' Ele não fez o que os caras normalmente fazem de ter algum tipo de reação ou antirreação a isso, apenas aceitou. Não era algo que estivesse ansioso para fazer, mas não iria negar o pedido e me deixar lá sozinha. Acho que Leonard é como eu e realmente aceita a pessoa com quem está, em vez de preferir a imagem do que a pessoa deve ser. Havia apenas a nossa realidade como duas pessoas, independente de eu ser atriz e Leonard ser um compositor famoso."

Além de trabalhar em casa, Leonard estava compondo na casa de Rebecca, usando o sintetizador dela. Duas dessas canções ficaram particularmente grudadas na mente da atriz. Uma era "A Thousand Kisses

Deep", que Leonard continuava compondo repetidamente "como um pintor que pinta por cima da pintura original que você amava, faz toda uma nova pintura em cima dela e depois cria toda outra nova pintura em cima daquela e dez anos depois ela existe em um álbum [*Ten New Songs*, 2001] sem ter uma só nota ou palavra igual ao que ouvi quando ele tocou aquela canção pela primeira vez". A outra era "Anthem". "Ele empacou nessa canção. Ficava no meu sintetizador e tocava de novo. Eu já tinha ouvido por anos àquela altura e, de repente, falei: 'Exatamente assim, com *essas* palavras, *essa* é a canção.' Mais uma vez ele me olhou meio cético. Acho que devo provocar essa reação nele, que sugeriu: "Quer saber? Produza essa canção. Acho que você realmente sabe como ela deve ficar, então deve produzi-la comigo." Ele meio que me jogou nessa posição, pela qual eu me senti totalmente lisonjeada e surpresa, mas eu realmente sentia que conhecia a canção. Na verdade, eu a ouvi antes de falar com você para essa entrevista e ela ainda me faz chorar. Tem o impacto de 'Auld Lang Syne', é simplesmente imortal. É a declaração final sobre o assunto, é a autenticidade intensa que ele tem na voz quando você fala com ele, a presença dele em pessoa. Leonard é tão completamente presente, com sua compaixão pelos desfavorecidos, além da verdadeira compaixão e compreensão do inimigo, algo muito difícil de fazer e de conseguir."

"Porém", diz Rebecca, "dentro dessa postura, é extremamente difícil ser Leonard Cohen. Ele está em sua viagem solo, deitado eternamente em uma cama de cactos, mas de alguma forma encontra janelas para o infinito em toda parte: 'Todo coração ao amor chegará, mas como um refugiado [...]/ Esqueça a sua oferenda perfeita/Há uma rachadura em tudo/É assim que entra a luz'. É definitiva. É uma forma única de descrever a sabedoria da compaixão. Ouvi de um amigo que estava em um desses lugares famosos de reabilitação que eles citavam essa frase nos panfletos sobre recuperação. Ele me ensinou muita coisa. Leonard é humilde e também feroz. Tem essa ideia de 'Vamos chegar à verdade. Não vamos nos enganar.'" Desde o início do relacionamento, Rebecca estava "reclamando sobre as várias dores que tive, minha infância, isso e aquilo. E Leonard é o melhor ouvinte, mas a certa altura ele disse: 'Entendo. Deve ter sido realmente terrível para você, Rebecca, ter que crescer pobre e negra.'" Rebecca riu. "Não foi cruel, de forma alguma. Não havia qualquer julgamento da parte dele, nunca há. Leonard desenvolveu a tenacidade e o caráter de permanecer impávido dentro do sofrimento, mesmo que nos anos iniciais, como muitas pessoas, tenha experimentado toda forma de fuga, sejam drogas, sexo, música, fama, dinheiro, tudo que era usual, mas bem cedo na vida, comparado à maioria das pessoas, Leonard foi corajoso o bastante para aceitar o sofrimento e escrever até sair dele, viver até sair dele e não tentar fugir."

O 1º de abril de 1992 foi o 85º aniversário de Roshi. Logo após a entrega dos prêmios Oscar, Leonard deu uma grande festa. Cem pessoas se reuniram em um dos grandes hotéis do Sunset Boulevard. Havia uma banda liderada por Perla Batalla, e Leonard pediu a eles para encerrarem a noite cantando 'Auld Lang Syne', a canção favorita de Roshi. Quando atenderam ao pedido, o velho havia cochilado na cadeira. Leonard sorriu: "Era um ótimo sinal quando ele estava dormindo", explicou. Os convidados saíram com um livro organizado e publicado por Leonard, com a ajuda de Kelley Lynch, celebrando a vida do velho sábio. Leonard o encadernou em ouro, como um Oscar.

Leonard estava no estúdio trabalhando no álbum *The Future* quando começaram as revoltas em Los Angeles em 29 de abril de 1992. Quatro policiais brancos foram acusados de espancarem um motorista negro, incidente que foi registrado em vídeo por um passante e exibido com frequência na televisão. A área de South Central era predominantemente afro-americana — e entrou em erupção. Carros e prédios foram queimados e lojas, atacadas e saqueadas. Um homem branco foi arrastado para fora de um caminhão pela multidão e severamente espancado. Enquanto a violência se espalhava, a conversa que dominava os jantares nas vizinhanças brancas ricas girava em torno de comprar armas. No quarto dia, o governo mandou os Fuzileiros. Houve 53 mortes, centenas de prédios destruídos e cerca de quatro mil incêndios. Leonard podia vê-los da janela. Havia uma camada de fuligem no jardim da casa dele, que não era longe de South Central. O Centro Zen ficava mais perto ainda. Ele tinha se acostumado a ouvir tiros de manhã cedo a caminho do *zendo* e a se afastar de seringas para chegar ao portão. Agora ele podia ver do carro lojas fechadas com tábuas e os restos chamuscados de um posto de gasolina. Era "uma paisagem verdadeiramente apocalíptica e muito adequada ao meu trabalho".¹² Ele começou a compor a canção "The Future" e depois a batizou de "If You Could See What's Coming Next" em 1989, quando o Muro de Berlim caiu e, assim como Leonard tinha previsto, tudo estava vindo abaixo.

"Eu perguntei a ele: 'Por que você quer morar em Los Angeles?'", conta Rebecca De Mornay. "'Você tem uma casa na linda Montreal, em Hidra e você morou em Nova York e Paris. Por que aqui?', e Leonard respondeu algo do tipo: 'Esse é o lugar. É como uma metáfora do declínio. Todo o sistema está desmoronando, eu posso sentir. O futuro é sombrio e Los Angeles está no centro dele. Tem a decadência e também algum tipo de esperança louca, como ervas daninhas crescendo nas rachaduras do asfalto. Quero compor daqui, sobre o que está realmente acontecendo.' Então pensei: 'Uau, tudo bem, estamos vivendo na decadência, você está no final e eu no início dessa rua. Ótimo.' A partir disso, ele escreveu 'The Future' e era uma composição bem diferente do que eu tinha visto Leonard fazer." Ele rebatizou o novo álbum, anteriormente chamado de *Be for Real*, e depois *Busted*, após essa canção apocalíptica.

The Future foi gravado com um grande e variado elenco de músicos e engenheiros cuja quantidade se igualava à utilizada por Phil Spector em *Death of a Ladies' Man*. Os créditos tinham quase trinta cantoras, incluindo Jennifer Warnes, Anjani, Julie Christensen, Perla Batalla, Peggy Blue, Edna Wright, Jean Johnson e um coral gospel. Havia instrumentistas de cordas, programadores de sintetizador, um naipe de metais R&B e vários instrumentos de música country (como bandolim e *pedal steel*), bem como os instrumentos usuais de rock e um "órgão de rinque de patinação no gelo". Perla Batalla, Rebecca de Mornay, Jeniffer Warnes e David Campbell são creditados como arranjadores e Rebecca, Leanne Ungar, Bill Ginn, Yoav Goren e Steve Lindsey aparecem como coprodutores de várias faixas, mas no rótulo está escrito "Um álbum de Leonard Cohen".

"Foi um parto difícil", lembra Leanne Ungar, engenheira-chefe das gravações. "Foi feito meio que uma canção por vez e cada uma tinha seu método específico. Leonard começou várias canções em casa com Yoav Goren, que estava trabalhando especificamente para programar sintetizadores em várias canções, a fim de ajudá-lo a obter os sons que desejava. Na época, eu também estava trabalhando em outro projeto com Steve Lindsey, fazendo alguns *overdubs* e mixando para [a banda de R&B]

Temptations. Mencionei isso a Leonard, que disse: 'Ah, eu gostaria de fazer algumas faixas com o sabor da Motown', e perguntou se eu o apresentaria a Steve." Leonard descreveu Lindsey como um "homem de grande sensibilidade musical, que produziu Aaron Neville e Ray Charles, entre outros, e ajudou a criar 'Be for Real'", regravação que Leonard fez em *The Future* da balada *soul* cantada por Frederick Knight, "que eu não poderia ter feito sem ele".[13]

Lindsey também teve papel crucial na segunda regravação do álbum, o *standard* de Irving Berlin chamado "Always". Era uma favorita da falecida mãe de Leonard. Ele conta: "Ele juntou uns músicos muito bons e organizou a noite maravilhosa em que produzimos uma hora de 'Always'. Basicamente eu preparei o drink que inventei na cidade de Needles, na Califórnia, durante uma onda de calor em 1976, o Red Needle: tequila e suco de cranberry com frutas frescas, limão e lima da pérsia para mim e todos que desejavam comungar. A sessão ficou bem animada e tocamos por muito, muito tempo."[14] Todos estavam "bebuns", entrega Lindsey, e dá para notar na gravação. "Após fazer diversas versões, finalmente gravamos a que consideramos realmente boa. Leonard foi para os vocais. Ele sumiu durante o solo e não voltou. Eu o encontrei deitado no chão do banheiro do Capitol Studios. Ele queria que eu chamasse o zelador para agradecer por limpar a sujeira dele."[15] Leonard diz: "Vários músicos me disseram que foi o momento mais feliz deles em um estúdio."[16] Kelley Lynch, empresária de Leonard, também estava lá para a gravação. Leanne Ungar se lembra de ver "algumas 'faíscas' voando entre Steve e Kelley". Os dois acabariam tendo um relacionamento que geraria um filho.

Ungar ficou "empolgada" ao ver o retorno da canção "Anthem" após quase dez anos. Embora não tenha sido ela a responsável por apagar acidentalmente a versão que Leonard fez para *Various Positions*, "como engenheira do projeto eu sempre me senti responsável de alguma forma". A nova versão era significativamente diferente. "Closing Time" também passou por várias mudanças: "Quando ela chegou ao estúdio pela primeira vez era uma música linda e bem lenta que tinha cordas de sintetizador desaceleradas", descreve Ungar. "Eu estava apaixonada por ela até que Leonard veio e disse: 'Vamos ter que apagar tudo e recomeçar.' Eu falei: 'Não, não pode!' Mas ele veio no dia seguinte com a versão rápida dela e não só conseguiu um imenso sucesso no Canadá como o prêmio de Vocalista Masculino do Ano." No discurso de agradecimento, ao receber o prêmio na cerimônia dos Juno Awards, em 1992, ele fez piada: "Só em um país como este eu poderia ganhar um prêmio de melhor vocalista."

Rebecca, que foi ao Canadá com Leonard para a cerimônia, frequentemente aparecia no estúdio durante a produção do álbum. Ela presenciou a gravação de "Waiting for the Miracle", canção que continha a proposta de casamento de Leonard, e "Anthem", para a qual Leonard lhe deu crédito de coprodução. Essa não foi uma indulgência de namorado, avisa: "Geralmente nomeio como produtor a pessoa sem a qual aquela faixa em particular não existiria. Rebecca por acaso tem um ouvido impecável, um senso musical altamente desenvolvido. Eu tinha tocado várias versões de 'Anthem' para ela, totalmente finalizadas com refrões e *overdubs*, e nenhuma delas parecia estar certa. Um dia, enquanto eu revisava pela centésima vez, a certa altura ela parou e disse: 'É essa.' Já estava bem tarde, mas conseguimos encontrar um estúdio, ela me emprestou o sintetizador Technics e produzimos a sessão naquela noite, o instrumental e o vocal básicos. A contribuição dela não foi insignificante."[17] A mixagem do álbum "levou uma vida", diz Ungar, mas finalmente acabou. Quatro anos após *I'm Your Man*, *The Future* estava pronto para ser lançado.

The Future foi lançado em novembro de 1992. Em vez da imagem de Leonard na capa, havia um design de desenho simples e quase heráldico de um beija-flor, um coração azul e um par de algemas abertas. Eles podem simbolizar a beleza, a coragem, a liberdade, a perda da liberdade, sadomasoquismo ou todas as opções anteriores, com Leonard nunca se sabe. Ele dedicou o álbum à noiva com três versos do Gênesis, Capítulo 24: "E antes que eu acabasse de falar no meu coração, eis que Rebecca saiu com o seu cântaro sobre o seu ombro, desceu à fonte e tirou água; e eu lhe disse: Por favor, dê-me de beber."

Com quase uma hora de duração, *The Future* era o álbum mais longo de Leonard até então, contendo nove canções, sete delas originais, uma composta com outra pessoa e uma instrumental. Seguindo a linha iniciada por seu antecessor, é acessível, tem um som contemporâneo, as canções são grudentas, com ritmos geralmente alegres e as melodias cantadas em uma voz profunda, rouca, porém sedutora, em algum lugar entre um profeta da desgraça de humor negro e Barry White. A faixa título abre o álbum e coloca um pessimismo alegre em um ritmo dançante *synth-pop*. "I've seen the future, baby, it is murder" (Eu vi o futuro, querida, é assassinato), profetiza Leonard, indo um passo além de Prince — cuja canção chamada "The Future" diz "I've seen the future and boy it's rough" (Eu vi o futuro e, cara, ele é difícil) — e citando nominalmente Stalin, o Diabo, Charles Manson e Cristo. Leonard cataloga os pecados do Ocidente: crack, aborto, sexo anal, Hiroshima e o pior de todos: maus poetas. Ele também agradece com uma mesura ao epíteto "the little Jew who wrote the Bible" (o judeuzinho que escreveu a Bíblia). ("Não sei exatamente de onde veio esta frase", disse Leonard, mas "eu sabia que era boa quando veio".[18]) Foi o seu momento rap, seu "Hoochie Coochie Man". "É engraçada, tem uma ironia, tem toda uma distância do evento que possibilitou a canção. É arte, é uma boa música para dançar [...] Tem até esperança. Mas essa canção veio de uma situação de risco de vida. Por isso você está destruído no final dela."[19]

Na letra da comovente "Democracy", Leonard parece mais direto em termos sociopolíticos. Não há Abraãos, Isaacs e açougueiros aqui:

> Está vindo... daquelas noites na praça da Paz Celestial...
> das chamas dos sem-teto, das cinzas dos gays...
> Eu amo o país, mas não suporto a cena
> E não sou de esquerda nem de direita
> Vou só ficar em casa esta noite
> me perdendo naquela telinha sem esperança.

Em entrevistas da época Leonard se refere à democracia como "a maior religião que o Ocidente produziu", acrescentando que, "[como] Chesterton disse sobre a religião, é uma ótima ideia, pena que ninguém a experimentou".[20]

Há momentos de calma no meio do caos e do apocalipse, como "Light as the Breeze", que fala sobre o poder curativo do cunilíngua, e "Always", cujo sentimentalismo recebe um tom irônico pela apresentação exagerada de bar, assim como a doçura de "Light as the Breeze" é temperada pela ideia de que o conforto do sexo e do amor é fugaz, pouco mais que um *band-aid* que ajuda a voltar ao ringue para mais um *round*. Leonard canta na obra-prima do álbum, "Anthem":

***
> Ah, as guerras, elas serão
> travadas de novo
> A pomba sagrada
> Ela será capturada de novo
> comprada e vendida
> e comprada de novo
> a pomba nunca está livre.

Mesmo assim, ainda há esperança:

> Esqueça a sua oferenda perfeita
> Há uma rachadura em tudo
> É assim que entra a luz

"A luz", explica Leonard, "é a capacidade de reconciliar suas experiências e mágoas com cada dia que nasce. É essa compreensão, que está além do significado ou do sentido, que lhe permite viver a vida e abraçar os desastres, as mágoas e as alegrias que são nosso destino comum, mas isso só vem ao reconhecer que há uma rachadura em tudo. Acho que todas as outras visões estão condenadas à irrecuperável tristeza".[21] Leonard já tinha falado sobre querer um equilíbrio entre luz e sombra, verdade e mentira em suas canções — e em *The Future* ele conseguiu.

As críticas do álbum foram amplamente positivas. O álbum era um sucesso comercial, indo particularmente bem em países de língua inglesa. Chegou às 40 mais no Reino Unido, foi Disco de Platina Duplo no Canadá e vendeu quase 250 mil cópias nos Estados Unidos. Três canções dele ("The Future", "Anthem" e "Waiting for the Miracle") fizeram parte da trilha sonora do filme norte-americano dirigido por Oliver Stone em 1994 *Assassinos por natureza*. Enquanto isso, Leonard estava envolvido na maratona promocional, concedendo mais entrevistas do que fizera em anos, falando basicamente o mesmo de sempre sobre os Estados Unidos, o apocalipse e, muito ocasionalmente, o relacionamento com Rebecca a um grande número de jornalistas. Para o espanto da imprensa de Toronto, Rebecca, que por acaso estava na cidade para fazer um filme com Sidney Lumet, estava ao lado de Leonard nas entrevistas. Quando o jornalista da *Maclean* observou que ela parecia "discreta e um pouco fora do seu habitat", ele poderia estar descrevendo Leonard no Oscar.[21] Rebecca, assumindo o papel anterior de Dominique Issermann, dirigiu o clipe para o primeiro *single* de *The Future*, "Closing Time". Perla Batalla apareceu no clipe junto com uma grávida Julie Christensen e se lembra de ver Rebecca aparecendo na gravação após um dia de filmagem com Lumet "trazendo garrafas de Cristal, que bebemos em copos de isopor". Para desinibir Leonard ainda mais, Rebecca fingiu um *strip-tease* e flertou com ele por trás da câmera.

Leonard concordou em entrevistar Rebecca para a sofisticada revista de fofocas sobre celebridades fundada por Andy Warhol, *Interview*, que uma vez tinha se recusado a publicar a matéria feita por Danny Fields sobre Leonard Cohen porque ele não era famoso o bastante. A entrevista foi uma mistura de discernimento, flerte e respostas inteligentes do tipo que mostrava que Leonard tinha encontrado alguém à altura ou que Rebecca tinha absorvido algo do estilo dele. Ela começou dizendo que o melhor de ser entrevistada por Leonard Cohen era não ouvir a pergunta: "Qual a exata natureza do relacionamento com Leonard Cohen?" Naturalmente, essa foi a primeira pergunta de Leonard. Ele também quis saber se Rebecca via atuar como "uma forma de cura". Ela respondeu: "Se você tem lesões que estão sangrando, eu não acho que atuar vai estancar o sangue, mas considero atuar uma forma de iluminação." Quando ele perguntou quais papéis ela gostaria de interpretar, Rebecca respondeu: "Joana D'Arc." Como o mais suave entrevistador de programa de TV ou um idoso apaixonado por uma bela jovem, Leonard perguntou, com uma dose de ironia: "Como você mantém a compleição pura e rosada?" Ele queria uma dica de beleza?, perguntou ela. Leonard confirmou: "Sim." Rebecca respondeu: "Para ser mais lindo, Leonard, você tem que ser mais feliz."[23]

Com o álbum pronto, Leonard voltou a um projeto há muito inacabado: a antologia de poemas e letras de música na qual estava trabalhando desde o meio dos anos 1980. Examinando pilhas de material, experimentando todos os métodos que podia conceber para organizar o próprio trabalho, ele tinha compilado três livros diferentes (um pequeno, um médio e um grande) e abandonado todos. Os editores estavam ficando impacientes. A fama de Leonard estava maior do que nunca e já haviam se passado nove anos desde o último livro e 25 anos desde a última antologia, *Selected Poems 1956-1968*, para a qual Marianne tinha ajudado a escolher os poemas. Leonard perguntou à amiga Nancy Bacal se ela poderia ajudar.

"Ele ficou acumulando uma pilha enorme de poemas e letras por meses, anos", descreve Bacal. "Era o trabalho de uma vida, avassalador, impossível de analisar. Então tomamos um caminho bem esotérico. Queríamos usar apenas os poemas mais atuais e esparsos, mais elípticos que a voz da juventude dele. Fizemos um livro nessa linha, que levou um bom tempo e esforço, e ficamos muito felizes com o resultado." Um dia, enquanto eles estavam trabalhando, Rebecca chegou. Leonard mostrou o que eles tinham feito. Notando que nenhum dos seus poemas favoritos estava lá, Rebecca veio com sua lista que, como a de Marianne, incluía os poemas mais românticos. "Nós meio que olhamos um para o outro, perplexos", lembra Bacal. "E eu podia senti-lo começando a reconsiderar: 'Bom, talvez eles devessem estar lá.' Aí ele mudou, e quando as portas da possibilidade se abriram, houve o caos, e foi difícil tomar decisões. Eu me lembro da agonia em que ele estava. Leonard mandava alterações por fax até o último minuto. Tenho certeza de que o pessoal da editora estava enlouquecendo. No finalzinho eu me afastei, era confuso demais para o meu cérebro."

Stranger Music: Selected Poems and Songs, dedicado a Adam e Lorca, foi publicado em março de 1993. Um livro substancial, de quatrocentas páginas, organizado cronologicamente e concluído com onze poemas dos anos 1980 inéditos até então. Embora não seja a coleção respeitável que prometia, é uma amostra bem representativa do trabalho, apesar de algumas escolhas e omissões curiosas. Há trechos do segundo romance *Beautiful Losers*, por exemplo, mas não do primeiro, *A brincadeira favorita*, e ele escolheu as versões musicais de "Suzanne", "Master Song" e "Avalanche", em vez das menos conhecidas versões em poema. Leonard também aproveitou a oportunidade para fazer mudanças textuais, às vezes bem drásticas, em vários textos. Apesar disso, com uma nova geração de fãs da música curiosos quanto ao seu histórico literário e com vários livros com os poemas originais esgotados, *Stranger Music* vendeu muito bem.

A turnê do álbum *The Future* estava marcada para começar em 22 de abril de 1993 na Escandinávia. Leonard tinha uma banda de oito integrantes: Bob Metzger, Steve Meador, Bill Ginn, Bob Furgo, Paul Ostermayer, Jorge

Calderon, Julie Christensen e Perla Batalla. Todos eram velhos companheiros de estrada, menos Calderon, e vários participaram da bem-sucedida e agradável turnê de *I'm Your Man*. O ânimo estava bom. Durante a última semana de ensaios, a gravadora norte-americana de Leonard, marcando o novo status dele nos EUA, acertou um show particular em seu estúdio de ensaios em Los Angeles, o Complex, que seria transmitido para cem estações de rádio pelo país, com o nome de *The Columbia Records Radio Hour Presents: Leonard Cohen Live!*. Nas últimas semanas, Leonard também tinha aparecido em dois programas de TV norte-americanos, *In Concert* e *David Letterman*. Os ingressos para os 26 shows nos Estados Unidos, que se alternavam com 21 datas no Canadá, estavam vendendo bem.

A turnê europeia incluía várias arenas esportivas, estádios e dois festivais de rock. Como invariavelmente acontecia na Europa, o público era bom e as críticas, favoráveis. Uma resenha dos shows no Royal Albert Hall no *Independent* destacou o novo senso de espetáculo de Leonard e a grande quantidade de mulheres maduras gritando na plateia. Leanne Ungar, que acompanhou o agora marido Bob Metzger na estrada, gravou os shows. (Oito canções dessas apresentações, junto com cinco da turnê de 1988, acabariam compondo o primeiro álbum ao vivo de Leonard em onze anos, *Cohen Live*, lançado em 1994.) Leonard aproveitou a ocasião para aparecer no programa de TV do Reino Unido *Later... with Jools Holland* e em programas de TV na Espanha e França. Ele gravou um dueto com Elton John para o álbum de Elton chamado *Duets*, escolhendo uma canção de Ray Charles que sabia de cor, após ouvir incontáveis vezes em Hidra, "Born to Lose". No show de Viena, Rebecca apareceu com um bolo imenso, com um beija-flor no meio e a frase escrita em glacê: "R. ama L. ama R. ama L". Sempre que a agenda permitia, ela viajava com Leonard e a banda no ônibus da turnê três ou quatro dias por vez, na Europa e nos Estados Unidos.

A turnê norte-americana também recebeu críticas positivas: a *Rolling Stone* comparou Leonard a Brecht e o *New York Times* descreveu a reação da plateia como "quase reverente, esperando cada frase".[24] No Canadá, Leonard narrou uma série em duas partes para a TV canadense sobre *O livro tibetano dos mortos*, que ele encontrou pela primeira vez na antiga casa de Marianne em Hidra. No último poema de *Stranger Music*, "Days of Kindness", escrito em Hidra em 1985, ele estava pensando em

> Marianne e a criancinha
> Os dias de ternura
> Crescem na minha espinha
> E se manifestam em lágrimas
> Rezo para que uma memória amorosa
> também exista para eles
> os preciosos que demovi
> por uma educação no mundo.

Embora se dissesse pouco sentimental, algo parecia arrastar Leonard de volta ao passado. Talvez fosse a preocupação atual não só com *The Future*, mas com o futuro propriamente dito. Ele já tinha falado sobre ter uma noção de mortalidade em termos de sua obra, do fim estar próximo. E também se comprometera a passar o futuro com uma mulher. Mesmo assim, tinha muito trabalho a fazer.

A atenção e a adulação estavam começando a afetá-lo, embora Leonard fosse grato por elas. Justo quando ele pensou que o Canadá tinha esgotado as láureas para conceder (nos últimos dois anos ele tinha entrado no Hall da Fama da Música Canadense, recebido a Ordem do Canadá, conquistado dois Junos de compositor do ano, dois de melhor videoclipe e um de melhor vocalista masculino, além de receber um diploma honorário de sua antiga universidade, a McGill), ele recebeu o Governor General Award pelo conjunto da obra. É o tipo de prêmio que faz o ganhador se sentir velho e acabado, mesmo um homem cujo último álbum e livro tinham sido sucessos de venda e que fora visto pela última vez acompanhado pela noiva linda, loura e jovem. Em novembro de 1993, Leonard foi a Ottawa, acompanhado de Julie e Perla, para uma apresentação de gala em sua homenagem na qual as duas mulheres cantariam "Anthem" com o apoio de uma orquestra e um coral gospel.

Na cerimônia de apresentação no Rideau Hall, Leonard tinha o cabelo quase todo raspado e disse: "Eu me sinto como um soldado." Do palco ele via o antigo companheiro de armas Pierre Trudeau na plateia. "Você pode ser condecorado por uma campanha bem-sucedida ou uma ação específica que parece heroica, mas talvez seja só o seu dever", continuou. "Você não pode deixar essas honrarias alterarem profundamente sua maneira de lutar."[25] O discurso ao receber o prêmio foi a perfeita mistura cohenesca de modéstia, honestidade e declaração de intenções. Irving Layton estava pronto para a ocasião, como sempre, e declarou: "Ele parece um Jeremias da Tin Pan Alley. Quer ser direto e esmagar todas as ilusões que as pessoas ainda possam ter sobre o tempo em que vivem e o que podem esperar."[26] Leonard também parecia compelido a esmagar as próprias ilusões.

Havia outro tributo a Leonard em andamento no Canadá, um livro chamado *Take this Waltz*, que tinha contribuições de escritores e personalidades como Louis Dudek, Allen Ginsberg, Judy Collins e Kris Kristofferson e previsão de lançamento para setembro de 1994, a fim de celebrar o sexagésimo aniversário de Leonard. Enquanto isso, ele tinha voltado a Los Angeles, onde desfez a mala, arrumou uma mochila, entrou no carro e dirigiu para longe da cidade e do futuro com uma jovem e bela atriz. Leonard estava voltando ao lugar onde se movia calmamente e sem estardalhaço há alguns meses, pouco depois do último show da turnê de *Future*: a cabana pequena e simples na montanha, onde escolheu viver como servo e companheiro de um velho monge japonês.

CAPÍTULO VINTE

DESTA COLINA PARTIDA

O dia estava quente e seco, mas um punhado de neve ainda se agarrava ao topo da montanha como uma unha quebrada em um suéter gasto.

Leonard, vestindo uma grande túnica preta e sandálias, caminhava rapidamente pelo caminho sinuoso olhando para baixo e com os braços cruzados na frente do corpo. Havia outras figuras vestidas de preto pelo caminho e todos marchavam em formação, silenciosos, exceto pelo som das pedras esmagadas sob os pés. "As pessoas têm ideias românticas com relação a monastérios", diz Leonard. O Centro Zen Monte Baldy decididamente não era romântico: era um acampamento abandonado de escoteiros a quase dois mil metros de altura nas montanhas de San Gabriel, noventa quilômetros a leste de Los Angeles, onde os pinheiros são tão rarefeitos quanto a atmosfera.

O novo lar de Leonard se assemelhava aos restos arqueológicos de uma comunidade pequena e civilizada reduzida cruelmente a escombros — uma série de cabanas simples e esparsas de madeira, uma pequena estátua de Buda e o círculo de pedras onde os escoteiros cantavam diante do fogo — que algumas almas gentis com ferramentas primitivas fizeram o melhor que conseguiram para consertar. O lugar nem oferecia o romance do isolamento, uma vez que ficava perto da estrada que ligava a cidade universitária de Claremont, logo abaixo, às encostas de esqui logo acima. Do outro lado da estrada havia uma pousada, cuja placa oferecendo coquetéis, comida e hospedagem servia apenas para lembrar aos monges os prazeres da carne. Nas noites de sábado, risos e música flutuavam de modo suave pelo ar frio da noite através das paredes finas de madeira das cabanas dos monges. No inverno, o Centro Zen ficava coberto de grossas camadas de neve. No verão, havia enxames de insetos. O lugar parecia cheio de animais que atacam, como cascavéis e até um ou outro urso, que os monges espantavam atirando pedras — do modo mais misericordioso possível, é claro.

Há muitas pedras no monte Baldy. As ladeiras são tomadas por grandes pedras cinzentas e de pontas afiadas que parecem ter parado no meio de uma queda, como se uma votação houvesse sido feita no meio da avalanche e elas tivessem decidido unanimemente não continuar. Os caminhos ao redor da propriedade, que ligam as residências aos prédios comuns (sala de meditação, refeitório, banheiros externos e chuveiros, sendo que não havia água quente até o fim dos anos 1990), são cercados de pedras de tamanho médio e cobertos de pedrinhas farelentas. O lugar parece uma pilha de pedras, um campo de trabalhos forçados.

Como Leonard admite, era "uma existência rigorosa e disciplinada".[1] Durante os *sesshins*, períodos de estudos budistas intensos que duravam uma semana, a chamada para o despertar às três da manhã dava aos residentes dez minutos para se vestirem e caminharem penosamente pela escuridão (no inverno, abrindo caminho através da neve com uma pá) rumo à sala de refeições, onde o chá era servido de maneira formal e bebido em silêncio. Quinze minutos depois, o gongo indicava a hora de irem silenciosamente até a sala de meditação e assumirem o lugar atribuído a eles nos bancos de madeira voltados para o centro. Uma hora de meditação cantada ("cantos muito longos, todos de uma nota só") era seguida do primeiro de seis períodos diários de *zazen* — uma hora ou mais de meditação sentados, com pernas cruzadas em posição de lótus, costas rígidas e olhos fitando o chão.[2] Monges carregando bastões patrulhavam o recinto em busca de eventuais dorminhocos, a quem devolviam à consciência com uma pancada forte no ombro. Após a meditação, mais meditação: *kinhin*, a meditação andando ao ar livre, independente do clima. Sendo no alto da montanha, o clima era de extremos, e às vezes caíam granizos do tamanho de limas-da-pérsia. Depois vinha o primeiro de vários *sanzens* diários, encontros individuais com Roshi para instruções e prática de *koan* (enigmas).

Havia pausas curtas para refeições às 6h45, ao meio-dia e às 17h45 para o jantar, durante o qual todos iam para a sala de jantar, pegavam da prateleira a tigela plástica atribuída a eles e embalada em um guardanapo e ocupavam uma das sete longas mesas em que comiam silenciosamente. Após o almoço vinha uma pausa para o banho e o horário reservado para o trabalho. Após o jantar havia *gyodo* (meditação praticada enquanto se caminhava e cantava), além de mais *zazen* e *sanzen* até as nove, dez, talvez onze da noite, dependendo da disposição de Roshi. Independente do horário em que a meditação terminasse, contudo, todo o processo recomeçava no dia seguinte às três da manhã em ponto.

Quando não havia *sesshins*, a agenda diária era um pouco menos implacável, começando às cinco da manhã e terminado às nove da noite, permitindo tempo para si mesmo entre estudos e trabalhos. Mesmo assim, para um homem de quase 60 anos, um ícone da música cujo último álbum tivera as mais expressivas vendas de sua carreira, um homem do mundo, sofisticado e mulherengo, a vida que Leonard escolheu era tudo menos extraordinária. A primeira regra da celebridade é que elas existem para serem servidas, mas ali estava Leonard, cortando lenha, batendo pregos, consertando banheiros, fazendo o que o monge encarregado de atribuir e supervisionar os trabalhos mandava. Kigen, que tinha tal função quando Leonard se mudou para o monastério pela primeira vez, diz que "não fazia a menor ideia de que Leonard era uma celebridade. Eu não tinha noção de quem ele era". Leonard estava perfeitamente feliz com isso. Quando Kigen o mandou arrancar os bambus e, após verificar o trabalho, disse para refazer tudo, pois havia esquecido alguns, ele cumpriu a tarefa sem reclamar.

Leonard morava em uma cabana de madeira no meio do monastério, perto do caminho de acesso. O tapete na porta da frente dizia "bem-vindo" e um bravo grupo de flores selvagens amarelas tinha aberto caminho à força através das pedras para florescer ao lado da porta de entrada. Leonard sempre apreciou moradias pequenas e simples, e essa atendia perfeitamente à descrição: o quarto de paredes brancas que não chegava a um metro quadrado (do tamanho de uma cela das prisões norte-americana e canadense) tinha uma estreita cama de solteiro feita de metal e um baú com gavetas. Havia um menorá na penteadeira e um pequeno espelho na parede. A única e pequena janela estava coberta por uma cortina branca fina e uma tela que à noite ficava tomada por mariposas cor de poeira, atraídas pela luz. A cabana de Leonard tinha um quarto extra, do tamanho de um armário, onde cabia uma pessoa e no qual havia uma escrivaninha, um velho computador Macintosh, alguns livros, uma ou duas garrafas de bebida alcoólica e um sintetizador Technics. Não havia

TV, rádio ou aparelho de som. Se Leonard quisesse ouvir um CD, teria que ir até o jipe estacionado perto da entrada do Centro Zen. Os principais luxos eram ter o próprio banheiro e uma cafeteira. Roshi tinha dado a Leonard um tratamento especial, permitindo que ele acordasse mais cedo que os outros para apreciar sozinho um cigarro e o café tomado em uma caneca decorada com a capa do álbum *The Future*, antes de se juntar aos residentes nas tarefas e costumes diários.

A principal função de Leonard era trabalhar com Roshi, basicamente como chofer e cozinheiro. Na tradição monástica, os monges sobreviviam de lentilhas, feijão-de-lima, arroz, ervilha e macarrão, que ocupavam uma fileira de grandes lixeiras na cozinha, onde também ficavam as doações de alimentos, que chegavam uma vez por semana. Entre as doações havia todo tipo de curiosidade, como os biscoitos wafer doces que pareciam ter vindo de um carrinho de chá inglês da década de 1940 e por acaso chegaram no mesmo dia do carregamento de chá indiano marcado como produto de exportação para a Rússia. Leonard virou especialista em fazer sopas. Aos 61 anos, ele ganhou um certificado do município de São Bernardino que o qualificava para trabalhar como cozinheiro, garçom ou ajudante de garçom.* Às vezes Leonard se perguntava por que estava vivendo assim, nessa "terra de corações partidos", como ele chamava, mas sabia a resposta.[3] Não havia outro lugar onde poderia estar.

Leonard ia ao monte Baldy para *sesshins* e retiros há mais de vinte anos. Ele estava familiarizado com tudo e sabia o que iria encontrar. Aquele não era um retiro zen leve voltado para celebridades, do qual a Califórnia estava repleta. Os monges da escola Rinzai eram "os fuzileiros navais do mundo espiritual",[4] como Leonard gostava de se gabar, graças ao regime "criado para derrubar uma pessoa de 20 anos".[5] Por que ele escolheu aderir em tempo integral aos 60, quando era velho demais para o regime e velho o suficiente para saber que não deveria fazer isso, é uma pergunta cuja resposta tem três partes: Rebecca, a indústria musical e Roshi.

Pouco antes de sair de Los Angeles para a vida monástica, Leonard esbarrou em Roscoe Beck e disse a seu antigo diretor musical: "Estou far-

---

* O teste, feito após estudar um curso em DVD sobre manuseio seguro de alimentos, exigia responder corretamente a quarenta de cinquenta questões de múltipla escolha. A quantidade exata de acertos de Leonard não é conhecida.

to desta profissão de músico." Ele estava indo embora. Era um momento estranho para fazê-lo. *The Future* não era *Various Positions* — e tinha sido um dos álbuns mais bem-sucedidos de Leonard, mas a turnê que se seguiu ao lançamento desequilibrou e debilitou o artista. Ele odiou a experiência e estava bebendo tanto que Roshi, um homem que não era de forma alguma avesso ao álcool, demonstrou preocupação.

O relacionamento de Leonard com as turnês sempre fora complicado. No começo ele as via, na melhor das hipóteses, como um mal necessário imposto pelo contrato com a gravadora, que ele enfrentava com sofrimento e geralmente com o auxílio do álcool ou, no começo da carreira, por meio de outros paliativos. O medo do palco tinha o seu papel, graças ao temor que um homem tímido como ele tinha da humilhação. Embora a atenção e o palco não o preocupassem quando era um jovem leitor de poesia, as inseguranças como cantor e músico intensificaram o medo do fracasso. A primeira apresentação de Leonard, quando Judy Collins o chamou ao palco em 1967 durante um show beneficente em Nova York, tinha sido um "fracasso total".[6] Nos anos seguintes, quando se acostumou a fazer shows, o medo se transformou em uma espécie de projeção pública do perfeccionismo, pois "tomar o tempo das pessoas com algo que não fosse excelente dava muito trabalho".[7] Leonard jamais conseguiu fazer um show casualmente, nas palavras do próprio, o que é fácil de acreditar, pois ele nunca mostrou grande capacidade de fazer algo "casual" em todos os aspectos de sua vida. Se um show não fosse bom, "você sentia como se tivesse traído a si mesmo", o que evoluía para o medo de trair sua arte ao trabalhar como uma prostituta noite após noite.[8]

Contudo, Leonard também queria que as pessoas ouvissem suas canções e comprassem seus álbuns. Considerando a falta de divulgação no rádio como um todo e a distância geográfica entre ele e sua principal base de fãs, que não ficava nos Estados Unidos e nem no Canadá, isso significava ir para a estrada apresentar suas músicas. E, à medida que o tempo passava, às vezes ele até gostava dos shows, desde que tudo corresse bem e nada saísse do controle. Leonard tinha se sentido "totalmente em casa" na turnê de *I'm Your Man*. Aqueles que o conheciam bem comentaram o quanto parecia tranquilo, tinha até parado de beber nos intervalos. Em 1993, quando chegou a hora de sair para a turnê de *The Future*, Leonard recontratou vários integrantes da equipe de 1988, além de cinco músicos da antiga turnê para a banda de oito integrantes que levou para a estrada. Para Julie Christensen, que esteve nas duas turnês: "acho que Leonard realmente depende das pessoas ao redor para sustentar a mágica. Ele sabe que não consegue fazer isso sozinho" — mas dessa vez a mágica não funcionou.

Perla Batalla, que também esteve nas duas turnês, descreve a de *The Future* como "muito, muito cheia de drama". Embora possa não ter parecido tão dramática para quem estava de fora, para alguém tão sensível e ambivalente em relação a tais eventos quanto Leonard, foi. A agenda era mais pesada do que o normal, com muitas viagens e pouco tempo para recuperar o fôlego. A parte norte-americana, que aconteceu praticamente logo após os 26 shows na Europa, foi árdua: 37 shows em menos de dois meses, com encontros com fãs organizados nos bastidores após quase todas as apresentações, pois o segundo álbum seguido de Leonard a ser bem-recebido nos EUA parecia ter feito a outrora indiferente gravadora norte-americana se empolgar demais. (A turnê de *I'm Your Man*, em comparação, teve 25 datas separadas por uma pausa de 15 semanas no verão). O roteiro, que ia e voltava através da fronteira, também era estressante e o ônibus da turnê sofria com amortecedores defeituosos, sendo um inferno nas estradas sinuosas das montanhas canadenses, o que não ajudava a melhorar o humor. Os ânimos estavam piores do que nunca. O fato de Perla Batalla ter se casado desde a última turnê e de Julie Christensen ter tido um bebê que precisou deixar para trás apenas aumentavam a sensação geral de que aquela não seria a experiência tranquila que tinha acontecido há cinco anos. Leonard havia demonstrado ansiedade mais de uma vez por estar separando famílias.

A noiva de Leonard, Rebecca de Mornay, tinha aparecido em vários pontos da Europa e da América do Norte, e às vezes viajava no ônibus com eles, por três ou quatro dias. Ela podia ver que a turnê "estava sendo muito difícil para ele. É um conflito terrível pegar alguém que gosta de viver em um quarto, do qual provavelmente não sairia durante três dias, e jogá-lo em um palco com milhares de pessoas assistindo". Rebecca parecia ser querida por todos, mas não importa o quanto suas intenções fossem boas, ela era uma distração — às vezes boa, outras nem tanto. A energia dele parecia mudar quando ela estava presente, afetando a relação com a banda, e alguns dos músicos acreditavam que isso podia ser percebido no palco em alguns momentos. Fora do palco, em alguns momentos Leonard parecia exultante com a presença de Rebecca, mas em outras ocasiões, mais adiante na turnê, era possível ouvir discussões em tom de voz mais alto por trás da porta fechada do camarim. No meio do verão de 1993, quando a turnê terminou, o noivado de Leonard e Rebecca também chegou ao fim.

Um dos relacionamentos mais públicos de Leonard acabou de modo particular e discreto. Ninguém fez declarações à imprensa. Depois, Leonard diria: "Ela meio que se deu conta. Finalmente viu que eu era um cara que simplesmente não conseguia se comunicar, ser um marido, ter mais filhos e tudo mais."[9] Rebecca discorda: "Acho que a verdade mesmo é que Leonard se comunicou mais comigo do que com qualquer outra pessoa. Talvez seja por isso que não haja ressentimentos, pois ambos sabemos que demos o nosso melhor."

Leonard não contou a Rebecca que estava indo para o monastério. Segundo ela, porém, "são apenas detalhes. O importante é que realmente impactamos a vida um do outro de formas incrivelmente positivas. Uma das várias coisas muito sábias que Leonard disse ao longo do nosso relacionamento foi: 'Olha, eu sei o seguinte: o casamento é a prática espiritual mais difícil do mundo.' Eu perguntei: 'Do que você está falando?' Ele respondeu: 'As pessoas se perguntam como alguém consegue ficar sentado no monte Baldy por horas, semanas, meses até, mas isso não é nada comparado ao casamento. Se você estiver realmente presente no casamento, é autorreflexão 24 horas por dia, 7 dias por semana. Em outras palavras, quem você é será refletido de volta para você no espelho do parceiro conjugal dia após dia, a cada minuto, a cada hora. Quem consegue aguentar isso?' Ele era muito consciente de si."

Segundo Rebecca, Leonard "procurou a vida inteira descobrir o que é isso, onde está a resposta ou talvez apenas como diabos sair daqui. Ter todos esses relacionamentos com mulheres sem se comprometer de verdade; ter essa longa história com Roshi e a meditação zen e ainda assim estar sempre fugindo; ter um longo relacionamento com a própria carreira e ainda assim sentir como se isso fosse a última coisa que quisesse fazer. Tenho a sensação de que muitas coisas chegaram a um ponto crítico para ele dentro do contexto ou do período de tempo do nosso relacionamento. Acho que cada um cristalizou algo um para o outro, definitivamente. E, após termos terminado, ele se comprometeu com a outra coisa com que não estava disposto a se comprometer: virou monge, algo inédito e que, por sinal, me deu uma reputação assustadora: 'Meu Deus, depois de você os homens fogem e viram monges: o que você faz com eles?'"

Com Rebecca fora da sua vida e após ter se afastado da indústria musical, não havia motivo para Leonard continuar em Los Angeles. A razão que tinha se dado para ir ao monastério era "amor" — nem tanto amor pelo budismo e pela ideia de viver como um monge, mas amor por Roshi, o velho com quem ele podia ficar sentado em silêncio naquela colina partida.[10] Como Leonard descreveu: "Algo assim você só pode fazer por amor. Se Roshi fosse professor de física na Universidade de Heidelberg, eu teria aprendido alemão e ido a Heidelberg para estudar física. Acho que uma pessoa se aproxima de um mestre em várias situações. Se você quer um mestre, ele vira o seu mestre. E algumas pessoas querem um disciplinador, então há um regime rígido disponível para elas. Eu estava mais interessado na amizade, então ele se manifestou como amigo. Quando terminei a turnê em 1993, estava me aproximando dos 60 anos, Roshi estava se aproximando dos 90. Meu velho professor estava envelhecendo e eu não tinha passado tempo o suficiente com ele. Como os meus filhos estavam criados, pensei que era o momento adequado para intensificar minha amizade e associação com a comunidade."[11]

Leonard tinha ido até lá para ficar ostensivamente a serviço de Roshi, mas o acordo funcionava para os dois. Ele também tinha sido atraído para o monastério pela "noção de algo inacabado, algo que me manteria vivo",[12] o que só entendeu alguns anos depois. Leonard comparava o Centro Zen a um hospital na montanha, considerando a si mesmo e seus colegas residentes "pessoas que foram traumatizadas, magoadas, destruídas e mutiladas pela vida diária", todas sentadas na sala de espera, aguardando para ver esse pequeno e rotundo médico japonês. Independente das adversidades e privações, a vida monástica tem lá o seu luxo voluptuoso para um homem com apetite para a disciplina e capaz de ser mais duro consigo mesmo do que qualquer regime punitivo que um velho monge com uma bolsa cheia de *koans* pudesse criar. O vazio, o silêncio, a falta de distrações e o senso de ordem cancelavam a confusão de palavras e ansiedades na cabeça dele. Leonard não era especial ali, era uma engrenagem na máquina. Todos e tudo estavam conectados, e ele era apenas mais um naquela comunidade pequena e em constante mutação em que todos se vestiam da mesma forma, dividiam as tarefas e comiam juntos em tigelas plásticas idênticas. Leonard não tinha o menor problema com isso. Naquele momento, tinha pouquíssimo interesse em ser "Leonard Cohen". O que ele procurava era um tipo de vazio, algo que havia buscado de várias formas ao longo da vida adulta, fosse através do jejum, do sexo ou da auditoria da Cientologia. Fora esse "vazio" que o atraíra pela primeira vez ao monastério de Roshi. "É um lugar onde fica muito difícil se apegar a alguma ideia. Há uma espécie de vácuo benevolente que encontrei aqui em uma forma muito pura."[13] No Centro Zen Monte Baldy ele não tinha decisões a tomar, apenas fazia o que lhe mandavam do jeito que lhe mandavam, mas, ao contrário de um contrato com uma gravadora ou um casamento, havia uma cláusula de fuga. Leonard poderia ir embora se quisesse.

E, em algumas ocasiões, ele foi mesmo. Pendurava a túnica no gancho, descia a montanha de carro, passando as placas que alertavam para não jogar bolas de neve, e se juntava ao tráfego da via expressa que seguia na direção do noroeste de Los Angeles. Ele não ia para um fim de semana perdido em imoralidades, e sim para ficar sozinho. Um pequeno monastério na montanha pode parecer uma existência isolada, mas Leonard não pensava o mesmo. "Há muito pouco espaço e tempo para si. Há um ditado no monastério que os monges são como pedregulhos em um saco: um está sempre ao lado do outro, trabalhando ombro a ombro, então é igual à vida em qualquer lugar, com as mesmas sensações de amor, ódio, ciúme, rejeição, admiração. É a vida comum sob um microscópio."[14] A primeira parada de Leonard era no McDonald's para comprar um McFish, que comeria mais tarde acompanhado de uma taça de bom vinho francês. Mas após um ou dois dias em casa assistindo à televisão (o programa *The Jerry Springer Show* era um dos seus favoritos), ele se lembrava de como a vida seria caso não estivesse no monastério, dirigia de volta montanha acima e vestia a túnica de novo.

Os dias se passavam divididos em segmentos de atividades quase constantes, e em geral regradas. "Você não dorme muito, trabalha várias horas por dia, fica no saguão meditando várias horas por dia, mas quando pega o jeito", diz Leonard, "você pega o embalo e meio que flutua através de tudo aquilo."[15]

Esse nível de aceitação não veio de imediato. Como ele e Kigen eram consideravelmente mais velhos que muitos dos frequentadores do monte Baldy para os *sesshins*, consolavam um ao outro em relação à severidade do lugar. "A paisagem é austera e a altitude, muito desafiadora. Leonard disse que o local era feito para pessoas com uma tonelada de energia", descreve Kigen, "mas boa parte da prática consiste em ser capaz de ir confiante a um lugar onde normalmente você ficaria muito inseguro e perceber que *pode* fazer sua casa ali, que pode viver, florescer e encontrar a paz nesses lugares extremos." Leonard sentiu-se então mais tranquilo por períodos maiores de tempo do que conseguia se lembrar. "Eles apenas fazem você trabalhar até a morte para se esquecer de si mesmo", explica Leonard, "e se esquecer de si é outro tipo de alívio. Há uma noção rígida de ordem, mas gosto desse tipo de coisa. Depois que você supera sua resistência natural a receber ordens, se conseguir superar, então começa a relaxar com a agenda e a simplicidade do seu dia. Você apenas pensa no seu sono, no seu trabalho, na próxima refeição e todo aquele componente de improvisação que tiraniza boa parte das nossas vidas começa a se dissolver."[16]

É uma crença popular que um artista ou escritor precisa de um elemento de desordem, sofrimento e improviso para criar. Como o próprio Leonard disse: "É verdade que o próprio Deus, segundo o Gênese, usa o caos e a desolação para criar a ordem do universo, então o caos e a desolação podem ser entendidos como o DNA de toda a criatividade."[17] Mas a existência altamente estruturada em conjunção com o desejo de esquecer quem era e superar o ego pareciam libertar a criatividade de Leonard. Isso pode parecer paradoxal, quando a ânsia de criar parece vir da expressão do ego do artista, mas a retirada das distrações internas (ansiedades, expectativas) através da prática zen era tão importante quanto a falta de distrações externas nesse ambiente simples e ordeiro. Nas preciosas e limitadas horas livres entre os deveres, Leonard se ocupava escrevendo, desenhando e compondo músicas no sintetizador, músicas delicadas e pungentes que ele descreve como "bem parecidas com trilhas de filmes franceses dos anos 1950".[18] Algumas poesias e ilustrações apareceriam no *Book of Longing*, mas isso só aconteceria uma década mais tarde. Trabalhando na sala dos fundos de sua pequena cabana, Leonard não pensava em publicar um livro ou lançar um álbum. Ele trabalhava pelo trabalho em si, tendo tão pouco apego ao resultado quanto um homem que ainda não tinha atingido o estado de *satori* (a iluminação) poderia ter.

Por mais ocupada que a vida de Leonard fosse no monte Baldy, o tempo parecia não andar. Embora o mundo lá fora continuasse sem ele, Leonard mostrava pouco interesse nos detalhes, deixando que escapasse do rolo como um filme antigo que não tinha vontade de rever. Passaram-se meses e anos, marcados apenas pelas mudanças de estação e as chamadas periódicas que alertavam para o início de outro rigoroso *sesshin*. Durante as várias e longas horas que Leonard passou em *zazen*, sua mente vagueava, passando da dor nos joelhos para as canções que compunha mentalmente, ou até para fantasias sexuais. "Quando você está sentado há muitas horas na sala de meditação, acaba pensando em tudo. Leva um tempo para esgotar tudo e talvez nunca esgote por completo, mas após um período você se cansa de repassar todos os quarenta principais cenários sobre a garota que você quer, perdeu ou que precisa recuperar."[19] Embora em número menor do que os monges, também havia monjas no monte Baldy. Elas tinham os próprios aposentos e a convivência com os residentes do sexo masculino não era estimulada, mas é claro que acontecia. "A situação oferece certas possibilidades eróticas", contou Leonard. "É muito mais fácil que percorrer os cafés nos terraços de Paris. Para um jovem com energia, como não há muito tempo livre, é um ambiente muito promissor." Quando era mais jovem, Leonard "teve várias relações breves e intensas" no monte Baldy,[20] mas ele não era mais "terrivelmente ativo nessa área".[21]

Apesar disso, não estava totalmente desprovido de companhia feminina. Chris Darrow, cuja banda Kaleidoscope tocou no álbum de estreia de Leonard e que morava em Claremont, na base do monte Baldy, ficou surpreso ao vê-lo sentado ao sol no pátio do restaurante grego local Yanni's bebendo um café grego na companhia de uma linda monja. Se não fosse pelas túnicas pretas e cabeças raspadas, pareceria Hidra. Darrow foi à mesa deles, dizendo: "Oi, Leonard, lembra de mim?" Eles não se viam desde a sessão de *Songs of Leonard Cohen*, em 1967. "Claro", disse Leonard, "você salvou o meu álbum."

Embora Leonard não demonstrasse o menor interesse em fazer um novo disco, outro álbum-tributo foi lançado em setembro de 1995, após dois anos de sua vida no monastério. *Tower of Song* era diferente de *I'm Your Fan* de várias formas. O primeiro tributo era um álbum independente, sem pretensões lucrativas, compilado por uma revista francesa de rock no qual artistas predominantemente jovens e ousados gravaram canções de Leonard. *Tower of Song*, por outro lado, era de uma grande gravadora, organizado por Kelley Lynch, produzido pelo namorado dela (Steve Lindsey) e com nomes de maior sucesso comercial. A pedido de Lynch, Leonard se afastou do monastério por alguns dias para ajudá-la a entrar em contato com alguns dos músicos que ela gostaria de ver no disco. Ele enfrentou a tarefa desconfortável com humor, mandando uma mensagem para Phil Collins que dizia: "Beethoven recusaria um convite de Mozart?" "Não", respondeu Collins, "a menos que Beethoven estivesse em turnê mundial na época."

Entre os participantes de *Tower of Song* estavam o antigo colega de banda de Collins no Genesis, Peter Gabriel, bem como Elton John, Don Healey, Willie Nelson, Billy Joel, Tori Amos, Suzanne Vega e Aaron Neville. Sting e os Chieftans se uniram para fazer uma versão celta de "Sisters of Mercy", enquanto Bono fez uma pausa no U2 e gravou uma versão poesia *beatnik*, meio gospel-lounge de "Hallelujah".

O escritor Tom Robbins escreveu no texto do encarte do álbum: "Ninguém pode cantar a palavra *naked* [nu] de modo tão nu quanto Leonard." Esse provavelmente não era o melhor comentário para um álbum de canções de Leonard Cohen que não eram cantadas por ele. Contudo, Leonard, que tinha sido convencido a dar algumas entrevistas para promover o disco, disse à imprensa que estava muito feliz com o resultado: "Após terem sido compostas, esta é a melhor coisa que aconteceu a essas canções e agradeço profundamente a gentileza e solidariedade desses artistas eminentes, que poderiam muito bem ter recusado participar do projeto."[22] Os críticos, porém, não foram gentis. A fim de aumentar as vendas, a gravadora enviou cópias gratuitas a bares e cafés (e isso bem antes de o Starbucks virar uma máquina de vender músicas) com o que eles chamavam de "clima Leonard Cohen". Presumivelmente o que eles tinham em mente eram estabelecimentos sofisticados e elegantes, não a pequena cabana de madeira em uma colina cheia de pedras à qual Leonard voltava tão rapidamente quanto a educação permitia e da qual não demonstrava intenção de sair.

Em 9 de agosto de 1996, após três anos no monastério, Leonard foi ordenado monge zen budista. Steve Sanfield, o amigo através do qual Leonard conheceu Roshi, foi até lá para a cerimônia e Esther, a irmã de

Leonard, foi de Nova York. Leonard, de túnica e cabeça raspada, virou-se para Sanfield e sussurrou ironicamente: "Você me colocou nessa, agora pode me tirar?" Ele tinha concordado com a ordenação não como um passo rumo à santidade ou para longe da religião na qual nasceu. Como escreveu no poema de 1997, "Not a Jew":

> Qualquer um que diga
> Que não sou judeu
> não é judeu
> Sinto muito
> mas isto é definitivo
> Assim diz:
> Eliezer, filho de Nissan,
> sacerdote de Israel;
> também conhecido como
> Rouxinol do Sinai.
> Yom Kippur de 1973;
> também conhecido como
> Jikan, o Não Convincente
> monge zen,
> também conhecido como
> Leonard Cohen*

Ele tinha concordado com a ordenação para "observar o protocolo".[23] Roshi falou que era hora de Leonard virar monge, então ele obedeceu. Também tinha assumido responsabilidades para as quais o status oficial era apropriado: Roshi tinha pedido a ele para cuidar do seu funeral. Aproximando-se do nonagésimo aniversário, o velho instruiu Leonard quanto ao desejo de uma cremação tradicional ao ar livre. Caso Leonard quisesse, Roshi o autorizou a guardar um de seus ossos.

Leonard recebeu um novo nome na cerimônia de ordenação, Jikan. "Roshi não fala inglês muito bem, então você não sabe o que ele quer dizer com os nomes que dá", explica Leonard. "Ele prefere assim por não

---

* Leonard publicou uma versão de seis linhas de "Not a Jew" em *Book of Longing* (2006).

querer que as pessoas se entreguem à poesia dos nomes tradicionais de monges. Perguntei muitas vezes o que Jikan significa. No momento adequado, enquanto bebíamos, ele disse: 'silêncio comum' ou 'silêncio normal' ou 'o silêncio entre dois pensamentos'."[24] Perigosamente poético. E deliciosamente irônico para um cantor e homem das letras.

No geral, o silêncio da vida monástica parecia combinar com Leonard, embora houvesse visitantes ocasionais. Adam Cohen, que tinha acabado de assinar um contrato com a gravadora Columbia, foi discutir com o pai as letras das canções de seu primeiro álbum. Leonard deu ao filho uma canção em que vinha "trabalhando há anos e sabia que nunca ia conseguir terminar": "Lullaby in Blue".[25] Sharon Robinson, que já tinha feito um retiro no Centro Zen, dirigiu até lá e, enquanto bebia uma garrafa de vinho, ouviu Leonard tocar no sintetizador a última das incontáveis versões de "A Thousand Kisses Deep". Entre os hóspedes não convidados, nas palavras de Kigen, estava "uma linda jovem que apareceu uma noite vestindo literalmente trapos e penas, perguntando: 'Cadê o Leonard? Estou aqui pelo Leonard'". Apesar disso, havia pouquíssimas pessoas em busca de celebridades. Kigen disse que podia contá-las em uma das mãos.

Duas pequenas equipes de filmagem também foram até a montanha em períodos diferentes, uma da França e outra da Suécia. Essas visitas resultaram em dois documentários reveladores para a TV. *Leonard Cohen: Portrait, Spring 1996*, de Armelle Brusq, e *Stina Möter Leonard Cohen*, de Agreta Wirberg. O filme francês mostrava Leonard trabalhando na cozinha do monastério, sentado na sala de meditação, lendo os cantos com um grande par de óculos de lentes coloridas e marchando ao ar livre com os outros monges. Ele garantiu a Brusq que não era uma vida de isolamento, dizendo que a vida real era muito mais solitária: quando uma turnê acabava, ele voltava à "solidão tirânica" do lar, onde passava dias sozinho, sem falar com ninguém e sem fazer nada.

A apresentadora sueca Stina Dabrowski perguntou a Leonard sobre o amor e ele respondeu como alguém que teve todo tempo e espaço para pensar no assunto: "Eu tive o amor maravilhoso, mas não o retribuí. Fui incapaz disso. Como era obcecado por uma ideia ficcional de separação, não pude tocar o que me ofereciam, e olha que era oferecido em toda parte." Mesmo assim, quando o mundo começava a parecer radiante de novo, ele se esquecia de vez em quando que vivia "neste corpo de 63 anos de idade" e pensava em encontrar uma jovem, casar, comprar uma casa e conseguir um emprego de verdade, talvez trabalhando em uma livraria. "Eu poderia fazer isso, agora sei como", afirmou. Quando fizeram a inevitável pergunta sobre voltar à música, a resposta foi negativa: "Não posso interromper estes estudos. São importantes demais para serem interrompidos [...] pela saúde da minha alma." Citando o sábio judeu Hillel, o Ancião: "Se eu não for por mim, quem será por mim? E se não for agora, quando? Mas se eu for apenas por mim, quem sou eu?" Leonard pedia encarecidamente aos fãs que o perdoassem. Ele estava tentando aprender algo que resultaria em "canções melhores e mais profundas".[26]

Na ausência de Leonard ou de qualquer notícia sobre um novo álbum por parte dele, em 1997 a Columbia Records lançou uma compilação, *More Best of*. Tinham se passado 22 anos desde o primeiro álbum *Best of* (ou *Greatest Hits*, como era chamado no Reino Unido e na Europa, onde Leonard realmente tinha sucesso) e Leonard não sentia "uma grande urgência" por outro. Contudo, era o trigésimo aniversário de assinatura do seu contrato com a Columbia "e embora eu sentisse pouquíssima nostalgia acabei aceitando a ideia".[27] Pediram a Leonard para escolher as canções e ele selecionou faixas suficientes para um álbum duplo. No fim, a gravadora decidiu por um disco simples, pois queria se concentrar no material mais recente. Também perguntaram a Leonard se ele tinha canções novas. Na verdade, ele havia terminado uma peça elegante e autodepreciativa chamada "Never Any Good". Outra canção recém-finalizada era uma obra curta e computadorizada chamada "The Great Event", cuja melodia é uma "Sonata ao Luar" inversa e o vocal, uma versão sintetizada da voz de Leonard.

Leonard estava trabalhando em música experimental no monastério. Uma ideia que lhe ocorrera — mas que não havia conseguido pôr em prática no computador e sintetizador antigos que tinha — era criar um vocal que soava "como um alto-falante quebrado que restou após a destruição do cosmos, cheio de algum tipo absurdo de esperança de regeneração". Era a próxima etapa do "The Future", interpretada por um monge zen.[28] Nessa época o monte Baldy tinha se conectado à internet. Era uma conexão lenta e discada através da única linha telefônica do monastério, mas Leonard estava on-line.

O contador Jarkko Arjatsalo, que vivia na Finlândia, ficou surpreso ao receber a mensagem de um monge da Califórnia perguntando se poderia ligar para ele. Leonard tinha ouvido falar sobre o *Leonard Cohen Files*, site dedicado ao seu trabalho criado por Arjatsalo e seu filho adolescente Rauli em 1995. Se Arjatsalo criou um site, pensou Leonard, talvez ele pudesse responder algumas perguntas técnicas (na época pré-Google e de conexão dolorosamente lenta). "Leonard procurava um *software* que pudesse imitar a voz dele, mas sem fazer uma cópia perfeita. Era para ser algo obviamente mecanizado embora reconhecidamente ele", lembra Arjatsalo. Através da rede global do site ele encontrou um cientista da Universidade da Califórnia em Berkeley que criou uma solução. Era o início de uma relação próxima de amizade entre Leonard e o homem que batizou de "secretário geral do partido". O site leonardcohenfiles.com ficaria conhecido como o arquivo digital do músico e ponto de encontro para a comunidade internacional de fãs.

Leonard perguntou se poderia acrescentar material próprio ao site. Ele enviou versões iniciais de letras de músicas, incluindo "Suzanne", e rascunhos de novas canções e poemas. O objetivo era "deixar o processo claro, ou pelo menos lançar alguma luz sobre a misteriosa atividade de compor", escreveu ele. Leonard também enviou cópias de suas ilustrações, que variavam de desenhos em guardanapos a arte digital. Ele gostava de criar arte no computador e apreciava computadores no geral. "Dizem que a Torá foi escrita com fogo negro sobre o fogo branco. Tenho essa sensação no computador, do preto brilhante contra o fundo branco. Dá uma certa dignidade teatral ver isso na tela."[29] O interesse dele por Macs começou cedo, graças em parte à iniciativa da Apple de enviar computadores da marca a escritores canadenses selecionados, entre eles Leonard, Irving Layton e Margaret Atwood, além de mandar tutores à casa deles para ensiná-los a dominar o sistema.

Leonard disse em uma entrevista à *Billboard*, em 1998, que estava "publicando muito material original no site finlandês. Não sei quais são as ramificações disso. Falando como escritor rumo ao fim da vida, boa parte do meu trabalho está por aí e ganhei *royalties* com ele. Já fui capaz de viver e talvez até guardar para uma aposentadoria respeitável. Eu ficaria feliz em publicar tudo na internet a essa altura do campeonato".[30] A gravadora não compartilhava desse sentimento. Quando ele incluiu o endereço do site *Leonard Cohen Files* e de outros sites relacionados na contracapa de *More Best of*, eles mandaram tirar, falando em "permissões" e "obediência aos princípios legais", mas Leonard insistiu e os endereços permaneceram.

Leonard tinha simpatizado totalmente com a internet — e isso antes de o declínio das gravadoras e a expansão da web fazerem dela uma necessidade para os artistas. Para quem tinha essencialmente se afastado do mundo, a internet permitia se comunicar da maneira que desejasse. Ele podia manter contato com os fãs de qualquer local sem ter que se livrar da túnica e entrar em um avião. Também podia manter o trabalho visível para o público sem passar por um intermediário, como a gravadora. Ele já estava vivendo de certa forma uma existência virtual ali naquele lugar remoto, bem longe do chão e mais longe ainda do céu: na internet, Leonard encontrou uma forma perfeitamente cohenesca de ao mesmo tempo não estar lá e estar totalmente presente.

Leonard se desconectou por aquela noite. Havia uma boa garrafa de conhaque na mesa, adquirida na última ida a Claremont para fazer compras. Guardando-a embaixo do braço, ele subiu a colina rumo à cabana de Roshi, calçando chinelos.

Outono de 1998. Leonard estava morando no monastério há cinco anos, tão magro que a longa túnica preta ficara larga. Durante incontáveis horas de meditação, teve experiências fora do corpo e viveu momentos em que "o céu se abre e você entende a palavra". Houve períodos durante sua vida no monte Baldy nos quais ele sentiu contentamento e tudo parecia fazer sentido. Este não era um deles. Arrastando-se para fora da cama no meio da noite, colocando água para fazer o café, com os dedos endurecidos de tanto frio, o que Leonard sentia era desespero. Na sala de meditação, onde ficava sentado ouvindo a voz familiar de Roshi dizer o *teisho* no púlpito, ele percebeu que não fazia mais a menor ideia do que o mestre dizia. "Eu costumava ser capaz de entender, mas a minha mente ficou tão preocupada em dissolver a dor que as faculdades críticas ficaram realmente prejudicadas."[31] A angústia não diminuiu, aprofundou-se. O médico receitou antidepressivos, dizendo que os remédios colocariam um limite ao fundo do poço, mas, segundo Leonard, "o fundo do poço se abriu e eu caí diretamente nele".[32]

Um dia Leonard estava levando Roshi ao aeroporto, pois ele ia ao Novo México liderar um dos *sesshins* periódicos no seu segundo monastério (o de Jemez Springs) e precisou voltar ao monte Baldy. Dirigindo pelas estradas sinuosas da montanha, Leonard foi subitamente atingido por um pânico tão paralisante que precisou parar no acostamento. Ele procurou a mochila no banco de trás em busca da caixinha em que guardava os antidepressivos. Com o coração batendo forte, pegou os comprimidos e os jogou para fora do carro. "Eu disse: 'Se é para cair, cairei de olhos abertos.' Há algo obsceno em tomar essas coisas e afundar. Então eu voltei ao monte Baldy", revela Leonard, "e *realmente* afundei".[33]

Ele foi incapaz de se levantar. Os meses de inferno pareceriam mais cruéis do que nunca. Os *teishos* de Roshi não faziam sentido algum. Após cinco anos e meio no monastério e no poço mais profundo da depressão, Leonard sentiu que tinha "chegado ao fim da linha".[34] Em uma noite fria do início de janeiro de 1999, ele subiu a colina até a cabana de Roshi. Estava escuro e sem estrelas, havia neve no ar. Roshi, encurvado com a idade, viu por cima dos óculos de leitura cujo grau fazia os olhos dele parecerem incrivelmente profundos. Os dois ficaram sentados e imóveis, como haviam feito tantas vezes. Leonard quebrou o silêncio: "Roshi, preciso ir. Vou descer a montanha." Roshi perguntou: "Por quanto tempo?" Leonard respondeu: "Não sei." O velho olhou para ele. "Tudo bem", disse Roshi, "você vai."

O bilhete a Roshi desculpando-se pela deserção dizia: "Sinto muito por não poder ajudá-lo agora porque conheci uma mulher. [...] Jikan, o monge inútil, abaixa a cabeça." As palavras eram acompanhadas pelo desenho de uma dançarina hindu.* Menos de uma semana após sair do monte Baldy, Leonard estava na Índia. Ele não havia deixado Roshi para encontrar uma mulher, e sim um homem.

Ramesh S. Balsekar tinha 81 anos, um jovenzinho comparado a Roshi. Ele foi aluno da London School of Economics e presidente de um grande banco na Índia até o final dos anos 1970, quando virou devoto de Nisargadatta Maharaj, mestre da escola Advaita (que significa "não dual") da filosofia hindu. Ramesh agora recebia alunos em seu apartamento no sul de Mumbai. Entre eles, alguns dias após sair do

---

* O desenho foi publicado no *Book of Longing*, 2006.

monastério de Roshi e "em um estado de depressão aguda e sofrimento profundo", estava Leonard.[35]

Leonard conhecera os ensinamentos de Ramesh quando morava no monte Baldy. Havia alguns anos, alguém no monastério dera a ele um livro chamado *Consciousness Speaks*, uma sessão de perguntas e respostas com Balsekar publicada em 1992. A base dos ensinamentos de Ramesh é a existência de uma Fonte Suprema, Brahma, que criou tudo e também é tudo o que criou. Como só existe essa consciência única, não existe "Eu" ou "mim", ninguém realiza qualquer ação individualmente, ninguém pensa ou vivencia qualquer experiência por si só. Uma vez que a autopercepção cai por terra e a pessoa entende profundamente que não tem livre-arbítrio ou qualquer controle sobre o que faz e nem sobre o que é feito a ela, quando não sente orgulho pelas conquistas nem se ofende por conta dos reveses, então se une àquela consciência ou Fonte. Ao ler o livro pela primeira vez, Leonard gostou, mas não podia dizer que entendeu. Ele o deixou de lado e, durante "esses últimos dias sombrios" no monastério, acabou atraído de volta para a obra.[36] Dessa vez, ao reler, tudo pareceu fazer mais sentido. Leonard até descobriu que aplicando os ensinamentos de Ramesh aos *teishos* de Roshi, era possível entender Roshi de novo. Contudo, se tratava de uma compreensão puramente intelectual, que nada fazia para aliviar a intensidade do seu tormento mental. Leonard então pegou o carro, foi até a livraria Bodhi em busca de mais livros de Balsekar, decidiu ir à Índia ouvi-lo pessoalmente e reservou um voo para Mumbai.

Os anos que Leonard passou no monastério não diminuíram seu talento para encontrar um quarto de hotel genérico. O Kemp's Corner era um hotel duas estrelas em um bairro movimentado e urbano do sul de Mumbai. Pequeno (tinha apenas 35 quartos), ficava a poucos metros da praia e mais perto ainda de uma ponte. O prédio era antigo, mas não elegante. Havia um belo toldo listrado sobre a porta de entrada que levava a um saguão minúsculo e pouco iluminado. Leonard escolheu um pequeno quarto de solteiro nos fundos do prédio, onde se ouvia menos o barulho da rua. Havia uma cama estreita, com um lado encostado na parede pintada de branco, uma poltrona, uma escrivaninha situada embaixo de um espelho com moldura de madeira, uma pequena televisão e um banheiro de azulejos brancos.

Em Mumbai, Leonard mais uma vez seguiu uma agenda bem rígida. Ele saía do hotel todos os dias, pouco depois das oito da manhã, vestindo camisa preta larga colocada por dentro da calça de linho de cor suave (a versão formal de Leonard para o casual) e caminhava até o *satsang*, que ficava a um quilômetro e meio de distância. Ele sempre fazia o mesmo caminho através do congestionamento de pessoas e carros, pedintes e buzinas eternas até a Warden Road (atual Bhulabhai Desai), a estrada principal que margeia a praia e o mar Árabe. Os edifícios pelos quais passava (entre eles, o Breach Candy Club and Gardens e o Consulado dos Estados Unidos) ficavam mais luxuosos à medida que ele chegava perto da North Gamadia Road, a pequena e tranquila rua onde Ramesh morava, na cobertura de um prédio *art déco* de cinco andares chamado Sindula House. Aquela parte da cidade era consideravelmente mais sofisticada que a de Leonard, e seus moradores eram uma mistura de velhos ricos, escritores de sucesso, atores famosos e presidentes de banco aposentados como Balsekar.

O apartamento era bem equipado, mas não luxuoso. Tinha quatro quartos e o maior deles era usado para o *satsang* e acomodava quarenta pessoas sentadas no chão. Deixando os sapatos na porta, Leonard procurou um lugar discreto em um canto e ficou sentado lá, de pernas cruzadas e olhar triste. Às nove da manhã, Ramesh, um homem pequeno e em boa forma, de cabelos brancos como as roupas que usava, entrava pela porta do quarto ao lado e assumia seu lugar em frente ao grupo. Após uma breve leitura formal, a sessão de perguntas e respostas tinha início. Elas sempre começavam com Ramesh perguntando a alguém, geralmente um novato, o que o levou à Índia e lhe pedindo que contasse sua história.

"A maioria dos frequentadores eram estrangeiros, muitos deles de Israel, com talvez três ou quatro indianos em um grupo de 35 ou quarenta pessoas", conta o banqueiro indiano Ratnesh Mathur, que conheceu Leonard durante a primeira viagem do poeta a Mumbai. Mathur não conhecia Ramesh até Leonard falar sobre o mestre e convidá-lo para um *satsang* (Mathur foi a outros quarenta nos quatro anos seguintes). "Como a articulação de Ramesh era em inglês e seus maneirismos eram ocidentais, sua mensagem era bastante erudita e intelectual e o estilo dele não fazia parte do legado do Ramana Maharshi." Ramana era um guru popular e alguns dos seus seguidores tinham difamado Ramesh como líder espiritual. "Ramesh se afastou dos cultos e não tinha como alvo os meios de co municação de massa indianos. Não buscava publicidade, as pessoas chegavam basicamente devido ao boca a boca, e como Ramesh claramente vivia da aposentadoria, não havia motivos financeiros. Ele realmente vivia como um banqueiro aposentado e gostava de golfe e uísque de vez em quando, exceto pelo fato de uma ou duas horas por dia abrir sua casa para as pessoas. Havia gente de todas as idades. Era um grupo bem respeitável, não era a galera hippie tradicional", embora alguns desses tenham ido a Ramesh após visitarem a comunidade de Osho em Pune, a duas horas de Mumbai (cujo líder, Bhagwan Shree Rajneesh, tinha estabelecido uma comunidade de vida alternativa no Oregon no início dos anos 1980, até um escândalo levar à deportação do guru e ao encerramento do grupo).

Ramesh não tinha meias-palavras. Ele lidava com a plateia do *satsang* como você imagina que faria com os funcionários do banco: transmitindo informações e instruções de modo direto e prático. Mathur diz: "Ramesh logo perdia a paciência com quem falava demais e tentava envolvê-lo em algum argumento esotérico. Ele lembrava que não cobrava entrada" (se alguém desejasse fazer uma doação poderia fazê-lo depois) e "em seguida mostrava a porta de saída." Quando Bhagwan Shree Rajneesh percebia alguém no recinto que vinha repetidamente há tempo demais, ele chamava a pessoa de lado e dizia, de acordo com Mathur: "'Você não tem nada melhor para fazer? Minha principal mensagem é que Deus está em toda parte, então não basta simplesmente se concentrar na religião. Você não vai chegar a Deus apenas através da meditação.' Basicamente ele dizia: 'Comece a viver.'" Contudo, Ramesh nunca fez isso com Leonard, a quem tinha recebido em encontros individuais e de quem ficou amigo. "Ele sempre era muito educado e gentil com Leonard."

Após aproximadamente duas horas, Ramesh olhava para o relógio, indicando que a sessão de perguntas e respostas havia chegado ao fim. Quando Ramesh saía da sala, a cantora *bhajan* Sra. Murthy liderava o grupo cantando canções tradicionais hindus. Um papel era passado pela sala com palavras escritas tanto em sânscrito quanto no alfabeto romano. "Mas Leonard não precisava disso", lembra Mathur, "ele sabia todas as letras." Quando a cantoria parava, todos seguiam para a mesa em que o marido da Sra. Murthy vendia cópias dos livros de Ramesh e das fitas de áudio de cada *satsang*. As fitas dos primeiros meses frequentados por Leonard, quando ele fez perguntas a Ramesh em vez de ficar sentado em silêncio e se concentrando no que era dito, como faria depois, viraram um objeto de desejo popular quando a notícia de que ele estava estudando com Ramesh começou a se espalhar. Ninguém importunava Leonard durante o *satsang*, mas as pessoas iam falar com ele quando estava perto da mesa ou quando saía do prédio.

"Ele normalmente era muito educado", diz Mathur. "Conversava com eles. De vez em quando, se achasse alguém interessante, levava a pessoa para uma barraquinha de chá", um local modesto a uns cinquenta metros de distância, o tipo de lugar que Leonard consistentemente encontrava e o qual frequentava em toda cidade onde vivia. Os funcionários da barraca de chá o reconheciam e o cumprimentavam com um sorriso e a respeitável troca de "namastês". Não o conheciam como uma celebridade, e sim como o ocidental idoso de cabelo grisalho e curto, homem amigável que aparecia regularmente e sempre os tratava bem. "Ele me disse que a maioria das pessoas não o reconhecia na rua e ele adorava isso." Leonard, observou Mathur, "deliberadamente evitava conviver com os ricos e famosos de Mumbai". As pessoas, inclusive Mathur, sempre vinham com convites educadamente recusados por Leonard. "Mas ele me disse uma vez que tinha ido à casa de um taxista em um cortiço. Eu me lembro de ficar surpreso ao ver como Leonard desenvolvia laços com quem não sabia nada sobre ele ser um cantor e compositor famoso. Talvez quem tenha convivido mais tempo com ele na Índia sejam os funcionários da limpeza do hotel Kemp's e os trabalhadores da barraca de chá."

Após o chá, Leonard cumpria outro item regular de sua agenda: nadar ao meio-dia. Havia ACMs com piscinas em Mumbai, mas não eram convenientes, então Leonard se associou ao Breach Candy Club, um clube particular e exclusivo na orla da Warden Road, que tinha uma piscina olímpica e outra piscina imensa ao ar livre, no formato do mapa da Índia.*
O resto do dia geralmente era passado sozinho no quarto do hotel, meditando, desenhando, escrevendo e lendo livros escritos ou recomendados por Ramesh. Mathur tinha oferecido a Leonard alguns volumes sobre assuntos relacionados, mas ele recusou educadamente, pois não queria distrações. Toda noite ele saía para jantar em um restaurante vegetaria-

---

* Salman Rushdie, que cresceu na região, descreve a piscina em seu livro *Filhos da meia-noite*.

no, depois voltava ao quarto, acendia um incenso, colocava um CD de música indiana, meditava e lia mais um pouco. Ele não tinha interesse em conhecer pontos turísticos, mas visitou a Sinagoga Keneseth Eliyahoo, que atendia a uma pequena comunidade judaica. Perto da sinagoga ficava uma grande e movimentada loja de discos, a Rhythm House, onde ele perguntou se tinham álbuns de Leonard Cohen. A resposta foi positiva. Ele conseguiria achá-los, lhe disseram, na sessão "Easy Listening" ("Sons Suaves", em tradução livre).

Leonard voltou para Los Angeles na primavera e deu os retoques finais na canção que estava compondo para um evento em homenagem ao falecido poeta e intelectual canadense Frank "F.R." Scott, a quem conhecia da época na Universidade McGill. A canção, "Villanelle for Our Time", era um poema escocês de mesmo nome musicado por Leonard. Durante a composição, Leonard percebeu que precisava de uma voz feminina. Ele ligou para Anjani Thomas, uma de suas antigas *backing vocals*, e perguntou se ela aceitaria participar. Os dois terminaram a gravação em uma tarde.

Depois Leonard foi de carro até o monte Baldy. Ele não via Roshi há quase quatro meses e queria visitá-lo. Como fizeram tantas vezes, os dois se sentaram com um conhaque na cabana do velho, o mundo lá fora pleno de escuridão, com mariposas imprensadas no mosquiteiro da janela como flores mortas dentro de um livro de poesia. Falaram pouco, mas quando o fizeram, não era sobre o fato de Leonard estar estudando outra disciplina com um mestre diferente. Leonard também não discutiu com Roshi o que aprendera com Ramesh. "Roshi não discute nem os próprios ensinamentos", conta Leonard. "Ele não está interessado em perspectiva ou em argumentações. Você entende ou não. Ele não te dá a verdade estarrecedora que esperamos de mentores espirituais porque é um mecânico: ele não está falando da filosofia da locomoção, e sim em consertar o motor. Está basicamente falando com um motor quebrado. Roshi é a transmissão direta."[37]

Leonard não ficou no monastério por muito tempo, descendo da montanha em junho. A amiga íntima Nancy Bacal, que o encontrou em Los Angeles, conta: "Ele era como um garoto quando voltou do monte Baldy. Subitamente, podia ir e vir como desejasse e fazer o que quisesse. Levou algum tempo para perceber isso, mas, quando ele se deu conta, foi incrível vê-lo tão feliz e alegre. O monte Baldy era maravilhoso para ele. Agora era hora de dar o próximo passo."

Pela primeira vez em vários anos, Leonard voltou a Hidra. Ele juntou os cadernos que preenchera durante a longa estadia no monastério e, no antigo escritório na casa branca da colina, retomou o trabalho em poemas e canções. Depois, foi a Montreal visitar o velho amigo Irving Layton, agora com 87 anos, sofrendo de Alzheimer e morando em uma casa de repouso. Leonard andava relendo muita poesia de Layton e pensava em musicar alguns dos poemas dele, como fizera com os de F.R. Scott.

Leonard também voltou a Mumbai, ficando mais uma vez no velho quarto do Kemp's Corner. Em 1999, morou nesse quarto por quase cinco meses, passando o último aniversário do milênio lá. Quando Mathur viu Leonard naquele dia, notou o quanto ele parecia feliz. Leonard comemorou após o *satsang* com um almoço de aniversário. "Havia uma garota conosco, que tinha ido às sessões de Ramesh e estava claramente apaixonada por Leonard. Ele pegou uma flor no vaso do hotel para colocar na lapela do blazer e fumou um ou dois cigarros, embora eu achasse que ele tinha abandonado o vício na época. Ele disse que estava muito feliz por estar ali, e essa felicidade era absolutamente evidente. Estava no rosto dele e em tudo o que dizia, que era muito, muito positivo."

Algo tinha acontecido a Leonard na Índia. Algo, como ele disse a Sharon Robinson, "simplesmente levantou" o véu da depressão através do qual sempre vira o mundo. Ao longo das muitas visitas que Leonard faria a Mumbai nos anos seguintes, voltando ao quarto em Kemp's Corner e fazendo a caminhada diária para o *satsang*, ele passou mais de um ano estudando com Ramesh, até que, "em graus imperceptíveis, esse pano de fundo de angústia que me acompanhou a vida inteira começou a se dissolver. Eu disse a mim mesmo que deve ser isso que significa ser relativamente são. Você acorda de manhã e não pensa mais: 'Ai, Deus, mais um dia. Como vou chegar até o fim dele? O que vou fazer? Há alguma droga? Alguma mulher? Uma religião? Há algo para me tirar disso?' O pano de fundo agora é muito pacífico".[38] A depressão tinha sumido.

Leonard era incapaz de articular precisamente o que havia curado a sua depressão. Ele pensava ter lido em algum lugar "que as células cerebrais associadas à ansiedade podem morrer à medida que você envelhece", embora o conhecimento em geral diga que a depressão piora com a idade.³⁹ Talvez isso fosse *satori*, a iluminação, embora, se fosse, tenha vindo "sem grandes clarões ou fogos de artifício".⁴⁰ Por que aconteceu com Ramesh e o núcleo do hinduísmo em vez de com Roshi e o zen budismo ele não sabia. Apesar das diferenças nos métodos e abordagens de ensino — o regime rigoroso de Roshi e seus *teishos* repetitivos no estilo "inspira e expira", endereçados não ao intelecto, e sim à condição meditativa, contra a abordagem direta e sem rodeios de Ramesh e suas perguntas e respostas instruindo seus seguidores a viverem da forma que escolhessem, não importa qual fosse —, havia uma boa dose de consistência na doutrina de ambos: superar o ego, não se ligar a nada ou a ninguém, a consciência universal, *tendrel*, o fato de tudo estar inter-relacionado. Muito provavelmente foi a mistura dos dois, que por acaso aconteceu no turno de Ramesh: "Você aprendeu tudo muito rapidamente", disse ele a Leonard, acrescentando que os trinta anos passados com Roshi não haviam atrapalhado.⁴¹ A mãe de Leonard sempre dizia: "De cavalo dado não se olham os dentes", então Leonard não olhou. O que ficou no buraco escuro e profundo após a angústia ter ido embora foi "um profundo senso de gratidão, em relação ao que ou a quem, eu não sei. Eu concentrei esse sentimento em meus professores e amigos".⁴²

O ano estava chegando ao fim. De volta a Los Angeles, Leonard mais uma vez esbarrou no amigo e músico Roscoe Beck. A última vez que eles tinham se encontrado tinha sido há mais de cinco anos, quando Leonard fora morar com Roshi. Beck lembrou que Leonard tinha falado na ocasião sobre ter "se cansado da trapaça da música". Leonard então sorriu e disse: "Ah, agora eu já me cansei da trapaça religiosa. Estou pronto para voltar à música."

Obviamente Leonard não estava cansado da religião, que era, como disse em várias ocasiões, o seu "hobby favorito". Ele ainda estudava com Ramesh, meditava no Centro Zen em Los Angeles e continuava a ler as escrituras judaicas e acender as velas do Shabat toda sexta-feira ao anoitecer. Porém, o que disse sobre retornar à música era verdade. Leonard pegou o telefone e convidou Sharon Robinson e Leanne Ungar para irem à sua casa. Estava na hora de gravar o primeiro álbum do novo milênio.

CAPÍTULO VINTE E UM

AMOR E ROUBO

Mulheres. Você não podia se mudar por elas. Após a vida majoritariamente masculina do monastério, elas eram uma novidade e um deleite. Um conforto, também. Leonard não vivia em um mundo tão feminino desde os 9 anos em Montreal. No apartamento de baixo vivia a filha, Lorca. No quarto acima da garagem, Sharon Robinson e Leanne Ungar trabalhavam no estúdio montado para que ele pudesse gravar o álbum em casa. Sharon e Leanne chegavam ao meio-dia e o encontravam na cozinha, preparando o almoço. Kelley Lynch, empresária de Leonard, geralmente aparecia na mesma hora e almoçava com eles.

Cozinhar era um dos hábitos que Leonard levara do monastério. Outro era acordar às quatro da manhã, tomar café sozinho fumando um cigarro e depois começar o trabalho do dia. Embora tivesse parado de fumar por um tempo, havia retomado o hábito durante uma visita à Índia, onde um sábio lhe disse, após Leonard recusar sua oferta de um cigarro: "Para que serve a vida? Fumar." Enquanto o mundo ainda dormia, Leonard gravava no refúgio acima da garagem até os pássaros iniciarem o coro da alvorada nos pés de toranja e o barulho dos vizinhos ligando os carros atravessar as paredes que não eram à prova de som. Com a tela do computador acesa na escuridão, ele murmurava suavemente em um velho microfone ligado ao software de gravação ProTools. O jovem angustiado que tocava um violão de cordas de nylon num quarto para uma garota de olhos tristes parecia estar a uma vida de distância.

Leonard estava feliz e plenamente consciente de que essa circunstância representava uma novidade, mas era algo em que tentava não pensar muito, temendo o risco de voltar ao antigo estado de infelicidade. E nem queria tentar o destino, reconhecendo que "Deus pode tirar isso de mim".[1] A depressão e a ansiedade tinham feito parte dele por tanto tempo que pareciam difíceis de separar da profundidade e seriedade da sua obra. Elas certamente eram a força motriz por trás da grande maioria das suas buscas na vida adulta — "o motor", como Leonard definiu, "da maior parte das minhas investigações nas mais diversas áreas, sejam vinhos, mulheres, canções ou a religião".[2] Mulheres e drogas (bem como mantras, jejum e todos os vários regimes de autodisciplina física e espiritual que ele procurou) tiveram seus prazeres, mas eram também paliativos, medicações, tentativas de "derrotar o diabo, tentar se livrar dele" ou aliviar a dor.[3] Agora a dor se fora. Às vezes, enquanto trabalhava, Leonard se surpreendia com sua facilidade de adaptação àquela nova leveza de ser e à paz de espírito.

Havia também uma nova mulher na vida dele. Os leitores não vão se surpreender, embora ele pareça ter se surpreendido. Pensara que havia se cansado da farsa do romance, imaginando talvez que esse aspecto da sua vida poderia ter desaparecido junto com a depressão e a angústia. "Acho que a pessoa fica mais circunspecta sobre tudo quando envelhece. Quer dizer, você fica mais bobo e mais sábio ao mesmo tempo", explicou ele. Aos sessenta e poucos anos, Leonard fora lembrado de que era impossível dominar o coração. "Acho que a pessoa está vulnerável a essas emoções a qualquer momento."[4] O primeiro novo amor desde que Leonard saíra do monastério era, como o último, uma bela e talentosa moça 25 anos mais nova, a cantora e tecladista havaiana que se apresentava usando apenas o primeiro nome, Anjani.

Anjani Thomas entrava e saía da vida musical de Leonard desde 1984, quando foi contratada por John Lissauer, produtor de *Various Positions*, para cantar em "Hallelujah" e participar da turnê com Leonard. Embora ele não fosse imune ao romance com colegas de trabalho, nada aconteceu entre os dois na turnê de 1985 ou quando Anjani participou de *I'm Your Man* e *The Future*, neste último cantando em "Waiting for the Miracle", a canção com o pedido de casamento de Leonard para Rebecca.

No período entre os dois álbuns, Anjani se mudou para Los Angeles e se casou com Robert Kory, um advogado da área de entretenimento. Na mesma época em que Leonard se separou de Rebecca e da indústria musical e saiu de Los Angeles, a vida de Anjani deu uma guinada similar: o casamento acabou e a carreira musical parecia ir pelo mesmo caminho. Mas enquanto Leonard escolheu se aproximar do seu mestre espiritual, Anjani se desiludiu com o dela, o Maharishi Mahesh Yogi, cuja prática de meditação transcendental ela seguia há anos. Recomeçando do zero, ela se mudou para Austin, Texas, onde comprou uma casinha e arranjou um emprego de vendedora em uma joalheria. Anjani morava em uma cidade cheia de boates e músicos, mas se recusava até a ouvir música no rádio do carro a caminho do trabalho. "Eu estava esgotada", admite ela. "Não queria nada com aquilo." Quatro ou cinco anos mais tarde, quando visitava a família no Havaí, Anjani abriu o armário do quarto em que morou e viu o violão. Ela o pegou e começou a compor, material para "dois álbuns. Eu tinha 39 anos na época e disse a mim mesma: 'Estou chegando aos 40 anos. Se não fizer este álbum, vou me arrepender pelo resto da vida.'" Ela vendeu a casa e voltou para Los Angeles na mesma época em que Leonard desceu do monte Baldy. Algum tempo depois, quando os caminhos de ambos voltaram a se cruzar, ela mostrou a Leonard uma canção que compusera chamada "Kyrie",* da qual ele gostou, estimulando que ela a gravasse. Os dois viraram conspiradores musicais e namorados — e depois virariam colaboradores musicais, mas, por ora, Anjani trabalhava em seu álbum e Leonard trabalhava no dele.

Leonard tinha saído do monastério com cerca de 250 canções e poemas em vários estágios de produção. A ideia do que poderia fazer com eles ocorreu enquanto estava em um concerto de música clássica em Los Angeles no fim de 1999. O artista era o afilhado dele, filho de Sharon Robinson. Leonard chamou Sharon de lado durante o intervalo e disse: "Tenho alguns versos e coisas assim, e gostaria que você trabalhasse em um álbum comigo."[5] Não se tratava de uma colaboração em apenas uma ou duas canções, como haviam feito antes, mas de um álbum inteiro. Ela ficaria encarregada de compor as melodias, mas acabou fazendo muito mais: *Ten New Songs*, por insistência de Leonard, é um álbum tanto de Sharon quanto dele.

Era de se imaginar que o primeiro álbum de Leonard desde que voltara à indústria musical seria todo voltado para si mesmo: após ter descido gloriosamente da montanha, ele transmitiria sua sabedoria em tábuas de pedra. Não é que Leonard não tivesse melodias: ele tinha, mas preferia as melodias de Sharon, ou apenas preferia trabalhar em dupla. Talvez um efeito colateral dos estudos com Roshi e Ramesh tenha sido deixar o ego

---

* A canção apareceria no segundo álbum de Anjani, *The Sacred Names* (2001).

de lado e ser inclusivo. O mais interessante era como o álbum era feminino. As mulheres sempre tiveram um papel importante nas canções de Leonard, mas basicamente como *backing vocals* e musas. Aqui ele entregou quase tudo a elas. Além da presença do guitarrista (e marido de Leanne) Bob Metzger em uma canção e de um arranjo de cordas feito por David Campbell em outra, Leanne Ungar cuidou de toda a engenharia e mixagem, enquanto Sharon produziu, fez os arranjos, tocou os instrumentos e compôs as melodias. Nesse ambiente de apoio, tudo o que Leonard precisava fazer era cantar as letras nas quais tinha labutado tanto.

"Eu diria que Sharon foi a pessoa que teve mais sucesso compondo com Leonard", afirma Leanne. "Ela não parece ter passado por algumas das dificuldades relatadas pelos outros. Sharon entende bem o que Leonard gosta de cantar e o que ele é capaz de cantar, então compõe melodias que se encaixam na sensibilidade dele. Ela vem com as músicas mais bonitas para Leonard. E às vezes Sharon entende as letras da seguinte forma: Leonard lhe dá um poema que escreveu, ela destaca as frases que acredita formarem um refrão e constrói a canção a partir disso. Sei que há muita troca entre Leonard e Sharon."

Leonard e Sharon não discutiram o disco. Eles nem se referiam ao que estavam trabalhando como "um álbum". Era importante "deixar aberto", lembra Sharon. "Bom, podemos estar fazendo um álbum, mas talvez não, sei lá." Leonard era avesso a deixar as expectativas alheias atrapalharem o processo de criação, particularmente as da indústria musical. Eles prefeririam simplesmente se reunir e trabalhar em uma canção ("Uma de cada vez, sem pressão"), como se fosse algo que sempre fizessem ao se encontrarem. "No primeiro dia nós ficamos sentados em silêncio ouvindo a música de um cantor indonésio que envolvia cantos e ritmos étnicos. Pensando bem, acho que isso ajudou a definir o tom dos dias de trabalho, que tinham uma certa serenidade."

Trabalhar na casa de Leonard em vez de em um estúdio também ajudava a manter a ilusão de serem apenas dois amigos íntimos se divertindo e tocando músicas. A sala acima da garagem, apelidada por Leonard de Small Mercies Studio [Estúdio das Pequenas Misericórdias], ao contrário dos estúdios normais, era muito leve, com as janelas voltadas para um pequeno jardim de pés de toranja, jasmins e glórias-da-manhã. Ele tinha decorado a sala com algumas obras *art déco* trazidas da casa da mãe em

Montreal e o sol batia no sofá de braços curvos em que ele e Sharon se sentavam para conversar. Eles falavam dos antigos discos de *soul* e R&B que ambos amavam e cujo som influenciara várias melodias dela, nomes como Sam Cooke, Otis Redding. Às vezes, Leonard criava um ritmo de que gostava ou fazia algumas mudanças que tocava ao teclado para ela ouvir. Em outras ocasiões, quando entregava a ela um conjunto de letras, mencionava que as escrevera com um estilo musical específico em mente ("That Don't Make it Junk" era uma música country, por exemplo). Na maior parte das vezes, contudo, estava interessado em ver até onde Sharon ia. Ela levava as letras para casa, trabalhava sozinha em seu estúdio caseiro, gravava as melodias que tinha criado em um disco rígido e o entregava a Leanne, que o transferia para o computador de Leonard, configurado por ela de modo que ele precisasse apenas apertar um botão para continuar a trabalhar sozinho em uma dada canção durante a madrugada. Leonard gostava daquela forma de trabalhar: tranquila, colaborativa, e também solitária.

O relacionamento com Anjani parecia seguir um padrão bem similar. Eles eram um casal, mas também eram, como Leonard definiu, "pessoas impossivelmente afeitas à solidão". E não moravam juntos. "Gosto de acordar sozinho", contou Leonard, "e ela gosta de ficar sozinha."[6] Anjani tinha se mudado para uma casa tão perto do duplex dele que era possível ir de um lugar ao outro a pé. Leanne trabalhara com Leonard por muitos anos e não podia deixar de notar o quanto ele parecia mais feliz e seguro. "Acho que ele encontrou uma espécie de paz doméstica. Talvez porque trabalhamos na casa dele. Em vez de estarmos em um lugar impessoal e pedindo comida em restaurantes, estávamos na cozinha dele, e ele fazia o almoço. Havia uma espécie de intimidade, que acredito que é possível ouvir nos vocais." Não havia prazo, nem relógio marcando o tempo no estúdio. Uma canção podia ir e voltar entre Leonard e Sharon várias vezes até estar terminada e a próxima começar. Também houve pausas de três ou quatro semanas entre as gravações, enquanto Leonard compunha ou reescrevia letras.

Durante essas pausas, Leanne se ocupava analisando fitas da turnê de *Recent Songs*, em 1979. O produtor Henry Lewy tinha gravado todos os shows no Reino Unido e as fitas estavam acumulando poeira há décadas, mas Leonard não havia se esquecido delas e estava curioso para saber se mereciam ser ressuscitadas. Em fevereiro de 2000, foi lançado um álbum contendo 12 dessas canções, intitulado *Field Commander Cohen*. O primeiro álbum de Leonard no novo milênio tem uma apresentação refinada com o grupo de jazz Passenger, o violinista Raffi Hakopian, John Bilezkijan no *oud* e as *backing vocals* Jennifer Warnes e Sharon Robinson, que na época estava trabalhando com Leonard pela primeira vez e agora sua parceira de composição.

Durante uma pausa mais longa nas gravações, Leonard voltou a Mumbai. Reinstalando-se no Kemp's Corner, ele retomou a velha agenda, fazendo a caminhada diária ao longo da Warden Road rumo ao *satsang* com a brisa do mar nos cabelos, indo depois ao Breach Candy Club para nadar. A cidade era uma profusão de cores e ruídos, mas nada perturbava sua paz. Ele parecia tão confortável com a vida em Mumbai que Lorca, curiosa para ver o que mantinha o pai lá, foi até a cidade e ficou com ele por uma ou duas semanas. Por sugestão de Leonard, ela passou algum tempo procurando móveis antigos nos mercados de Mumbai para serem enviados às lojas de antiguidades que agora gerenciava em Los Angeles.

Enquanto isso, no Canadá, onde novas formas de honrar Leonard ainda eram milagrosamente encontradas, Stephen Scobie organizou, em maio de 2000, um evento em Montreal chamado *Some Kind of Record: Poems in Tribute to Leonard Cohen*. Leonard, seguindo o que parecia ter virado sua política implícita com relação ao tema, agradeceu e declinou o convite. A charge em um jornal de Montreal mostrava uma mulher de certa idade, vestida à moda hippie e com um violão, sentada em um banco de parque, desesperada, enquanto um policial diz: "Vamos, senhora. Todos já foram para casa. Leonard Cohen não vai vir." Leonard foi a Montreal pouco tempo depois, mas por motivos particulares: visitar Pierre Trudeau, que estava em estado terminal. O músico voltou à cidade em setembro, a pedido dos filhos de Trudeau, para carregar o caixão no funeral do amigo.

Enquanto estava em sua cidade natal, aproveitou a oportunidade para visitar Irving Layton na casa de repouso. Quando entrou no quarto, o poeta de 88 anos encarou Leonard com um rosto vazio e perplexo. O músico se apresentou: "É o Leonard." Irving respondeu: "Que Leonard?" Leonard ficou aturdido e Layton gargalhou. Ele reconheceu o amigo. Assim que a enfermeira saiu do quarto, os dois fumaram um cigarro ilícito.

Leonard acendeu o cachimbo do velho amigo, pois as grandes mãos de boxeador de Layton tremiam demais.

Setembro de 2001. Ainda era época de monções em Mumbai, mas as chuvas começavam a dar uma trégua. Após ter acabado o trabalho no novo álbum, Leonard voltou à Índia e a Ramesh. Um dia, enquanto entrava no saguão do Kemp's Corner, o balconista lhe deu suas sinceras condolências, e foi assim que Leonard soube do ataque terrorista de 11 de Setembro em Nova York. Pouco depois, o telefone tocou: um jornalista do New York Observer queria registrar a reação de Leonard ao que tinha acontecido, visto que ele afinal tinha previsto o apocalipse em seu último álbum, *The Future*. Leonard relutou em dar uma opinião: "Na tradição judaica somos aconselhados a não tentar confortar os sem conforto no meio do seu luto." Quando pressionado, contudo, ele ofereceu algo que disse ao repórter ter aprendido com seus estudos hindus: "É impossível para nós discernir o padrão de eventos e desdobramentos de um mundo que não é feito inteiramente por nós."[7]

Em outubro de 2001, foi lançado *Ten New Songs*, o novo álbum. A foto na capa, que Leonard havia tirado com a câmera que veio em seu computador, mostrava ele e Sharon lado a lado. "O álbum poderia ser descrito como um dueto", disse Leonard. Sharon esperava (e às vezes estimulava) que Leonard substituísse os vocais dela e eliminasse os sintetizadores nos quais ela compôs suas melodias, "mas à medida que o som se desenvolveu", explicou ele, "comecei a insistir para que ela mantivesse o vocal e nós usássemos esses sons de sintetizador porque as canções pareciam insistir que o tratamento original era adequado. Além disso, eu gosto do jeito que Sharon canta".[8]

A voz de Leonard no álbum, bem diferente de *Field Commander Cohen*, é de um barítono suave e seco que flutua como fumaça sobre as bases translúcidas e comoventes do teclado digital. Os instrumentos não tentam disfarçar que não são "reais", trazendo um charme *lo-fi* que normalmente não é associado a sintetizadores. A intimidade na voz de Leonard reflete o modo como gravou os vocais, murmurando enquanto os vizinhos dormiam, e há um caráter meditativo nas canções, que parecem fluir entre si de modo gracioso e solene. O próprio Leonard descreve o álbum como "sereno".

As letras falam de amanheceres tortuosos e de luz, dos Estados Unidos e da Babilônia, de rezar para Deus e seguir a vida. As palavras de "Love Itself", que Leonard dedicou ao amigo escritor e crítico Leon Wieseltier, são um relato do *teisho* de Roshi sobre o amor, enquanto "By the Rivers Dark" ("By the rivers of Babylon we sat down and wept") é vagamente baseada no Salmo 137, que lamenta a destruição do templo e o exílio dos judeus. A onírica "Alexandra Leaving", que Leonard havia começado a compor em 1985, foi inspirada em um poema de Constantine P. Cavafy, "The God Forsakes Antony". A fascinante "A Thousand Kisses Deep" tem múltiplas camadas de significado, entre elas: aguentar firme, abrir mão, criar e se render ao Criador. Essa canção também teve várias encarnações, tanto em termos melódicos quanto no que se refere à letra. Rebecca De Mornay se lembra de ouvir várias versões dela no início dos anos 1990. Em 1995, Leonard manifestou no *New York Times* a vontade de fazer dela "uma canção *folk* antiga".[9] "Boogie Street", que a complementa, à primeira vista fala sobre Leonard aceitar quem ele é e o que precisa fazer, mesmo se não souber o motivo, e sobre trocar a vida monástica pela indústria da música. Ela se abre com uma oração e um beijo antes de partir para a irrealidade da vida real, a impermanência do amor romântico e a permanência do desejo. "Boogie Street", explicou Leonard, "é o lugar onde todos moramos, independente de estarmos em um monastério ou na cidade".[8] Também é um lugar real em Cingapura, onde Leonard foi uma vez.

> — *Durante o dia é um lugar de bazares, lojas e barracas com muitos discos piratas. Como não vi nada em exibição, perguntei a um dos vendedores se ele tinha discos de Leonard Cohen. Ele foi até o estoque e voltou com uma caixa inteira do meu repertório, muito mais detalhada do que a maioria das lojas onde já estivera, a um dólar cada. Um preço bem razoável. À noite, a Boogie Street se transformou em um mercado sexual alarmante e belo, onde havia garotas e garotos de programa, travestis, pessoas extremamente atraentes se oferecendo para satisfazer todas as fantasias dos seus vários clientes.*
> — *Um paraíso para todos os gostos, então.*
> — *Como meu antigo professor costumava dizer: "Podemos visitar o paraíso, mas não podemos viver lá porque não há restaurantes nem toale-*

tes." Há momentos, como eu digo naquela canção: "Você beija os meus lábios e pronto, estou de volta à Boogie Street". No meio de um abraço com quem você ama, você se derrete no beijo e se dissolve na intimidade. [É como] tomar um copo de água gelada quando se está com sede. Sem esse refresco você provavelmente morreria de tédio em uma ou duas semanas, mas não pode morar lá. Imediatamente você é arrancado de volta para o engarrafamento.

Leonard dedicou o álbum a Roshi.

Os críticos, exceto poucos detratores, encheram o álbum de elogios. Eles comemoraram o retorno de Leonard, dizendo o quanto sua voz, sua profundidade e seu humor arguto haviam feito falta, mesmo que o novo álbum não tivesse todas as frases espirituosas e bacanas de *I'm Your Man*. Enfim, disseram que *Ten New Songs* valera a longa espera. Perguntaram se havia planos para uma turnê, e Leonard colocava dificuldades, alegando duvidar que alguém ainda quisesse ver seus shows. Era uma resposta tipicamente cohenesca: modesta e autodepreciativa. Talvez houvesse um elemento de insegurança após tanto tempo ter se passado desde a última turnê, mas a questão era que não queria mesmo se dedicar a isso. Havia claramente um público para ele na Europa, onde *Ten New Songs* era um sucesso: chegou às 30 mais no Reino Unido, foi primeiro lugar na Polônia e na Noruega e disco de ouro em outros sete países. Nos Estados Unidos, voltando ao padrão anterior a *I'm Your Man*, o álbum vendeu mal, não ficando nem entre as 100 mais. No Canadá, porém, foi disco de platina e rendeu mais quatro prêmios Juno: Melhor Álbum, Melhor Artista, Melhor Compositor e Melhor Clipe (para o *single soul* aveludado "In my Secret Life").

Os compatriotas de Leonard pareciam incapazes de interromper os prêmios e as homenagens. O Consulado canadense encomendou um show em tributo a Leonard em Nova York como parte das celebrações do Dia do Canadá e contratou Hal Willner para organizar o evento. Willner era famoso pelos nomes que reunia em seus projetos, como Nino Rota, Thelonious Monk e Kurt Weill. Ele tinha visto Leonard pela última vez na fase pré-monastério, durante a turnê de *The Future*, pois havia ido ao show de Nova York com Allen Ginsberg. "Dava para ver que algo estava acontecendo, o clima não era tão divertido quanto o da turnê de *I'm Your*

Man. Fui com Allen para dar um oi e Leonard se esquivou mesmo nessa ocasião."

Willner ligou para Kelley Lynch a fim de garantir que Leonard não fazia objeção ao show no Brooklyn. Ele não via problema, disse ela, desde que não precisasse fazer nada. Willner pôs mãos à obra. Entre as primeiras pessoas para quem ligou estava Julie Christensen, em busca do contato de um artista que ele gostaria de ver no projeto. Julie disse: "Se você está fazendo algo com Leonard, deveria ter Perla e eu como *backing vocals*." Ele achou a ideia interessante e ligou para Perla Batalla, que alegou uma coincidência de data com outro show. "Eu saí do telefone com Hal e comecei a chorar", lembra Perla. "Eu *não posso* deixar de participar." Ela ligou de volta prometendo cancelar o outro show, desde que pudesse cantar "Bird on a Wire" e fazer dueto com Julie em "Anthem". Hal respondeu: "'Anthem' não está no show", mas mudou de ideia quando Leonard concordou que seria uma boa adição ao repertório — foi a única interferência de Leonard no evento.

Mais da metade dos artistas convidados por Willner para se apresentar eram mulheres: Laurie Anderson, Linda Thompson, Kate e Anna McGarrigle, a filha de Kate, Martha Wainwright, Perla, Julie e Rennie Sparks, metade da Handsome Family. "Parecia fazer sentido", comentou Willner. "Não estávamos tentando imitá-lo e Leonard amava mulheres, um amor muito, muito verdadeiro. São ótimas canções para serem cantadas por vozes femininas, por conta do jeito que ele tem de colocar emoção nas palavras." Nick Cave, um dos cinco cantores na lista (junto com o filho de Kate McGarrigle, Rufus Wainwright, o filho de Linda Thompson, Teddy Thompson, bem como Marc Anthony Thompson, que não é parente dela, e Brett Sparks, a outra metade da Handsome Family), achou "comovente ouvir várias mulheres cantando as canções de Leonard. Elas entendem maravilhosamente a obra dele, acho que de modo mais eficaz do que os cantores, em vários aspectos. O que nem sempre percebi era que essas canções eram extraordinárias e, embora eu ame a voz dele, que é muito comovente e tem um tom singular, algo como o trompete de Miles Davis, ela não é necessária para as canções, que são realmente boas. Sempre tive um amor especial pelas primeiras canções, em especial pelas de *Songs of Love and Hate*, porque é *punk rock*, bem cru. Mas ele ficou mais profundo, mais humano".

Willner decidiu quem cantaria o quê. "Eu montava um show como um roteiro, uma peça, então com esse material que todos adoramos é mais uma questão do grupo de pessoas envolvidas do que um 'show tributo'. E você não quer que alguém apareça, cante sua canção favorita e vá embora porque assim não vai ter um verdadeiro equilíbrio com relação ao material. Eu queria ter algumas canções mais obscuras, como 'Tacoma Trailer' e 'Don't Go Home with your Hard-On'." Willner gostava dessa música, que faz parte do disco feito a partir da colaboração entre Leonard Cohen e Phil Spector, *Death of a Ladies' Man*.

Em fevereiro de 2003, Spector foi preso pelo assassinato de Lana Clarkson, atriz e *hostess* de um clube noturno que conhecera no House of Blues e que havia levado para a sua mansão. Logo após a prisão, dois detetives de homicídios visitaram Leonard. Eles analisaram reportagens antigas em jornais sobre o produtor excêntrico e suas armas — e várias delas envolviam nomes famosos como John Lennon, Stevie Wonder, Michelle Phillips e os Ramones, além de Leonard. "Aparentemente, os detetives encontraram algumas entrevistas feitas em 1978 ou 1979 em que falei sobre a dificuldade de gravar *Death of a Ladies' Man*: as armas à mostra, os guarda-costas armados, gente bêbada e a famosa megalomania de Phil." Leonard disse aos detetives: "Mesmo que Phil tenha me abraçado e posto uma arma automática no meu pescoço, exceto pela real possibilidade de um acidente, eu nunca, em momento algum, pensei que Phil queria me fazer mal. Nunca me senti realmente ameaçado." Era basicamente "apenas uma boa história rock'n'roll" que foi exagerada ao longo dos anos, afirmou Leonard a eles.

Os detetives perguntaram quando Leonard tinha visto Spector pela última vez. "Há mais de vinte anos", respondeu. "Eles ficaram muito surpresos. Disseram ter a impressão de que éramos grandes amigos. Eu neguei. Ao ouvir isso, me agradeceram por recebê-los, terminaram o café e saíram. Estava claro que eu não seria considerado uma testemunha valiosa. Nunca mais fui procurado para falar a respeito do caso, e é desnecessário dizer que não testemunhei diante do Grande Júri."[10]

Em 28 de junho de 2003, *Came So Far for Beauty: An Evening of Songs by Leonard Cohen*, organizado por Hal Willner, aconteceu no Prospect Park, no Brooklyn. O palco foi decorado com uma enorme bandeira do Canadá e uma representante do Consulado canadense apareceu durante o intervalo, chamando Leonard de "o homem mais sexy do mundo". O show foi um sucesso e rapidamente gerou ofertas para que Willner o levasse a outros países. Como já fazia mais de uma década que Leonard não se apresentava, situação que ele não parecia ter a menor vontade de mudar, esse show tributo não só ajudava a satisfazer a demanda dos fãs por ouvir as canções apresentadas ao vivo, como também ajudava a mantê-las "por aí", como diz Willner.

A gravadora de Leonard também fez sua parte na empreitada. Dois álbuns de retrospectiva abordando toda a carreira do músico foram lançados em 2002 e 2003: *The Essential Leonard Cohen* e *An Introduction to Leonard Cohen* (este no Reino Unido como parte da série *MOJO* Presents). Houve uma edição de quadragésimo aniversário de *A brincadeira favorita* também, associada à estreia do filme de Bernar Hébert. Quanto a Leonard, ele estava trabalhando em sua primeira coletânea de poemas desde 1984, chamada *Book of Longing*. Boa parte do material (ilustrações e poemas) que estava separando e editando tinha sido criada durante o período no monastério. No documentário sueco filmado no monte Baldy, Leonard descreve a si mesmo como "um escritor que descumpriu sua promessa", aponta uma pilha de cadernos e acrescenta: "Talvez eu me redima."[11]

Em outubro de 2003, Leonard foi consagrado com a Ordem do Canadá, uma das duas maiores honrarias civis que o país pode conceder. Ele agradeceu e voltou a trabalhar, não em seu livro, mas, incrivelmente, em um novo álbum.

Dear Heather, o 11º álbum de estúdio de Leonard, foi lançado em outubro de 2004, duas semanas após o septuagésimo aniversário dele e três anos após *Ten New Songs*. Para os padrões do músico, foi surpreendentemente rápido. Os fãs e a gravadora se acostumaram a intervalos de quatro, cinco, até nove anos entre os álbuns. Desde que descera da montanha ele trabalhava sem parar, mas isso não era novidade. Leonard estava sempre produzindo, ele apenas preferia não lançar a maior parte do material em que trabalhava. Essa aparente nova urgência parecia não ter nada a ver com a ideia de mortalidade mencionada há mais de dez anos. Aos 70 anos, ele parecia estar em condições físicas, mentais e emocionais melhores do que aos 60. Pensamentos sobre estar "velho" não pareciam afetá-lo. Na verdade, Leonard até brincou com a palavra no título original do álbum: *Old Ideas*. Era uma referência à intenção de unir várias pontas nesse álbum: canções que ele fez em tributo à obra de outros poetas, gravações dele recitando a própria obra, pequenos esboços musicais e ideias inacabadas. Algumas dessas ideias eram antigas: "The Faith", por exemplo, canção baseada em uma antiga balada *folk* do Quebec que Leonard tinha gravado com Henry Lewy em 1979-1980 e arquivado, e "Tennessee Waltz", gravação ao vivo de 1985 desse choroso *standard* country para o qual Leonard tomou a liberdade de compor um verso final ainda mais sombrio e triste. Contudo, a maioria era de agosto de 2003, quando ele começara a gravar o álbum. Leonard foi convencido a trocar o nome *Old Ideas* por *Dear Heather* apenas quando lhe alertaram que os fãs poderiam pensar que se tratava de outro álbum de retrospectiva.

Se *Ten New Songs* era o álbum mais colaborativo de Leonard (*Death of a Ladies' Man* tinha sido feito com Spector como igual, mas Leonard não teve voz na gravação, e o projeto Cohen-Lissauer nunca foi lançado), *Dear Heather* é o mais experimental. As 13 canções gravadas mais uma vez no estúdio caseiro formavam uma espécie de colcha de retalhos, uma colagem de palavras, imagens e sons. O livreto do CD, no qual as letras aparecem lado a lado com os desenhos de Leonard, poderia ser um complemento de bolso para *Book of Longing*, no qual ele trabalhou ao mesmo tempo. Segundo Leanne Ungar, a ideia era "reunir algumas melodias evocadas pelas canções e fazer algumas leituras de poemas", relembrando, talvez, os shows que ele fez no final dos anos 1950 com Maury Kaye.

A canção de abertura, "Go No More A-Roving", é (à moda de "Villanelle") um poema de Lord Byron musicado por Leonard. Os desenhos que acompanham a letra no livreto mostram Irving Layton (a quem a canção é dedicada) com rosto amplo e derrotado e boina de menino pobre, além da imagem totalmente cohenesca de um violão diante de uma porta aberta. "To a Teacher" também diz respeito a um poeta importante para Leonard, A.M. Klein, que foi silenciado em seus últimos anos pela doença mental. Dessa vez o poema musicado é do próprio Leonard, da coletânea de 1961 *The Spice-Box of Earth*:

> Deixe-me clamar por Ajuda ao seu lado, Professor
> Entrei embaixo deste teto escuro

> Tão destemido quanto um filho honrado
> Entra na casa do pai

Para alguém assumidamente pouco sentimental como Leonard, parece haver uma boa dose de análise do passado nessas canções, dos amigos ausentes à mulher sem nome a quem ele agradece na deliciosa "Because of" por ter sido inspirada a tirar as roupas de ambos por "algumas canções/ Onde falo de mistério".

A ideia de colagem também está evidente nos estilos diversificados: *folk*, *jazz beatnik*, valsas e algumas canções de estilo francês que Leonard disse ter feito no sintetizador no monte Baldy. A faixa-título conta com uma letra praticamente do tamanho de um haicai, que é repetida, desconstruída e depois se dobra por cima dos teclados e trompetes como um origami para os ouvidos. "On that Day", balada sobre o ataque terrorista de 11 de setembro, tem a sentimentalidade direta de uma canção de Randy Newman. Não faltam sintetizadores, mas há instrumentos de verdade também, incluindo a harpa judaica que Leonard toca em "Nightingale", colaboração com Anjani, e "On that Day". Em duas colaborações com Sharon Robinson, "There for You" e "The Letters", a voz de Leonard é quase um sussurro e a maior parte do canto fica para as mulheres. Em "Morning Glory", cantada pela musa Anjani, Leonard soa como um fantasma de si mesmo, pairando sobre a beleza do vocal multifacetado dela. Em algumas canções, ele deixa as mulheres cantarem sozinhas. Em outras, profere suas palavras por cima da voz delas, murmurando de modo suave e profundo, perto do microfone, como Serge Gainsbourg, ou "fazendo o grave" de vez em quando como um A.P. Carter judeu e budista. Embora haja uma forte presença feminina no álbum anterior, em *Dear Heather* as mulheres ganham ainda mais destaque.

Segundo Anjani: "Aquele álbum foi um ponto de virada para nós dois." Leonard inicialmente a chamou para cantar as harmonias em "Undertow", depois decidiu descartar a melodia e usar a harmonia como ponto principal. A canção falava de uma mulher enlutada e perdida. O que ele gostava na harmonia era que só chegava à nota principal no final da música, trazendo uma tensão que espelhava a angústia emocional da personagem. Ele deixou Anjani e Leanne Ungar gravando-a, voltou para casa e fez algumas ligações. "Eu a repassei algumas vezes", lembra Anjani, "e produzimos essa gravação que eu achei linda, a melhor que já fiz, e Leanne também amou." Quando Leonard voltou, "eu disse: 'Espere até ouvir isso.' Leanne colocou a música para tocar e ele agiu como sempre age quando ouve música, encarando o espaço, sem expressão. Não importa se você está tocando salsa, ele não se mexe, só fica lá parado e imóvel. No fim, ele falou: 'Isso é lindo. Agora cante, mas não cante.'" Anjani olhou para ele sem entender. "Leonard explicou: 'Isso não é um hino. É a canção de uma mulher arruinada, então *seja* a mulher que está na praia deserta sem nada.' Eu me lembro de ficar indignada por ele não ter gostado da forma soberba com que cantei, então pensei 'O que vou fazer?' e fiquei muito nervosa e meio trêmula, pois todas as minhas ferramentas tinham acabado de voar pela janela. Eu realmente não tinha mais nada e, quando cantei, saiu esse negócio realmente hesitante e arruinado. No fim, ele disse: 'É isso. Agora você entendeu.' Leonard comentou que nunca tinha me ouvido daquele jeito, que depois descreveu como um momento em que 'a voz baixou da garganta para o coração.'"

O que também distingue *Dear Heather* dos álbuns anteriores é a modéstia gentil com a qual ele lida com grandes temas, como amor, morte, vida, fé e loucura. Como Leon Wieseltier observou na crítica do álbum, ele "se alegra com a falta de monumentalidade".[12] Havia simplicidade em vez de grandiosidade na canção de luto pelo ataque do 11 de Setembro, "On that Day", enquanto na faixa-título a extravagância substituía a angústia de praxe com relação a mulheres e luxúria. "O desejo persiste", conclui Wieseltier, "mas a escravidão acabou. E as evidências da liberdade interior estão por toda parte em *Dear Heather*. É uma janela para o coração de um homem excepcionalmente interessante e mortal."[13]

Em boa parte das canções, Leonard foi bem direto e claro nas letras (embora seja perfeitamente possível que tenha atingido uma perícia zen tão grande que a falta de ambivalência seja na verdade uma ambiguidade refinada). Seja como for, é um álbum lindo, tranquilo e encantador. A capa tem um desenho de Anjani feito por Leonard. Na contracapa está uma foto que Anjani tirou de Leonard com barba por fazer, usando uma boina e segurando uma xícara de café. O músico dedicou o álbum à memória de Jack MacClelland, seu editor canadense de longa data, que morreu em junho de 2004, ano de lançamento do álbum. Também se recusou a fazer turnê para *Dear Heather*, nem mesmo uma turnê promocional, como fizera para *Ten New Songs*. Assim que terminou as gravações foi embora para Montreal, onde passou o verão feliz da vida, sentado no Parc du Portugal com outros idosos vendo o tempo passar.

O álbum pareceu satisfeito em se vender sem a ajuda de Leonard e chegou às paradas em quase toda a Europa, alcançando o número 34 no Reino Unido e sendo Disco de Ouro no Canadá, na Polônia, Dinamarca, Irlanda, Noruega e República Tcheca. Nos Estados Unidos, estranhamente, ficou entre as 20 mais da parada de World Music, embora não tenha alcançado as 100 mais da *Billboard*. Na ausência de qualquer entrevista de Leonard, muitos jornalistas pareceram ver o álbum como "a última palavra", um prelúdio da aposentadoria, mas, como Leonard escreveu para Jarkko Arjatsalo (do *Leonard Cohen Files*) no verão de 2004, ele o via como o fechamento de um ciclo em sua obra antes de ir para o próximo disco, no qual estava "profundamente mergulhado, com seis ou sete canções já rascunhadas e que, se d-us quiser, ficará pronto ao longo do próximo ano. Além disso, o *B of L* (*Book of Longing*), ou algo que se parece com ele, está prestes a surgir sob nome e forma novos".[14] Leonard claramente não tinha planos de se aposentar. O que é ótimo, visto que um estranho e inesperado conjunto de circunstâncias veio a indicar que não poderia ter feito isso nem se quisesse.

Em outubro de 2004, o telefone tocou no apartamento de Leonard em Montreal. Era a filha Lorca, ligando de Los Angeles. Ela tinha acabado de ter uma conversa enigmática com o namorado de uma funcionária de Kelley Lynch, que tinha ido à loja dela e lhe dissera que Leonard precisava conferir suas contas bancárias, e logo. Essa afirmação foi tão enigmática para Leonard quanto para Lorca. Kelley tomava conta dos negócios de Leonard, a boa e confiável Kelley, que não era só empresária, mas amiga íntima, quase parte da família: ele até havia empregado os pais dela. Leonard, que tinha pouco interesse nessas coisas, tinha dado a Lynch uma procuração ampla para gerir suas finanças. Ele confiava nela o bastante para tê-la colocado no testamento como a pessoa responsável para dar a ordem se ele deveria viver ou morrer em circunstâncias médicas extremas. Lynch esteve lá quase continuamente ao longo da criação de *Dear Heather*. Os dois haviam mantido contato regular desde o término do álbum, como sempre faziam, e Kelley não tinha mencionado qualquer problema financeiro. Porém, Lorca estava incomodada e Leonard aceitou pegar um avião para Los Angeles. Ele foi direto ao banco, onde estivera tão poucas vezes que até teve dificuldade para lembrar o endereço, e eles lhe mostraram o saldo. Aparentemente era verdade. Há apenas alguns dias, Leonard tinha pagado uma conta do American Express de Kelley no valor de 75 mil dólares. Quando eles mostraram os extratos anteriores, ficou claro que esse não tinha sido um incidente isolado. Quase todo o dinheiro de Leonard havia sumido.

De volta ao lar, Leonard acendeu um cigarro e ligou para o escritório de Kelley. A voz dela ao telefone era radiante e amigável. Leonard avisou que retirara a autorização para ela movimentar suas contas e a demitiu. Kelley. De todas as mulheres que o enganaram na vida... Leonard sabia que Lynch tinha suas falhas, como Marty Machat, seu empresário anterior e ex-chefe dela. Porém, assim como Machat, ela conhecia os negócios de Leonard e cuidava deles. Em 1998, Leonard contou à *Billboard* (em uma edição especial para comemorar o trigésimo ano dele como artista contratado) que em questões de negócios tinha sido "enganado muitas, muitas vezes", mas aí "encontrei Kelley, coloquei a casa em ordem e venho ganhando a vida desde então [...] quase exclusivamente por causa dela. Kelley organizou a minha vida e a do meu filho, ainda bem".[15]

Kelley, assim como Marty Machat, amava Leonard, ou tinha demonstrado amá-lo por anos. Eles haviam namorado havia 14 anos, em um "acordo sexual casual", segundo Leonard, que dizia "nunca ter passado a noite". "Foi proveitoso para ambos, terminou de comum acordo",[16] e nada indicava que tivesse estragado a amizade deles. Ter quase todo o dinheiro roubado debaixo do seu nariz foi difícil de aceitar e, ao mesmo tempo, incrivelmente fácil. Era a história mais velha da indústria do entretenimento. A mãe dele não havia avisado quando Leonard fora com seu violão para Nova York nos anos 1960? "Tenha cuidado com essas pessoas de lá", avisou ela. "Elas não são como nós." Ao que Leonard respondeu com um sorriso condescendente antes de ceder os direitos de várias de suas canções sem se dar conta. Perder algumas canções, contudo, era uma gota no oceano em comparação ao problema financeiro épico que isso acabaria sendo. O fato de tudo ter começado na época em que Leonard deixou o mundo material para morar no monastério emprestava um toque a mais de ironia. E o roubo ter continuado após Leonard ter descido da montanha apenas provava o que muitos já sabiam (ou pelo menos suspeitavam): músicos e monges tendem a não ser bons com finanças. Leonard tinha ficado satisfeito em deixar a empresária Kelley tomar conta dos negócios e do dinheiro, mas agora ela estava longe, assim como o dinheiro, deixando Leonard com um problema monumental — e não havia dinheiro ou empresário para resolvê-lo. Se não chegava a ser um *koan*, era um enigma e tanto (e uma distração grave). "É o bastante para estragar um pouco o humor de uma pessoa", contou Leonard aos amigos. Ele repetiu a mesma frase que minimizava o problema para os meios de comunicação quando os processos começaram e a história veio a público. E que história estranha acabaria sendo, com direito a uma trama intrincada cujo elenco envolveria uma equipe da SWAT, financistas, um papagaio tagarela, budistas tibetanos e o ex-marido da namorada de Leonard.

CAPÍTULO VINTE E DOIS

IMPOSTOS, CRIANÇAS, GATO PERDIDO

Morte por milhares de cortes com folhas de papel. Ter se libertado da depressão na velhice para ser obrigado a passá-la em uma eternidade de papelada jurídica e financeira foi uma piada cósmica tão sombria que testou até o famoso humor negro de Leonard. A tentação era simplesmente deixar tudo para lá. Ele já tinha sido pobre antes, não precisava de muito para viver e tinha um teto (vários, na verdade). Se, no cômputo geral, Leonard preferia ter dinheiro no banco a não tê-lo — e, quando o teve, tendia a gastá-lo com outras pessoas e os monastérios de Roshi, em sua versão pessoal da filantropia e dedicação à construção de sinagogas de seus antepassados —, havia poucas evidências no seu estilo de vida ou em sua carreira, além da mudança da literatura para a música, de que o dinheiro fosse sua principal motivação.

Quando ele cedeu involuntariamente os direitos de "Suzanne" nos anos 1960, consta que sua reação foi otimista. De alguma forma parecia adequado que não fosse dono de uma canção que sentia ter ido além da propriedade, segundo disse à imprensa. Em particular, ele pode muito bem ter expressado uma visão diferente, pois é improvável que um homem na casa dos trinta anos, renomado no mundo literário canadense e que não estava acostumado a ser tratado daquela forma, não sentisse raiva por ter sido ludibriado e por ter perdido a primeira canção através da qual ficou conhecido e que foi, por anos, sua mais popular e de maior sucesso. Mas o que Leonard falou tanto publicamente quanto em particular sobre a questão com Kelley Lynch indica que era menos importante perder sua fortuna do que suas canções. Embora, à medida que a história continuava a se desenrolar, tudo indicava que ele poderia ter perdido ambas.

A relativa calma de Leonard diante do desastre financeiro deve ter sido fruto do longo e árduo treinamento zen com Roshi ou da perspectiva que aprendeu nos estudos com Ramesh, mas seu instinto de sobrevivência também pode ter influenciado. Correr o risco de se envolver demais poderia trazer o retorno da ansiedade e da depressão. Leonard queria fugir de tudo, mas os advogados lhe disseram que não podia. Disseram também que boa parte do dinheiro que lhe faltava estava em planos de previdência privada e fundos fiduciários de caridade, que deixavam Leonard com grandes impostos sobre as somas retiradas e sem dinheiro para quitá-las. Não adiantava dizer à Receita Federal norte-americana que não tinha sido responsável pelas retiradas, era preciso apresentar provas. Por isso, Leonard estava sentado à mesa com Anjani e Lorca na casa que foi obrigado a hipotecar para pagar as dívidas com advogados analisando dolorosamente pilhas de extratos e e-mails. Foi um período complicado. Como Kelley Lynch tinha autorização para tratar das finanças de Leonard, ele sabia poucos detalhes sobre as várias contas, fundos e empresas abertos em seu nome. Os advogados passaram o mês inteiro tentando decifrar tudo e, mesmo assim, Leonard não parecia chegar a lugar algum e só acumulava dívidas.

Foi quando algo ocorreu a Lorca. O ex-marido de Anjani não era um advogado especializado na indústria musical? Talvez ele pudesse ter alguma ideia. Robert Kory era advogado e tinha trabalhado com os Beach Boys por dez anos, embora tenha saído da indústria musical para trabalhar com finanças voltadas para entretenimento e tecnologia. "Mas quando Leonard Cohen aparece no seu escritório", diz Kory, "o que você vai fazer? Fechar a porta?" Ele a abriu e viu a ex-esposa de mãos dadas com homem cujos livros de poesia ele tinha lido quando estudou em Yale. "Olá", disse Leonard, "eu posso ter perdido alguns milhões de dólares."

Kory concordou em ajudar. Adiando o recebimento dos seus honorários, ele começou a "tentar entender o básico sobre os negócios de Leonard: o histórico, quanto dinheiro ele tinha, o que aconteceu com aquele dinheiro, a magnitude da perda e descobrir o que foi feito em termos jurídicos". Um desafio e tanto quando os registros estavam nas mãos de Kelley Lynch. "Comecei a fazer contatos muito discretos com banqueiros, o contador de Leonard, que também trabalhava para Kelley, e advogados que representaram Leonard na venda dos direitos sobre as composições e com relação aos *royalties* dos álbuns."

Três meses depois, quando a ex-auxiliar de contencioso e atual sócia Michelle Rice terminou a análise dos documentos disponíveis, bem como dos registros bancários obtidos mediante ordem judicial, Kory e Rice estimaram a Leonard que entre dez e 13 milhões de dólares haviam sido tomados. "Isso o chocou, e a mim também", lembra Kory.

A análise de Rice sugeria que tudo tinha começado em 1996, o ano em que Leonard foi ordenado monge. Naquela época, Lynch, com a ajuda de outros conselheiros financeiros de Leonard, fez a primeira das duas vendas dos direitos sobre as composições dele para a Sony ATV, totalizando 127 canções. Na opinião de Kory, não havia qualquer necessidade de Leonard vender as próprias canções porque tinha dinheiro no banco e renda vinda dos *royalties*. Boa parte do dinheiro da venda (menos a comissão e os 15% de Lynch) fora depositada na conta de Leonard, sobre a qual Lynch tinha controle, e o restante fora depositado em fundos de caridade. Para gerenciar os investimentos, Lynch chamou um amigo, o financista budista tibetano Neal Greenberg, que chefiava uma empresa de valores mobiliários no Colorado. Greenberg estudara com o falecido Chögyam Trungpa Rinpoche desde o início dos anos 1970. A própria Lynch era aluna e amiga de Trungpa havia muito tempo, assim como Doug Penick, pai do filho mais velho de Lynch, Rutger. (Penick fez parte do documentário canadense *The Tibetan Book of the Dead*, de 1994, para o qual Leonard fez a narração.) Greenberg, por sua vez, chamou o advogado e professor de direito tributário de Kentucky Richard Westin. Em 2001, Kelley, Greenberg e Westin orquestraram a venda dos *royalties* dos álbuns de Leonard para a Sony Music por oito milhões de dólares. Após vários cortes, Leonard aparentemente teve um lucro líquido de 4,7 milhões de dólares, segundo documentos arquivados pela Suprema Corte de Los Angeles. O dinheiro dessa segunda venda da propriedade intelectual de Leonard foi para uma conta corporativa, que tinha sido criada com intenção de pagar a Leonard uma pensão quando ele se aposentasse e fornecer uma herança para seus filhos. O que deu errado, segundo a análise de Rice e que foi alegado no processo, era que o plano só funcionaria se os filhos de Leonard fossem donos de 99% da empresa, e Leonard, do 1% restante. Na última hora, alegou Rice, eles deram a propriedade a Kelley no lugar dos filhos de Leonard, e ele não fazia ideia da mudança nos documentos.

Como Leonard havia expressado um forte desejo de evitar a briga na justiça, Kory — após consultar o ex-promotor público de Los Angeles Ira Reiner — escreveu para Lynch, Greenberg e Westin. A resposta de Greenberg foi entrar com um processo preventivo acusando Leonard e Kory de tentativa de extorsão. Westin aceitou a mediação e um acordo confidencial foi estabelecido. Os advogados de Lynch insistiram que sua cliente tinha recebido autorização para fazer o que fez, embora depois tenham recomendado que ela aceitasse a mediação. Naquele momento, Lynch os demitiu. Depois, telefonou para Kory querendo marcar um almoço. Isso surpreendeu Kory, mas ele aceitou e os dois escolheram um lugar para o encontro.

No almoço, Kory ofereceu a possibilidade de um acordo razoável se Kelley revelasse onde estava todo o dinheiro. Caso não aceitasse, haveria um processo judicial grave que, no fim das contas, destruiria a vida da empresária. A resposta dela, segundo Kory, foi: "O inferno vai congelar antes de você descobriu o que aconteceu com o dinheiro. O dinheiro era meu." Em agosto de 2005 começou o primeiro dos processos. No mesmo mês, um tanto ironicamente, estreou na TV canadense o curta-metragem *This Beggar's Description*, no qual Leonard aparecia. Era um documentário sobre o poeta esquizofrênico de Montreal Philip Tétrault. Leonard era seu amigo e o ajudava há muito tempo. No filme, Leonard aparece sentado no banco de um parque em Montreal, falando com Tétrault e Kris Kristofferson sobre ulcerações produzidas pelo frio, enquanto a trilha sonora toca canções de Leonard Cohen das quais ele não era mais dono.

De volta a Los Angeles, processos, cartas, acusações e contra-acusações continuaram, em uma história cada vez mais intrincada e bizarra. Um episódio particularmente triste e surreal ocorreu na casa de Lynch em Mandeville Canyon. Olhando pela janela da frente, ela viu policiais bloqueando a estrada e diversas viaturas estacionando em seu jardim. Como Lynch descreveu, 25 homens armados (uma equipe da SWAT) pularam dos veículos e apontaram armas para a casa dela. A polícia tinha sido chamada devido a uma suposta tomada de reféns e foi informada de que havia armas no local. Lynch, que não mandou o caçula dos dois filhos, Ray Charles Lyndsey, para a escola porque ele não se sentia bem, supôs que ele deveria ser o tal refém e que a denúncia tinha sido feita pelo pai do garoto, de quem ela tinha se afastado: Steve Lindsey, produtor e músico que Lynch conhecera quando trabalhou no álbum *The Future*. No momento, o menino estava com o meio-irmão, Rutger: Lynch tinha pedido ao filho mais velho para tirar Ray de casa e levá-lo até o final da rua, onde a atriz Cloris Leachman aparentemente esperava por eles em um carro.

Lynch saiu pela porta da frente usando biquíni e segurando um cachorro na coleira. Mais tarde, ela alegou que vários policiais apontaram armas para ela e para seu cachorro quando caminhou na direção deles, enquanto outros correram para dentro da casa. Ao entrar, foram recebidos por uma voz gritando: "Eu vejo gente morta! Eu vejo gente morta!" Era Lou, o papagaio africano cinza de Lynch. Ela correu para a piscina e mergulhou, mas foi retirada de lá pelos policias, sendo algemada e levada em uma viatura, ainda com os trajes de banho molhados.

Segundo o relato de Lynch, a polícia fez uma longa viagem de carro, durante a qual fez perguntas sobre sua amizade com Phil Spector (que tinha sido libertado mediante fiança de um milhão de dólares e aguardava julgamento por assassinato). A jornada acabou em um hospital da cidade, onde Lynch foi direcionada para a ala psiquiátrica. Ela alegou ter sido involuntariamente drogada e mantida no hospital por 24 horas e afirmou que, nesse período, Steve Lindsey entrou na justiça e ganhou a custódia do filho. Lynch acreditava que Leonard e Kory estavam por trás desse episódio, e de vários outros eventos estranhos que ela alegou terem acontecido após o incidente do refém, como o fato de um Mercedes ter batido na traseira do carro dela e de ela ter recebido ameaças de um homem misterioso.[1]

Os relatos subsequentes de Lynch, publicados em milhares de palavras na internet, envolviam uma conspiração longa e elaborada na qual o julgamento de Phil Spector aparecia com frequência e da qual Lynch alegava ser um bode expiatório em um esquema criado para esconder os gastos absurdos de Leonard, além de uma evasão de divisas. Em vez de enfrentar Leonard nos tribunais, Kelley o fez na internet. Sempre que ele era mencionado na internet e havia um espaço para comentários, ela os deixava — e não eram textos breves. Kelley mandou incontáveis e-mails longuíssimos para Leonard, seus amigos, familiares, músicos, associados e ex-namoradas, além da polícia, do promotor público, dos meios de comunicação, da comunidade budista e da Receita Federal norte-americana.

Leonard, obrigado a ficar em Los Angeles enquanto corria o processo, manteve-se discreto e tentou trabalhar. Para um homem tão reservado, ter seus assuntos confidenciais levados a público de modo tão desagradável era um verdadeiro teste de sua natureza budista. Era difícil trabalhar naquelas condições, mas, ao mesmo tempo, concentrar-se no trabalho afastava a mente de tudo. Também havia a questão de tentar ganhar algum dinheiro. Àquela altura do campeonato, Leonard não fazia ideia de como ficaria a sua situação. Graças em boa parte a essa urgência, em poucos meses ele compôs e gravou quase um álbum inteiro. Não era o álbum no qual havia começado a trabalhar imediatamente após *Dear Heather*, e sim uma colaboração com Anjani, chamada *Blue Alert*.

Também finalmente acabou o *Book of Longing*, que os amigos haviam começado a chamar de *Book of Prolonging* de tanto tempo que Leonard passou trabalhando nele. Faltavam apenas as ilustrações, que estavam em uma das trinta caixas de cadernos de desenho, cadernos de anotações, diários e documentos pessoais que Leonard deixou no escritório de Lynch, pois o considerava um lugar seguro. Como Lynch tinha abandonado o local após ter sua fonte de renda cortada, presumia-se que tudo estivesse na casa dela, porém Lynch não confirmava e nem negava a informação. Com a casa prestes a ter a hipoteca executada, houve relatos de que ela estaria tentando vender os arquivos de Leonard.

Leonard, que tinha ficado íntimo de Rice, ligou para ela para falar sobre a hipoteca pendente. Embora Rice e Kory tenham envolvido outro escritório de advocacia para ajudá-los no processo, ela considerava a situação urgente demais para esperar a lenta resolução judicial. Por isso, utilizou um mandado de manutenção de posse, procedimento jurídico raramente usado nos Estados Unidos no qual é possível alegar que uma pessoa tem a propriedade de algo pertencente à outra e se recusa a devolver. Lynch ignorou o processo judicial aberto por Leonard, incluindo as solicitações para devolver os documentos dele. Ele estava frustrado com a habilidade dela para fugir da responsabilidade, mesmo juridicamente. Apesar disso, quando um tribunal acata o mandado de manutenção de posse, explicou Rice, a pessoa que o solicitou pode levá-lo à polícia e solicitar a presença de policiais para a acompanharem até onde os objetos de sua propriedade estão sendo mantidos, a fim de retomá-los.

Às nove da manhã de um dia chuvoso de outubro, Rice e seu assistente apareceram sem avisar na casa de Lynch em Mandeville Canyon com dois policiais armados para fazer uma busca na casa e na garagem e retomar a posse dos documentos de Leonard. Os xerifes surgiram com uma caixa após a outra. O procedimento levou quase dois dias e foi necessário utilizar um caminhão de mudança, mas eles recuperaram um tesouro: "cadernos de anotações preciosos, a história de 'Hallelujah' e como ela foi composta, cartas de Joni Mitchell, Dylan, Allen Ginsberg e todos os desenhos", enumera Rice. Os olhos de Leonard se encheram de lágrimas quando ele abriu as caixas e encontrou o que pensava ter perdido, incluindo o caderno de desenho contendo a imagem de um pássaro que seria a capa de *Book of Longing*.[4]

Em dezembro de 2005, Lynch perdeu a casa e dormiu na praia em Santa Monica por um tempo até fixar residência em uma caminhonete com a qual percorria os Estados Unidos. Em maio de 2006, um juiz do Superior Tribunal de Justiça garantiu um julgamento contra Lynch no valor de US$ 7.341.345. Mais uma vez, ela ignorou a justiça e, além disso, aparentava estar sem um centavo. Rice também venceu os processos contra Greenberg e conseguiu a retirada de todas as acusações de Greenberg contra Leonard e Kory, além de obter um mandado que garantia a Leonard os últimos 150 mil dólares nas mãos de Greenberg, mesmo com as alegações de que essa quantia se referia ao pagamento dos seus honorários. Através de vários procedimentos jurídicos, Leonard recuperou uma parte do dinheiro perdido, mas não tudo. Lynch, que continuava o ataque incessante de textos em blogs e e-mails cheios de acusações e injúrias, também passou a fazer ligações ameaçadoras para Leonard, Kory, além de amigos e associados deles em vários lugares dos Estados Unidos. Rice liderou um esforço para obter uma série de liminares contra Lynch em vários estados norte-americanos. E assim a situação terrível se arrastava.

Came So Far for Beauty, o show em tributo a Leonard Cohen feito por Hal Willner, ganhou vida própria. Criado em Nova York em 2003 e encomendado como apresentação única pelo Consulado do Canadá, ele foi adotado por outros países. Segundo Willner: "Continuavam pedindo para que nós o apresentássemos" e virou uma espécie de evento anual internacional. Primeiro, foi a Inglaterra, como parte do Brighton Festival 2004, sobrevivendo à travessia transatlântica com o fôlego e a banda quase completamente intactos. Mais dois artistas entraram na programação,

Beth Orton e Jarvis Cocker, e outras canções foram incluídas para darem uma renovada no espetáculo.

Segundo Nick Cave: "Hal determinava as canções que você interpretaria e você não tinha escolha. Ninguém sabia o que estava acontecendo ou tinha tempo para ensaiar, então era tudo feito em cima da hora, rezando para dar certo, o que era uma das partes mais divertidas do evento." No meio de tudo isso estavam os músicos, cada um invocando o seu Leonard Cohen interior e conjurando o humor ("I'm Your Man"), a religiosidade ("If It Be Your Will"), a melancolia ("Seems So Long Ago Nancy") e o machismo libidinoso ("Don't Go Home with Your Hard-On"). De acordo com Willner: "Virou uma equipe. Todos esses artistas que nunca estariam no mesmo lugar colaboravam, assistiam uns aos outros na lateral do palco e torciam uns pelos outros ao longo do show."

"Esses shows começaram a virar um universo paralelo na nossa vida", diz Rufus Wainwright. "Nós nos encontrávamos de novo em vários lugares e tinha uma aura mística, como uma reunião de uma família exótica." Wainwright já era quase um integrante da família Cohen. Ele e a filha de Leonard, Lorca, tinham se conhecido na adolescência em Montreal e virado grandes amigos. Quando Rufus se mudou para Los Angeles, os dois dividiram um apartamento, morando na metade do duplex de Leonard ocupada por Lorca. Quando Lorca levou Rufus ao segundo andar para conhecer o pai dela, "eu entrei e Leonard estava de cueca samba-canção, nada muito ousado, e camiseta, uma espécie de traje matinal de Billy Wilder. Ele mastigava uma salsicha de cachorro-quente em pedacinhos, cuspia e colocava em uma escova de dente para alimentar o passarinho que tinha caído do ninho e que Leonard tinha resgatado no jardim. Ele foi muito gentil, fez macarrão para mim e conversamos por um tempo. Nós não necessariamente nos demos bem. Era meio que antes da queda, ele passava por um momento ruim, e eu sou um sujeito bem arrogante, muito extrovertido, enquanto ele é muito introvertido. Eu ficava tentando sapatear o tempo todo ao redor dele. Isso foi o que mais me impressionou, como ele é tímido e modesto, mas acho que nos entendemos desde então".

Em 2005, o elenco se reuniu na Austrália para o Sydney Festival. Entre eles estava um novato, o cantor nova-iorquino Antony Hegarty e sua voz do outro mundo. "Antes de conhecermos Antony", relembra Julie Christensen, "Hal dizia: 'Esperem até vocês verem esse cara, ele parece um cruzamento entre Janis Joplin e Tiny Tim.' Nós nos perguntamos como seria isso". Vestindo um grande suéter que parecia composto por teias de aranha e cobria seu corpo rotundo como uma lona gasta em um Fusca, Antony cantou uma versão comovente de "If It Be Your Will", que foi aplaudida de pé. "Sou australiano", conta Cave, "eu sei como é a plateia australiana, e para mim foi incrível ver a reação deles àquele cara." Rufus Wainwright também descreve: "Estava um calor de matar, um dia insano de verão. Estávamos tocando na Opera House e quase senti que tínhamos ido ao Palácio de Krypton invocar o Super-Homem. Fizemos um show incrível. Graças a Deus foi filmado."

Hal Willner conheceu a cineasta australiana Lian Lunson durante uma festa em Los Angeles. Após dizer o quanto gostou do documentário dela sobre Willie Nelson, que tinha sido exibido em um canal de televisão aberta, ele reclamou: "É uma vergonha que esses shows de Leonard não virem filme. Então ela filmou." A única forma de fazer algo com a filmagem, disse ela a Willner depois, era entrevistar Leonard. Com alguma persuasão, Leonard concordou. Lunson também o filmou em um clube noturno de Nova York fazendo uma apresentação secreta com o U2. Eles cantaram "Tower of Song", a faixa-título do álbum-tributo a Leonard Cohen de 1995 no qual Bono fez a sua versão *soul-beatnik* de "Hallelujah". Não havia plateia, mas para um homem que desde 1993 ficava satisfeito em deixar outras pessoas cantarem suas canções no palco, foi um evento importante. O filme de Lunson, chamado *Leonard Cohen: I'm Your Man*, foi exibido pela primeira vez em setembro de 2005 no Toronto Film Festival. Naquele mesmo mês, Leonard recebeu uma placa na Calçada da Fama da Música *Folk* Canadense. Como era de costume, mandou seus agradecimentos e suas desculpas e ficou em casa em Los Angeles.

Leonard foi a Montreal em janeiro de 2006 para um tipo bem diferente de cerimônia. Irving Layton tinha morrido, aos 93 anos. No funeral, o grande caixão branco desceu ao som da "Ode à alegria", de Beethoven, enquanto cerca de setecentas pessoas, incluindo ex-esposas, ex-alunos, familiares, amigos e os meios de comunicação, observavam. Leonard, vestindo um sobretudo grosso com colarinho de pele e boina, entrou na capela discretamente, pegou um lugar no fundo e bateu o pé no ritmo da música. Durante o discurso de homenagem, Leonard disse: "O que aconteceu entre Irving e eu fica entre nós e não merece ser repetido, mas o que merece e serão repetidas são as suas palavras." Ele leu o poema de Layton, "The Graveyard", que termina com os versos: "Não há dor no cemitério ou a voz/sussurrando nas lápides, 'Alegrem-se, alegrem-se.'" Layton era "nosso maior poeta, nosso maior defensor da poesia", elogiou Leonard. "O Alzheimer não o silenciou, e nem a morte o fará." Quando Leonard tentou sair tão discretamente quanto entrou, foi chamado para segurar a alça do caixão. Layton, Leonard pensou consigo mesmo, aprovaria entusiasticamente o evento inteiro.

Era bom estar de volta a Montreal, mesmo no meio do inverno e para uma ocasião como aquela. Leonard estava enlouquecendo, preso em Los Angeles. Por algum tempo vinha pensando, como fazia com frequência, em voltar a morar em Montreal, e Anjani parecia concordar que era uma boa ideia. Leonard tinha contratado recentemente um empresário canadense, Sam Feldman, cujos clientes incluíam Joni Mitchell e Diana Krall. Quando Leonard foi entronizado no Hall da Fama de Compositores Canadenses, em fevereiro, cinco meses após o último prêmio em seu país natal, estimulado por Feldman, Leonard aceitou o convite, visto que havia tanto um novo álbum para promover como um livro com lançamento marcado para maio.

"Esse tipo de evento não me atrai", disse Leonard. "É uma ocasião muito complicada, ser homenageado. Em certo sentido parece um obituário e você não se sente [assim] em relação a si mesmo."[2] A festa de gala teve mais tributos de artistas cantando músicas de Leonard no palco: mais uma vez Rufus Wainwright, Willie Nelson usando um terno para a ocasião e K.D. Lang, cuja versão de "Hallelujah" levou Leonard às lágrimas. Houve mais lágrimas quando Adrienne Clarkson, ex-governadora general, apresentou o prêmio: "Um dos motivos para se evitar essas coisas é porque elas evocam respostas emocionais bastante profundas", analisou Leonard ao *National Post*. "Isso acontece muito raramente a um artista ou escritor, ter diante de si a aceitação incondicional ao seu trabalho."[3] No discurso de agradecimento, ele disse: "Nós nos misturamos atrás de nossas canções rumo ao Hall da Fama."[4] Clarkson disse em seu discurso que Leonard "mudou as nossas vidas com a complexidade de sua tristeza, a amplitude de seu amor... Ele entra no seu cérebro, no seu coração, em seus pulmões. Você se lembra dele, você o sente, você o respira. Ele é a nossa conexão com o sentido do êxtase, o acesso a outro mundo que suspeitamos existir, mas que ele transforma em canções". Ela agradeceu aos milhões de compatriotas que não compraram seus primeiros livros de poesia e romances "porque sem isso ele poderia não ter se voltado para a composição musical".

Nas várias entrevistas que deu no Canadá, Leonard parecia alegre e otimista. Mesmo diante da inevitável pergunta sobre a ex-empresária e o dinheiro que desapareceu. Não houve veneno ou ataques, apenas um pouco de reprovação consigo mesmo por não conferir os extratos bancários e aquela frase sobre ser o bastante para estragar um pouco o humor, à qual ele acrescentou: "Felizmente não estragou."[5] Entre essas entrevistas houve uma para a revista *CARP*, da associação de aposentados canadenses. No apartamento de Leonard, a jornalista Christine Langlois encontrou o septuagenário que não podia se dar ao luxo da aposentadoria sentado sob a luz do sol na mesa da cozinha com Anjani, sorrindo e comendo *bagels*. Surpresa com tal imagem de enlevo doméstico, ela perguntou como aquilo se encaixava na reputação dele: "Tudo muda quando você envelhece", explicou Leonard. "Nunca conheci uma mulher até os 65 anos. Antes disso, vi todos os tipos de milagre diante de mim." No passado, ele sempre vira as mulheres através das lentes de "suas necessidades e meus desejos urgentes", disse ele, e "do que elas podiam fazer por mim". Contudo, no meio dos sessenta anos, que coincidiam mais ou menos com a saída de Leonard do monastério e o fim da depressão, "isso começou a se dissolver e passei a ver a mulher que estava lá". Anjani, rindo, destacou: "Eu era a única que estava lá quando essa ideia lhe ocorreu." Àquela altura, os dois estavam juntos há sete anos. Consta que Leonard definiu a "velhice" como "a melhor coisa que me aconteceu". Apesar do problema com Kelley Lynch, ele se sentia leve e tranquilo. "O estado mental em que me encontro é tão diferente daquele da maior parte da minha vida que estou profundamente grato."[6]

Book of Longing, o primeiro livro de poesias inéditas de Leonard em 22 anos, foi publicado em maio de 2006 e dedicado a Irving Layton. Como *Dear Heather*, é uma espécie de colcha de retalhos: uma miscelânea de 230 páginas de poemas, trechos em prosa e ilustrações. Há tantas ilustrações quanto poemas. Entre elas, há desenhos de Roshi e dos companheiros monges, de Irving Layton e Pierre Trudeau, de mulheres (geralmente despidas) e vários autorretratos nos quais sua expressão varia de envergonhado a taciturno e que são acompanhados por anotações sábias, cômicas, mórbidas e/ou sarcásticas:

> Nunca encontrei a garota
> Nunca fiquei rico
> Siga-me

Ou em outra parte:

> impostos,
> crianças
> gato perdido
> guerra
> constipação
> o poeta vivo
> em sua canalização
> da beleza
> oferece o dia de volta para deus*

O conteúdo literário varia muito, indo do formal ao cultural pop, de longas baladas líricas a curtos e estranhos versos burlescos, de trechos em prosa a canções ou poemas que viraram canções. As palavras bem diferentes do poema "Thousand Kisses Deep" e da canção "A Thousand Kisses Deep" estão lado a lado em páginas opostas. Muitos dos poemas, em especial os escritos em noites frias e escuras ou em momentos escondidos no monastério falam da morte: antecipada, contemplada, enlutada e relembrada. "Who Do You Really Remember" cataloga várias mortes (do cachorro, dos tios, das tias e dos amigos) que ocorreram entre a morte do pai (quando Leonard tinha 9 anos) e a da mãe, quando tinha 43. O poema em prosa "Robert Appears Again" descreve uma conversa com o fantasma de um amigo morto, travada quando Leonard estava sob o efeito da anfetamina guardada há vinte anos que encontrara no bolso de

---

* Ao longo do livro, Leonard respeita a tradição judaica e usa "d-us" em vez de "Deus", além de colocar hífens no lugar de expletivos sexuais.

um antigo terno. Em "I Miss My Mother", ele deseja levar Masha à Índia, presenteá-la com joias e dizer que ela estava:

> certa sobre tudo
> Incluindo o meu violão tol
> E onde ele me levou...
> Ela acariciaria a minha cabeça
> E abençoaria a minha canção suja

Geralmente nas noites de sexta-feira, quando acendia as velas para o Shabat e Adam, Lorca e Anjani apareciam para o jantar, Leonard imaginava que a mãe também estava lá e pensava na reação dela ao "ver como eu finalmente estabilizei minha vida".[7]

Mas esse é o *Book of Longing*, não o livro dos mortos, e essas perdas são apenas uma das "várias formas de desejo: religioso, sexual, apenas expressões de solidão" abordadas por Leonard.[8] Ele se repreende por ter falhado como monge budista, pela incapacidade para entender seu professor (Roshi), por sua "enorme ereção" embaixo da túnica quando se vestia para a meditação matinal ("Early Morning at Mount Baldy"). Na versão reduzida de seis linhas do poema "Not a Jew", ele afirma que continua inabalavelmente judeu. Em "One of my Letters" ele não assina como "L. Cohen", e sim com os nomes judeu e budista Jikan Eliezer.

Ele aborda ainda o declínio das suas forças com a idade e seus fracassos como artista ("My Time") e como mulherengo ("Never Once"). Na honesta e erótica "The Mist of Pornography", discute sua relação com Rebecca De Mornay e explica os motivos para o término. Em "Titles", ele escreve:

> Eu tinha o título de Poeta
> e talvez o tenha sido
> por um tempo
> Também o título de Cantor
> foi gentilmente consentido a mim
> mesmo que
> Eu mal consiga cantar uma melodia...

> Minha reputação
> de mulherengo era uma piada
> Ela me fez rir amargamente
> ao longo das dez mil noites
> que passei sozinho.

Apesar desses protestos, em "Other Writers", após enaltecer as virtudes do amigo poeta Steve Sanfield e de Roshi, ele se gaba: "Prefiro minhas coisas às deles", e descreve um encontro sexual com uma jovem no banco da frente do seu jipe. Irving Layton, lembra Leonard em "Layton's Question", sempre lhe perguntava: "Você tem certeza de que está fazendo a coisa errada?" — Layton ficaria orgulhoso.

"Como pessoa de origem judaica", disse Leonard em uma entrevista à revista budista *Tricycle*, "acho profundamente satisfatório que a descrição da atividade criativa de Deus na Cabala seja incrivelmente paralela à do meu professor Joshu Sasaki Roshi, mestre zen japonês contemporâneo".[9] Leonard e Anjani começaram a frequentar regularmente uma sinagoga em Los Angeles liderada pelo rabino Mordecai Finley.

Finley, artista marcial, ex-militar e professor de liturgia, misticismo e espiritualidade judaica na Academia para a Religião Judaica da Califórnia, fundara a congregação Ohr Torah em 1993. Leonard e Anjani conheceram Finley no casamento de Larry Klein, produtor de Joni Mitchell. "O rabino fez um discurso de improviso muito inspirado sobre o amor e sobre como manter o casamento", relembra Anjani. "Eu olhei para Leonard e disse: 'Quero ouvi-lo mais.'" Após uma hesitação momentânea, Leonard completou: "Vou com você." Finley se lembra de ter falado sobre o casamento "como uma oportunidade de estar a serviço de outro ser humano, uma oportunidade para a transformação mais profunda, porque você está muito profundamente na presença de outro ser humano. Isso exige trabalho, atenção plena, compromisso e disciplina. É provável que essa ideia fosse similar à compreensão que Leonard nutria com relação à espiritualidade. Pouco tempo depois, ele começou a aparecer na sinagoga". O rabino geralmente via Leonard sentado lá, com a coluna reta e o olhar baixo, como se estivesse meditando no mosteiro de Roshi, mas com Anjani a seu lado. Para Finley, parecia que

Leonard estava captando tanto o clima e a energia do lugar quanto o sentido das palavras.

Na primeira conversa com Leonard, o rabino perguntou: "Você é um pregador budista, como isso se encaixa no judaísmo?" Era a mesma pergunta que Leonard havia ouvido da imprensa quando foi ordenado monge, e que respondeu no poema "Not a Jew". Ele disse a Finley que não precisava se encaixar. O budismo era não teísta e Roshi era um grande homem e uma grande mente. "Leonard deixou bem claro para mim que isso não tinha nada a ver com sua religião, nem com suas crenças. À medida que nos conhecemos melhor, fiquei contente em ver que ele é um judeu muito erudito. Ele leu muito e profundamente, além de ser muito comprometido em entender a Cabala e, de um modo similar ao meu, em usar a Cabala como uma teologia e também como uma psicologia espiritual e uma forma de representar miticamente o Divino. Se você entende que a consciência humana é basicamente simbólica, então precisa encontrar algum sistema de símbolos que esteja mais próximo de articular a compreensão de todos os níveis da realidade."

Por estar mais próximo da idade de Anjani que Leonard e ser norte-americano, Finley não tivera muito contato com a obra de Leonard ao longo da vida. Ele então começou a investigar e tudo o que lia "parecia uma prece. Leonard sempre funciona no reino metafísico, mesmo quando escreve sobre o reino material há um eco metafísico e cósmico na mais mundana das coisas". Em uma ocasião, o músico lhe mostrou o livro que seu avô rabino, Klonitzki-Kline, tinha escrito: "É uma bela obra, um livro substancial e erudito. É uma tragédia não ter sido traduzido e amplamente divulgado." Eles abriram o livro escrito em hebraico, falaram de várias passagens e Finley ficou impressionado com a erudição de Leonard. "Ele cresceu em um ambiente de estudos judaicos profundos e sérios. Estava atualizado, sabia quem eram os grandes pensadores judeus e entendia os argumentos deles. Há partes obscuras da Cabala sobre as quais pensávamos de modo diferente e, às vezes, ficávamos falando sobre um tema e voltávamos àquele ponto: 'Lá vamos nós de novo'. Ele poderia ser um ótimo professor de judaísmo. Se sua vontade fosse se tornar rabino, poderia ter sido um dos maiores da nossa geração."

"Aliás", acrescenta Finley, "os estudantes modernos da Cabala têm muito interesse na obra de Leonard porque o veem não como um professor de Cabala ou um teólogo, e sim como alguém que realmente entende a Cabala de dentro [e consideram a sua poesia] a melhor poesia sobre a

Cabala que já leram. Ele entende o *ethos* interior de destruição e cura, além da tragédia da condição humana, o fato de não estarmos particularmente bem-preparados para esta vida, mas precisarmos encontrar um jeito de viver mesmo assim."

Em 13 de maio de 2006, em Toronto, Leonard chegou o mais próximo de uma apresentação musical pública do que havia chegado no últimos dez anos. Foi em uma livraria, onde autografou cópias de *Book of Longing*. Apareceram uns três mil fãs, o livro já seguia para o topo da lista dos mais vendidos e a polícia precisou fechar a rua. Em um pequeno palco, Anjani, Ron Sexsmith e a banda Barenaked Ladies forneceram o entretenimento. Leonard não planejava cantar, mas durante a apresentação Anjani pediu para que ele participasse e não aceitou recusa. Após um dueto em "Never Got to Love You", Leonard cantou sozinho "So Long, Marianne" e "Hey, That's No Way to Say Goodbye". A reação foi arrebatadora.

Blue Alert, o álbum no qual Leonard e Anjani trabalharam juntos, foi lançado em maio de 2006, junto com *Book of Longing*. Como *Ten New Songs*, foi uma colaboração total, dessa vez com letras de Leonard e músicas de Anjani, mas, ao contrário de *Ten New Songs*, não era um álbum-dueto, era um álbum de Anjani. A foto dela estava na capa. Embaixo do seu nome, em letras muito menores, estava escrito: "Produzido por Leonard Cohen". Era como se esse homem que tanto amava as mulheres, que escreveu tantas canções sobre elas (ou, como costumava alegar, compôs para atraí-las) e acreditava, como afirmava, que as mulheres "habitavam a paisagem carregada de onde a poesia parecia surgir", que "parecia ser a linguagem natural das mulheres", finalmente houvesse alcançado o que talvez tenha buscado desde sua estreia. A experiência vivenciada com Jennifer Warnes em "Famous Blue Raincoat" e que, nos álbuns gravados desde que saíra do monastério, havia procurado ainda com mais afinco: entregar suas canções para uma voz feminina cantar.[10]

Foi a primeira vez que Leonard fez um disco cuja musa era não só a parceira amorosa atual como também sua parceira de composição. O fato de ser um álbum de Anjani pareceu acelerar o processo de composição. Anjani descobriu a letra da canção-título na mesa de Leonard: era um novo poema que ele tinha escrito para *Book of Longing*. Ela perguntou se poderia tentar musicá-lo e, quando ele consentiu e disse ter gostado do que ela fez, repetiu o processo, agora com um poema antigo ("As the Mist Leaves No Scar", de *The Spice-Box of Earth*, livro publicado quando Anjani tinha 2 anos de idade), sem saber que Phil Spector já tinha feito o mesmo com "True Love Leaves No Traces" em *Death of a Ladies' Man*. A melodia de Anjani para a canção que batizou de "The Mist" era muito diferente, contudo, lembrava uma antiga canção *folk*. A balada "Never Got to Love You", uma curta história de amor *noir* sobre arrependimento e seguir em frente, foi composta a partir de versos não utilizados na canção "Closing Time". Às vezes, enquanto repassava os cadernos de Leonard, Anjani encontrava trechos de letras dos quais gostava e dizia a ele: "Termine esta canção." "Thanks for the Dance" começou com algumas linhas de um dos diários de Leonard: "Thanks for the dance, I hear that we're married, one two three, one two three, one" (Obrigado pela dança, ouvi dizer que nos casamos, um dois três, um dois três, um). "Eu disse para ele terminar, porque realmente podia cantar *aquela* canção, o que é como dizer a Leonard para compor 'Hallelujah' em algumas semanas. Mas ele gostou da tarefa porque era muito libertador. Ele não precisava cantá-la, estava compondo para mim agora e os padrões que usaria para si mesmo não se aplicavam, então acabou sendo bem fácil. Isso também aconteceu com 'No One After You'. Foi engraçado porque eu disse: 'Então, está quase lá, está quase boa.' Aí eu lembrei que ia para o estúdio no dia seguinte e disse: 'Você tem uma hora para criar a última frase.' Ele respondeu: 'Tudo bem, então me dê um chocolate.' Ele ficou mordiscando uma barra de chocolate e andando de um lado para o outro até gritar: 'I'm a regular cliché.' ('Sou um clichê regular'). Eu pensei: 'Obrigada, então você *consegue* escrever sob pressão.'"

O processo de gravação não foi tão fácil. "Houve alguns momentos realmente complicados", lembra Anjani. "Eu estava arrasada, especialmente no começo. Não me entenda mal, ele é maravilhosamente agradável, generoso, tudo o que parece ser, mas nós dois temos opiniões fortes. Em *Blue Alert* eu comecei a me tornar assertiva com relação ao que gostaria de fazer. Em 2004, quando estávamos compondo *Dear Heather*, um amigo tinha morrido, eu estava muito triste e Leonard entrou na sala e disse: 'Olha, talvez isso faça você se sentir melhor', e era a letra de 'Nightingale'", canção que apareceu tanto em *Dear Heather* quanto em *Blue Alert*. "Mas as partes foram invertidas. Ela começava com 'Fare thee well, my nightingale' (Adeus a ti, meu rouxinol). Quando eu estava lendo, a melodia surgiu na minha cabeça e imediatamente pensei: 'Isso devia ir aqui e isso devia ir ali'. Era como montar um quebra-cabeça. Levei o texto para casa e não mudei as palavras, mas reescrevi a estrutura, gravei e coloquei para Leonard ouvir. E eu vi os olhos dele se arregalarem porque fodi com a canção dele. Nem me ocorreu que Leonard poderia reagir daquela forma. Ele continuou ouvindo atentamente e depois disse: 'Bom, é claro que começa com '*I built my house*' (Eu construí minha casa).'' Em algum momento, porém, ficou claro que eles precisavam de um árbitro. Leonard ligou para seu antigo produtor, o homem que trouxe Anjani para a vida dele.

Lissauer descreve o que testemunhou no estúdio como "um cabo de guerra". Segundo ele, quando Leonard trabalhou com Sharon Robinson em *Ten New Songs*, era o álbum de Leonard, mas embora *Blue Alert* fosse o álbum de Anjani, "Leonard ainda esperava que o controle da gravação fosse dele. Leonard queria uma coisa, Anjani queria outra e eu fiquei no meio porque conhecia os dois e tentava responder a ambos". Quando ouviu as demos, Lissauer achou as canções lindas, mas não ficou impressionado com o monte de sintetizadores e baterias eletrônicas. "Eu disse: 'Deixem-me pelo menos colocar uns instrumentos orgânicos e acrescentar umas cores aqui e ali.'" Lissauer pegou seis canções e acrescentou toques instrumentais, como havia feito nos álbuns *New Skin for the Old Ceremony* e *Various Positions*. Ele as achou "adoráveis", Leonard e Anjani também, "mas eles estavam brigando bastante, como se tentassem obter a custódia da canção. Isso foi o mais bizarro, a discussão era: 'Vou tirar isso aqui do John mas você precisa [...]', e a fim de resolver as discussões e ofender um ao outro, eles jogaram fora as melhoras que fiz, uma a uma. Tiraram todas as cores e voltaram ao som mais cru da demo". O que restou do seu trabalho, diz Lissauer, "foi o solo de sax barítono em 'Blue Alert' e a valsa de 'Thanks for the Dance'".

O álbum acabou sendo gravado em território neutro, com o engenheiro e coprodutor Ed Sanders em seu estúdio analógico em Los Angeles. Sanders tinha trabalhado com Anjani em seu último disco, *The Sacred Names* e, desde que ela o apresentara a Leonard, durante a gravação de *Dear Heather*, também trabalhava como assistente administrativo de Leonard. No fim das contas, ninguém morreu durante a produção, embora Lissauer tenha saído um pouco magoado da experiência, como sempre. Contudo, isso não o impediu de descrever *Blue Alert* como "um dos maiores álbuns da década". É certamente fascinante ouvir os desejos eróticos de um velho e letras sobre lembranças, fadiga e discursos de despedida expressos na voz de uma jovem e embalados em elegantes melodias *folk-jazz*. No livreto do álbum, Leonard é fotografado ao lado da jovem e bela Anjani com o rosto fora de foco, desaparecendo, como se estivesse virando um fantasma.

Em outubro de 2006, *Came So Far for Beauty* fez a última apresentação na Irlanda como parte do Dublin Theatre Festival. A programação incluía vários participantes anteriores e outros, como Lou Reed, Mary Margaret O'Hara e Anjani, esta a pedido de Leonard. Willner ficou feliz em atender e Anjani quebrou a tradição de cantar o que Willner indicava, apresentando duas canções de *Blue Alert*. Lou Reed também teve esse privilégio e escolheu duas canções de *Songs of Leonard Cohen*, gravadas em Nova York quando Reed conheceu Leonard. Willner perguntou a Reed se aceitaria fazer um dueto com Julie Christensen em "Joan of Arc". Ele disse: "Primeiro de tudo, eu não faço *la-las*", mas concordou. Nick Cave, que tinha recebido duas canções de *Songs of Love and Hate*, seu favorito, descreve o tratamento dado por Reed a "The Stranger Song" como "extraordinário, muito irreverente. Era uma canção de Lou que por acaso soava como se Leonard Cohen a tivesse composto antes de Lou".

Naquele outono, o filme de Lian Lunson (*Leonard Cohen: I'm Your Man*) começou a rodar o circuito de cinemas independentes dos Estados Unidos. Leonard foi a um cinema de Los Angeles assisti-lo com Anjani. É um filme curioso: em parte retrata o show, em parte é uma entrevista biográfica. Nele, apresentações selecionadas dos shows tributo e depoimentos de participantes ("Este é nosso Shelley, este é nosso Byron", diz Bono) são intercaladas com imagens artísticas em preto e branco da conversa de Lunson com Leonard. Enquanto a cineasta e seu entrevistado navegavam calmamente pelos pontos marcantes do passado do artista (a morte do pai, a cena poética de Montreal, as histórias por trás de "Suzanne", o Chelsea Hotel, Phil Spector e o monastério), Leonard responde com frases antigas e familiares, como se elas tivessem acabado de lhe ocorrer: "Comecei a escrever poesia tentando fazer com que as garotas se interessassem pela minha mente"; "Quanto menos eu fosse quem eu era, melhor me sentia". Para os fãs mais novos, que chegaram às canções dele através das regravações famosas que viviam aparecendo no cinema, na TV e nos shows tributo de Willner, era uma introdução intrigante. Se Leonard, sábio, esperto e autodepreciativo, não disse nada que os antigos fãs não soubessem, eles ainda ficaram felizes por ouvi-lo (e especialmente por vê-lo) falando, visto que poucos fora do Canadá o viam há anos. E a cena na qual ele canta "Tower of Song" com a ajuda de um U2 que não disfarçava a condição de fã mostrava que ainda tinha habilidade. O álbum com a trilha sonora foi lançado, com 16 versões de canções de Leonard Cohen gravadas ao vivo nos shows de Sydney e Brighton. "Tower of Song" entrou, mas uma que não apareceu foi a ruidosa "Don't Go Home with Your Hard-On", pois Phil Spector, que a compusera junto com Leonard, se recusou a dar permissão.

Leonard Cohen: I'm Your Man certamente ajudou a despertar a curiosidade e renovar o interesse por Leonard, mas outro efeito do filme foi levantar a questão: por que todos cantavam as canções de Leonard, menos ele? Um jornalista canadense perguntou diretamente ao músico se ele algum dia pretendia voltar à estrada. Ele respondeu que isso estava "ficando cada vez mais atraente para mim quando bebo", mas não mencionou que raramente bebia nos últimos tempos. Em *Book of Longing* ele legendou um dos desenhos com o verso:

> a estrada
> é longa demais
> o céu
> é vasto demais
> o coração
> errante
> está desabrigado
> enfim

Mas enquanto o ano chegava ao fim, Leonard não demonstrava a menor inclinação de estar em outro lugar que não fosse o lar.

CAPÍTULO VINTE E TRÊS

O FUTURO DO ROCK'N'ROLL

Na mesa estavam uma fatia de língua de boi e uma garrafa de um bom conhaque. Leonard sabia do que Roshi gostava. Ele serviu um copo grande para o mestre, um pequeno para si mesmo e os dois se sentaram com as bebidas em um silêncio fácil, Leonard e o velho que o batizara de Jikan, mas geralmente o chamava de "Kone" (não chegava a ser "*koan*", mas quase). Em poucas semanas, Roshi teria 100 anos e, mesmo assim ali estava ele: a constante na vida de Leonard, o bom amigo, a figura paterna sábia que o disciplinava, cedia aos seus desejos e nunca havia ido embora, mesmo quando Leonard o deixou. A vida, além "do incômodo probleminha de perder todas as posses", estava tratando Leonard bem na velhice.[1] Ele tinha Roshi, Anjani e o neto Cassius Lyon Cohen (que tinha os dois belos nomes do herói boxeador de Leonard e do avô dele), filho de Adam, nascido em fevereiro de 2007.

Leonard encarava os 72 anos com leveza. Embora tenha observado algumas mudanças, como perder a tolerância ao álcool, bem como o gosto pelo tabaco. Quando parou de fumar, ele prometeu a si mesmo que recomeçaria ao chegar aos 75. Ele culpava a abstinência do cigarro pela perda de duas notas mais graves em seu alcance vocal, mesmo que na verdade elas fossem audíveis apenas por certos mamíferos e fãs dedicados. A voz dele estava mais profunda do que nunca e parecia couro velho: macia e gasta, um pouco áspera em alguns lugares, mas em boa parte maleável, mantendo um certo suspense, ficando em algum lugar entre a palavra e a canção. Desde que voltara do monastério, Leonard parecia mais inclinado na direção da palavra. Claro que sempre havia música nas palavras, mas quando se tratava de melodias reais, ele parecia satisfeito em deixar a composição para os outros, assim como os deixava cantarem suas canções.

Outro projeto que estava prestes a se realizar apresentava as palavras de Leonard em músicas que ele não compôs nem cantou. Diferentemente de *Blue Alert*, era uma peça teatral com música de Philip Glass, um dos mais eminentes, influentes e prolíficos compositores da música norte-americana pós-moderna. Quase um quarto de século antes, entre compor a ópera de vanguarda *Einstein on the Beach* e fazer a trilha do filme de Martin Scorsese, *Kundun*, Glass havia escolhido um poema de Leonard de *The Spice-Box of Earth*, "There Are Some Men", e o transformara em um hino *a capella* apresentado como parte de *Three Songs For Chorus a Capella*, obra encomendada para a celebração do 350º aniversário do Quebec. Na época, ele e Leonard não se conheciam, mas, após serem apresentados nos bastidores de um algum show ao longo do caminho, marcaram de se encontrar e, um dia, 15 anos depois, cumpriram a promessa em Los Angeles, ocasião na qual "falaram sobre música e poesia" e concordaram em trabalhar juntos, embora nenhum deles soubesse em que ou quando.

Ao longo dos anos Glass colaborou em vários projetos com orquestras, músicos de rock e cineastas, mas gostava particularmente de trabalhar com poetas. Um de seus colaboradores favoritos era Allen Ginsberg, com quem trabalhou por dez anos até a morte do poeta, em 1997. Pouco depois, Glass tentou entrar em contato com Leonard de novo e descobriu que ele tinha entrado para o monastério. Levaria mais alguns anos até Leonard mandar um e-mail dizendo: "Saí do monastério, então podemos retomar aquele projeto." Glass, que "sentia falta de ter um relacionamento profundo com um poeta que estava *vivo*", adorou a notícia. "Eu meio que fui de Allen Ginsberg a Leonard Cohen. Uma bela transição, não acha?"

Quando Glass visitou Leonard em sua casa em Los Angeles, ele ainda estava trabalhando em *Book of Longing* e entregou ao compositor uma pilha de páginas soltas, com poemas e ilustrações sem ordem específica. Sentado à mesa de madeira, Glass as folheou, saboreando a aleatoriedade. Ele começou a formular categorias para separar o conteúdo: baladas ("os longos poemas que achei que seriam os pilares da obra"); rimas e versos satíricos ("os pequenos"); os poemas Dharma ("meditações espirituais"); poemas de amor/eróticos; e poemas pessoais, sobre o próprio Leonard. Então escolheu cinco ou seis de cada categoria para musicar. Entre eles estavam alguns já gravados por Leonard como canções. Glass perguntou ao poeta/músico se ele gostaria de se envolver em termos de composição musical. "Eu estava morrendo de medo de ele aceitar, mas a resposta foi: 'Você compõe a música'."

Glass compôs uma série de ciclos de canções para serem apresentadas por quatro vozes e um pequeno grupo composto por cordas, oboé, instrumentos de sopro, percussão e teclados. Para manter a ideia de aleatoriedade que sentiu e dar ao público a sensação de "folhear um livro de poesia", ele incluiu em cada ciclo um poema de cada uma daquelas cinco categorias. Glass também queria ouvir os poemas na voz do autor, então perguntou a Leonard se ele gravaria a si mesmo lendo alguns deles. Leonard gravou o livro inteiro e o enviou a ele. "Quando ouvi a qualidade da leitura", diz Glass, "pensei em colocar a voz dele na obra em si. Eu questionei: 'Mesmo que você não vá se apresentar, posso usar a sua voz?' Ele respondeu: 'Sim.'" Leonard também deu a Glass permissão para usar seus desenhos como pano de fundo. Quando a composição terminou, com noventa minutos e 22 poemas, ele a mostrou para Leonard, que ficou sentado ouvindo calmamente. "Ele não disse quase nada. Houve uma parte vocal que ele achou alta demais e acabei descendo uma oitava, mas foi só isso e realmente ficou melhor do jeito dele."

A estreia mundial de *Book of Longing: A Song Cycle Based on the Poetry and Images of Leonard Cohen* foi marcada para 1º de junho de 2007 em Toronto, coincidindo com a estreia de *Leonard Cohen: Drawn to Words*, exposição itinerante dos desenhos e esboços de Leonard. Glass foi ao Canadá para os ensaios finais. Para sua surpresa, Leonard também foi e passou uma semana trabalhando com ele e com os profissionais envolvidos na produção. Como acontecera com *Blue Alert*, Leonard tinha suas opiniões sobre a forma com que suas palavras deveriam ser cantadas. Glass se lembra: "Ele encontrou os cantores e disse 'Bom, aqui estou, podem me perguntar o que quiserem'. Eles conversaram por várias horas. Leonard lhes deu uma noção poderosa sobre a abordagem de canto que funcionava para as letras dele. Começou falando da 'voz' que eles deveriam empregar ao cantarem sua obra. Não estou falando do *tipo* de voz, e sim da estética. A certa altura ele disse: 'Você começa cantando, vai tornando tudo cada vez mais simples e quando chega ao ponto de estar na verdade falando, então terminou.' Ele não queria dizer literalmente que eles iriam declamar. Acredito que quis dizer que seria *como se* estivessem falando, que as afetações do canto estariam ausentes. Eles seguiram o conselho e simplificaram o estilo vocal até chegarem quase a um discurso falado." Leonard dissera o mesmo para Anjani.

Leonard ficou e se juntou a Glass na discussão pública sobre a obra. Perguntaram se ele considerava o que Glass criara teatro clássico ou musical. A resposta de Leonard, "glássico", foi irônica, porém precisa. Embora originalmente rotuladas de minimalistas por conta de seus ritmos e temas pungentes e repetitivos, as composições de Glass também eram simples, eróticas e se inspiravam em vários estilos musicais, todos evidentes na obra em questão. A descrição feita pelo crítico do *Toronto Star* foi "uma obra confusa de importância considerável".[2]

Após três noites de sucesso em Toronto, o show fez uma pequena turnê e, em dezembro de 2007, o álbum *Book of Longing: A Song Cycle Based on the Poetry and Images of Leonard Cohen* foi lançado, chegando ao 17º lugar na parada de música clássica dos Estados Unidos. Nos dois anos seguintes, a produção seria apresentada em várias cidades norte-americanas, europeias e em um festival na Nova Zelândia. Em 2009, o grupo voltou aos Estados Unidos para cinco noites em Claremont, a cidade universitária na base do monte Baldy. O teatro no qual ocorreu o show se erguia em frente à montanha. Um prédio universitário ali perto mostrava uma exposição dos desenhos de Leonard. Os dois eventos foram organizados por Robert Faggen, escritor e professor de literatura de quem Leonard ficou bastante amigo após se conhecerem no mercado Wolfe's. Leonard, vestindo a túnica de monge, estava em dúvida se comprava ou não a salada de batata para Roshi quando Faggen se apresentou e disse a Leonard que morava em uma cabana na montanha a uma breve caminhada do monastério.

Glass compareceu aos shows em Claremont e foi levado por Faggen ao monastério para conhecer Roshi. Glass, judeu de ascendência lituana e russa como Leonard, também tinha um envolvimento profundo com o budismo, fazia longos retiros (nos quais recebeu autorização especial para levar seu piano) e foi editor-contribuinte da revista budista *Tricycle*. No Centro Zen Monte Baldy, Glass fez um *teisho* com Roshi. Embora o velho professor tenha declinado o convite para descer da montanha e assistir ao espetáculo, havia vários monges na plateia.

Agora havia três produções apresentando a obra de Leonard sem que ele precisasse aparecer: *Book of Longing: A Song Cycle*; *Came So Far For*

Beauty e *Leonard Cohen: Drawn to Words*. Era um tipo de visibilidade invisível que combinava muito bem com Leonard. "Se você continuar lá por tempo o bastante, começa a ser cercado por uma certa delicadeza e invisibilidade", disse ele em uma entrevista. "Essa invisibilidade é promissora porque provavelmente vai ficar cada vez mais profunda. E com essa invisibilidade, que não é o oposto da fama, e sim algo como A Sombra, que pode se mover de um cômodo para o outro sem ser observada, vem uma calma maravilhosa."[3]

A idade trouxe um grau de serenidade que Leonard jamais sentiu na vida adulta. Com a idade também vieram homenagens e prêmios sem fim. Ele tinha parado de contar os álbuns tributo, mais de cinquenta a essa altura, em vinte países diferentes. Alguns, contudo, chamaram sua atenção, como o que foi gravado por sua primeira e mais vigorosa defensora: *Democracy: Judy Collins Sings Leonard Cohen* — de 2004, ano em que Leonard fez 70 anos —, no qual Collins reuniu todas as suas interpretações das canções dele. Outro que Leonard adorou foi *Top Tunes Artist Vol. 19 TT-110*, álbum instrumental de suas canções (que vinha junto com um disco de canções de Enya) feito especificamente para bares com karaokê. "Finalmente", disse Leonard, "algum lugar para ir à noite",[4] embora na realidade ele continuasse mais feliz em casa, "um velho homem de terno [...] falando delicadamente sobre sua obra para alguém".[5] Então a Sony decidiu relançar *Blue Alert*.

Na versão original do ano anterior, o álbum de Anjani tinha chegado à 18ª posição nas paradas de jazz dos Estados Unidos, mas teve pouco impacto no resto do mundo. Para a nova edição, a gravadora acrescentou um DVD com clipes e um documentário feito por Lian Lunson sobre a gravação do álbum. A gravadora também organizou uma breve turnê. Em março de 2007, pouco depois do centenário de Roshi, Leonard foi com Anjani para a Europa. Os três primeiros shows (em Londres, Oslo e Varsóvia) foram apenas para convidados, basicamente gente dos meios de comunicação e fãs que ganharam ingressos em concursos de rádio e sites. Os jornalistas em busca de entrevistas (e havia muitos) ouviram que precisariam falar com ele e Anjani juntos. Afinal, para Leonard a turnê e o álbum eram de Anjani, e não dele.

A um jornal do Reino Unido, Leonard descreveu seu trabalho com Anjani como mais do que apenas uma colaboração, era "a expressão de algum tipo de mutualidade profunda, algum tipo de casamento de propósitos".[6] Aproveitando o gancho do "casamento", o apresentador de um programa de entrevistas da TV norueguesa pediu a Leonard para falar sobre a "história de amor" deles. A resposta, segundo a qual Leonard "descobriu que é melhor não domar um relacionamento" demonstrou que ele não tinha perdido a habilidade de se desviar das perguntas. Porém, Anjani parecia usar um anel de noivado. Em uma entrevista à revista budista *Shambhala Sun*, Leonard explicou: "A mulher diz: 'O que é o nosso relacionamento? Estamos noivos?'[...], e minha posição é: 'Precisamos mesmo ter essa discussão? Porque ela não é tão boa quanto o nosso relacionamento.' Mas à medida que você envelhece, quer ceder e dizer: 'Sim, estamos vivendo juntos. Isso é sério. Não estou procurando outra pessoa. Você é a mulher da minha vida.' Não importa quais sejam os termos: um anel, um acordo, um compromisso ou o comportamento, o jeito que você age."[7]

Durante a turnê de *Blue Alert*, Leonard restringiu seu papel a fazer a apresentação e pegar um lugar na plateia para assistir ao show. Uma noite, contudo, no meio da performance em um clube noturno de Londres, Anjani convidou Leonard para subir ao palco e cantar com ela, o que ele aceitou timidamente. A participação foi recebida com aplausos entusiasmados. Quando a turnê chegou aos Estados Unidos, Leonard fez um dueto com Anjani na canção "Whither Thou Goest" em uma ocasião. À medida que a notícia se espalhou, os pequenos locais onde Anjani fazia shows começaram a atrair grandes multidões que esperavam ver Leonard, mas a pergunta era: Leonard queria vê-los?

Leonard nunca gostou muito de fazer turnês, independente do quanto os shows fossem bons. Ele só aceitava porque era obrigatório para quem estava na indústria musical. Você fazia um álbum e, quando terminava, ia para a estrada encontrar os fãs e promover seu disco. Esse ritual era de particular importância para um artista como Leonard, cujos álbuns não tocavam no rádio o tempo todo. Já fazia quase 15 anos desde a última turnê, com o álbum *The Future*, uma experiência tão desagradável que influenciou a decisão dele de abandonar a indústria musical e morar em um monastério. Desde que voltara à indústria da música, nenhum de seus álbuns tinha vendido tão bem quanto *The Future*, então parecia haver ainda menos motivos para sair em turnê.

Mas a indústria musical tinha mudado dramaticamente no período de ausência de Leonard. À medida que a internet crescera e as pessoas cada vez mais queriam música de graça, ou pelo menos comprar on-line uma canção de cada vez, nem mesmo grandes nomes e artistas estabelecidos vendiam álbuns nas grandes quantidades de antes. Os músicos estavam começando a procurar novas formas de vender sua música e a si mesmos, inventando toda sorte de soluções. Joni Mitchell, por exemplo, assinou um contrato com a cadeia de cafeterias Starbucks, que tocava seu CD como música de fundo e o vendia junto com *lattes* e croissants. Joni estava na cabeça de Leonard ultimamente. Herbie Hancock tinha pedido a ele para participar do álbum tributo *River: The Joni Letters* (2007), no qual Leonard acabou recitando "The Jungle Line".

Grandes artistas ganhavam cada vez mais dinheiro com turnês, cobrando consideravelmente mais caro pelos ingressos dos shows do que no antigo sistema, quando os shows existiam para promover as vendas de discos. Embora Leonard não se considere um grande artista, ele também sabia que os impostos, as colaborações, as edições limitadas autografadas de seus desenhos e até os processos não tinham conseguido recuperar o dinheiro da sua aposentadoria. De todas as opções disponíveis para ganhar a vida, a única que ainda parecia remotamente viável era voltar à estrada. Mas ele tinha quase 73 anos e já fazia muito tempo desde a última turnê. Para Leonard, esperar que ainda tivesse uma plateia equivalia a fazer um castelo de areia e voltar 15 anos depois esperando encontrá-lo novamente.

Ainda assim, pensou ele, não ficaria mais fácil quando ele estivesse com 75 ou 80 anos. E graças ao conjunto formado pela publicidade gerada pelo filme, os shows tributo, o álbum de Anjani, a produção de Glass e o interesse dos meios de comunicação por seus problemas financeiros, Leonard continuava popular. De modo hesitante e com muitas dúvidas, ele começou a pensar na ideia de uma turnê. Como não tinha empresário para organizar tudo após ter se separado de Sam Feldman há algum tempo, perguntou a Robert Kory se ele aceitaria o trabalho.

No fim das contas, ele não era o único a pensar nessa possibilidade. O antigo relações-públicas europeu de Leonard perguntou a Steven Machat se ele ajudaria a convencê-lo a fazer shows. Machat sabia dos problemas financeiros de Leonard: tinha lido sobre a disputa com Kelley Lynch no

New York Times e, embora não fosse totalmente solidário — ele não havia esquecido que Lynch, ex-assistente de seu pai, Marty Machat, havia roubado os arquivos de Leonard com o apoio do próprio enquanto seu pai morria —, ficou curioso. Steven ligou para Leonard, que o convidou para almoçar em sua casa. Em pé, fazendo o almoço diante do fogão em sua pequena cozinha, Leonard admitiu ao convidado que talvez precisasse mesmo fazer uma turnê, visto que não tinha dinheiro. "Perguntei a Leonard, de homem para homem, por que um ser humano daria a outra pessoa acesso a sua fortuna durante cinco anos? Mas Leonard é um homem extremamente receoso", diz Machat, "e Kelley Lynch se aproveitou muito bem disso."

Se Leonard ia mesmo se apresentar em público, certamente faria sentido começar pela Europa, onde estavam os fãs mais leais. Robert Kory pensou o mesmo e já tinha ligado para a AEG Live, promotora situada em Londres. Ele perguntou o que eles sabiam sobre Leonard Cohen e a resposta foi: "Não muito, mas tem um homem na empresa que é um grande fã dele." Era Rob Hallett, cujo histórico na indústria era impressionante. Nos anos 1980, ele foi promotor do Duran Duran em âmbito mundial e era o responsável pela recente série de 21 shows esgotados de Prince na O2 Arena, com capacidade para 23 mil pessoas. Kory ligou para Hallett, que foi para Los Angeles encontrar Leonard e Kory e fazer sua proposta: "Tenho todos os seus álbuns", disse Hallett a Leonard, "li todos os seus romances, todos os poemas. Perturbo todos os meus amigos regularmente com citações das suas músicas e vivi a vida inteira segundo os versos de um poema que você escreveu em 1958: 'Ele se recusava a ser contido como um bêbado/sob a água fria dos fatos.'"

Leonard ouviu com sobriedade. E, quanto mais ele ouvia, mais via o potencial de humilhação. "Ele não tinha certeza se conseguiria fazer isso", conta Hallett, "e não tinha certeza de que alguém se importava. Eu falei que sou um velho desgraçado e cínico que não tenho vontade de ver nada, mas quero ver Leonard Cohen, então deve haver outros. Estava convencido de que havia centenas de milhares de pessoas por aí que gostariam de vê-lo. A maior preocupação de Leonard era não passar vergonha. Além disso, ele não tinha mais dinheiro algum. Então eu disse: 'Olha, faça alguns ensaios pelo tempo que você quiser. Faça quantos testes você quiser e eu pago a conta de tudo. Se, no final você disser: 'Obrigado, mas isso não está funcionando para mim, não posso fazer esses shows', eu vou dizer: 'Bom, nós tentamos e você não me deve nada.'" Era uma oferta que Leonard não podia recusar. Não havia compromisso e havia uma cláusula de fuga, duas coisas que ele adorava. "Parece uma oferta razoável", ponderou Leonard. Eles selaram o acordo e Kory começou a planejar a turnê, enquanto Hallett foi convencer a indústria de que os shows de Leonard Cohen iriam mesmo acontecer.

Pouco depois, quando Sharon Robinson abriu a porta num determinado dia, viu Leonard com um olhar preocupado. "Querida", disse ele, "acho que vou precisar sair em turnê de novo." Ele disse que não queria fazer isso, mas que tudo indicava que seria necessário. Leonard não pediu a Sharon para acompanhá-lo na estrada. E nem a Anjani. Ele pensou: como a turnê do *The Future* havia acabado com sua vontade de trabalhar com velhos amigos (talvez por não querer decepcionar esses amigos ou deixar que vissem o seu fracasso), poderia ser melhor levar gente nova, músicos com os quais nunca trabalhara. A única exceção foi Roscoe Beck, a quem ele convidou para ser diretor musical.

"Leonard estava muito apreensivo em relação a toda aquela empreitada", lembra Beck. "Ele nem queria falar ao telefone sobre o assunto. Foi até Austin falar comigo pessoalmente e disse: 'Estou pensando em fazer turnê de novo. Você me ajudaria a formar uma banda e iria junto?' Respondi: 'Sim, claro. Eu já tinha prometido a mim mesmo que se tivesse notícias suas de novo, eu iria.'" (Beck montou a banda de Leonard na turnê de *I'm Your Man*, mas não tinha conseguido ir junto.) "Leonard disse: 'Olha, eu não sei se vou realmente fazer isso. Espero que você não fique magoado se eu desistir.' Ele realmente não tinha certeza, e falou: 'Tenho 92,7% de certeza', mas os números mudavam o tempo todo: 'Tenho 82% de certeza', 'Tenho 93% de certeza'. Ele explicou: 'Tenho a opção de desistir a qualquer momento se não gostar do jeito como as coisas estão indo e, se eu realmente aceitar, meu compromisso é fazer apenas seis semanas, mas se nada disso acontecer você me perdoaria?' Eu respondi: 'Claro que sim.'"

Leonard começou a ficar menos preocupado com a turnê do que com a banda. Afinal, desde que as cordas vocais não falhassem, ele acreditava que poderia manter o ritmo, mas já fazia tanto tempo que não tocava com uma banda que não fazia mais ideia do tipo de grupo que gostaria de ter.

Ele estava acostumado a trabalhar em casa com Anjani e Sharon, mas um velho com duas mulheres e dois sintetizadores não faria sucesso no palco. Em janeiro de 2008, Beck começou a dar telefonemas e organizar testes. A primeira pessoa aceita acabou sendo um homem que Leonard conhecia bem: Bob Metzger, marido de Leanne Ungar, que tinha tocado na turnê de *I'm Your Man* e no álbum *Ten New Songs*, embora os outros dois integrantes fossem realmente novos para Leonard: Neil Larsen, tecladista cujo currículo ia de Kenny Loggins a Miles Davis, e Javier Mas, que tocava bandurria, alaúde e violão de doze cordas. Javier tinha sido diretor musical de um show tributo a Leonard Cohen em Barcelona, no qual Jackson Browne, Anjani e o filho de Leonard, Adam, se apresentaram. Leonard tinha visto um DVD do show e se impressionado com Javier. Beck também procurava imaginar exatamente o tipo de show que Leonard tinha em mente. Ao longo dos anos, à medida que a voz de Leonard se aprofundou mais e a abordagem musical dele ficou mais refinada, as bandas e o nível de volume mudaram para se adaptar a isso. Para Beck, a banda que ele estava formando se parecia "mais com um grupo de música de câmara". Após seis semanas de ensaios, eles ainda não tinham baterista e acabaram contratando o mexicano Rafael Gayol, outro novato. Beck tinha trabalhado com Gayol em Austin. A certa altura, Leonard decidiu que queria um violino e conseguiram uma violinista. Depois ele percebeu que não precisava de violino e ela foi demitida. Mais uma vez, Leonard começou a duvidar de si mesmo e se arrependia, como ele disse, "de ter começado todo esse processo".[8] No lugar dela, Beck trouxe o multi-instrumentista Dino Soldo para tocar saxofone, teclados e instrumentos de sopro de madeira.

Faltavam apenas as *backing vocals*. Beck chamou Jennifer Warnes, mas ela recusou. Anjani tinha aparecido para alguns ensaios iniciais, mas nada foi falado sobre ela se juntar à turnê. Beck relembra: "Eu não tinha certeza do que ia acontecer em relação a isso devido ao relacionamento pessoal entre Anjani e Leonard." A própria Anjani atribui isso a "uma diferença de opinião" em relação aos shows. "Eu tinha em mente uma abordagem revolucionária para a música de Leonard. Queria exibi-la de modo inédito, com arranjos inovadores e inesperados. A outra abordagem consistia em recriar as últimas turnês. No fim ele optou pelo que o deixava mais confortável e eu entendo a decisão." Beck ligou para Sharon

Robinson, que manifestou interesse, mas Leonard queria duas cantoras, e a procura continuou.

Era março de 2008 e a turnê, se é que haveria uma, aconteceria em apenas dois meses. Enquanto isso, Leonard estava em Nova York sendo entronizado no *Rock and Roll Hall of Fame*, o hall norte-americano, o grande, a maior honraria que a outrora indiferente indústria musical dos Estados Unidos poderia lhe conceder. Lou Reed estava lá para apresentar Leonard e o prêmio. Em uma estranha pequena cerimônia dentro da cerimônia, Reed, vestindo um terno de couro preto com camisa fúcsia e carregando uma pilha de notas datilografadas e uma cópia de *Book of Longing*, escolheu fazer uma leitura em vez de apresentar o entronizado. De vez em quando ele fazia uma pausa para inserir comentários como um professor universitário empolgado: "Ele simplesmente fica cada vez melhor [...] Temos muita sorte por estarmos vivos na mesma época que Leonard Cohen."[9]

Leonard, de cabelo grisalho e majestoso com seu smoking e gravata-borboleta preta, subiu ao palco, fez uma longa reverência a Reed e o agradeceu por lembrar que ele tinha escrito algumas frases decentes. Esse era "um evento bastante improvável", disse Leonard — e não era só modéstia, ele realmente pensava isso. Fazia lembrar "a declaração profética de Jon Landau no início dos anos 1970: 'Eu vi o futuro do rock'n'roll, e não é Leonard Cohen.'"[10] Era piada, pois o que Landau, chefe do comitê de indicações ao *Hall of Fame*, realmente disse quando era jornalista da *Rolling Stone* era que tinha visto o futuro do rock'n'roll e era Bruce Springsteen. A revista *Rolling Stone* certamente desprezou os primeiros álbuns de Leonard, descrevendo *Songs from a Room* como "deprimido e deprimente"[11] e *Songs of Love and Hate* como "improvável que faça alguém querer sacudir o corpinho".[12] Seguindo os passos de Lou Reed, Leonard fez um recital, em vez de um discurso, optando por uma leitura solene dos primeiros cinco versos de "Tower of Song". Ele se recusou a seguir a tradição do *Hall of Fame* de se apresentar com outros entronizados. Leonard ainda não estava pronto para isso, mas estava quase lá. Ele então deixou o palco para Damien Rice cantar "Hallelujah", que na época estava em primeiro lugar na parada do iTunes na antiga versão de Jeff Buckley. O fato de a canção ter sido empurrada de volta à popularidade nada tinha a ver com Leonard finalmente estar assumindo o seu lugar oficial no panteão da música popular, e sim com as discussões na internet que se seguiram à apresentação que Jason Castro fizera de "Hallelujah" no programa de TV norte-americano *American Idol*.

De volta a Los Angeles, Beck estava arrancando os cabelos. Nenhuma das cantoras que ele escolhera tinha funcionado. Ele perguntou a Sharon se ela sabia de alguém, qualquer pessoa. Sharon mencionou Charley e Hattie Webb. As Webb Sisters tinham vinte e poucos anos. Nascidas na Inglaterra com dois anos de diferença, elas cantavam e tocavam em dupla desde a adolescência, com Charley no violão e Hattie na harpa. As duas foram a Los Angeles trabalhar em um álbum e, durante o processo, a gravadora pediu para elas fazerem canções para um álbum infantil que planejavam lançar. Sharon Robinson, que tinha um contrato de publicação musical com a mesma empresa, também foi chamada para o projeto. As três se lembravam do quanto as suas vozes se fundiram bem quando cantaram juntas.

Desde aquela época, as irmãs Webb tinham perdido o contrato com a gravadora e estavam a ponto de voltar para o Reino Unido quando Sharon ligou dizendo que Leonard procurava uma cantora. Elas disseram que não conheciam muitas canções dele, mesmo tendo sido criadas com a coleção de discos dos pais, repleta de cantores e compositores dos anos 1960 e 1970. O pai cabeleireiro tinha proibido os álbuns de Leonard Cohen em casa, pois era o que um colega do salão ouvia o dia inteiro. A dupla também disse a Sharon algo que ela já sabia: elas só trabalhavam em conjunto.

Toda a banda estava no estúdio de ensaios da SIR quando as Webb Sisters chegaram. Beck tocou uma gravação de "Dance Me to the End of Love" e disse às três mulheres para trabalharem em algumas partes. Após cantarem, as irmãs Webb tiraram a harpa e o violão dos estojos e tocaram duas canções próprias, "Baroque Thoughts" e "Everything Changes". Quando Beck conferiu a página das irmãs no MySpace pela primeira vez, achou que elas pareciam jovens demais, mas assim que as ouviu cantar, pensou: "Aqui estão as nossas cantoras." Quando elas foram embora, ele ligou para Leonard em Nova York. "Eu disse: 'Tenho boas e más notícias. A boa notícia é que acho que encontrei nossas cantoras." Leonard respondeu: 'Ótimo.' 'A má notícia é que agora são três.' Chamamos as irmãs novamente quando Leonard veio de Nova York e não houve dúvida. Sabíamos que havíamos encontrado as cantoras e, finalmente, tínhamos a nossa banda."

Os ensaios recomeçaram a sério. Faltavam menos de seis semanas para o início dos shows. "Era um jeito interessante de ensaiar", lembra Charley. "Não havia uma direção forte. Roscoe não ficava mandando em todo mundo e nem Leonard." "Acho que os dois estavam permitindo que todos chegassem até cada canção", diz Hattie. "Nós ensaiávamos algumas músicas, depois havia uma pausa para tomar chá e comer sanduíches e, enquanto estávamos à toa, Leonard vinha só com o violão e tocava 'The Stranger Song' ou 'Avalanche'. Eu sentia que ele estava retomando seu senso de orientação nesse novo momento e em outro ambiente." No fim da semana as irmãs foram enviadas à Inglaterra para obterem seus vistos de trabalho. Elas passaram o fim de semana lá e voltaram para o próximo ensaio, já na segunda-feira.

Nessas últimas semanas de ensaios, Beck começou a notar uma mudança na atitude de Leonard em reação à turnê. "A banda começou a ganhar forma e Leonard conseguiu reger os ensaios, fazendo ajustes finos de acordo com as suas especificações e chegando exatamente àquilo que ele procurava em termos musicais." Ele também estava trabalhando na sua presença no palco, "caindo de joelhos mesmo nos ensaios. Não era apenas um efeito para o público, é para a banda de certa forma, porque quando ele se apoia em um dos joelhos e pega o microfone, está mandando um sinal que interpretamos como 'toquem mais suavemente'. Está ficando mais íntimo".

Rob Hallett estava ficando ansioso. Leonard estava ensaiando há pelo menos quatro meses e tudo o que ele tinha eram contas a pagar. "Cerca de um milhão de dólares depois, eu comecei a entrar em pânico. Então Leonard disse: 'Tudo bem, venha ver os ensaios.'" Foi colocado um sofá para Hallett na frente da sala de ensaios repleta de instrumentos e equipamentos. "Fiquei boquiaberto", lembra Hallett, "era sublime." O show estava pronto. "E aí Leonard insistiu que, antes de qualquer coisa séria, ele queria fazer um monte de shows nas profundezas do Canadá, em lugares microscópicos. Ele citou algumas cidades das quais eu nunca tinha ouvido falar." Quando a turnê estava começando a virar realidade, Leonard pediu a Kory para montar o que chamou de "turnê pré-turnê": 18 shows pequenos e discretos para aquecimento nas Províncias Marítimas canadenses, longe dos olhos do mundo. Era o tipo de lugar com menor probabilidade de pessoas esperando vê-lo desmoronar. Leonard também perguntou se Kory aceitaria ser seu empresário.

O primeiro show aconteceu no dia 11 de maio de 2008 em Fredericton, New Brunswick. "A piada na época", lembra Hallett, era "primeiro tomaremos Fredericton, depois tomaremos Berlim."* Leonard, a banda, a equipe e Kory e Hallett chegaram com vários dias de antecedência para ensaiar no teatro umas cinco, seis horas por dia. O show não poderia estar mais preparado. O ínfimo teatro Playhouse, com apenas 709 lugares, teve a lotação esgotada em minutos. Eles poderiam tê-lo esgotado mais dez vezes, pensou Hallett, se Leonard não tivesse insistido em um local tão pequeno e Kory não tivesse feito o melhor que pôde para manter o show discreto.

Em pé na coxia na noite de estreia, com seu terno de duas fileiras de botões um tanto folgado na silhueta esbelta, Leonard ainda não poderia jurar sobre as Escrituras que tinha 100% de certeza sobre aquela turnê. "Ele estava nervoso", revela Hallett. "Por fora, você não notava, mas ele estava incrivelmente nervoso." Se sua mãe estivesse lá, ela o aconselharia a fazer a barba. Alguns drinques e um cigarro também teriam ajudado, mas essa seria a primeira turnê dele sem álcool ou cigarros. Ele respirou fundo. Uma lição que aprendeu nos anos vividos no monastério era "parar de se lamentar".[13] Tirou o chapéu, abaixou a cabeça e murmurou uma pequena oração. As luzes da casa foram desligadas. Após acertar a postura e colocar o chapéu de feltro firmemente na cabeça, Leonard entrou no palco.

---

* Trocadilho com o trecho da música de Cohen "First We Take Manhattan", que diz "First we take Manhattan, then we take Berlin" [Primeiro tomaremos Manhattan, depois tomaremos Berlim]. (*N. da T.*)

CAPÍTULO VINTE E QUATRO

AQUI ESTOU, EU SOU O SEU HOMEM

Os aplausos foram ensurdecedores. Estremeceram as paredes do pequeno teatro e ressoaram nos ouvidos de Leonard. Todo o recinto estava de pé. Um minuto se passou, depois outro. Leonard não tinha cantado uma palavra e ninguém tinha tocado uma nota sequer, mas eles continuavam aplaudindo. Leonard sorriu timidamente, tirou o chapéu e o colocou sobre o coração, em um gesto de humildade e também como uma armadura. A reação era gratificante, pois, independente do que tinham dito a ele, Leonard nunca estivera totalmente confiante quanto à recepção do show. Por outro lado, era preocupante ter expectativas tão altas para cumprir. Embora na verdade não houvesse expectativa alguma. Era a noite de estreia. A plateia tinha tanta ideia do que esperar de Leonard quanto ele tinha com relação ao que esperar dela. Até onde constava (já que, por insistência de Leonard, tudo tinha sido mantido no maior segredo possível), o show poderia apresentar apenas um homem velho, pobre e arrasado com um violão de cordas de nylon cantando suas lembranças, acompanhado por uma ou duas vocalistas, se pudesse pagar por elas. Todos leram sobre os problemas financeiros de Leonard e sabiam que eles haviam obrigado o velho monge a voltar à rua com sua tigela pedindo esmolas.

Mas ali estava ele, em pé sob os holofotes vestindo um terno bem-cortado, chapéu de feltro e sapatos lustrosos, parecendo um rabino do Rat Pack, o mafioso escolhido por Deus. Ele estava acompanhado de três cantoras e uma banda de seis integrantes, muitos dos quais também usavam ternos e chapéus, como se estivessem tocando em um cassino de Las Vegas. A banda começou, Leonard colocou o chapéu de feltro bem baixo na cabeça e, embalando o microfone como se fosse uma oferenda, começou a cantar "Leve-me dançando até a sua beleza com um violino em chamas" com a voz um pouco enferrujada, mas profunda e forte. "Leve-me dançando através do pânico até eu me abrigar em segurança" — versos de "Dance Me to the End of Love"). Naquele palco pequeno e apertado, onde músicos, instrumentos e equipamentos se espremiam e as mulheres estavam tão perto que se ele sentisse a necessidade podia estender o braço e alcançá-las para não cair, Leonard cantava como se tivesse ido àquele lugar sozinho para contar a cada uma daquelas pessoas sentadas, individualmente, um segredo. Ele cantava como se não tivesse levado mais nada com ele ao palco, exceto aquela vida composta de canções.

Leonard disse à plateia, como diria a outras centenas, que a última vez que fizera aquilo fora "há sessenta anos, quando era apenas um garoto com um sonho louco". Ele admitia estar nervoso, mas conversou e brincou com o público, solidarizando-se com eles em relação à enchente que atingira a cidade e fazendo tributo aos poetas locais, entre eles Fred Cogswell, que meio século antes havia publicado uma crítica do primeiro livro de Leonard em sua revista *Fiddlehead*. As canções que Leonard escolheu para o show englobavam toda sua carreira, embora deixassem de lado o material mais sombrio e brutal. (Foi feita uma exceção para "The Future", apesar de a parte que falava de "sexo anal" ter sido trocada para algo menos específico em termos anatômicos.) Enquanto Roscoe Beck reunia a banda, Leonard analisou as canções que não ouvia há anos em busca daquelas em que sentia que ainda conseguia "viver".[1] Ele ficou surpreso por ter achado tantas e por se lembrar das letras. O fato de as escolhas tenderem às canções mais tardias e comoventes, evitando as iniciais e mais cruas talvez se devesse em parte à fragilidade de um idoso, mas provavelmente era porque elas funcionavam melhor com uma banda grande — e Leonard precisava de uma banda grande para afastar o ruído da dúvida. Igualmente importante era o fato de que essas primeiras canções eram baseadas em violão solo. Embora tenha achado relativamente fácil retornar às suas canções, ele achou muito mais difícil tocar violão. Fazia tanto tempo que Leonard não tocava que precisou trocar as cordas. Foi preciso ensaiar muito e arduamente, contou ele, "para recuperar a habilidade" para encarar a parte de violão em "Suzanne", uma das poucas canções que tocava sem adornos.[2] Nas ocasiões em que tocava algum instrumento, geralmente era o sintetizador e recebia com uma humilde mesura os aplausos para os solos feitos com falsa solenidade com apenas um dos dedos. No geral, Leonard apenas cantava, às vezes como um suplicante, de cabeça baixa e segurando o microfone nas mãos em concha, outras vezes como um *showman*, com o fio do microfone jogado casualmente sobre o braço, caindo de joelhos e comandando a plateia com movimentos meticulosamente coreografados, uma dança intrincada entre a consciência de si, a ironia e a sinceridade emocional que fazia de modo tão gracioso e hábil.

 A banda era suave, elegante, perfeita, com o som de pinceladas fortes e volume bem baixo. "Nós nos chamávamos de a banda mais calma do mundo", diz Beck, "ou pelo menos a mais calma com instrumentos elétricos. O foco estava totalmente sintonizado com a voz de Leonard e o objetivo de garantir que a plateia ouvisse cada palavra". Mas Leonard também deu aos músicos momentos para solos. Afastando-se da luz, ele assistia a eles, extasiado, segurando o chapéu acima do coração, maravilhado como a plateia quando Javier Mas tocava o alaúde ou o violão de 12 cordas, ou quando Sharon cantava "Boogie Street" — como se ele também estivesse ouvindo tal excelência pela primeira vez e se sentisse impressionado. Eles tocaram por quase três horas naquela noite, com um breve intervalo, e quase ninguém faz shows de três horas, especialmente um homem de setenta e poucos anos que não cantava mais que um punhado de canções sucessivas no palco há 15 anos. O filho de Leonard, Adam, tentou convencê-lo a ficar com uma hora e meia, mas Leonard não aceitou. E (incrivelmente) ele parecia estar gostando. Não era apenas alívio pelos ensaios terem dado resultado, a banda ter trabalhado bem e as pessoas se mostrarem empolgadas ao vê-lo. Era algo mais profundo. Havia algum rito necessário sendo realizado ali, algum dom sendo trocado e algo importante sendo compartilhado.

 "Vi pessoas na frente do palco tremendo e chorando", lembra Charley Webb, "mais de uma pessoa, e não eram crianças. Você não vê com frequência adultos chorando e com tanta violência", diz Hattie Webb. "A reação da plateia daquela primeira noite dizia: 'Isso é imensamente importante.' Para nós também era." Terminado o primeiro show e com todos tranquilos, incluindo Leonard, eles entraram no ônibus rumo à próxima cidade canadense microscópica. Aqueles shows tinham sido marcados por insistência de Leonard. A reação dele à agenda da turnê que o empresário mostrou foi "'O que você me arrumou?'[3] Ele estabeleceu uma série de condições", diz Robert Kory. "Eu disse: 'Leonard, essa é uma turnê sem compromisso, vamos fazer exatamente do jeito que você quiser ou não vamos fazer nada.' Cada elemento da turnê articulava a visão dele, dos três meses de ensaio às datas de aquecimento."

Foram 18 shows no leste do Canadá. "Você pega uma pedra e tem uma cidade embaixo dela", diz Rob Hallett. "Eu me lembro de um lugar onde tinha uma placa com letras que você cola anunciando uma banda marcial local na segunda-feira, Leonard Cohen na terça e um imitador de Elvis Presley na quarta." Em outro show, duas jovens invadiram o palco, levando Leonard a comentar de modo irônico ou saudoso (quem sabe ambos), enquanto os seguranças gentilmente as tiravam do palco: "Ah, se eu fosse dois anos mais novo." Kory também instituiu uma política de só permitir nos bastidores quem precisasse estar lá, o que significava nada de encontros com fãs ou mesmo visitas de amigos famosos, antes ou depois dos shows. Essa turnê, declarou Kory, seria "abastecida com o silêncio e descanso profundos e forneceria o nível de apoio necessário para ajudá-lo a fazer essas apresentações noite após noite". Foi uma mudança e tanto com relação às turnês do passado, que foram abastecidas por cigarros, álcool ou a droga da vez. (No fim da última turnê de *The Future*, Leonard estava fumando dois maços por dia e bebendo três garrafas de Château Latour antes de cada show.)

A data oficial para o início da turnê era 6 de junho em Toronto, onde Leonard esgotou quatro noites no Sony Centre, que cantava com três mil lugares. Agora ele literalmente saltitava no palco como uma criancinha: a imagem da satisfação e do prazer. Embora a plateia de Toronto soubesse mais o que esperar que a de Fredericton, eles não tinham previsto isso. "Foi uma surpresa para mim também", diz Roscoe Beck, rindo. Leonard também passou a arriscar uns passinhos leves de dança durante "The Future", sempre que chegava à parte do "homem branco dançando". O repertório também aumentou. Entre as quatro canções adicionais estavam "A Thousand Kisses Deep", cuja letra Leonard recitava como poema por cima do teclado abafado de Neil Larsen, e "If It Be your Will", cantada pelas Webb Sisters acompanhadas pela harpa e pelo violão. O local ficava tão incrivelmente silencioso durante as apresentações que dava para ouvir os cabelos se arrepiarem nos braços das pessoas, mas quando a música acabava havia aplausos de pé. Tantos que o crítico do *Toronto Star* descreveu o concerto como "uma expressão coletiva de amor hippie".[4]

Dessa vez a imprensa internacional recebeu bem as apresentações. O crítico da *Rolling Stone*, após se confessar apreensivo diante da perspectiva de um show de retorno feito por um homem "mais velho que Jerry Lee Lewis" tentando ganhar dinheiro suficiente para se aposentar, chamou o evento de "estonteante".[5] Leonard disse à revista *Maclean* que tinha decidido que a turnê iria continuar, agora com 100% de certeza. "Como dizem os irlandeses, com a ajuda de Deus e de dois policiais, [a turnê] pode durar um ano e meio ou dois."[6] Quatro dias após o último show de Toronto, Leonard e a banda estavam na Irlanda, tocando por três noites consecutivas em Dublin. Houve um dia de folga para a viagem, depois mais quatro shows em Manchester, seguidos por uma apresentação no Montreal Jazz Festival e logo depois outro voo transatlântico para a Grã-Bretanha, a fim de se apresentarem no festival de Glastonbury. Era uma agenda cruel para qualquer um, ainda mais para um homem na casa dos setenta anos. Leonard sabia no que estava se metendo e aguentou tudo sem reclamar, mas não estava ansioso para Glastonbury.

Michael Eavis, contudo, estava bastante ansioso. O fazendeiro de gado de leite que fundou o maior e mais amado festival de rock do Reino Unido tentava convencer Leonard a se apresentar lá, disse ele, "há quase quarenta anos".[7] As Webb Sisters estavam tão ansiosas que foram para lá dois dias antes e se misturaram à multidão na plateia. Quando Leonard e a banda chegaram no dia do show, ficaram aturdidos com o que viram. Apenas sete semanas após terem se apresentado para setecentas pessoas em Fredericton, eles se apresentariam para cem mil. "Era tão..." Sharon Robinson procura uma palavra para descrever a magnitude daquilo e decide por "imenso. E muito empolgante". Leonard não compartilhava dessa empolgação. Ele nunca foi muito fã de festivais, por mais bem-sucedidas que suas apresentações fossem. Não era a plateia dele, nunca se sabia para quem estava se apresentando, não era possível passar algumas horas fazendo a passagem de som e eles tinham sido orientados a cortarem o repertório habitual quase pela metade, o que alterava drasticamente o ritmo do show. Nada disso agradaria um perfeccionista, uma criatura metódica ou um homem que precisava se sentir no controle, em especial quando se tratava de shows ao vivo. Leonard deu uma olhada na plateia da lateral do palco. Ainda era dia. A massa de pessoas ia do palco até onde a vista alcançava. As pessoas que estavam na frente pareciam jovens. Ele entrou nos bastidores e abaixou a cabeça. Podia até parecer que estava rezando, mas estava cantando "Pauper Ego Sum" ("I Am a Poor Man"), a canção que costumava cantar com a banda no ônibus da turnê uma vida atrás. As Webb Sisters e Sharon, que estavam ao lado de Leonard, acompanharam a canção, e o resto da banda foi junto. Eles ainda estavam cantando quando entraram no palco, onde foram recebidos com um furor de aplausos.

"Nunca haverá nada melhor do que a apresentação de Leonard Cohen naquela noite para mim", diz Michael Eavis. O sol estava começando a se pôr quando Leonard começou a cantar "Hallelujah" e "as pessoas levitaram".[8] Alguns dos jovens fazendo coro pareciam se perguntar o que aquele velho de aparência bacana estava fazendo lá em cima cantando uma canção de Jeff Buckley/Rufus Wainwright/*American Idol*/*The X-Factor*, enquanto se maravilhavam com a ótima versão dele. A reação da plateia foi de êxtase — e os críticos concordaram com Eavis, considerando a apresentação um ponto alto do festival. Leonard e a banda não tiveram oportunidade de ler as críticas nos jornais do dia seguinte porque estavam a caminho da Escandinávia para uma turnê-relâmpago pela Europa. A certa altura, eles estavam fazendo shows de três horas em três países diferentes em três dias consecutivos. Em todos os lugares onde se apresentavam, eram recebidos por uma imensa onda de amor partindo da plateia.

Em julho, com apenas dois meses de turnê e mais uma vez de volta à Inglaterra, Leonard foi a atração principal em seu primeiro grande show de arena. Os vinte mil ingressos vendidos para O2 Arena de Londres, um local grande e redondo perto do Tâmisa, esgotaram-se rápido. O vasto palco tinha sido decorado com tapetes turcos para dar um clima mais caseiro, só que ainda parecia que Leonard estava se apresentando dentro de um gigantesco, estéril e pontiagudo capuz cervical. "É maravilhoso", ironizou Leonard, "estarmos aqui reunidos do outro lado da intimidade". O crítico do *Evening Standard* londrino descreveu uma plateia "derrotada por uma apresentação magnífica" e a canção de encerramento ("Whither

Thou Goest") como "a mais final das despedidas".⁸ Porém, a turnê não mostrava qualquer indício de terminar.

Mais shows foram agendados para novembro na mesma arena. Enquanto isso, Leonard dava outra volta pela Europa, incluindo um show como atração principal do festival Big Chill no Reino Unido e uma turnê pelo Leste Europeu. Sharon Robinson recorda que todos tinham a sensação de estar "em um tapete mágico que cresce eternamente, onde ficamos: 'Certo, eles nos amam no nordeste do Canadá, ótimo', mas aí nós temos a mesma recepção repetidamente em lugares maiores. Era uma espécie de aceitação gradual e curiosa de estar envolvido em algo muito especial". O próprio Leonard disse: "Estou sendo enviado como cartão-postal de um lugar para o outro." Considerando suas afirmações do passado em ocasiões semelhantes, não deixa de ser significativo que ele acrescentasse: "É realmente maravilhoso."¹⁰

Os shows não paravam. Leonard estava se apresentando para as plateias maiores e mais diversas em termos de idade de toda a sua carreira, e todos os shows esgotavam. Após uma pausa de seis semanas para o período de festas, durante a qual Leonard passou o Chanucá com Adam e Lorca e "Hallelujah" passou o Natal dominando as paradas do Reino Unido (em três versões diferentes, incluindo uma de Leonard), a turnê foi retomada em janeiro de 2009 na Nova Zelândia e na Austrália. Mais uma vez, Leonard triunfou. Ele sempre se deu bem nesses países, assim como no Reino Unido, onde até os álbuns mais soturnos ficavam entre as 10 mais, e na Europa como um todo, onde era festejado por conta das mesmas características que o afastaram da indústria musical norte-americana: o humor negro, o estilo romance do Velho Mundo, a melancolia existencial e a poesia. A América do Norte era a próxima parada, no que seria sua maior turnê nos EUA até então, intercalada com shows no Canadá. A maioria dos shows norte-americanos era em lugares menores, como teatros, mas ele também ia se apresentar no festival Coachella e no Red Rock Amphitheatre. Logicamente, Leonard começou a turnê em terreno familiar, na cidade de Nova York, com um show no Beacon Theatre cuja plateia estava lotada de integrantes dos meios de comunicação e fãs dedicados, alertados através dos sites voltados para os aficionados por Leonard Cohen.

A *Rolling Stone* descreveu um cenário de "caos absoluto" fora do teatro, "com hordas de pessoas procurando ingressos desesperadamente. Os poucos cambistas recebiam ofertas de quinhentos dólares por ingresso",[11] enquanto a Billboard falava em setecentos dólares. Em honra do local que um dia chamou de lar, Leonard acrescentou "Chelsea Hotel #2" (que vinha ensaiando no quarto em particular, surpreendendo a banda quando pegou o violão e cantou a música no palco). O show agora tinha mais de três horas de duração. "Felizmente, há horários de fechamento na maioria dos locais", brincou Robert Kory, "ou ele cantaria mais." Tanto os críticos quanto a plateia eram prolíficos em termos de elogios, uma reação que continuaria pelo resto da turnê, com seus shows esgotados, ingressos disputados pelos cambistas e aplausos de pé. Parecia que, de repente, todo mundo em todos os lugares estava falando sobre Leonard, perguntando a si mesmos e uns aos outros se ele sempre fora assim tão bom, tão sábio, engraçado e bacana. Após a primeira parte da turnê norte-americana, Leonard e a banda voltaram à Europa para mais quarenta shows, alguns em novos locais, como Sérvia, Turquia e Mônaco; muitos em lugares onde já haviam se apresentado, mas em que ainda vendiam ingressos.

Havia dez datas agendadas na Espanha, todas em grandes locais e esgotadas. A maioria delas era em setembro, mês no qual Leonard completaria 75 anos de idade. Durante o show de 18 de setembro em uma arena de ciclismo em Valencia, enquanto cantava "Bird on the Wire", Leonard desmaiou. Os companheiros de banda, chocados, correram para ajudá-lo. O corpo pequeno e sem vida de Leonard foi carregado para os bastidores, enquanto os fãs que estavam perto do palco seguraram as câmeras dos celulares para capturar o que parecia ser o momento em que Leonard Cohen havia cantado até morrer, escolhendo o país de seu amado Lorca. Mais atrás na plateia houve confusão. Após algum tempo, Javier Mas foi ao palco e explicou em espanhol que Leonard estava bem, tinha retomado a consciência e estava a caminho do hospital, mas o show estava encerrado, e eles receberiam o dinheiro de volta. Os médicos diagnosticaram intoxicação alimentar. Vários integrantes da banda aparentemente também foram afetados, mas nenhum deles era um vocalista esquelético de 75 anos. Dois dias depois, Leonard estava de volta no ônibus. Parecendo frágil, mas sem se abalar, ele comemorou o 75º aniversário fazendo uma apresentação de três horas em uma arena esportiva lotada em Barcelona.

Em Montreal, o aniversário foi marcado pelo lançamento de um livro. *Leonard Cohen You're Our Man: 75 Poets Reflect on the Poetry of*

Leonard Cohen. A mais celebrada desses poetas era Margaret Atwood, e o livro fazia parte do projeto beneficente de Jack Locke, idealizador da Fundação para a Poesia Pública, para estabelecer um programa de Residência Poética Leonard Cohen na antiga escola de Leonard, a Westmount High. Em Nova York, ele foi celebrado com a inauguração de uma placa na entrada do Chelsea Hotel. Esse projeto, liderado por Dick Straub, foi financiado por doações de fãs de Leonard Cohen ao redor do mundo. A cerimônia contou com a presença do ex-produtor de Leonard John Lissauer, do amigo escritor Larry "Ratso" Sloman e de Esther, a sempre leal irmã de Leonard. A placa coloca Leonard em boa companhia: Dylan Thomas, Arthur Miller, Brendan Behan e Thomas Wolfe, embora nenhum desses escritores possa se gabar de ter uma placa que aluda a um mundialmente famoso boquete realizado dentro das paredes do hotel.

Três dias após o aniversário, Leonard estava em Israel, fazendo o primeiro show naquele país em mais de vinte anos. O estádio Ramat Gan, perto de Tel Aviv, tinha capacidade para cinquenta mil pessoas e estava com a lotação esgotada. A renda do chamado Concerto pela Reconciliação, Tolerância e Paz iria para organizações israelenses, palestinas e grupos que promoviam a paz. "Leonard decidiu que, se ia fazer shows lá, queria que o dinheiro ficasse lá", diz Robert Kory. Mesmo assim houve polêmica. Quando o show foi anunciado, houve cartas na imprensa e protestos na internet por parte dos que estimulavam o boicote cultural a Israel. Em Montreal, um pequeno protesto foi feito em frente a um dos mercadinhos judaicos favoritos de Leonard. Ele respondeu acrescentando um show menor no dia seguinte em Ramallah, na Cisjordânia, mas o organizador (o Clube de Prisioneiros da Palestina) desistiu, assim como a Anistia Internacional, que iria distribuir a renda da apresentação. Ambos sentiram a pressão: o evento tinha ficado politizado demais. Então Leonard fundou a própria organização de caridade para distribuir os quase dois milhões arrecadados pelo show de Tel Aviv.

Era uma noite quente de verão. O ar cintilava com os bastões iluminados que a multidão segurava como pequenas velas verdes. Havia telas exibindo traduções das canções apresentadas por Leonard durante o show de três horas e meia. As palavras em hebraico de "Who by Fire" pareciam saídas de um livro de orações. Leonard dedicou "Hallelujah" a todas as famílias que perderam filhos no conflito e expressou sua admiração pelos que, apesar disso, resistiram "à inclinação do coração a se desesperar, se vingar e odiar". Quando ele disse à plateia "Não sabemos quando passaremos por aqui de novo", o público ficou visivelmente emocionado. Vindo de um homem da idade de Leonard, essas palavras traziam a sensação de um discurso de despedida — que os críticos também haviam notado em seus últimos trabalhos, tanto no álbum quanto no livro de poemas. Quando a última canção foi cantada, Leonard levantou as mãos para o céu. Falando em hebraico, o descendente de Aarão deu ao público a Birkat Kohanim, a "Benção Sacerdotal".

De vota aos Estados Unidos e com alguns dias de folga antes da próxima etapa da turnê, Leonard soube que Ramesh Balsekar tinha morrido. O professor faleceu aos 92 anos, no dia 27 de setembro de 2009, no apartamento de Mumbai onde Leonard foi tantas vezes para o *satsang*. Embora a agenda de shows o tivesse impedido de conviver com Ramesh, eles mantiveram contato por e-mail. "Pouco antes do falecimento", lembra Ratnesh Mathur, "tive uma conversa com Ramesh em que ele mencionou que estava se correspondendo com Leonard e disse ter ficado satisfeito ao ver que ele estava fazendo shows novamente". A turnê recomeçou no meio de outubro com mais 15 datas, incluindo uma volta a Nova York para se apresentar no Madison Square Garden.

Parecia que o passado e o presente estavam constantemente se esbarrando. Enquanto Leonard estava compondo e testando novas canções no palco (a primeira delas, "Lullaby"), a gravadora relançou duas compilações antigas de épocas diferentes, *Greatest Hits* (1975) e *The Essential Leonard Cohen* (2002), além dos três primeiros álbuns de estúdio do fim dos anos 1960 e início dos anos 1970. *Songs of Leonard Cohen* veio com duas antigas canções lançadas pela primeira vez: "Store Room" e "Blessed Is the Memory", que foram gravadas durante as sessões de 1967 e arquivadas.* A reedição de *Songs from a Room* também tinha duas canções extras, as versões inéditas de "Bird on the Wire" (intitulada "Like a Bird") e "You Know Who I Am" (intitulada "Nothing to One"), que Leonard gravou com David Crosby antes de fazer o álbum com Bob Johnston.

---

* Um álbum em tributo a *Songs of Leonard Cohen* feito pelo roqueiro Beck e seus amigos, incluindo Devendra Banhart, também foi lançado em setembro de 2009.

Como única faixa-bônus, *Songs of Love and Hate* trazia uma das primeiras sobras de gravação de "Dress Rehearsal Rag". Ainda assim era demais para Leonard, que não gostava dessas adições e não tinha autorizado a inclusão delas. Sentindo que as novas músicas arruinavam a integridade do álbum original, ele impediu que a gravadora repetisse as alterações.

Uma coincidência de tempo incrível foi o lançamento com semanas de diferença de dois CDs e DVDs ao vivo. *Live in London* foi gravado em 2008 no primeiro e triunfante show na O2 Arena em Londres, enquanto *Live at the Isle of Wight* continha gravações recentemente descobertas e imagens de uma apresentação de 1970. Assistidos em sequência, esses dois shows no Reino Unido, realizados em pontos opostos da carreira de Leonard nos palcos, eram fascinantes. A apresentação de 1970, ao ar livre e diante da multidão de seiscentas mil pessoas no início de uma manhã chuvosa, traz Leonard com barba por fazer, chapado e vestindo um terno de safári tocando violão com a ajuda de sua pequena banda, o Army. É uma apresentação espontânea, instigante e sedutora, com uma intimidade que parece impossível em espaço tão vasto e inóspito. Quatro décadas depois, apresentando-se em uma arena fechada, Leonard, de cabelo grisalho, sóbrio e num terno elegante, toca sintetizador com uma banda de nove integrantes. O show é tão planejado e ensaiado quanto uma operação militar, mas ainda assim é magnífico — e mais uma vez Leonard transforma um espaço cavernoso e anônimo em um lugar tão pequeno e íntimo quanto um quarto.

O fato de Leonard ter estreado mais músicas novas na turnê norte-americana de 2009 ("Feels So Good" e "The Darkness") era um reflexo de sua confiança crescente no palco. O repertório continuava a aumentar, por incrível que pareça, e agora tinha mais de trinta canções. Até "So Long, Marianne" ganhou um verso adicional. A presença de palco de Leonard também ficou mais elaborada: o entrar e sair, cair de joelhos, a dança brincalhona durante "The Future", à qual as Webb Sisters tinham acrescentado saltos mortais sincronizados. Em novembro de 2009, no último show do ano, em San José, na Califórnia (que muitos da plateia acreditavam ser o último de todos os shows), em "I'm Your Man", Leonard decidiu usar uma máscara de velho como complemento aos serviços que oferecia às mulheres que o encaravam das cadeiras dobráveis de metal na arena sem alma do Vale do Silício. Durante o bis estendido, algumas dessas mulheres atiraram roupas íntimas em direção ao palco, em um tributo irônico ao estilo de Tom Jones.

Um ano e meio havia se passado desde o primeiro showzinho em Fredericton. Leonard tinha comemorado os aniversários de 74 e 75 anos na estrada. A turnê de 2008 foi considerada pelas revistas de negócios uma das mais bem-sucedidas do ano e a imprensa de rock elegeu a turnê de 2009 a melhor daquele ano. Esses dois anos de shows arrecadaram bem mais que cinquenta milhões de dólares. Nem tudo foi para o bolso de Leonard, pois uma turnê com uma banda e uma equipe daquele tamanho era uma despesa enorme, mas como o promotor Rob Hallett define: "Acho que é seguro supor que o jardim está florido novamente." Leonard tinha recuperado tudo o que perdera, com folga. Poderia parar agora, pendurar o violão e nunca mais colocar os pés no palco, mas isso tinha deixado de ser apenas um exercício para ganhar dinheiro há muito tempo. Leonard queria fazer essa turnê (talvez até precisasse dela) e, o que é impressionante numa área e numa época nas quais o nível de atenção não é alto, as pessoas continuavam a querer vê-lo. Assim, uma turnê foi marcada para começar na Europa em maio de 2010, seguindo para outra viagem através da Austrália, além de shows no Camboja e no Havaí, antes de terminar com uma "volta da vitória" na América do Norte.

No momento, porém, Leonard tinha três meses e meio para ficar sozinho. Totalmente sozinho, pois estava solteiro mais uma vez. Se o motivo foi a distância que surgiu entre Leonard e Anjani em dois anos de turnês ou a diferença de idade entre uma pessoa de 50 e outra de 75 anos (que pareceu mais assustadora que aos 40 e 65), eles foram discretos demais para dizer. "Os relacionamentos não são inertes, eles mudam e crescem", diz Anjani, que continua sendo grande amiga e colaboradora de Leonard. "Em vez de eu ou ele explicar isso para você, prefiro mandar algo escrito por ele. Tudo o que é preciso saber sobre o nosso relacionamento está nesse poema. Eu disse a Leonard que chorei quando o li. E ele respondeu: 'Eu também chorei.'"

> Estou sempre pensando em uma canção
> Para Anjani cantar
> Será sobre nossa vida juntos
> Será muito leve ou muito profunda

Sem meio-termo
Eu vou escrever a letra
E ela vai compor a melodia
Não serei capaz de cantá-la
Porque vai escalar alto demais
Ela vai cantá-la lindamente
E eu vou corrigir o canto dela
E ela vai corrigir a minha letra
Até ficar melhor do que lindo
Então nós vamos ouvi-la
Raramente
Nem sempre juntos
Mas de vez em quando
Pelo resto das nossas vidas[13]

Era bom estar de volta a Montreal, andando com dificuldade pela neve de dezembro com Mort até o mercadinho no Principal para comer *bagels* e língua de boi (o velho prato favorito de Mort, e depois também de Roshi), e ouvir o amigo mais antigo reclamar dos novos cafés e butiques que surgiram em seu antigo bairro. "Nós estamos aqui há mais tempo que a maioria dessas pessoas", diz Rosengarten. "Somos os velhos reacionários. Acho que ele tem passado mais tempo aqui agora." Leonard, como geralmente fazia, pensou em ficar em Montreal. A cidade tinha mudado um pouco, além das formas descritas por Mort: as pessoas o reconheciam e o abordavam na rua ou em restaurantes de um jeito que não faziam no passado. Sendo canadenses, a maioria era muito educada e Leonard também criou algumas táticas, como sair para jantar à tarde. Uma pessoa em particular que veio até ele no parque e se apresentou, a jovem e linda cantora chamada NEeMA, acabou virando sua protegida. Leonard coproduziu o álbum *Watching You Think* e desenhou um retrato dela para a capa.

Porém, ele foi atraído de volta para Los Angeles mais uma vez. Seus filhos e neto estavam lá, bem como Roshi. Em seu 103º aniversário, Roshi ainda comandava o Centro Zen e Leonard continuava indo até lá para meditar quando estava na cidade. No início do ano, quando a turnê passara por Los Angeles, Leonard levou vários integrantes da banda para um dos ensinamentos matinais de Roshi. Quando terminou, Roshi deu a Leonard uma garrafa de *ng ka pay* para abrir e, às oito da manhã, todos se sentaram para apreciar um copo do licor favorito do velho. Foi uma das poucas vezes em que Leonard bebeu. Embora ficasse feliz ao preparar drinques para a banda na estrada, fazia um shake de proteína sabor chocolate para ele mesmo e meditava no camarim na hora e meia de silêncio que gostava de fazer entre a passagem de som e o show. Leonard também meditava em aviões, com a coluna reta, olhos fitando o chão e mãos em concha no colo, grato pelo fato de que, caso dormisse (o que aconteceu mais de uma vez), ninguém ficaria andando pelo corredor com um graveto, pronto para cutucá-lo de volta à consciência.

Dez anos haviam se passado desde que Leonard vivera como monge e, ainda assim, nessa igualmente (e talvez, na perspectiva do músico, ainda mais) inesperada encarnação — agora como o homem que mais trabalha na indústria do entretenimento — era fácil traçar vários paralelos com sua antiga vida, como por exemplo a estranha atemporalidade que o tempo assumiu. A vida dele era um borrão de ocupações em que um dia ou um ano mal se distinguiam do anterior. A nova década começou com "Hallelujah" no topo da parada de downloads do iTunes em 2010, na versão cantada por Justin Timberlake e Matt Morris no programa de televisão beneficente *Hope for Haiti*, e o primeiro de uma nova enxurrada de prêmios. Em janeiro, Leonard ganhou um Grammy pelo conjunto de sua obra. "Nunca pensei que fosse ganhar um Grammy", disse ele no discurso de agradecimento. "Na verdade, sempre fiquei comovido pela modéstia do interesse deles no que diz respeito ao meu trabalho." (A única gravação dele que a Academia aparentemente considerava digna de nota era a declamação das letras de sua ex-namorada no álbum em tributo a Joni Mitchell feito por Herbie Hancock, que ganhou um Grammy.) Mas os Estados Unidos estavam fazendo tudo para compensar o tempo perdido. Em uma festa organizada pelo Consulado Canadense em Los Angeles para homenagear o compatriota indicado ao Grammy, Leonard fez um discurso honrando a terra natal. "Meu bisavô Lazarus Cohen foi para Glengarry, uma cidadezinha em Maberly, aqui no Canadá, em 1869. Devido à grande hospitalidade com que meu ancestral foi recebido há 140 anos, quero agradecer a este país, Canadá, por nos permitir viver, trabalhar e florescer em um lugar que era diferente de todos os outros no mundo."

Leonard estava longe da estrada há menos de dois meses, contando os dias até a primavera, quando a turnê iria recomeçar. Enquanto fazia um exercício de pilates, contudo, ele deslocou as costas, uma lesão de compressão da medula que, segundo os médicos, levaria de quatro a seis meses de fisioterapia para curar. O músico, no entanto, insistiu que estava bem. Os amigos duvidavam, pois ele estava com muita dor e mal podia se mexer. A turnê foi adiada. Como estava preso em um lugar só, Leonard pensou que podia muito bem fazer algo e começou a gravar um novo álbum.

Em junho, Leonard foi a Nova York para outra cerimônia de premiação norte-americana, a entronização no Songwriters Hall of Fame. Ele vestia um smoking idêntico ao que usara no Rock and Roll Hall of Fame dois anos antes, mas parecia vários anos mais jovem. Como na outra premiação, ele citou uma de suas canções no discurso de agradecimento, "Hallelujah", interpretada novamente por k. d. lang, como fizera no Canadá. Judy Collins também estava lá e cantou "Suzanne" para ele. "Uma experiência sublime", disse Leonard, que ficou tempo o suficiente para aparecer em uma fotografia abraçando Taylor Swift e dizer à *Rolling Stone* que seu novo álbum, "se Deus quiser, estará pronto na próxima primavera".[14]

A turnê de 2010 começou na Croácia em 25 de julho, seguida por 34 shows na Europa e no Leste Europeu e um na Rússia. A pausa de oito meses não pareceu acarretar qualquer prejuízo às apresentações. Os shows eram longos, a banda estava azeitada e Leonard, apesar da lesão nas costas, ainda dançava, caía de joelhos e segurava o chapéu na altura do coração enquanto os músicos solavam, cantavam ou davam saltos mortais. A voz dele parecia mais suave e áspera, um pouco rachada — mas não importa, é assim que a luz entra.

Alguns críticos, particularmente os que viram muitas apresentações, alegaram que o show tinha virado uma espécie de teatro viajante de jazz suave, com a mesma produção e coreografia toda noite. No início esse tipo de precisão e disciplina militares, sem deixar nada ao acaso, sempre sabendo o que ia acontecer e quando, eram a única forma de alguém tão ansioso com relação a se apresentar em público conseguir fazê-lo após tanto tempo afastado. "Você nunca sabe o que vai acontecer quando sobe no palco, se vai ser a pessoa que deseja ser ou se a plateia vai ser hospitaleira", como Leonard disse a Jian Ghomeshi, que o entrevistou para a CBC. "Mesmo quando você leva o show a um determinado grau de excelência", completou ele, "há muitos fatores desconhecidos e muitos mistérios".[15] Mas à medida que a ansiedade se acalmou um pouco ao longo do tempo, houve mudanças sutis nos planos, com Leonard frequentemente acrescentando ou substituindo uma canção, às vezes mesmo durante o show. Para a turnê de 2010 eles desenvolveram um sistema de comunicação no qual Leonard sussurrava um título de música para Beck e, ao pressionar um pedal, Beck o transmitia discretamente ao resto da banda e da equipe. Entre as novas adições ao repertório estavam "Avalanche", uma das canções sombrias evitadas por Leonard nos shows anteriores, e outra nova, "Born in Chains", que Leonard recitava e depois cantava em um grunhido quase à moda de Tom Waits:

> Fui tirado do Egito
> Recebi um fardo
> mas o fardo foi retirado
> Oh, Senhor eu não posso mais guardar este segredo
> Abençoado seja o Nome
> que o Nome seja louvado.

Em setembro de 2010 foi lançado o segundo CD/DVD ao vivo da turnê, sendo que o primeiro colocara uma canção de Leonard entre as dez mais em doze países. *Songs from the Road*, como seu antecessor, foi produzido por Ed Sanders, que vinha gravando a turnê desde o primeiro show, em 2008. A capa se abre e mostra fotos de Leonard com a mão agarrada a um copo de uísque, uma taça de vinho e um microfone. Em outra, a silhueta dele aparece em uma porta, com o céu azul por trás. Exceto pelo chapéu de feltro, você imagina que Leonard deve ter aparecido assim para Marianne em Hidra pela primeira vez, quando pediu que ela o acompanhasse. Leonard não ia mais a Hidra. Ainda tinha a casinha branca na colina, mas ela era mais usada pelos filhos. Marianne, sempre fiel, foi ao show em Oslo, embora não tenha ido aos bastidores. "Como eu sei que ele está trabalhando, tento não me intrometer", diz ela, "mas acredito que ele de alguma forma saiba que estou lá". Houve outras musas nas outras paradas pelo caminho: Joni, Dominique, Rebecca.

Esse novo disco ao vivo, como aconteceu no ano anterior, coincidiu com a aparição de algo do passado: um DVD de *Bird on a Wire*, o documentário de Tony Palmer sobre a turnê europeia de Leonard em 1972 que ele tinha rejeitado e mandado refazer por ser agressivo demais. Steven Machat de alguma forma conseguiu acesso aos duzentos rolos de filme que Palmer há muito considerava perdidos. Usando a trilha sonora como guia, Palmer remontou o filme com muita dificuldade. Mesmo que Leonard não tivesse gostado, é um relato incrível dos shows intensos, geralmente improvisados e por vezes caóticos, na Europa e em Israel. Foi uma turnê abalada por problemas de equipamento, revoltas, jornalistas querendo entrevistá-lo, mulheres querendo transar com ele e Leonard tentando desesperadamente lidar com a fama, manter a pureza da sua visão como poeta e permanecer verdadeiro em relação a si mesmo e às suas canções. "Embora eu não tenha pensado nisso na época", diz Henry Zemel, amigo que Leonard contratou para ajudar a reeditar o filme, "dava para considerar a vida dele em grande parte como um esforço para recapturar uma certa pureza".

A turnê de 2010 estava chegando ao fim. Nas semanas finais havia shows em lugares tão distantes quanto Eslováquia, Nova Zelândia e Canadá antes de Leonard chegar à costa oeste dos EUA e seguir o caminho de casa. As últimas duas datas da turnê, 10 e 11 de dezembro, eram em um cassino de Las Vegas, por incrível que pareça. O *outdoor* grande e com letras espalhafatosas em frente ao Caesar's Palace exibia a imagem de um Leonard pequeno e de cabelos brancos segurando o chapéu de feltro embaixo de um grande letreiro dourado onde se lia "Jerry Seinfeld".

Havia um rodeio na cidade quando Leonard chegou e, mais adiante na Strip, acontecia a premiação American Country Music Awards. A Cidade do Pecado estava repleta de chapéus Stetson e homens parrudos como touros. O passe para os bastidores do show de Leonard também tinha a foto de um cantor country: Hank Williams fazia parte da colagem que Leonard fez de seus heróis, que incluía Ray Charles, Edith Piaf, os poetas Lorca, Yeats e Irving Layton, os pais de Leonard, Santa Kateri Tekakwitha, Ramesh e Roshi. Em pé no palco do teatro Colosseum, Leonard olhou ao redor: "Tão estranho este lugar, tão pouco mágico e com tanto esforço para conseguir ser pouco mágico", disse ele à plateia com um sorriso torto, "realmente não tem como não amar". Ele parecia velho e frágil, mais magro do que há três anos, quando a turnê começou, e já era magro naquela época. Leonard também parecia imbatível. "Acho que chegamos ao fim de um capítulo", avisou. Quando começou, ele "tinha 73 anos, era apenas um garoto com um sonho louco". Quando retrabalhou a antiga piada, havia emoção na voz. Leonard garantiu ao público que ele e a banda dariam "tudo o que tinham". No fim da primeira metade do show de quatro horas, uma mulher invadiu o palco quando ele estava de joelhos e o agarrou como se fosse um crucifixo. Durante o intervalo, um grupo de fãs se reuniu na frente do palco e entoou a canção que Leonard foi filmado cantando em *Bird on a Wire*, "Passing Thru". Quando voltou ao palco, ele se juntou à cantoria.

A banda começou "Tower of Song", Leonard foi para um lado do palco e observou enquanto as mulheres cantavam os *"dee-do-dum-dums"*. Ele se recusava a entrar, fazendo com que elas repetissem a parte várias vezes sem tirar o sorrisão de criança do rosto, parecendo um *voyeur* ou alguém que realmente acabou de ver a luz. "Ouvindo vocês", disse ele, "todos os mistérios inimagináveis são revelados. Agora eu entendo, é uma questão de generosidade. Levou três anos, mas encontrei a resposta para o enigma. Era tão simples que eu deveria ter sabido desde o início. Aqui está a resposta: *dee-do dum-dum, dee-do dum-dum*." Ele passou a vida tentando entender os grandes temas atemporais, os retomando diversas vezes, cavando cada vez mais fundo, tentando chegar a alguma resposta ou pelo menos a alguma beleza — ou pelo menos a uma piada. Foi um trabalho árduo. E Leonard não tinha problema algum com trabalho árduo.

Esses últimos três anos na estrada, com shows de três horas e passagens de som de duas horas, uma agenda em que às vezes mal cabia um dia de descanso, foram mais do que rigorosos, mas é o mesmo que Leonard disse sobre o monastério de Roshi: "Quando você pega o jeito, pega o embalo e meio que flutua através de tudo aquilo." Leonard estava flutuando. Os parâmetros dessa vida paradoxalmente deram a ele um tipo de liberdade, como a vida na montanha. O cair de joelhos, fazendo reverência aos músicos que lhe deram a honra de dizer suas palavras, e à plateia, que lhe deu a honra de aceitá-las, satisfaziam uma ideia de rito profundamente enraizada nele. Mais de um crítico comparou os shows de Leonard, com seu silêncio, sua celebração, sua graça e sua reverência pela beleza da palavra, a encontros religiosos. Um ou dois chegaram ao ponto de compará-los a visitas papais, só que a maioria aludia a uma irmandade espiritual de fiéis sem denominação, mas autenticamente pura. Leonard podia fazer piada no palco (e frequentemente fazia, após se acostumar com as turnês), mas era intensamente sério em relação ao seu trabalho. Sempre foi. Isso ficou evidente desde quando era um garoto de 9 anos de idade enterrando as primeiras palavras que escrevera ao pai morto numa cerimônia secreta, palavras que nunca foram reveladas. A seriedade também estava presente quando ele se mudou para os EUA, deu os primeiros passos na música pop e dissolveu todas as fronteiras entre palavra e canção, entre canção e verdade, e entre a verdade e si mesmo, seu coração e sua dor.

Todo o trabalho pesado, o rastejar pelo carpete, os altos e baixos em que mergulhou e todas as mulheres e deidades amorosas e coléricas que ele analisou e venerou, amou e abandonou, mas nunca chegou a perder de verdade estiveram a serviço disso. E aqui estava ele, com 76 anos, ainda em perfeitas condições, ainda afiado, trabalhador, mulherengo, velho monge sábio, *showman* e homem de vasta experiência, mais uma vez oferecendo suas canções (e a si mesmo):

Aqui estou, eu sou o seu homem.

CAPÍTULO VINTE E CINCO

MANUAL PARA CONVIVER COM A DERROTA

O palco foi desmontado pela última vez, o coelho foi devolvido à cartola, o equipamento foi guardado no caminhão e todos, incluindo Leonard, foram mandados para casa. Houve lágrimas e despedidas emocionadas: aquela tinha sido uma viagem e tanto. Quanto às transgressões financeiras que obrigaram Leonard a voltar à estrada, há uma nota de rodapé interessante e capaz de provar que talvez as leis do carma sejam mais eficazes que as dos tribunais.

Em 2008, quando a turnê estava prestes a começar, a Comissão de Valores Mobiliários dos EUA apresentou um processo contra Neal Greenberg, o financista a quem Kelley Lynch chamou para gerenciar os investimentos de Leonard, com acusações de fraude e quebra de dever fiduciário relacionadas a mais de cem clientes. Robert Kory conta: "De acordo com os relatórios, os clientes dele aparentemente perderam boa parte de seu dinheiro, dezenas de milhões de dólares. A ironia é que, se Kelley não tivesse pegado o dinheiro, [levando à] descoberta anterior, que por sua vez levou Leonard a reexaminar a vida e sair em turnê, Leonard poderia ter perdido todo o dinheiro de qualquer jeito, pois ele estava investido com Neal Greenberg. E ele o teria perdido em uma época em que [devido ao *crash* do mercado] seria impossível persuadir os promotores a financiarem sua turnê de retorno."

A turnê não só restaurou as economias perdidas de Leonard, como as ampliou consideravelmente. E trouxe a ele algo ainda mais importante: reconhecimento como artista. Mesmo em partes do mundo em que tinha passado quase a carreira toda subvalorizado, ele havia se apresentado para multidões em locais imensos e sido recebido com aprovação e amor universais. Se isso fosse uma bíblia, em vez de uma biografia, a

Kelley caberia o papel de Judas, visto que a traição dela iniciou a série de eventos que levou a essa ressurreição incrível. Lynch, após perder a casa em Mandeville Canyon, continuou a percorrer os Estados Unidos publicando em blogs, mandando e-mails e deixando mensagens ofensivas e ameaçadoras em secretárias eletrônicas por onde passava.* Greenberg, proibido de trabalhar em investimentos como resultado do processo da CVM norte-americana, mudou-se para a cidade natal de Leonard, Montreal, e as últimas notícias dizem que trabalha como professor budista.

De volta ao seu duplex em Los Angeles, Leonard pendurou o terno que usava no palco e vestiu um terno listrado, do tipo antiquado e com lapela larga que se acha em brechós, onde ele os garimpava. Junto com a barba grisalha por fazer e o arrojado chapéu de feltro que usava dentro de casa, ele parecia menos um *showman* bem-relacionado e mais um detetive particular aposentado, pronto para a ação caso seus serviços fossem necessários. Em casa, Leonard se vestia para o trabalho. Assim que a turnê acabou, ele retomou o álbum que havia começado em 2007 e que tinha adiado por conta da turnê que não parava de se expandir. Estava ansioso para terminá-lo. Como não podia culpar a urgência financeira dessa vez, ele racionalizou o sentimento como "uma corrida para casa", pois sentia que seu tempo estava se esgotando.[1] Partindo de um homem de 76 anos, isso parece plausível, embora Leonard tenha dito o mesmo quando tinha 56 anos.[2] Na verdade, ele estava em excelente forma, melhor em vários aspectos do que há vinte anos. Além do incidente da intoxicação alimentar e da lesão causada pelo exercício físico, havia passado tranquilamente pelos três anos anteriores, com shows de três horas de duração. Mais do

---

* Lynch morava em Berkeley, Califórnia, quando em 1º de março de 2012, pouco antes deste livro ser publicado, Michelle Rice liderou uma equipe composta por detetives particulares e pela Unidade de Gerenciamento de Ameaças da Polícia de Los Angeles para prendê-la. Lynch foi acusada de violar uma medida protetiva permanente, que a proibia de entrar em contato com Leonard e que ela ignorou várias vezes. Após a prisão, ela foi transferida para um centro de detenção em Los Angeles a fim de aguardar o julgamento. No dia 13 de abril, o júri a considerou culpada de todas as acusações. Em 18 de abril, ela foi condenada a 18 meses de prisão e cinco anos em liberdade condicional. "Não sinto prazer em ver uma ex-amiga algemada a uma cadeira em um tribunal. Seus dons consideráveis foram usados a serviço da escuridão, do logro e da vingança", disse Leonard no depoimento ao tribunal. "Rezo para que a Sra. Lynch se refugie na sabedoria de sua religião e para que um espírito de compreensão converta em seu coração o ódio em remorso."

que tudo, parecia que o principal motivo para o entusiasmo em terminar o novo álbum era ter uma desculpa para sair em turnê de novo.

 Após as reservas iniciais, Leonard acabou amando a vida na estrada, com a pequena e unida comunidade de viajantes que se ajudam e o regime quase militar. Estar em serviço e a serviço: ambos tinham um imenso apelo para o poeta que frequentemente pareceu ter nascido para ser soldado ou monge. É possível também que a empolgação de uma existência tão intensa e profunda tenha virado um vício. Afinal, Leonard gostou até demais das anfetaminas por vários anos e, após abandonar os últimos dois vícios (o cigarro e o álcool) para a turnê, provavelmente não estava no clima para parar com o que lhe restara. Na verdade, o aspecto mais importante que esses últimos três anos haviam trazido a um homem da idade e do temperamento de Leonard era a sensação de estar engajado por completo, de fazer aquilo para que passara uma vida inteira treinando — e fazer bem e com sucesso. Após o fim da turnê, Leonard admitiu que houve momentos antes de começar em que imaginou ter sentido o mesmo que Ronald Reagan "em seus anos de declínio". "Ele se lembrava de que fez um bom papel e interpretou o presidente em um filme. E eu sentia de alguma forma que eu 'tinha sido' um cantor."[3] Estar na estrada, disse ele, "realmente me restabeleceu como trabalhador do mundo. E essa foi uma sensação muito satisfatória".[4] Através do próprio trabalho árduo, Leonard recuperou o dinheiro perdido da sua aposentadoria. Agora que tinha garantido o futuro, não queria se aposentar.

 Na metade de Leonard do duplex, a sala de estar, que fazia papel de sala de jantar e foi temporariamente requisitada como sala de música informal, tinha dois sintetizadores espremidos entre o sofá de três lugares, a grande mesa de jantar, a mesinha com tampa de mármore e um bambu plantado em um vaso. Leonard andou até um deles e apertou o botão de ligar.

— Há uma canção em que venho trabalhando há muitos, muitos anos. Décadas. Tenho a melodia e é para violão. É uma melodia muito boa e eu tentei por muitos anos encontrar as palavras certas. A canção me chateia tanto que cheguei a começar um diário narrando meus fracassos em abordar a minha preocupação obsessiva com essa melodia. Eu realmente gostaria que ela entrasse no próximo álbum, mas senti isso nos

últimos dois ou três álbuns, talvez quatro. É uma canção que gostaria muito de terminar. Então é um problema difícil de resolver.
— E quando você finalmente resolve, após todos esses anos, às vezes não tem nada lá além de poeira?
— Meu pai guardava uma garrafa de champanhe em um armário no porão. Ele morreu quando eu era bem jovem, mas assim que consegui a chave do armário, que minha mãe me deu quando era um pouco mais velho, nós abrimos essa garrafa que minha mãe vinha guardando talvez desde o casamento deles e era impossível beber aquilo. Você precisa desenvolver uma perspectiva com relação à situação. Quer dizer, não é o Cerco a Stalingrado. No fim das contas, não é algo terrivelmente importante, mas me chateia muito.
— O quebra-cabeça da canção?
— É, o quebra-cabeça da canção. Você sabe como é. Eu gostaria de terminar meu trabalho e lá no fundo da minha mente fico: "Qual é o ritmo para esta canção?" Tenho a letra e a melodia, mas não sei o ritmo ou o arranjo, e isso fica passando pela minha cabeça enquanto conversamos, é nisso que estou pensando.

Ele apertou um botão que ativou um ritmo eletrônico e tocou a melodia por cima dele.

— Eu estou nesse tom.

A música flutuou com o ritmo de modo sereno e hipnótico até Leonard tocar um acorde inesperado. Ele parou imediatamente, como se tivesse batido em uma parede. Seu rosto tinha uma expressão que parecia dizer: "Para onde eu vou agora?"

— Então o meu trabalho é isso agora, e é nisso em que penso. Minha mente não é dada à filosofia, prefere um tipo de prece, um tipo de trabalho, mas na maior parte diz respeito ao problema de voltar ao tom no qual comecei.

Na verdade, o problema parecia ser mais a falta de misericórdia de Leonard em relação às suas canções no sentido de julgá-las terminadas. Ele já tinha material suficiente para um álbum. Antes da turnê já havia acumulado uma pequena pilha de canções, incluindo "The Captain", "Puppets" e "Different Sides", esta composta com Sharon Robinson. Houve também "Lullaby", uma versão inicial da canção que ele estreou na turnê, "Treaty", que ele vinha consertando há pelo menos 15 anos, e a ainda mais antiga "Born in Chains", que começou a compor em 1988, ano no qual lançou *I'm Your Man* e que ele descreveu ao experimentá-la no palco como tendo sido baseada "em um apetite geral por oração".[5] Leonard também vinha experimentando compor canções de blues. "Sempre amei blues e sempre amei a construção musical do blues", contou ele, mas nunca sentiu que tinha direito de cantar nesse estilo. "De alguma forma esse direito me foi concedido não sei por qual autoridade e uma série de canções vieram a mim dessa forma", explicou ele, "agora que eu tenho permissão para cantar blues".[6] Duas dessas canções, "Feels So Good" e "The Darkness", também encontraram espaço no repertório cada vez maior da turnê. Desde que voltara para Las Vegas, ele vinha trabalhando com Anjani em novas versões para o próprio álbum daquelas três canções que compuseram juntos para o álbum *Blue Alert*, de Anjani: "Crazy to Love You", "Thanks for the Dance" e "Whither Thou Goest", além de uma canção que eles compuseram em 2001, chamada "The Street". Anjani, que ainda morava perto da casa dele, visitava Leonard com frequência. Eles ainda eram próximos. O segundo sintetizador da casa era para ela.

A vida dele estava movimentada e agitada, mas ele sentia falta das turnês. Na estrada, "você sabe exatamente o que fazer durante o dia e não precisa improvisar como faço aqui, especialmente agora, no meio do processo de composição. Há sempre algo para afastar você".[7] Algumas distrações eram menos irritantes que outras. Menos de dois meses após a última data da turnê, a casa tinha um novo integrante, Viva Katherine Wainwright Cohen. Lorca, que ainda morava no andar de baixo, deu à luz a primeira filha (segundo neto e primeira neta de Leonard) em fevereiro de 2011. A garotinha era prole de duas dinastias musicais canadenses: o pai era Rufus Wainwright, cantor, amigo íntimo de Lorca e, no período em que dividiu apartamento com ela, vizinho de baixo de Leonard. Quando os fãs de Rufus se referiram à Lorca como "mãe de aluguel" na internet, toda a família, incluindo Leonard, entrou em cena para corrigi-los. A criança seria criada por Lorca, Rufus e o "Papai Nº 2", como Wainwright se refere ao noivo Jörn Weisbrodt. Leonard é louco pela criança. Quando Lorca subia com Viva ou Adam levava Cassius para visitar, o músico passava o dia inteiro brincando com eles, feliz da vida. Sorrindo, Leonard disse: "Eu sinto que estou fora de perigo evolucionário. Já fiz a minha parte." Isso era o legado que importava, segundo ele. "Quanto à minha obra, habitando o grande esquema das coisas e sabendo que vai partir em breve, você sabe que, independente do que faça, é microscópico à beça, mas por outro lado é a sua obra, então você a trata com respeito."[8]

No dia 1º de abril, enquanto ele vestia os trajes de monge para visitar Roshi e celebrar o 104º aniversário do mestre, Leonard soube que havia conquistado o prestigioso Glenn Gould Prize. O prêmio, dado a um artista vivo pela contribuição que deu ao longo da vida para as artes, vinha com um cheque de cinquenta mil dólares canadenses. Entre os antigos vencedores estavam Pierre Boulez e Oscar Peterson. O presidente da comissão que definiu o premiado, Paul Hoffert, disse em uma coletiva de imprensa em Toronto que Leonard Cohen tinha sido a escolha unânime dos sete integrantes do júri internacional, que incluíam o cineasta Atom Egoyan (cujo filme de 1994, *Exótica*, apresentava "Everybody Knows" na trilha sonora) e o ator e escritor Stephen Fry (que ironizou: "Achei que tínhamos decidido premiar o Justin Bieber"). Hoffert elogiou a poesia e as canções de Leonard, que transcendem fronteiras, culturas e "tocam a nossa humanidade comum. Sua voz única, contudo, é a voz comum das pessoas em todo o mundo, contando nossas histórias, expressando nossas emoções, alcançando profundamente nossa psique".[9]

Leonard conheceu Glenn Gould no início dos anos 1960 quando a *Esquire* o enviou para entrevistar o celebrado pianista canadense. O texto nunca foi publicado. Leonard ficou tão embevecido com as falas de Gould que parou de tomar notas, acreditando que tudo estava "indelevelmente gravado na minha mente". Quando chegou em casa, ele "não conseguia lembrar de uma palavra sequer do que ele me disse" e sua curta carreira de jornalista ficou ainda mais curta.[10] Ele não mencionou o contratempo em sua carta ao comitê do prêmio, na qual agradeceu a eles pela "grande honra, ainda mais doce graças ao meu amor pelo trabalho de Glenn Gould". Leonard continuou a trabalhar em seu álbum, que agora tinha um título, o mesmo do último álbum de estúdio antes de ele ser convencido a trocá-lo para *Dear Heather*: *Old Ideas*.

Adam Cohen também estava trabalhando em um novo disco que, por sugestão do pai, tinha batizado de *Like a Man*. Esse quarto álbum era uma homenagem ao pai, descrito por ele como uma "fusão de elegância e humor, de eloquência e informalidade sem esforço" e "um perfeito cavalheiro".[11] Adam compusera algumas de suas canções há mais de uma década, mas as guardara por achar que tinham muita influência do pai. A irmã não parecia ter a mesma necessidade de se distanciar do pai e de sua obra. Lorca se juntou a Leonard em turnê em várias ocasiões, fazendo vídeos e fotos que apareciam nas capas de CD dele e em revistas. Em abril de 2011, ela organizou em Nova York e em São Francisco uma série de curtas feitos por artistas e cineastas experimentais baseados nas canções do álbum que Leonard lançou no ano em que ela nasceu, *New Skin for the Old Ceremony*. Adam, a um ano de fazer 40 anos, finalmente estava pronto para "se assumir" como filho de Leonard. "Apesar dos meus esforços para ter uma identidade diferente", disse ele, "realmente pertenço a uma longa linhagem de pessoas que abraçaram os negócios dos seus pais".[12]

Deliciado com o álbum do filho, Leonard também ficou impressionado com o produtor Patrick Leonard, pianista e compositor que tinha um longo histórico de trabalho com Madonna, com quem compôs "La Isla Bonita" e "Like a Prayer". Adam os apresentou e Patrick e Leonard começaram a se encontrar para tomar café. Em pouco tempo estavam compondo juntos. "Pat", disse Leonard, "viu a letra de 'Going Home' e comentou: 'Essa pode ser uma canção muito boa.' Eu discordei: 'Não acho.' Ele pediu: 'Posso tentar trabalhar nela?' Respondi: 'Claro.' Patrick voltou com a música, não sei se foi em uma hora ou no dia seguinte, mas foi muito rápido. Ele estava trabalhando bem rápido, eu também estava e compusemos várias canções nesse ritmo".[13]

Leonard revelou a existência do seu novo álbum no fim do verão de 2011. Quase ao mesmo tempo, a gravadora norte-americana estava se preparando para lançar outra retrospectiva da sua carreira, o CD *The Very Best of Leonard Cohen*, cujas músicas foram escolhidas por ele. A compilação foi colocada em segundo plano, mas não a retrospectiva bem mais ampla contida na caixa de CDs *Leonard Cohen: The Complete Columbia Albums Collection*, contendo todos os álbuns de estúdio e ao vivo de Leonard, de *Songs of Leonard Cohen* (de 1967) até *Songs from the Road*, de 2010.

A chegada iminente de outro álbum estragou o título da caixa de CDs, mas justiça seja feita: a gravadora não era a única a considerar o fim da turnê triunfal de Leonard como o término da carreira dele. O próprio Leonard parecia tender a esse caminho no início de 2010 quando, no discurso de agradecimento ao Grammy pelo conjunto da sua obra, disse estar a caminho da "linha de chegada". Muito provavelmente, Leonard falava mais em termos velados sobre a morte, o que quase sempre fazia, do que sobre as últimas datas da turnê. Em setembro de 2011, contudo, enquanto celebrava o 77º aniversário dividindo bolo com Roshi, até Leonard foi obrigado a admitir que estava "em boa forma".

Em outubro, Leonard estava em Oviedo, Espanha, recebendo a segunda grande honraria do ano. O prêmio Príncipe das Astúrias para as Letras veio com um cheque de cinquenta mil euros e uma escultura de Joan Miró. O fato de que que esse era um prêmio de literatura não passou despercebido. Os últimos laureados, que incluíam Günther Grass e Arthur Miller, não eram conhecidos por suas canções. Porém, como dizia a declaração do júri, similar em várias formas à afirmação do júri do prêmio Glenn Gould, Leonard foi escolhido por "um conjunto da obra literária no qual a poesia e a música se fundem em uma *oeuvre* de mérito imutável". Era outro reconhecimento importante. Embora parecesse cair nos ouvidos moucos dos acadêmicos e críticos literários, era o que Leonard vinha dizendo há muito tempo.

Leonard sempre foi bom em discursos de agradecimento, mas na cerimônia do Príncipe das Astúrias, diante da plateia ilustre, que contava com a família real espanhola e a sobrinha de Federico García Lorca, ele se superou. O discurso foi um trecho de prosa pessoal e elaborado, apesar da alegação de ter passado a noite inteira rascunhando notas no quarto de hotel (que não consultou em momento algum). Foi também uma apresentação tão hábil, nobre, humilde, íntima, grata, graciosa, elaborada e ensaiada quanto os shows da última turnê. Abrindo com a usual expressão de gratidão, ele seguiu com a autodepreciação habitual, alegando se sentir desconfortável ao ser honrado pela poesia quando "a poesia vem de um lugar que ninguém comanda, ninguém conquista, então eu me sinto de certa forma um charlatão". Como se para destacar a parte do "charlatão", ele disse uma frase que vinha usando em incontáveis entrevistas ao longo dos anos: "Se eu soubesse de onde vêm as boas canções, iria lá com mais frequência." O mal-estar, disse ele, o fez tirar o antigo violão espanhol do estojo. Ele segurou o instrumento perto do rosto e inalou "a fragrância do cedro, tão fresca quanto no dia em que o adquiri", havia uns bons quarenta anos. "Uma voz pareceu me dizer: 'Você é um homem velho e não agradeceu, não trouxe sua gratidão de volta ao solo do qual esta fragrância surgiu e à alma desta terra que lhe deu tanto.'"

Leonard falou do trágico jovem espanhol que encontrou na adolescência tocando violão no Murray Hill Park, que ficava nos fundos da casa da sua família na Belmont Avenue. As garotas se reuniam para ouvi-lo e Leonard também o ouviu. Quando ele parou de tocar, Leonard pediu ao jovem para ensiná-lo a tocar daquele jeito. Ao longo de três aulas, o rapaz ensinou os "seis acordes" do padrão de violão flamenco que Leonard chamou de "a base de todas as minhas canções e da minha música".

Leonard falou mais eloquentemente ainda sobre o impacto de outro espanhol em sua vida. Quando começou a tocar violão, ele também escrevia poemas, copiando o estilo dos poetas ingleses que estudava na escola. Mas ele "estava faminto por uma voz" e "foi só quando eu li a obra de Lorca, mesmo traduzida, que entendi que havia uma voz". Leonard não copiou aquela voz, "eu não ousaria", mas ouviu com atenção o que ela dizia e essa voz lhe deu permissão "para localizar um eu que não é fixo, um eu que luta pela própria existência". Ela também lhe aconselhou: "Nunca se lamente casualmente e, se for para expressar a grande inevitável derrota que nos aguarda a todos, isso deve ser feito nos limites rígidos da dignidade e da beleza."

A cerimônia foi seguida por um show-tributo, que começou com um breve vídeo feito pela filha de Leonard. Houve entrevistas filmadas com a banda de Leonard. Um integrante do júri que lhe concedeu o prêmio, Andrés Amorós, recitou traduções espanholas dos poemas e das letras de canções de Leonard, acompanhado das Webb Sisters. Laura García Lorca agradeceu a Leonard por ser "o melhor embaixador" que o falecido tio poderia ter. Músicos, incluindo o cantor de flamenco Duquende, o cantor e compositor irlandês Glen Hansard e o companheiro de estrada de Leonard, Javier Mas, apresentaram canções de Leonard, que já era um veterano de tributos e tinha ouvido mais versões sinceras das suas músicas nos últimos dez anos do que poderia contar. Mesmo assim, ele ficou com lágrimas nos olhos. Durante a canção de encerramento, "So Long, Marianne", assim como fizera quando a cantou em Jerusalém na última noite de uma turnê há quase trinta anos, ele as deixou correrem livremente pelo rosto.

Na mesa comprida de madeira em seu pequeno escritório, Leonard conferia vários ícones no imenso monitor do computador. Ele parava de vez em quando e clicava em um deles, encontrando geralmente uma fotografia de um dos netos. Ele procurava um livreto de CD. Sem conseguir localizar a versão digital, saiu da cadeira para procurar a versão física e a encontrou na estante, onde fazia companhia a três volumes do *Zohar*, *The Pleasures of the Damned*, de Bukowski, *Lithographie*, de Braque, uma pequena fileira de livros de Leonard Cohen, *The Language of Truth*, um livro sobre poetas gregos e um boneco de Allen Ginsberg com cabeça de mola.

Leonard voltou com o modelo do encarte de *Old Ideas*, cujas páginas estavam coladas como se fosse um projeto do programa de TV infantil *Blue Peter*. Na capa está uma foto de Leonard sentado em uma cadeira de madeira lendo no pequeno jardim da frente de casa. A sombra da mulher que fez a foto (assistente de Leonard) ocupa tanto espaço quanto ele, que está vestido de modo formal: terno preto, chapéu de feltro, calça, meias e óculos de sol da mesma cor, mas com a gravata preta torta e o colarinho da camisa desalinhado. Dentro do encarte, junto com as letras das canções, estão as versões iniciais dessas letras, reproduzidas das páginas dos cadernos de Leonard e ilustradas com seus desenhos. Há um autorretrato de boina e rosto carrancudo e também uma mulher nua de cabelo preto e comprido posando ao lado de uma caveira.

Leonard clicou em um arquivo na tela do computador e se recostou na cadeira. O álbum começou a tocar. Ajeitou então a coluna um pouco e abaixou as pálpebras: poderia estar meditando. De vez em quando balbuciava silenciosamente as palavras, mal mexendo os lábios. No meio da terceira canção, seus olhos se fecharam e continuaram assim pelo resto do álbum, significando que ele não notou quando o computador entrou no modo de proteção de tela e uma série de notícias começou a fazer uma procissão majestosa pelo monitor (candidatos do Partido Republicano, o escândalo dos grampos telefônicos no Reino Unido, a polêmica em relação à venda de contraceptivos de emergência etc.), acrescentando legendas aleatórias e às vezes estranhamente adequadas às músicas.

O álbum passou por uma série de mudanças desde que Leonard voltara a trabalhar nele no início do ano. Das novas canções que apresentou na turnê, apenas duas foram incluídas: "Darkness", ainda vastamente reconhecível como a canção que tocou no palco, e "Lullaby", cuja letra fora drasticamente reescrita. "Different Sides" (composta com Sharon Robinson) está aqui, mas "The Street", composição em dupla com Anjani, não. Há apenas uma das três canções retrabalhadas de *Blue Alert*: "Crazy to Love You", que tem algumas pequenas alterações na letra, mas cuja mudança mais importante foi ter sido transformada em uma canção de violão em vez de piano. Após uma longa série de contentamentos com o seu sintetizador, Leonard voltou ao violão em quatro das faixas. Violão esse que em "Crazy to Love You" leva o ouvinte de volta aos primeiros álbuns, especialmente a *Songs from a Room*. Também há teclados, bem como violinos, instrumentos de sopro, baterias, banjo e arquialaúde. E também tem Jennifer Warnes, Dana Glover, Sharon Robinson e as Webb Sisters nos *backing vocals*. Os créditos indicam como produtores Leonard Cohen, Ed Sanders, Anjani, Dino Soldo e Patrick Leonard, coautor de quatro canções.

Quando a décima e última canção terminou, Leonard abriu os olhos. Foi a primeira vez que ouviu o álbum desde a mixagem, quase dois meses antes. Ele escutou tudo com atenção, "procurando qualquer passo em falso, algo que pudesse ter sido feito de outro jeito ou se o devaneio foi interrompido de alguma forma". Caso isso acontecesse, ele teria voltado ao estúdio e trabalhado mais um pouco nele. Sorrindo, Leonard elogiou: "Não achei nenhum elemento traidor. Não julguei mal, o álbum está realmente pronto."[14]

Old Ideas foi lançado em 31 de janeiro de 2012. O comunicado à imprensa que o acompanhou descreveu Leonard como "um cara espiritual com uma veia poética" e o álbum como o "mais abertamente espiritual" dele. Embora o primeiro single ("Show Me the Place") tenha um clima de igreja, com seu piano lento, a voz profunda e solene entoando "Mostre-me o lugar/Para onde você deseja que o seu escravo vá... Pois minha cabeça está baixa", qualquer pessoa familiarizada com um álbum de Leonard Cohen reconheceria que a letra poderia ser endereçada tão facilmente a uma mulher nua quanto a um Deus do Velho Testamento. (O primeiro comunicado à imprensa foi rapidamente substituído por outro, no qual a fraseologia infeliz foi apagada. Talvez como forma de compensação, a gravadora tenha colocado um *outdoor* gigante da capa do álbum na Times Square, em Nova York.)

O talento de Leonard para fundir o erótico e o espiritual permanece imbatível em seu 12º álbum de estúdio. Até mesmo em "Amen", onde, de um jeito perfeitamente bíblico, "A sujeira do açougueiro" é "lavada no sangue do cordeiro", os anjos na porta de Leonard estão "ofegando e arranhando" e o "senhor" a quem "pertence a vingança" se inicia com letra minúscula. Provavelmente seria uma aposta segura afirmar que os versos "Sonhei com você, querida/Você usava metade do seu vestido" em "Anyhow" não são direcionados a Jeová. E, embora "Darkness" possa ser sobre depressão, doença e/ou a escuridão da tumba, as frases "Você disse: apenas beba... Você era jovem e era verão/Eu simplesmente tive que dar um mergulho" parece ser indiscutivelmente sobre cunilíngua.

Este álbum tem tanta leveza quanto gravidade. Ele pula e dá saltos mortais, cai de joelhos, abaixa a cabeça em prece com o chapéu sobre o coração e flerta com as mulheres da primeira fila. O protagonista da canção de abertura, "Going Home", presumivelmente Deus ou algum tipo de poder superior preocupado em dar ordens e controlar Leonard, não está nada satisfeito com a atitude despreocupada dele em relação ao trabalho que lhe foi imposto. Esse trabalho consiste em jogar fora o fardo, ir para casa atrás da cortina, cantar até sair desse estágio terreno rumo a um lugar melhor, como um velho deveria fazer — como um velho ícone certamente deveria fazer. Como fez Bob Dylan em "Beyond the Horizon", Glen Campbell em *Ghost on the Canvas* e Johnny Cash em quase todos os seus álbuns no fim da vida. Mas Leonard Cohen, esse assim chamado "sábio" e "homem de visão", nada mais é do que "um canalha preguiçoso que vive de terno" e quer compor sobre os mesmos temas que vem repetindo desde sempre: "uma canção de amor, um hino de perdão, um manual para conviver com a derrota". As mesmas velhas ideias que estavam no primeiro álbum,

Songs of Leonard Cohen, e estiveram em todo disco de Leonard Cohen desde então. Algo tão insignificante quanto a velhice não iria mudar isso e, de qualquer modo, Leonard sempre foi velho. Já era velho em seu primeiro álbum, aos 33 anos, uma década mais velho que outros cantores e compositores estreando na época. Não precisava da idade para lhe dar autoridade, ele já tinha. Em vez disso, a passagem dos anos lhe deu leveza, a mesma que víamos quando ele saía de trás das cortinas rumo ao palco noite após noite.

Como Greg Kot observou, na crítica para o *Chicago Tribune*: "*Old Ideas* não é outro álbum pavoroso sobre o inverno dos meus anos, lugar-comum nas últimas décadas. [Cohen ainda] é agressivo após todos esses anos. Suas complicações com o amor e o envelhecimento são documentadas com humor ferino e uma atitude que é tudo menos sentimental."[15] Kitty Empire escreveu no *Observer*: "*Old Ideas* não fala de morte, traição e Deus, por mais interessantes que sejam. Como o título sugere, aborda mais o que torna Cohen indispensável há seis décadas: desejo, arrependimento, sofrimento, amor, esperança e agir de forma exagerada."[16] As críticas foram quase todas positivas, embora algumas tenham se concentrado mais na "ultimate defeat" (derrota final) do que no "manual for living" (manual para conviver). A *Rolling Stone* o viu "encarando o eterno com uma honestidade resoluta"[17] e entregando o álbum como se fosse um último adeus, um osso do santo, ainda um pouco morno. "É difícil, embora um tanto grosseiro, não considerar *Old Ideas* como o último testamento gravado de Leonard Cohen", escreveu Andy Gill no *Independent*. "Mas se este for o seu último comunicado, pelo menos o velho persuasivo vai cair lutando."[18]

Por ora, o velho persuasivo colocou o terno na mala e saiu em uma breve turnê promocional: Nova York, Paris, Londres. Houve incontáveis pedidos de entrevistas, mas foram recusados. Ele parecia ter perdido o interesse no processo de dar entrevistas. É bem possível que nunca tenha se interessando tanto assim, mesmo se foi feliz, educado ou curioso o bastante para participar do jogo e oferecer provérbios perfeitamente estruturados e estilizados. Em vez das entrevistas, deu algumas coletivas de imprensa, programadas e com uma plateia de profissionais da comunicação escolhida a dedo. Ele colocou o álbum para tocar, aceitou algumas perguntas e se desviou de quase todas elas, um mestre do drible. "Como é para você ouvir os próprios álbuns?", perguntou Jarvis Cocker, astro do *britpop* que moderou o evento londrino. "Eu não estava ouvindo", respondeu Leonard. Cocker perguntou como ele se sentia em relação ao último prêmio, concedido pela PEN New England (associação literária norte-americana cuja equipe de jurados incluía Bono, Elvis Costello, Rosanne Cash e Salman Rushdie), considerando Leonard Cohen e Chuck Berry vencedores conjuntos do seu primeiro prêmio anual para Letras de Música de Excelência Literária. Leonard respondeu: "O que gostei em relação a esse prêmio foi que eu o divido com Chuck Berry. 'Roll over Beethoven and tell Tchaikovsy the news' ('Levante-se, Beethoven, e dê a notícia a Tchaikovsky'), eu gostaria de escrever uma frase assim."[19] Encantador e loquaz, ele reciclou antigas frases e piadas, que renderam novos textos em grandes revistas.

Na coletiva de imprensa em Paris (à qual a ex-namorada Dominique Issermann compareceu), alguém perguntou sobre a morte. Ele fingiu solenidade: "Cheguei à conclusão relutante de que vou morrer." Quanto à pergunta seguinte, o que ele gostaria de fazer na próxima vida, o judeu Leonard respondeu: "Eu realmente não entendo o processo chamado reencarnação", mas então o monge budista Leonard respondeu sem hesitação: "Gostaria de voltar como o cachorro da minha filha."[20]

De volta a Los Angeles, o cachorro de Lorca estava no veterinário e Leonard voltava do médico. Ele tinha acabado de levar Roshi para um *check-up*. Leonard voltou, pelo menos em meio período, ao antigo trabalho de levar Roshi de carro por aí, resolvendo problemas e levando comida para ele. Roshi tinha virado um grande fã da canja de galinha de Leonard. A semanas de seu 105º aniversário, o mestre zen ainda trabalhava. Leonard comparecera recentemente ao *sesshin* liderado por ele no Novo México e foi árduo como sempre. Mais, até. "Roshi ampliou sua agenda em alguns graus", comentou Leonard. O sorriso no rosto indicava que ele não ficara irritado com o ajuste. "Ele está no auge. É como se estivesse com mais energia. Todos os monges sentem isso e estão aproveitando ao máximo." Com a modéstia de praxe, Leonard desprezou a comparação que alegava que o mesmo poderia ser dito em relação ele, apesar de ter feito a turnê de maior sucesso da sua carreira e gravado o que começava a parecer seu álbum de maior sucesso. *Old Ideas* estreou nas paradas entre as cinco mais em 26 países, chegando ao primeiro lugar em 17, incluindo o Reino Unido e o Canadá, além de liberar a parada *folk* da *Billboard* nos EUA.

Leonard foi questionado nas coletivas de imprensa se iria fazer turnê. Ele respondeu de modo ambíguo: planejava fazer turnê, mas não tinha planos de turnê. Enquanto isso, as negociações estavam a caminho para outra longa turnê, que Leonard continuava ávido para fazer. Porém, era complicado. Considerando a idade de Roshi, Leonard não queria se comprometer a passar longos períodos longe do mestre. Ele não disse isso porque não teria sido gentil, e sabia qual seria a reação do velho. Quando os dois beberam conhaque na cabana de Roshi no monte Baldy, Roshi, então com noventa e poucos anos, pediu desculpas ao amigo por não ter morrido. Leonard se mudou para o Centro Zen quando Roshi estava com 87 anos, esperando passar tempo com o velho enquanto podia. Assim, Leonard pensou que, em vez de voltar à estrada e aproveitar, deveria seguir Roshi, ampliar a agenda, mergulhar e fazer seu trabalho, dizendo: "Você deve ter noção de que isso não vai durar para sempre, a saúde vai ser mais motivo de preocupação a certa altura, então eu gostaria de terminar o máximo de coisas possível."[21] Leonard tinha começado um novo álbum.

POSFÁCIO

É um lindo dia de inverno em Los Angeles. Leonard sugere aproveitá-lo ao máximo e conversarmos ao ar livre. Como o sol está perdendo a batalha contra o vento cortante, ele recomenda que eu me agasalhe e me oferece um chapéu emprestado. Há quatro no cabide do saguão: duas boinas e dois de feltro, além do que ele tem na cabeça. Leonard está vestido quase exatamente como na foto da capa de *Old Ideas*, exceto pela gravata passada e a camisa abotoada. No pulso, ele usa um bracelete barato de metal, do tipo que se encontra em bairros mexicanos, com vinte pequenas aparições de Jesus, Maria e os santos unidos com elástico. Ele é magro e atlético como um corredor e tem mais que um toque de Fred Astaire. A leve corcunda que tinha desde jovem, como se ele se sentisse muito mais alto do que era, parece ter sumido junto com seja lá o que for que o estava jogando para baixo

O ponto mais claro e protegido da casa é a varanda, que fica perto do quarto. É uma varanda pequena, onde só cabem duas cadeiras, uma mesinha e uma planta em vaso de terracota. Ela dá para um pequeno e arrumado jardim com dois pés de toranja, uma espreguiçadeira e os dois cachorros de Lorca, que andam lentamente por ali. Atrás da casa fica a garagem que virou estúdio, onde Leonard trabalha em seu novo álbum, para o qual já tem quatro ou cinco canções prontas. Eu comento o quanto é incrível que há pouco mais de um ano ele ainda estivesse na última etapa da turnê. "Foi mesmo há um ano?", pergunta ele, com um daqueles sorrisos no rosto que garotinhos ostentam quando são flagrados fazendo algo que não deveriam, mas de que secretamente se orgulham. "Não sei se é efeito da partida iminente, apenas o hábito de trabalhar ou o fato de ter pouquíssimas distrações agora. Antes da turnê eu estava muito ocupado tentando resolver minhas vidas econômica e jurídica. Quando a turnê começou, voltei ao modo com o qual estou muito familiarizado e do qual gosto: trabalhar e compor. Gostaria de terminar meu trabalho. Você não quer desperdiçar muito tempo a certa altura."

Dizem que o tempo passa mais rápido quanto mais perto estamos do fim da fita. "É estranho. Alguns metafísicos me disseram que o tempo na verdade se contraiu. Embora eu não entenda o mecanismo e ache que eles podem estar me enganando, certamente parece verdade." Há alguma parte do trabalho que ele esteja morrendo de vontade de terminar?, fiz a pergunta antes de notar a mórbida escolha de palavras. "Ah, por favor", diz Leonard sorrindo, "seja mórbida. Há uma canção que eu gostaria de terminar e me chateia bastante", aquela sem nome que o inspirou a fazer um diário de seus fracassos, "gostaria muito de tê-la no próximo álbum, mas senti isso nos últimos dois ou três álbuns, talvez quatro". Ele não pensa muito no futuro, além de ansiar pela promessa que fez a si mesmo de voltar a fumar quando fizer 80 anos. Leonard pensa ou acredita que estará em turnê aos 80, e está ansioso pela perspectiva de dar aquela saída escondido do ônibus para fumar um cigarrinho em silêncio. A única certeza é que ele não tem "qualquer desejo ou apetite pela aposentadoria".

Um soprador de folhas é ligado em um jardim no fim da rua e quase abafa totalmente a voz de Leonard, que já é suave e fica ainda mais quando lhe pedem para falar de si mesmo. Houve momentos em que tentei reconstruir a vida dele e fiquei esgotada ao ver todas as preocupações e o trabalho árduo. Foram momentos em que desejei lhe dizer: "Pelo amor de Deus, o que você está fazendo? O que você quer?" "Certo, certo", ele balança a cabeça compreensivo. "Mas esta conversa faz parte de outro mundo para mim porque não estou mais nele. Tenho pouco ou nenhum interesse nessas questões. Nunca falei sobre elas para mim mesmo." Ele não é muito de se autoanalisar. "Suponho que isso viole algum imperativo socrático de conhecer-te a ti mesmo, se é que isso é dele, mas sempre achei essa análise extremamente tediosa. Às vezes surgem elementos da minha vida e um convite para vivenciar algo que não é mundano, mas em termos de fazer uma investigação deliberada da minha vida para desenredá-la, resolvê-la ou entendê-la, essas ocasiões raramente surgem, se é que já surgiram. Não acho nem um pouco atraente."

O que está passando pela cabeça dele agora é uma canção. "Uma das gravações favoritas da minha mãe era 'The Donkey Serenade'. Você já ouviu?" Ele canta: "There's a song in the air, yet the fair senorita, doesn't seem to care, for the song in the air' (Há uma canção no ar, mas a bela senhorita não parece se importar, com a canção no ar). Minha mãe parecia amar essa canção, acho que estava aprendendo um passo de dança para usar com ela. O professor de dança ia até a nossa casa e ela fazia esse passo, é muito comovente. Eu vi o diagrama uma vez, parecia um quadrado." Leonard se levanta da cadeira. Em um quadradinho perfeito de raio de sol, contra o pano de fundo de um céu incrivelmente azul e murmurando a melodia baixinho, ele faz a dança de "The Donkey Serenade".

> Chegando ao
> fim do
> livro
> mas ainda
> não exatamente
> talvez quando
> alcançarmos
> o fundo[1]

NOTA DA AUTORA

O sol estava começando a se pôr, então nós entramos e fomos à cozinha, onde Leonard passou a me oferecer comidas e bebidas: chá, conhaque, vinho, um cachorro-quente, talvez uns ovos mexidos? Finalmente decidimos pelo café com leite, que ele serviu em duas canecas que a gravadora fez há uns vinte anos para promover o álbum *The Future*. Enquanto bebemos sentados à pequena mesa da cozinha, encostada na parede perto de uma janela aberta através da qual soprava uma brisa fria, ele perguntou como estava indo o livro. Livro este que, devo acrescentar, ele não me pediu para escrever, não pediu para ler — e nada disso parecia inibir seu apoio. Ele só estava puxando assunto. Imagino que seus únicos interesses relacionados ao livro eram que não fosse uma hagiografia e que a autora não morresse de fome, pelo menos não enquanto ele estivesse por perto. "Pense nisso seriamente antes de responder", disse Leonard naquela voz solene. "Você gostaria de uma colher de sorvete no seu café?"

Escrever uma biografia, ainda mais de alguém ainda vivo, é imergir na vida daquela pessoa a um ponto que provavelmente levaria você a ser internado em uma clínica psiquiátrica em qualquer sociedade decente. Sem a tolerância, confiança, franqueza, generosidade e o bom humor de Leonard Cohen, este livro não seria o que é. O mesmo pode ser dito de seu empresário, Robert Kory. Sou profundamente grata a ambos. Também devo muito às mais de cem pessoas (família, amigos, parceiros de trabalho, músicos, musas, escritores, produtores, editores, amantes, rabinos e monges) que gentilmente me concederam entrevistas. Seus nomes alguns bem conhecidos e outros de pessoas que falavam com uma biógrafa pela primeira vez, podem ser encontrados nas referências de cada capítulo para o qual suas histórias e visões contribuem.

Vários entrevistados foram bem além do esperado e ofereceram, além do estímulo constante, acesso a seus arquivos pessoais, cartas, diários, agendas de endereços e fotografias. Meus agradecimentos especiais a Marianne Ihlen, Aviva Layton, Rebecca De Mornay, Suzanne Elrod, Julie Christensen, Perla Batalla, Anjani Thomas, Judy Collins, Steve Sanfield, Roscoe Beck, Bob Johnston, Chris Darrow e Dan Kessel. Agradeço a Thelma Blitz por seus diários e contatos, a Ron Cornelius pelas cópias dos diários e contos que escreveu enquanto fazia turnê com Leonard, a Ian Milne por me mostrar a rara gravação de rolo que fez de um dos shows de Leonard em hospitais psiquiátricos e a Henry Zemel pelo CD que fez para mim de uma gravação de rolo ainda mais antiga de Leonard e um amigo tocando nos anos 1960.

Biografias também têm muito em comum com histórias de detetive. Uma enorme quantidade de tempo é passada gastando sola de sapato, batendo em portas, procurando informações novas, verificando duas e até três vezes as informações obtidas, estabelecendo motivos e conferindo álibis. Como Leonard se mudou muito, geográfica e espiritualmente, de todo jeito, isso rendeu uma quantidade invejável de milhas aéreas e também apresentou desafios. Tive a sorte extrema de ter encontrado muita gente pelo mundo disposta e capaz de ajudar. Em Montreal, agradeço ao rabino Shuchat e a Penni Kolb na Shaar Hashomayim, a Honora Shaughnessy na Associação de Alunos da McGill, o falecido primo de Leonard, David Cohen, Mort Rosengarten, Arnold Steinberg, Erica Pomerance, Penny Lang, Suzanne Verdal, Phil Cohen, Jack Locke, Janet Davis, Dean Davis, Sue Sullivan, Rona Feldman, Melvin Heft, Malka Marom, Gavin Ross e ao jornalista Juan Rodriguez, que cedeu generosamente o seu arquivo de jornais sobre Leonard Cohen. Em Toronto: Greig Dymond, que desencavou uma grande pilha de entrevistas feitas com Leonard dos arquivos do canal CBC, a Steve Brewer, Presidente da Associação de Alunos da Westmount High, pela cópia do anuário da escola de 1951, a Dennis Lee, Jennifer Toews e ao falecido Richard Landon da Biblioteca de Livros Raros Thomas Fisher, que foi de enorme ajuda ao negociar um caminho através da montanha de caixas que constituem os arquivos sobre Leonard Cohen da Universidade de Toronto.

Na Califórnia, sou muito grata ao escritor e produtor Harvey Kubernik, que generosamente ofereceu lembranças, contatos e antigas entrevistas, ao fotógrafo Joel Berstein, que partilhou suas histórias e fotos, a Robert Faggen, que deixou de escrever sua biografia de Ken Kesey por um tempo para me levar (via uma galeria de tiro, onde me ensinou a usar uma pistola), ao monastério no monte Baldy. Agradeço também a Andy Lesko, Arlett Vereecke e Colleen Browne, que me mantiveram sã, e aos entrevistados Ronee Blakely, David Crosby, Hal Blaine, Rufus Wainwright, Jackson Browne, o rabino Mordecai Finley, os monges Daijo e Kigen, Jac Holzman, Sharon Robinson, Suzanne Verdal, Sharon Weisz, Larry Cohen, Paul Body, Sean Dixon, Peter Marshall, Chris Darrow, Chester Crill, David Kessel e David Lindley. (Os biógrafos sempre lamentam os que escaparam e fiquei triste por não ter acrescentado Joni Mitchell, Jennifer Warnes e Phil Spector a esta lista. Eu tentei.)

Em Nova York tive a excelente companhia e assistência de Randy Haecker da Sony Legacy, Tom Tierney, diretor da Biblioteca de Arquivos da Sony Music (as planilhas de artistas da Columbia Studios fornecidas por eles apontaram pistas valiosas sobre as gravações dos primeiros sete álbuns de Leonard), Danny Fields, Dick e Linda Straub, meus entrevistados da costa leste John Simon, John Lissauer, Hal Willner, Bob Fass, Terese Coe, Liberty, Larry Cohen, Larry 'Ratso' Sloman e Philip Glass, além do meu empresário, apoio e amigo de longa data Steven Saporta. Em Nashville sou grata pela ajuda de John Lomax III, Charlie Daniels, Kris Kristofferson e Christian Oliver e, em várias outras cidades dos Estados Unidos não mencionadas, agradeço aos entrevistados Leanne Ungar, Black Francis, John Bilezikjian e Murray Lerner.

No Reino Unido e na Europa fui abençoada com a ajuda de Helen Donlon, amiga, pesquisadora e editora que procurou as pessoas cujas entrevistas ajudaram a preencher as lacunas sobre os primeiros dias de Leonard em Hidra e Londres: Barry Miles, Richard Vick, Terry Oldfield, Jeff Baxter, Ben Olins, Don Wreford, George e Angelika Lialios. Agradeço também a Kevin Howlett da BBC, Richard Wootton, Kari Hesthamar e a Tony Palmer, Joe Boyd, Tom Maschler, Rob Hallett, Ratnesh Mathur e as Webb Sisters, Charley e Hattie Webb.

Dizem que você julga o caráter de um homem pelas companhias e o mesmo pode se aplicar aos seus fãs. Convivi com muitos fãs nos vários anos em que escrevi sobre músicos, mas poucos foram tão eruditos e informados quanto os de Leonard ou tão generosos com seu conhecimento. Uma salva de palmas para a minha equipe internacional e não oficial de cohenólogos, que estavam sempre a postos para responder às perguntas mais difíceis e tirar acetatos raros da cartola: Jarkko Arjatsalo, fundador e supervisor do LeonardCohenFiles.com, o homem a quem Leonard chama de "Secretário Geral do partido" e para cujo site ele contribui. Allan Showalter, psiquiatra, irônico e *webmaster* do 1heckofaguy.com, site conhecido por ser frequentado por Leonard, Tom Sakic do LeonardCohenCoratia.com, Maria Mazur do Speaking Cohen, o escritor Kohn Etherington, o erudito hebreu Doron B. Cohen e Jim Devlin, autor de três livros sobre Leonard Cohen, o que não o impediu de ajudar com o meu.

Também fui auxiliada por vários jornalistas musicais excelentes, que apareceram sempre na hora certa com *clippings*, álcool, comiseração e conselhos. Alguns se ofereceram para ler e criticar o rascunho do livro inteiro sem que eu fosse obrigada a usar minhas recém-adquiridas habilidades na escopeta. Outro apareceu para ajudar numa edição de última hora. Sim, eu sou suspeita. Amo jornalistas musicais e certamente pretendo voltar a ser um deles em breve (em conjunto, é claro, com a minha ilustre carreira de cantora, compositora e tocadora de ukulele fazendo shows para multidões que, em um bom dia, podem ser contadas em duas mãos). Gostaria de saudar, pelos vários serviços prestados, Phil Sutcliffe, Johnny Black, Fred Dellar, Peter Silverton, Joe Nick Patoski, Lucy O'Brien, Paul Trynka, Rob O'Connor, Jonathan Cott, Fred de Vries, Phil Alexander e todos na melhor revista musical do mundo, a *MOJO*. Reservo também um agradecimento muito especial a Brian Cullman, Michael Simmons e Neil Spencer.

Meu livro tem três editoras diferentes em língua inglesa: Ecco nos EUA, McClelland & Stewart no Canadá e Jonathan Cape no Reino Unido, graças à minha agente, Sarah Lazin, sua assistente Manuela Jessel e ao agente no Reino Unido Julian Alexander. Ele não poderia ter encontrado casas melhores. Eu me considero muito sortuda por ter como *publisher* e principal editor Dan Franklin, da Jonathan Cape em Londres. Sou profundamente grata a ele e a seu assistente Steven Messer pelo cuidado, apoio e todo o trabalho árduo. Meus sinceros agradecimentos e apreço também vão para Dan Halpern e Libby Edelson da Ecco e Ellen Seligman da McClelland. E peço uma salva de palmas a todos os incansáveis copidesques e revisores.

Acima de tudo, agradeço a Leonard Cohen por ser tão atencioso a ponto de escolher o momento em que atingi a puberdade para lançar seu primeiro álbum, por ter continuado a me emocionar e me iluminar com sua música e suas palavras desde então, por ter me permitido revelá-lo como tocador de ukulele e por ter vivido uma vida notável, que fez com que eu me esfalfasse nesses últimos anos. O que posso dizer? Foi uma festa e tanto. Agora, se você me der licença, preciso esvaziar os cinzeiros e jogar fora as garrafas. Ouvi dizer que você vai voltar à estrada a qualquer momento. Muito bom. Precisamos de você lá. Espero vê-lo em algum lugar pelo caminho.

Sylvie Simmons
São Francisco, maio de 2012

REFERÊNCIAS

Salvo indicação em contrário, todas as citações na forma de pergunta e resposta foram tiradas de entrevistas que Sylvie Simmons (SS) fez com Leonard Cohen (LC).

PREFÁCIO
Página 11

Entrevista da autora com LC, 2001.

CAPÍTULO UM – NASCIDO DE TERNO
Entre as páginas 23 e 13

Entrevistas da autora com LC, David Cohen, Mort Rosengarten, Arnold Steinberg, rabino Wilfred Shuchat.
Livros e documentos: Harry Rasky, *The Song of Leonard Cohen: Portrait of a Poet, a Friendship and a Film*, Souvenir Press, 2001. Ira B. Nadel, *Various Positions: A Life of Leonard Cohen*, Bloomsbury, 1996. Loranne S. Dorman e Clive L. Rawlins, *Leonard Cohen: Prophet of the Heart*, Omnibus, 1990. Miriam Chapin, *Quebec Now*, Ryverson Press, 1955. LC, *The Favourite Game*, Secker & Warburg, 1963 (Vicking US, 1964). (Publicado no Brasil como *A brincadeira favorita*, Cosac Naify, 2012). Arquivo Leonard Cohen, Biblioteca de Livros Raros Thomas Fisher, Universidade de Toronto, Canadá ("Arquivo").

1. SS, 2001
2. Rasky, 2001
3. *ibid.*
4. Christian Fevret, *Les Inrockuptibles*, 21 de agosto de 1991, reproduzido em *Throat Culture*, tradução para o inglês de Sophie Miller, 1992

5. *ibid.*
6. William Ruhlmann, "The Stranger Music of Leonard Cohen", *Goldmine*, 19 de fevereiro de 1993
7. SS, 2001
8. *ibid.*
9. Chapin, 1955
10. Fevret, 1991
11. Arquivo (sem data, provavelmente fim dos anos 1950)
12. Dorman e Rawlins, 1990
13. Pamela Andriotakis e Richard Oulahan, *People*, 14 de janeiro de 1980
14. Fevret, 1991
15. Arthur Kurzweil, *A Conversation with Leonard Cohen*, Jewish Book Club, 1994
16. Fevret, 1991
17. Arquivo (sem data, provavelmente fim dos anos 1950)

CAPÍTULO DOIS — UMA CASA DE MULHERES
Entre as páginas 24 e 37

Entrevistas da autora com LC, Mort Rosengarten, David Cohen, Steve Brewer, Rona Feldman, Phil Cohen, Nancy Bacal.
Livros e documentos: LC, *The Favourite Game*, Secker & Warburg, 1963. *25 Lessons In Hypnotism How to Become an Expert Operator*, anônimo, Arquivo, sem data. Mordecai Richler, *Home Sweet Home: My Canadian Album*, Chatto & Windus, 1984. Mordecai Richler, *Oh Canada! Oh Quebec!*, Penguin Books Canada, 1992. Miriam Chapin, *Quebec Now*, Ryverson Press, 1955. *Vox Ducum*, Anuário da Westmount High School, edições de 1950 e 1951. Arquivos: relatórios da colônia de férias; conto inédito e sem data "The Juke-Box Heart: Excerpt from a Journal". Ira B. Nadel, *Various Positions: A Life of Leonard Cohen*, Bloomsbury, 1996.

1. Arquivo, *25 Lessons In Hypnotism How to Become an Expert Operator*
2. LC, 1963
3. Brian D. Johnson, *Maclean's*, 7 de dezembro de 1992
4. Richler, 1992
5. Arquivo

6. para Bruce Headlam, *Saturday Night*, dezembro de 1997
7. Arquivo
8. LC, 1963
9. Arquivo
10. Federico García Lorca, "Gacela of the Morning Market", *Diván del Tamarit*, 1936. *The Selected Poems of Federico García Lorca*, F. G. Lorca e Donald M. Allen (orgs.), New Directions Publishing, 1955, relançado em 2005, tradução para o inglês de Stephen Spender e J. L. Gili
11. Marco Adria, *Aurora*, julho de 1990
12. Arthur Kurzweil, *A Conversation with Leonard Cohen*, Jewish Book Club, 1994
13. Fevret, 1991
14. LC, discurso no prêmio Príncipe das Astúrias, 21 de outubro de 2011
15. Fevret, 1991
16. SS, 2011
17. *ibid.*
18. *ibid.*
19. Discurso no prêmio Príncipe das Astúrias, 21 de outubro de 2011
20. LC, 1963

CAPÍTULO TRÊS — VINTE MIL VERSOS
Entre páginas 38 e 53

Entrevistas da autora com LC, Mort Rosengarten, Nancy Bacal, Arnold Steinberg, David Cohen, Steve Brewer, Dean Davis, Janet Davis, Melvin Heft, rabino Wilfred Shuchat, Aviva Layton.
Livros, filmes, publicações e documentos: Ira B. Nadel, *Various Positions: A Life of Leonard Cohen*, Bloomsbury, 1996. Irving Layton, *The Love Poems of Irving Layton: With Reverence and Delight*, Mosaic Press, 1984. Hugh MacLennan, *Two Solitudes*, Collins, 1945. Harry Rasky, *Song of Leonard Cohen*, filme, 1980. Lian Lunson, *Leonard Cohen: I'm Your Man*, filme, 2006. Arquivo dos alunos da Universidade McGill. Biblioteca de Livros Raros da Universidade McGill. Arquivo de Leonard Cohen, Biblioteca de Livros Raros Thomas Fisher, Universidade de Toronto, Canadá ("Arquivo"). *Vox Ducum*, Westmount High School. Anuário *CIV/n*, edição 5, 1954, edição 6, 1955. *The*

Forge, março de 1955 e março de 1956. Ruth Wisse, "My Life without Leonard Cohen", *Commentary*, 1º de outubro de 1995.

1. *Vox Ducum*, 1951
2. Arquivo
3. Fevret, 1991
4. Rasky, 1980
5. Wisse, 1995
6. Fevret, 1991
7. *ibid.*
8. Discurso de LC no funeral de Irving Layton, janeiro de 2006
9. Lunson, 2006
10. Fevret, 1991
11. Rasky, 1980
12. *ibid.*

CAPÍTULO QUATRO — OS MEUS GRITOS
Entre páginas 54 e 70

Entrevistas da autora com LC, Aviva Layton, Mort Rosengarten, Arnold Steinberg, Phil Cohen, Henry Zemel, David Cohen.
Livros, documentos e publicações: LC, *Let Us Compare Mythologies*, Contact Press, 1956. LC, *The Spice-Box of Earth*, McClelland & Stewart, 1961. LC, *The Favourite Game*, Secker & Warburg, 1963. LC, "A Ballet of Lepers", Arquivo. Cartas, Arquivo. Georgianna Orsini, *An Imperfect Lover: Poems and Watercolors*, Cavankerry, 2002. Ira B. Nadel, *Various Positions: A Life of Leonard Cohen*, Bloomsbury, 1996. L. S. Dorman e C. L. Rawlins, *Prophet of the Heart*, Omnibus, 1990.

1. LC, de "For Wilf and his House", *Let Us Compare Mythologies*
2. Dorman e Rawlins, 1990, p. 79
3. Citado anonimamente em *ibid.*, p. 80
4. Milton Wilson, crítica, *Canadian Forum*, XXXVI, março de 1957
5. Allan Donaldson, crítica, *Fiddlehead*, nº 30, novembro de 1956
6. Fevret, 1991
7. McClelland & Stewart, julho de 2006

8. SS, 2001
9. *ibid.*
10. *ibid.*
11. *ibid.*
12. "Synergie, Jean-Luc Esse e Leonard Cohen", programa de rádio, France-Inter, outubro de 1977, traduzido para o inglês por Nick Halliwell
13. Fevret, 1991
14. Arquivo, pasta 5
15. SS, 2001
16. *ibid.*
17. *ibid.*
18. Fevret, 1991
19. Orsini, 2004
20. Arquivo, caixas 1 e 3
21. William Ruhlmann, *Goldmine*, 19 de fevereiro de 1993
22. Arquivo
23. Gavin Martin, *NME*, janeiro de 1993
24. Irving Layton entrevistado por Ian Pearson, *Saturday Night*, março de 1993

CAPÍTULO CINCO — UM HOMEM QUE FALA COM UMA LÍNGUA DE OURO
Entre as páginas 72 e 88

Entrevistas da autora com LC, Nancy Bacal, Mort Rosengarten, Steve Sanfield, George Lialios, Angelika Lialios, Marianne Ihlen.
Livros: Kari Hesthamar, *So Long, Marianne: Ei Kjaerleikshistorie*, Spartacus, 2008.

1. Nadel, 1996, p. 110
2. *Imagining Canadian Literature: The Selected Letters of Jack McClelland*, Sam Solecki (org.), Key Porter Books, 1998
3. Arquivo, carta para a editora associada da McClelland & Stewart Claire Pratt, 21 de julho de 1959
4. SS, para o artigo "Heroes' Heroes", *MOJO*, março de 2002
5. SS, 2001
6. Richard Goldstein, *Village Voice*, 28 de dezembro de 1967, reproduzido em *Greatest Hits: A Book Mostly about Rock 'N' Roll*, AbeBooks, 1970

7. SS, 2011
8. Arthur Kurzweil, *A Conversation with Leonard Cohen*, Jewish Book Club, 1994
9. SS, 2001
10. Arquivo, carta para Layton, 21 de abril de 1963
11. Kari Hesthamar, entrevista de rádio, 2005
12. Carta a Marianne Ihlen, 24 de dezembro de 1960

CAPÍTULO SEIS — CHEGA DE HERÓIS CAÍDOS
Entre as páginas 89 e 105

Entrevistas da autora com LC, Steve Sanfield, Marianne Ihlen, Aviva Layton, Nancy Bacal, Richard Vick, George Lialios, Barry Miles.
Livros, filmes e documentos: LC, *The Spice-Box of Earth*, McClelland & Stewart, 1961. LC, *Flowers for Hitler*, McClelland & Stewart, 1964. LC, *Beautiful Losers*, McClelland & Stewart, 1966. Ira B. Nadel, *Various Positions: A Life of Leonard Cohen*, Bloomsbury, 1996. *The Canadian Encyclopaedia*. Donald Brittain e Don Owen, *Ladies and Gentlemen... Mr. Leonard Cohen*, NFB, Canadá, filme, 1965. Arquivo Leonard Cohen, Biblioteca de Livros Raros Thomas Fisher, Universidade de Toronto, Canadá ("Arquivo").

1. Arquivo, carta a Desmond Pacey, 23 de fevereiro de 1961
2. Arquivo, carta a Jack McClelland, 12 de outubro de 1960
3. Carta de Lorca aos pais, 5 de abril de 1930, citada em Nadel, 1996, p. 92
4. Brittain e Owen, 1965
5. Nadel, 1996, p. 93
6. *ibid.*
7. Fevret, 1991
8. *ibid.*
9. LC, 1961, sobrecapa
10. Robert Weaver, *Toronto Daily Star*, 10 de junho de 1961
11. David Bromige, *Canadian Literature*, outono de 1961
12. Kari Hesthamar, entrevista de rádio, 2005
13. Arquivo, carta a Layton, 15 de outubro de 1962
14. Robin Pike, *ZigZag*, outubro de 1974

REFERÊNCIAS

CAPÍTULO SETE — POR FAVOR, ME DESCUBRAM, TENHO QUASE 30 ANOS
Entre as páginas 106 e 127

Entrevistas da autora com LC, Erica Pomerance, Suzanne Verdal, Marianne Ihlen, Aviva Layton, Dennis Lee, Allan Showalter, Mort Rosengarten.
Livros e publicações: LC, *The Favourite Game*, Secker & Warburg, 1963. LC, *Flowers for Hitler*, McClelland & Stewart, 1964. Michael Ondaatje, *Leonard Cohen*, McClelland & Stewart, 1970. Ira B. Nadel, *Various Positions: A Life of Leonard Cohen*, Bloomsbury, 1996. T. F. Rigelhof, *This Is Our Writing*, Porcupine's Quill, 1998. *Imagining Canadian Literature: The Selected Letters of Jack McClelland*, Sam Solecki (org.), Key Porter Books, 1998.

1. Ondaatje, 1970
2. Rigelhof, 1998
3. Danny Fields, *Soho Weekly News*, dezembro de 1974
4. Sarah Hampson, *Globe and Mail*, 25 de maio de 2007
5. *ibid*.
6. Ondaatje, 1970
7. Arquivo, carta de LC para McClelland, agosto de 1963
8. LC, citando uma conversa de 1984 com Walter Yetnikoff para SS, 2001
9. Arquivo, carta a McClelland, julho de 1963
10. Arquivo, carta a McClelland, março de 1964
11. Carta a McClelland, 9 de setembro de 1963, em Solecki, 1998
12. 2 de setembro de 1964, em *ibid*.
13. Sandra Djwa, *The Ubyssey*, 3 de fevereiro de 1967
14. *ibid*.
15. Milton Wilson, *Toronto Quarterly*, julho de 1965
16. Paul Kennedy, *The Story of Suzanne*, canal de TV CBC, Canadá, 2006
17. Ian Pearson, *Saturday Night*, março de 1993
18. Kevin Howlett, *Leonard Cohen: Tower of Song*, BBC Radio One, 7 de agosto de 1994
19. Brian D. Johnson, *Maclean's*, 11 de junho de 2008
20. Richard Goldstein, *Village Voice*, 28 de dezembro de 1967
21. Susan Lumsden, "Leonard Cohen Wants the Unconditional Leadership of the World", 12 de setembro de 1970, reproduzida em Michael Gnarowski, *Leonard Cohen: The Artist and his Critics*, McGraw-Hill Ryerson, 1976

22. Arquivo, carta ao editor da Yilin Press, China, a respeito do prefácio da edição chinesa de *Beautiful Losers*, fevereiro de 2000
23. *ibid.*
24. Arquivo, carta a McClelland, 20 de março de 1965
25. Lumsden, 1970
26. Jon Ruddy, *Maclean's*, 1º de outubro de 1966
27. Goldstein, 1967
28. Fevret, 1991
29. Arquivo, carta a McClelland, agosto de 1965

CAPÍTULO OITO — MUITO TEMPO FAZENDO A BARBA
Entre as páginas 128 e 149

Entrevistas da autora com LC, Judy Collins, Marianne Ihlen, Henry Zemel, Jac Holzman, Bob Fass, Penny Lang, Tom Maschler.
Livros e filmes: LC, *Beautiful Losers*, McClelland & Stewart, 1966. LC, *Parasites of Heaven*, McClelland & Stewart, 1966. *Imagining Canadian Literature: The Selected Letters of Jack McClelland*, ed. Sam Solecki (org.), Key Porter Books, 1998. Kari Hesthamar, *So Long, Marianne: Ei Kjaerleikshistorie*, Spartacus, 2008. Ira B. Nadel, *Various Positions: A Life of Leonard Cohen*, Bloomsbury, 1996. Donald Brittain e Don Owen, *Ladies and Gentlemen... Mr. Leonard Cohen*, NFB, Canadá, filme, 1965. Harry Rasky, *Song of Leonard Cohen*, filme, 1980.

1. Sandra Djwa, *The Ubyssey*, 3 de fevereiro de 1967
2. Entrevista para o canal de TV CBC com Phyllis Webb, citada em Ondaatje, 1970
3. Carta para LC de McClelland, junho de 1965, em Solecki, 1998
4. Carta para LC de McClelland, maio de 1966, em *ibid.*
5. Nicolas Walter, Suplemento Literário do *Times*, 23 de abril de 1970
6. Irving Layton, entrevistado em *Chatelaine*, Canadá, setembro de 1983
7. Barbara Amiel, *Maclean's*, 18 de setembro de 1978
8. Paul Zollo, *Songwriters on Songwriting*, 1992, edição revisada, Da Capo, 2003
9. Nadel, 1996, p.141
10. Ondaatje, 1970

11. A Adrienne Clarkson, *Take 30*, canal de TV CBC, 1966
12. A Robert Fulford, *Toronto Daily Star*, 1966
13. Jon Ruddy, *Maclean's*, 1º de outubro de 1966
14. Entrevista à BBC, *The John Hammond Years*, 20 de setembro de 1986
15. LC, *Greatest Hits*, texto do encarte, 1975
16. Zollo, 1992
17. Carta a Marianne Ihlen, 4 de dezembro de 1966, em Hesthamar, 2008
18. Fevret, 1991
19. Rasky, 2001
20. Carta a Marianne Ihlen, 4 de dezembro de 1966, em Hesthamar, 2008

CAPÍTULO NOVE — COMO CORTEJAR UMA DAMA
Entre as páginas 145 e 166

Entrevistas da autora com LC, Judy Collins, David Crosby, Danny Fields, Lou Reed (2005), Jackson Browne (2008), Bob Johnston, John Simon, Jac Holzman, Aviva Layton, Thelma Blitz, Larry Cohen, Bob Fass, Marianne Ihlen, Juan Rodriguez, Joel Bernstein, Nancy Bacal, Erica Pomerance.
Livros, filmes e documentos: John Hammond e Irving Townsend, *On Record*, Ridge Press/Penguin US & UK, 1981. Patti Smith, *Just Kids*, Ecco, 2010 (publicado no Brasil como *Apenas Garotos*, Companhia das Letras, 2010.). Kari Hesthamar, *So Long, Marianne: Ei Kjaerleikshistorie*, Spartacus, 2008. Entrevista televisionada a Mary Martin, Louise Scruggs Memorial Forum, Country Music Hall of Fame, 17 de novembro de 2009. Planilhas do artista, arquivo da Columbia.

1. Show no Henderson Hospital, Reino Unido, agosto de 1970; via Ian Milne
2. SS, 2005
3. SS, 2008
4. *ibid.*
5. *ibid.*
6. *ibid.*
7. John Walsh, *MOJO*, setembro de 1994
8. *ibid.*
9. Prólogo a "Joan Of Arc", show em Paris, 20 de outubro de 1974, via leonard-cohen-prologues.com

10. Prólogo do show do Henderson Hospital, Reino Unido, agosto de 1970
11. Smith, 2010
12. Hammond e Townsend, 1981
13. Carta a Marianne (coleção particular de Ihlen), 23 de fevereiro de 1967
14. Carta a Marianne (coleção particular de Ihlen), 9 de abril de 1967
15. Carta a Marianne (coleção particular de Ihlen), 12 de abril de 1967
16. John Hammond e LC, entrevista à rádio BBC, 20 de setembro de 1986
17. *ibid.*
18. *ibid.*
19. Rasky, 2001
20. Aviva Layton, entrevista a SS
21. Robert Enright, *Border Crossings*, edição 7, fevereiro de 2001
22. Mark Ellen, *Word*, julho de 2007
23. Enright, 2001
24. Robert Fulford, *This was Expo*, McMaster Libraries, 1968
25. LC, *Greatest Hits*, texto do encarte, 1975
26. Simon Houpt, *Globe and Mail*, 27 de fevereiro de 2009
27. Hammond e Townsend, 1981
28. Susan Nunziata, *Billboard*, 28 de novembro de 1998

CAPÍTULO DEZ — A POEIRA DE UMA LONGA NOITE INSONE
Entre as páginas 166 e 183

Entrevistas da autora com LC, John Simon, Marianne Ihlen, Danny Fields, Steve Sanfield, David Lindley, Chris Darrow, Chester Crill.
Livros, documentos e filmes: Planilhas do artista, arquivo da Columbia. Kari Hesthamar, *So Long, Marianne: Ei Kjaerleikshistorie*, Spartacus, 2008. Armelle Brusq, *Mount Baldy, Spring '96*, filme, 1997.
Título do capítulo: Leonard Cohen, "One Of Us Cannot Be Wrong", *Songs of Leonard Cohen*, Columbia, 1968.

1. SS, 2001
2. Hesthamar, 2008
3. Brusq, 1997
4. SS, 2001

5. Paul Grescoe, *Montreal Gazette*, 10 de fevereiro de 1968
6. John Hammond e LC, entrevista à rádio BBC, 20 de setembro de 1986
7. Show em Antuérpia, abril de 1988, via leonardcohen-prologues.com
8. Arthur Schmidt, *Rolling Stone*, 2 de setembro de 1971
9. Donal Henahan, *New York Times*, 29 de janeiro de 1968
10. Karl Dallas, *Melody Maker*, 17 de fevereiro de 1968
11. *ibid.*
12. *ibid.*
13. Jacoba Atlas, *The Beat*, 9 de março de 1968
14. William Kloman, *New York Times*, 28 de janeiro de 1968
15. *Playboy*, novembro de 1968

CAPÍTULO ONZE — O TAO DO CAUBÓI
Entre as páginas 183 e 204

Entrevistas da autora com LC, David Crosby, Bob Johnston, Marianne Ihlen, Terese Coe, Liberty, Thelma Blitz, Danny Fields, Kris Kristofferson, Steve Sanfield, Richard Vick, Terry Oldfield, Henry Zemel, Bill Donovan, Ron Cornelius, Charlie Daniels.

Livros, filmes e documentos: LC, *Selected Poems 1956-1968*, Jonathan Cape, 1969. Bob Dylan, *Chronicles Vol. 1*, Simon & Schuster, 2004. Planilhas do artista, arquivo da Columbia. Lian Lunson, *Leonard Cohen: I'm Your Man*, filme, Lionsgate, 2006.

1. Show em Paris, 6 de junho de 1976, via leonardcohen-prologues.com
2. Show em Nuremberg, 10 de maio de 1988; via leonardcohen-prologues.com
3. Lunson, 2006
4. Dylan, 2004
5. Rainer Blome, tradução para o inglês de Nick Townsend, *Sounds*, Alemanha, 1969
6. Show no Henderson Hospital, Reino Unido, agosto de 1970
7. Sobrecapa da primeira edição, Viking, 1968
8. Ondaatje, 1970
9. SS, 2001
10. Blome, 1969

11. Michael Harris, *Duel*, inverno de 1969
12. *ibid.*
13. SS, 2001
14. Alec Dubro, *Rolling Stone*, 17 de maio de 1969
15. William Kloman, *New York Times*, 27 de abril de 1969

CAPÍTULO DOZE — OH, FAÇA-ME UMA MÁSCARA
Entre as páginas 205 e 223

Entrevistas da autora com LC, Suzanne Elrod, David Cohen, Steve Sanfield, Danny Fields, Bob Johnston, Charlie Daniels, Ron Cornelius, Mort Rosengarten, Bill Donovan, Ian Milne, Kris Kristofferson, Jeff Dexter, Murray Lerner. Filmes e documentos: Planilhas do artista, arquivo da Columbia. Murray Lerner, *Leonard Cohen Live at the Isle of Wight 1970*, filme, Columbia Legacy, 2009.

1. Paul Saltzman, "Famous Last Words from Leonard Cohen", *Maclean's*, junho de 1972
2. Arquivo
3. Pamela Andriotakis e Richard Oulahan, *People*, 14 de janeiro de 1980
4. Arquivo
5. SS, 2001
6. Gavin Martin, *NME*, 19 de outubro de 1991
7. Harvey Kubernik, *Melody Maker*, 1º de março de 1975
8. Robin Denselow, *Guardian*, 11 de maio de 1970
9. Arquivo
10. Nancy Erlich, *Billboard*, 8 de agosto de 1970
11. Steve Turner, *NME*, 29 de junho de 1974
12. Lerner, 2009

CAPÍTULO TREZE — AS VEIAS SE DESTACAM COMO RODOVIAS
Entre as páginas 224 e 242

Entrevistas da autora com LC, Suzanne Elrod, Charlie Daniels, Ron Cornelius, Joe Boyd, Chris Darrow, Chester Crill, David Lindley, Henry Zemel,

Brian Cullman, Bob Johnston, Bill Donovan, Peter Marshall, Steven Machat, Liberty, Steve Sanfield, Tony Palmer.
Livros, filmes e documentos: LC, *The Energy of Slaves*, McClelland & Stewart, 1972. Henry Zemel, *Bonds of the Past*, filme, fevereiro de 1972. Tony Palmer, *Bird on a Wire*, filme, 1974/2010. Planilhas do artista, arquivo da Columbia. Título do capítulo: LC, "Dress Rehearsal Rag", *Songs of Love and Hate*, Columbia, 1971

1. SS, 2001
2. Roy Shipston, *Disc & Music Echo*, 14 de novembro de 1970
3. John Walsh, *MOJO*, setembro de 1994
4. Martin Walker, *Guardian*, 8 de novembro de 1972
5. SS, 2001
6. Karl Dallas, *Melody Maker*, 22 de maio de 1976
7. Paul Saltzman, "Famous Last Words from Leonard Cohen", *Maclean's*, junho de 1972
8. Suplemento Literário do *Times*, 5 de janeiro de 1973
9. Stephen Scobie, *Leonard Cohen*, Douglas & McIntyre, 1978
10. Saltzman, *op. cit.*
11. Tony Palmer, 1974/2010

CAPÍTULO QUATORZE — UM ESCUDO CONTRA O INIMIGO
Entre as páginas 243 e 260

Entrevistas da autora com LC, John Lissauer, Lewis Furey, Mort Rosengarten, Bob Johnston, Suzanne Elrod, Tony Palmer, Henry Zemel, Marianne Ihlen, Terry Oldfield, Leanne Ungar, Malka Marom, Danny Fields, Harvey Kubernik, Paul Body, Richard Vick, Aviva Layton, Larry "Ratso" Sloman.
Livros, filmes e documentos: Larry "Ratso" Sloman, *On the Road with Bob Dylan*, 1978, nova edição, Three Rivers Press, 2002. Tony Palmer, *Bird on a Wire*, filme, 1974/2010. Ira B. Nadel, *Various Positions: A Life of Leonard Cohen*, Bloomsbury, 1996. Lorenne S. Dorman e Clive L. Rawlins, *Leonard Cohen: Prophet of the Heart*, Omnibus, 1990. Planilhas do artista, arquivo da Columbia.

1. Arquivo, "The Woman Being Born"/"My Life in Art", 1973
2. Robin Pike, *ZigZag*, outubro de 1974
3. *ibid.*
4. Roy Hollingworth, *Melody Maker*, 24 de fevereiro de 1973
5. Arquivo
6. Arquivo, "My Life in Art"
7. Robin Pike, *ZigZag*, outubro de 1974
8. Gavin Martin, NME, 19 de outubro de 1991
9. "Final Revision of My Life in Art", citado em Nadel, 1996, p. 197
10. Artigo marcando o vigésimo aniversário da guerra, 1993, traduzido do hebraico por Doron B. Cohen
11. "Final Revision of My Life in Art", citado em Nadel, 1996, p. 198
12. Show em Frankfurt, 6 de outubro de 1974, via leonardcohen-prologues.com
13. Robin Pike, *ZigZag*, outubro de 1974
14. Harvey Kubernik, *Melody Maker*, 1º de março de 1975
15. LC, *Greatest Hits*, texto do encarte, 1975
16. Michael Wale, *ZigZag*, agosto de 1974
17. Harvey Kubernik, *Melody Maker*, 1º de março de 1975
18. Citado por Dorman e Rawlins, 1990
19. Recorte, *NME* 1974 (autor e data desconhecidos)
20. Paul Nelson, *Rolling Stone*, 26 de fevereiro de 1975
21. Show em Melbourne, março de 1980, via leonardcohen-prologues.com
22. Barry Coleman, *Guardian*, 13 de setembro de 1974
23. Rasky, 1980
24. Larry Sloman, *Rolling Stone*, novembro de 1974
25. Harvey Kubernik, *Melody Maker*, 1º de março de 1975
26. Arquivo, "My Life in Art"
27. *ibid.*

CAPÍTULO QUINZE — EU AMO VOCÊ, LEONARD
Entre as páginas 267 e 283

Entrevistas da autora com LC, Dan Kessel, David Kessel, Harvey Kubernik, Suzanne Elrod, Hal Blaine, John Lissauer, Steven Machat, Malka Marom, Ronee Blakley.

REFERÊNCIAS

Livros, filmes e documentos: LC, *Death of a Lady's Man*, McClelland & Stewart, 1978. Mick Brown, *Tearing Down the Wall of Sound: The Rise and Fall of Phil Spector*, Knopf, 2007. Richard Williams, *Phil Spector: Out of His Head*, 1972, nova edição: Omnibus, 2003. Steven Machat, *Gods, Gangsters and Honour*, Beautiful Books, 2010. *Leonard Cohen Under Review 1934-1977*, filme, Chrome Dreams, 2007. Planilhas do artista, arquivo da Columbia.

1. Harvey Kubernik, 1977 (publicado em *LA Phonograph*, janeiro de 1978)
2. Brown, 2007
3. Show em Tel Aviv, 1980, via leonardcohen-prologues.com
4. Harvey Kubernik, 1977
5. Ginsberg, em *Record Collector*, fevereiro de 1995
6. Harvey Kubernik, 1977
7. SS, 2001
8. Kevin Howlett, BBC Radio One, 7 de agosto de 1994
9. *Leonard Cohen Under Review 1934-1977*, 2007
10. Brown, 2007
11. *Leonard Cohen Under Review 1934-1977*, 2007
12. Brown, 2007
13. Stephen Holden, *Rolling Stone*, 26 de janeiro de 1978
14. *ibid.*
15. Janet Maslin, *New York Times*, 6 de novembro de 1977
16. Harvey Kubernik, *LA Photograph*, janeiro de 1978
17. Maslin, novembro de 1977
18. Paul Nelson, *Rolling Stone*, 9 de fevereiro de 1978
19. Sandy Robertson, *Sounds*, 26 de novembro de 1977
20. SS, 2001
21. William Ruhlmann, *Goldmine*, 19 de fevereiro de 1993

CAPÍTULO DEZESSEIS — UM TIPO SAGRADO DE CONVERSA
Entre as páginas 284 e 300

Entrevistas da autora com LC, Suzanne Elrod, Nancy Bacal, Steve Sanfield, John Lissauer, Lewis Furey, Roscoe Beck, Harvey Kubernik, John Bilezikjian, Terry Oldfield, Dennis Lee, Sharon Robinson, rabino Mordecai Finley.

Livros e filmes: LC, *Book of Mercy*, Jonathan Cape, 1984. Harry Rasky, *Song of Leonard Cohen*, filme, 1980. Harry Rasky, *The Song of Leonard Cohen: Portrait of a Poet, a Friendship and a Film*, Souvenir Press, 2001. Howard Sounes, *Down the Highway: The Life of Bob Dylan*, Grove, 2001.

1. Barbara Amiel, *Maclean's*, setembro de 1978
2. Comunicado à imprensa feito pela Columbia Records, 1979
3. Nick Paton Walsh, *Observer*, 14 de outubro de 2001
4. SS, 2001
5. Sounes, 2001
6. SS, 2001
7. *ibid.*
8. Canal de TV ZDF, Alemanha, 31 de outubro de 1979
9. Rasky, 1980
10. "So Long, Marianne", *Songs from a Room*, Columbia, 1969
11. Debra Cohen, *Rolling Stone*, 21 de fevereiro de 1980
12. Larry "Ratso" Sloman, *High Times*, fevereiro de 1980
13. *NME*, 1979
14. SS, 2001
15. Brad Buchholz, *Austin American Statesman*, 31 de março de 1979
16. Pamela Andriotakis e Richard Oulahan, *People*, 14 de janeiro de 1980
17. Rasky, 1980
18. *ibid.*
19. *ibid.*
20. Nick Duerden, *Guardian*, 7 de outubro de 2011
21. SS, 2001
22. LC a Robert Sward, 1984
23. *NME*, 2 de março de 1985
24. Bruce Headlam, *Saturday Night*, dezembro de 1997
25. *ibid.*
26. Fevret, 1991
27. Sward, 1984
28. Peter Gzowski, *Leonard Cohen at 50*, canal CBC, 1984

REFERÊNCIAS

CAPÍTULO DEZESSETE — A ALELUIA DO ORGASMO
Entre as páginas 301 e 318

Entrevistas da autora com LC, John Lissauer, Leanne Ungar, Larry "Ratso" Sloman, Anjani Thomas, David Lindley, Roscoe Beck.

1. LC a Robert Sward, 1984
2. SS, 2001
3. *ibid.*
4. Nigel Williamson, *Uncut*, 1997
5. LC a John McKenna, RTE, 9 de maio de 1988
6. Paul Zollo, *Songwriters on Songwriting*, 1992
7. Q, setembro de 1994
8. Zollo, 1992
9. Nigel Williamson, 12 de outubro de 1997
10. Richard Cook, *NME*, 9 de fevereiro de 1985
11. *Sounds*, 26 de janeiro de 1985
12. Brian Appleyard, *Sunday Times*, 9 de janeiro de 2005
13. *Word*, julho de 2007
14. Jian Ghomeshi, canal CBC, 2009
15. LC a John McKenna, RTE Irlanda, 12 e 19 de maio, 1998
16. Ian Pearson, *Saturday Night*, março de 1993
17. Kevin Howlett, BBC Radio One, 7 de agosto de 1994
18. *ibid.*
19. Mark Rowland, *Musician*, julho de 1988

CAPÍTULO DEZOITO — OS LUGARES ONDE EU BRINCAVA
Entre as páginas 319 e 335

Entrevistas da autora com LC, Iggy Pop (1999), Roscoe Beck, Sharon Robinson, Sharon Weisz, Perla Batalla, Steven Machat, Sean Dixon, Julie Christensen, Hal Willner.

1. Mat Snow, *Guardian*, fevereiro de 1988
2. Mark Rowland, *Musician*, julho de 1988

3. SS, 2001
4. Mark Cooper, *Q*, março de 1988
5. *ibid.*
6. *Ant & Dec*, ITV1, 20 de maio de 2006
7. SS, 2001
8. *ibid.*
9. *ibid.*
10. Fevret, 1991
11. Anjelica Houston, *Interview*, novembro de 1995
12. SS, 2001
13. Elena Pita, *El Mundo*, 26 de setembro de 2001
14. SS, 2001

CAPÍTULO DEZENOVE — JEREMIAS DA TIN PAN ALLEY
Entre as páginas 336 e 355

Entrevistas da autora com LC, Rebecca De Mornay, Anjani Thomas, Black Francis, Nick Cave, Hal Willner, Julie Christensen, Perla Batalla, Nancy Bacal, Leanne Ungar, Suzanne Elrod.
Livros: LC, *Stranger Music*, McClelland & Stewart, 1993

1. Brendan Kelly, *Financial Post Arts & Leisure*, 12 de dezembro de 1992
2. Zollo, 1992
3. *ibid.*
4. *ibid.*
5. *ibid.*
6. *Details*, julho de 1993
7. Brian D. Johnson, *Maclean's*, 7 de dezembro de 1992
8. Alan Jackson, *Observer*, 22 de novembro de 1992
9. Agreta Wirberg e Stina Dabrowski, *Stina Möter Leonard Cohen*, filme para a TV, 1997
10. Barbara Gowdy, 19 de novembro de 1992, em *One on One: The Imprint Interviews*, Leanna Crouch (org.), Somerville House, 1994
11. Discurso de entronização, Juno Hall of Fame, Canadá, 3 de março de 1991
12. SS, 2001
13. *ibid.*

14. *ibid.*
15. *Billboard*, 28 de novembro de 1998
16. Gowdy, 1992
17. SS, 2001
18. Gavin Martin, *NME*, 9 de janeiro de 1993
19. Anthony De Curtis, *Rolling Stone*, janeiro de 1993
20. Gowdy, 1992
21. *ibid.*
22. Johnson, 7 de dezembro de 1992
23. *Interview*, junho de 1993
24. Jon Pareles, *New York Times*, 16 de junho de 1993
25. Discurso de agradecimento, prêmio Governor General, Canadá, 1993
26. Ian Pearson, *Saturday Night*, março de 1993

CAPÍTULO VINTE — DESTA COLINA PARTIDA
Entre as páginas 356 e 380

Entrevistas da autora com LC, Kigen, Robert Faggen, Roscoe Beck, Rebecca De Mornay, Daijo, Sharon Robinson, Steve Sanfield, Jarkko Arjatsalo, Perla Batalla, Julie Christensen, Ratnesh Mathur, Chris Darrow, Nancy Bacal, Leanne Ungar, Anjani Thomas.
Livros e filmes: LC, *Book of Longing*, McClelland & Stewart, 2006. Agreta Wirberg e Stina Dabrowski, *Stina Möter Leonard Cohen*, filme para a TV, 1997. Armelle Brusq, *Leonard Cohen: Portrait, Spring 1996*, filme, 1997.
Título do capítulo: LC, "If It Be your Will", *Various Positions*, Columbia, 1985.

1. SS, 2001
2. *ibid.*
3. Gilles Tordjman, *Les Inrockuptibles*, 15 de outubro de 1995
4. Robert Hilburn, *Los Angeles Times*, 24 de setembro de 1995
5. SS, 2001
6. Carta a Marianne Ihlen, 23 de fevereiro de 1967
7. Billy Walker, *Rock*, janeiro de 1972
8. Wirberg e Dabrowski, 1997
9. Pico Iyer, *Buzz*, abril de 1995
10. SS, 2001

11. *ibid.*
12. Wirberg e Dabrowski, 1997
13. Gilles Tordjman, *Les Inrockuptibles*, 15 de março de 1995
14. SS, 2001
15. *ibid.*
16. *ibid.*
17. *ibid.*
18. *ibid.*
19. Bruce Headlam, *Saturday Night*, dezembro de 1997
20. Tordjman, 15 de março de 1995
21. Neva Chonin, *Rolling Stone*, 11 de dezembro de 1997
22. *NME*, setembro de 1995
23. SS, 2001
24. *ibid.*
25. *ibid.*
26. Wirberg e Dabrowski, 1997
27. SS, 1997
28. *ibid.*
29. Zollo, 1992
30. Susan Nunziata, *Billboard*, 28 de novembro de 1998
31. SS, 2011
32. *ibid.*
33. *ibid.*
34. *ibid.*
35. *ibid.*
36. *ibid.*
37. *ibid.*
38. *ibid.*
39. SS, 2001
40. SS, 2011
41. *ibid.*
42. *ibid.*

CAPÍTULO VINTE E UM — AMOR E ROUBO
Entre as páginas 381 e 398

Entrevistas da autora com LC, Robert Kory, Rufus Wainwright, Nick Cave, Hal Willner, Anjani Thomas, Leanne Ungar, Sharon Robinson, Ratnesh Ma-

thur, Julie Christensen, Perla Batalla, Robert Faggen, Richard Landon, Rebecca De Mornay.
Livros e filmes: LC, *Book of Longing*, McClelland & Stewart, 2006. Agreta Wirberg e Stina Dabrowski, *Stina Möter Leonard Cohen*, filme para a TV, 1997. Armelle Brusq, *Leonard Cohen: Portrait, Spring 1996*, filme, 1997.

1. Christian Langlois, *CARP*, junho de 2006
2. SS, 2001
3. *ibid.*
4. *ibid.*
5. Entrevista com Sharon Robinson, 2009
6. Sarah Hampson, *Shambhala Sun*, novembro de 2007
7. Frank DiGiacomo, *New York Observer*, 22 de fevereiro de 2002
8. SS, 2001
9. Jon Pareles, *New York Times*, outubro de 1995
10. SS, 2011
11. Wirberg e Dabrowski, 1997
12. Leon Wieseltier, *Arts & Opinion*, vol. 4, n° 2, 2005
13. *ibid.*
14. E-mail para Jarkko Arjatsalo, junho de 2004
15. Susan Nunziata, *Billboard*, 28 de novembro de 1998
16. Katherine Macklem, Charlie Gillis e Brian D. Johnson, *Maclean's*, 22 de agosto de 2005

CAPÍTULO VINTE E DOIS — IMPOSTOS, CRIANÇAS, GATO PERDIDO
Entre as páginas 399 e 418

Entrevistas da autora com LC, Robert Kory, Anjani Thomas, Hal Willner, Nick Cave, Rufus Wainwright, Julie Christensen, Perla Batalla, John Lissauer, rabino Mordecai Finley.

1. Ann Diamond, "Whatever Happened to Kelley Lynch", riverdeepbook.blogspot.com, 3 de julho de 2008
2. J. Kelly Nestruck, *National Post*, 7 de fevereiro de 2006
3. *ibid.*

4. Discurso, Canadian Songwriters Hall of Fame, 5 de fevereiro de 2006
5. Angela Pacienza, *Toronto Canadian Press*, 4 de fevereiro de 2006
6. Christine Langlois, *CARP*, junho de 2006
7. *ibid.*
8. Phoebe Hoban, *New York*, 14 de maio de 2006
9. Sean Murphy, *Tricycle: The Buddhist Review*, agosto de 2007
10. LC a Biba Kopf, *NME*, março de 1987

CAPÍTULO VINTE E TRÊS — O FUTURO DO ROCK'N'ROLL
Entre as páginas 419 e 432

Entrevistas da autora com LC, Philip Glass, Robert Faggen, Hal Willner, Anjani Thomas, Robert Kory, Steven Machat, Rob Hallett, Sharon Robinson, Roscoe Beck, Charley Webb, Hattie Webb.

1. SS 2001
2. Greg Quill, *Toronto Star*, 3 de junho de 2007
3. Mireille Silcott, *Saturday Night*, 2001
4. *Leonard Cohen Files*, 29 de abril de 2002
5. Silcott, 2001
6. Neil McCormick, *Daily Telegraph*, 26 de maio de 2007
7. Sarah Hampson, *Shambhala Sun*, novembro de 2007
8. SS, 2011
9. Cerimônia do Rock and Roll Hall of Fame, 10 de março de 2008
10. *ibid.*
11. Alec Dubro, *Rolling Stone*, 17 de maio de 1969
12. Arthur Schmidt, *Rolling Stone*, 2 de setembro de 1971
13. Geoff Boucher, *LA Times*, 27 de fevereiro de 2009

CAPÍTULO VINTE E QUATRO — AQUI ESTOU, EU SOU O SEU HOMEM
Entre as páginas 433 e 451

Entrevistas da autora com LC, Sharon Robinson, Tony Palmer, Robert Kory, Rob Hallett, Anjani Thomas, Hal Willner, Roscoe Beck, Charley Webb, Hattie Webb, Rebecca De Mornay, Dick Straub, Jack Locke, Doron B. Cohen, Ratnesh Mathur, Steven Machat, Marianne Ihlen, Mort Rosengarten, Henry Zemel.

1. SS, 2011
2. *ibid.*
3. *ibid.*
4. Ben Rayner, *Toronto Star*, 7 de junho de 2008
5. Andy Greene, *Rolling Stone*, 9 de junho de 2008
6. Brian D. Johnson, *Maclean's*, 11 de junho de 2008
7. Johnny Black, *Audience*, setembro de 2008
8. *ibid.*
9. John Aizlewood, *Evening Standard*, 18 de julho de 2008
10. Johnson, 2008
11. Andy Greene, *Rolling Stone*, 20 de fevereiro de 2009
12. Lavinia Jones Wright, *Billboard*, 20 de fevereiro de 2009
13. LC, "Now and Then"
14. Patrick Doyle, *Rolling Stone*, 18 de junho de 2010
15. Jian Ghomeshi, canal CBC, 16 de abril de 2009

CAPÍTULO VINTE E CINCO — MANUAL PARA CONVIVER COM A DERROTA
Entre as páginas 452 e 466

Entrevistas da autora com LC, Robert Kory.

1. Simon Houpt, *Globe and Mail*, 27 de fevereiro de 2009
2. Paul Zollo, *Songwriters on Songwriting*, 1992
3. LC a Jarvis Cocker, *Guardian*, 19 de janeiro de 2012
4. SS, 2011
5. Show em Las Vegas, 11 de dezembro de 2010
6. LC, coletiva de imprensa, Paris, 16 de janeiro de 2012
7. SS, 2011
8. *ibid.*
9. James Adams, *Globe and Mail*, 1º de abril de 2011
10. SS, 2011

11. Adam Cohen a Rebecca Eckler, *Maclean's*, 6 de outubro de 2011
12. *ibid.*
13. SS, 2011
14. *ibid.*
15. Greg Kot, *Chicago Tribune*, 24 de janeiro de 2012
16. Kitty Empire, *Observer*, 21 de janeiro de 2012
17. Jon Dolan, *Rolling Stone*, 7 de dezembro de 2011
18. Andy Gill, *Independent*, 20 de janeiro de 2012
19. LC entrevistado por Jarvis Cocker, *Guardian*, 19 de janeiro de 2012
20. LC, coletiva de imprensa, Paris, 16 de janeiro de 2012
21. SS, 2011

POSFÁCIO
Página 467

Entrevista da autora com LC, dezembro de 2011

1. LC, caligrafia, arte do encarte, *Old Ideas*, Columbia, 2012

CRÉDITOS

TRECHOS DE OBRAS PUBLICADAS DE LEONARD COHEN

"For Wilf and his House", "Rites", "Letter" e "To I. P. L" de *Let Us Compare Mythologies*, Contact Press, 1956 © Leonard Cohen, 1956. Reproduzidos com permissão da McClelland & Stewart.

"Last Dance at the Four Penny", "The Genius", "Lines from my Grandfather's Journal", "It Swings Jocko", "Celebration" e "To a Teacher" de *The Spice-Box of Earth*, McClelland & Stewart, 1961 © Leonard Cohen, 1961. Reproduzidos com permissão da McClelland & Stewart.

"Ele nunca tinha visto uma mulher tão nua ...", "...passou a pensar em si mesmo como o Pequeno Conspirador ...", "Eles não se prendiam a nada ...", "Supondo que ele tivesse continuado com ela ...", "Eles não acreditavam que o sangue deles ...", "...Dois talmudistas se deliciando ..." e "Minha mais querida Shell, se você me deixar ..." de *The Favourite Game*, Secker & Warburg, 1963 (Viking US, 1964) © Leonard Cohen, 1963. Reproduzidos com permissão da HarperCollins Publishers Ltda.

"Alexander Trocchi, Public Junkie, Priez Pour Nous" e "A NOTE ON THE TITLE" de *Flowers for Hitler*, McClelland & Stewart, 1964 © Leonard Cohen, 1964. Reproduzidos com permissão da McClelland & Stewart.

"Se eu estiver vazio ..." de *Beautiful Losers*, McClelland & Stewart, 1966 © Leonard Cohen, 1966. Reproduzido com permissão da HarperCollins Publishers Ltda.

"I Try to Keep in Touch Wherever I Am", "Não me restou mais talento", "Os poemas não nos amam mais", "Você está quase sempre com outra pessoa", "As garotas de 15 anos" e "How We Used to Approach the Book of Changes: 1966" de *The Energy of Slaves*, McClelland & Stewart, 1972 © Leonard Cohen, 1972. Reproduzidos com permissão da McClelland & Stewart.

"6." de *Book of Mercy*, Jonathan Cape, 1984 © Leonard Cohen, 1984. Reproduzido com permissão da McClelland & Stewart.

"For Anne", "Field Commander Cohen", "Marita", "Chelsea Hotel", "There Is a War", "Why Don't You Try", "Memories", "I Bury my Girlfriend", "Final Examination", "Hallelujah", "If It Be your Will", "My Honour", "Tower of Song", "Democracy", "Anthem", "Days of Kindness" e "Dance Me to the End of Love" de *Stranger Music: Selected Poems and Songs*, McClelland & Stewart, 1993 © Leonard Cohen, 1993. Reproduzidos com permissão da Random House Inc.
"Not a Jew", "*Sinto muito por não poder ajudá-lo...*" (anotações nas margens), "Because of", "I Miss my Mother", "Titles" e "*a estrada é longa demais*" de *Book of Longing*, McClelland & Stewart, 2006 © Leonard Cohen, 2006. Reproduzidos com permissão da Penguin Books.
"Lover Lover Lover" reproduzida com permissão da Sony/ATV Music Publishing.

TRECHOS DE OBRAS INÉDITAS DE LC

"Ceremonies", "The Juke-Box Heart: Excerpt from a Journal", "A Ballet of Lepers", "Chelsea Hotel #1" (primeira versão da letra, não gravada), "The Woman Being Born"/ "My Life in Art", "Death of a Lady's Man" (material de arquivo), "The End of My Life in Art", "Now and Then", "Born in Chains" (primeira versão da letra, não gravada) e "Coming to the end of the book" (caligrafia) © Leonard Cohen. Utilizados com a permissão do autor.
Cartas a Marianne Ihlen, correspondência com Jack McClelland e e-mails para Jarkko Arjatsalo © Leonard Cohen. Utilizados com a permissão do autor.

TRECHOS DE LIVROS/ARTIGOS/OBRAS DE OUTROS AUTORES

The Song of Leonard Cohen: Portrait of a Poet, a Friendship and a Film © Harry Rasky, Souvenir Press, 2001. Utilizado com a permissão da Souvenir Press.
"Comme un Guerrier" © Christian Fevret, *Les Inrockuptibles*, 21 de agosto de 1991, reproduzido em *Throat Culture*, tradução para o inglês de Sophie Miller, 1992. Reproduzido com a permissão da *Throat Culture*.
Leonard Cohen: Prophet of the Heart © Lorenne S. Dorman e Clive L. Rawlins, Omnibus, 1990. Reproduzido com a permissão da Omnibus.

CRÉDITOS

A Conversation with Leonard Cohen © Arthur Kurzweil, Jewish Book Club, 1994. Reproduzido com a permissão do autor.
My Life without Leonard Cohen © Ruth Wisse, *Commentary*, 1º de outubro de 1995. Reproduzido com a permissão da autora.
Various Positions: A Life of Leonard Cohen © Ira B. Nadel, Bloomsbury, 1996. Reproduzido com a permissão da A.M. Heath & Co. Ltda.
Imagining Canadian Literature: The Selected Letters of Jack McClelland, Sam Solecki (org.), Key Porter Books, 1998. Reproduzido com a permissão do autor.
So Long, Marianne: Ei Kjaerleikshistorie © Kari Hesthamar, Spartacus, 2008. Reproduzido com a permissão da autora.
Entrevista com LC, *ZigZag*, outubro de 1974 © Robin Pike. Reproduzida com a permissão do autor.
Leonard Cohen © Michael Ondaatje, McClelland & Stewart, 1970. Reproduzido com a permissão da McClelland & Stewart.
Entrevista com LC, *Soho Weekly News*, dezembro de 1974 © Danny Fields. Reproduzida com a permissão do autor.
Leonard Cohen: Tower of Song © Kevin Howlett, BBC Radio One, 7 de agosto de 1994. Utilizada com a permissão do produtor/entrevistador Kevin Howlett.
Songwriters on Songwriting © Paul Zollo, 1992, edição revisada, Da Capo, 2003. Reproduzido com a permissão do autor.
Just Kids © Patti Smith, Ecco, 2010. Reproduzido com a permissão da Ecco.
John Hammond e Irving Townsend, *On Record*, Ridge Press/Penguin US & UK, 1981. Reproduzido graças à cortesia do espólio do autor.
"Famous Last Words from Leonard Cohen" © Paul Saltzman, *Maclean's*, junho de 1972. Reproduzido com a permissão do autor.
Entrevistas com LC, *Melody Maker*, 1975, e *LA Phonograph*, 1978 © Harvey Kubernik. Reproduzidas com a permissão do autor.
Bird on a Wire © Tony Palmer, filme, 1974/2010. Utilizado com a permissão do cineasta.
Leonard Cohen Under Review 1934-1977 © Chrome Dreams, filme, 2007. Utilizado com a permissão da Chrome Dreams.
Down the Highway: The Life of Bob Dylan © Howard Sounes, Grove/Atlantic Inc., 2001. Reproduzido com a permissão da The Random House Group.
Entrevista com LC, *High Times*, fevereiro de 1980 © Larry "Ratso" Sloman. Reproduzida com a permissão do autor.
Conversa com LC em Montreal, 1984 © Robert Sward. Utilizada com a permissão do autor.

LISTA DE IMAGENS DO ENCARTE

PÁGINA

1   Leonard aos quatro meses. [coleção pessoal de Leonard Cohen]
1   Nathan Cohen (canto superior esquerdo), pai de Leonard, e seu tio, Horace Cohen (sentado, no centro). [coleção pessoal de Leonard Cohen]
2   A casa número 599 da Belmont Avenue. [fotografia de Sylvie Simmons]
2   Leonard e a avó paterna. [coleção pessoal de Leonard Cohen]
3   Leonard e a mãe, Masha. [coleção pessoal de Leonard Cohen]
3   Leonard e a irmã, Esther. [coleção pessoal de Leonard Cohen]
3   O livro *25 Lessons in Hypnotism*, que despertaria o interesse do jovem Leonard pelo mesmerismo.
4   Leonard e Masha. [coleção pessoal de Leonard Cohen]
4   Mort Rosengarten e Leonard. [coleção pessoal de Leonard Cohen]
4   A primeira banda de Leonard: os Buckskin Boys, 1952 – de cima para baixo: Terry Davis, Mike Doddman e Leonard. [coleção pessoal de Sue Sullivan]
5   Leonard e o amigo, Robert Hershorn. [coleção pessoal de Leonard Cohen]
5   Aviva e Irving Layton, Anne Sherman e Leonard nos montes Laurentinos, Quebec. [coleção pessoal de Leonard Cohen]
5   Leonard, Harry Parnass, Masha Cohen e Anne Sherman, Nova Jersey. [coleção pessoal de Leonard Cohen]
6   Na pensão da Sra. Pullman, Hampstead, 1960. [coleção pessoal de Leonard Cohen]
6   Com Marianne, em Hidra. [fotografia de Aviva Layton]
6   Irving Layton e Marianne em Hidra. [fotografia de Aviva Layton]
6   Irving Layton em Hidra. [fotografia de Aviva Layton]
7   Leonard durante viagem a Cuba, 1961. [coleção pessoal de Leonard Cohen]

LISTA DE IMAGENS DO ENCARTE

7   Em Nova York com Saint Kateri. [coleção pessoal de Leonard Cohen]
7   Leonard em um show de Joni Mitchell, Wisconsin, 1969. [fotografia de Joel Bernstein ©1969]
8   Tomando uma cerveja com Willie York. [coleção pessoal de Leonard Cohen]
8   Leonard e o mestre zen Joshu Sasaki Roshi. [coleção pessoal de Leonard Cohen]
9   Leonard e Suzanne Elrod. [fotografia de Danny Fields]
9   Leonard nos bastidores, Wisconsin, 1970. [fotografia de Joel Bernstein ©1970]
10   O filho de Leonard, Adam, pintando o pai. [fotografia de Suzanne Elrod]
10   Leonard e a amiga, Nancy Bacal. [coleção pessoal de Leonard Cohen]
11   Dominique Issermann fotografada por Leonard. [coleção pessoal de Leonard Cohen]
11   Leonard e a backing vocal, Perla Batalla. [fotografia de Julie Christensen, coleção pessoal de Perla Batalla]
12   Adam se recupera de um acidente de carro no hospital, em Toronto. [coleção pessoal de Suzanne Elrod]
12   Rebecca e Leonard nos bastidores com um bolo. [fotografia de Perla Batalla]
12   Rebecca, a filha de Leonard, Lorca, Perla e Leonard. [coleção pessoal de Perla Batalla]
13   Vista da cabana em monte Baldy. [fotografia de Sylvie Simmons]
13   A casa-monastério de Leonard. [fotografia de Sylvie Simmons]
13   A backing vocal Julie Christensen e Leonard. [fotografia de Perla Batalla, coleção pessoal de Julie Christensen]
13   Leonard e o produtor de TV, Hal Willner. [fotografia de Perla Batalla]
14   Leonard e a cantora e tecladista, Anjani Thomas. [coleção pessoal de Anjani Thomas]
14   Um rabino ao estilo do Rat Pack, Royal Albert Hall. [fotografia de Eija Arjatsalo]
14   Leonard com o empresário Robert Kory, em Las Vegas. [fotografia de Judy Green ©2010]
15   Leonard e sua banda, Helsinki. [fotografia de Jarkko Arjatsalo]
15   No palco com Javier Mas. [fotografia de Jarkko Arjatsalo]
16   Antes do show em Veneza, 2009. [fotografia de Eija Arjatsalo]
16   Passagem de som, Veneza, 2009. [fotografia de Eija Arjatsalo]

Este livro foi composto na tipologia Minion Pro,
em corpo 11.5/15.2, e impresso em papel off-white no Sistema
Cameron da Divisão Gráfica da Distribuidora Record.